Medieninformatik

Rainer Malaka
Andreas Butz
Heinrich Hußmann

Medieninformatik

Eine Einführung

PEARSON
Studium

ein Imprint von Pearson Education
München • Boston • San Francisco • Harlow, England
Don Mills, Ontario • Sydney • Mexico City
Madrid • Amsterdam

Bibliografische Information der Deutschen Nationalbibliothek

Die Deutsche Nationalbibliothek verzeichnet diese Publikation in der Deutschen Nationalbibliografie; detaillierte bibliografische Daten sind im Internet über *http://dnb.d-nb.de* abrufbar.

10 9 8 7 6 5 4 3 2 1

10 09

ISBN 978-3-8273-7353-3

ein Imprint der Pearson Education Deutschland GmbH,
Martin-Kollar-Straße 10-12, D-81829 München/Germany

www.pearson-studium.de
Lektorat: Birger Peil, bpeil@pearson.de
Korrektorat: Petra Kienle, Fürstenfeldbruck
Einbandgestaltung: Thomas Arlt, tarlt@adesso21.net
Herstellung: Monika Weiher, mweiher@pearson.de
Satz: mediaService, Siegen (www.media-service.tv)
Druck und Verarbeitung: Kösel, Krugzell (www.KoeselBuch.de)

Printed in Germany

Inhaltsübersicht

Inhaltsverzeichnis

Vorwort

Digitale Medien haben in den letzten Jahren in einem gewaltigen Siegeszug viele analoge Medien verdrängt und konnten sich auch als neue, eigenständige Formen von Medien etablieren. Parallel dazu entwickelte sich an Hochschulen und Forschungseinrichtungen das Thema der Medieninformatik. In den letzten Jahren wurden an vielen Hochschulen Studiengänge der Medieninformatik ins Leben gerufen, die sich sehr großer Beliebtheit erfreuen. Die Zahl der Studierenden wächst kontinuierlich.

Je nach Ausrichtung der Studiengänge kann Medieninformatik stärker in der Informatik, der Gestaltung oder den Medienwissenschaften verortet werden. Fast allen Studiengängen liegt eine Einführungsveranstaltung zu den Grundlagen der Digitalen Medien und der Medieninformatik zugrunde, die das Wissen über einzelne Typen Digitaler Medien, deren Erfassung, Kodierung, Kompression und Bearbeitung vermittelt. Darüber hinaus werden oft kognitive, gesellschaftliche und gestalterische Aspekte diskutiert und in Beziehung zu den informatischen Inhalten gesetzt.

Die Autoren dieses Buches lehren seit einigen Jahren Medieninformatik an der Universität Bremen und an der Ludwig-Maximilians-Universität München. Basierend auf einem Vorlesungskonzept von Heinrich Hußmann haben sie Vorlesungen zur Einführung in die Medieninformatik entwickelt.

Das Buch richtet sich an Studierende der ersten zwei Semester, die Medieninformatik, Digitale Medien oder verwandte Studienfächer studieren. Es richtet sich an Studierende der Medieninformatik, aber auch an Informatiker, die Medieninformatik als Nebenfach studieren. Für Studierende, die Fächer im Umfeld der Medieninformatik studieren – z.B. Mediengestaltung – bietet es einen Einstieg in die Informatikgrundlagen, die auch für Anwender wichtig sind.

Dieses Buch wurde erst möglich durch die Unterstützung vieler Menschen, denen wir an dieser Stelle danken möchten. Unsere Studentinnen und Studenten haben uns in mehreren Vorlesungszyklen durch aktive Teilnahme und Feedback geholfen, die Perspektive der Studierenden zu verstehen, und ganz wesentlich zur Strukturierung und Gewichtung der Inhalte beigetragen. Wir bedanken uns bei unseren Tutoren und Mitarbeitern, die die Lehrveranstaltungen und auch das Buchkonzept durch viele Anregungen unterstützten: Hidir Aras, Dominikus Baur, Sebastian Boring, Martin Faust, Otmar Hilliges, Marc Herrlich, Dennis Krannich, Markus Krause, Alexander De Luca, Andreas Pleuß, Robert Porzel, Jens Teichert, Arnd Vitzthum, Siegfried Wagner, Benjamin Walther-Franks, Marion Wittstock. Darüber hinaus haben uns einige Kollegen durch Diskussionen und durch die Einsicht in Konzepte zu ihren Lehrveranstaltungen unterstützt: Jürgen Friedrich, Heidi Schelhowe, Barbara Grüter, Andreas Breiter, David Oswald.

Birger Peil und dem Pearson-Verlag danken wir für die Initiative zu dem Buch und die Betreuung des Projektes.

Darüber hinaus bedanken wir uns besonders bei unseren Familien und Kindern, die während der Entstehung dieses Buches viel Geduld bewiesen haben.

Zum Buch

Inhalt

Dieses Buch führt in die Medieninformatik ein. Nach den ersten beiden Kapiteln, die Grundlagen für alle Arten von Digitalen Medien vorstellen, werden in den Kapiteln 3 bis 9 einzelne Medientypen vorgestellt. In den Kapiteln 10 bis 14 werden dann Mediensysteme, deren Entwicklung und Einsatz in der Praxis betrachtet:

- **Kapitel 1** ist eine Einführung und Standortbestimmung, bei der auch Aspekte der Wahrnehmung, der Medientheorie und -ökonomie vorgestellt werden.
- **Kapitel 2** führt grundlegende Verfahren und Eigenschaften der Digitalisierung, Kodierung und Kompression ein, die für alle Digitalen Medien relevant sind.
- Die **Kapitel 3** bis **8** stellen einzelne Medientypen vor: Bilder, Audio, Texte, Video, Grafik (2D und 3D) und Animationen. Für jeden Medientyp werden die relevanten Grundlagen bei der Wahrnehmung, Kodierung und Bearbeitung eingeführt.
- **Kapitel 9** vermittelt anhand ausgewählter Beispiele, welche Medientypen jenseits der in Kapitel 3 bis 8 vorgestellten klassischen Medientypen für die Medieninformatik eine Rolle spielen können und in Zukunft noch stärker an Bedeutung gewinnen können.
- **Kapitel 10** stellt Mediensysteme vor, wobei der Schwerpunkt auf Systemen im Web liegt, dessen Grundlagen eingeführt werden. Dabei spielen Beschreibungssprachen wie HTML und XML eine besondere Rolle.
- In den **Kapiteln 11** bis **14** liegt der Fokus auf der Erstellung und dem Einsatz von Digitalen Medien. Dazu werden Werkzeuge des Medienengineerings, Prozessmodelle und einige Aspekte der Mediengestaltung präsentiert. Den Abschluss bilden Themenbereiche, die beim Einsatz von Produkten in der Praxis relevant sind.
- F Einige Bilder haben eine Kennzeichnung am Bildrand. Diese befinden sich dann zusätzlich im **Farbteil** in der Mitte des Buches.

Zum Gebrauch des Buches

Dozenten

Das Buch entspricht im Umfang einer einführenden Lehrveranstaltung von ein bis zwei Semestern (6 bis 12 ECTS). Bei der Konzeption wurde einerseits Wert darauf gelegt, dass das sehr weite Feld der Medieninformatik einigermaßen umfassend dargestellt wird, dass aber andererseits in der Tiefe nur so viel präsentiert wird, wie in einer Einführungsveranstaltung vermittelt werden kann. Somit kann das Buch einerseits die Grundlage für ein Medieninformatikstudium sein, bei dem später im Curriculum einzelne Punkte noch weiter durch Spezialveranstaltungen vertieft werden (z.B. die Computergrafik). Andererseits bietet der Umfang des Stoffes auch eine solide Basis der Medieninformatik für Studierende, die im weiteren Verlauf keine oder nur wenige vertiefenden Medieninformatikkurse belegen (z.B. in Studiengängen wie Medientheorie, Mediengestaltung).

Jedes Kapitel des Buches entspricht ein bis zwei Unterrichtseinheiten. Die Reihenfolge der Einheiten kann zwar variiert werden, jedoch bietet sich die hier vorgestellte Sequenz an.

Die Übungsaufgaben am Ende jedes Kapitels können auch als Grundlage für eigene Übungsaufgaben dienen. In den Lehrveranstaltungen der Autoren haben sich entsprechende Aufgabenstellungen bewährt.

Studierende

Jedes Kapitel kann als eigenständige Lerneinheit bearbeitet werden. Die Lernziele sind für jedes Kapitel nach dem Kapiteleinstieg formuliert. In den Kapiteln werden Details, Exkurse oder Praxisbeispiele oft durch eigene Kästen abgesetzt. Diese Kästen können beim Bearbeiten der Kapitel zwar auch ausgelassen werden, jedoch empfehlen wir auch diese zu studieren, da sie oft weiterführende Informationen beinhalten, die zum Verständnis des Stoffes beitragen können.

Am Ende der Kapitel werden jeweils Übungsaufgaben gestellt. Diese sind als Anregungen zu verstehen, um selbst den Stoff noch einmal zu reflektieren. Wie allen Lerninhalten ist es für das Verständnis des Stoffes ohne den eigenen praktischen Umgang mit der Materie kaum möglich, die Zusammenhänge wirklich zu begreifen.

Literatur

Zugunsten der besseren Lesbarkeit wurden im Text selbst nur an ausgewählten Stellen Literaturzitate integriert. Die Literaturliste selbst befindet sich am Ende des Buches. Es sei darauf hingewiesen, dass das präsentierte Material zu wesentlichen Teilen (auch wenn nicht jeweils die Literaturverweise im Text vermerkt sind), auf Publikationen und Forschungsergebnissen basiert, die am Ende des Buches aufgeführt werden. Für das weitere Studium der Materie werden am Ende des Buches auch weitere vertiefende Literaturquellen angegeben.

Weibliche und männliche Sprachformen

Aufgrund der besseren Lesbarkeit haben wir in diesem Buch meist die männliche Sprachform genutzt. Unterschiedliche Formen der neutralen Formulierung wie sie/er oder NutzerIn schienen uns zu sperrig. In diesem Sinne sind immer dann, wenn wir die männliche Sprachform verwenden stets sowohl Männer als auch Frauen gemeint. Dies soll keinesfalls Ausdruck einer politischen Einstellung sein, sondern ist als Tribut zu verstehen, den wir der deutschen Sprache zollen, die keine hinreichend gut lesbaren geschlechtsneutralen Formulierungen unterstützt, die für ein umfangreicheres Buch geeignet wären.

Feedback

Ohne Feedback wäre dieses Buch nicht in seinem gegenwärtigen Zustand. Helfen Sie mit, das Buch noch zu verbessern, und schicken Sie uns Ihre Kommentare und Bemerkungen. Kontaktmöglichkeiten finden Sie im Impressum zum Buch.

Webseite

WWW.PEARSON-STUDIUM.DE CWS COMPANION WEBSITE

Die Webseite dieses Buches steht unter *www.pearson-studium.de*. Am schnellsten gelangen Sie von dort zur Buchseite, wenn Sie in das Feld „Schnellsuche“ die Buchnummer **7353** eingeben. Dort finden Sie Hinweise, weiterführende Informationen, Online-Dokumente und eine Fehlerliste. Für Dozenten werden auch Abbildungen zur Verwendung in eigenem Vorlesungsmaterial zur Verfügung gestellt.

Medieninformatik – zwischen Menschen, Technik und Gesellschaft

1

ÜBERBLICK

Einleitung

» Medieninformatik befasst sich mit Digitalen Medien, die durch den Einsatz von Computern erstellt oder vermittelt werden. Da solche Digitalen Medien letztlich immer von Menschen genutzt werden, spielen drei Aspekte eine wesentliche Rolle: Menschen, Technik und Gesellschaft. Neben der Informatik sind menschliche Faktoren und gesellschaftliche Aspekte der Medien wichtig, um Entwicklung, Einsatz und Auswirkung Digitaler Medien zu verstehen.

Menschliche Faktoren bestimmen wesentlich, wie verschiedene Medientypen wahrgenommen werden und wie Menschen mit ihnen interagieren können. Besonders wichtig für die Medieninformatik sind die visuelle und die akustische Wahrnehmung. Sie ist die Grundlage von Interaktion, bei der sich verschiedene Akteure über Zeichen und Symbole verständigen.

Medien und Digitale Medien sind Phänomene, die kulturell und ökonomisch sehr großen Einfluss auf die Gesellschaft haben. Durch neue technische Möglichkeiten sind sie Wegbereiter einer Informations- und Wissensgesellschaft.

Diese technischen Entwicklungen sind gekennzeichnet durch leistungsfähigere Speicher, Prozessoren, Sensoren und Netze. Erst durch sie ist es möglich, dass heute jederzeit und überall Digitale Medien in großem Umfang genutzt werden können. Der interaktive Umgang mit Digitalen Medien wird durch verschiedene Interaktionsformen möglich. «

Lernziele

Dieses Kapitel führt in das Spannungsfeld der Digitalen Medien ein, das sich zwischen Menschen, Medien und Maschinen aufspannt. Auf der Seite der Menschen sind die **menschliche Wahrnehmung** (insbesondere die visuelle und akustische), das Gedächtnis und die **menschliche Informationsverarbeitung** ganz wesentlich für den Umgang mit Digitalen Medien. Um den **Medienbegriff** besser zu verstehen, werden medientheoretische und semiotische Grundbegriffe zur Interaktion und zu Zeichen und Symbolen eingeführt. Schließlich sollen die **Digitalen Medien** auch in den größeren Zusammenhang der Informations- und Wissensgesellschaft eingebettet und der Zusammenhang zur Medienökonomie angesprochen werden. Zur Abrundung dieser Standortbestimmung werden Sie noch die wichtigsten technischen Entwicklungen kennenlernen, die der Schlüssel zum Erfolg Digitaler Medien sind.

Medieninformatik ist nicht nur eine technische Disziplin, bei der es darum geht, Computer zu programmieren. In und um die Medieninformatik herum gibt es zahlreiche interdisziplinäre Fragestellungen, die für die Medieninformatik von großer Bedeutung sind. Dieses Kapitel, das einen Überblick über die grundlegenden Fragestellungen der Medieninformatik geben will, ist selbst ein Beispiel für den interdisziplinären Charakter der Medieninformatik. Man kann kaum über Digitale Medien sprechen, ohne gleichzeitig über Phänomene der menschlichen Physiologie und Gesellschaft zu sprechen. Deshalb präsentiert dieses erste Kapitel schon eine Vielfalt technischer und nichttechnischer Informationen, die in den folgenden Detailkapiteln weiter fortgeführt wird.

1.1 Menschen, Medien und Maschinen

Die **Medieninformatik** ist eine junge Disziplin, die in den letzten Jahren sehr populär geworden ist und sich als Teilgebiet der **Informatik**, aber auch als eigenständige interdisziplinäre Fachrichtung etabliert hat. Offensichtlich hat die Medieninformatik etwas mit Informatik und **Medien** zu tun. Genauer gesagt, **Digitale Medien**[1].

Wenn wir von Digitalen Medien sprechen, dann sind solche Medien gemeint, die in irgendeiner Form von Computern, also Rechenmaschinen, erfasst, gespeichert, verarbeitet oder versendet werden. Dies geschieht natürlich auch mit jeder anderen Form digitaler Daten. Das Besondere der Medieninformatik ist, dass nicht irgendwelche Daten verarbeitet werden, sondern Medien, die von Menschen genutzt werden. Das heißt, Menschen sehen, hören, lesen oder interagieren mit diesen Digitalen Medien. Dabei kann der Computer zum einen nur ein Werkzeug sein, das hilft, mit den Medien effizient umzugehen, zum anderen kann der Computer oder besser ein Computersystem selbst zum Medium werden.

Doch was sind eigentlich Medien? Der Begriff „medium“ kommt aus dem Lateinischen und heißt so viel wie „in der Mitte“ oder „Mittler“. Ein Steak ist „medium“, wenn es nicht „raw“ und nicht „well done“, sondern eben mittel-gut durchgebraten ist. Ein Hellseher bezeichnet sich als „Medium“, wenn er glaubt, mit Geistern als Mittler Kontakt aufnehmen zu können. Doch diese Bedeutungen des Begriffs Medium sind hier nicht gemeint. Wenn Medieninformatiker von Medien sprechen, sind oft Kanäle oder Systeme gemeint, über die Nachrichten, Daten, Informationen gespeichert, übertragen oder vermittelt werden.

Beispiele solcher Medien sind z.B. Massenmedien wie das Fernsehen, Radio oder Printmedien (Zeitungen, Bücher etc.). Aber auch technische Einrichtungen wie Speichermedien (Festplatte, Speicherkarten etc.) und Übertragungsmedien (Telefonie, UMTS, DSL etc.) sind Medien, die für Medieninformatiker relevant sind. All diese Medien stehen in irgendeiner Form in der Mitte zwischen zwei Akteuren oder sind Mittler, die Informationen übertragen.

---

1 Digitale Medien wird als Begriff in diesem Buch meist groß geschrieben. Die Schreibweise digitale Medien würde sonst lediglich darauf verweisen, dass das Medium digital ist. Im Rahmen dieses Kapitels sollte hinreichend motiviert werden, inwiefern es sich bei Digitalen Medien nicht lediglich um digitale Medien handelt.

Offensichtlich sind diese unterschiedlichen Medien ganz unterschiedlichen Ebenen zuzuordnen:

- Datenträger: Wir sprechen z.B. von Papier oder elektromagnetischen Wellen als Medien.
- Kanäle: Radiosendungen oder gedruckte Zeitungen sind mehr als nur Datenträger. Sie vermitteln über ein komplexes Geflecht von Distributionswegen ihre Botschaften.
- Systeme, Dienste: Hinter diesen Medien, die den Nutzer erreichen, stehen Institutionen, die diese Medien erstellen und steuern. Rundfunkanstalten oder große Medienkonzerne werden oft als die „Medien" bezeichnet.

Dabei können Medien eher passiv zur Aufbewahrung dienen (z.B. Buch, Speicherkarte), zum Transport eingesetzt werden (z.B. Telefonleitung, Sender) oder als **Vermittler** zwischen Personen oder Dingen stehen (z.B. Zeitschriften, Meinungen zwischen Redaktion und Leserschaft vermitteln). In jedem Fall dienen Computer dabei zur Erzeugung oder Verwaltung/Darstellung. Je nach Betrachtungsebene findet man typische Beispiele und hat es mit unterschiedlichen Herausforderungen zu tun:

- **Datenträger und Darstellungstechniken**: Immer mehr ersetzen Digitale Medien die klassischen Medien. Beim Hörfunk und Fernsehen, bei Nachrichten im Web oder bei eBooks drängen digitale Produkte auf den Markt. Neben technischen Herausforderungen stellt sich hier unter dem Stichwort Green-IT auch immer mehr die Frage nach umweltgerechten Lösungen.
- **Erstellung von Inhalten**: Bei der Erzeugung von Medienprodukten aller Art dominieren digitale Techniken wie Authoring Tools oder Computerprogramme zur Medienbearbeitung. Solche Systeme müssen nicht nur Daten verwalten, sondern auch die Wiederverwertbarkeit von Arbeitsergebnissen und die Automatisierung von Arbeitsschritten ermöglichen.
- **Neue Medien** und **Interaktionsparadigmen**: Einige typische Interaktionsformen Digitaler Medien haben sich bereits sehr erfolgreich durchgesetzt. Dazu gehört z.B. Hypertext, der im World Wide Web überall anzutreffen ist. Neue Formen des Ubiquitous Computing oder der Ambient Intelligence (s. Kapitel 9) werden hinzukommen und müssen auf ihre Benutzbarkeit und Akzeptanz untersucht werden.

Auf allen drei Ebenen fanden in den letzten Jahren erhebliche Umbrüche statt und auch in der Zukunft ist zu erwarten, dass neue Technologien zu neuen Lösungen führen werden.

Digitale Medien spielen bereits in vielen Lebensbereichen eine wesentliche Rolle. Im privaten und beruflichen Kontext kommunizieren wir über das Internet und tauschen Nachrichten über das Web oder per E-Mail aus. Unsere Fotos und die Musik sind digital und werden digital gespeichert und übertragen. Darüber hinaus verbringen viele Menschen ihre Freizeit mit Computerspielen.

Digitale Medien sind allgegenwärtig. Sie sind nicht nur technische Artefakte, sondern haben auch kulturelle, soziale und ökonomische Bedeutung, da sie immer mit Menschen zu tun haben. Sie haben das Potenzial, gesellschaftlich erhebliche Wirkung zu zeigen. Deshalb gibt es eine Reihe unterschiedlicher Untersuchungsmöglichkeiten in der Forschung und Entwicklung: Analyse, Gestaltung, Entwurf, Wirkung, Auswirkung, Management, Ökonomie. Die Untersuchung Digitaler Medien in dieser Vielfalt ist offensichtlich ein interdisziplinäres Unterfangen, an dem eine Reihe **unterschiedlicher Forschungsdisziplinen** beteiligt sein können:

- die **Informatik** sucht nach technischen Lösungen,
- die **Psychologie** und die **Kognitionswissenschaften** untersuchen menschliche Faktoren und die Wirkung Digitaler Medien auf Menschen,
- beim **Design** geht es um Umsetzung, Gestaltung und den Einsatz,
- **Medienwissenschaften** und die **Soziologie** betrachten die Auswirkungen auf die Gesellschaft und die Rolle der Medien in der Gesellschaft
- und **Medienökonomie** und **Wirtschaftsinformatik** befassen sich mit den ökonomischen Aspekten Digitaler Medien.

In diesem einführenden Buch zur Medieninformatik werden wir nur einige Teile dieser Felder streifen können. Da Digitale Medien aber immer etwas mit Menschen zu tun haben, sollen im Folgenden zunächst kurz einige Aspekte zur Wahrnehmung diskutiert werden. Danach werden wir auf die sozialen, ökonomischen und technischen Faktoren eingehen.

1.2 Menschliche Informationsverarbeitung

Die **menschliche Wahrnehmung** und die Art und Weise, in der Menschen Information verarbeiten, sind ganz wesentlich für die Medieninformatik. Da letztlich alle Resultate der Medieninformatik von Menschen in irgendeiner Weise konsumiert werden, ist es sinnvoll, sich etwas genauer anzusehen, welche menschlichen Faktoren dabei eine Rolle spielen.

Zunächst müssen die Digitalen Medien wahrgenommen werden, bevor sie im Gehirn gespeichert oder weiterverarbeitet werden. Zur Wahrnehmung können verschiedene **menschliche Sinne** dienen. Am wichtigsten sind dabei die

- **visuelle** und
- die **akustische**

Wahrnehmung. Fast alles, was die Digitalen Medien uns präsentieren, nehmen wir über Augen und Ohren wahr. Weniger wichtig sind derzeit noch andere Sinne wie Tasten, Riechen, Schmecken und Bewegung.

Neben der Wahrnehmung können wir auch einem Computersystem Eingaben vermitteln. Dazu werden meist motorische Aktionen (z.B. über Maus oder Tastatur) genutzt. Aber auch Sprache, Gesten oder andere menschlichen Ausdrucksformen können bei manchen Digitalen Medien eine Rolle spielen.

Bei der Wahrnehmung und menschlichen Informationsverarbeitung spielen auch psychologische Aspekte eine Rolle. Die Psychologie der Wahrnehmung kann viele Phänomene erklären, die eine Rolle für die Gestaltung Digitaler Medien spielen.

1.2.1 Das menschliche Auge

Das **menschliche Auge** ist ein komplexes Sinnesorgan. Über die Linse wird das Licht auf die innen liegende Netzhaut projiziert. Dort gibt es etwa 120 Millionen Sehzellen; darunter **Stäbchen**, die nur Helligkeit wahrnehmen, und ca. 7 Millionen sogenannte **Zapfen**, die für das Farbensehen verantwortlich sind. Von denen wiederum gibt es drei Typen, die jeweils auf blaue, grüne und rote Farbtöne reagieren. In Kapitel 3 über Bilder werden wir uns des Farbensehens noch einmal genauer annehmen, da es wesentlichen Einfluss darauf hat, wie Bilder codiert werden können, und da einige Tricks zur Kompression von digitalen Bildern darauf beruhen, wie Menschen Bilder sehen.

Obwohl die meisten Menschen Farben sehen können, gibt es einige, die Farben nur teilweise oder gar nicht erkennen können. Etwa 8% der Männer und 1% der Frauen sind **farbenblind**. Meist heißt das, dass sie weniger Farben unterscheiden können. Bei der häufigsten Form der Farbenblindheit werden die Farben Rot und Grün nicht unterschieden.

Damit das wahrgenommene Bild scharf auf der Netzhaut ankommt, muss die Linse durch Muskeln abhängig von der Entfernung eines betrachteten Objekts richtig eingestellt werden. Diese Fokussierung wird **Akkomodation** genannt. Die Anpassung an die Helligkeit wird im Auge durch die Iris geregelt. Sie kann mehr oder weniger Licht ins Auge lassen. Die Anpassung von hellen Eindrücken zu dunkleren geht dabei langsamer als von dunklen zu hellen. Wenn wir von einem hellen Raum in einen dunklen kommen, kann es 30 bis 45 Minuten dauern, bis wir wieder alles gut sehen können. Wenn wir aber in einem dunklen Raum das Licht einschalten, dann passt sich das Auge wesentlich schneller in wenigen Sekunden an. Neben der Größe der Lichtöffnung durch die Iris wird bei der Dunkeladaption auch stärker auf die Stäbchen umgeschaltet. Sie lassen uns auch nachts noch recht gut sehen. Die farbempfindlichen Zapfen brauchen mehr Licht und so kommt es, dass wir nachts nur noch schwarzweiß sehen.

Eine weitere Besonderheit beim Sehen ist die Verteilung der Stäbchen und Zapfen. Beide sind so verteilt, dass unser **Gesichtsfeld** oder **Sehfeld** einer liegenden Ellipse entspricht.

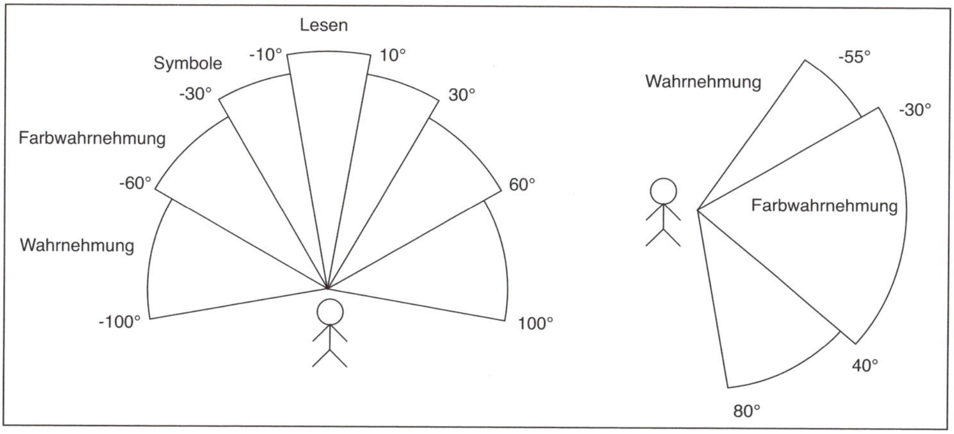

Abbildung 1.1: Sehfeld beim Menschen. Links horizontal, rechts vertikal (nach Herczeg, 1994)

Exkurs Das menschliche Sehfeld

Menschen können horizontal nach links und rechts bis jeweils maximal 100 Grad sehen, das heißt, insgesamt also sogar etwas mehr als 180 Grad. Wir können also zu einem kleinen Teil auch noch „rückwärts sehen“. Nach oben können wir bis ca. 55 Grad und unten bis 80 Grad sehen. Allerdings sehen wir in diesem recht großen Panorama nicht überall gleich gut.

Die höchste Auflösung von etwa einer 1 Bogenminute[2], das entspricht einem Objekt von 3 Millimetern in 10 m Entfernung, haben wir nur in der Mitte des Sehfeldes in einem Ausschnitt von nur 2 Grad, wo die Zapfen am dichtesten liegen. Da in diesem Bereich so viele Zapfen liegen, können nicht so viele Stäbchen auf der Netzhaut liegen. Das hat zur Folge, dass wir gerade im Zentrum des Sehfeldes, wo wir am Tage am besten sehen, nachts eigentlich blind sind. Das kann man leicht überprüfen, wenn man in der Nacht einen schwach leuchtenden Stern genau ansieht. Man stellt fest, dass er dann plötzlich verschwindet und erst wieder auftaucht, wenn man knapp daneben schaut. Die Sehzellen sind also in unserem Sehfeld ungleichmäßig verteilt (▶Abbildung 1.1).

Da wir in der Peripherie nur etwa ein Vierzigstel wahrnehmen, müssen wir **Augenbewegung** zum Objekt machen, um es deutlich zu sehen. Im Bereich von ca. 30 Grad horizontal und vertikal klappt das. Wenn das Objekt noch weiter weg vom Zentrum ist, wird der Kopf bewegt.

2 Eine Bogenminute ist ein 60-tel Grad.

Wenn größere Objekte betrachtet werden oder wenn ein Text gelesen wird, der natürlich mehr Raum als nur die zentralen 2 Grad im Gesichtsfeld einnimmt, dann müssen Augenbewegungen den schärfsten Punkt jeweils dorthin bringen, wo wir gerade lesen. Diese Augenbewegungen geschehen ruckartig und heißen **Sakkaden**. In 50 ms springt das Auge zum neuen Fixationspunkt. Zwischen den Sakkaden ruht das Auge für 250 ms bis zu 2 s, bevor es wieder zum nächsten Punkt springt. Allerdings werden diese Sprünge nicht bewusst wahrgenommen. Stattdessen entsteht der Eindruck einer fließenden Bewegung. Würde aber das Auge tatsächlich fließend über einen Text gleiten, dann würden wir alles unscharf sehen und könnten nichts lesen.

Neben der **räumlichen Auflösung** ist die **zeitliche Auflösung** wichtig. Besonders natürlich für Bewegtbilder wie Videos, aber auch, wenn es darum geht, flimmerfreie Bilder zu erzeugen. Visuelle Reize werden ab einer Dauer von 15 bis 50 ms wahrgenommen[3]. Sobald genug Einzelbilder nacheinander erscheinen, nehmen wir sie als Bewegung flimmerfrei wahr. Flimmern kann bei Frequenzen unter 20 bis 70 Hz auftreten[4]. Wir sind sensibler in der Peripherie, bei Müdigkeit und stärkeren Kontrasten. Für fließende Bewegungen werden 20 bis 25 Bilder pro Sekunde benötigt. Aber schon ab 3 bis 5 Bildern pro Sekunde werden Bewegungen wahrgenommen, die dann allerdings ruckeln. Mit Bewegtbildern befasst sich Kapitel 6 im Detail.

Damit haben wir einiges über das menschliche Sehen erklärt. Obwohl wir ohne das Auge natürlich nichts sehen würden, erklärt aber erst die Verarbeitung von den Nervenreizen im Gehirn viele der Phänomene des Sehens. Die Interpretation der Reize, die das Auge liefert, nimmt etwa 80% des Gehirns in Anspruch. Das zeigt, dass mit der Leistung des Auges das Sehen erst anfängt.

1.2.2 Visuelle Wahrnehmung

Viele Dinge, die wir sehen, sehen wir eigentlich nicht mit dem Auge, sondern mit dem Gehirn. Dort wird aus Bildteilen und unvollständiger Information ein „Gesamtbild“. Das Gehirn korrigiert und interpretiert, was wir sehen. Oft nehmen wir nicht bewusst wahr, wie aus dem, was wir sehen, etwas wird, was wir zu sehen glauben. In ▶Abbildung 1.2 sehen wir z.B. ein Dreieck, wo eigentlich keines ist. Je nachdem, wie in den anderen beiden Beispielen in der gleichen Abbildung die Kreise gefärbt sind, sehen wir eher Zeilen oder Spalten. Eine ganze Reihe dieser Phänomene wurden unter dem Begriff **Gestaltgesetze** beschrieben. Sie zeigen, wie unser Gehirn bei der Interpretation systematisch Regeln anwendet, um aus scheinbar unzusammenhängenden Bildinformationen eine **Gestalt** zu erkennen. In diesem Fall sorgt das **Gesetz der Schließung** dafür, dass aus drei Haken ein Dreieck wird und das Gesetz der Gleichheit gruppiert Punkte einmal zu Zeilen und einmal zu Spalten.

---

3 Eine Millisekunde (1 ms) ist eine Tausendstelsekunde.

4 Hertz (Hz) ist ein Maß für Frequenzen. Bei einem Hertz (1 Hz) tritt ein Ereignis einmal pro Sekunde auf.

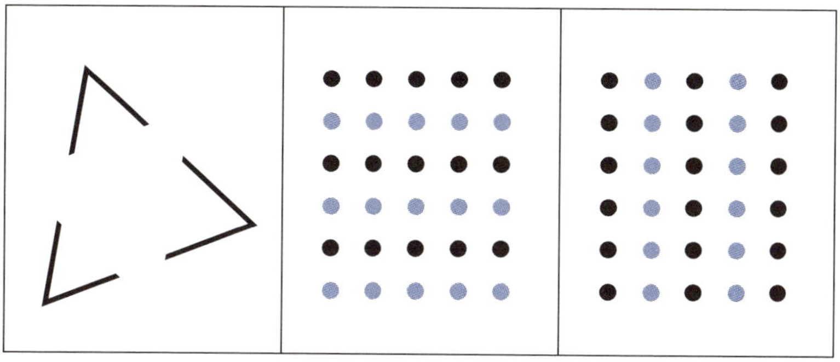

Abbildung 1.2: Gestaltgesetze. Links: Offene Formen werden zu einem geschlossenen Dreieck ergänzt. Mitte und rechts: Je nachdem, welche Punkte schwarz und grau sind, neigen wir dazu, eher Zeilen oder Spalten zu erkennen.

Beispiele für Gestaltgesetze sind

- das **Gesetz der Nähe** gruppiert Dinge zusammen, die räumlich oder zeitlich näher zusammen sind,
- das **Gesetz der Ähnlichkeit/Gleichheit** gruppiert solche Bildteile zusammen, die in Farbe, Form, Helligkeit, Größe oder Orientierung ähnlich sind,
- das **Gesetz der guten Fortsetzung** präferiert räumliche oder zeitliche Einfachheit anhand von Harmonie und Gesetzmäßigkeit,

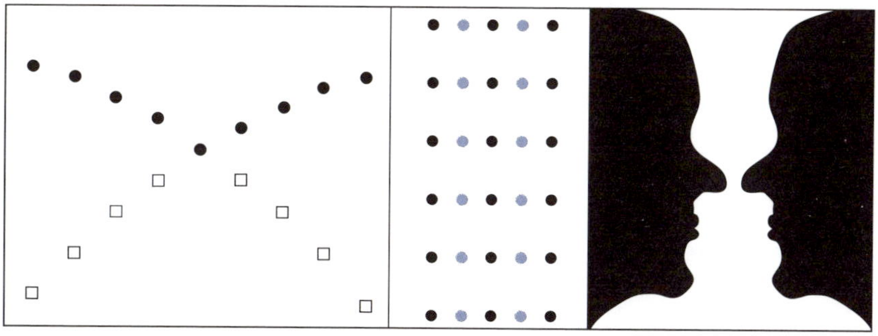

Abbildung 1.3: Konkurrenz von Gestaltgesetzen. Links: Gesetz der Gleichheit vs. Gesetz der guten Fortsetzung. Mitte: Gesetz der Gleichheit vs. Gesetz der Nähe. Rechts: Gesetz der Symmetrie und Unterscheidung Vorder-/Hintergrund

Manchmal konkurrieren verschiedene Gestaltgesetze miteinander. ▶Abbildung 1.3 verdeutlicht dies. Dabei ist die Gleichheit der Form meist schwächer als die Gleichheit der Farbe.

Neben diesen einfachen Gestaltgesetzen gibt es noch eine Reihe von weiteren Regelmäßigkeiten, z.B.:

- Das **Gesetz der Schließung**: Konturen werden möglichst vervollständigt.
- Die **Unterscheidung von Innerem und Äußerem** sowie von **Figur und Hintergrund.**
- Wenn andere Gesetze nicht greifen, hilft noch das **Gesetz der Symmetrie**, das heißt, symmetrische Strukturen gehören zusammen (symmetrischer Zwischenraum wird als Figur, unsymmetrischer Zwischenraum als Hintergrund interpretiert).

Auch dabei können Gestaltgesetze konkurrieren, die zu widersprüchlichen Interpretationen führen können. Vexierbilder sind solche Beispiele, bei denen z.B. zwischen zwei Gesichtern eine Vase erscheint (▶Abbildung 1.3, rechts).

In jedem Fall gilt das **Prinzip der guten Gestalt**, d.h. im Zusammenwirken aller Gestaltgesetze sucht unser Gehirn nach möglichst einfachen, regelmäßigen, symmetrischen und geschlossenen Figuren.

Darüber hinaus versucht unsere Wahrnehmung vertraute Konturen möglichst zu erkennen und besondere Mechanismen sorgen dafür, dass wir wesentliche Objekte besonders schnell erkennen. Zu diesen besonderen Objekten gehören Menschen und Gesichter. Unser Gehirn ist unvergleichlich gut darin, Gesichter zu erkennen. Manchmal spielt uns dabei unsere besondere Fähigkeit der schnellen Erkennung wesentlicher Bildinhalte auch einen Streich. So erkennen wir zuweilen Gesichter, wo keine sind, und lassen uns durch scheinbar wesentliche Dinge in einem Bild so ablenken, dass uns andere Teile gar nicht auffallen.

Zur Wahrnehmung von Abständen und von Höhen und Tiefen wird zum einen **stereoskopisches Sehen** genutzt. Dabei werden die unterschiedlichen Bilder des linken und des rechten Auges verglichen und aus den Verschiebungen von Objekten (den Disparitäten) kann das Gehirn schließen, ob ein Gegenstand näher oder weiter weg ist. Zum andern werden aber auch Informationen innerhalb des Bildes genutzt, um räumliche Anhaltspunkte zu erhalten. Aufeinander zulaufende Linien oder Größenunterschiede gleichartiger Objekte werden perspektivisch interpretiert. Außerdem lassen Verdeckungen, Schatten und graduelle Unterschiede in der Textur Rückschlüsse über die räumliche Anordnung von Objekten zu.

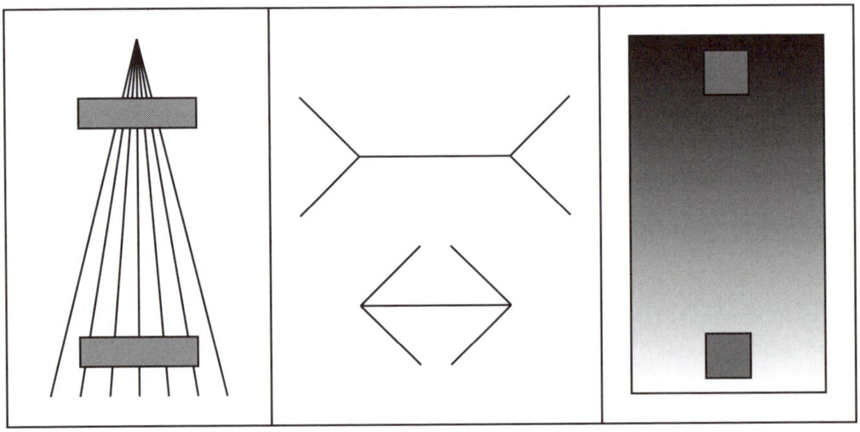

Abbildung 1.4: Optische Täuschungen. Links: Bei der Ponzo-Illusion scheint der obere Balken größer als der untere, beide sind aber gleich groß. Mitte: Muller-Lyer-Illusion: Auch hier scheint die obere waagerechte Linie größer. Rechts: Abhängig von der umgebenen Helligkeit scheint das graue Quadrat einmal heller und einmal dunkler zu sein.

Die Evolution hat unsere visuelle Wahrnehmung so gut optimiert, dass wir meist sehr schnell in Bildern Dinge wahrnehmen und gar nicht anders können, als in jedes Bild Sinn hinein zu interpretieren. Dies führt manchmal zu seltsamen Effekten, die in optischen Täuschungen gezeigt werden können (▶Abbildung 1.4). Bei solchen Effekten handelt es sich aber keineswegs um Fehlleistungen der Wahrnehmung. Vielmehr verdeutlichen sie, wie effizient und stabil unsere Wahrnehmung arbeitet.

1.2.3 Das auditive System

Beim Hören nehmen wir mechanische Wellen wahr, die über die Luft und Druckschwankungen das Ohr erreichen. Das Ohr ist folgendermaßen aufgebaut:

- **Außenohr**: schützt, verstärkt Klang
- **Mittelohr**: leitet Vibrationen ans Innenohr
- **Innenohr**: frequenzspezifische Sinnesnerven übertragen Reize

Wir können Frequenzen im Bereich von 18 bis 20000 Hz wahrnehmen; wobei bei den meisten Menschen die höchsten wahrgenommenen Frequenzen viel tiefer liegen (16000 Hz ist immer noch eine passable Höchstfrequenz). Mit dem Alter lässt die Hörfähigkeit deutlich nach. In Kapitel 4 werden das Ohr und weitere Eigenschaften des Hörens genauer betrachtet und es wird gezeigt, wie man dieses Wissen nutzen kann, um z.B. Musik sehr kompakt zu speichern.

Im Gegensatz zum Sehen ist die räumliche Auflösung deutlich schlechter, sie liegt bei mehreren Grad. Die zeitliche Auflösung ist aber deutlich besser und Reize können schon bei 2 bis 3ms unterschieden werden. Außerdem besitzt das Ohr nicht nur wenige verschiedene Sensortypen wie beim Sehen die Stäbchen und Zapfen, sondern im Innenohr liegen zahlreiche Haarzellen, die eine Vielzahl unterschiedlicher Frequenzen erkennen und in neuronale Signale umwandeln.

Bei der Wahrnehmung von Geräuschen, Klängen, Musik und Sprache spielt auch die Verarbeitung im Gehirn eine große Rolle. Fehlende Information wird ergänzt, Kontextwissen einbezogen und auch hier kann man in gewissem Sinne von Gestaltgesetzen sprechen. Besonders deutlich wird das bei gesprochener Sprache, bei der oft Teile eines Wortes weggelassen (quasi „verschluckt") werden.

Im Gegensatz zur Entwicklung, Gestaltung und Einbeziehung von grafischen und visuellen Elementen wird in Zusammenhang mit Digitalen Medien auditiven Komponenten bislang weniger Beachtung geschenkt. Trotzdem lohnt es sich, auch diesen wichtigen Wahrnehmungskanal ernst zu nehmen.

1.2.4 Haptik und weitere Sinne

Wenn auch Sehen und Hören die wichtigsten Sinne sind, die von Digitalen Medien bedient werden, so spielt die **Haptik**, also die Berührungswahrnehmung in einigen Teilbereichen auch eine Rolle. Die Haut kann sogar verschiedene Reize über Berührung wahrnehmen:

- mechanische Reize, z.B. durch Druck, Vibration, Gleiten
- Temperatur wie Hitze oder Kälte,
- Schmerz, z.B. durch Stiche, Verbrennung, Kneifen.

Im Alltag nutzen wir Haptik ständig und nehmen bei jedem Gegenstand, den wir anfassen, auch wahr, wie er sich anfühlt. Bei vielen handwerklichen Tätigkeiten braucht es buchstäblich Fingerspitzengefühl. Wenn unsere Tastwahrnehmung, z.B. beim Tragen von dicken Handschuhen, fehlt, haben wir erhebliche Schwierigkeiten bei feinmotorischen Arbeiten.

Der Zusammenhang von Berührung und Agieren zeigt sich auch darin, dass die Finger besonders sensitiv sind. Sehbehinderte lesen sogar mit den Fingern. In der Blindenschrift werden Buchstaben als Muster aus kleinen Erhebungen ins Papier gebracht. Ähnlich funktionieren **haptische Displays** für Blinde, nur dass die Erhebungen digital gesteuert werden. Kleine Stifte werden dabei auf einer Platte in der Höhe variiert. Damit kann visuelle Information in ein haptisches Ausgabemedium übersetzt werden.

Ein zweites Anwendungsfeld für haptische Ausgaben sind Geräte, die ein sogenanntes Force Feedback vermitteln. Dies kann bei der Durchführung motorischer Tätigkeiten sehr hilfreich sein. In der Mikrochirurgie, bei der Chirurgen über Endoskope und sehr kleine Werkzeuge, die digital gesteuert werden, minimal invasive Operationen durchführen, können Kräfte auf die Bediengeräte ausgegeben werden, die dem Chirurgen z.B. vermitteln, ob er gerade an ein festeres Gewebe stößt.

Auch bei Computerspielen existieren Geräte, die in ähnlicher Weise auf den Bedienelementen Kräfte an den Nutzer vermitteln und damit realistischere Spielerlebnisse erzeugen.

Eine ganz einfache und viel verbreitete Variante von haptischer Ausgabe ist die Vibration von Geräten. Besonders bei Mobiltelefonen ist dies sehr populär.

Neben der Haptik spielen weitere Sinne zumindest in manchen Anwendungen eine Rolle. In virtuellen Welten, bei denen viele Bewegungen vorkommen, werden den Augen alle möglichen Beschleunigungen in verschiedene Richtungen vorgegaukelt, aber diese Beschleunigungen werden vom Gleichgewichtsorgan nicht wahrgenommen. Dies führt im Extremfall zu Unwohlsein und Übelkeit, der sogenannten **VR-Sickness**, die sich ähnlich wie die Seekrankheit äußert. In diesem Fall wird also die fehlende Stimulation eines Sinnes durch ein Digitales Medium zum Problem. Allerdings ist dies hier kaum ohne sehr aufwändige Simulatoren zu beheben.

Weitere Sinne wie das Riechen oder Schmecken spielen eher eine Exotenrolle, auch wenn in Forschungslaboren an Prototypen gearbeitet wird.

1.2.5 Gedächtnis

Mit der Wahrnehmung von Sinneseindrücken beginnt erst die Verarbeitung von Information im Gehirn. Um sinnvoll auf die Reize der Umgebung zu reagieren, müssen wir Informationen filtern, speichern, bewerten und beantworten. Die Menge an Information, die wir Menschen im Leben verarbeiten, ist zwar beachtlich, aber mit dem stetigen Wachstum an Speicherkapazitäten gar nicht so groß (▶Abbildung 1.5). Mit heutigen Festplatten wäre es kein Problem, alles, was wir hören, aufzuzeichnen. Mit etwas über 500 Terabyte könnten wir auch alles, was wir sehen, aufzeichnen. Ein lebenslanger Multimedia-Live-Mitschnitt ist keine Utopie mehr. Doch das Gehirn muss Information nicht nur speichern. Viel wichtiger ist, dass Information auch verarbeitet und angewandt wird. Dazu müssen die Sinneseindrücke vor allem sinnvoll gefiltert werden. Aus den vielen Daten, die permanent auf uns einströmen, muss das herausgefunden werden, was im jeweiligen Augenblick im Kontext Sinn macht und Bedeutung hat. Es ist z.B. nicht wichtig, alle Details einer Straßenszene zu speichern, aber es ist sehr wichtig, ein kleines rotes Licht rechtzeitig zu erkennen, das zu einer Ampel gehört und einem Autofahrer signalisiert, dass er an einer Kreuzung stehen bleiben muss.

	pro Stunde	pro Jahr	im Leben
Lesen	50 Kilobyte	140 Megabyte	11 Gigabyte
Hören	50 Megabyte	270 Gigabyte	21 Terabyte
Sehen	1 Gigabyte	7 Terabyte	530 Terabyte

Abbildung 1.5: Speicherbedarf für die menschlichen Wahrnehmungen: Lesen (8 Stunden pro Tag), Hören in MP3/CD-Qualität bei 16 Stunden pro Tag und Sehen in Fernsehqualität bei 20 Stunden pro Tag. Gerechnet auf 80 Lebensjahre.

Das Gehirn ist keine Festplatte und arbeitet nicht wie unsere heutigen Computer. Während es beim Erkennen und Zuordnen von Sinneseindrücken sehr viel besser und schneller als alle technischen Systeme ist, ist es beim Abruf von Information eher schlechter. Wir erkennen eine Melodie anhand weniger Takte wieder, auch wenn sie nicht ganz richtig gespielt werden, aber es dauert eine Weile, bis wir ein Gedicht auswendig lernen. Ganze Bücher Wort für Wort zu speichern ist eine Fähigkeit, die kaum ein Mensch besitzt. Dies ist auch wichtig für die Gestaltung von Digitalen Medien: Oft ist es einfacher, ein Icon wiederzuerkennen, als sich einen Satz von Computerbefehlen zu merken. Dies erklärt, warum in den 80er Jahren die **grafischen Bedienschnittstellen** (Graphical User Interfaces, GUI) so erfolgreich waren und die Bedienung durch **Kommandosprachen** fast völlig verdrängten.

Oft teilt man das Gedächtnis in verschiedene Teilgedächtnisse ein, die entweder verschiedene Arten von Information speichern oder diese unterschiedlich lange speichern. Eine gängige Einteilung ist die in ein

- **Kurzzeitgedächtnis** und ein
- **Langzeitgedächtnis**.

Im Kurzzeitgedächtnis werden nur wenige Informationen für kurze Zeit gespeichert und sobald neue Informationen eingehen, vergessen wir schnell wieder das, was kurz vorher noch gesehen oder gehört wurde. Meist kann man sich nur wenige Dinge gleichzeitig im Kurzzeitgedächtnis merken. Wenn wir z.B. einen Tisch mit 20 Gegenständen für kurze Zeit sehen und dann aus dem Gedächtnis sagen sollen, was wir kurz vorher auf dem Tisch gesehen haben, dann können wir uns oft nur an höchstens 10 Gegenstände erinnern. Wenn wir erst eine Stunde später gefragt werden, dann sind es noch weniger. In der Literatur findet man oft den Hinweis, dass das Kurzzeitgedächtnis nur etwa sieben Chunks (Bruchstücke, Fakten) speichern kann. Auch dies sollte man bei der Gestaltung von Bedienschnittstellen berücksichtigen. Allerdings ist die Wiedererkennung einfacher, so dass deutlich mehr Dinge wiedererkannt als gemerkt werden können, weshalb in einem Menü oder auf einem Desktop auch mehr als sieben Icons platziert werden können.

Durch Wiederholung und Lernen gelangen Erfahrungen, Daten und Fakten ins Langzeitgedächtnis. Dieses ist langsamer, aber viel größer als das Kurzzeitgedächtnis. Wir können uns zahllose Dinge für ein Leben merken. Allerdings merken wir uns nicht alles genau so, wie es ist, sondern wir generalisieren und merken uns Dinge im **Kontext**. Beim Abruf von Information spielt dann oft der Kontext eine Rolle und ohne Kontext gelingt es manchmal nur schwer, ein Wort, einen Namen oder sonst eine Erinnerung abzurufen.

Es gibt verschiedene Hypothesen und Theorien darüber, wie die Information im Langzeitgedächtnis gespeichert wird. In der **Künstlichen Intelligenz** und den **Kognitionswissenschaften** wurden **formale Modelle** vorgeschlagen, die semantische Netze, Frames oder andere Formalismen nutzen, um menschlichen Wissenserwerb zu modellieren.

1.2.6 Motorisches System

Neben der Wahrnehmung und der Informationsverarbeitung spielt auch die Möglichkeit zu agieren eine Rolle. Bei heutigen Digitalen Medien kommunizieren wir meist über **motorische Schnittstellen** mit den Computern. Die typischen Eingabegeräte sind **Tastatur**, **Maus** und **Fernbedienung**. Einige Geräte erlauben auch eine direkte Eingabe auf einem Bildschirm mit einem Stift oder den Fingern.

Oft ist die Motorik Ursache für mögliche Fehler:

- Aus Versehen wird nicht genau genug auf ein Bildschirmelement geklickt.
- Statt einfachem wird ein Doppelklick durchgeführt (oder umgekehrt).
- Die falschen Tasten werden auf der Tastatur gedrückt.

Die Präzision und die Antwortgeschwindigkeit bei motorischen Aktionen hängen von vielen Faktoren ab.

- Umgebungsfaktoren können stören und ablenken.
- Müdigkeit und Konzentration spielen eine Rolle.
- Reaktionen auf unterschiedliche Reize sind unterschiedlich schnell.
- Mit dem Alter werden Aktionen langsamer und weniger präzise.

Wichtig bei motorischen Eingaben sind schnelle und gut wahrnehmbare Rückmeldungen. Wird mit einer Maus ein Button gewählt, so muss die Aktion sichtbar oder hörbar sein, sonst werden Nutzer denken, die Aktion hatte keinen Effekt und die Aktion möglicherweise ein zweites Mal ausführen, was zu unerwünschten Folgen führen kann.

Neben motorischen Aktionen lassen sich Computer auch auf anderen Wegen steuern. In Kapitel 9 werden z.B. auch Spracheingaben vorgestellt.

1.3 Soziale und ökonomische Aspekte

1.3.1 Medien und Interaktion

Digitale Medien haben nicht nur Bedeutung für die Informatik bzw. Medieninformatik als technische Herausforderung. Digitale Medien haben auch gesellschaftliche Auswirkungen und ändern die Art und Weise, wie Menschen Nachrichten aufnehmen, miteinander kommunizieren und ihre Arbeitsabläufe strukturieren. Für einige Wissenschaftler stellen Digitale Medien einen kulturellen Umbruch dar, der ähnlich wie die Einführung des Buchdrucks im 15. Jahrhundert nachhaltige und globale Auswirkungen auf die Gesellschaft haben wird. Warum haben Digitale Medien das Potenzial für solch einen radikalen Wandel und warum ist die Medieninformatik eine Schlüsseltechnologie dafür?

Aus der Sicht der Informatik ist die Medieninformatik ein Paradigmenwechsel. Während in der klassischen Informatik Computer, Programme und Daten im Vordergrund stehen, sind bei der Medieninformatik der Mensch und die Interaktion im Fokus des Interesses.

Typische Bereiche der klassischen Informatik sind:

- Betriebssysteme,
- Datenbanken,
- große Rechenleistungen (Supercomputer, wissenschaftliches Rechnen),
- Datenanalyse,
- Informationssysteme.

In der Medieninformatik rücken dagegen folgende Bereiche ins Zentrum:

- vernetzte Systeme,
- multimediale und multimodale Systeme,
- Electronic Commerce,
- interaktive Systeme,
- Entertainment,
- Lernsysteme.

Zunächst besitzen diese Bereiche ebenso wie die anderen Bereiche der Informatik auch technische Herausforderungen und viele technische Lösungen, spezielle Algorithmen und formale Modelle prägen auch die Medieninformatik. Wenn man nur diese Aspekte betrachtet, dann ist dieser Teil der Medieninformatik tatsächlich ein Teilgebiet der Informatik, das sich kaum von anderen Fragestellungen unterscheidet. Der entscheidende Unterschied und die Ursache für die besondere gesellschaftliche Bedeutung liegen in der **interaktiven Natur** der Digitalen Medien. Durch Interaktionsmöglichkeiten können Computer zu Medien werden und als Digitale Medien beeinflussen sie die Art und Weise, wie Informationen und Nachrichten kommuniziert und wahrgenommen werden.

Das heißt, durch die technischen Grundlagen der Medieninformatik und vor allem durch die Interaktionsmöglichkeiten ist es möglich, eine neue Generation von Medien zu etablieren, die aus der Industriegesellschaft eine echte **Informationsgesellschaft** machen.

Interaktion bedeutet zunächst, dass zwei Akteure gemeinsam etwas tun, wobei durch das Austauschen von Information zwischen den Akteuren beide sich gegenseitig beeinflussen. Dazu müssen beide Akteure in der Lage sein,

- wahrzunehmen, was der andere macht,
- diese Wahrnehmungen zu verarbeiten
- und dann darauf zu reagieren.

Im einfachsten Fall interagieren zwei Menschen miteinander und tauschen Nachrichten durch Sprache aus. Ein Dialog ist die prototypische Form der Interaktion. Aber auch mehrere Personen können miteinander interagieren und andere Formen der Informationsübermittlung als Sprache sind möglich. In einem klassischen Konzert interagieren der Dirigent und die Musiker miteinander, vermittelt durch die Gesten des Dirigenten und durch die gespielte Musik der Musiker.

Computer können als Digitale Medien dazu genutzt werden, um mit anderen Menschen zu interagieren. Zwei Menschen können einen Dialog beispielsweise über ein Chat-Programm führen, anstatt sich direkt zu unterhalten. Zum anderen können Digitale Medien aber auch selbst zum **Interaktionsmedium** werden. Das heißt, ein Computersystem ist nicht mehr passiver Übermittler der Interaktion zwischen menschlichen Akteuren, sondern selbst Akteur. Dies bringt eine neue Qualität ins Spiel, weil durch die (vermeintliche) Intelligenz der Computer diese selbst Information

- wahrnehmen (Texte, Eingaben, Sprache erfassen),
- verarbeiten (Wesentliches extrahieren und bewerten)
- und darauf reagieren (Antworten generieren).

Diese **künstliche Intelligenz** ist sicher nicht vergleichbar mit der Intelligenz eines Menschen. Insbesondere haben Computer keine echte Vorstellung von der Welt. Sie verarbeiten lediglich Zeichen und Informationen, für die ihre Programme, Software und Hardware ausgelegt wurden. Trotzdem wird der Computer zunehmend als Interaktionspartner wahrgenommen und schon frühe Experimente haben gezeigt, dass ein Computerprogramm keine echte Intelligenz benötigt, um intelligent zu wirken. So hat Joseph Weizenbaum bereits in den 60er Jahren mit seinem Chat-Programm **ELIZA** eine Psychologin simuliert, die ihren Gesprächspartnern suggeriert, mit einem echten Menschen zu kommunizieren, obwohl das Programm keinerlei Verstehen des Gesagten leisten konnte.

Interaktion kann also mit mehr oder weniger tiefem Verstehen des Interaktionspartners geschehen. Wesentlicher als der Grad des tatsächlichen Verstehens ist der Eindruck, ob die Antwort zu der eigenen Erwartung passt. Das heißt, dass Interaktion danach bewertet werden muss, ob die Interaktionspartner erwartungskonform agieren. Dabei kann es mehr oder weniger viel Beeinflussung der Partner geben. Im Extremfall wird aus einem Dialog ein Monolog, das heißt, dass die Kommunikation nur in eine Richtung läuft.

Neben der neuen Rolle des Computers als Interaktionsmedium ist auch das Entstehen neuer Digitaler Medien wesentlich für den derzeitigen Wandel, der durch die Medieninformatik ermöglicht wird. Im Prinzip können viele Digitale Medien als Digitalisierung bestehender Medien betrachtet werden:

- Aus Büchern werden eBooks.
- Aus Lexika werden Wikis.
- Telefonie wird zur Internet-Telefonie.
- Tagebücher werden zu Blogs.
- Fernsehen findet jetzt auch im Internet statt.
- Die Produktion von Bildern und Audio erfolgt auf Computern und nicht mehr in der Dunkelkammer oder dem Tonstudio.
- Aus Nachrichtenmagazinen werden Online-Angebote.

So gesehen finden die meisten neuen Formen Digitaler Medien Entsprechungen in der nichtdigitalen Welt. Man könnte also meinen, dass hier lediglich ein technischer Wandel analoge Datenträger durch digitale ersetzt. Dem ist aber nicht so, da sich durch die Digitalisierung der Medien die Natur dieser Medien grundlegend ändert. Ein Medium ist nicht nur durch den Inhalt bestimmt, sondern auch durch seine Erscheinung und physikalische Realisierung. Der Medientheoretiker Marshall McLuhan hat dies mit dem Satz „The medium is the message“ auf den Punkt gebracht. Durch die Form des Mediums werden der Inhalt der transportierten Nachricht, die Wirkung und der Umgang damit wesentlich bestimmt. Neue Formen von Medien bedeuten somit auch enorme Effekte bei der Wirkung der Medien. In diesem Sinne haben die Digitalen Medien eine Vielzahl neuartiger Medien hervorgebracht und in der kurzen Zeit, seit es diese Medien gibt, bereits bewiesen, dass sie die Medienlandschaft revolutionieren können. Die Erfolge des Internets, die Verdrängung der Printmedien und des Fernsehens und die Bedeutung von digitalen Nachrichten zeigen, dass Digitale Medien bereits begonnen haben, die Gesellschaft nachhaltig zu verändern.

Einige Eigenschaften der neuen Medien sind:

- sofortige und ortsunabhängige Verfügbarkeit,
- beliebige Vervielfältigung;
- jeder kann selbst als Autor potenziell eine breite Masse an Konsumenten erreichen;
- geringere Zensurmöglichkeit,
- aber auch geringere Kontrollmöglichkeit.

Diese Eigenschaften bieten viele Chancen, bergen aber auch Risiken. Für viele bedeuten sie mehr Freiheit, aber auch Fehlinformationen und Demagogie können leichter kommuniziert werden. Auch illegale oder jugendgefährdende Inhalte können weltweit nahezu ungehindert verbreitet werden. Für totalitäre Staaten steckt in den neuen Medien viel Sprengstoff, da sie nicht mehr unter zentraler Kontrolle zu halten sind. Die Weisheit der Mengen (Wisdom of the crowds), die mit Wikipedia ein erstaunlich gutes und umfangreiches Lexikon geschaffen hat, konkurriert auch mit Dummheit, Ignoranz und Demagogie, die unreflektiert eine breite Masse erreichen kann.

1.3.2 Semiotik: Zeichen und Interaktion

Computer sind Maschinen, die stets mit **abstrakten Zeichen** und **Symbolen** arbeiten. Offensichtlich müssen bei interaktiven Systemen und Digitalen Medien Zeichen vermittelt werden. Menschen und Computer sind beschränkt in der Art, dem Umfang und der Komplexität der Eingaben und Ausgaben, die sie verarbeiten können. Computer können sehr schnell sehr große Mengen an Daten ein- oder ausgeben, bieten aber nicht viel Tiefgang bei der Verarbeitung an. Dagegen können Menschen einen Witz oder eine subtile Bemerkung mit Ironie leicht richtig zuordnen, aber die Zahl der Worte, die wir pro Minute sprechen oder verstehen können, ist sehr beschränkt.

Vier Aspekte spielen bei einer Interaktion von Mensch und Computer eine Rolle:

- der Mensch,
- das System,
- die Eingabe (ins System) und
- die Ausgabe (vom System).

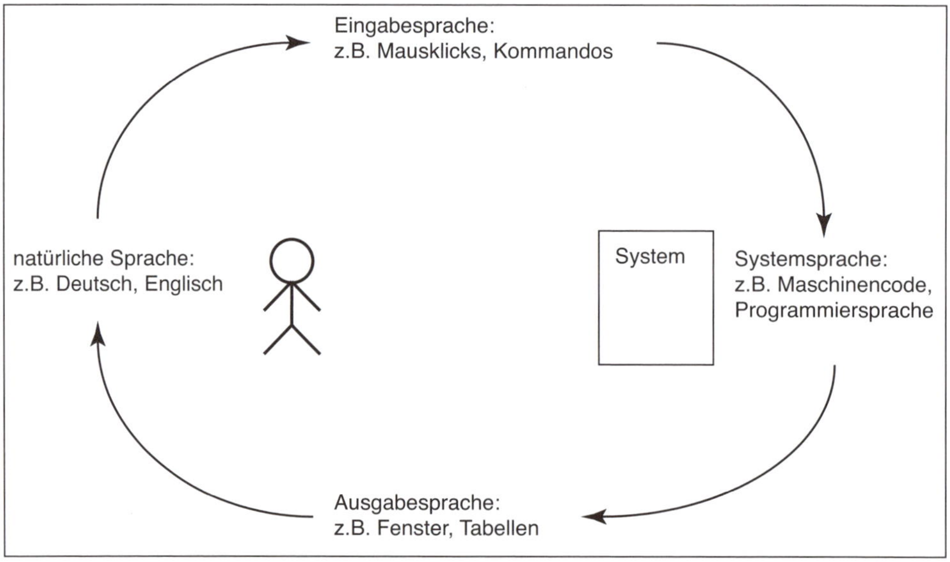

Abbildung 1.6: Notwendigkeit der Übersetzung bei der Interaktion

Jeder Teil hat seine eigene Sprache und bei gelungener Interaktion geht es oft darum, die Übersetzung so einfach wie möglich zu gestalten (▶Abbildung 1.6).

- Menschen denken und sprechen in natürlicher Sprache, aber nutzen auch nonverbale Konzepte und Assoziationen.
- Das Computersystem arbeitet mit Symbolen und Symbolketten, die wiederum auf Bits und Bytes und Maschinenbefehle abgebildet werden. Auf höheren Abstraktionsstufen existieren Modelle, die z.B. in Datenbanken Wissen über die Welt strukturieren.

- Die Eingabesprache ist oft von den technischen Gegebenheiten bestimmt und kann aus Kommandos, Mausklicks, Gesten oder anderen Elementen bestehen.
- Die Ausgabesprache kann visuell, akustisch über Text, Bilder, Filme, Animation, Symbole und weitere Möglichkeiten vermittelt werden.

Die Übersetzung zwischen den vier unterschiedlichen Sprachen und Kodierungen ist eine große Herausforderung für Systementwickler, Gestalter und die Nutzer der Systeme.

Im fertigen System muss ein Nutzer zunächst seine eigene Intention festlegen und dann auf mögliche Aktionen des Systems abbilden. Zur Suche nach mehr Information über „Digitale Medien" will ein Nutzer z.B. eine Suchmaschine nutzen. Dies muss übersetzt werden in einen Doppelklick auf ein Icon des Browsers und das Eintippen des Suchwortes in ein Formular. Das System interpretiert den Doppelklick mit dem Programmstart des Browsers und der Browser interpretiert den Formulareintrag mit einer Suchanfrage. Das System antwortet zunächst mit dem Programmstart und dann mit der Ausgabe der Suchmaschine im Browser-Fenster. Unser Nutzer kann dann die Informationen, die er sucht, im nächsten Interaktionsschritt selektieren. Dabei zeigt sich, dass eine scheinbar alltägliche Interaktion mit einem Computer tatsächlich eine Reihe von Übersetzungen nötig macht, die nicht trivial sind. Offensichtlich gewöhnen sich aber Menschen an häufige Aktionen und deren Bedeutung, so dass ein Doppelklick selbstverständlich als Aufruf eines Programms gesehen wird.

- Bei weniger routinierten und komplexeren Aktionen oder wenn plötzlich Fehler auftreten, stellt man aber schnell fest, dass es bei diesen Übersetzungsprozessen viele Probleme geben kann:
- Die Intention eines Nutzers entspricht nicht unbedingt der Formulierung in der Eingabesprache (z.B. durch Fehlbedienung oder Fehlinterpretation eines Kommandos).
- Die gewünschte Intention lässt sich gar nicht direkt in der Eingabesprache realisieren.
- Der wahrgenommene Systemzustand entspricht nicht dem erwarteten Zustand (z.B. das System arbeitet noch, aber es sieht so aus, als ob es nicht mehr funktioniert).

Solche Phänomene wurden auch als **Gulf of Execution** bzw. **Evaluation**, also als klaffende Lücke bei der Ausführung und Auswertung von Computerprogrammen, bezeichnet. Die Kunst bei der Gestaltung von guten Bedienschnittstellen liegt in der Überbrückung dieser Kluft.

Bei der Interaktion und der Arbeitsweise von Computern spielen demnach in vielfältiger Weise Sprachen und Zeichen eine Rolle. Dabei sind hier nicht nur natürliche Sprachen wie Deutsch, Englisch oder Französisch gemeint, sondern ganz allgemeine Sprachen, deren Zeichen nicht unbedingt Buchstaben sein müssen. Die **Semiotik** ist die Lehre von den Zeichen und beschäftigt sich mit der Theorie der Zeichen und Symbole und kann helfen, die Welt der Zeichen besser zu verstehen.

Dabei geht es darum, zu verstehen, wie ein Zeichen in Beziehung zu demjenigen steht, der es interpretiert, und zu dem, was das Zeichen „bezeichnet", also welches Objekt gemeint ist. Im einfachsten Fall würden alle Objekte der Welt genau durch ein Zeichen repräsentiert werden. Dann wäre die Interpretation der Zeichen einfach und wenn jemand eine zweite Sprache mit anderen Zeichen ins Spiel bringen würde, bei dem auch jedem Zeichen genau ein Objekt (und umgekehrt) entspricht, wäre auch die Übersetzung von einer Sprache in eine andere ganz einfach.

Leider ist das nicht nur selten, sondern sogar fast nie der Fall. Jede Sprache ist eine Abstraktion der Welt und in jeder Sprache müssen in einem Zeichen oder einem Satz immer Umstände aus der realen Welt weggelassen werden. Sprachen und Zeichen sind also von Natur aus keine vollständigen Beschreibungen der Welt. Da Computer aber nur mit Symbolen und solchen abstrakten Zeichen arbeiten, können sie auch kein vollständiges Wissen der Welt haben.

An dieser Stelle kann man die Frage stellen, wo denn die Information über die Welt in der Sprache und den Zeichen verloren geht und warum Menschen trotz unvollständiger Information in einem Dialog verstehen können, worum es geht.

Typischerweise werden in der Semiotik Sprache und Zeichen auf verschiedenen Ebenen betrachtet:

- **Kanäle**: physikalischer Transport der Zeichen, z.B. auf Papier oder durch Schallwellen etc.
- **Zeichen**: elementarer Vorrat von Zeichen, z.B. Buchstaben, Laute
- **Syntax**: Struktur der Zeichen für wohlgeformte Äußerung, z.B. durch eine Grammatik, die angibt, wie man Sätze bildet
- **Semantik**: Bedeutung der Äußerungen,
- **Pragmatik**: Handlungsrelevanz der Äußerung.

Offensichtlich geht bei der Formulierung eines Sachverhalts in Zeichen und Syntax ein Teil der Bedeutung verloren, da hier abstrahiert werden muss. Die Semantik beschreibt die Bedeutung. So ist für den deutschen Satz „Ich gehe jetzt arbeiten" zunächst relativ klar: Eine Person, nämlich der Sprecher, hat offensichtlich zu einer bestimmten Zeit, nämlich „jetzt", vor zu arbeiten. Obwohl dies eine offensichtliche Bedeutung hat, stellt sich die Frage, was nun eigentlich gemeint ist und was der Sinn davon ist. Die Pragmatik interpretiert die Bedeutung eines Satzes im Kontext und klärt die Relevanz des Gesagten für eigene Handlungen. Je nach Situation kann unser Beispielsatz unterschiedliche Bedeutung und Wirkung haben:

- Sprecher: Arbeitnehmer, Situation: verlässt morgens das Haus, Wirkung: Verabschiedung
- Sprecher: Arbeitsloser, Situation: findet eine neue Stelle, Wirkung: Jubel
- Sprecher: Jugendlicher, Situation: Eltern wollen, dass er Abitur macht, Wirkung: Rebellion

Das heißt, die Wirkung wird durch die Pragmatik im Kontext und in der Situation ermittelt. Genau in diesem Punkt liegt die Stärke menschlicher Sprache. Wir können durch die Nutzung von Zeichen mithilfe abstrakter Symbole kommunizieren und dadurch sehr viel Information weglassen, die wir über den Kontext und die Situation in der Pragmatik wieder ergänzen. Unsere Einbettung in einen Kontext und unser Wissen über die Welt helfen uns, Zeichen und Sprache so effizient zu nutzen, dass uns bei gelungener Interaktion mit anderen Menschen oft gar nicht auffällt, wie viel Sinn und Bedeutung erst weggelassen und dann wieder ergänzt wird.

Bei der Interaktion mit Computern müssen wir im Gegensatz dazu oft alles sehr eindeutig ausdrücken und ein Verständnis vom Kontext und eine pragmatische Interpretation von Nutzereingaben sind noch lange nicht realisiert. Während einige Wissenschaftler davon ausgehen, dass dies auch nie realisierbar sein wird, gibt es aber auch andere, die daran arbeiten, zumindest schrittweise mehr Kontextwissen und Pragmatik in die Interaktion zwischen Mensch und Computer zu bringen.

1.3.3 Medienökonomie

Digitale Medien ermöglichen neue Interaktionsformen und können als neue Medien **sozial** und **ökonomisch** nachhaltige Veränderungen bewirken. Im weiteren Kontext des Internets, neuer mobiler Netze und von IT-Produkten haben sich bereits neue Geschäftsfelder und **Wertschöpfungsketten** etabliert. Daneben steht die Medienbranche mit ihren wirtschaftlichen Rahmenbedingungen durch den Trend von analogen Medien hin zu Digitalen Medien vor einem grundlegenden Wandel.

Auf der einen Seite sind Digitale Medien Teil der **Internetökonomie** und der Wirtschaft in der Informationsgesellschaft. Auf der anderen Seite ist die **Medienökonomie** der wirtschaftliche Rahmen, in dem Produkte der Digitalen Medien bestehen müssen.

Die **industrielle Revolution** hat im Übergang vom 19. zum 20. Jahrhundert die Produktionsweise und die Wirtschaftssysteme der Welt völlig verändert. Durch industrielle Produktion wurden Werte geschaffen und sie bestimmten die sozialen Verhältnisse bis weit ins 20. Jahrhundert hinein. Heute ist die industrielle Produktion nicht mehr die treibende Kraft der Weltwirtschaft. Vielmehr haben Dienstleistungen und auch die Informations- und Kommunikationstechnologie neue wichtige und treibende Wirtschaftszweige hervorgebracht. Dieser Strukturwandel ist global fast überall zu beobachten.

Heute spricht man sogar davon, dass wir in einer Informationsgesellschaft leben, in der die Entwicklungen der Informations- und Kommunikationstechnologien bestimmend für den Fortschritt sind. Von einer **Wissensgesellschaft** wird darüber hinaus gesprochen, wenn insgesamt das intellektuelle und praktische Wissen einer Gesellschaft die ökonomische Grundlage darstellt. Das heißt, dass Wissen eine strategische Ressource wird und durch Vernetzung, Technologie (Wissensmanagement) und als Produkt in Dienstleistungen selbst zum veräußerlichen Gut wird.

Warum ist die Informationsgesellschaft so verschieden von der Industriegesellschaft? Sind Produkte der Informations- und Kommunikationstechnik nicht vergleichbar mit industriell produzierten Gütern? Was unterscheidet ein Stück Software von einem Auto? Tatsächlich gibt es eine ganze Reihe von Unterschieden. Informationelle Güter wie Software oder Daten

- können beliebig und ohne Aufwand kopiert werden,
- benötigen bei der Produktion kaum noch Rohstoffe,
- Produkte können per Mausklick transportiert werden,
- sind global einsetzbar und herstellbar.

Insbesondere bedeutet das, dass keine Fabriken zur Produktion benötigt werden und der Transport zum Nutzer extrem günstig ist. Die Entwicklung kann durch vernetzte Arbeit verteilt überall auf dem Globus stattfinden. Dadurch sind in großem Maße **Outsourcing** (die Auslagerung von Unternehmensteilen in separate Unternehmen) und **Offshoring** (die Verlagerung von Unternehmensteilen an günstigere Standorte) möglich.

Ein besonderes Merkmal informationeller Güter ist, dass sie eigentlich immer im selben Zustand bleiben. Eigentlich findet kein Verschleiß statt. Wenn man also eine geeignete Sicherungskopie besitzt, kann man jederzeit auch in Zukunft auf das Originalprodukt zugreifen. Obwohl damit ein einmal erworbenes Produkt eigentlich für immer einsetzbar sein sollte, existiert ein **innovativer Verschleiß**, der auch diese immateriellen Güter altern lässt und oft dazu führt, dass man sogar in relativ kurzen Zyklen neue Varianten (Updates) benötigt. Ursachen für innovativen Verschleiß sind:

- Anforderungen an die Produkte wachsen mit wachsenden Datenvolumen,
- für neue Systemumgebungen (z.B. Betriebssysteme) muss Kompatibilität hergestellt werden,
- Interoperabilität mit anderen Produkten verlangt nach Updates (z.B. wegen Importmöglichkeiten von Dateien anderer Programme),
- Erwartung der Nutzer für neue Features, die bei anderen Programmen vorhanden sind,
- Notwendigkeit von Sicherheitsupdates,
- Einstellung der Wartung von Programmen durch Hersteller.

Digitale Produkte unterscheiden sich auch von klassischen Gütern in der Art, wie sie vermarktet werden. Viele Produkte werden sogar kostenlos angeboten: Zum einen gibt es private Anbieter, aber auch größere Konsortien, die Daten und Programme als **Open Source** anbieten, aber auch viele kommerzielle Firmen vertreiben Softwareversionen oder Produktkomponenten, ohne Lizenzgebühr zu verlangen. In vielen Fällen steckt hinter solchen Vertriebsmodellen aber trotzdem ein kommerzielles Interesse. Zum einen wird **kostenlose Software** eingesetzt, um schnell in einem großen Marktsegment Standards zu etablieren, die es dann ermöglichen, Spezialsoftware für diese Standards zu vertreiben. Zum anderen werden oft einfachere Versionen **kostenpflichtiger Software**, bei denen manche Features nicht aktiviert sind, kostenlos vertrieben. Nutzer, die mit der kostenlosen Variante positive Erfahrungen gemacht haben, kaufen dann eher die Vollversion, wenn sie eine leistungsfähigere Software benötigen.

Generell ist eine Versionierung bei digitalen Produkten in ganz anderem Maße möglich als bei traditionellen Produkten. Massenproduktion mit individueller Anpassung kann differenzierten Kundenwünschen Rechnung tragen. Durch Anpassung und Konfiguration lassen sich so Softwareprodukte maßschneidern.

Durch den globalen Markt und die Möglichkeit, Produkte jederzeit weltweit anzubieten, haben auch Nischenprodukte Chancen. Trotzdem wird der Markt von großen Wettbewerbern beherrscht, die oft durch strategische Allianzen ihre Stellung sichern.

Für den Bereich der Digitalen Medien spielt neben diesen generellen Eigenheiten digitaler Produkte auch die **Medienökonomie** eine Rolle, die sich mit den Marktgegebenheiten der Medien beschäftigt. Durch die Massenmedien werden Information, Werbung und Unterhaltung produziert, vermarktet und konsumiert. Mit der Digitalisierung der Medien haben sich in diesem Bereich einige nachhaltige Änderungen ergeben. Klassische Medien wie Zeitungen, Radio und Fernsehen geraten durch zum großen Teil kostenlose Angebote im Internet in die Defensive. Neue Anbieter konkurrieren um Werbeeinnahmen, die sich zunehmend in den Onlinemarkt verlagern.

Dabei sind **Konzentrationsprozesse** zu beobachten, die dazu führen, dass tendenziell solche Anbieter größer werden, die schon groß sind. Dieses Phänomen ist im Werbemarkt durchaus bekannt: Ein Anbieter mit hoher Auflage erreicht mehr Werbekunden und bekommt deshalb mehr Webeaufträge. Mit höheren Werbeeinnahmen kann aber wiederum das Angebot besser gestaltet werden und die Auflage kann wachsen. Im Internet gilt dies nicht nur für Nachrichtenportale, sondern auch z.B. für Suchmaschinen.

Neben der Beschreibung der Marktzusammenhänge betrachtet die Medienökonomie auch diese Konzentrationsprozesse. Da die Versorgung mit Information auch ein gesellschaftliches Ziel ist, werden Verflechtungen in diesem Bereich durch unabhängige Kommissionen untersucht, so dass gegebenenfalls eine zu große Medienmacht einzelner Konzerne kontrolliert werden kann[5].

Zu den wichtigen wirtschaftlichen Fragestellungen Digitaler Medien gehören außer diesen diskutierten gesellschaftlichen und globalen Aspekten auch betriebswirtschaftliche Konzepte. Aus einer guten Idee wird nur dann ein ökonomischer Erfolg, wenn sie auch richtig umgesetzt wird. Zu dieser Umsetzung gehört in der Regel ein **Geschäftsmodell**, in dem die Geschäftsidee beschrieben wird. Ein solches Geschäftsmodell (oder Businessplan) soll bei der Gründung einer Firma potenzielle Investoren davon überzeugen, dass eine Idee auch wirklich in ein lukratives Produkt umgesetzt werden kann. Dazu muss geklärt werden:

- Was ist das Nutzerversprechen? Wie können Kunden oder andere einen Vorteil durch das Produkt haben?
- Wie sieht die Wertschöpfung aus? Was wird wie und zu welchen Preisen angeboten?
- Welche Erträge werden erwartet? Aus welchen Quellen kommen die Einnahmen?

---

5 In Deutschland gibt es z.B. die Kommission zur Ermittlung der Konzentration im Medienbereich (KEK).

1.4 Technische Entwicklungen

Der Erfolg der Medieninformatik basiert zu einem großen Teil darauf, dass technische Entwicklungen die Verarbeitung von Digitalen Medien in großem Umfang ermöglicht haben. Noch vor wenigen Jahrzehnten waren große und teure Workstations mit spezieller Grafik-Hardware nötig, um digitale Bilder zu bearbeiten. Erst seit wenigen Jahren können digitale Videos in sehr guter Qualität auf PCs von Privatanwendern gezeigt werden. Besonders Speicher, Prozessoren, Sensoren und Netze haben dazu beigetragen, dass Digitale Medien heute für jeden verfügbar sind. Die heute gängigen Interaktionstechniken wurden mit den neuen Entwicklungen auch kontinuierlich weiterentwickelt, basieren aber zum großen Teil auf Konzepten, die schon vor einigen Jahrzehnten entwickelt wurden.

1.4.1 Speicher, Prozessoren und Sensoren

Digitale Videorekorder lösen momentan klassische analoge Bandgeräte ab. Dies liegt vor allem daran, dass **digitale Speichermedien** immer größer und billiger geworden sind. Festplatten mit vielen hundert Gigabyte sind erschwinglich und breit verfügbar. Ebenso können Musik und Fotos in großem Umfang digital archiviert werden. Billigere und größere Speicher sind aber nicht nur in Form von Festplatten in stationären Geräten relevant. Auch in mobilen Geräten gab und gibt es einen enormen Kapazitätszuwachs. Speicherkarten für Kameras, Mobiltelefone und Musikplayer haben es ermöglicht, dass Digitale Medien quasi überall hin mitgenommen werden können.

Zur Verarbeitung Digitaler Medien benötigen Geräte neben dem Speicher vor allem geeignete Prozessoren. Auch hier hat ein vergleichbarer Zuwachs an Leistung bei gleichzeitiger Senkung der Kosten stattgefunden. Ein **Multimedia-PC** mit schneller Hardware kann heute mühelos mit allen Arten von Digitalen Medien umgehen und ist für die meisten Haushalte erschwinglich. Für die Leistung der Computer sind dabei einerseits die zentralen Prozessoren (CPU, Central Processing Unit) entscheidend, aber andererseits auch die **Spezialprozessoren** für Audio und Grafik. Viele PC-Systeme besitzen mehrere CPUs, die parallel arbeiten. Die Audio- und Grafikprozessoren, die in der Regel auf speziellen Audio- oder Grafikkarten untergebracht sind, ermöglichen die effiziente Ausführung von Programmen, die z.B. Musik, Bilder oder Videos verarbeiten. Aber auch bei Computerspielen, in denen die Computergrafik entscheidend ist, sind die Grafikkarten wichtig, da sie sehr effizient die Ansichten von Objekten berechnen können, die auf dem Bildschirm dargestellt werden sollen.

Während zur Archivierung und Verarbeitung Digitaler Medien große Speicher und schnelle Prozessoren wichtig sind, werden zur Erstellung **Sensoren** benötigt, die kostengünstige Digitalisierungen von Bild und Ton ermöglichen. Dabei stellen bei der Aufnahme von Bildern vor allem die Qualität und bei Videos zusätzlich die Geschwindigkeit eine große Herausforderung dar. Bildsensoren sollen rauschfreie und möglichst genaue Bilder erzeugen, was mit modernen Sensoren schon sehr gut funktioniert. Im Vergleich zu analogen Aufnahmen wie z.B. Kleinbildfilm besitzen die digitalen Sensoren sogar den

Vorteil, dass sie oft in einem größeren Bereich unterschiedlicher Helligkeit gut arbeiten können. Allerdings ist die Auflösung im Vergleich zum analogen Film noch nicht ganz so gut.

1.4.2 Netze

Netze und vor allem das Internet sind für Digitale Medien sicher eine der wichtigsten Schlüsseltechnologien. Trotzdem hat es einige Jahrzehnte seit Erfindung des Internets gedauert, bis sich das **World Wide Web** zu dem Massenmedium entwickelt hat, das es heute ist. Dies liegt auch daran, dass leistungsfähige PCs und hohe Datenraten für Privatanwender erst um die Jahrtausendwende breit verfügbar wurden.

Das **Internet** ist mehr als nur ein Transportmedium, das Kommunikationspartner miteinander verbindet. Mit den Ressourcen, die im Internet in Form von Datenbanken, Unterhaltungsprodukten, Einkaufsmöglichkeiten etc. weltweit angeboten werden, ist es auch eine Plattform für alle möglichen beruflichen und privaten Tätigkeiten. Viele Dienste, die früher der eigene PC übernahm, können heute auf Netzressourcen ausgelagert werden. Dazu gehören z.B. Speicher für Bilder oder andere Daten. Manche Webanwendungen stellen Programmfunktionalitäten zur Verfügung, die bisher auf dem eigenen Rechner als Software installiert waren. So gibt es z.B. Webanwendungen, die Textverarbeitungen oder Tabellenkalkulationen anbieten.

Neben den stationären Netzen sind **mobile Netze** mittlerweile auch für Digitale Medien im Kommen. Während frühere Mobilfunkstandards noch unzureichende Datenraten für multimediale Inhalte anboten, können mit modernen Techniken wie z.B. UMTS auch Bilder und Videos auf mobilen Endgeräten präsentiert werden. Weitere Netztechniken wie WLAN oder Bluetooth werden im privaten Umfeld und im Nahbereich eingesetzt.

Durch Internet und drahtlose Netze sind Informationen jederzeit und überall verfügbar. Nicht nur Nutzer können somit weltweit Daten und Dienste nutzen, auch Gegenstände lassen sich mit Netztechnologie ausgestattet in einem **Internet der Dinge** in diese Netze einbinden. Fahrzeuge von Speditionen können beispielsweise mit Mobilfunk ihrem Spediteur jederzeit mitteilen, wo sie sind und ob es zu Verzögerungen bei der Auslieferung von Waren kommt. Aber auch Alltagsgegenstände können vernetzt werden. In der Hausautomatisierung gibt es Sensoren für Licht und Wärme, die vernetzt mit Schaltern und Reglern kommunizieren, die dann in einem Haus die Heizung regeln oder die Lichter ein- und ausschalten können. Solche vernetzten Geräte wiederum können über das Internet vom Hausbesitzer angesprochen werden, der dann im Urlaub überprüfen kann, ob zu Hause alles in Ordnung ist.

Diese und ähnliche Szenarien werden unter den Begriffen **Ubiquitous Computing** oder **Pervasive Computing** weltweit diskutiert. Dabei geht es um die allgegenwärtige (ubiquitous) Integration von Rechnern in der Umgebung der Nutzer. Dabei dringen die Rechner in Alltagsgegenstände ein (pervasive) und machen aus passiven Objekten intelligente Dinge, die ihren Zustand über Netze kommunizieren können.

Die Vernetzung und Computerisierung von Alltagsgegenständen und die permanente Verbindung der Nutzer zur digitalen Welt verändern die Interaktion und Wahrnehmung nachhaltig. Für die Gestaltung und die Untersuchung der Auswirkungen Digitaler Medien in diesem Umfeld existieren eine Reihe von Herausforderungen, die in Zukunft noch zu lösen sein werden.

1.4.3 Interaktion

Ein Merkmal der Interaktion wurde bereits aus der medientheoretischen und semiotischen Perspektive betrachtet: Interaktion bedeutet Übersetzungen von unterschiedlichen Sprachen und Formulierungen, die Intentionen, Systemzustände, Eingaben und Ausgaben beschreiben.

Interaktion mit Computern hat seit Erfindung der ersten Rechenmaschinen zahlreiche Paradigmenwechsel erfahren. Bei den ersten Computern war die Bedienung von Computern tatsächlich wörtlich zu verstehen. Menschen dienten der Maschine. Als Bediener der Maschine mussten sie dafür Sorge tragen, dass alle Abläufe reibungslos funktionierten, und mögliche Störungen beseitigen. Dieses Paradigma ist manchmal immer noch präsent, aber bei den meisten Entwicklern hat sich zumindest in der Theorie die Auffassung durchgesetzt, dass Computer den Menschen dienen sollten und nicht umgekehrt. Dazu müssen Computer Menschen bei dem unterstützen, was die Menschen in der Interaktion mit Computern beabsichtigen. Intuitive Benutzbarkeit und Fehlertoleranz sind Schlüsselfaktoren gelungener Interaktion.

Ein zentraler Begriff bei der Interaktion mit Computersystemen ist die **Nutzbarkeit (Usability)**. Wichtige Aspekte der Usability sind:

- Effektivität und Effizienz
- Sicherheit
- Funktionalität
- Lernbarkeit und Merkbarkeit
- Zufriedenheit und Spaß

Je nach Anwendung können diese Kriterien unterschiedlich gewichtet sein. Bei einem Computerspiel sind Zufriedenheit und Spaß sicher zentral. Bei einem Fahrkartenautomaten ist wichtiger, dass Nutzer sehr schnell begreifen und lernen, wie sie ein Ticket kaufen, und bei einer Software für ein Flugzeug-Cockpit steht die Sicherheit im Vordergrund.

Zur Umsetzung eines konkreten Systems müssen die Bedienschnittstellen entworfen werden, die die Übersetzung in Eingabe und Ausgabe bestimmen. Bei Digitalen Medien und heutigen Computersystemen im Allgemeinen dominieren grafische Bedienschnittstellen, bei denen auf einem Bildschirm ein Fenstersystem angezeigt wird, das über Maus und Tastatur bedient wird.

Dieses Interaktionsparadigma wird auch WIMP genannt, wobei WIMP ein Akronym für die Begriffe Windows, Icons, Menus und Pointers ist.

Exkurs WIMP-Interaktion

In einem typischen WIMP-System werden als Interaktionsobjekte grafisch folgende Elemente genutzt:

- **Windows/Fenster**: Bereiche des Bildschirms, in denen Programme oder Programmteile angezeigt werden. Sie können Text oder Grafik darstellen und sich überlappen und verdecken.
- **Icons** sind kleine Bilder als Repräsentanten für Objekte (Fenster, Daten, Aktionen ...). In manchen Systemen können auch Fenster geschlossen und als Icon dargestellt werden.
- **Menüs** bieten eine Auswahl von Aktionen und Diensten auf dem Bildschirm, aus denen die Nutzer z.B. mit der Maus Optionen auswählen können. Damit Platz gespart wird, werden Menüs oft nur bei Bedarf gezeigt. Es gibt eine Vielzahl unterschiedlicher Arten von Menüs (Menübalken, Pull-Down-Menüs, Drop-Down-Menüs usw.). Oft werden Menüs über Menükaskaden hierarchisch strukturiert.
- **Pointer** oder **Zeiger** stellen auf dem Bildschirm die virtuelle Position des Zeigegeräts (z.B. Maus) dar. Unterschiedliche grafische Darstellungen können je nach Modus oder Programm Information repräsentieren (z.B. eine Sanduhr, wenn das System beschäftigt ist).

Weitere Elemente des WIMP-Formates sind **Dialogboxen**, **Pop-Up-Fenster**, **Paletten** und **Scollbalken**.

Der Vorteil von solchen Fenstersystemen ist, dass mehrere Dinge gleichzeitig gemacht werden können. Die ersten Entwicklungen solcher Systeme gehen auf Arbeiten von Douglas Engelbart in den 60er Jahren zurück und wurden dann in den Labors von Xerox PARC in Palo Alto weiterentwickelt (Xerox Alto und Xerox Star). Der kommerzielle Durchbruch kam mit den frühen Apple-Computern.

Das Paradigma nutzt teilweise Metaphern von Alltagsobjekten (Schreibtischmetapher) und vermittelt direktes Feedback auf Nutzeraktionen. Da Nutzer Dinge eher wiedererkennen als auswendig lernen müssen, ist es leicht erlernbar. Nachteilig ist, dass manche Dinge mit Mausinteraktionen eher langsam sind und dass für einige Aufgaben andere Interaktionsformen geeigneter sind.

Unterschiedliche WIMP-Systeme besitzen eigene Darstellungsformen und im Detail unterschiedliche Interaktionsmechanismen, die das **Look and Feel** des Systems bestimmen. In vielen Systemen können die Nutzer dieses auch selbst mit Einstellungen verändern und auf eigene Bedürfnisse anpassen.

Neben den WIMP-Systemen existieren weitere Interaktionsparadigmen, die z.T. andere Interaktionsgeräte nutzen oder spezielle Techniken für bestimmte Aufgaben zur Verfügung stellen:

- **Kommandointerpreter** (command line interface) erlauben die Eingabe von Befehlen in Form von getippten Buchstaben, Wörtern oder Tastaturkürzeln. Vor allem für geübte Nutzer stellen sie oft eine sehr effiziente Möglichkeit dar, präzise Befehle einzugeben. Auf Systemebene (z.B. Unix-Shells) werden sie oft verwendet.
- **Natürliche Sprache** als Eingabe kann als gesprochene Sprache oder als getippte Sprache genutzt werden. Dadurch wird einerseits der Übersetzungsprozess zwischen Mensch und Computer einfacher, da der Computer scheinbar die Sprache des Menschen spricht. Da Spracherkennungssysteme aber immer nur sehr beschränkt sind (hohe Fehlerrate, geringes Vokabular und mehrere mögliche Bedeutungen), besteht das Problem, dass Nutzer nur schwer abschätzen können, was der Computer versteht und was nicht. Trotzdem sind Interaktionen mit natürlicher Sprache oft sinnvoll – vor allem, wenn keine andere Eingabemöglichkeit besteht.
- **Frage/Antwort-Systeme** bzw. **Query-Dialoge** sind spezielle Mechanismen, um Nutzer durch eine Aufgabe zu führen. Sie werden oft bei Installations- oder Konfigurationsaufgaben eingesetzt. Dabei wird ein Nutzer durch einen Dialog geführt, der eine Aufgabe schrittweise abarbeitet.
- **Formulare** und **Tabellenkalkulation (Spreadsheets)** arbeiten über Eingabefelder, die über eine Programmlogik verknüpft sind, so dass aus den Eingaben in verschiedene Felder neue Werte berechnet werden können.
- **Hypertext** und **Hypermedia** dominieren im World Wide Web. Durch Links und Verknüpfungen werden Dokumente miteinander vernetzt.

Diese Interaktionsparadigmen lassen sich in vielfältiger Weise variieren und miteinander kombinieren. Zurzeit stellen sie die wichtigsten Interaktionsformen für Digitale Medien dar. Neue Techniken, leistungsfähigere Rechner, Netze und Ein-/Ausgabekomponenten werden aber auch in Zukunft neue Interaktionsformen hervorbringen. Im Bereich des Ubiquitous und Pervasive Computing muss man sich von der Bedienung von WIMP-Systemen sicher ebenso trennen wie in vielen mobilen Anwendungen, bei denen Nutzer sich frei bewegen können und keine Maus oder Tastatur nutzen können oder wollen.

In Forschungslaboren werden intensiv Möglichkeiten untersucht, multimodal mit Computern zu interagieren. Dabei werden mehrere Kanäle gleichzeitig genutzt, z.B. sowohl Sprache als auch Menüs oder Gesten.

Zusammenfassung

Medieninformatik ist einerseits ein Teilgebiet der Informatik, andererseits auch eine eigene Disziplin, die viele interdisziplinäre Fragestellungen betrifft, die über die Informatik hinausreichen. Da Digitale Medien von Menschen genutzt werden, ist menschliche Wahrnehmung wichtig, wobei das Sehen im Vordergrund steht. Im Auge nehmen Stäbchen und Zapfen Licht wahr und leiten die Information über Nerven an das Gehirn weiter. Dort wird die Information interpretiert. Dabei spielen Gestaltgesetze eine wichtige Rolle. Aus Bruchstücken von Informationen versuchen sie stets, möglichst zusammenhängende, klare und sinnvolle Interpretationen zu extrahieren. Nach dem Sehen ist das Hören der zweitwichtigste Sinn. Weitere Sinne spielen heute meist nur eine Außenseiterrolle. Unser Gedächtnis kann zwar sehr große Mengen an Informationen speichern, es ist aber keine Festplatte. Vielmehr werden Erfahrungen verarbeitet und im Kontext gelernt.

Digitale Medien können nicht nur passive Kanäle sein. Sie können auch interaktiv sein. Als Interaktionsmedium kommunizieren sie über Zeichen und Sprachen. Dazu müssen Nutzer ihre Intention in die Eingabesprache der Computer übersetzen. Diese Eingabe muss in interne Repräsentationen umgesetzt und interpretiert werden, bevor der Computer eine Ausgabe wiederum in Zeichen und Symbolen der Ausgabesprache generiert. Die Semiotik untersucht Phänomene der Zeichen und Symbole.

Als **neue Medien** verändern Digitale Medien die Medienkultur und die Medienökonomie. Digitale Medien sind nicht einfach nur eine Digitalisierung konventioneller Medien. Besonders in Zusammenhang mit dem Wandel hin zur Informations- und Wissensgesellschaft verändern Digitale Medien auch die wirtschaftlichen Gegebenheiten.

Digitale Medien konnten erst aufgrund technischer Entwicklungen Einzug in Anwendungen und den Massenmarkt finden. Auf der Seite der Hardware sind es Speicher, Prozessoren, Sensoren und Netze, die es ermöglichen, dass Digitale Medien heute überall und jederzeit verfügbar sind. Die Interaktion mit Digitalen Medien ist heute geprägt vom WIMP-Paradigma, bei dem mit Fenstern, Icons, Menüs und Maus interagiert wird. Weitere Paradigmen wie Kommandointerpreter, Tabellenkalkulationen oder Sprachinteraktionen sind zwar weniger verbreitet, aber auch etabliert.

Lösungshinweise

Übungen

1. Erklären Sie anhand von Beispielen, warum die menschliche Wahrnehmung für Digitale Medien wichtig ist.

2. Zeigen Sie Beispiele von Programmen bzw. deren Bedienschnittstellen, bei denen Gestaltgesetze eine Rolle spielen.

3. „The Medium is the Message“. Erklären Sie am Beispiel von Wikipedia, was Marshall McLuhan mit diesem Satz meint und warum Wikipedia nicht mit einem „normalen“ Lexikon vergleichbar ist.

4. Erklären Sie, warum bei einem Textverarbeitungsprogramm „innovativer Verschleiß“ auftreten kann und man gezwungen sein kann, ein neues System zu erwerben.

5. Nennen Sie digitale Produkte, die zwar kostenlos vertrieben werden, hinter denen aber trotzdem eine kommerzielle Absicht steht.

6. Warum konnten vor 20 (30, 40) Jahren welche Digitalen Medien noch nicht technisch realisiert werden?

7. Warum wird es nach WIMP neue Interaktionsparadigmen in der Zukunft geben (müssen)?

Kanäle, Codes und Medien

2

ÜBERBLICK

Einleitung

» Digitale Medien beruhen auf der Codierung von Information, die für Menschen ein mediales Angebot darstellt. Diese Information wird in einen einheitlichen, das heißt für alle Medientypen (ob Bild oder Musik) gleichen Code übersetzt, der von Computern verarbeitbar ist. Die einheitliche Codierung aller medialen Information in Bits ist der Schlüssel für die große Vielfalt der Erscheinungsformen von digitalen Medien. In diesem Kapitel werden die begrifflichen Grundlagen für die Digitalisierung von Medien erläutert. Es geht dabei um die Kernidee der Digitalisierung und um das Problem, welche von vielen möglichen Darstellungen einer Information optimal ist. Insbesondere befassen wir uns ausführlich mit den Möglichkeiten zur Kompression von Mediendaten, also zur Speicherplatz sparenden Ablage. Dieses Kapitel stellt grundlegendes Wissen bereit, das in vielen der Folgekapitel wieder aufgegriffen wird. «

Lernziele

Das Kapitel soll ein klares Verständnis der Vorgänge und der grundlegenden Gesetzmäßigkeiten bei der **Digitalisierung** vermitteln. Nach Durcharbeiten des Kapitels sollten Sie verstehen, wo die grundlegenden Probleme bei der **Codierung** und **Kompression** von Mediendaten liegen, und Codierungsverfahren grob klassifizieren können. Die Funktion universeller, also vom Medientyp unabhängiger, Verfahren zur Kompression digitaler Mediendaten sollten Sie für einige ausgewählte Verfahren an konkreten Beispielen demonstrieren können.

Digitale Medien beruhen auf der Codierung von Information, die von einem Menschen als mediales Angebot wahrgenommen wird. Diese Information wird zur Verarbeitung von Computern in eine Menge von Bits übersetzt. Dadurch, dass eine Codierung in Bits (die Zahlen darstellen) für ganz verschiedene Medientypen wie Bilder, Töne oder Texte verwendet wird, wird es erst möglich, dass moderne Multimediasysteme verschiedene Medien integrieren und dass ein Computer als zentrale Schaltstelle für die Medienverwaltung in einem Haushalt oder Betrieb fungieren kann. Wie aber funktioniert die Abbildung von Tönen und Bildern in Bits genau?

2.1 Kanäle und Medien

Aus Kapitel 1 wissen wir, dass Medien der Kommunikation zwischen Menschen dienen, auch wenn es sich um Medien handelt, deren Erscheinungsform von Computern und Informationstechnik geprägt ist. Menschen nehmen mediale Information mit ihren Sinnesorganen wahr und deshalb beginnen wir unsere Erforschung der digitalen Medien mit den Wahrnehmungskanälen des Menschen.

2.1.1 Charakterisierung medialer Angebote

Die Sinne des Menschen sind die grundlegenden Kanäle, über die Informationen mit Menschen ausgetauscht werden können. Die klassischen fünf Sinne des Menschen sind:

- **Sehen**

  Der Gesichtssinn wird von den meisten Menschen als die wichtigste Möglichkeit der Wahrnehmung angesehen. Die Wahrnehmung von Bildern wurde kulturell weiterentwickelt bis zur Fähigkeit des Lesens geschriebener Information, mit der auch sehr abstrakte Informationen über den Gesichtssinn aufgenommen werden können. Die visuelle Erscheinung ist deshalb auch ein zentrales Element vieler Medienangebote – wobei nicht zu vergessen ist, dass auch weit verbreitete Massenmedien, wie zum Beispiel der Hörfunk, ohne visuelle Reize auskommen.

- **Hören**

  Das Gehör ist eng mit der menschlichen Wahrnehmung der Umwelt verbunden und wirkt oft auf einer wenig bewussten Ebene. Wichtige klassische Medienangebote wie die Zeitung oder das Buch können diesen Sinn nicht berücksichtigen. Moderne Medienangebote beruhen in vielen Fällen auf einer Kombination von Hören und Sehen (Film, Fernsehen), aber es existieren nach wie vor wichtige rein auf das Hören beschränkte Angebote (z.B. Hörfunk).

- **Riechen**

  Im Vergleich zu Sehen und Hören sind die meisten anderen Sinneswahrnehmungen von weitaus geringerer Bedeutung für die Medienangebote. Dies bedeutet nicht, dass sie für die menschliche Wahrnehmung unwesentlich sind. Der Geruchssinn wirkt auf einer sehr wenig bewussten Ebene und ist in der Lage, Stimmungen deutlich zu beeinflussen. Dies wird in gewissen Grenzen technisch genutzt, z.B. in der künstlichen Beduftung von Räumen. Als Kanal in der Wahrnehmung von Medien ist die Rolle dieses Sinns aber nach wir vor minimal.

- **Schmecken**

  Der Geschmackssinn ist hoch spezialisiert und im Prinzip sehr wichtig für das Überleben des Menschen (zur Erkennung der Qualität von Nahrung). Für eine Übermittlung von Informationen im Sinne medialer Angebote eignet er sich aber wenig.

- **Tasten**

  Der Tastsinn kann für ein genaueres Verständnis noch weiter aufgeschlüsselt werden (etwa Druck, Berührung, Vibration, Temperatur). Im Gegensatz zu Geruchs- und Geschmackssinn gibt es durchaus weit verbreitete Ansätze, Varianten des Tastsinns für die maschinenvermittelte Kommunikation zu nutzen. Dabei sind derzeit insbesondere Ein- und Ausgabetechnologien für Computerspiele zu nennen, wie etwa „Joysticks" mit Kraftrückkopplung oder andere Eingabegeräte für moderne Spielkonsolen. Auch der Vibrationsalarm eines Mobiltelefons ist eine computergenerierte Ausgabe für den Tastsinn.

Neben den klassischen Sinnen gibt es noch vielfältige menschliche Wahrnehmungsformen, die unterschiedlich eingeordnet werden, etwa die Wahrnehmung von Luftzug oder die Wahrnehmung der eigenen Körperhaltung und -position. Es wird intensiv daran gearbeitet, diese Kanäle ebenfalls in maschinenvermittelte mediale Angebote zu integrieren (etwa durch Beschleunigungssensoren). Dennoch ist ganz deutlich, dass die überwiegende Zahl der Medienangebote nur auf die beiden Sinne Sehen und Hören (oder nur einen der beiden) zurückgreift.

Eine hilfreiche Charakterisierung medialer Angebote ergibt sich, wenn man die möglichen Wahrnehmungskanäle mit den verschiedenen Ebenen kombiniert, auf denen Medien existieren: Präsentation, Codierung und Modalität. Die folgende Darstellung orientiert sich an Bernd Weidenmann (1995).

- Ein **Präsentationsmedium** ist ein Hilfsmittel zur Ein- und Ausgabe von Information. Hier kann man unterscheiden, welche Geräte überhaupt zur Verfügung stehen, um Information zu präsentieren. Lautsprecher bzw. Kopfhörer müssen vorhanden sein, um Information für das Gehör zu liefern, Bildschirm oder ähnliche Geräte sind nötig, um Information für den Gesichtssinn zu liefern. Analoges gilt für die Eingabe (Mikrofon, Kamera).
- Die **Codierung** einer Information (für den Menschen) kann in einer Form erfolgen, die von vorneherein auf einen gewissen Sinn ausgerichtet ist. Beispielsweise kann die gleiche Information, etwa eine Nachricht über ein Wahlergebnis, als Text, als Zahlen oder als Bild repräsentiert werden.
- Der vom Menschen für die Wahrnehmung *(Perzeption)* genutzte Sinneskanal wird auch als **Modalität** bezeichnet. Die Modalität der Mediennutzung ist aber durchaus unabhängig von der Codierung. So können z.B. die im Beispiel erwähnten Wahlergebnisse als Zahlen vorliegen, aber vorgelesen werden, also nur über die auditive Modalität (das Hören) wahrgenommen werden. Exakt die gleiche Information kann über die visuelle Modalität (das Sehen) aufgenommen werden, wenn etwa die Zahlen auf einem Bildschirm präsentiert werden. Auf anderen semiotischen Ebenen trägt die Wahrnehmung je nach Modalität spezifische Zusatzinformation, so kann etwa die Stimme eines Sprechers mehr oder weniger sympathisch wirken oder eine Zahlentabelle mehr oder weniger übersichtlich sein.

2.1.2 Multimedia

Der schillernde Begriff „Multimedia“ war immerhin bereits im Jahr 1995 das „Wort des Jahres“ in Deutschland und gilt mehr als zehn Jahre danach immer noch als attraktiv und innovativ. Wenn man sich auf die Suche nach genauen Definitionen von „Multimedia“ macht, stößt man aber leider auf eine Vielzahl wenig ausgereifter und unklarer Formulierungen. Die Grundidee von „Multimedia“ besteht natürlich in der Kombination mehrerer Medien. Eine nützliche Definition des Begriffes stammt von Peter Henning (2003):

> *Multimedia ist der Trend, die verschiedenen Kommunikationskanäle des Menschen mit den Mitteln der Informationswissenschaft über alle Quellen zu integrieren und als Gesamtheit für die Kommunikation zu nutzen.*

Das unscharfe Wort „Trend" in dieser Definition deutet darauf hin, dass sich der Begriff „Multimedia" kaum exakt definieren lässt, sondern eine Sammelbezeichnung mit verschiedenen Interpretationen, aber großer Alltagssichtbarkeit ist. Der Begriff der „Quellen" in diesem Zitat sollte durch „Modalitäten" ersetzt werden.

Der etwas verwirrende Umgang mit dem Begriff „Multimedia" lässt sich zum Teil dadurch erklären, dass die drei oben aufgeführten Ebenen, auf denen Medienangebote existieren, verwischt werden. Eine Unterscheidung der Ebenen bringt mehr Klarheit (siehe Weidenmann (1995)):

- Auf Präsentationsebene sprechen wir von der Geräteausstattung. Ein Radio ist eindeutig **monomedial**, da nur auf Hören ausgerichtet, ein Buch ebenfalls, da nur auf das Sehen ausgerichtet. Ein Fernsehgerät oder moderne Computer sind in diesem Sinne **multimedial**, da sie prinzipiell mehrere Sinne ansprechen können.
- Auf Codierungsebene (als Codierung für den Menschen betrachtet) gibt es eine ähnliche Unterscheidung. Die gleiche Information, etwa über einen Bedienungsschritt eines Gerätes, wie das Tauschen einer Druckerpatrone, kann **monocodal** dargestellt werden, indem nur Text oder nur grafische Darstellungen benutzt werden. Eine **multicodale** Darstellung arbeitet zum Beispiel mit bebildertem Text oder erläuterten Bildern. Diese Unterscheidung ist noch unabhängig davon, ob die Texte ebenfalls über den Sehsinn oder über den Hörsinn aufgenommen (also z.B. vorgelesen) werden.
- Auf Perzeptionsebene kann man unterscheiden, ob nur eine Modalität der menschlichen Sinneswahrnehmung genutzt wird oder mehrere. Eine **monomodale** Darstellung wird z.B. nur mit den Augen aufgenommen (obwohl sie vielleicht in multicodaler Weise Text und Bilder kombiniert). Eine **multimodale** Darstellung beschäftigt mehrere Sinneskanäle, also z.B. Augen und Ohren, gleichzeitig.

Das Beispiel der Anleitung zum Austausch einer Druckerpatrone in ihrer üblichsten Form (auf Papier, mit Texten und Bildern) kann man also als monomedial (da auf Papier), multicodal (da mit Bildern und Text) und monomodal (da nur über die Augen aufgenommen) klassifizieren.

Was sind nun Multimedia-Systeme? Solche Systeme sollten multimedial, multicodal und multimodal gleichzeitig arbeiten. Diese Festlegung bedeutet aber immer noch, dass z.B. das Fernsehen ein multimediales Medium darstellt. Deshalb wird in der Praxis der Begriff „Multimedia" implizit meist für computergestützte Medien benutzt, die zusätzlich die Möglichkeit der ***Interaktivität*** bieten, das heißt auf Eingaben des Benutzers mit unterschiedlichen Präsentationsausgaben reagieren. Die entscheidende Grundlage für solche interaktiven Multimediasysteme ist die Tatsache, dass alle Medieninformation in leicht zu kombinierender und für Computersysteme zugänglicher Form gespeichert und bearbeitet werden kann, nämlich durch Digitalisierung.

2.2 Digitalisierung

Digitalisierung bildet die wichtigste Basis für die moderne Medienrevolution. Weil Medieninformation digitalisiert wird, kann sie von Computersystemen be- und verarbeitet werden. Dabei ist es im Prinzip egal, ob es sich um Ton, Bild, Bewegtbild oder auch andere Sinneswahrnehmungen wie z.B. die Position im Raum handelt. Alle diese Informationen werden in einem einheitlichen Rahmen behandelt und mit Computern verarbeitet. Manche Geräte des modernen Alltages haben die äußere Form von aus der Technikgeschichte bekannten Spezialgeräten (wie Kameras oder tragbare Musikspieler). Im Kern sind aber alle digitalen Aufnahme- und Wiedergabegeräte Computersysteme mit speziellen Ein- und Ausgabekanälen und können deshalb mit anderen Computersystemen kommunizieren. Selbstverständlich sind die Besonderheiten in der Bauweise z.B. einer Kamera oder eines Mobiltelefons speziell für den Verwendungszweck entworfen; die Austauschbarkeit, Weiterbearbeitung und Kombinierbarkeit der Information beruht aber auf Computertechnologie.

2.2.1 Analog und digital

Was ist die Grundidee der Digitalisierung, die ja letztlich die gesamte Revolution der modernen Medienwelt ausgelöst hat? Der Gegenbegriff zu **digital** ist **analog**. Beide Begriffe beschreiben Techniken, um Information über Raum und Zeit zu transportieren. Ein einfaches Beispiel ist eine (Live-)Rundfunksendung, bei der die im Senderaum erzeugte akustische Information zu weit entfernten Empfängern transportiert wird. Ein anderes Beispiel sind Fotoabzüge, bei denen eine visuelle Information zu anderer Zeit und meist an anderem Ort zur Verfügung gestellt wird.

Definition: analoges Signal

Ein **analoges** Signal ist die deterministische Änderung einer physikalischen Größe entsprechend einem Messwert der zu übertragenden Information. Zum Beispiel wird im analogen Rundfunk (genauer beim sogenannten Amplitudenmodulations- oder AM-Verfahren) im Wesentlichen die Stärke (Amplitude) einer elektromagnetischen Schwingung in Abhängigkeit von der Lautstärke des Ursprungssignals verändert. Bei analogen Fotos wird abhängig von der Lichteinstrahlung eine chemische Reaktion ausgelöst, die nach der Entwicklung zur Schwärzung des Bildträgers je nach Lichteinfall führt. Eine wichtige Eigenschaft dieser physikalischen Größen ist, dass sie sich *kontinuierlich* verändern oder mathematisch gesprochen stetige Funktionen ihres Ausgangssignals darstellen. Solche analogen Signale enthalten, abhängig von der Qualität der Übertragungsfunktion, eine schwer abzuschätzende Menge an Information. Prinzipiell sind zwischen zwei Informationen (den Lautstärken zu bestimmten Zeitpunkten oder den Schwärzungen an bestimmten Bildpunkten) immer Zwischenwerte ermittelbar, das heißt, die Beobachtungen sind prinzipiell beliebig genau. Dies wird allerdings relativiert dadurch, dass nicht genau unterschieden werden kann zwischen der Originalinformation und der Information, die nur durch das technische System entsteht (etwa Rauschen oder Brummen bei Tonsignalen oder das natürliche „Korn“ des Fotomaterials bei Bildern).

Definition: digitales Signal

Ein **digitales** Signal dagegen orientiert sich an einem festen Raster des Raumes bzw. der Zeit und gibt für jeden solchen Punkt einen Wert aus einem endlichen Vorrat möglicher Werte (also einen **diskreten** Wert) an. Digitale Signale sind also immer nur Annäherungen an das Originalsignal, Zwischenwerte sind ab einem gewissen Detailgrad nicht mehr ermittelbar (oder nur durch Schätzung). Der große Vorteil eines digitalen Signals liegt darin, dass es aus einer reinen Folge von Zahlen besteht, was die Verarbeitung in Computersystemen erst ermöglicht.

Die Grundidee der Digitalisierung wird in ▶Abbildung 2.1 dargestellt. Das beliebig verlaufende analoge Signal, das irgendeine Größe in Abhängigkeit einer anderen darstellt (der Anschaulichkeit wegen denke man an Lautstärke relativ zur Zeit) wird in ein festes Raster in beiden Dimensionen gepresst und nur die in diesem Raster darstellbaren Messwerte werden abgespeichert. Die markierten Punkte in Abbildung 2.1 entsprechen den Messwerten, die das digitale Signal ausmachen. Als digitales Signal gespeichert und übertragen werden nur diese Punkte (Messwerte). Das Raster für die Digitalisierung wird vorab festgelegt und besagt z.B. bei Tonaufnahmen, welcher zeitliche Abstand einer Kästchenbreite in der Abbildung entspricht und welcher der zulässigen Messwerte einer vertikalen Position im Kästchenraster entspricht. Damit ist das digitale Signal nur eine Folge von Zahlenwerten: Für jede horizontale Position im Raster müssen wir speichern, welche vertikale Position dazu gehört. Diese Speicherung als Zahlenfolge, die es für Computerprogramme leicht macht, die Daten weiterzuverarbeiten, ist der Hauptgrund für die Flexibilität digitaler Speicherung.

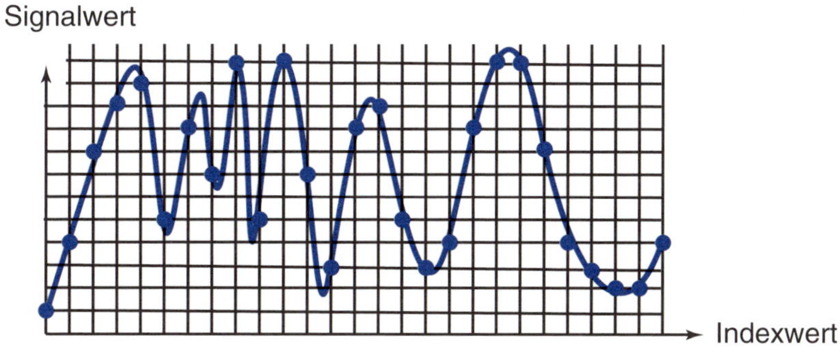

Abbildung 2.1: Grundprinzip der Digitalisierung

Bei Betrachtung dieser Abbildung drängt sich aber der Eindruck auf, dass digitale Informationsübertragung relativ grob und mit erheblichem Informationsverlust verbunden ist. Es ist offensichtlich zu erkennen, dass wesentliche Informationsteile, insbesondere feine Spitzen des Signals, nicht in den Zahlen wiedergegeben sind und auch nicht daraus rekonstruierbar sind. Woher kommt denn nun der allgemeine Mythos von der „überlegenen digitalen Qualität"? Es sei hier angemerkt, dass wirklich hochwertige analoge Qualität selbstverständlich einfachen digitalen Systemen weit überlegen sein kann.

Der entscheidende Unterschied zwischen analogen und digitalen Signalen liegt einerseits darin, dass man die gerade diskutierten Fehlerquellen gezielt ausschalten kann (was weiter unten genauer besprochen wird). Andererseits ist ein großer Vorteil digitaler Signale ihre Unempfindlichkeit gegenüber Störungen. ▶Abbildung 2.2 zeigt, was mit einem analogen Signal passiert, wenn Störsignale, z.B. Rauschen, hinzukommen. Das Bild stellt den Verlauf von Spannungspegeln über der Zeit dar, etwa beim Übertragen von Musik. Im linken Teil der Abbildung ist der originale Signalverlauf zu sehen. Der mittlere Teil zeigt ein Störsignal, von niedrigerer Stärke und weniger stark schwankend als das Originalsignal (z.B. Rauschen, Brummen). Der rechte Teil der Abbildung zeigt die Überlagerung beider Signale. Die gestrichelten Linien sind Originalsignal und Störsignal, das durchgezogene Signal entsteht aus den beiden Signalen und wird zum Empfänger übertragen. Dieses Signal unterscheidet sich (wenn auch nur in Kleinigkeiten) vom Originalsignal. Leider ist es völlig unmöglich, aus dem neuen Signal das Original wieder zu erhalten. Dementsprechend kommen bei der Übertragung über störempfindliche Wege (z.B. Funkübertragung) oder beim Erstellen von Kopien beim Empfänger verfälschte Versionen des Originales an.

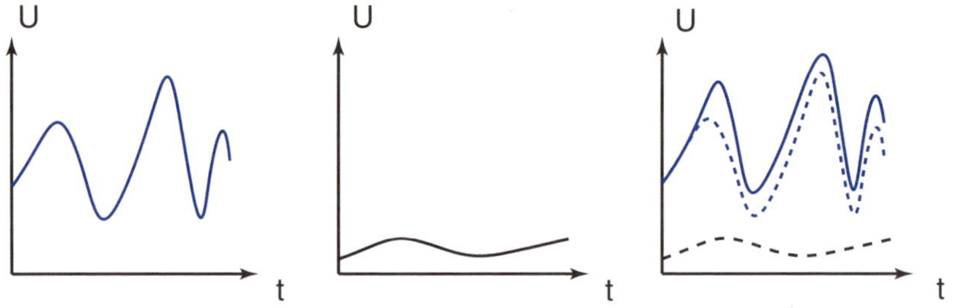

Abbildung 2.2: Analoges Signal und Störsignal: links Originalsignal, Mitte Störsignal, rechts resultierendes analoges Signal

Bei einem digitalen Signal jedoch werden nur Zahlen übertragen. In der Computertechnik werden Zahlen im Binärsystem codiert, d.h., die einzelnen Ziffern der Zahlen bestehen nur noch aus „Null" oder „Eins". Für die Übertragung und Speicherung müssen solche digitalen Werte wieder analog dargestellt werden. Etwas vereinfacht dargestellt, entspricht eine Null auf dem Übertragungsweg (z.B. der Funkstrecke oder dem magnetischen Medium) einem bestimmten genau festgelegten Wert (z.B. Spannung), ebenso die „Eins". Man kann problemlos einen relativ großen Wertebereich als äquivalent zu diesem festgelegten Wert ansehen, also leichte Abweichungen des übertragenen Wertes erlauben. Also werden Werte oberhalb einer bestimmten Untergrenze und unterhalb einer bestimmten Obergrenze als „Eins" interpretiert und analog gilt dies für „Null"-Werte. Man kann also einen „Sicherheitsabstand" zwischen den analogen Wertebereichen für die Darstellung von „Null" und „Eins" festlegen, so dass eine „Null" oder „Eins" auch erkannt wird, wenn leichte Abweichungen vom definierten Standardwert auftreten. Dieser „Sicherheitsabstand" macht es möglich, dass gewisse Störungen in der Übertragung nicht mehr dazu führen, dass das Signal falsch erkannt wird. ▶Abbildung 2.3 zeigt die deutlich robustere Art des Umganges mit Störungen bei digitalen Signalen. Der linke Teil zeigt wieder das Originalsignal, hier (in vereinfachter Weise) als digitales

Signal mit zwei Niveaus für „Null“ und „Eins“. Das Störsignal (Mitte des Bildes) ist identisch zum oben beschriebenen Beispiel. Im rechten Teil der Abbildung ist wieder das überlagerte und somit durch Störungen verfälschte Signal dargestellt. Hier sind auch die beiden Toleranzbereiche für die Werte „Null“ und „Eins“ eingezeichnet. Dadurch, dass die Störungen die Werte nicht außerhalb der Toleranzgrenzen getrieben haben, kann man wieder genau die gleiche Zahlenfolge wie im Original erkennen – obwohl die Übertragung deutlich gestört war. Schon allein mit dieser Technik kann man das Signal häufig trotz Störungen unverfälscht reproduzieren. Andere nur durch die digitale Speicherung und Übertragung gegebenen Möglichkeiten, wie Fehlererkennung und Fehlerkorrektur durch Redundanz, tragen weiter dazu bei, dass das digitale Signal sehr unempfindlich gegen Übertragungsstörungen ist.

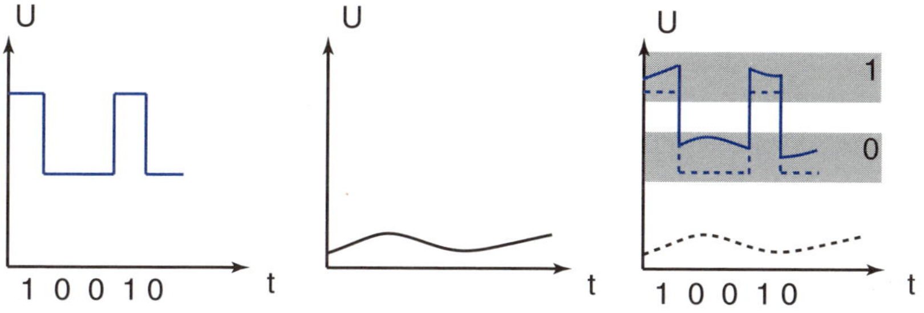

Abbildung 2.3: Digitales Signal und Störsignal: links Originalsignal, Mitte Störsignal, rechts resultierendes analoges Signal

So harmlos der in der obigen Grafik angedeutete Effekt aussieht, ist er doch die Ursache für eine dramatische Veränderung im Umgang mit Medien und für einen kompletten Umbau der Medienindustrie. Bei Verwendung von analogen Signalen bedeutet das Erstellen einer Kopie immer einen Qualitätsverlust, weshalb es einen starken Anreiz gibt, ein möglichst gutes Original des Signals zu besitzen. Bei digitalen Signalen kann man Kopien erstellen, die keinerlei Unterschied zum Original aufweisen, und man kann diese Kopien auch speichern und auf weite Entfernungen übertragen. Genau dies findet sowohl in illegalen Tauschbörsen als auch in legalen Online-Shops für Musik statt.

2.2.2 Abtastung

Die Information, die am Ende der Verarbeitungskette als mediales Angebot präsentiert wird, muss irgendwann in digitale Form gebracht werden. Dies kann grundsätzlich auf zwei Weisen geschehen: entweder durch **Abtastung** oder durch **Synthese**. Abtastung *(sampling)* liegt vor, wenn ein in das System extern eingespeistes analoges Signal in ein digitales Signal umgewandelt wird. Synthese liegt vor, wenn das Signal intern aus anderen Informationen errechnet wird und damit prinzipiell schon als digitales Signal entsteht. Ein allgemein bekanntes Beispiel findet man im Kino: Die klassischen Spielfilme, in denen Schauspieler vor der Kamera agieren, müssen abgetastet werden, wenn sie als digitale Information (z.B. auf DVD oder Blu-Ray Disc) weitergegeben werden sollen. Moderne Animationsfilme, die Nachfolger des Zeichentrickfilmes, dagegen werden von Anfang an am Computer produziert und benötigen deshalb keine Abtastung externer analoger Quellen. Aber auch die Umrechnung von intern erzeugten „idealen" mathematisch definierten Objekten in ein digitales Signal (wie in der Produktion eines Animationsfilmes) folgt den gleichen Prinzipien wie die Abtastung externer Signale. Hier wollen wir uns zunächst mit der Umsetzung analoger Signale in digitale Signale durch Abtastung befassen. Ausgangspunkt ist ein analoges Abbild eines Phänomens der realen Welt, wie z.B. eine über Mikrofon erfasste Tonaufnahme oder ein in Papierform vorliegendes Bild.

Die Abtastung erfolgt entlang der Dimensionen, die das gegebene Medium vorgibt. Zum Beispiel erstreckt sich ein Musikstück nur über die Zeit, ein Bild dagegen über zwei räumliche Dimensionen (Breite und Höhe). Unabhängig davon stellen sich bei jedem Abtastvorgang zwei Fragen:

- Wie häufig soll abgetastet werden?

  Die Antwort auf diese Frage bestimmt die sogenannte **Diskretisierung**, oft auch **Sampling** genannt.

- Wie genau soll abgetastet werden?

  Die Antwort auf diese Frage bestimmt die sogenannte **Quantisierung**, oft auch **Amplituden-Diskretisierung** genannt.

Definition: Diskretisierung (Sampling)

Bei der **(Abtastachsen-)Diskretisierung** wird ein festes Raster von Messpunkten gleichen Abstandes auf der Achse festgelegt, über die sich das analoge Signal verändert. Dies kann ein festes Raster von Zeitpunkten sein, wenn es sich z.B. um Musik handelt, oder ein festes Raster von Punkten im zweidimensionalen (Orts-)Raum, wenn es sich um ein Bild handelt. Die Dichte der Messwerte wird als **Abtastrate** bezeichnet. Die Abtastrate wird z.B. bei Audioinformation als Zahl der Samples pro Sekunde ausgedrückt, bei Bildern als Zahl der Samples pro Längeneinheit (Zentimeter oder Inch). Zu jedem Messpunkt gemäß der Diskretisierung wird der aktuelle Wert des Signals (das **Sample**) bestimmt.

In Abbildung 2.1 ist zu erkennen, dass ein Raster auf der horizontalen Achse festgelegt wurde, das die senkrechten Linien definiert, auf denen Messwerte genommen werden. Bei praktischen Abtastverfahren guter Qualität erfolgt die Diskretisierung in sehr kleinen Abständen: Zum Beispiel werden für eine Audio-CD Werte im (zeitlichen) Abstand von ca. 0,02 ms bestimmt und für Bildpunkte ist ein (räumlicher) Abstand von ca. 0,085 mm weit verbreitet. Die Tatsache, dass Geräte, die diese Abtastleistung vollziehen (z.B. jeder moderne Computer für Audioinformation und jeder einfache Scanner für Bildinformation), inzwischen zu extrem günstigen Preisen hergestellt werden können, ist der wirtschaftliche Grund für den rasanten Ersatz analoger Technologien durch ihre digitalen Äquivalente.

Definition: Quantisierung

Bei der **Quantisierung** werden die im Rahmen der Achsendiskretisierung ermittelten Messwerte in einem festen Werteraster dargestellt. Jeder Messwert wird als Zahl in einem endlichen Wertebereich festgehalten. Die Zahlen für die Messwerte werden im Binärsystem beschrieben, so dass der Speicherplatz – und damit die zur Verfügung stehende Genauigkeit – in Bits für die Länge dieser Binärzahl angegeben werden kann. Je mehr Bits pro Messwert zur Verfügung stehen, umso genauer kann das Ursprungssignal wiedergegeben werden. Man spricht bei der Zahl der Bits pro Sample oft von der **Auflösung** der gewählten Digitalisierung.

Den verwendeten Wertebereich für die Quantisierung kann man zum Beispiel beim Scannen eines Bildes meist von Hand einstellen. Um ein extremes Beispiel zu verwenden, würde eine 1-Bit-Quantisierung bedeuten, dass je Messwert nur eine Ja/Nein-Entscheidung zur Verfügung steht. Dies ist bei Schwarzweißbildern mit extrem hohem Kontrast (z.B. technischen Zeichnungen) durchaus nicht ausgeschlossen. Üblich bei farbigen Bildern sind Wertumfänge von 24 oder 32 Bit. Bei Musik hingegen macht die Wahl einer 1-Bit-Quantisierung kaum Sinn (außer bei extrem hohen Abtastraten). Gängige Quantisierungen für Musik bewegen sich daher bei mindestens 16 Bit, was immerhin eine Skala von 65.536 möglichen Werten zur Verfügung stellt. Höhere Genauigkeit ist stets möglich, unter der Voraussetzung, dass die vorhandene Messtechnik dies unterstützt, und unter höherem Speicherplatzbedarf.

Leider werden die Begriffe „Diskretisierung“ und „Auflösung“ nicht überall in der Literatur einheitlich gebraucht. Bei der Quantisierung wird der analoge Messwert auch auf eine Menge von diskreten Werten abgebildet, weshalb man hier manchmal ebenfalls von Diskretisierung (**Amplituden-Diskretisierung**) spricht. Der Begriff „Auflösung“ wird bei Bildern oft für die Dichte der Bildpunkte benutzt, was streng genommen einer Definition der Abtastrate entspricht.

2.2.3 Abtasttheorem

Wenn die Digitalisierung praktisch realisiert werden soll, stellt sich als erste Frage, welche konkreten Werte für die Diskretisierung und die Quantisierung gewählt werden sollen. Bei der Quantisierung ist der Zusammenhang zwischen der gewählten Auflösung und der erreichten Qualität der Repräsentation noch relativ offensichtlich. Zum Beispiel kann man bei 1 Bit Auflösung bei Bildern nur reine Schwarzweißdarstellungen repräsentieren und bei einer Farbpalette von möglichen 256 Farbtönen je Bildpunkt braucht man 8 Bit Auflösung, um diese 256 verschiedenen Werte codieren zu können.

Komplizierter wird die Situation bei der Wahl der richtigen Abtastrate, also bei der Diskretisierung. Das im Folgenden beschriebene **Abtasttheorem** ermöglicht es, die Abtastrate so zu wählen, dass ein abgetastetes digitales Signal ein analoges Originalsignal verfälschungsfrei wiedergibt, wenn man sich vorher auf einen bestimmten Genauigkeitsgrad der Wiedergabe festgelegt hat.

Betrachten wir dazu ein einfaches periodisches, also sich in festem Abstand wiederholendes, Signal wie in ▶Abbildung 2.4 dargestellt.

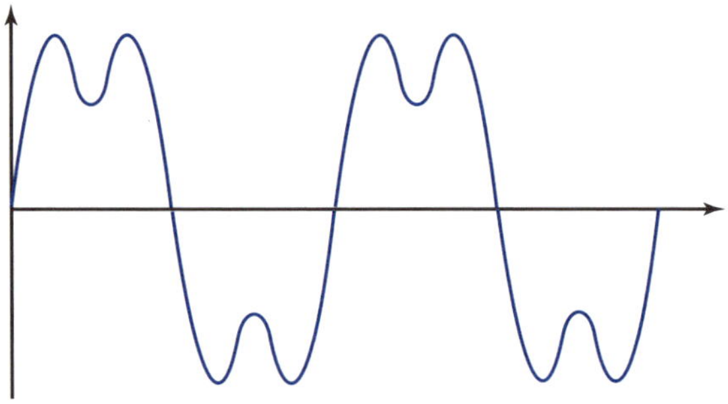

Abbildung 2.4: Ein periodisches Beispielsignal

Wenn das in Abbildung 2.4 dargestellte Signal in regelmäßigen Abständen abgetastet wird, erhält man je nach gewählter Abtastrate ganz verschiedene Ergebnisse, deren Rekonstruktion oft nur wenig mit dem Originalsignal zu tun hat. Zum Beispiel ist es möglich, dass die Abtastung wie in ▶Abbildung 2.5 gezeigt immer den gleichen Wert für jedes Sample liefert. Die schwarzen senkrechten Balken deuten die Messpunkte und die gemessenen Werte an, die gestrichelte schwarze Linie ist das Signal, das sich bei einer Rekonstruktion daraus ergibt. Damit wäre die naheliegende Rekonstruktion des analogen Signals aus diesem digitalen Signal eine konstante Funktion (in der Abbildung durch eine gestrichelte Linie angedeutet), was die in dem Originalsignal vorliegende Information total verfälscht. In diesem Fall sind die Abstände der Messpunkte gleich der Länge der Periode des Signals. Offensichtlich ist diese Abtastrate nicht ausreichend, um das Original rekonstruieren zu können.

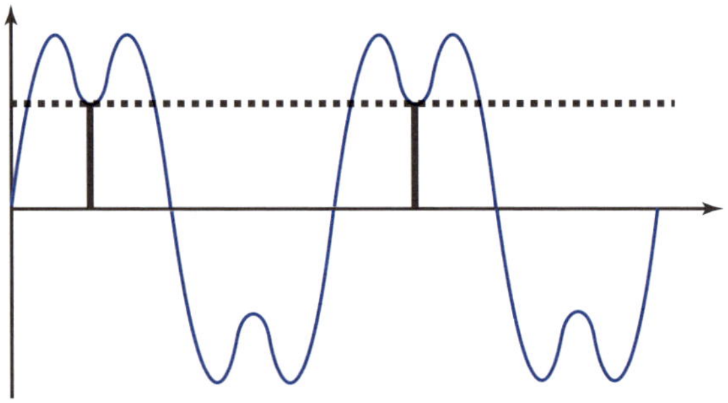

Abbildung 2.5: Abtastung mit zu niedriger Abtastrate I

Auch eine Abtastung mit höherer Rate, wie z.B. in ▶Abbildung 2.6 zu sehen, wo die Abtastung immerhin schon mit der doppelten Frequenz des Ausgangssignals erfolgt, ist offensichtlich nicht ausreichend. Das als gestrichelte Linie dargestellte Sinussignal würde ebenfalls alle Messpunkte erklären, ist aber verschieden vom Originalsignal.

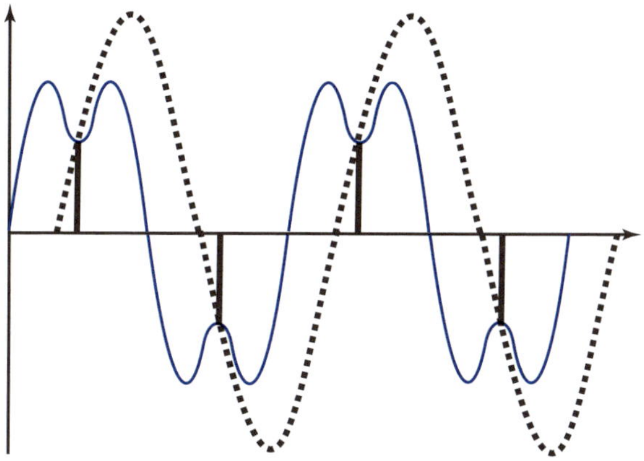

Abbildung 2.6: Abtastung mit zu niedriger Abtastrate II

Was muss man also tun, um das Signal nach der Digitalisierung wieder richtig rekonstruieren zu können? Offensichtlich ist eine Erhöhung der Abtastrate wirkungsvoll, um das rekonstruierte Signal originaltreuer zu machen, wie die obigen Beispiele schon gezeigt haben. Der Schlüssel zur richtigen Wahl der Abtastrate beruht auf zwei Grundideen:

1. Ein reales Signal (vereinfachend nehmen wir hier zunächst ein periodisches Signal an) kann als eine Überlagerung verschiedener Grundsignale verschiedener Frequenzen aufgefasst werden (Frequenzanalyse).
2. Für die Wahl der Abtastrate ist die Frequenz des im digitalisierten Signal enthaltenen Anteils mit dem höchsten Frequenzwert entscheidend.

Anschaulich gesprochen bedeutet das, dass die zu wählende Abtastrate sich an den Stellen des Signals orientieren muss, die in der grafischen Darstellung des Signalverlaufes auf einem kurzen Teilstück der Achse abwechseln (also den hochfrequenten Anteilen), und nicht etwa an der Wiederkehr des Gesamtsignals.

Die erste Annahme (Frequenzanalyse) bezieht sich auf ein Konzept, das sehr elementar für die Signalverarbeitung ist. Aus der Mathematik ist die *Fourier-Analyse* bekannt, die es erlaubt, eine beliebige Funktion auf eine Überlagerung von Sinusfunktionen zurückzuführen (siehe Kasten). Aus vielen Bereichen der Naturwissenschaft ist das Konzept der Frequenzanalyse durch den Begriff des *Frequenzspektrums* bekannt. Das Spektrum des sichtbaren Lichts zum Beispiel ist durch den Regenbogen oder den Farbeffekt eines Prismas deutlich zu erkennen. Hier wird Licht (etwa weißes Sonnenlicht) in die Anteile verschiedener Frequenzen (oder äquivalent Wellenlängen) aufgeteilt, vom langwelligen, niederfrequenten, roten Licht bis zum kurzwelligen, hochfrequenten, blauen Licht (zu Details siehe Kapitel 3). Bei Tönen gibt es analog ein Spektrum von langwelligen, niederfrequenten, tiefen Tönen hin zu kurzwelligen, hochfrequenten, hohen Tönen (zu Details siehe Kapitel 4). In Kapitel 3 dieses Buches wird neben dem erwähnten Farbspektrum ein weiteres Frequenzspektrum für Bilder besprochen, das verschiedene Muster in Bildern unterscheidet: Langwellig und niederfrequent gemusterte Bereiche sind relativ einfarbig und strukturlos, während man fein gemusterte Bereiche als kurzwellig und hochfrequent in diesem Spektrum bezeichnen kann. Allen diesen Anwendungsgebieten liegt das gleiche Prinzip zugrunde. Die gesamte in einem komplexen Signal enthaltene Energie wird so auf die Anteile einzelner Schwingungen aufgeteilt, dass die Summe der Einzelschwingungen wieder das Gesamtsignal ergibt.

Exkurs Fourier-Transformation

Die menschlichen Sinnesorgane sind sehr leistungsfähig darin, aus einem komplexen Signal wie dem Signalverlauf eines Musikstückes zu erkennen, welche Frequenzanteile darin enthalten sind, also ob zum Beispiel hohe oder niedrigere Töne enthalten sind. Die grundlegende Theorie dafür, ähnliche Analysen mit technischen Geräten zu vollziehen, stammt aus der Zeit der Französischen Revolution, und zwar vom französischen Mathematiker *Jean Baptiste Joseph Fourier (1768–1830)*. Fourier konnte zeigen, dass man jede periodische Schwingung durch eine (unendliche) Summe von überlagerten Cosinus-Schwingungen annähern kann (**Fourier-Reihe**). Dabei handelt es sich um die Überlagerung sogenannter **harmonischer** Schwingungen, das heißt, alle beteiligten Cosinus-Funktionen haben eine Frequenz, die ein ganzzahliges Vielfaches einer Grundfrequenz ist. Mathematisch geschrieben ist die Formel hierfür wie folgt:

$$x(t) = \sum_{k=0}^{\infty} a_k \cdot \cos(k\omega_0 t + \theta_k)$$

In dieser Formel bezeichnet ω_0 die Grundfrequenz, a_k den Anteil der k-ten harmonischen Schwingung und θ_k die Phasenverschiebung der k-ten harmonischen Schwingung. Es existiert auch ein einfaches Rechenverfahren, wie man die Anteile a_k der einzelnen harmonischen Schwingungen (die **Koeffizienten**) für ein gegebenes Signal berechnen kann.

Die beschriebene Theorie ist nur richtig für **periodische** Signale. Da die meisten Signalverläufe (Musik oder Bilder zum Beispiel) nicht periodisch sind, behilft man sich mit dem Trick, einen kleinen Ausschnitt (zeitlich bei Tönen, räumlich bei Bildern) aus dem Signalverlauf auszuschneiden und den Ausschnitt so zu behandeln, als würde er sich fortlaufend wiederholen (periodische Fortsetzung). **Fourier-Analyse** setzt also immer die Festlegung des analysierten Ausschnittes voraus. In der digitalen Medientechnik werden Signale oft zur Weiterbearbeitung durch eine **Fourier-Transformation** in den sogenannten **Frequenzraum** transformiert (siehe Kapitel 3 und 4).

Für das Thema der Abtastung analoger Signale ist es wichtig, dass viele Signale oberhalb eines bestimmten Frequenzwertes nur noch sehr geringe Energie enthalten oder dass Anteile oberhalb einer bestimmten Frequenz für den Anwendungszweck irrelevant sind. Bei einem Ton zum Beispiel, wie er durch ein Musikinstrument erzeugt wird, entstehen zwar durch sogenannte Oberschwingungen zum Teil sehr hohe Frequenzanteile, aber die hohen Frequenzanteile sind hier in der Regel wesentlich schwächer als die niedrigeren. Noch wichtiger bei Mediensignalen, die letztlich von Menschen aufgenommen werden sollen, sind Begrenzungen der menschlichen Sinnesorgane. Zum Beispiel sind akustische Frequenzen oberhalb von 20.000 Hertz für den Menschen unhörbar. Deshalb ist es für Mediensignale eine vernünftige Annahme, dass es eine *Grenzfrequenz* gibt, die den höchsten im Signal enthaltenen Frequenzanteil angibt (Bandbreitenbeschränkung). In der Praxis ist es deshalb sinnvoll (und notwendig), Signale vor der Digitalisierung so zu filtern, dass das gesamte Signal unterhalb einer definierten Grenzfrequenz liegt.

Sobald wir ein bandbreitenbegrenztes Signal haben, können wir der Idee folgen, die Abtastrate so weit zu erhöhen (anschaulich das Gitter der Abtastung so weit zu verengen), bis auch die schnellsten Wechsel des Signals von unserer Abtastung richtig erfasst werden. Diese Idee wird durch das *Abtasttheorem* konkretisiert. Wenn nach dem Abtasttheorem abgetastet wird, erhalten wir ein digitales Signal, das genau die Information des analogen Signals umfasst. Dieses Signal ist deswegen keine Verfälschung des Originalsignals mehr, weil wir uns schon beim Originalsignal darauf festgelegt haben, dass Informationen einer bestimmten „Detailtiefe“ (Frequenzanteile oberhalb der Grenzfrequenz) nicht relevant sind.

Das Abtasttheorem wird meist *Claude Shannon* zugeschrieben (1948), aufbauend auf Arbeiten von *Nyquist* und *Whittaker*. Erst in jüngster Zeit wird auch der russische Wissenschaftler *Wladimir Kotelnikow* häufiger genannt, der das Abtasttheorem unabhängig von Shannon bereits im Jahr 1933 publizierte.

Definition: Abtasttheorem

Wenn ein kontinuierliches Signal mit einer oberen Grenzfrequenz von f_{max} mit einer Abtastrate von mehr als $2 \cdot f_{max}$ abgetastet wird, kann man das Ursprungssignal ohne Informationsverlust aus dem abgetasteten Signal rekonstruieren.

Die praktische Anwendung des Abtasttheorems erfolgt überall dort, wo analoge Information digitalisiert wird. Beispiele aus dem Audiobereich sind etwa die Abtastrate bei der Digitalisierung nach dem Audio-CD-Standard (44.100 Hz), die als Grenzfrequenz den maximalen Hörbereich des Menschen zugrundelegt (22.000 Hz), oder die Digitalisierung für Telefonsprachverbindungen (ISDN), die das Signal auf 3.500 Hz begrenzt (ausreichend für menschliche Sprache) und mit 8.000 Hz abtastet. Eine wichtige Einsicht ist hier, dass die technische Repräsentation der medialen Information bereits auf den Empfänger und seine Sinnesorgane zugeschnitten ist. Ein Wesen mit anderen Sinnesorganen, zum Beispiel für höhere Frequenzen empfindlicheren Ohren (etwa Hunde) sollte bei einem Symphonieorchester einen deutlich anderen, detailreicheren Klangeindruck haben, als durch eine Audio-CD wiedergegeben werden kann. Es ist also durchaus nicht unlogisch, nach mehr Originaltreue als in unseren gängigen digitalen Standards zu streben – wie es ja mit modernen Technologien auch versucht wird.

Die genaue Rekonstruktion eines analogen Originalsignals, wie sie nach dem Abtasttheorem möglich ist, folgt einer mathematischen Gesetzmäßigkeit. **Digital-Analog-Wandler** sind technische Bauelemente (Schaltungen), die ein analoges Signal aus einem digitalen Signal rekonstruieren. Dazu kann man leider nicht einfach die mathematische Definition technisch umsetzen, sondern man muss erheblichen technischen Aufwand betreiben, um eine qualitativ gute Rekonstruktion zu erreichen.

2.2.4 Aliasing

Eine unzureichende Abtastfrequenz für das vorliegende Signal kann zu dem Effekt führen, dass Details des Signals nicht abgetastet werden, wie oben in Abbildung 2.6 zu sehen. Ursache ist in der Regel eine nicht vorhandene oder falsch ausgelegte Filterung des Signals auf eine passende Bandbreite. Im Beispiel enthält das Signal zwei überlagerte Sinusfrequenzen, wobei die höhere Frequenz nicht unter der Hälfte der Abtastfrequenz liegt. Das Ergebnis ist in Abbildung 2.6 deutlich zu erkennen: Bei der Rekonstruktion entstehen Signalanteile, die im Original nicht enthalten waren. Die hohe Frequenz wird durch eine niedrigere Frequenz, die innerhalb des von der Abtastrate abgesteckten Bandbreitenbereichs liegt, ersetzt. Dieser niedrigerfrequente Signalanteil passt zu den Messwerten (Samples), ist aber nur ein „Stellvertreter" (Alias) des tatsächlich intendierten Signalanteils. Diese Form von Fehlern, die typisch für Digitalisierung ist, heißt deshalb auch **Aliasing**.

Beispiele für Aliasing tauchen bei verschiedenen Medientypen auf. Bei Audiosignalen liefert ein nicht ausreichend abgetasteter hoher Ton in einem Tonsignal einen im Originalsignal nicht vorhandenen tieferen Ton. Bei Bildern ist der Effekt bekannt, dass die Kontur eines Kreises in einem Bild schlechter Auflösung treppenartige Strukturen zeigt, was ebenfalls ein Aliasing-Effekt ist. Ebenfalls in Bildern tritt der Effekt auf, dass feine Musterungen bei nicht ausreichender Abtastfrequenz wellenförmige Helligkeitsverläufe zeigen (**Moiré-Effekt**). Am Moiré-Effekt kann man sehr schön erkennen, dass eine Filterung der zu hohen Frequenzanteile, etwa durch einen die harten Unterschiede verschmierenden „Weichzeichner", die Ursache für das Aliasing beseitigt.

2.2.5 Speicherbedarf für digitale Medien

Wenn man die abstrakten Begriffe, die in den letzten Abschnitten eingeführt wurden, auf konkrete Beispiele bezieht, kann man den für eine bestimmte mediale Information benötigten Speicherplatz (in Bits) leicht berechnen. Hierzu ein paar Beispiele:

Für *Audio*, also z.B. Musik oder Sprache, ist ein weit verbreiteter Standard durch die Audio-Compact-Disc (CD) gegeben. Hierfür wird, wie oben erwähnt, mit 44.100 Samples pro Sekunde abgetastet; die einzelnen Samples sind 16 Bit lang. Das geschieht für zwei Stereo-Kanäle parallel. Durch einfaches Ausmultiplizieren kommt man auf die Bitrate von 1.411.200 Bit/s, also ca. 1,4 MBit/s. Eine Stunde Musik umfasst bei diesem Verfahren also ca. 5.080 MBit Information, in die üblicheren Bytes (1 Byte = 8 Bit) umgerechnet ca. 630 MByte.

Bei *Bildern* wird die Abtastrate durch den Bildsensor bei Kameras bzw. die geräteseitige Auflösung bei Scannern bestimmt. Für eine Beispielrechnung gehen wir von 8 Millionen Pixeln eines Kamerasensors aus. Pro Pixel muss ein Farbwert gespeichert werden, was typischerweise durch drei separate Farbkanäle (Rot, Grün, Blau) geschieht. Wenn die Quantisierung jedes Farbkanals Werte im Umfang von 8 Bit zulässt, benötigen wir 24 Bit je Pixel, also 3 Byte. Für das ganze Bild beträgt der Speicherbedarf also im Beispiel 24 MByte.

Alleine für Standbilder oder Ton entstehen also bereits ganz erhebliche Datenmengen. Bei Video, also Bewegtbildern in Kombination mit Ton, wird der Speicherbedarf natürlich noch wesentlich höher. Aus diesem Grunde ist es außerordentlich sinnvoll, sich mit Kompressionsmöglichkeiten für diese hohen Datenmengen zu befassen. Moderne Kompressionsverfahren, wie z.B. das „MP3“-Verfahren für Audiodaten, erreichen zum Beispiel eine Kompression um den Faktor 10.

Exkurs

Zweier- und Zehnerpotenzen in Größenangaben

In der Computertechnik werden alle Größen im Binärsystem ausgedrückt, also auch die Adressen von Speichern. Deshalb ist es sinnvoll, große Mengen von Binärdaten auch durch Verdoppelungen einer Grundeinheit auszudrücken, also mit den Faktoren 2, 4, 16, 32, 64, 128, 256, 512, 1024 usw. Andererseits sind wir daran gewöhnt, große Einheiten durch die am Zehnersystem orientierten sogenannten *SI-Prefixe* auszudrücken, also zum Beispiel kg (Kilogramm) für 1000 g zu benutzen. In der Computertechnik wird häufig von „Kilobyte“ gesprochen, wobei meist unklar bleibt, ob damit wirklich 1000 Byte gemeint sind. Sehr häufig ist implizit die nächstgelegene Zweierpotenz (hier 1024) gemeint.

Durch den technischen Fortschritt werden laufend höhere Präfixe nötig, um sehr große Einheiten auszudrücken. In 1000-er Schritten (also im Zehnersystem) lauten diese Präfixe:

Kilo (k), Mega (M), Giga (G), Tera (T), Peta (P), Exa (E), Zetta (Z), Yotta (Y)

2.3 Codierung

Wenn Information gespeichert, übertragen oder bearbeitet wird, muss diese immer in einer bestimmten *Codierung* (manchmal auch „Kodierung“ geschrieben) vorliegen. Die Frage, wie Information für die Zwecke der maschinellen Verarbeitung am besten zu codieren ist, wurde bereits in den 40er Jahren ausführlich studiert, insbesondere durch *Claude Shannon* (1916–2001). Bei diesen frühen Arbeiten lag das Interesse vor allem darin, Nachrichten möglichst schnell bei sehr begrenzter Kapazität des Übertragungskanals zu übertragen, also möglichst kurz zu codieren. Dieses Ziel ist sehr ähnlich zu der Aufgabe, große Mengen digitaler Daten, wie sie bei digitalen Repräsentationen von technischen Medien entstehen (Ton, Bild, Bewegtbild) in möglichst speichereffizienter Weise zu codieren. Deshalb befassen wir uns zunächst mit der allgemeinen Informationstheorie, die den Grundstein für einige auch in heutigen Medienstandards weitverbreitete Datenkompressionsverfahren legt.

2.3.1 Information und Repräsentation

Es ist eine grundlegende Einsicht für alle Systeme der Informationsverarbeitung, dass Information niemals direkt verarbeitet werden kann. **Information** ist ein nichtstoffliches Phänomen, das durch die **Interpretation** bestimmter **Zeichen** oder Zeichenfolgen entsteht, die man die **Repräsentation** der betreffenden Information nennt. Zum Beispiel kann die Information über die aktuelle Uhrzeit durch ganz verschiedene Zeichen(-folgen) repräsentiert werden: durch die Ziffern einer Digitaluhr, also einen Text, durch die Zeigerstellung einer analogen Uhr, also ein Bild, oder durch menschliche Sprache, also eine Lautfolge. In der Informationstheorie verallgemeinert man alle Repräsentationen zu einem gegebenen „Zeichenvorrat", dessen Zeichen zu Nachrichten verkettet werden. Diese Idee passt natürlich ohne Weiteres für Texte. Für Bilder muss man sich klar machen, dass ein abgetastetes Bild ebenfalls aus einer (langen) Folge von einzelnen Zeichen eines Zeichenvorrates besteht (z.B. den Samples, die von einer Kamera oder einem Scanner erzeugt werden). Ebenso besteht eine Tonaufnahme aus einer Kette von Samples, die man als Zeichen eines Zeichenvorrates auffassen kann. Die Grundannahme der Informationstheorie, dass Information durch Zeichenketten (Nachrichten) aus einem gegebenen Zeichenvorrat repräsentiert wird, ist also auch auf Mediendaten anwendbar. Wenn in den folgenden Abschnitten als Beispiele immer wieder Textnachrichten benutzt werden, ist damit ebenso die Anwendung auf Mediendaten abgedeckt.

Ein für digitale Medien besonders wichtiger Zeichenvorrat ist die Menge der Binärzeichen {**0**, **1**}. Wir interessieren uns für binäre Codierungen, d.h. Repräsentationen einer gegebenen Information, die in diesem Zeichenvorrat der Binärzeichen ausgedrückt werden. Da Information nur durch Repräsentationen fassbar ist, ist die Ausgangssituation für die weiteren Überlegungen also, dass wir eine Codierung von Information in einem beliebigen Zeichenvorrat vorfinden und eine möglichst effiziente binäre Codierung der gleichen Information suchen. Dabei stellen sich wichtige generelle Fragen, etwa wie man die Effizienz einer Codierung messen kann oder wie man generell den Informationsgehalt einer Nachricht messen kann. Mit solchen Fragen befasst sich die Informationstheorie nach Shannon.

2.3.2 Informationstheorie nach Shannon

Die Informationstheorie nach Shannon analysiert Codierungen vor allem unter dem Aspekt der Wahrscheinlichkeit des Auftretens eines bestimmten Zeichens eines Zeichenvorrates, folgt also grundsätzlich einem **stochastischen** Ansatz. Kernbegriffe der Informationstheorie sind **Nachricht** und **Nachrichtenquelle**.

Definition

Zeichenvorrat: Ein **Zeichenvorrat** ist eine endliche Menge von Zeichen.

Nachricht: Eine **Nachricht** (im Zeichenvorrat A) ist eine endliche Sequenz von Zeichen aus A.

Codierung: Seien A und B Zeichenvorräte. Dann ist eine **Codierung** c von A in B eine Abbildung von Nachrichten in A auf Nachrichten in B. Im Folgenden werden wir uns auf Einzelzeichencodierungen beschränken, bei denen für jedes einzelne Zeichen aus dem Zeichenvorrat A eine codierende Nachricht im Zeichenvorrat B angegeben wird. Längere Nachrichten in A werden dann durch einfache Verkettung (Aneinanderreihen) der Codierungen der Einzelzeichen bestimmt.

Nachrichtenquelle: Eine **Nachrichtenquelle** im Sinne der Shannonschen Informationstheorie ist ein Zeichenvorrat A zusammen mit einer Wahrscheinlichkeitsverteilung, die für jedes Zeichen aus A die Wahrscheinlichkeit seines Auftretens angibt. Die Wahrscheinlichkeit eines Zeichens $a \in A$ wird mit p_a bezeichnet. Der Wert von p_a ist eine Zahl zwischen 0 und 1. Die Summe aller Wahrscheinlichkeiten über die Zeichen des Zeichenvorrates ergibt genau 1.

Tabelle 2.1 gibt Beispiele für verschiedene Nachrichtenquellen über dem Zeichenvorrat {**A**, **B**, **C**, **D**}. Die Nachrichtenquelle 1 sendet ausschließlich das Zeichen **A** und vernachlässigt alle anderen Zeichen. Quelle 2 sendet alle Zeichen des Zeichenvorrates mit gleicher Wahrscheinlichkeit und Quelle 3 hat eine differenziertere Verteilung, bei der einzelne Zeichen häufiger als andere auftreten.

Zeichen a	**A**	**B**	**C**	**D**
Wahrscheinlichkeit p_a in Quelle 1	1.0	0.0	0.0	0.0
Wahrscheinlichkeit p_a in Quelle 2	0.25	0.25	0.25	0.25
Wahrscheinlichkeit p_a in Quelle 3	0.5	0.25	0.125	0.125

Tabelle 2.1: Drei Beispiele für Nachrichtenquellen

In den drei oben aufgeführten Nachrichtenquellen kann man einen unterschiedlichen Informationsgehalt der Zeichen feststellen. Wenn man Nachrichten aus der Quelle 1 empfängt, kann dies nur ein **A** sein, es liegt also keine zusätzliche Information vor. Bei Quelle 2 trägt jedes der möglichen Zeichen die gleiche Informationsmenge und es wird so viel Information übertragen wie es der Auswahl eines Elementes aus einer vierelementigen Menge entspricht. Bei Quelle 3 trägt das Zeichen **A** weniger Information als die anderen Zeichen – es ist sozusagen weniger „überraschend“ als die anderen. Ebenso trägt **B** weniger Information als die beiden Zeichen **C** und **D**. Bei dieser Betrachtungsweise beruht also der Informationsgehalt, der einem Zeichen zugeschrieben wird, ausschließlich auf der Wahrscheinlichkeit des Auftretens des Zeichens und ist damit unabhängig von der Interpretation des Zeichens auf anderen Verständnisebenen. Dies ist die Grundidee der stochastischen Informationstheorie: Ein Zeichen trägt umso mehr Information, je unwahrscheinlicher sein Auftreten ist.

Wie kann man nun den Informationsgehalt eines Zeichens messen? Informationsmengen lassen sich, insbesondere wenn man mit dem Binärsystem arbeitende Maschinen im Fokus hat, in **Bit** messen. Ein Bit entspricht genau der Informationsmenge, die notwendig ist, um aus zwei Elementen eines auszuwählen. Man kann anschaulich vom **Entscheidungsgehalt** einer Menge sprechen. Die Auswahl eines Elementes aus einer vierelementigen Menge entspricht 2 Bit, die Auswahl eines Elementes aus einer achtelementigen Menge 3 Bit usw. Allgemein gesprochen, entsprechen n Bit der Auswahl eines Elementes aus 2^n Elementen.

Die Definition des Entscheidungsgehaltes einer Menge lässt sich nun auf den Entscheidungsgehalt eines Zeichens einer Nachrichtenquelle übertragen. Das Auftreten eines Zeichens entspricht, gemäß der dem Zeichen zugeordneten Wahrscheinlichkeit, der Auswahl aus einer bestimmten Menge. Auf die Nachrichtenquelle 3 aus Tabelle 2.1 angewandt, bedeutet dies, dass das Zeichen **A** den Entscheidungsgehalt von 1 Bit hat, da es eine von zwei gleichwahrscheinlichen Möglichkeiten repräsentiert. Die andere Möglichkeit, ebenfalls mit der Wahrscheinlichkeit 0.5, wäre, dass eines der anderen Zeichen auftritt. Analog kann man dem Zeichen **B** den Entscheidungsgehalt von 2 Bit zuweisen, da es, aufgrund seiner Wahrscheinlichkeit von einem Viertel, einer Auswahl eines Elements aus vier Alternativen entspricht. Die beiden Zeichen **C** und **D** haben jeweils einen Entscheidungsgehalt von 3 Bit, da sie jeweils einer Auswahl aus acht Möglichkeiten entsprechen.

Zeichen a	**A**	**B**	**C**	**D**
Entscheidungsgehalt in Quelle 1 [Bit]	0	undefiniert	undefiniert	undefiniert
Entscheidungsgehalt in Quelle 2 [Bit]	2	2	2	2
Entscheidungsgehalt in Quelle 3 [Bit]	1	2	3	3

Tabelle 2.2: Beispiele für den Informationsgehalt von Zeichen

Die Umrechnung der Auftrittswahrscheinlichkeit in eine Angabe zum Informationsgehalt in Bits kann man auch als mathematische Formel beschreiben. Wir suchen die Zahl, die als Exponent zur Basis 2 angewendet die Zahl der Auswahlmöglichkeiten ergibt. Die Zahl der Auswahlmöglichkeiten ist der Kehrwert des Wahrscheinlichkeitswertes. Unter Verwendung des Logarithmus zur Basis 2 berechnet sich also der Entscheidungsgehalt x_a eines Zeichens a, dessen Wahrscheinlichkeit p_a ist, wie folgt:

$$x_a = \log_2\left(\frac{1}{p_a}\right)$$

Diese Formel liefert, angewendet auf die Werte in Tabelle 2.1 genau die Werte in Tabelle 2.2. Der Vorteil dieser Formel ist, dass sie nun auf beliebige Wahrscheinlichkeitswerte problemlos anwendbar ist, nicht nur auf solche Fälle, bei denen die Wahrscheinlichkeiten Kehrwerte von Zweierpotenzen (Halbe, Viertel, Achtel usw.) sind, wie es in dem einführenden Beispiel der Einfachheit halber angenommen wurde. Einem Zeichen mit der Wahrscheinlichkeit 0.3 wird nun z.B. ein Entscheidungsgehalt von 1.74 Bit zugeordnet. (Es ist klar, dass es real keine Bruchteile von Bits geben kann; hier handelt es sich aber um eine stochastische Behandlung, also durchschnittliche Werte.)

Aufbauend auf diesen Grundüberlegungen kann man zwei wichtige Grundbegriffe der Informationstheorie definieren, nämlich **Entropie** und **Redundanz**.

Definition: Entropie

Die **Entropie** einer Nachrichtenquelle ist der durchschnittliche Entscheidungsgehalt eines Zeichens der Nachrichtenquelle.

Intuitiv kann man den Begriff der Entropie an Tabelle 2.2 verstehen. Die Nachrichtenquelle 2 hat einen durchschnittlichen Entscheidungsgehalt von 2 Bit je Zeichen (da alle vier Zeichen gleich wahrscheinlich sind). Dies ist eine Nachrichtenquelle, die keine internen Regeln benutzt, nach denen einzelne Zeichen von den anderen unterschieden werden, also eine „chaotische", „unordentliche" Nachrichtenquelle. Nachrichtenquelle 2 dagegen gibt z.B. das Zeichen **A** bevorzugt aus, hat also einen internen Mechanismus, der Vorhersagen über die auftretenden Zeichen erlaubt (in 50% der Fälle wird das nächste Zeichen ein **A** sein). Der Begriff der Entropie stammt ursprünglich aus der Physik und kann bei einem naiven Verständnis als ein Maß für die Unordnung eines Systems verstanden werden (wobei angemerkt sei, dass die Physik den Begriff im Detail wesentlich komplizierter erklärt). Die Nachrichtenquelle 2 ist weniger geordnet als die Nachrichtenquelle 3, man wird ihr also eine höhere Entropie zuweisen. Dieses intuitive Verständnis lässt sich einfach in eine mathematische Formel fassen, indem man den Durchschnittswert der einzelnen Entscheidungsgehalte bildet, gewichtet mit der jeweiligen Auftrittswahrscheinlichkeit des Zeichens. Als Formel geschrieben, ist die Entropie H einer Nachrichtenquelle also definiert wie folgt (zuerst unter Verwendung des Formelzeichens für den Entscheidungsgehalt geschrieben, dann unter Auflösung dieser Abkürzung):

$$H = \sum_{a \in A} p_a \cdot x_a = \sum_{a \in A} p_a \cdot \log_2\left(\frac{1}{p_a}\right)$$

Die Entropie lässt sich also direkt aus der Wahrscheinlichkeitsverteilung der Nachrichtenquelle berechnen. Für die oben diskutierten drei Beispielquellen (Tabelle 2.1) ergeben sich folgende Werte:

- Nachrichtenquelle 1 hat eine Entropie von 0.
- Nachrichtenquelle 2 hat eine Entropie von 2.
- Nachrichtenquelle 3 hat eine Entropie von 1.75.

Anschaulich interpretiert, bedeutet das, dass die Nachrichtenquelle 2 eine sehr hohe „Unordnung" enthält, die Nachrichtenquelle 1 extrem geordnet ist und die Nachrichtenquelle 3 ein gewisses Maß an Ordnung enthält. Anders interpretiert, gibt die Entropie aber auch eine Grenze für die benötigten Bits pro Zeichen in einer optimalen Codierung an. Nachrichtenquelle 1 enthält so wenig Information, dass für die Codierung kein einziges Bit nötig ist, Nachrichtenquelle 2 macht zwei Bits je Zeichen unvermeidbar. Interessant ist Nachrichtenquelle 3, bei der diese Überlegung nahelegt, dass man im Durchschnitt weniger als zwei Bits je Zeichen verwenden sollte. Etwas weiter unten wird diese Idee weiterverfolgt, um ein Kompressionsverfahren für Daten einzuführen.

Zunächst soll aber noch der Begriff der Redundanz geklärt werden. Redundanz bedeutet, anschaulich gesprochen, die Existenz „überflüssiger" Nachrichtenteile, die entfernt werden können, ohne den Informationsgehalt der Nachricht zu vermindern. Um Redundanz für die Codierung von Nachrichtenquellen definieren zu können, benutzen wir den Begriff der **durchschnittlichen Wortlänge** einer Codierung.

Definition: Wortlänge

Die Menge der Wörter aus einem Zeichenvorrat A (d.h. die Menge der endlichen Sequenzen von Zeichen aus A) wird mit A^* bezeichnet. Für ein Wort $w \in A^*$ ist die Länge des Wortes die Anzahl der enthaltenen Zeichen (wobei Zeichen wiederholt vorkommen können) und wird mit $|w|$ bezeichnet. Wenn eine Codierung c einem Zeichen $a \in A$ ein Wort $c(a) \in B^*$ als Code zuweist, dann ist $|c(a)|$ die **Wortlänge** der Codierung des Zeichens a.

Definition: Durchschnittliche Wortlänge

Bei einer Codierung c einer Nachrichtenquelle ist die **durchschnittliche Wortlänge** L die nach Auftrittswahrscheinlichkeiten gewichtete Summe der Wortlängen aller Codierungen der Einzelzeichen, als Formel geschrieben:

$$L = \sum_{a \in A} p_a \cdot |c(a)|$$

Als Beispiele betrachten wir zwei Codierungen c_1 und c_2 des Zeichenvorrates {**A**, **B**, **C**, **D**}. Wir interessieren uns besonders für Binärcodierungen, deshalb ist der Zeichenvorrat für die Codeworte hier die Menge der Binärzeichen {**0**, **1**}.

Zeichen a	**A**	**B**	**C**	**D**
Codierung c_1	**00**	**01**	**10**	**11**
Codierung c_2	**0**	**10**	**110**	**111**

Tabelle 2.3: Zwei Beispiele für Codierungen

Wenn wir die durchschnittliche Wortlänge zu einer Codierung bestimmen wollen, muss immer die zugehörige Nachrichtenquelle bekannt sein (da in der Formel für L die Wahrscheinlichkeiten der Zeichen vorkommen). In Tabelle 2.4 wird die Nachrichtenquelle 3 aus Tabelle 2.1 mit der Codierung c_1 aus Tabelle 2.3 kombiniert und die durchschnittliche Wortlänge bestimmt. Es ergibt sich der Wert 2.

Zeichen a	A	B	C	D
Wahrscheinlichkeit p_a in Quelle 3	0.5	0.25	0.125	0.125
Codierung c_1	**00**	**01**	**10**	**11**
Wortlänge	2	2	2	2
Durchschnittliche Wortlänge $L = 0.5{\cdot}2 + 0.25{\cdot}2 + 0.125{\cdot}2 + 0.125{\cdot}2 = 2$				

Tabelle 2.4: Beispiel für eine redundante Codierung

Interessant ist nun der Vergleich der Entropie mit der mittleren Wortlänge. Im Beispiel aus Tabelle 2.4 ist die mittlere Wortlänge 2, während die Entropie den Wert 1.75 ergab. Das bedeutet, die Codierung verwendet im Durchschnitt mehr Bits je Zeichen als der Entscheidungsgehalt der Informationsquelle ist. Es handelt sich um eine *redundante* Codierung.

Definition: Redundanz

Die **Redundanz** R einer binären Codierung für eine Informationsquelle ist die Differenz der mittleren Wortlänge und der Entropie:

$$R = L - H$$

Da es sich hier um eine binäre Codierung handelt, kann man die Wortlänge mit einer Anzahl von Bits gleichsetzen und deshalb mit der Entropie vergleichen.

Im Beispiel aus Tabelle 2.4 ist die Redundanz also 0.25 Bit. Für die gleiche Nachrichtenquelle (Quelle 3) kann man natürlich auch Codierung c_1 aus Tabelle 2.3 anwenden und man erhält die in Tabelle 2.5 dargestellte Situation.

Zeichen a	A	B	C	D
Wahrscheinlichkeit p_a in Quelle 3	0.5	0.25	0.125	0.125
Codierung c_2	**0**	**10**	**110**	**111**
Wortlänge	1	2	3	3
Durchschnittliche Wortlänge $L = 0.5{\cdot}1 + 0.25{\cdot}2 + 0.125{\cdot}3 + 0.125{\cdot}3 = 1.75$				

Tabelle 2.5: Beispiel für eine optimale Codierung

Die Redundanz errechnet sich in der Codierung aus Tabelle 2.5 als 0. Dies ist im Sinne der Codierungstheorie die angestrebte Situation.

Definition: Optimale Codierung

Eine Codierung einer Nachrichtenquelle heißt **optimal**, wenn die Redundanz der Codierung gleich Null ist.

Wenn man die gleich verteilte Nachrichtenquelle 2 aus Tabelle 2.1 mit der Codierung c_1 aus Tabelle 2.3 kombiniert, kommt man auf eine durchschnittliche Wortlänge von 2 und eine Redundanz von 0, also ebenfalls eine optimale Codierung. Die Codierung c_2 aus Tabelle 2.3 dagegen führt auf eine durchschnittliche Wortlänge von 2.25, also wieder einen redundanten Code. Dies macht deutlich, dass eine gute Codierung genau auf die zugrunde liegende Nachrichtenquelle hin konstruiert werden muss. Im nächsten Abschnitt werden wir ein Verfahren kennenlernen, wie man eine solche Codierung für eine Nachrichtenquelle konstruieren kann.

2.4 Kompression

Da die Datenmengen, die aus der Digitalisierung medialer Information entstehen, sehr groß sind, ist man an Verfahren zur Reduktion des Datenumfanges interessiert. In diesem Abschnitt werden Kompressionsverfahren generell diskutiert und klassifiziert und anschließend Verfahren vorgestellt, die auf den Ideen der soeben eingeführten Informationstheorie nach Shannon beruhen.

2.4.1 Klassifikation von Kompressionsverfahren

Verfahren zur Datenkompression können verschiedene Ziele und Eigenschaften haben. Eine ganz grundlegende Einordnung von Kompressionsverfahren liefern die folgenden beiden Fragen:

- Ist das Verfahren universell oder auf bestimmte Medientypen spezialisiert?
- Ist das Verfahren verlustfrei, das heißt, kann man bei der Dekompression wieder genau das Original rekonstruieren?

Definition: universelle und spezielle Verfahren

Ein Kompressionsverfahren für Daten kann für alle Daten, unabhängig von ihrem Ursprung und ihrer Bedeutung, anwendbar sein. Solche Verfahren nennt man **universell**.

Verfahren, die nur auf Daten einer bestimmten Art, zum Beispiel nur auf Daten eines bestimmten Medientyps, wie Audio oder Bild, anwendbar sind, nennt man dagegen **spezielle** Verfahren. Diese Verfahren bedienen sich bestimmter Eigenschaften, die auf den speziellen Charakter der Daten zurückzuführen sind, um die Kompression zu optimieren.

Typische allgemein bekannte Beispiele für universelle Kompressionsverfahren sind die für alle Betriebssysteme verfügbaren Dienstprogramme zur Kompression einer beliebigen Datei (etwa *ZIP* oder *compress*). Universelle Kompressionsverfahren werden jedoch auch in verschiedenen Standards zur Kompression von Mediendaten als Bausteine eines komplexeren Kompressionsverfahrens eingesetzt.

Als Beispiel für ein spezielles Kompressionsverfahren kann man bei der Bildkompression von Rasterbildern die Tatsache nutzen, dass es in Bildern oft größere Flächen mit einem einheitlichen Farbwert gibt. Ein Kompressionsverfahren kann versuchen, diesen Farbwert nur einmal und nicht für jeden Bildpunkt der Fläche abzuspeichern (wobei die betroffene Fläche noch zusätzlich in irgendeiner Form zu speichern ist). Dieses Verfahren macht nur auf Bildern Sinn. Dementsprechend gibt es verschiedene Unterkategorien der speziellen Kompressionsverfahren: Bild-Kompressionsverfahren, Audio-Kompressionsverfahren und Video-Kompressionsverfahren. Solche speziellen Verfahren werden in den Folgekapiteln ausführlich erläutert.

Zur Datenkompression kann man nicht nur Eigenschaften der Daten selbst ausnutzen, sondern auch Eigenschaften, die mit der weiteren Verarbeitung der Daten einhergehen. Mediale Information in digitaler Codierung hat in den allermeisten Fällen letztlich den Zweck, von menschlichen Sinnesorganen aufgenommen zu werden. Es sind aber viele Eigenschaften der menschlichen Sinneswahrnehmung bekannt, die dazu führen, dass nur ein Teil der angebotenen Information auch wirklich aufgenommen wird. Man kann in vielen Fällen die Medienwahrnehmung des Menschen „überlisten“, indem man Teile des ursprünglichen Signals ausblendet, die für die Wahrnehmung irrelevant sind. Gerade mit solchen Verfahren beschäftigen sich weitere Kapitel dieses Buches in größerem Detail. Für die allgemeine Klassifikation ist zunächst wesentlich, dass diese Verfahren das Originalsignal beschneiden und verfälschen, es tritt **Informationsverlust** auf.

Definition: verlustfreie und verlustbehaftete Verfahren

Ein Kompressionsverfahren heißt **verlustbehaftet**, wenn bei der Kompression Information aus dem Original verloren geht, das Original also nicht mehr vollständig aus der komprimierten Fassung rekonstruierbar ist. Im Gegensatz dazu stehen **verlustfreie** Verfahren, die die vollständige und genaue Rekonstruktion der Originaldaten aus der komprimierten Fassung ermöglichen.

Die Darstellung in Tabelle 2.6 betont, dass die beiden eben erwähnten Kategorien unabhängig voneinander sind. Im Prinzip könnte es vier Kombinationen der beiden Klassifikationen geben, wobei die Kombination universell/verlustbehaftet keinen praktischen Sinn macht. Es gibt also drei grundlegende Klassen von Kompressionsverfahren, wie in Tabelle 2.6 angegeben.

	Universelle Verfahren	Spezielle Verfahren
Verlustfreie Verfahren	Beispiele: Huffman, LZW	Beispiele: PNG, AIFF
Verlustbehaftete Verfahren	(nicht sinnvoll)	Beispiele: JPEG, MP3

Tabelle 2.6: Klassifikation von Kompressionsverfahren

Die in Tabelle 2.6 angegebenen konkreten Dateiformate sind nur als Beispiele zu verstehen, die den Praxisbezug der hier geführten Diskussion betonen sollen. Auf die erwähnten Dateiformate wird später noch in größerem Detail eingegangen. Im Rest dieses Kapitels konzentrieren wir uns auf die Kategorie der universellen verlustfreien Verfahren.

2.4.2 Huffman-Codierung: Beispiel für universelle verlustfreie Kompression auf statistischer Basis

Eine wichtige Gruppe von universell anwendbaren Verfahren zur verlustfreien Kompression beruht auf der Shannonschen Informationstheorie, wie sie oben in Abschnitt *Informationstheorie nach Shannon* eingeführt wurde. Hier werden die unterschiedlichen Auftrittswahrscheinlichkeiten von Zeichen ausgenutzt, um eine effiziente Codierung zu erreichen. Deshalb nennt man diese Gruppe von Verfahren auch **statistische** oder **stochastische** Verfahren. Ausgangspunkt ist eine Shannonsche **Informationsquelle**, also ein Zeichenvorrat A zusammen mit einer Angabe von Auftrittswahrscheinlichkeiten p_a für alle Zeichen des Zeichenvorrats.

Eines der bekanntesten stochastischen Kompressionsverfahren ist die Konstruktion einer Binärcodierung nach *David A. Huffman*. Dieser Algorithmus entstand 1951, angeblich im Rahmen einer Semesterabschlussarbeit in einem Kurs am Massachusetts Institute of Technology, der von dem ebenfalls sehr bekannten Informationstheoretiker Robert M. Fano geleitet wurde (Sayood 2000). Der Huffman-Algorithmus konstruiert zu einer Nachrichtenquelle eine binäre Einzelzeichencodierung, die unter bestimmten Bedingungen optimal ist. Die Grundidee ist dabei sehr einfach: Man gibt seltener vorkommenden Zeichen längere Codes als den häufig vorkommenden Zeichen. Dieses Prinzip nutzt man in der Nachrichtenübertragung auch an anderen Stellen, zum Beispiel verwendet der internationale Morsecode für die beiden häufigsten Buchstaben in der englischen Sprache, nämlich „e" und „t", die einfachsten Codes (und zwar „Punkt" für „e" und „Strich" für „t"), während seltene Buchstaben wesentlich längere Codes haben (zum Beispiel „Strich-Strich-Punkt-Strich" für „q").

Wenn man diese Idee weiterverfolgt, stellt sich zunächst ein Problem, das bei jeder Codierung mit variabler Codelänge auftritt. In diesem Fall ist nämlich nicht klar, wie die Einzelzeichen in einer codierten Nachricht zu Codeworten einzuteilen sind. Solange ein Code eine feste Wortlänge für die Binärcodierung aller Zeichen vorsieht, wie z.B. die Wortlänge von 2 Bit für alle vier Zeichen in der Codierung c_1 aus Tabelle 2.3, kann man eine beliebige Folge von Binärzeichen immer in Gruppen einteilen, die genau einem Zeichen der Nachrichtenquelle entsprechen, im Beispiel Zweiergruppen. Angenommen, die folgende Zeichenreihe soll decodiert werden:

0010110001

Da bekannt ist, dass dieser Code Wortlänge zwei hat, teilt man die Zeichen in Zweiergruppen ein, wie hier durch senkrechte Striche angedeutet:

00 | 10 | 11 | 00 | 01

Dann kann man die Einzelzeichen über die Codetabelle der Nachrichtenquelle zuordnen und erhält die Nachricht:

ACDAB

Wie aber gehen wir vor, wenn die Codierungen von verschiedenen Zeichen des Zeichenvorrates verschiedene Länge haben? Hier gibt es grundsätzlich zwei Lösungen: Entweder man verwendet Trennzeichen oder der Code muss in spezieller Weise aufgebaut sein. Im Morsecode arbeitet man mit Trennzeichen (Pausen), um die einzelnen Codes voneinander abzutrennen. Damit hat man aber eigentlich keine Binärcodierung mehr, sondern eine Codierung, die drei Zeichen benutzt. Für echte Binärcodierungen muss man also anders vorgehen. Hier ist die Rekonstruktion eindeutig möglich, wenn der Code die sogenannte **Fano-Bedingung** erfüllt.

Definition: Fano-Bedingung

Eine Codierung c eines Zeichenvorrates A in einem Zeichenvorrat B erfüllt die **Fano-Bedingung**, wenn für alle Zeichen x und y aus dem Zeichenvorrat A gilt, dass das Wort $c(x)$ nicht Anfang des Wortes $c(y)$ ist, also keiner der verwendeten Codes Anfang eines anderen ist.

Die Codierung c_2 aus Tabelle 2.3 erfüllt die Fano-Bedingung. Deshalb kann man bei dieser Codierung in jeder codierten Nachricht eindeutig die Grenzen der codierten Zeichen der Ausgangs-Nachrichtenquelle wiederfinden. Dazu muss man nur den Text vom Anfang her decodieren und den kürzesten Anfangsteil, der einem Zeichen des Codes entspricht, zu einem Zeichen decodieren und entfernen. Als Beispiel decodieren wir diese Folge von Binärzeichen nach Codierung c_2:

0110111010

Das erste Zeichen **0** ist (als Wort der Länge 1) ein Code und zwar für **A**. Also ist dieses bereits decodierte Zeichen von der Folge zu entfernen und wir suchen nach dem nächsten Anfangsstück der Folge, das ein Codewort ist. Das Zeichen **1** ist (als Wort der Länge 1) kein Code. Das Wort **11** der Länge 2 ist ebenfalls kein Codewort. Erst ein Anfangsstück der Länge 3, nämlich **110**, ist wieder ein Codewort, und zwar für **C**. In gleicher Weise ergeben sich alle weiteren Zeichen der Nachricht.

Ein Beispiel für eine Codierung variabler Wortlänge, die die Fano-Bedingung nicht erfüllt, ist leicht zu finden. Wir nehmen dafür an, dass die Codierung c_2 aus Tabelle 2.3 so verändert wird, dass der Code für **B** nun **01** statt **10** ist. In diesem Fall gibt es für die oben betrachtete Folge von Binärzeichen zwei Anfangsstücke, die einem Zeichen entsprechen (nämlich **0** und **01**). Es ist unmöglich zu entscheiden, welche der beiden „Lösungen" die richtige Decodierung ist.

Eine Codierung, die die Fano-Bedingung erfüllt, kann sehr einfach bildlich dargestellt werden, und zwar durch einen **Codebaum**. Dieser Baum wird (wie in der Informatik üblich) von oben nach unten gelesen und enthält auf jeder Ebene Verzweigungen in zwei Äste, die dem Vorliegen von **0** (links) bzw. **1** (rechts) als nächstem Zeichen der codierten Nachricht entsprechen. ▶Abbildung 2.7 zeigt die Codebäume für die beiden Codierungen c_1 und c_2 aus Tabelle 2.3. Der Pfad von der Wurzel zu dem Blatt, das ein bestimmtes Zeichen des Nachrichtenvorrates trägt, entspricht genau dem Code des Zeichens. Anhand eines solchen Baumes kann man die Decodierung wie im obigen Beispiel durch einfaches Durchlaufen des Baumes von oben nach unten durchführen. Am Beispiel der Codierung c_2 aus Tabelle 2.3 und der codierten Nachricht **0110111010** beginnt man mit der Wurzel des Codebaumes und dem ersten Zeichen der codierten Nachricht. Das erste Zeichen ist **0**, also gehen wir im Codebaum nach links. Dort haben wir bereits das erste decodierte Zeichen der Originalnachricht gefunden (**A**), also gehen wir zurück zur Wurzel des Baums und betrachten die nächsten Zeichen. Das Binärzeichen **1** führt uns nach rechts, das nächsten Zeichen ebenfalls nach rechts; dann folgt das Zeichen **0**, also ein Schritt nach links, und wir haben das zweite Zeichen decodiert (**C**).

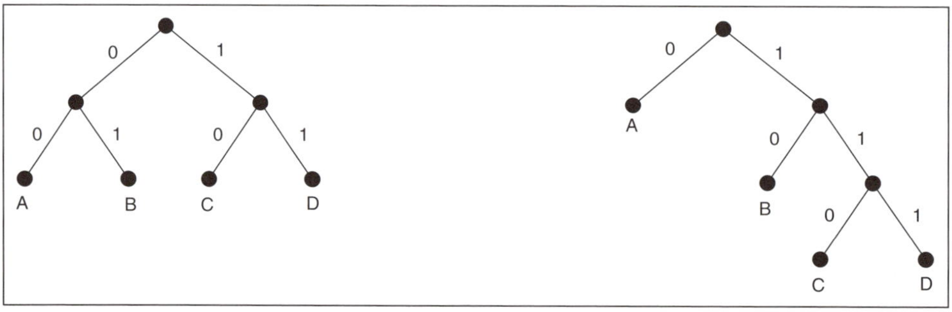

Abbildung 2.7: Codebäume für die Codierungen c_1 und c_2

Die Codebäume sind nicht nur praktisch bei der Decodierung, sie machen auch die Aufgabenstellung bei der Erzeugung eines effizienten Binärcodes klar: Gegeben ist eine Nachrichtenquelle mit ihrer Wahrscheinlichkeitsverteilung; wie kann man einen passenden Codebaum dazu konstruieren? Die Antwort dazu gibt der **Huffman-Algorithmus**, der ein allgemeines Verfahren beschreibt, wie man Codebäume für effiziente Binärcodes konstruieren kann (so dass die Codebäume der Fano-Bedingung genügen).

Der im Kasten beschriebenen – zugegebenermaßen etwas abstrakten – Überlegung folgend, kann man den Codebaum **von unten nach oben** aufbauen, indem man bei den beiden Zeichen mit der niedrigsten Wahrscheinlichkeit startet und diese beiden zu einem „Mini-Baum“ mit zwei Ästen zusammenfügt. Diesem Baum kann man nun die Summe der Auftrittswahrscheinlichkeiten der enthaltenen Teilbäume zuweisen. Dann hat man eine neue Tabelle von Auftrittswahrscheinlichkeiten, mit der man den Algorithmus *rekursiv* (d.h. auf sich selbst zurückgreifend) wieder anwenden kann. Dies war also die zweite Kernidee von Huffman (neben der Idee, das Problem *bottom-up* anzugehen): einen rekursiven Algorithmus zu entwerfen, der bei Wahrscheinlichkeitsverteilungen statt Einzelzeichen ganze Teil-Codebäume verträgt. Die folgende Tabelle 2.7 zeigt, wie so schrittweise ein Codebaum aufgebaut werden kann (am Beispiel von Quelle 3 aus den vorhergehenden Beispielen).

Exkurs Huffmans Grundidee

Die grundlegende Idee, die David Huffman um einen wesentlichen Schritt weiterbrachte als seine Lehrer (die ebenfalls versuchten, ein solches Verfahren zu definieren), liegt in der Reihenfolge, in der die einzelnen Teile des Codebaumes konstruiert werden. Es wäre naheliegend, *top-down* vorzugehen, d.h. die Wahrscheinlichkeiten in der Nachrichtenquelle irgendwie in zwei annähernd gleich große Teile aufzuteilen und anschließend den Code weiter zu verfeinern. Unglücklicherweise ist diese Vorgehensweise extrem schwer zu überschauen und führt nicht zu einem klaren Algorithmus. Huffman betrachtete das Problem *bottom-up* und stellte fest, dass die beiden Zeichen mit den kleinsten Auftrittswahrscheinlichkeiten in jedem Fall ein Paar bilden müssen, das in dem Baum mit den Einträgen **0** und **1** zu unterscheiden ist. Die Idee dazu (Sayood 2000) ist ein typisch mathematischer Gedankengang: Seien x und y die beiden Zeichen mit der geringsten Auftrittswahrscheinlichkeit. Nehmen wir nun an, wir hätten einen optimalen Code c, der die Fano-Bedingung erfüllt. In diesem Code c können $c(x)$ und $c(y)$ gleich lang oder verschieden lang sein. Wären $c(x)$ und $c(y)$ verschieden lang, dann könnte man das längere Wort (nehmen wir an, es sei $c(y)$) bei der Länge von $c(x)$ abschneiden. Damit könnten wir einen neuen Code c' definieren, der sonst identisch ist zu c, in dem aber $c'(y)$ auf das verkürzte Codewort aus $c(y)$ gesetzt wird. In c' sind die Codierungen von x und y gleich lang. Die so erhaltene Codierung $c'(y)$ ist verschieden von $c(y)$, da wir angenommen haben, dass $c(x)$ und $c(y)$ verschieden lang sind, also bei der Verkürzung wirklich mindestens ein Zeichen entfernt wurde.

Da wir angenommen haben, dass der Code c optimal ist, kann es kein anderes Codewort in c geben, das länger ist als die Codes für x und y in c' (denn in einem optimalen Code darf ein häufigeres Zeichen keinen längeren Code haben). Das bedeutet, dass unser neu erfundener Code c' die Fano-Bedingung nicht verletzt. Nun haben wir einen neuen Code c' mit niedrigerer durchschnittlicher Wortlänge erhalten, was im Widerspruch zur Optimalität von c steht! Also kann unsere Annahme nicht richtig sein, dass $c(x)$ und $c(y)$ verschieden lang sind. Sie sind also gleich lang, insofern ist es klar, dass ihr Unterschied in einem Binärzeichen **0** oder **1** liegt.

In jedem Einzelschritt des Huffman-Algorithmus wird nach den beiden Zeichen/Bäumen mit der niedrigsten Wahrscheinlichkeit gesucht. Dann werden diese beiden Zeichen/Bäume zu einem neuen Baum zusammengefasst, der in die Tabelle mit der Summe der Wahrscheinlichkeiten der beiden Bestandteile eingetragen wird. Auf diese modifizierte Wahrscheinlichkeitstabelle wird der nächste Schritt des Algorithmus angewandt, so lange, bis nur noch ein Baum (der Wahrscheinlichkeit 1) übrig ist. Dies ist der ermittelte Codebaum.

Erster Durchlauf				
Zeichen	**A**	**B**	**C**	**D**
Wahrscheinlichkeit	0.5	0.25	0.125	0.125
Zweiter Durchlauf				
Zeichen/Baum	**A**	**B**	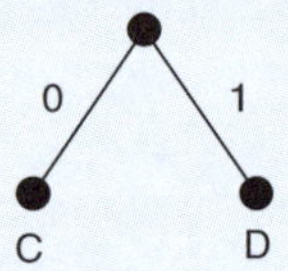	
Wahrscheinlichkeit	0.5	0.25	0.25	
Dritter Durchlauf				
Zeichen/Baum	**A**	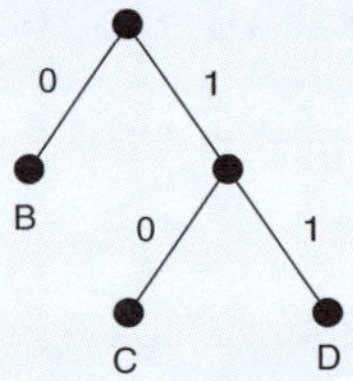		
Wahrscheinlichkeit	0.5	0.5		
Vierter Durchlauf				
Zeichen/Baum	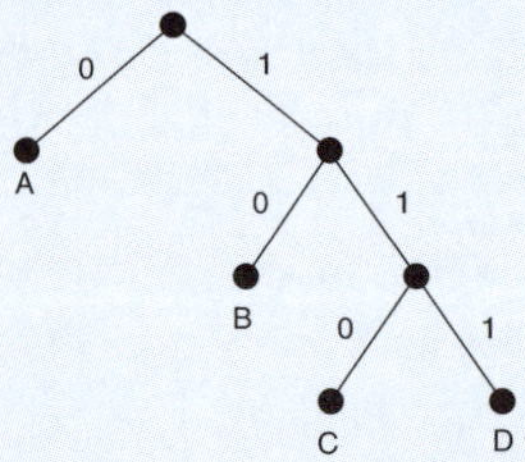			
Wahrscheinlichkeit	1.0			

Tabelle 2.7: Ablauf des Huffman-Algorithmus

Man kann beweisen, dass der Huffman-Algorithmus für den Spezialfall, dass die gegebenen Wahrscheinlichkeiten Kehrwerte von Zweierpotenzen sind (also Halbe, Viertel, Achtel usw.), einen optimalen Code liefert. Diese Bedingung war in dem betrachteten Beispiel gegeben.

Exkurs Arithmetische Codierung

Da die Huffman-Codierung nur in einem Spezialfall (Kehrwerte von Zweierpotenzen als Wahrscheinlichkeiten) eine optimale Codierung liefert, wurden weitere Varianten der Entropie-Codierung entwickelt, die auf beliebigen Wahrscheinlichkeitsverteilungen gute Ergebnisse liefern. Eine Möglichkeit hierzu ist die sogenannte *Arithmetische Codierung*, die allerdings aufgrund von patentrechtlichen Ansprüchen nicht ohne Weiteres verwendet werden darf.

Die Grundidee der Arithmetischen Codierung besteht darin, einer Nachricht ein Teilintervall zwischen den reellen Zahlen 0 und 1 zuzuordnen und bei fortschreitender Codierung der Nachricht fortlaufend kleinere Teilintervalle zu bilden. Die Wahrscheinlichkeiten der Nachrichtenquelle ergeben eine erste Intervalleinteilung, die jedem Einzelzeichen ein Teilintervall zuordnet, wobei die Länge des Intervalls dem Wahrscheinlichkeitswert entspricht. Wenn nun eine Nachricht codiert wird, kann man das erste Zeichen der Nachricht bereits einem Intervall zuordnen. Längere Nachrichten werden nun durch Intervallschachtelung codiert. Das bedeutet, dass ein weiteres Zeichen so codiert wird, dass das aktuelle Intervall entsprechend den Wahrscheinlichkeiten der Zeichen aufgeteilt wird, und somit ein neues Teilintervall entsteht.

Als Beispiel gibt Tabelle 2.8 eine Wahrscheinlichkeitsverteilung und die daraus resultierenden Intervallgrenzen (linker und rechter Rand) für Unterintervalle des Bereiches zwischen 0 und 1 an. Um Eindeutigkeit sicherzustellen, nehmen wir an, dass der linke Rand jeweils zum Intervall gerechnet wird, der rechte Rand aber nicht.

Zeichen a	A	B	C	D	E
Wahrscheinlichkeit p_a	0.1	0.2	0.1	0.5	0.1
Linker Rand L_a	0.0	0.1	0.3	0.4	0.9
Rechter Rand R_a	0.1	0.3	0.4	0.9	1.0

Tabelle 2.8: Beispiel einer Wahrscheinlichkeitsverteilung und Intervallgrenzen für die Arithmetische Codierung

Die ersten Schritte der Codierung einer Beispielnachricht mit der Arithmetischen Codierung werden in ▸Abbildung 2.8 dargestellt. Der oberste Balken gibt die Einteilung des Intervalls zwischen 0 und 1 in Teilbereiche für die Zeichen der Nachrichtenquelle an.

Wenn die Nachricht mit dem Zeichen **D** beginnt, ist das aktuelle Teilintervall begrenzt durch 0.4 und 0.9. Dieses Intervall wird nun im gleichen Verhältnis in Unterintervalle aufgeteilt wie vorher das Gesamtintervall und dementsprechend wird nach dem nächsten Zeichen der Nachricht (hier **B**) ein Unterintervall ausgewählt. Dieser Prozess wird bei jedem Zeichen fortgesetzt.

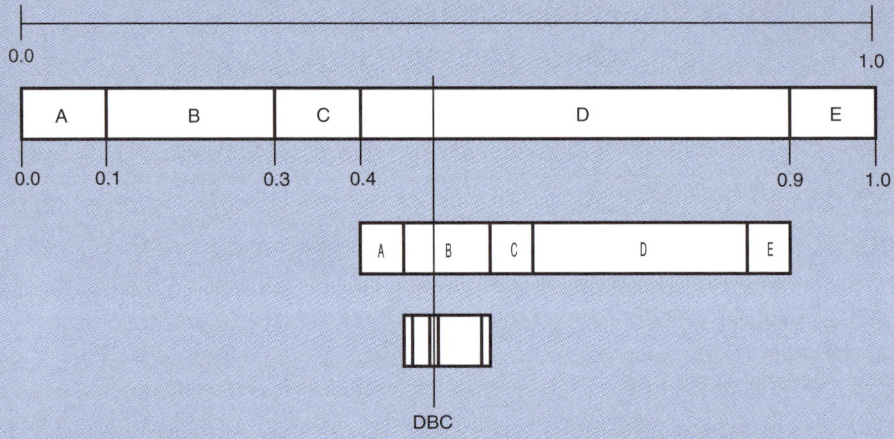

Abbildung 2.8: Codierung einer Nachricht, die mit „DBC" beginnt, mit Arithmetischer Codierung

Bei längeren Nachrichten entstehen sehr schnell sehr lange Reihen von Nachkommastellen und sehr enge Teilintervalle. Deshalb ist es auch nicht möglich, diesen Algorithmus naiv mit Hilfe der Gleitkommaarithmetik zu programmieren. Stattdessen wird eine Implementierung die Intervallgrenzen zum Beispiel als Sequenzen von Ganzzahlen darstellen und immer nur auf den aktuell zu bearbeitenden letzten Nachkommastellen Berechnungen durchführen. Um eine binäre Codierung zu erhalten, muss schließlich zu Ende der Codierung eine Zahl im Intervall ausgewählt und in Binärdarstellung ausgegeben werden.

2.4.3 Lauflängencodierung: Beispiel für zeichenorientierte universelle verlustfreie Kompression

Eine weitere Gruppe von universell anwendbaren Verfahren zur verlustfreien Kompression ist unabhängig von der Informationstheorie und stochastischen Methoden; man konzentriert sich hier ganz darauf, die Wiederholung von Zeichen und Zeichengruppen kompakt zu speichern. Das einfachste Verfahren dieser Gruppe ist die *Lauflängencodierung (Run Length Encoding, RLE)*. Hier werden Gruppen von Zeichen besonders behandelt, die aus der vielfachen Wiederholung eines Zeichens bestehen. Dieser Fall tritt relativ häufig auf, zum Beispiel in reinen Schwarzflächen eines Bildes, die zu langen Ketten von Nullwerten führen. Die Kernidee der Lauflängencodierung ist, das vielfache Speichern desselben Zeichens zu ersetzen durch eine Speicherung des Zeichens und einer Angabe darüber, wie oft es vorkommt.

Präziser beschrieben wird eine Zeichenreihe ersetzt durch eine Folge von Paaren von Elementen (mathematisch gesprochen *Tupeln*), deren erstes Element jeweils ein Zeichen und deren zweites Element eine Zahl, der Wiederholungsindikator, ist.

Die Beispielzeichenreihe

AABBBBBEEDDDDDDDDDDDB

wird nach diesem Ansatz ersetzt durch

<**A**, 2> <**B**, 5> <**E**, 2> <**D**, 11> <**B**, 1>

Dafür, wie konkrete Repräsentationen solcher Folgen von Paaren aussehen können, sind ganz verschiedene Strategien möglich. Man kann entweder aus der Folge von Paaren eine Zeichenreihe machen, die zusätzlich zu den Zeichen des Zeichenvorrates Sonderzeichen benutzt, um die Paare abzugrenzen. Etwa könnte man jedes Paar durch **#** einleiten und die nachfolgenden Ziffern mit **$** einleiten, was folgende Zeichenreihe ergibt:

#A$2#B$5#E$2#D$11#B$1

Alternativ kann man, wie in vielen Mediendateiformaten verwendet, die Struktur von Maschinenworten eines Computers ausnutzen und zum Beispiel jedes Paar als eine Gruppe von zwei Bytes ablegen, bei der das erste Byte das Zeichen aufnimmt und das zweite Byte den Wiederholungsindikator.

Ob eine Lauflängencodierung wirklich kürzer ist als das Original, hängt nicht nur von einer geschickten Repräsentation auf Maschinenebene ab, sondern vor allem davon, ob tatsächlich sehr lange Ketten des genau gleichen Zeichens in der Nachricht vorkommen.

Exkurs

Lempel-Ziv-Welch-Codierung (LZW)

Ein weiteres sehr bekanntes Verfahren zur effizienten Speicherung von Wiederholungen in einer Zeichenreihe geht auf die Autoren Lempel, Ziv und Welch zurück (wobei es eine Vielzahl von Varianten der hier beschriebenen Grundidee gibt). Hier wird ein „Wörterbuch" für die in einer Nachricht vorkommenden Teilwörter angelegt, dessen Einträge durchnummeriert sind. Sobald ein Teilwort wiederholt vorkommt, kann man nur seine Nummer in dieser Tabelle statt des ganzen Teilwortes übertragen bzw. speichern.

Um die LZW-Codierung anzuwenden, sollte man zuerst eine Konvention für die Repräsentation von Einzelzeichen durch Zahlen vereinbaren. Für Texte könnte man z.B. jedes Zeichen durch seine Nummer in der internationalen ASCII-Codetabelle verwenden (zwischen 0 und 255). Ebenso muss man festlegen, welcher Zahlenbereich für die Tabelleneinträge verwendet wird. Dieser Zahlenbereich muss sich von dem für die Einzelzeichen unterscheiden (z.B. von 256 aufwärts).

Die gegebene Zeichenreihe wird in Teilzeichenreihen zerlegt, die im Wörterbuch eingetragen sein müssen. Die Zerlegung wird so angelegt, dass die Originalzeichenreihe durch Hintereinanderfügen der Teilzeichenreihen entsteht.

Im Wörterbuch werden also nur solche Teilzeichenreihen gespeichert, die sich beim sequentiellen Durcharbeiten des Wortes als notwendig erweisen. Der Algorithmus muss also in einem Durchlauf gleichzeitig die Aufspaltung in Teilzeichenreihen erledigen und die passenden Wörterbucheinträge generieren.

Ein Beispieltext (der bewusst so gewählt wurde, dass Wiederholungen von Teilzeichenreihen auftreten) ist etwa **„bananenanbau“**. ▶Abbildung 2.9 zeigt durch graue Hinterlegungen, wie der Algorithmus diese Zeichenreihe in Teilzeichenreihen aufspaltet. Im unteren Teil des Bildes ist zu sehen, an welchen Stellen welche Teilzeichenreihen neu in das Wörterbuch aufgenommen werden. Der Algorithmus erkennt in der Eingabe auftretende Teilzeichenreihen erst, nachdem sie in das Wörterbuch aufgenommen wurden. Deshalb wird zum Beispiel die Teilzeichenreihe **„ba“** bei ihrem ersten Auftreten zwar ins Wörterbuch eingetragen, aber noch nicht für die Codierung verwendet – stattdessen werden die beiden Einzelzeichen mit ihrem jeweiligen Zahlcode codiert. Erst beim zweiten Auftreten von **„ba“** wird das Wörterbuch verwendet, also der im Wörterbuch eingetragene Zahlencode für diese Zeichenreihe zur Codierung verwendet.

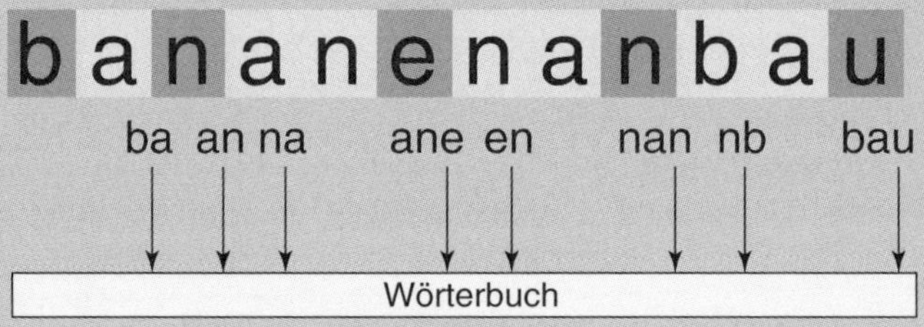

Abbildung 2.9: Ablauf des LZW-Algorithmus an einem Beispiel

Ein großer praktischer Vorteil des skizzierten Algorithmus ist, dass das aufgebaute Wörterbuch nicht zum Empfänger der Nachricht übertragen werden muss. Der Empfänger kann sich während des Decodiervorganges das Wörterbuch nach den bei der Codierung benutzten Prinzipien wieder aufbauen.

Der gesamte Codierungsalgorithmus läuft wie folgt ab, hier informell in Anlehnung an eine Programmiersprache beschrieben („Pseudocode“):

```
SeqChar p := <>;
int k = NächsteEingabezahl;
Schreibe Zeichenreihe mit Tabellenindex k auf Ausgabe;
int old = k;
Wiederhole solange Eingabe nicht leer:
   k = NächsteEingabezahl;
   SeqChar akt = Zeichenreihe mit Tabellenindex k;
   Schreibe Zeichenreihe akt auf Ausgabe;
   p = Zeichenreihe mit Tabellenindex old (letztes Teilwort);
   Char q = erstes Zeichen von akt;
   Trage p & <q> in Tabelle ein(und erzeuge neuen Index dafür);
   old = k;
Ende Wiederholung;
```

Die Decodierung nach dem LZW-Verfahren läuft sehr ähnlich ab wie die Codierung. Es werden Schritt für Schritt die Zahlencodes in Teilzeichenreihen gemäß dem aktuellen Wörterbuch übersetzt. Parallel dazu wird das Wörterbuch in exakt der gleichen Weise schrittweise gefüllt wie bei der Codierung. Dies ist deshalb möglich, weil die Wörterbucheinträge erst nach dem ersten Auftreten der Zeichenreihe eingetragen werden, also alle Bestandteile für den neuen Wörterbucheintrag rechtzeitig decodiert wurden.

Zusammenfassung

Dieses Kapitel legt die Grundlagen für die weitere Diskussion von Konzepten der Medieninformatik in den Folgekapiteln. Ein Kernbegriff ist hier das Wort „digital". Digitale Technologie bedeutet, dass diskrete Werte verwendet werden, die in dem von Computern gut verarbeitbaren Binärsystem repräsentiert werden. Dazu müssen die analogen Signale, die den menschlichen Sinnesorganen bei visueller und akustischer Wahrnehmung der Medien zur Verfügung stehen, in diskreten Werten dargestellt werden. Zu unterscheiden sind hierbei die Diskretisierung der Abtastachse (Sampling, Abtastrate) und die Diskretisierung der Werte (Quantisierung). Digitalisierung hoher Qualität ist nur möglich, wenn man sowohl die Rate von Änderungen im Ausgangssignal als auch den Werteumfang des Signals kennt. Das Abtasttheorem macht eine Aussage darüber, wie die Abtastfrequenz gewählt werden muss, wenn man die Änderungsrate des Ausgangssignals kennt (nämlich mehr als doppelt so hoch).

Da die Abtastung analoger Mediensignale zu sehr hohen Datenmengen führt, wurden Ansätze zur Datenkompression diskutiert. Viele der effektivsten Kompressionsverfahren können erst in den Folgekapiteln erläutert werden, da sie sich auf Eigenschaften der menschlichen Wahrnehmung in einer bestimmten Modalität beziehen. In diesem Kapitel wurden nur universelle und verlustfreie Verfahren zur Datenkompression in größerem Detail behandelt. Die Informationstheorie nach Shannon gibt eine präzise Erklärung für grundlegende Begriffe wie Informationsgehalt und Redundanz. Stochastische Verfahren zur Kompression wie der Huffman-Algorithmus und die Arithmetische Codierung geben Codes variabler Wortlänge abhängig von der Häufigkeit der Zeichen an. Eine zweite Gruppe von Kompressionsverfahren codiert wiederholt auftretende Zeichen oder Zeichenreihen besonders effektiv (Lauflängencodierung und LZW).

Lösungshinweise

Übungen

1. Sie wollen eine Zeichnung einscannen, auf der feine Schraffurlinien mit einem Abstand von einem Millimeter enthalten sind. Welche Auflösung muss der Scanner mindestens verwenden, damit die Linien gut auf dem gescannten (= abgetasteten) Bild zu erkennen sind?

2. Welche Art von Verbesserungen kann man erwarten, wenn ein Kino auf „digitale Projektion“, also Wiedergabe des Films von einem digitalen Speicher, umstellt?

3. Erklären Sie, weshalb die Standardgröße für digitale Sprachkanäle in der Telefonie (bei ISDN) mit 64 kBit/Sekunde eine sinnvolle Wahl ist.

4. Folgender Zeichenvorrat mit zugeordneten Auftrittswahrscheinlichkeiten der Zeichen sei gegeben: R: 0,09; E: 0,35; H: 0,1; K: 0,16; P:0,05; A: 0,12; S: 0,13. Berechnen Sie die Entropie dieser Nachrichtenquelle. Leiten Sie die zugehörige Huffman-Codierung her und codieren Sie die Beispielwörter „HARKE“ und „KEKSE“. Geben Sie die Redundanz dieser Codierung an. Ist die Codierung optimal?

5. Komprimieren Sie folgende Nachricht mit einer Lauflängencodierung:
GGGA 0000 AAAB B444 4445 55AA AA12 BBBB CCCE 1111 1111
Welcher Prozentanteil an Zeichen wird dabei eingespart?

6. Geben Sie das Ergebnis der LZW-Codierung für das bei der Erläuterung von LZW benutzte Beispiel an. Geben Sie eine Skizze des Decodierungsalgorithmus an und decodieren Sie den Beispielcode. Probieren Sie Codierung und Decodierung an folgendem Beispiel aus: „abababa“. Wo tritt hier ein Problem auf?

Bilder

3

ÜBERBLICK

Einleitung

» Digitale Bilder sind neben Texten die am meisten verwendeten digitalen Medien. Als digitale Fotografien, Illustrationen und in zahlreichen zusammengesetzten Medien werden sie von Profis und Laien umfangreich erstellt, bearbeitet und verwendet. In diesem Kapitel sollen die Grundlagen digitaler Bilder vorgestellt werden. Da Bilder meist von Menschen betrachtet werden, ist es wichtig, zunächst einige Phänomene bei der Wahrnehmung von Bildern zu beleuchten. Bei der digitalen Verarbeitung ist die erste Stufe die Digitalisierung von Bildern. Dabei werden die Bilder zunächst in einem zweidimensionalen Raster von Pixeln erfasst. Jedes Pixel speichert entweder Schwarzweißinformationen, Grauwerte oder Farbwerte. Verschiedene Farbmodelle bilden die Farbwerte auf drei bis vier diskrete Werte ab, die unterschiedlich viele Werte je nach Farbtiefe annehmen können. Die wichtigsten Farbmodelle und die ihnen zugrunde liegenden psychophysischen Grundlagen sowie ihre Anwendungsbereiche werden vorgestellt. Damit sind die Grundlagen zur Erfassung und Repräsentation von digitalen Bildern gelegt. Zur Speicherung digitaler Bilder sind effiziente Verfahren notwendig, um das Datenvolumen deutlich zu reduzieren. Verlustfreie und verlustbehaftete Verfahren nutzen unterschiedliche Eigenschaften der Bilder und der menschlichen Wahrnehmung aus, so dass der Speicher- und Übertragungsaufwand drastisch reduziert werden kann. Zur Abrundung des Kapitels werden noch einige grundlegende Verfahren zur digitalen Bildbearbeitung vorgestellt. «

Lernziele

In diesem Kapitel werden zunächst einige Grundlagen der **visuellen Wahrnehmung** vermittelt. Sie erklären zum Beispiel, wie Menschen Farben wahrnehmen. Diese Zusammenhänge erklären, warum man bei Farbmodellen in der Regel drei Grundfarben wie z.B. Rot, Grün und Blau, benötigt. Für digitale Bilder, die aus Pixeln aufgebaut sind, wird dann gezeigt, wie diese digitalisiert und codiert werden können. Damit das Datenvolumen reduziert werden kann, können **Kompressionsverfahren** eingesetzt werden, die verlustfrei oder verlustbehaftet sind. Sie werden am Beispiel von JPEG nachvollziehen können, wie verschiedene Kompressionsmethoden in einem Verfahren zusammenwirken können. Zum Abschluss lernen Sie einige einfache Verfahren zur **Bildbearbeitung**, wie z.B. Filter, kennen.

3.1 Bilder sind überall

Viele Menschen halten das Sehen für den wichtigsten menschlichen Sinn. Zweifellos sind visuelle Eindrücke für Menschen ausgesprochen wichtig, auch wenn wir genau genommen im Vergleich zu vielen Tieren gar nicht so gut sehen können und unsere Sehleistung oft mit dem Alter nachlässt. Unsere Umwelt ist voll von Bildern auf Plakaten, in Zeitschriften und im Web. In den letzten Jahren hat sich bei der Produktion und Verarbeitung von Bildern ein dramatischer Wandel hin zur digitalen Technik vollzogen. Klassische analoge Fotografie auf Negativ- oder Diapositivfilm spielt mittlerweile im professionellen und privaten Bereich nur noch eine Außenseiterrolle. Digitale Kameras aller Leistungsstufen sind erschwinglich und dank billiger Speichermedien werden so viele Bilder erstellt wie nie zuvor.

Ob digitale Spiegelreflexkamera oder Fotohandy, die Prinzipien bei der Digitalisierung und Speicherung der Bilder sind immer die gleichen. Dabei müssen physikalische Signale gemessen und in einem digitalen Raster abgebildet werden. Die Digitalisierung eines Bildes muss wie bei anderen Medientypen auch eine geeignete Abtastung und Quantisierung leisten. Wenn Bilder als Dateien (z.B. über das Web oder per MMS) verschickt werden sollen, müssen sie kompakt gespeichert und komprimiert werden. Aber viele Fotos werden nicht so, wie sie gemacht werden, weiterverarbeitet, sondern mit vielfältigen Werkzeugen bearbeitet und verändert.

Doch bevor wir genauer auf diese Punkte eingehen, wollen wir uns Bilder erst einmal genauer ansehen und klären, was ein Bild eigentlich ist und was wir sehen, wenn wir ein Bild sehen.

Obwohl wir täglich Hunderte Fotos sehen und unserem Sehvermögen so viel zutrauen, spiegeln uns unsere Augen und unser Gehirn oft etwas vor und vieles ist im wahrsten Sinne des Wortes nicht so, wie es scheint. Der Begriff „fotografieren" heißt auf Deutsch eigentlich „mit Licht schreiben". Bei Fotos oder Bildern geht es also eigentlich um Licht, das physikalisch als Welle oder Teilchen gesehen werden kann. Nicht jedes Licht ist gleich. Es kann mehr oder weniger hell sein und mit unterschiedlichen Farben leuchten. Außerdem kann Licht polarisiert sein. Licht kann man mischen und aus bestimmten Grundfarben können andere Farben entstehen. Um zu verstehen, warum das nur scheinbar der Fall ist, müssen wir die Physik des Lichtes und die Mechanismen der Wahrnehmung genauer verstehen.

3.2 Es werde Licht!

Licht ist ein Phänomen, das einige Rätsel aufgibt, die hier nicht alle gelöst werden können. In diesem Kapitel sollen Photonen und die Relativitätstheorie vernachlässigt werden und wir betrachten Licht nur als eine **elektromagnetische Welle**. Eine solche Welle kann von ganz unterschiedlichen Quellen ausgestrahlt werden und bewegt sich geradlinig durch den Raum. ▶Abbildung 3.1 zeigt zwei solche Wellen, die sich in x-Richtung ausbreiten. Die Wellen sind durch folgende Eigenschaften charakterisiert: die Ausbreitungsrichtung, die Frequenz oder Wellenlänge, die Amplitude und die Polarisation.

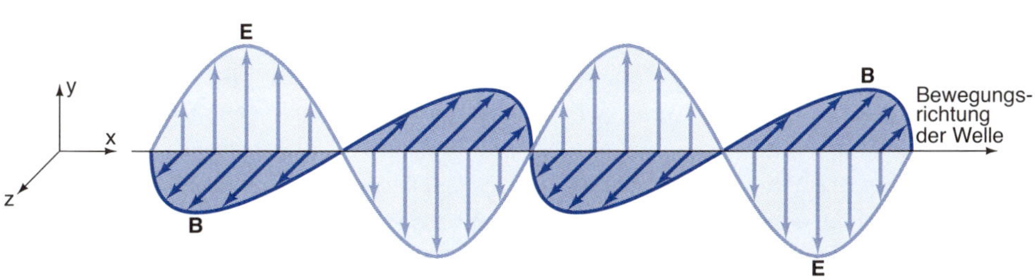

Abbildung 3.1: Zwei Wellen E und B, die sich in x-Richtung ausbreiten

Ausbreitungsrichtung: Elektromagnetische Wellen breiten sich von einer Quelle linear und mit konstanter Geschwindigkeit aus. Je nach Wellenlänge und Beschaffenheit eines Hindernisses kann eine solche Welle von einem solchen Hindernis abgelenkt bzw. reflektiert werden, absorbiert werden oder das Hindernis durchdringen. Im sichtbaren Bereich des Lichts sind solche Hindernisse z.B. Spiegel, schwarze Wände oder Glas. Bei den meisten Quellen, wie zum Beispiel einer Glühbirne, werden diese Wellen gestreut ausgesandt und viele Wellen strahlen in alle möglichen Richtungen. Es gibt aber auch gerichtete Quellen wie zum Beispiel beim Laser, wo viele Wellen gebündelt alle in die gleiche Richtung strahlen. Für unsere Wahrnehmung ist entscheidend, dass eine ausreichende Menge Lichtwellen im Auge ankommen. Da Lichtwellen Energie übertragen, dürfen aber auch nicht zu viele Wellen auf das Auge treffen, da sie sonst Schaden anrichten können.

F

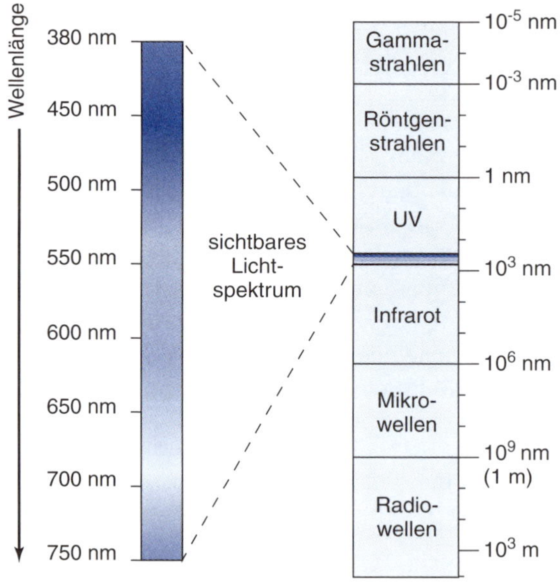

Abbildung 3.2: Elektromagnetische Wellen und sichtbares Licht

Frequenz: Die Frequenz entscheidet darüber, ob und wie die elektromagnetischen Wellen von Menschen wahrgenommen werden können. Die Frequenz wird in Schwingungen pro Sekunde angegeben. Die physikalische Einheit dafür ist Hertz. Im **sichtbaren Bereich** elektromagnetischer Wellen, also in dem Bereich, in dem wir Licht wahrnehmen, haben diese Frequenzen von 385 bis 789 THz (1 Tera Hertz = 1 Billion Hertz). Wenn man berücksichtigt, dass sich das Licht mit Lichtgeschwindigkeit ausbreitet, also mit ca. 300 Millionen Metern pro Sekunde, dann kann man leicht ausrechnen, dass eine Schwingung des Lichts ungefähr 380 bis 780 nm (1 Nanometer = 1 Milliardstel Meter) lang ist. Da die Lichtgeschwindigkeit konstant ist, kann man entweder die Frequenz angeben oder die **Wellenlänge**, also die Länge einer einzelnen Schwingung. Sichtbares Licht ist nur ein kleiner Bereich der elektromagnetischen Strahlung (▶Abbildung 3.2). Strahlungen mit höheren Frequenzen reichen von UV-Licht über

Röntgenstrahlung bis hin zu radioaktiver Strahlung. Bei niedrigeren Frequenzen – also höheren Wellenlängen – erreicht man nach Infrarotstrahlung schließlich Radiowellen, die bis zu 1km Wellenlänge erreichen können. Die Wahrnehmung des Lichts wird später noch genauer erklärt, aber hier sei schon erwähnt, dass nicht alle Lebewesen genau den gleichen Ausschnitt von Wellenlängen als sichtbares Licht wahrnehmen. Manche Tiere sehen noch UV-Licht, andere auch noch Bereiche im Infrarotbereich. Innerhalb des sichtbaren Bereiches entscheidet die Wellenlänge über die Qualität des Lichts als **Farbwahrnehmung**, die auch etwas später diskutiert wird.

Amplitude: Die Amplitude einer Welle beschreibt die Stärke einer Welle. Helleres Licht entspricht also einer höheren Amplitude der Welle.

Polarisation: Betrachtet man in Abbildung 3.1 die beiden Wellen, kann man erkennen, dass beide Wellen zwar die gleiche Frequenz und Amplitude haben, also Qualität (Farbe) und Amplitude (Helligkeit) sind gleich, aber die Wellen sind unterschiedlich gedreht. Man sagt, beide sind unterschiedlich polarisiert. Im Alltag spielt die Polarisation für das menschliche Sehen kaum eine Rolle. Es gibt aber zwei Fälle, wo sie auch bei (digitalen) Medien relevant ist. Natürliches Sonnenlicht kann mit dem Eintritt in die Atmosphäre durch Reflexion und Streuung polarisiert werden. Manche Tiere können dies wahrnehmen und die Polarisation quasi als Kompass nutzen. Spezielle **Polarisationsfilter** für Kameras und Brillen lassen nur Licht einer bestimmten Polarisation durch. Dies kann man bei der Aufnahme von Bildern nutzen und so Kontraste, Spiegelungen und Farben von Bildern mit natürlichem Licht beeinflussen. Eine ganz andere Anwendung findet man bei **3D-Brillen**. Dabei werden zwei Bilder mit unterschiedlicher Polarisation generiert und überlagert und eine Brille filtert für das linke und rechte Auge jeweils das passende Bild heraus. Damit bekommt jedes Auge ein unterschiedliches Bild, wodurch ein **stereoskopischer Effekt** erzielt wird.

3.3 Farben im Kopf

Die Physik des Lichts erklärt einiges, aber viele Eigenheiten von Bildern entstehen erst durch die Art und Weise, wie unsere Augen und unser Gehirn aus elektromagnetischen Wellen **Sinneseindrücke** gewinnen. Bei der Wahrnehmung von Licht verwandeln in unseren Augen Nervenzellen die Lichtwellen in neuronale Aktivitäten, die das Gehirn verarbeitet. Wie bereits in Kapitel 1 dargestellt, befinden sich diese Nervenzellen auf der **Netzhaut**. Beim Menschen gibt es vier verschiedene Typen: drei sogenannte Zapfentypen erkennen farbiges Licht und die sogenannten Stäbchen unterscheiden nur zwischen hell und dunkel, reagieren also nur auf die Stärke und nicht die Frequenz des Lichts. ▶Abbildung 3.3 zeigt die Frequenzbereiche, auf die **Stäbchen** und **Zapfen** am besten reagieren. Wir sehen, dass das Spektrum des sichtbaren Lichts abgedeckt wird und dass die „Rot"-Zapfen und die „Grün"-Zapfen recht ähnliche Spektren haben.

F

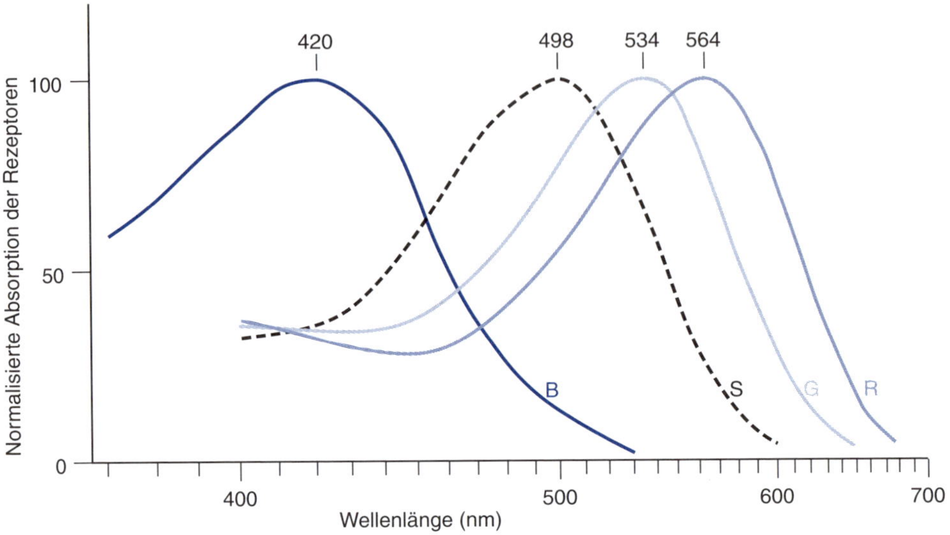

Abbildung 3.3: Antwortspektren von Stäbchen und Zapfen. Die Kurven zeigen die Antworten von blau-, grün-, rotsensitiven Zapfen (R, G, B) und von Stäbchen. Die Kurven sind so normalisiert, dass die Maximalwerte jeweils 100 betragen.

Zunächst könnte man vermuten, dass wir damit alle möglichen Lichteindrücke, die durch verschiedene Kombinationen von Wellenlängen des sichtbaren Lichts entstehen, erkennen und auch unterscheiden können. Doch das können wir gar nicht! Unsere Wahrnehmung reduziert die Welt der Wellenlängen dramatisch auf einen sehr viel kleineren Farbbereich, der eigentlich nur in unserem Gehirn existiert. Farben sind tatsächlich eine optische Täuschung!

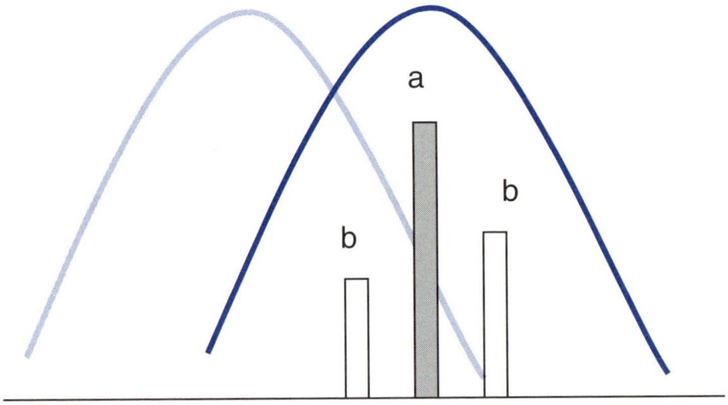

Abbildung 3.4: Zwei Signale (a) und (b) führen zu gleicher Farbwahrnehmung.

Das klingt zunächst eigenartig und scheint paradox zu sein. Zur Erklärung muss man sich die verschiedenen Typen von Stäbchen und Zapfen genauer ansehen und sich verdeutlichen, was bei der Überlagerung von Wellen passiert: Wenn Wellen mit verschiedener Frequenz überlagert werden, dann entsteht ein komplexeres Signal, in dem die Ursprungsfrequenzen noch erhalten sind. Bei Tönen ist das ganz einfach nachvollziehbar: Wenn man auf einem Klavier zwei verschiedene Töne gleichzeitig spielt, dann kann man meist deutlich beide Töne hören und wenn man das resultierende Signal mit einer Fourier-Transformation umwandelt, dann kann man auch im Frequenzspektrum immer noch alle beteiligten Töne erkennen. Frequenzen mischen sich also nicht einfach. Was passiert aber im Auge? ▶Abbildung 3.4 zeigt schematisch ein Beispiel, bei dem jeweils ein Signal (a) und (b) einmal aus Licht mit einer Wellenlänge besteht und einmal aus zwei Frequenzen zusammengesetzt ist. Offensichtlich sind die beiden Signale (a) und (b) deutlich verschieden (wenn wir auf einem Klavier entsprechende Töne spielen würden, dann würden die sehr unterschiedlich klingen). Wie reagieren aber die Rezeptoren darauf? Wenn wir uns eine mögliche Antwort des „Rot"-Zapfens in Abbildung 3.4 vorstellen, dann ist sehr gut vorstellbar, dass dieser auf (a) und (b) jeweils gleich stark reagiert. Entsprechendes gilt für den „Grün"-Zapfen. Der nimmt den rechten Balken von (b) zwar gar nicht wahr, aber dafür den linken etwas mehr und da er im sensitiveren Bereich als (a) ist, reagiert er insgesamt auf (b) genauso stark wie auf (a). Das heißt, die Antwort auf (a) und (b) ist gleich, obwohl die Signale völlig verschieden sind. In beiden Fällen wird, da „rot" stark und „grün" etwas reagiert, ein „Orange"-Ton wahrgenommen. Offensichtlich können wir nun denselben Farbton durch noch viel mehr verschiedene Kombinationen von Wellen erzeugen. Da das Auge nur drei Typen von Zapfen, also Farberkennern, hat, kommt es nur darauf an, dass die Erregung bei den drei Typen von Zäpfchen in der Summe jeweils übereinstimmt.

Die einfachste Variante, einen beliebigen Farbeindruck zu erzeugen, ist somit, für jeden Zapfentypen jeweils nur ein farbiges Lichtsignal zu nehmen. Somit kann man durch Regelung von drei unterschiedlichen Farbsignalen jeden Farbeindruck erzeugen. Wir brauchen also nur einen „Rot"-, einen „Grün"- und einen „Blau"-Wert, um im Auge den Eindruck beliebig komplexer Überlagerungen von Lichtwellen zu erzeugen. Genau das geschieht, wenn wir **RGB-Monitore** oder Digitalkameras mit **RGB-Sensoren** verwenden. Und es klappt nur deshalb, weil wir eben gerade solche „Farbsensoren" im Auge besitzen! Tatsächliche Bilder und die tatsächlichen Wellenlängen des Lichts in der Natur haben alle möglichen Wellenlängen. Nur weil wir mit unserem Auge die Wellenlängen des Lichts in drei Gruppen einteilen, können wir Farben aus diesen drei **Grundfarben** mischen und mit diesen **alle anderen Farben** erzeugen.

3.4 Farbaddition, Farbsubtraktion und Farbräume

Wenn keine unserer Stäbchen und Zapfen im Auge durch Licht erregt werden, ist alles dunkel. „Wir sehen Schwarz". Wenn mehr Licht das Auge erreicht, und alle Typen von Stäbchen und Zapfen gleichermaßen erregt werden, dann sehen wir „Weiß". Wir haben eben erfahren, dass wir dazu auch gar nicht eine Mischung des gesamten Frequenzspektrums des sichtbaren Lichts benötigen, sondern dass eine Überlagerung von „Rot", „Grün" und „Blau" reicht, um „Weiß" zu erzeugen. Wir können also aus Rot, Grün und Blau die Farbe Weiß „mischen".

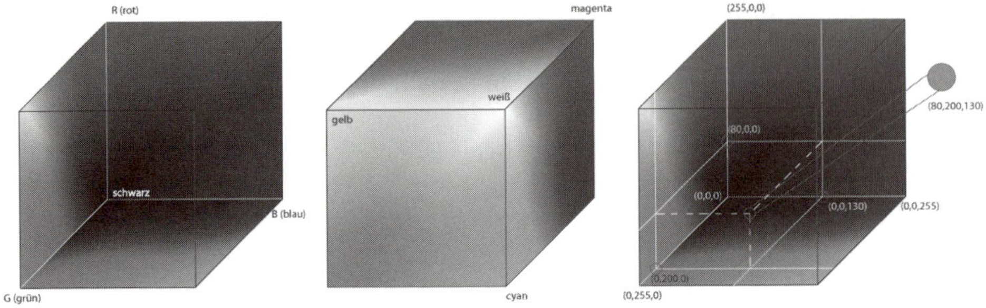

Abbildung 3.5: RGB-Farbwürfel

Wohlgemerkt: Unser Gehirn mischt die Farbe Weiß! Ein Lebewesen, das andere Farbsensoren hat, würde womöglich einen Dreiklang aus den drei Grundfarben sehen.

Diese Form der **Farbmischung** wird **additiv** genannt, da durch Hinzufügen von Licht aus Schwarz (also keinem Licht) einzelne Farben und schließlich weißes Licht „gemischt" werden. Wenn nicht alle drei Grundfarben gleichermaßen gemischt werden, dann entstehen andere Farben (bzw. Farbeindrücke): Aus Rot und Grün wird Gelb, Rot und Blau ergeben Magenta und Grün und Blau werden zu Cyan. ▶Abbildung 3.5 verdeutlich in einem **Farbwürfel** die Möglichkeiten, Farben additiv zu mischen. Dabei sind alle aus R, G und B mischbaren Farben innerhalb des Würfels eingeschlossen. Den Raum in diesem Würfel mit allen Farben nennt man auch einen **Farbraum**. Die Ecken des Farbraumes sind die Grundfarben R, G, B, Weiß, Schwarz und an den weiteren Ecken Cyan, Gelb und Magenta. Jede Farbe innerhalb des Farbraumes kann über drei Koordinaten angegeben werden. Wenn wir beispielsweise für jede Grundfarbe 256 Abstufungen (Werte von 0 bis 255) haben, dann ist Schwarz mit dem Wert (0,0,0) definiert, Rot mit (255,0,0), Gelb mit (255,255,0) etc.

Bei der additiven Mischung von Farben, wird aus verschiedenen farbigen Lichtquellen eine Lichtquelle mit einer helleren gemischten Farbquelle erzeugt. Dies geschieht z.B. bei Monitoren oder Projektoren. Wenn wir Farben auf Papier bringen, dann wird mit jeder neuen Farbe nicht Licht hinzugefügt, sondern abgezogen. Wenn wir einen grünen Farbklecks auf ein weißes Papier bringen, dann wird durch die grüne Farbe nicht mehr wie bei dem weißen Papier das gesamte (weiße) Licht reflektiert, sondern das blaue und rote Licht absorbiert und nur noch das grüne Licht reflektiert. Der Farbklecks erscheint somit grün. Auf Papier **subtrahiert** die Farbe Grün also Rot und Blau. Wenn wir uns den Farbwürfel aus Abbildung 3.5. ansehen, dann können wir sofort sehen, welche Farbe auf Papier welche anderen Farben wegfiltert: Jeweils die gegenüberliegenden Farben werden absorbiert. Bei Cyan wird Rot absorbiert, bei Gelb wird Blau herausgefiltert etc.

Wenn wir nun auf Papier Farben mischen, dann summiert sich die Absorption beider Farben: Wenn wir also Cyan und Gelb mischen, dann werden sowohl Blau als auch Rot absorbiert und im Resultat sehen wir Grün. Mit jeder hinzugemischten Farbe wird also von dem, was wir sehen, entsprechend Licht absorbiert bzw. subtrahiert. Deshalb spricht man hier auch von **subtraktiver** Farbmischung.

Mathematisch lassen sich das additive Farbmodell, bei dem mit den Farben Rot, Grün und Blau gemischt wird, und das subtraktive Farbmodell mit den Farben Cyan, Magenta und Gelb leicht ineinander umrechnen. Werte im ersten Modell nennt man **RGB-Werte**, die im zweiten Modell **CMY** (Y steht für Yellow, also Gelb). Ein RGB-Farbwert f_{RGB} muss einfach nur von der gegenüberliegenden Ecke des Farbwürfels her betrachtet werden:

$$f_{RGB} = \begin{pmatrix} f_R \\ f_G \\ f_B \end{pmatrix} = \begin{pmatrix} f_{\max} - f_C \\ f_{\max} - f_M \\ f_{\max} - f_Y \end{pmatrix} = \begin{pmatrix} f_{\max} \\ f_{\max} \\ f_{\max} \end{pmatrix} - \begin{pmatrix} f_C \\ f_M \\ f_Y \end{pmatrix} = weiß_{RGB} - \begin{pmatrix} f_C \\ f_M \\ f_Y \end{pmatrix} = weiß_{RGB} - f_{CMY}$$

Entsprechend gilt:

$$f_{CMY} = \begin{pmatrix} f_C \\ f_M \\ f_Y \end{pmatrix} = weiß_{RGB} - \begin{pmatrix} f_R \\ f_G \\ f_B \end{pmatrix} = weiß_{RGB} - f_{RGB}$$

Wenn wir für die Farbwerte also je Farbkanal mit 8 Bit 256 verschiedene Werte (bei insgesamt 24 Bit in RGB) haben, dann lässt sich ein Türkiston in RGB mit den Werten $(80{,}200{,}130)_{RGB}$ wie in Abbildung 3.5 dargestellt in CMY umrechnen:

$$f_{CMY} = weiß_{RGB} - \begin{pmatrix} f_R \\ f_G \\ f_B \end{pmatrix} = \begin{pmatrix} 255 \\ 255 \\ 255 \end{pmatrix} - \begin{pmatrix} 80 \\ 200 \\ 130 \end{pmatrix} = \begin{pmatrix} 175 \\ 55 \\ 125 \end{pmatrix}$$

Damit ist eigentlich schon alles Wesentliche gesagt. Trotzdem gibt es noch eine ganze Reihe von wichtigen Aspekten zu Farben und Farbmodellen, die ganze Bücher füllen können und über die man in zahlreichen Fotozeitschriften eine Unzahl von Artikeln finden kann.

Exkurs: Varianten von RGB- und CMY-Farbmodellen

RGB und CMY sind Farbmodelle, die für Geräte geeignet sind, die zum einen additiv und zum anderen subtraktiv Farben mischen. Die erste Gruppe umfasst also alle Geräte, die leuchten (Monitore, Beamer etc.) und die zweite Gruppe solche, die Licht reflektieren (also Prints, Drucke etc.). Eine Variante bei CMY ist das **CMYK-Modell**, wobei „K“ für „BlacK“ steht. Hierbei handelt es sich um eine für Drucker optimierte Variante, bei der ein zusätzlicher Farbkanal für schwarze Farbe helfen soll, Tinte zu sparen und die Schärfe der Darstellung schwarzer Schrift zu verbessern. Da bei Druckern sonst Schwarz nur durch Überlagerung von viel Farbe aus Cyan, Magenta und Gelb gemischt werden muss, ist dies zum einen ökonomischer und zum anderen im Resultat auch besser, da sonst meist kein richtiges Schwarz, sondern eher ein dunkles Braun entsteht.

Da aber jedes Gerät andere Grundfarben hat und außerdem je nach Umgebung die Grundfarben auch noch anders wirken können, sind weitere Farbprofile und Anpassungen nötig. Zum Beispiel können Drucker, je nachdem, wie die Tinten für C, M und Y genau beschaffen sind, sehr unterschiedliche Ergebnisse erreichen.

Zudem können die Farben auf unterschiedlichem Papier anders aussehen. Aus diesem Grund reicht es nicht, bei der Druckausgabe absolute Werte für die Komponenten C, M, Y and den Drucker anzugeben. Vielmehr muss der Drucker diese noch einmal umrechnen und an die tatsächlichen zur Verfügung stehenden Grundfarben anpassen. Damit die Anpassung richtig gelingt, muss der Drucker „kalibriert" werden. Das heißt, es muss nachgemessen werden, welche Farbwirkung der Drucker auf einem gegebenen Papier mit seinen Grundfarben erzielt. Das Ergebnis einer solchen Kalibrierung ist ein „Farbprofil", das dann im Druckvorgang die Umrechnung der theoretischen Farbwerte auf die tatsächlichen Mischungsverhältnisse der Druckerfarben steuert.

Entsprechend können auch unterschiedliche RGB-Geräte unterschiedliche Farben darstellen und müssen kalibriert werden, wenn standardisierte Darstellungen erzeugt werden sollen. Je nachdem, wo beim RGB-Modell die reinen Grundfarben tatsächlich physikalisch definiert sind, können die Modelle einen unterschiedlich großen RGB-Würfel aufspannen (Abbildung 3.5).

3.5 Weitere Farbmodelle

Bei den weiteren Farbmodellen lassen sich im Wesentlichen zwei Gruppen unterscheiden: zunächst alle Varianten der RGB- und CMY-Farbräume und dann Farbmodelle, die die Farbinformation in einem Luminanz- und zwei weiteren Farbkanälen codieren. Über Sinn und Notwendigkeit der ersten Gruppe von Farbmodellen informiert der Kasten zu den Varianten der RGB- und CMY-Farbmodelle. Die zweite Gruppe arbeitet nicht mit drei Grundfarben, sondern trennt die **Farbinformation** von der **Helligkeitsinformation**. Etwas Ähnliches passiert bei der menschlichen Wahrnehmung, wo die Informationen der Farbwerte von den Zapfen direkt auf der nächsten Schicht von Neuronen entsprechend umcodiert werden. Das ist für die Wahrnehmung bei unterschiedlichen Helligkeiten vorteilhaft, weil die Empfindlichkeit auf diese Weise effizient entsprechend der vorherrschenden Helligkeit reguliert werden kann, ohne die Farbwahrnehmung zu beeinträchtigen. Insofern orientieren sich diese Modelle an der menschlichen Wahrnehmung. Sie können auch dazu genutzt werden, um ein Schwarzweißbild (nämlich den Helligkeitskanal) durch zwei zusätzliche Kanäle zu einem Farbbild anzureichern. Während bei RGB und CMY durch die Änderung eines Farbwertes auch die Helligkeit und Sättigung der Farbe verändert wird, werden bei wahrnehmungsorientierten Modellen Helligkeit, Sättigung, Farbton zum Teil als einzelne Kanäle codiert. Dies kann in vielen Anwendungen nützlich sein, wenn z.B. der Farbton gleich sein soll, aber Helligkeit und Sättigung variiert werden sollen. Die Umrechnung in diese Farbmodelle ist zum Teil recht aufwändig und nicht linear.

Ein einfaches lineares Modell, das auch einen Helligkeitskanal besitzt, ist das **YCbCr-Modell**, das einige sehr nützliche Eigenschaften hat. Im Prinzip handelt es sich um eine einfache lineare Abbildung, bei der das RGB-Signal mit einer Transformationsmatrix und einer Verschiebung in einen neuen Vektor umgewandelt wird:

$$f_{YCbCr} = \begin{pmatrix} f_Y \\ f_{Cb} \\ f_{Cr} \end{pmatrix} = \begin{pmatrix} 0 \\ 128 \\ 128 \end{pmatrix} + \begin{pmatrix} 0{,}299 & 0{,}587 & 0{,}114 \\ -0{,}168736 & -0{,}331264 & 0{,}5 \\ 0{,}5 & -0{,}418688 & -0{,}081312 \end{pmatrix} \begin{pmatrix} f_R \\ f_G \\ f_B \end{pmatrix}$$

wobei in dieser Formulierung alle Werte mit einem Byte also Werten zwischen 0 und 255 codiert werden. Der Y-Kanal, der die Helligkeit codiert, besteht zu einem hohen Anteil aus dem Grünwert und zu geringeren Anteilen aus den Rot- und Blauwerten. Die beiden Farbkanäle Cb und Cr codieren jeweils vor allem den Blau- und den Rotanteil.

Abbildung 3.6: Ein Farbbild (oben) zerlegt in die Farbkanäle R, G, B (zweite Zeile und in die Kanäle Y, Cr, Cb (untere Zeile)

In ▶Abbildung 3.6 wird ein Bild gezeigt und einmal in die Kanäle R, G und B zerlegt und einmal in die Kanäle Y, Cr, Cb. Dabei werden einige Effekte offensichtlich: Während die RGB-Kanäle alle als Schwarzweißbilder noch für Menschen gut erkennbare Information enthalten, ist dies im YCrCb-Fall nur für den Y-Kanal der Fall. Die beiden Farbkanäle sind wenig kontrastreich und die Bilder wirken sehr verfremdet. Das Y-Bild ist dem G-Bild am ähnlichsten, aber durch die Mischung aus allen Farbkanälen ist ein noch besseres Schwarzweißbild entstanden. Diesen Effekt hat man sich bei der Kodierung von Bildinformationen in verschiedenen Fernsehnormen zu Nutze gemacht. Bei **PAL** z.B. wird in einer dem YCrCb-Modell ähnlichen Kodierung ein Farbbild übertragen, bei dem der Y-Kanal quasi das **Schwarzweißbild** überträgt. Einfache Fernseher, die nur schwarzweiß wiedergeben können, brauchen also nur dieses Bild anzuzeigen. Farbfernsehgeräte nutzen dann die beiden weiteren Farbkanäle, um ein buntes Bild zu erzeugen.

Aber noch etwas wird deutlich: Die beiden Farbkanäle Cr und Cb sind viel „flächiger“, d.h., benachbarte Bildpunkte haben viel öfter den gleichen Wert und zudem haben die meisten Bildpunkte mittlere Werte, d.h. sehr kleine und sehr große Werte sind relativ selten. Damit bietet die Kodierung in YCrCb-Werte gute Möglichkeiten, Bilder kompakter zu speichern. Dies wird beim JPEG-Verfahren genutzt, das später vorgestellt werden soll.

Der Effekt, dass im Helligkeitskanal wesentlich mehr Information steckt als in den beiden Farbkanälen, lässt sich an fast allen natürlichen Bildern zeigen. In Abbildung 3.6 wurde ein normales Urlaubsbild gewählt. Beliebige andere Bilder hätten ähnlich deutliche Ergebnisse gezeigt. Das heißt, dass mehr Information in den Helligkeitswerten als in den Farbwerten steckt, ist ein Phänomen, das fast überall in der Natur auftritt: Farben sind gleichmäßig verteilt, Helligkeiten eher nicht. Dies liegt daran, dass die meisten Gegenstände eher einheitlich gefärbt sind, das heißt, die Farbstoffe, die bestimmte Frequenzbereiche des sichtbaren Lichts entweder reflektieren oder absorbieren, sind in den meisten natürlichen Gegenständen über größere Bereiche recht einheitlich. Im Gegensatz dazu können Licht und Schatten starke Kontraste und Helligkeitsunterschiede auf dreidimensionalen Gegenständen erzeugen. Das Phänomen ist also einer eher einheitlichen Färbung bei dreidimensionaler Struktur geschuldet. Da dies in der Natur so ist, hat sich auch unser Sehsystem darauf spezialisiert und es verarbeitet Helligkeitsunterschiede und Kontraste besser als Farbvariationen. Besonders auffällig wird das nachts, wenn wir quasi ganz ohne Farben sehen. Dieser Zusammenhang wird aber oft falsch verstanden: Es wird behauptet, dass die Farbkanäle weniger Information hätten, weil wir diese schlechter wahrnehmen. Es ist aber gerade umgekehrt: Die Farbkanäle haben weniger Information und deshalb passt sich unser Sehsystem daran an. Dass in Abbildung 3.6 die Cr und Cb Kanäle so flach und informationsleer erscheinen, ist also nicht ein Resultat aus unserem Farbensehen, sondern ein Resultat aus der Natur, an das sich unser Sehsystem angepasst hat.

3.6 Digitalisierung und Kodierung

Digitale Bilder setzen sich aus Bildpunkten zusammen, den **Pixeln**, die in einem Raster angeordnet sind. Jeder Bildpunkt besteht aus Helligkeits- und Farbinformationen. Im einfachsten Fall besteht ein Pixel aus einem Bit, das sagt, ob der Punkt schwarz oder weiß ist. Für Farbbilder braucht man offensichtlich mehr Speicherkapazität als ein Bit pro Pixel, die dann auch über die Zahl der möglichen Farben entscheidet. Diese wird auch **Farbtiefe** genannt.

Typische Werte für Farbtiefen sind:

- 2 Farben (1 Bit) – entspricht **Schwarz/Weiß**,
- 16 Farben (4 Bit),

- 256 Graustufen (8 Bit),
- 256 Farben (8 Bit),
- 16,7 Millionen Farben (24 Bit) – „**True Color**".

Bei einer True-Color-Farbtiefe werden die 24 Bit in drei Byte aufgeteilt, die jeweils einen Farbkanal (z.B. in RGB oder CMY) codieren. In vielen Formaten gibt es noch einen vierten Farbkanal mit weiteren 8 Bit, den **Alphakanal**. Er gibt in jedem Pixel an, wie transparent dieses Pixel sein soll. Der Alphakanal ist besonders wichtig, wenn verschiedene Bilder überlagert werden sollen. Er wird häufig in Bildbearbeitungsprogrammen genutzt.

Bilder mit noch höherer Farbtiefe codieren jedes Pixel mit 16 Bit, also insgesamt jedes Pixel mit 48 Bit. Manche Formate geben sich auch damit nicht zufrieden und definieren einen Farbraum, der je Farbkanal 32 Bit besitzt (sog. **High Dynamic Range**).

Typische digitale Fotografien kommen allerdings mit 24 Bit aus und in vielen Fällen reichen sogar deutlich weniger Farben. Besonders in Grafiken werden oft nur eine kleine Zahl von Farben verwendet. In diesem Fall reicht es, eine **Farbpalette** anzulegen, in der die verwendeten Farben hinterlegt sind und jede Farbe einen Index bekommt. Bei **GIF** (**Graphics Interface Format**) werden solche Farbtabellen mit maximal 256 Farben verwendet. Zusätzlich kann GIF eine Farbe als „**Transparenzfarbe**" nutzen. Pixel mit dieser Farbe sind dann transparent. Einen echten Alphakanal ersetzt das zwar nicht, aber es erlaubt das Überlagern von Bildern. Im Gegensatz zu GIF können Bilder im moderneren **PNG-Format** (Portable Network Graphics) einen echten Alphakanal besitzen und wahlweise Farben in Farbpaletten oder in Farbkanälen mit einer Farbtiefe von bis zu 24 Bit speichern.

Neben der Farbtiefe ist die **Auflösung** des Bildes entscheidend. Die meisten digitalen Kameras liefern heute Bilder mit einigen Megapixeln. Je nach Auflösung und Farbtiefe kann ein digitales Bild somit ein erhebliches Datenvolumen erzeugen. Bei 10 Megapixeln und 48 Bit pro Pixel hat das Bild 480 Millionen Bit oder 60 MByte. Eine Kamera mit 2 Megapixeln und 24 Bit Farbtiefe kommt immerhin auf 6 MByte pro Bild.

Bei solchen Datenmengen wird offensichtlich, dass Bilder für viele Zwecke sinnvoll komprimiert werden müssen. Prinzipiell kann man alle Kompressionsverfahren anwenden, die in Kapitel 2 besprochen wurden. Viele Kameras speichern von vorneherein in einem verlustbehafteten komprimierten Format. Und sogar bei hochwertigen Kameras, die eine verlustfreie Speicherung des Originalbildes anbieten (das sogenannte **RAW-Format**), werden zumindest verlustfreie Kompressionsverfahren angewendet, die das Datenvolumen beschränken.

Exkurs **Dithering**

Wenn 256 Farben nicht reichen, kann man einerseits die Farbtiefe erhöhen und True Color verwenden. Man kann aber auch mit dem sogenannten **Dithering** Farbverläufe simulieren, indem Punkte gestreut werden. ▶Abbildung 3.7 zeigt verschiedene Dithering-Verfahren, bei denen Grauwertbilder mit nur einem Bit Farbtiefe simuliert werden. Durch die Verteilung von weißen und schwarzen Pixeln entsteht der Eindruck von Grautönen. Entsprechend können auch mit einer begrenzten Zahl von Farbwerten neue Farben und Farbverläufe simuliert werden.

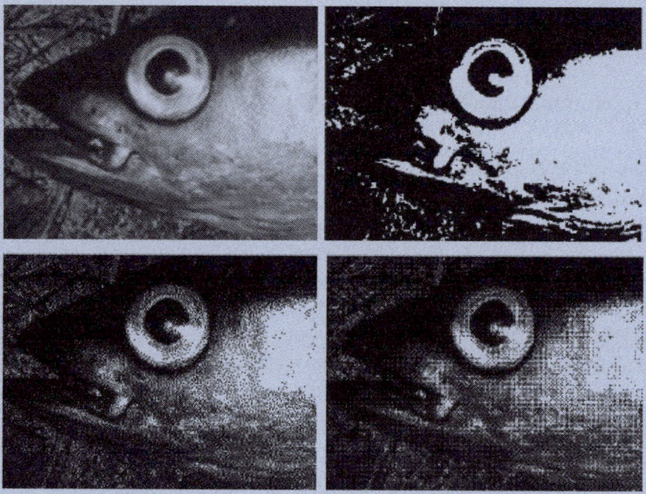

Abbildung 3.7: Dithering. Links oben: Originalbild mit 256 Grautönen. Rechts oben: Schwarzweißbild ohne Dithering. Link unten: Dithering mit Floyd-Steinberg-Verfahren. Rechts unten: Dithering mit festem Muster. Alle Bilder außer dem Originalbild haben 1 Bit Farbtiefe (Schwarz/Weiß).

3.7 Kompression von Bildern

Wirklich hohe Kompressionsraten erreicht man erst mit **verlustbehafteten** Verfahren. Während das oben erwähnte GIF verlustfrei arbeitet und auf einer reduzierten Zahl von Farben basiert, können verlustbehaftete Verfahren auch bei hoher Farbtiefe die Datenmenge deutlich reduzieren. Wie in Kapitel 2 beschrieben, hängt die Menge der Daten eines digitalisierten Signals von der

- Abtasthäufigkeit (Samplingrate, bzw. bei Bildern Anzahl der Pixel) und der
- Abtastgenauigkeit (Quantisierung, Farbtiefe)

ab. Verlustbehaftete Verfahren versuchen nun, die Abtastung etwas ungenauer zu machen, also die Zahl der Abtastungen oder die Genauigkeit der Abtastung herunterzusetzen. Allerdings soll dies nicht global geschehen, sondern nur an den Stellen, wo es am wenigsten auffällt. Würde man global die Abtastung vergröbern, könnte man einfach ein Bild verkleinern und mit weniger Farben arbeiten. Stattdessen soll das Bild aber die Größe behalten und auch noch die ursprüngliche Farbigkeit besitzen.

Das **JPEG-Format** eignet sich besonders gut, um einige Ideen und Verfahren kennenzulernen, die aus großen Bilddateien kompakte Datenmengen machen, ohne dass der visuelle Eindruck besonders darunter leidet.

Exkurs **JPEG**

JPEG steht für die Joint Photographic Expert Group, eine Gruppe von Experten, bei der zwei Standardisierungsorganisationen, die International Telecommunication Union (ITU) und die International Organization for Standardization (ISO), zusammenarbeiten. Seit Mitte der 80er Jahre entwickelten sie einen Standard für die Kompression von digitalen Bildern. Im Jahr 1988 wurde schließlich der JPEG-Standard beschlossen, der seitdem sehr weite Verbreitung gefunden hat.

Im Wesentlichen kann man die JPEG-Kompression in folgende Schritte einteilen:

- **Chroma-Subsampling**
- **Umcodierung in den Frequenzraum**
- **Quantisierung**
- **Kompression**

Diese Schritte sollen im Folgenden erläutert werden.

3.7.1 Chroma-Subsampling

Chroma-Subsampling ist ein **verlustbehafteter Kompressionsschritt**, bei dem die Abtastrate für einen Teil des Bildes verringert wird. Die zugrunde liegende Idee ist leicht verständlich, wenn man die Kodierung eines Farbbildes im YCrCb-Modell ansieht (Abbildung 3.6). Da die beiden Farbkanäle Cr, Cb viel „flächiger" sind, also viel öfter benachbarte Pixel dieselben Werte haben, kann man mehrere Pixel durch eines repräsentieren, ohne dass der Verlust stark auffällt. ▶Abbildung 3.8 zeigt dies für einen kleinen Ausschnitt des Bildes. Beim Chroma-Subsampling gibt es verschiedene Varianten. Man kann einen Block aus vier Pixeln oder nur zwei benachbarte Pixel (horizontal oder vertikal) zusammenfassen. Damit werden die Cr- und Cb-Kanäle auf die Hälfte bis ein Viertel komprimiert. Da der Y-Kanal mehr Information enthält, bleibt er gleich und wird nicht verändert. Das heißt, die Vergröberung der Abtastrate wird beim Subsampling nur auf den Farbkanälen durchgeführt, da man im Resultat kaum einen Unterschied bemerkt. Bei einer Kompression von jeweils vier Pixeln auf eines in beiden Farbkanälen wird somit die Anzahl der Pixel in den Farbkanälen geviertelt und da die Pixel im Y-Kanal erhalten bleiben, wird das gesamte Datenvolumen insgesamt halbiert.

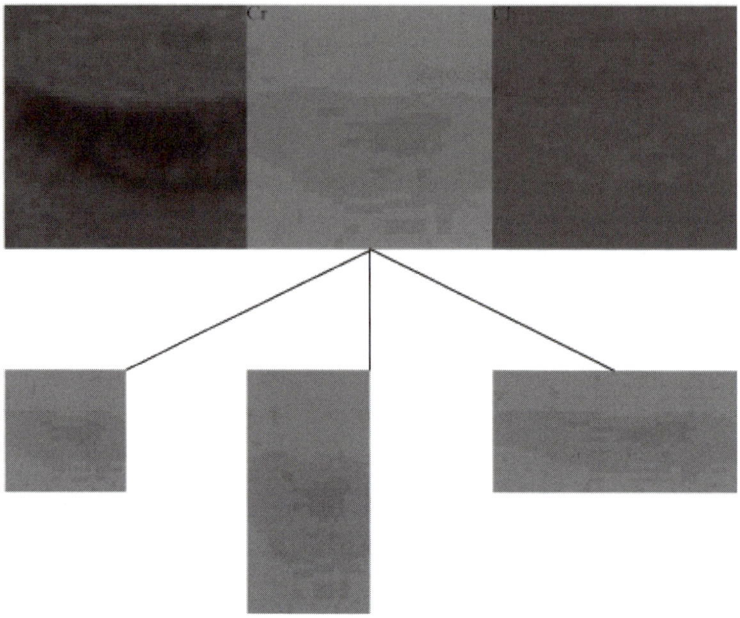

Abbildung 3.8: Vergrößerung aus ▶Abbildung 3.6, Y-, Cr-, Cb-Kanal, jeweils 48x48 Pixel und Chroma-Subsampling für den Cr-Kanal auf 24x48, 48x24 und 24x24 Pixel (zweite Zeile)

Bei JPEG kann man bei der Kodierung wählen, wie stark komprimiert werden soll. Je nach eingestellter Kompressionsrate wird das Chroma-Subsampling bei JPEG entweder gar nicht oder mit einer Halbierung oder Viertelung der Farbkanäle durchgeführt. Das Subsampling ist eine verlustbehaftete Kompression, da nach dem Subsampling Information gelöscht wurde, auch wenn dies in den meisten Fällen kaum auffällt.

3.7.2 Umcodierung in den Frequenzraum

Die folgenden Schritte geschehen für alle drei Farbkanäle getrennt. Das heißt, es werden Y, Cr und Cb jeweils unabhängig voneinander untersucht und komprimiert. Wenn man nur einen Farbkanal betrachtet, hat man es also jeweils mit Grauwertbildern zu tun, bei denen jedes Pixel im Fall von JPEG mit einem Byte, also Werten von 0 (Schwarz) bis 255 (Weiß), codiert wird. Je nach Subsampling im vorigen Schritt haben die drei Bilder der einzelnen Kanäle unterschiedliche Größen.

Die Bilder bzw. genauer die drei Farbkanäle werden nun **umcodiert**, um anschließend die Quantisierung, also die Genauigkeit der Abtastung, zu vergröbern. Dabei sollen wie beim Chroma-Subsampling nicht alle Werte vergröbert werden, sondern vor allem solche, bei denen eine Vergröberung am wenigsten auffällt. Aus diesem Grund werden die **in einem Bild vorkommenden Frequenzen** betrachtet. Die einführenden Kapitel betrachteten bereits Abtastung und Frequenzen und vor allem Audiosignale. Aber auch für Bilder ist es sinnvoll, von Frequenzen zu sprechen. Ein Bild mit senkrechten

Streifen wie in ▶Abbildung 3.9 (ganz links) ist in horizontaler Richtung von wechselnden hellen und dunklen Pixeln bestimmt, während es keine Veränderung gibt, wenn man das Bild an einer bestimmten Stelle der x-Achse in vertikaler Richtung „liest“. Es hat somit horizontale Frequenzanteile, aber die vertikale Frequenz ist null. Entsprechend variieren die Beispiele in Abbildung 3.9 in ihren Anteilen horizontaler und vertikaler Frequenzanteile.

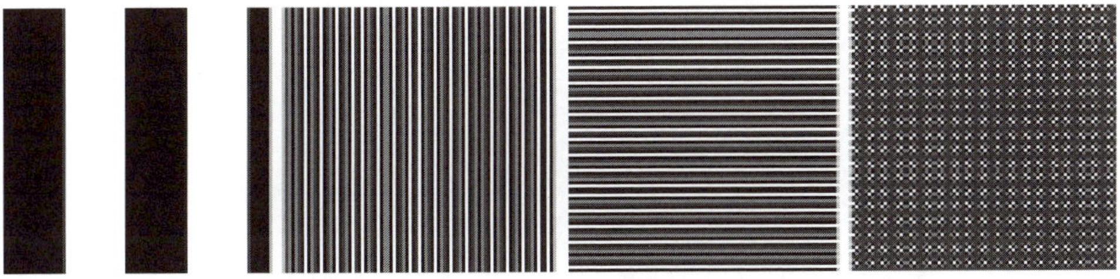

Abbildung 3.9: Bilder mit unterschiedlichen horizontalen und vertikalen Frequenzanteilen, von links nach rechts: (1) niedrige horizontale Frequenzen, (2) nur hohe horizontale Frequenzen, (3) nur hohe vertikale Frequenzen, (4) Mischung hoher horizontaler und vertikaler Frequenzen

Ähnlich, wie Audiosignale aus Überlagerungen von einfachen Schwingungen betrachtet werden können, lassen sich auch Bilder aus einfachen Bildern bzw. Mustern zusammensetzen. Insbesondere können Bilder aus einer Grundmenge von Bildern zusammengesetzt werden, die jeweils nur aus einer horizontalen und einer vertikalen Frequenz bestehen. ▶Abbildung 3.10 zeigt 64 solcher Basismuster, aus denen man jedes beliebige 8 mal 8 Pixel große Grauwertbild erzeugen kann. Dazu muss man für jedes dieser Basismuster angeben, mit welchem Anteil es in dem zu erzeugenden Bild auftreten soll.

Ein Transformationsverfahren, das ein Bild in solche Basismuster zerlegt, ist die diskrete **Cosinustransformation** (**DCT**). Mit ihr kann für ein Bild berechnet werden, welche Frequenzanteile vorkommen. Prinzipiell könnte man aber beliebig große Bilder mittels DCT transformieren. Bei JPEG werden allerdings die Bilder in 8 mal 8 Pixel große **Teilblöcke** zerlegt, die dann unabhängig voneinander betrachtet werden. Deshalb beschränken wir uns auch hier auf Grauwertbilder mit nur 8 mal 8 Pixeln.

Jeder 8x8-Block enthält 64 Werte. Der Wert $f(x,y)$ gibt für das Pixel an der Stelle (x,y) innerhalb des betrachteten Blockes den Grauwert an (was je nach Kanal ein Wert für Y, Cr oder Cb ist). Durch die DCT werden diese nun in 64 neue Werte, die **DCT-Koeffizienten** $F(u,v)$, umgerechnet, die angeben, mit welchem Anteil die Basisbilder der DCT in dem Block vorkommen.

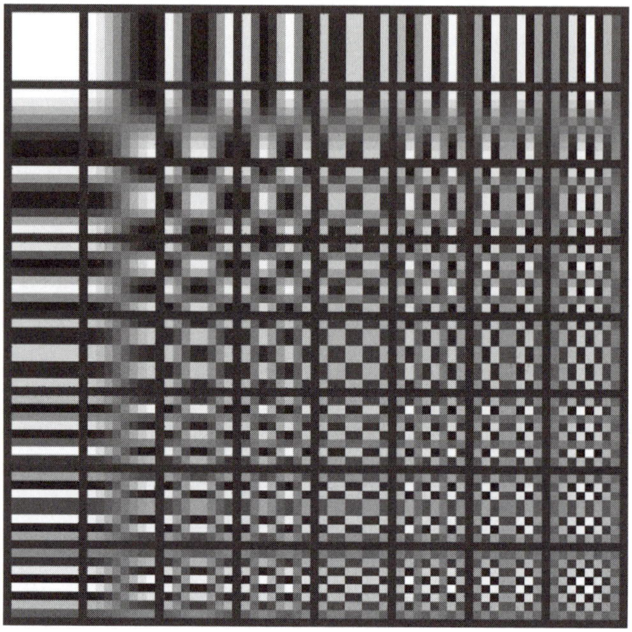

Abbildung 3.10: 64 Basismuster für die DCT, jedes Basismuster besteht aus 8x8 Werten, die unterschiedliche Frequenzanteile des Bildes repräsentieren. Ganz oben links ist die DC-Komponente. Die Muster weiter rechts entsprechen höheren horizontalen, die weiter unten höher werdenden vertikalen Frequenzen.

Exkurs Berechnung der DCT

Zur Berechnung der DCT-Koeffizienten werden zunächst die Werte *f(x,y)*, die im Bereich von 0 bis 255 liegen, auf den Bereich -128 bis 127 verschoben (indem einfach bei jedem Pixel 128 subtrahiert wird). Mit den neuen Werten *f(x,y)* werden nun die Koeffizienten, die dann auch im Bereich [-128, 127] liegen, durch folgende Formeln berechnet:

$$F(u,v) = \frac{1}{4} c_u c_v \sum_{x=0}^{7} \sum_{y=0}^{7} f(x,y) \cos\frac{(2x+1)u\pi}{16} \cos\frac{(2y+1)v\pi}{16}$$

$$c_k = \begin{cases} \frac{1}{\sqrt{2}}, & \text{falls } k = 0 \\ 1, & \text{sonst} \end{cases}$$

Dabei sind x, y die Koordinaten im 8x8-Teilbild und u, v die Indizes der 64 DCT-Koeffizienten.

Diese Transformation lässt sich leicht berechnen, da die Cosinus-Werte und die Werte für die c_k nur einmal berechnet werden müssen und nicht von *f(x,y)* abhängen. Man kann also für alle 64 möglichen Werte von *x, y* und alle 64 Werte von *u, v* insgesamt 4096 Parameter *T(x,y,u,v)* berechnen:

$$T(x,y,u,v) = \frac{1}{4} c_u c_v \cos\frac{(2x+1)u\pi}{16} \cos\frac{(2y+1)v\pi}{16}$$

Womit man die DCT einfach als

$$F(u,v) = \sum_{x=0}^{7} \sum_{y=0}^{7} T(x,y,u,v) f(x,y)$$

schreiben kann. Ein Teilbild muss also immer nur mit einer bestimmten Matrix bzw. einem Basismuster multipliziert werden, um den jeweiligen DCT-Koeffizienten zu berechnen. Der Wert *F(u,v)* gibt an, wie stark dieses Muster aus horizontalen und vertikalen Frequenzen in dem Teilbild vorkommt. ▶Abbildung 3.10 zeigt die bei der DCT verwendeten 64 Basismuster.

Um ein Bild aus den DCT-Koeffizienten zu rekonstruieren, muss es einfach nur wieder aus den Basismustern zusammengesetzt werden. Die DCT-Koeffizienten geben an, wie stark die einzelnen Basismuster gewichtet werden. Mit den Werten *T(x,y,u,v)* lässt sich die **inverse DCT** ganz einfach formulieren als:

$$f(x,y) = \sum_{u=0}^{7} \sum_{v=0}^{7} T(x,y,u,v) F(u,v)$$

Daran sieht man auch, dass die DCT und die inverse DCT ganz symmetrisch ablaufen.

Der DCT-Koeffizient *F(0,0)* hat eine besondere Rolle. Er berechnet den Mittelwert aller Pixel innerhalb des Teilbildes und wird **DC-Komponente** genannt. Die anderen Werte *F(u,v)* nennt man **AC-Komponenten**.[1]

Die DCT reduziert den Speicherbedarf noch nicht: Aus 64 Pixelwerten wurden 64 Koeffizienten. Im Prinzip ist die DCT-Transformation zusammen mit der inversen DCT eine verlustfreie Transformation des Bildes, solange keine Rundungsfehler bei den Berechnungen auftreten. Warum die DCT helfen kann, ein Bild zu komprimieren, kann man gut nachvollziehen, wenn man die typischen Werte der DCT-Koeffizienten genauer betrachtet.

1 DC steht Direct Current und heißt Gleichstrom. AC steht für Alternating Current und heißt auf Deutsch Wechselstrom.

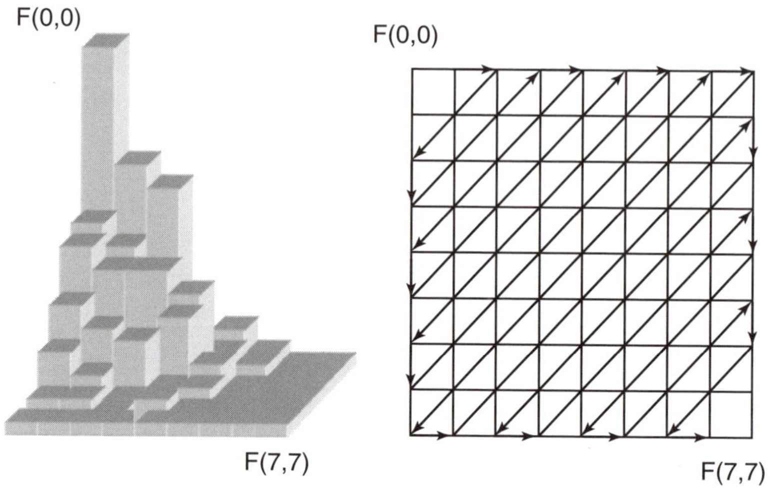

Abbildung 3.11: DCT-Koeffizienten. Links: typische Werteverteilung bei Bildern. Der DC-Anteil F(0,0) ist hoch. Hohe Frequenzanteile (vorn und rechts) sind niedrig und oft null. Rechts: Zick-Zack-Scan zum Auslesen der AC-Koeffizienten.

Diese haben zwei wichtige Eigenschaften, die bei der Kompression genutzt werden können:

1. Bei vielen Bildern sind die hohen Frequenzanteile weniger stark vorhanden als die niedrigen. ▶Abbildung 3.11 zeigt eine typische Verteilung der Werte der DCT-Koeffizienten. Bei einem einfarbigen Bild wären sogar außer dem DC-Koeffizienten alle anderen null.

2. Darüber hinaus bedeuten Änderungen bei den hohen Frequenzanteilen bei der Wahrnehmung eines Bildes keinen großen Unterschied.

Man kann also den zweiten Effekt nutzen, um den ersten Effekt noch zu verstärken, indem man solche Werte, die nahe bei null sind, gleich auf null setzt. Außerdem kann man höhere Frequenzanteile mit etwas weniger Bits codieren als die niedrigeren, um so Speicher zu sparen, womit man mehr Ungenauigkeit in Kauf nimmt. Anstatt die DCT-Koeffizienten mit 8 Bit (ebenso wie die Werte der Pixel je Farbkanal) zu codieren, können wir stattdessen für DCT-Koeffizienten höherer Frequenzen weniger Bits verwenden. Mit diesem Vorgehen wird die Auflösung digitalisierter Werte, also die Quantisierung, vergröbert und somit Speicherplatz gespart. Wie beim Subsampling wird die Vergröberung auch in diesem Fall nicht auf alle Werte des Bildes gleichmäßig angewandt, sondern nur auf hohe Frequenzanteile. Damit dies möglich ist, musste das Bild mittels DCT zunächst transformiert werden.

Exkurs

Re-Quantisierung

Die neue **Quantisierung** der DCT-Koeffizienten wird mit einer **Quantisierungsmatrix** durchgeführt. Dabei gibt es für jeden der 8x8 DCT-Koeffizienten einen Wert $Q(u,v)$, durch den dieser geteilt wird:

$$F'(u,v) = Round\left(\frac{F(u,v)}{Q(u,v)}\right)$$

Durch die Rundung auf ganze Zahlen wird damit der neue Wertebereich der Koeffizienten $F'(u,v)$ geringer. Außerdem kommen kleinere Zahlen häufiger vor und somit kann man z.B. mit der Huffman-Kodierung solche Werte mit weniger Bit codieren. Da die Werte $F'(u,v)$ mit höherem u und v oft den Wert null haben, kann man dies zusätzlich für die Kompression ausnutzen. Die neue Quantisierung der DCT-Koeffizienten stellt den wesentlichen verlustbehafteten Schritt bei JPEG dar. Je nachdem, wie hoch die Werte $Q(u,v)$ sind, geht mehr oder weniger Information verloren. Dabei gibt es sowohl vordefinierte Quantisierungsmatritzen als auch solche, die ein Kompressionsprogramm selbst definiert haben kann. Soll keine Information verloren gehen, so können alle Werte auf $Q(u,v)=1$ gesetzt werden.

Bei der Rekonstruktion eines komprimierten Bildes muss die verwendete Quantisierungsmatrix bekannt sein, damit aus den Werten $F'(u,v)$ wieder DCT-Koeffizienten $\tilde{F}(u,v)$ berechnet werden können:

$$\tilde{F}(u,v) = F'(u,v) \cdot Q(u,v)$$

Aufgrund der verlustbehafteten Rundung bei der Konstruktion von $F'(u,v)$ werden diese Werte $\tilde{F}(u,v)$ im Allgemeinen nicht mehr genau den originalen Werten $F(u,v)$ entsprechen.

Mit dem Subsampling und der neuen Quantisierung sind die verlustbehafteten Schritte erklärt. Bei der Speicherung werden diese nun noch mit verlustfreien Verfahren kombiniert, wobei die DC-Komponenten $F(0,0)$ der Teilbilder anders als die anderen Komponenten $F(u,v)$ abgespeichert werden:

- Kodierung der DC-Komponenten
  - Da benachbarte Blöcke oft ähnliche Grundtöne haben, kann man die DC-Komponenten durch **prädiktive Kodierung** speichern. Ausgehend von einem Startwert werden für die folgenden Werte nur die Differenzen gespeichert.
  - Es sind weniger Bits für die (kleineren) Differenzwerte nötig. Dies kann durch Huffman-Kodierung oder eine andere Entropiecodierung geschehen (z.B. arithmetische Kodierung).
  - Die DC-Komponenten ergeben zusammen ein vergröbertes (Vorschau-)Bild.

- Kodierung der AC-Komponenten
- Die AC-Komponenten werden in einem **Zick-Zack-Scan** ausgelesen, zuerst die Werte mit niederen, dann die Werte mit hohen Frequenzen (Abbildung 3.11).
- Dabei kommen am Ende oft viele Nullen vor. Hier kann im ersten Schritt die Lauflängencodierung genutzt werden.
- Im letzten Schritt können die Werte noch mit einer Entropiecodierung codiert werden (Huffman oder arithmetische Kodierung).
- In JPEG sind für die Huffmancodierung Standardverteilungen definiert. Es können aber auch eigene Verteilungen berechnet werden.

JPEG ist heute das wichtigste Verfahren der verlustbehafteten Kompression für digitale Bilder. Seit seiner Definition Ende der 80er Jahre wurden einerseits einige Schwächen deutlich, wie z.B. Block-Artefakte bei hoher Kompression. Andererseits wurden neue Verfahren zur Kodierung vorgeschlagen, die sehr vielversprechend sind. Mit **JPEG 2000** gibt es einen moderneren Standard, der z.B. anstelle der blockweisen DCT eine wesentlich flexiblere **Wavelet-Transformation** nutzt. Trotz seiner Überlegenheit gegenüber JPEG hat sich JPEG 2000 aber in der Praxis noch nicht durchgesetzt.

Exkurs

JPEG 2000

Die Joint Photographic Experts Group (JPEG) hat als Nachfolgestandard JPEG 2000 definiert, das eine Reihe von Vorteilen besitzt:

- bessere Leistung bei hoher Kompression (z.B. bei weniger als 0,25 Bit pro Pixel),
- verlustfreie und verlustbehaftete Kompression,
- progressiver Bildaufbau, das heißt, ein Bild kann mit den ersten Daten grob dargestellt und mit mehr Daten zunehmend verfeinert werden,
- Kodierung von Regions-of-Interest, das heißt, wichtige Bereiche in einem Bild können mit höherer Genauigkeit codiert werden,
- Robustheit bei Bitfehlern,
- Einbindung eines Alphakanals,
- Definition von Metadaten zur Beschreibung des Inhalts.

Wichtigste technische Änderung ist die Verwendung der Diskreten Wavelet-Transformation anstelle der DCT. Damit ist es möglich, das Bild in größere Teilbilder (tiles) zu zerlegen, als dies bei den 8x8-Blöcken möglich ist. Außerdem kann die DCT rekursiv angewandt werden, so dass immer ein Viertel eines Bildes eine vergröberte Darstellung des Bildes darstellt, was den progressiven Bildaufbau ermöglicht.

3.8 Bearbeitung von Bildern

Mit der Kodierung, Kompression und Speicherung fängt für die meisten Menschen die Arbeit mit digitalen Bildern erst an. Bilder werden auf vielfältige Arten be- und verarbeitet:

- **Skalierung** für die richtige Anzeigegröße
- **Aufbereitung** für Druck, Grafik, Web etc.
- **Drehung**, **Entzerrung**, **Filterung** von Bildern
- **Schnitt**, **Montage**, **Manipulation**

Das Spektrum der Werkzeuge, Methoden und Verfahren für die Bildbearbeitung ist riesig und übersteigt bei weitem die Möglichkeiten, sie auch nur annähernd in diesem Buch zu behandeln.

Einige grundlegende Techniken sollen aber im Folgenden vorgestellt werden.

3.8.1 Punkt-Operationen

Bei **Punkt-Operationen** werden die Werte von einzelnen Pixeln verändert, ohne dabei die Nachbarpixel zu betrachten. Einfache Beispiele sind Methoden zur Änderung der Farbtiefe. Sollen z.B. aus Grauwertbildern mit 256 Werten pro Pixel **Schwarzweißbilder** mit nur einem Bit, also 2 Werten pro Pixel, gemacht werden, so kann man die neuen Werte für jedes Pixel einfach durch

$$f'(x,y) = \begin{cases} 1, & \text{falls } f(x,y) > w \\ 0, & sonst \end{cases}$$

berechnen. Dabei ist w ein beliebiger Grenzwert („Schwellwert"), der angibt, ab welchem Grauwert Pixel weiß sein sollen.

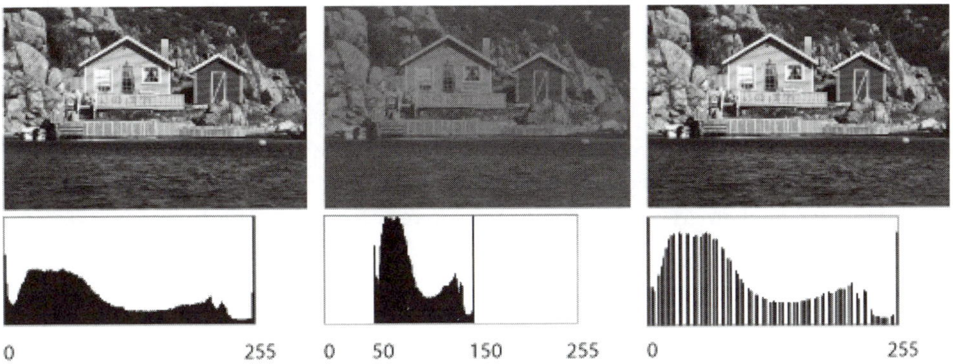

Abbildung 3.12: Grauwertbilder mit Histogrammen. Linkes Bild: Alle Grauwerte kommen vor. Mittleres Bild: Nur Grauwerte zwischen 50 und 150 kommen vor. Rechtes Bild: Spreizung der Grauwerte auf den ganzen Bereich, wobei das Ausgangsbild das mittlere Bild ist.

Bei vielen Operationen auf Bildern spielen **Histogramme** eine Rolle. Das Histogramm eines Bildes gibt an, welche Werte wie oft in den Pixeln eines Bildes vorkommen. Bei einem Grauwertbild mit 256 möglichen Werten pro Pixel wird das Histogramm durch einen Vektor $h(w)$, $w=0,...,255$ repräsentiert, bei dem $h(w)$ angibt, wie viele Pixel den Wert w haben. Ein Histogramm sagt einiges über ein Bild aus (▶Abbildung 3.12, linkes Bild). Typischerweise soll ein Bild den gesamten Bereich eines Histogramms nutzen, sonst wirkt es flach und besitzt wenig **Kontrast** (▶Abbildung 3.12, mittleres Bild). Nutzt ein Grauwertbild mit 8 Bit pro Pixel nur die Grauwerte 50 bis 150, dann könnte man die Werte der Pixel so spreizen, dass der minimale Wert bei 0 und der maximale Wert bei 255 liegen (▶Abbildung 3.12, rechtes Bild). Dies leistet z.B. folgende einfache lineare Transformation:

$$f'(x,y) = \frac{f(x,y) - h_{\min}}{h_{\max} - h_{\min}} w_{\max}$$

Dabei sind h_{min} und h_{max} der minimale und der maximale Wert des Histogramms und w_{max} der maximale mögliche Grauwert (im Beispiel $h_{min}=50$, $h_{max}=150$, $h_{max}=255$). Das Bild wird dann wieder kontrastreicher aussehen, aber das Histogramm wird Lücken haben (Abbildung 3.12, rechtes Bild). Dies liegt daran, dass hier im Beispiel zwischen 50 und 150 nur 101 unterschiedliche Werte vorhanden sind, die dann zwar auf den gesamten Bereich zwischen 0 und 255 gespreizt werden, aber es bleiben trotzdem nur 101 unterschiedliche Werte.

Ähnliche Verfahren kann man nicht nur bei Grauwertbildern, sondern auch bei Farbbildern anwenden. Das kann entweder für alle Farbkanäle gemeinsam oder getrennt geschehen. Neben linearen Verzerrungen kann man verschiedene nichtlineare Kurven definieren, die die Pixelwerte des Ausgangsbildes auf die des Zielbildes abbilden. Viele Bildbearbeitungsprogramme bieten automatische Korrekturen an, die auf dieser Grundlage Farben und Kontraste eines Bildes optimieren.

3.8.2 Filter

Im Gegensatz zu Punkt-Operatoren werden bei **Filtern** die neuen Pixel des Bildes berechnet, indem die Informationen von mehreren Pixeln im Originalbild berücksichtigt werden. Meist werden nur Pixel in der Nachbarschaft betrachtet. Einer der einfachsten Filter ist ein **Glättungsfilter** oder **Weichzeichner**, bei dem jedes Pixel durch den Mittelwert aus seinem eigenen und der Werte seiner Nachbarn neu berechnet wird:

$$f'(x,y) = \frac{1}{9} \sum_{i=x-1}^{x+1} \sum_{j=y-1}^{y+1} f(i,j) \tag{1}$$

In diesem Fall wird eine Region von 9 Pixeln berücksichtigt. Dieser Filter ist ein **linearer Filter**. Das heißt, der neue Wert wird durch eine lineare Funktion berechnet. Man kann das mathematisch auch so beschreiben, dass die Umgebung des betrachteten Pixels an der Stelle (x,y) mit einer Matrix gefaltet wird:

$$f'(x,y) = \frac{1}{9}\begin{pmatrix} 1 & 1 & 1 \\ 1 & 1 & 1 \\ 1 & 1 & 1 \end{pmatrix} * \begin{pmatrix} f(x-1,y-1) & f(x,y-1) & f(x+1,y-1) \\ f(x-1,y) & f(x,y) & f(x+1,y) \\ f(x-1,y+1) & f(x,y+1) & f(x+1,y+1) \end{pmatrix} \qquad (2)$$

Bei einer Faltung von zwei Matrizen werden jeweils die Werte der beiden Matrizen, die an derselben Stelle stehen, paarweise miteinander multipliziert und dann diese Produkte aufsummiert. Die beiden Gleichungen (1) und (2) berechnen also genau den gleichen Wert. Allerdings hat die mathematische Darstellung in (2) den Vorteil, dass der Filter als Matrix dargestellt wird, die über das Bild gelegt wird.

Abbildung 3.13: Linkes Bild: Original, Mitte: einfacher Weichzeichner, rechts: einfacher Scharfzeichner (Boost-Filter)

Das Ergebnis dieses Weichzeichners zeigt ▶Abbildung 3.13. Die Matrix, die einen solchen linearen Filter definiert, kann beliebig groß sein und beliebige Werte enthalten und somit lassen sich zahlreiche Filter definieren. Sollen Kontraste nicht weichgezeichnet, sondern verstärkt werden, dann kann man z.B. einen einfachen **Boost-Filter** definieren (▶Abbildung 3.1, rechts):

$$f'(x,y) = \begin{pmatrix} -1 & -1 & -1 \\ -1 & 9 & -1 \\ -1 & -1 & -1 \end{pmatrix} * \begin{pmatrix} f(x-1,y-1) & f(x,y-1) & f(x+1,y-1) \\ f(x-1,y) & f(x,y) & f(x+1,y) \\ f(x-1,y+1) & f(x,y+1) & f(x+1,y+1) \end{pmatrix}$$

Filter können auch eingesetzt werden, um Kanten zu detektieren. Die Kombination mehrerer Filter wird oft für **Scharfzeichner** in Programmen zur Bildbearbeitung eingesetzt. Neben den hier vorgestellten linearen Filtern können weitere nichtlineare Filter beliebige Funktionen auf den Werten von Pixeln in der Nachbarschaft eines Pixels berechnen. Solche Filter können z.B. zur Rauschunterdrückung oder aber für künstlerische Effekte zur Bildmanipulation verwendet werden.

3.8.3 Geometrische Operationen

Während Punkt-Operationen und Filter die einzelnen Pixel eines Bildes zwar neu berechnen, aber noch an ihrem Platz lassen, gibt es eine Reihe von Transformationen, bei denen Pixel an neuen Positionen des Bildes landen. Zu solchen Operationen gehören die **Verschiebung**, **Streckung** (Verkleinern oder Vergrößern), **Drehung** oder **Scherung** eines Bildes. Das größte Problem dabei ist, dass sowohl das Ausgangsbild als auch das Zielbild ein festes Pixelraster haben, aber diese Transformationen nicht immer für jedes Zielpixel genau ein Ausgangspixel zuordnen und umgekehrt auch nicht jedem Ausgangspixel genau ein Zielpixel (▶Abbildung 3.14).

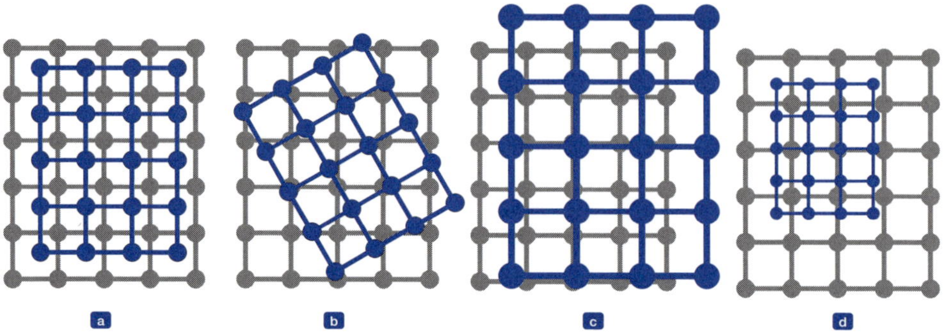

Abbildung 3.14: Probleme bei geometrischen Operationen. Blaues Raster: transformiertes Pixelraster des Originalbildes; graues Raster: Pixelraster des Zielbildes bei (a) Verschiebung, (b) Drehung, (c) Vergrößerung, (d) Verkleinerung

Wenn beim Verkleinern eines Bildes einem Zielpixel mehrere Ausgangspixel zugeordnet werden, kann man dies einfach dadurch ausgleichen, dass man dem Zielpixel den Mittelwert der Ausgangspixel zuordnet. In diesem Fall findet allerdings eine sogenannte **Unterabtastung** eines Bildes statt. In Kapitel 2 wurde bei der Digitalisierung erwähnt, dass bei solchen Unterabtastungen störende Frequenzen auftreten können. Bei Bildern äußern sich diese z.B. als **Moiré-Effekt**. ▶Abbildung 3.15 zeigt einen solchen Effekt der Unterabtastung.

Abbildung 3.15: Unterabtastung beim Skalieren von Bildern. Linkes Bild: Originalbild, Mitte: Original mit Weichzeichner. Rechts oben: verkleinertes Originalbild, bei dem Moiré-Effekte sichtbar werden. Rechts unten: Verkleinerung des mittleren Bildes, bei dem der Weichzeichner den Moiré-Effekt verhindert hat

Eine Gegenmaßnahme ist die Anwendung eines **Weichzeichners** vor dem Verkleinern. Er wirkt als **Tiefpass** und verhindert solche Fehler.

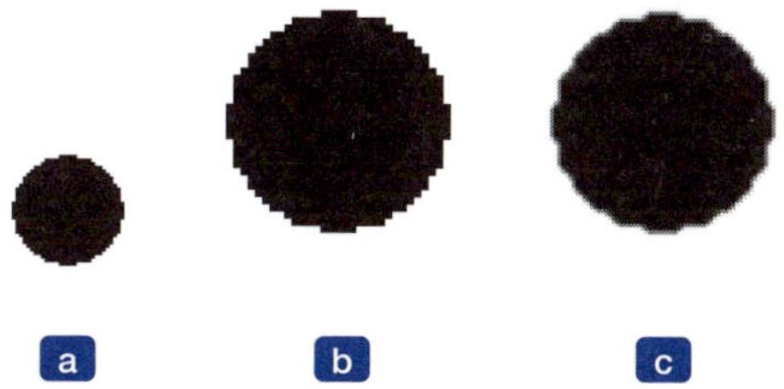

Abbildung 3.16: Alias-Effekt beim Vergrößern. (a) Originalbild, (b) Vergrößerung mit Zoom 200% ohne Antialiasing, (c) mit Antialiasing

Im umgekehrten Fall, wenn ein Pixel auf mehrere Zielpixel abgebildet wird, ist die einfachste Lösung nicht immer die beste. Wenn beim Vergrößern eines Bildes ein Pixel auf mehrere Pixel des neuen Bildes abgebildet wird, so kann man einfach den Wert des Ausgangspixels entsprechend oft in die Zielpixel kopieren. Dies führt allerdings oft zu unschönen Effekten. Das Resultat sieht „verpixelt" aus. Pixelblöcke mit harten Kanten sind entlang der Konturen zu sehen. Gegen diesen Alias-Effekt kann man wiederum einen Weichzeichner als Anti-Aliasing nach der Skalierung anwenden, der die entstandenen Stufen etwas glättet (▶Abbildung 3.16).

Es existieren zahlreiche Verfahren, mit denen bei verschiedenen geometrischen Operationen das Resultat optimiert werden kann. Oft gibt es keine optimale Variante der Optimierung, sondern je nach Anwendung und Bildmaterial kann zwischen verschiedenen Verfahren ausgewählt werden (z.B. bikubische oder bilineare Interpolation). In den meisten Programmen zur Bildbearbeitung werden solche Verfahren entweder automatisch oder von Hand ausgewählt, um die Resultate zu optimieren.

3.8.4 Weitere Operationen

Mit den einfachen geometrischen Operationen und den hier vorgestellten Filtern und Verfahren zur Bildverarbeitung geben sich moderne Programme zur Bildbearbeitung nicht zufrieden. Sie bieten eine Vielzahl weiterer Operationen an, die oft für viele Nutzer schon zur undurchschaubaren Vielfalt geworden sind. Aber auch damit sind noch lange nicht die Möglichkeiten erschöpft. Wissenschaftler entwickeln immer neue Verfahren, mit denen Bilder manipuliert werden können. Dazu gehören z.B. Verfahren zum Zusammenfügen von Bildern aus vielen Teilbildern, das Ersetzen von Texturen, die nachträgliche Veränderung der Beleuchtung oder die Löschung und Ersetzung von unerwünschten Inhalten auf Bildern.

3.8.5 Welches Format für welchen Zweck

In diesem Kapitel wurden einige Aspekte digitaler Bilder vorgestellt. Bei den unterschiedlichen Formaten und Auflösungen stellt sich natürlich die Frage, wie sollen Bilder am besten codiert und gespeichert werden, so dass möglichst viele Freiheiten bei der Bearbeitung erhalten bleiben.

- **Aufnahmeformat**: Bei der Aufnahme gilt eigentlich immer die Regel: so viel wie möglich speichern. Speicherkarten sind so erschwinglich, dass hier nicht gespart werden muss. Das heißt, man sollte
  - die maximale Auflösung verwenden, da man später vielleicht nur einen Ausschnitt verwenden will;
  - die maximale Farbtiefe verwenden, da dann nachträglich noch viel am Histogramm geändert werden kann und Über- bzw. Unterbelichtungen besser korrigiert werden können;
  - keine Kompression verwenden, also immer RAW-Bilder speichern, da zu frühe verlustbehaftete Kompression unter Umständen schon Details löscht.
- **Archivformat**: Wenn es irgendwie geht, sollte man die RAW-Bilder speichern und außerdem alle durch Bearbeitung entstandenen Varianten.
- **Komprimierte Formate für das Web und Anwendungen**: Wenn Bilder auf Computermonitoren betrachtet werden, reichen meist komprimierte Formate aus:
  - JPEG: eignet sich besonders für digitale Fotos. Im Web sollte so stark komprimiert werden, dass eine Seite auch bei geringer Bandbreite innerhalb weniger Sekunden geladen ist.
  - GIF: eignet sich besonders für Rastergrafiken, bei denen wenige Farben vorkommen. Es ist z.B. für Buttons und Icons ein sehr gutes Format.
  - PNG: ist nicht so verbreitet wie GIF, aber moderner und flexibler. Insbesondere, wenn ein echter Alphakanal benötigt wird, ist es sehr gut geeignet.

Auf die vielen weiteren Formate kann hier nicht erschöpfend eingegangen werden. Mit den Grundlagen dieses Kapitels wird man aber schnell auch bei anderen Verfahren eine Vorstellung gewinnen, wo deren Vor- und Nachteile liegen.

Zusammenfassung

Digitale Bilder und deren Erfassung, Kodierung und Verarbeitung können kaum ohne die menschliche Wahrnehmung verstanden werden. Vor allem die Wahrnehmung von Farben ist zentral für die Kodierung von Bildern in verschiedenen Farbmodellen. Da wir nur drei unterschiedliche Farbrezeptoren (die Zapfen) haben, reichen in den Farbmodellen auch drei unterschiedliche Farbwerte, um scheinbar alle möglichen Farben des Frequenzspektrums des sichtbaren Lichts darzustellen.

Bei der **Codierung** von Bildern können unterschiedliche Farbtiefen angeben, wie genau ein Pixel an einem Punkt des Bildes Werte erfassen kann. Die Zahl der Pixel bestimmt die Auflösung eines Bildes. Bei hoher Auflösung und hoher Farbtiefe entstehen große Datenmengen, die durch geeignete Komprimierungstechniken reduziert werden können, ohne dass Unterschiede zum Original auffällig werden. Dabei verändern verlustfreie Verfahren das Original nicht und verlustbehaftete Verfahren versuchen, dort viel einzusparen, wo beim Betrachten des komprimierten Bildes am wenigsten Veränderung bemerkt wird. Das verlustbehaftete JPEG-Verfahren nutzt als ersten verlustbehafteten Kompressionsschritt das Chroma-Subsampling, bei dem im YCrCb-Farbmodell die Chromakanäle auf weniger Pixel reduziert werden (auf 50% oder auf 25% der Pixel). Nach der diskreten Cosinustransformation ist die neue Quantisierung der DCT-Koeffizienten der zweite verlustbehaftete Schritt. Verlustfreie Verfahren runden die Kompression ab (Zick-Zack-Scan, Lauflängencodierung, Entropiecodierung).

Bildbearbeitung bietet eine Vielzahl von Operationen, die Bilder verändern. Punktoperationen, Filter und geometrische Operationen sind einige der wichtigsten und grundlegenden Klassen solcher Verfahren. Sie ermöglichen es unter anderem, Bilder zu drehen, Kontraste zu optimieren, zu schärfen und weichzuzeichnen.

Lösungshinweise

Übungen

1. YCrCb-Farbmodell:

- Zeigen Sie für das YCrCb-Modell, dass die Eckpunkte des RGB-Kubus innerhalb des YCrCb-Kubus liegen.
- Berechnen Sie die inverse Abbildung, also RGB aus YCrCb. Zeigen Sie auch hier, dass die YCrCb-Punkte bei der Transformation nach RGB den RGB-Kubus nicht verlassen.
- Warum können trotzdem Verluste bei der Umwandlung RGB->YCrCb ->RGB auftreten?

2. Zeigen Sie, dass F(0,0) den Mittelwert eines Bildblockes berechnet.

3. Dithering-Verfahren: Implementieren Sie ein Zufalls-Dithering. Dazu soll ein Grauwertbild in ein Schwarzweißbild umgewandelt werden, indem der Grauwert als Zufallswert interpretiert wird (0 = 0% bis 255 = 100%), der angibt, mit welcher Wahrscheinlichkeit ein Pixel weiß ist.

4. Um welchen Faktor kann ein Bild durch Subsampling komprimiert werden?

5. Quantisierung bei JPEG:

- Wie würde eine Quantisierungsmatrix für maximale Kompression aussehen?
- Welchen Kompressionsfaktor würde man allein dadurch erreichen?

6. Nutzen Sie ein Bildverarbeitungsprogramm Ihrer Wahl und suchen Sie Bilder, an denen sich die besprochenen Effekte bei der Skalierung (Vergrößern und Verkleinern) nachvollziehen lassen. Welche Mechanismen gibt es, um Moiré- und Aliasing-Effekte zu vermeiden. Welche Mechanismen sind gegebenenfalls schon automatisch aktiviert?

7. Untersuchen Sie JPEG-Kompressionsartefakte. Komprimieren Sie dazu ein Bild mit hoher Kompression und führen Sie die beobachteten Fehler auf die einzelnen Schritte des Verfahrens zurück.

Audio

4

ÜBERBLICK

Einleitung

» Wenn wir an digitale Medien denken, dann ist ein ganz großer Teil dessen, woran wir denken, visueller Natur. Dies hat einerseits mit der Vielzahl visueller Medienangebote zu tun, andererseits aber auch damit, dass unsere visuelle Wahrnehmung viel bewusster und gesteuerter abläuft als die akustische. Unsere Augen können wir beispielsweise einfach schließen oder gezielt irgendwohin richten, unsere Ohren hingegen nicht. Akustischen Ereignissen sind wir oft einfach mehr oder weniger ausgeliefert. Der einzige steuerbare Parameter dabei ist meist die Lautstärke (Fernsehen, Radio, Computer) bzw. das gezielte Abschalten bzw. Auf- und Absetzen eines Kopfhörers (mobile Musik-Player). Akustische Alarme sind überall präsent als Warnsignale, die eben gerade deswegen gut wirken, weil dieser Wahrnehmungskanal sich nicht gezielt blockieren lässt. Eine vertiefte Diskussion hierzu findet sich in dem Buch von Raffaseder (2002).

Die Wahrnehmung akustischer Reize geschieht also oft unbewusst, ungewollt oder nebenher. Das akustische Umfeld bestimmt aber andererseits auch oft unsere Grundstimmung, was beispielsweise in der Filmmusik gezielt ausgenutzt wird oder in Kaufhäusern zur Erhöhung des Kaufreizes. Unser Gehör zeigt Phänomene, die nur in diesem Wahrnehmungskanal auftreten, beispielsweise das Phänomen des „Ohrwurms“. Was wir hören, beeinflusst unsere gesamte Wahrnehmung und wir können an ganz feinen Untertönen in der Stimme beispielsweise erkennen, ob unser Gesprächspartner traurig oder froh ist.

Musik hat außerdem oft auch eine gesellschaftliche, beispielsweise eine Gemeinschaft stiftende Funktion. Hymnen oder Schlachtgesänge verbinden uns ähnlich wie Flaggen oder Vereinsembleme. Marschmusik soll uns durch ihre majestätische Erscheinung und ihren geradlinigen Rhythmus alle Zweifel beiseite schieben und folgsam in den Krieg ziehen lassen. Jugendkulturen wie Punk oder Rap definieren sich durch die Art ihrer Musik.

Die Audio-Gestaltung ist ein wesentliches Element in Kunst und Ingenieurwesen. Automobilbauer beschäftigen Sound-Designer, die dafür sorgen, dass eine Autotür beim Zufallen auch wertig klingt und somit die unterbewusst wahrgenommenen Aspekte des Produktes dessen positiven Gesamteindruck verstärken. «

Lernziele

In diesem Kapitel lernen Sie zunächst einiges über die physikalischen **Grundlagen akustischer Signale**, also Schallwellen und ihre Ausbreitung sowie die Wahrnehmung von Schall durch das menschliche Gehör. Danach werden wir sehen, wie akustische Signale aufgenommen und digitalisiert werden und wie sie – unter Ausnutzung der Eigenarten des menschlichen Hörens – komprimiert werden können. Den Abschluss bilden einige grundlegende Operationen der **Audiobearbeitung** wie Dynamikkompression und Hall.

4.1 Physikalische Grundlagen, Schall und Klang

Physikalisch gesehen ist Schall nichts anderes als die mechanische Bewegung eines physikalischen Mediums wie Luft oder Wasser, die sich als Druckwelle ausbreitet. In Abwesenheit eines solchen Mediums, beispielsweise im Weltall, findet keine Schallausbreitung statt. Unterschiedliche physikalische Medien verursachen unterschiedliche Ausbreitungsgeschwindigkeiten, so breitet sich Schall in einem dichteren Material wie Wasser oder Glas beispielsweise schneller aus als in der uns umgebenden Luft. Die Ausbreitungsgeschwindigkeit in Luft beträgt etwa 331 m/s bei 0°C und etwa 343 m/s bei 20°C.

Die allermeisten akustischen Signale sind **periodische Signale**, das heißt, ihr Verlauf wiederholt sich in festen Zeitabständen. Der Zeitraum einer solchen Wiederholung heißt **Phase**. Der maximale Wert eines Signals innerhalb einer Phase heißt **Amplitude**. ▶Abbildung 4.1 zeigt diese beiden Größen am Beispiel eines Sinussignals.

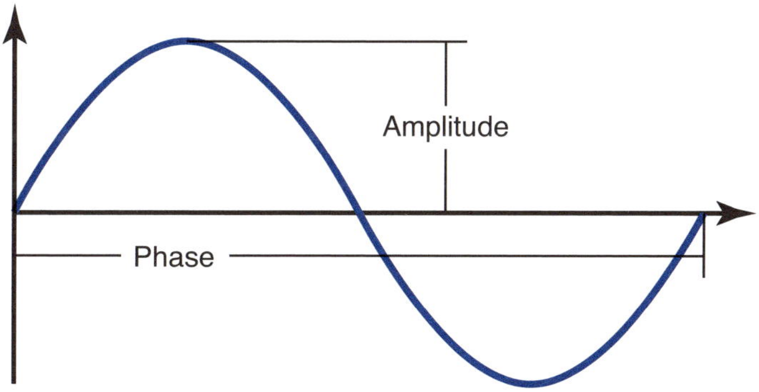

Abbildung 4.1: Grundlegende Größen eines periodischen Signals

Ein Signal kann außerdem **phasenverschoben** sein. Die Verschiebung wird als Winkel zwischen 0 und 360 Grad angegeben, wobei 180 Grad genau eine Verschiebung um eine halbe Phase bedeutet. Dies entspricht bei einem periodischen symmetrischen Signal genau dessen Spiegelung an der Nulllinie (Inversion).

Die **Wellenlänge** eines Signals gibt den Weg an, den das Signal bei gegebener Ausbreitungsgeschwindigkeit innerhalb eines Phasenverlaufes zurücklegt. Das vom Menschen hörbare Spektrum umfasst (im Idealfall, also bei einem jungen und normal hörenden Menschen) ungefähr den Frequenzbereich von 20 Hz bis 20 kHz. Der Frequenzbereich darüber heißt Ultraschall, der darunter Infraschall. Bei obiger Ausbreitungsgeschwindigkeit in Luft entspricht das etwa einem Wellenlängenbereich von 17 m bis 1,7 cm. Im Alter lässt das Hörvermögen vor allem bezüglich hoher Frequenzen nach. ▶Abbildung 4.2 zeigt den hörbaren Frequenzbereich sowie den kleineren Bereich, der für Sprachsignale benötigt wird.

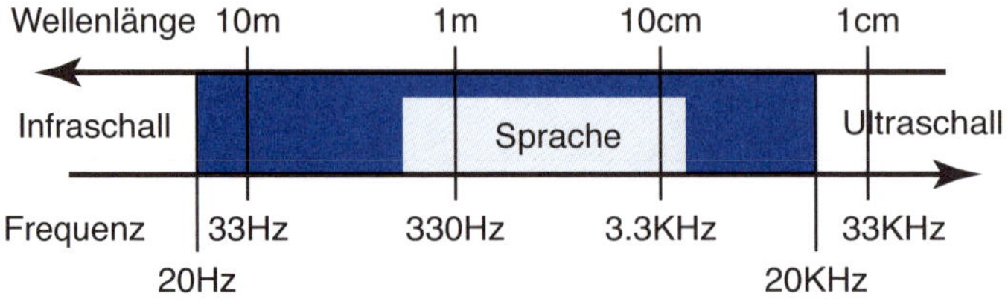

Abbildung 4.2: Hörbarer Frequenzbereich: Sprache nutzt nur einen Teil der hörbaren Frequenzen aus.

Schallwellen breiten sich im Raum konzentrisch um ihren Entstehungspunkt herum aus. Dabei nimmt die Intensität mit dem Quadrat der Entfernung ab. Schallwellen können durch geeignete (beispielsweise weiche) Materialien absorbiert werden, sie können an harten und glatten Oberflächen reflektiert werden (wie z.B. beim Echo an einer Bergwand) und sie können, ähnlich wie wir es von Lichtwellen kennen, gebrochen und gebeugt werden. Schallwellen werden beispielsweise an Objekten gebeugt, die Abmessungen in derselben Größenordnung wie die Wellenlänge haben. Der hörbare Frequenzbereich umfasst aber Frequenzen im Verhältnis von $1{:}10^3$ (zum Vergleich: sichtbares Licht: 1:2). Außerdem sind die Wellenlängen in Größenordnungen, die denen von Alltagsobjekten entsprechen können. Deshalb verhalten sich ganz tiefe Frequenzen deutlich anders bezüglich Objekten in unserer Umgebung als ganz hohe Frequenzen. Sie fließen beispielsweise um eine dicke Säule herum und sind dahinter genauso gut zu hören, während hohe Frequenzen an derselben Säule einfach reflektiert oder abgeschattet werden.

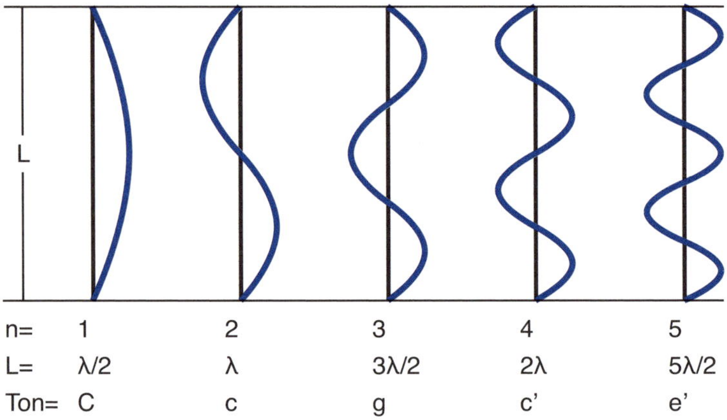

Abbildung 4.3: Oberwellen sind ganzzahlige Vielfache (n) einer Grundfrequenz.

Töne werden, beispielsweise in Musikinstrumenten, oft dadurch erzeugt, dass ein Gegenstand (Saite, Zunge, Luftsäule) in Schwingungen versetzt wird. Abhängig von der Länge des Gegenstandes und seinen Materialeigenschaften gibt es eine sogenannte **Grundfrequenz** oder **Resonanzfrequenz**, bei der genau eine halbe Wellenlänge in die Länge des Gegenstandes passt. ▶Abbildung 4.3 zeigt diesen Sachverhalt am Beispiel einer schwingenden Saite. Da die Welle am fixierten Ende der Saite reflektiert wird, entsteht bei dieser Frequenz genau eine stehende, sich selbst verstärkende Welle, die mit relativ wenig Energiezufuhr erhalten bleibt und so einen konstanten Ton abgibt. Aber auch eine Welle mit der doppelten Grundfrequenz wird sich selbst verstärken, da sie nach genau einer ganzen Phase am Ende reflektiert wird. Diese Schwingung nennt man die erste **Harmonische** oder den ersten **Oberton**. Der zweite Oberton entsteht bei der dreifachen Grundfrequenz, der dritte bei der vierfachen usw.

Die **Obertonreihe** setzt sich nach diesem Schema beliebig fort. In der Praxis gibt jedes Instrument nicht nur seinen Grundton, sondern unterschiedlich starke Anteile der verschiedenen Obertöne ab. Diese Mischung der Obertöne macht die Klangcharakteristik eines Tones aus. Die Intensität der Obertöne nimmt mit wachsender Frequenz in der Regel stark ab.

Exkurs Tonleiter

Musikalisch gesehen lässt sich unser westliches Tonsystem mit den zwölf Tönen einer Oktave näherungsweise aus solchen Obertönen konstruieren. Wenn f die Frequenz des Grundtones ist, dann hat die Oktave darüber die doppelte Frequenz, also 2f, die reine Quinte über der Oktave 3f, die große Terz 5f usw. Durch diese Obertonreihen wird die so genannte *reine Stimmung* erzeugt, die den Grundton der Obertonreihe bevorzugt. In der Praxis wird heute jedoch meistens die *temperierte Stimmung* verwendet, die gleich klingende Intervalle bezüglich aller Grundtöne bereitstellt und damit die Voraussetzung für das Spiel in verschiedenen Tonarten und das Zusammenspiel beliebiger Instrumente bildet. Johann Sebastian Bach führte dies in seinem Werk „Das wohltemperierte Klavier" vor, indem er in jeder Dur- und Molltonart je ein Präludium und eine Fuge schrieb. Diese klingen auf einem temperiert gestimmten Klavier jeweils gleich gut. Blechblasinstrumente wie Trompete und Posaune erzeugen ihren Tonumfang mittels Obertönen und erklingen daher in reiner Stimmung bezüglich ihres Grundtones (beispielsweise B oder C). Aus diesem Grund klingen manche Tonarten auf einem Blechblasinstrument nicht so gut wie andere.

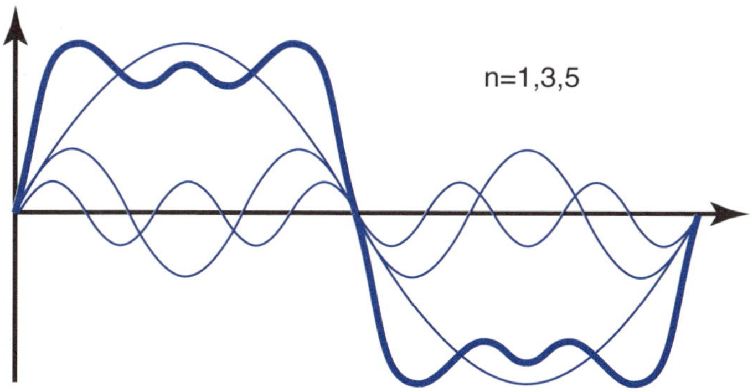

Abbildung 4.4: Annäherung eines Rechtecksignals durch ungerade Vielfache der Grundfrequenz. Durch Addition weiterer ungerader Vielfacher kann die Signalform beliebig gut angenähert werden.

Durch die Addition verschiedener Obertöne entstehen andere Kurvenformen. So kann ein Rechtecksignal beispielsweise durch die Addition ungerader Vielfacher einer Grundfrequenz angenähert werden (siehe ▶Abbildung 4.4). Durch andere Kombinationen lässt sich jedes beliebige periodische Signal annähern.

Trägt man die Frequenz in einem Diagramm auf der horizontalen Achse auf und die jeweilige Intensität dieser Frequenz auf der vertikalen Achse, so erhält man ein **Frequenzspektrum** als Schaubild. Dieses Spektrum beschreibt die Frequenzverteilung und damit die Klangcharakteristik eines Signals, ähnlich wie ein *Histogramm* die Helligkeitsverteilung in einem Bild beschreibt (siehe Kapitel 3). ▶Abbildung 4.5 zeigt ein solches Frequenzspektrum eines komplexen Musiksignals.

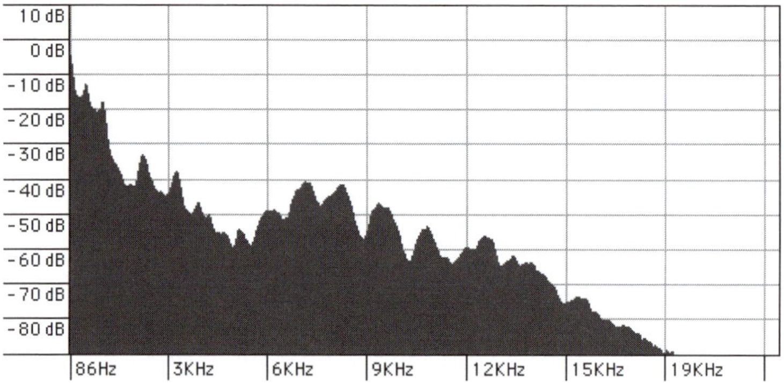

Abbildung 4.5: Im Frequenzspektrum sind die in einem Signal enthaltenen Frequenzen auf der horizontalen Achse und ihre jeweiligen Intensitäten auf der vertikalen Achse aufgetragen.

Werden zwei Signale gemischt, so addieren sich ihre Signalwerte. Wird ein Signal mit sich selbst gemischt, so verstärkt sich seine Amplitude. Dieser Effekt heißt **konstruktive Interferenz**. Wird ein Signal mit einer invertierten (also um 180 Grad phasenverschobenen) Version seiner selbst gemischt, dann löschen sich die beiden Signale gegenseitig aus. Dieser Effekt heißt **destruktive Interferenz**.

Werden zwei periodische Signale gemischt, deren Frequenzen nahe beieinander liegen, so kommt es zu einer **Schwebung**. Hierbei wechseln sich konstruktive und destruktive Interferenz ab und es entsteht ein Signal, das abwechselnd seine maximale Amplitude und keine Amplitude hat. Eine Schwebung ganz eng beieinander liegender Frequenzen lässt sich als wahwah-artiges Geräusch hören und dieser Effekt wird beispielsweise dazu genutzt, zwei Musikinstrumente oder verschiedene Saiten eines Instrumentes genau aufeinander zu stimmen. Dabei wird eine Frequenz so lange angepasst (z.B. durch Spannen einer Saite), bis die Schwebung zum Stillstand gekommen ist. ▶Abbildung 4.6 zeigt die drei beschriebenen Situationen. Dabei sind jeweils unten die beiden Ausgangssignale und oben ihre Summe dargestellt.

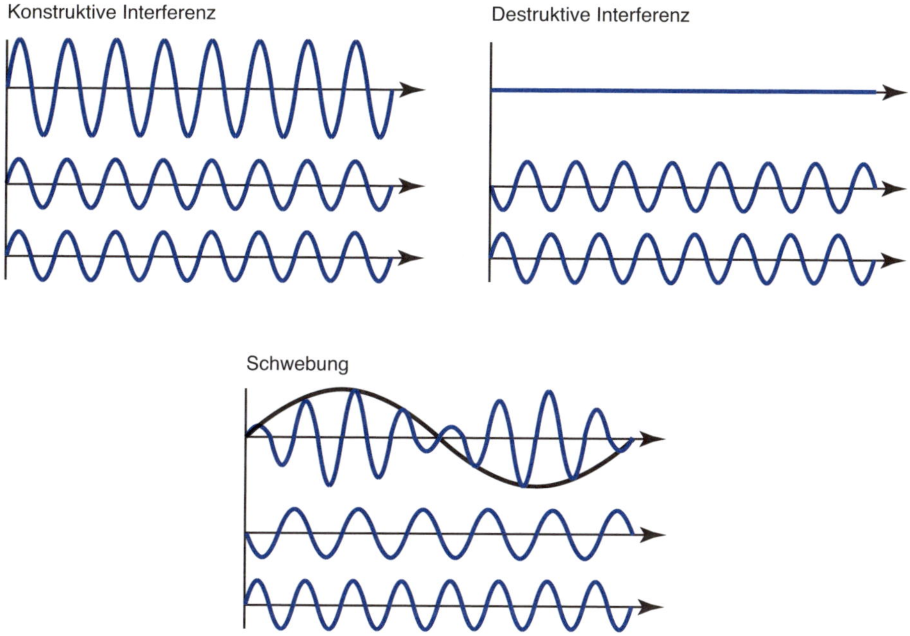

Abbildung 4.6: Konstruktive Interferenz, destruktive Interferenz und Schwebung (abwechselnd konstruktive und destruktive Interferenz)

Außerdem kann ein Signal ein anderes **modulieren**. Wenn die Amplitude des zweiten Signals durch das erste Signal gesteuert wird, spricht man von *Amplitudenmodulation*, wenn die Frequenz des zweiten Signals durch das erste verändert wird, von *Frequenzmodulation*. Mithilfe solcher Modulationen können sehr verschiedenartige Wellenformen und damit Klangspektren erzeugt werden. Die Erzeugung verschiedener Frequenzen mittels elektronischer Oszillatoren (Schwingungserzeuger) sowie deren gegenseitige Modulation war die Basis der ersten elektronischen *Synthesizer*.

Wenn wir bisher von Signalen geredet haben, haben wir (meist unausgesprochen) stets periodische Signale betrachtet. In der Natur kommen aber auch beliebige, nichtperiodische Wellenformen vor. Diese werden dann nicht als **Klang**, sondern als **Geräusch** bezeichnet. Beispiele hierfür sind **Rauschen**, Händeklatschen und Knallgeräusche. Der Übergang zwischen Klang und Geräusch ist fließend, da sich geringe periodische Anteile in ein ansonsten nicht periodisches Signal mischen können (Beispiel: das Pfeifen des Windes).

4.2 Akustische Wahrnehmung

Das Ohr dient uns dazu, akustische Reize in Wahrnehmungen, letztlich also in Nervensignale umzusetzen. Hierzu wird in einer Art Trichter aus *Ohrmuschel* und *Gehörgang* der Schall gesammelt (und dabei bereits in Abhängigkeit von Frequenz und Richtung verändert) und auf das *Trommelfell* geleitet, welches dadurch in mechanische Schwingung gerät. Diese Schwingung wird über die Gehörknöchelchen *Hammer*, *Amboss* und *Steigbügel* auf die **Gehörschnecke** weitergeleitet, in der sie dann in Nervenreize umgesetzt wird. Neben dem Gehör beinhaltet das Ohr auch noch ein Gleichgewichtsorgan, dessen Funktion in diesem Zusammenhang aber nicht weiter von Bedeutung ist. ▶Abbildung 4.7 zeigt einen Schnitt durch das menschliche Ohr und weitere Details sind in dem Buch von Campbell (2009) beschrieben.

F

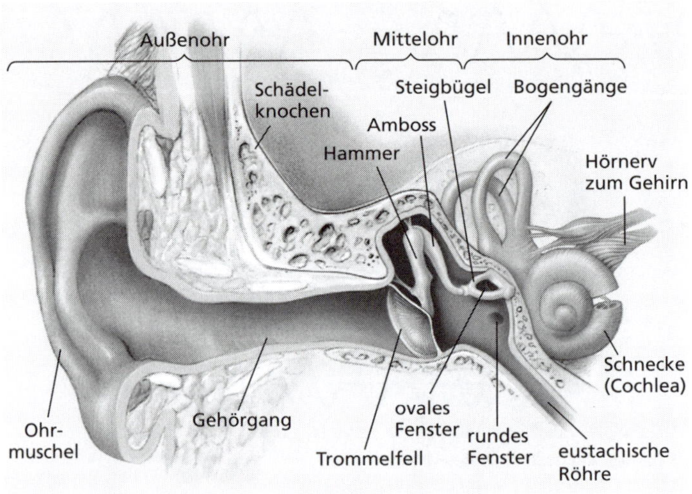

Abbildung 4.7: Schnittbild des menschlichen Ohres (Quelle: Campbell (2009))

Die Gehörschnecke ist eine Art aufgewickelte, einmal gefaltete und mit Flüssigkeit gefüllte Röhre, entlang deren Trennwand sich sogenannte *Haarzellen* befinden. Diese Trennwand, die **Basilarmembran**, ist an verschiedenen Stellen unterschiedlich steif und spricht daher auf verschiedene Frequenzen an. Die Haarzellen schließlich wandeln die mechanischen Bewegungen in neuronale Reize um. ▶Abbildung 4.8 zeigt, wie verschiedene Bereiche der Gehörschnecke für verschiedene Frequenzbereiche empfindlich sind.

F

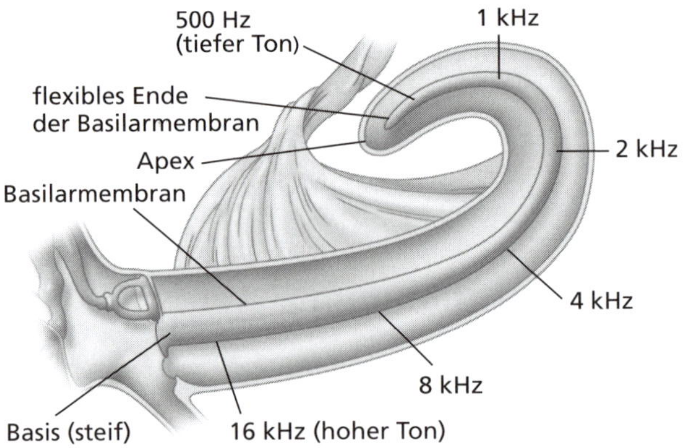

Abbildung 4.8: Das eigentliche Hörorgan, die Gehörschnecke (Cochlea) (Quelle: Campbell (2009))

Werden zwei nahe beieinander liegende Bereiche der Haarzellen angeregt, und ist einer der beiden Reize deutlich stärker, so nimmt das Gehör den schwächeren der beiden Reize nicht mehr wahr. Dieser Effekt heißt **Frequenzmaskierung** und bewirkt, dass in komplexeren Tonsignalen bestimmte Anteile schlicht nicht wahrgenommen werden. ▶Abbildung 4.9 zeigt diesen Sachverhalt als Frequenzdiagramm.

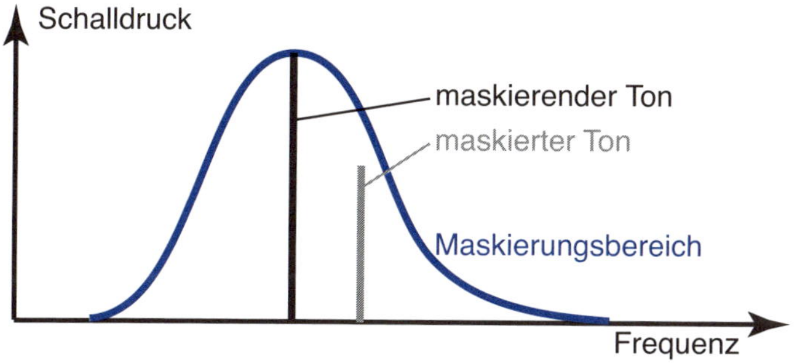

Abbildung 4.9: Maskierung eines leisen Tones durch einen benachbarten lauten Ton

Ähnlich wie bei gleichzeitig auftretenden Reizen (*Frequenzmaskierung*) wird ein schwacher Reiz, der zeitlich sehr kurz *vor* oder *nach* einem starken Reiz auftritt, durch die sogenannte **zeitliche Maskierung** maskiert und ebenfalls nicht wahrgenommen. Beide Arten der Maskierung nutzt man aus, um beispielsweise bei der MP3-Kompression nicht wahrgenommene Frequenzanteile aus einem Musikstück zu entfernen und damit die zu codierende Informationsmenge zu senken (siehe hierzu Kapitel 2 zur Kompression, aber auch Abschnitt *Kompression*).

Die Lautstärke eines akustischen Ereignisses entspricht der Stärke der Luftdruckänderung (gemessen in Pa). Die Lautstärke wird in **Dezibel** (dB) gemessen, also auf einer logarithmischen Skala. Dabei wird das leiseste bei 2 KHz gerade noch hörbare Geräusch (**Hörschwelle**, Schalldruck $2 * 10^{-5}$ Pa) als **Bezugspegel** von 0 dB definiert und jeweils 6 dB mehr entsprechen einer Verdopplung der Lautstärke.

Verschiedene Geräusche haben verschiedene *charakteristische Lautstärken*. So spielt sich Sprache oft in einem Bereich zwischen 30 und 70 dB ab und bei etwa 120 dB (je nach Frequenz) beginnt die Schallwahrnehmung in eine Schmerzwahrnehmung überzugehen. Die physikalischen Schalldruckpegel, bei denen ein Ton als gleich laut empfunden wird, sind stark von der Frequenz des Tones abhängig. So liegt auch die Hörschwelle bei niedrigen und hohen Frequenzen wesentlich höher als bei den mittleren Frequenzen, die wir als Mensch für die Sprachwahrnehmung brauchen (siehe ▶Abbildung 4.10).

Das menschliche Ohr ist nicht für alle Frequenzen gleich empfindlich und insbesondere verändert sich diese spektrale Abhängigkeit der Empfindlichkeit auch noch mit der Lautstärke. Dies führt dazu, dass wir bei sehr leisen Signalen, wie z.B. leise abgespielter Musik, vor allem mittlere Frequenzen hören, während tiefe und hohe Frequenzen verschwinden. Um dem entgegenzuwirken, werden durch die **Loudness**-Funktion vieler Stereoanlagen gerade die tiefen und hohen Frequenzen angehoben, so dass sich bei leiser Wiedergabe trotzdem ein insgesamt ausgeglichenes Klangbild ergibt.

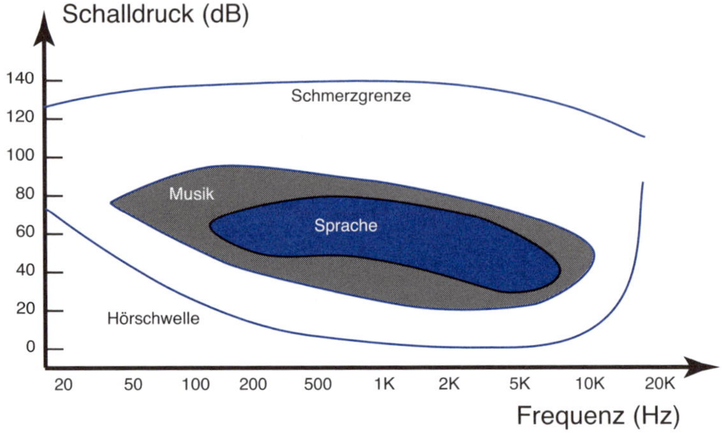

Abbildung 4.10: Lautstärkebereiche des menschlichen Hörens in Abhängigkeit von der Frequenz (vereinfacht)

Die Tatsache, dass wir zwei Ohren besitzen, ermöglicht es uns, die ungefähre Richtung, aus der ein Schallereignis kommt, wahrzunehmen. Hierzu werden die Unterschiede zwischen den Wahrnehmungen der beiden Ohren ausgenutzt, ähnlich wie beim räumlichen Sehen mit unseren beiden Augen. Es gibt drei wesentliche Effekte, die durch die unterschiedliche Position der beiden Ohren auftreten:

- Ein akustisches Signal, das von rechts vorne auf unseren Kopf trifft, kommt beim rechten Ohr früher an als beim linken. Der Zeitunterschied wird **interaurale Zeitdifferenz** (englisch *interaural time difference*, **ITD**) genannt (▶Abbildung 4.11). Die gleiche zeitliche Verschiebung bewirkt bei höheren Frequenzen eine stärkere Phasenverschiebung und kann dort daher besser wahrgenommen werden.
- Dasselbe Signal erreicht das rechte Ohr auch mit einer höheren Amplitude, da es auf dem Weg zum linken Ohr teilweise abgeschattet wird. Der Unterschied zwischen den beiden Amplituden heißt **interaurale Intensitätsdifferenz** (englisch *interaural intensity difference*, **IID**). Hohe Frequenzen werden aufgrund der Beugung stärker abgeschattet und erzeugen eine höhere IID.

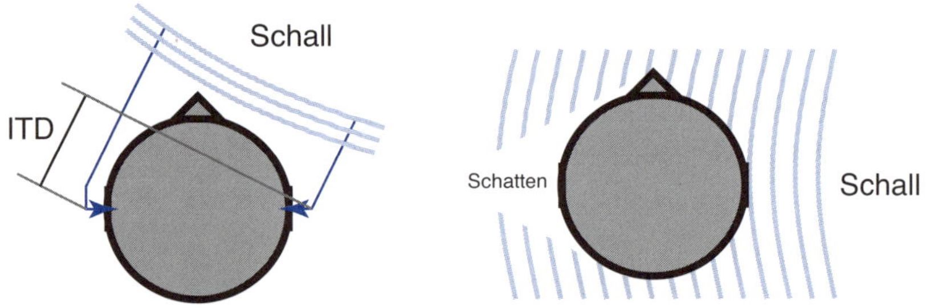

Abbildung 4.11: Der Weg des Schalls zum abgewandten Ohr ist weiter. Daher kommt der Schall dort mit einer zeitlichen Verzögerung (ITD) an. Hohe Frequenzen werden auf der abgewandten Seite abgeschattet, während tiefe Frequenzen am Kopf gebeugt werden und daher weniger abgeschwächt werden.

- Beim Weg um den Kopf herum wird das Signal des linken Ohres gegenüber dem des rechten Ohres verändert. Bestimmte Frequenzanteile werden verschluckt, andere verstärkt. Diese Veränderung der spektralen Zusammensetzung des Klanges ist die *Head-related Transfer Function* (**HRTF**). Die HRTF ist für jeden Menschen aufgrund unterschiedlicher Frisur, Kopf- und Ohrform unterschiedlich.

Aus der Kombination der wahrgenommenen ITD, IID und der Auswirkung der individuellen HRTF auf das gehörte Geräusch leitet unser Gehirn ab, aus welcher Richtung das Schallereignis kommt. Dabei sind IID und ITD für alle Punkte gleich, die von beiden Ohren den gleichen Abstand haben, egal ob diese Punkte vor, hinter, über oder unter dem Hörer liegen. Die IID und ITD reichen daher nicht aus, um beim Hören vorne und hinten oder oben und unten zu unterscheiden. Diese Mehrdeutigkeiten werden einerseits durch die HRTF aufgelöst, andererseits durch erlerntes Wissen: Ein Hubschraubergeräusch wird zunächst stets von oben empfunden, auch wenn es tatsächlich von unten kommt, da in unserer Umwelt, wie wir sie kennengelernt haben, Hubschrauber eben meist über uns sind.

Das Richtungshören in Luft funktioniert aufgrund der oben beschriebenen Effekte bei ITD und IID für hohe Frequenzen besser. Tiefe Basstöne sind praktisch nicht mehr zu orten. Aus diesem Grund können extreme Tiefton-Lautsprecher, sogenannte *Subwoofer*, auch an fast beliebiger Stelle platziert werden. Unter Wasser breitet sich Schall mit wesentlich höherer Geschwindigkeit aus. Somit wird die ITD wesentlich geringer und ein gerichtetes Hören ist z.B. für Taucher bei allen hörbaren Frequenzen praktisch unmöglich.

4.3 Digitalisierung und Codierung

Der erste Schritt zur Digitalisierung eines akustischen Signals ist die Umwandlung von einer Luftdruckschwankung in ein elektrisches Signal. Dies geschieht in der Regel durch ein **Mikrofon**. Je nach Funktionsprinzip unterscheidet man potentiometrische, elektrodynamische, elektrostatische und Piezo-Mikrofone. Je nach Bauform unterscheidet man Druck-, Richt-, Grenzflächen- und Körperschallmikrofone. Einige Musikinstrumente (E-Gitarre, E-Piano) leiten auch direkt aus der mechanischen Schwingung der Saite ein elektrisches Signal ab, beispielsweise durch Magnetspulen oder Piezo-Elemente. Eine detaillierte Diskussion würde hier zu weit führen und findet sich in Lehrbüchern zur Studiotechnik, wie z.B. (Dickreiter, 1997).

4.3.1 Digitalisierung

Das vom Mikrofon oder Instrument gelieferte elektrische Signal wird im nächsten Schritt *digitalisiert* (vergleiche hierzu Kap. 2 zum Thema Digitalisierung). Wie sind nun die beiden wesentlichen Parameter für die Digitalisierung, nämlich die Abtastrate der *Diskretisierung* und die Auflösung der *Quantisierung*, zu wählen? Bei der Beantwortung dieser Frage hilft uns eine prinzipielle Betrachtung der auftretenden Frequenzen und Signalpegel.

Die vom Menschen wahrnehmbaren Frequenzen liegen etwa im Bereich von 20 Hz bis 20.000 Hz, weshalb es in der Regel auch sinnvoll ist, die zu digitalisierenden Signale auf diesen Bereich zu beschränken. Dies geschieht vor der Digitalisierung durch einen analogen Filterbaustein. Aus dem *Nyquist-Theorem* (vgl. Kapitel 2) ergibt sich dann, dass ein solches Signal mit mehr als der doppelten auftretenden Maximalfrequenz abgetastet werden muss, also mit mehr als 40.000 Hz. Für die Audio-CD wird aus dieser Überlegung heraus eine Abtastrate von 44.100 Hz verwendet.

Die vom Menschen wahrnehmbaren Lautstärken liegen im Bereich zwischen 0 dB (Hörschwelle) und etwa 120 dB (Schmerzgrenze). Da jeweils 6 dB einer Verdopplung der Signalstärke entsprechen, beträgt der Dynamikumfang des menschlichen Ohres somit etwa $2^{120/6}=2^{20}$:1. Dies bedeutet, dass man mit 20 Bit Auflösung den kompletten Dynamikumfang des Ohres bedienen könnte. In der Praxis treten jedoch äußerst selten beide Extreme der Lautstärkeskala im selben Zusammenhang auf, weshalb (die computertechnisch viel günstigeren) 16 Bit Auflösung hier für den Bedarf bei der Audio-CD ausreichen. In hochwertiger Studiotechnik wird dagegen oft mit 24 Bit Genauigkeit gearbeitet.

4.3.2 Codierung

Die klassische Art, ein Audiosignal zunächst zu codieren, ist die **Pulse Code Modulation** (**PCM**). Hierbei werden einfach die in regelmäßigen Zeitabständen aufgenommenen Messwerte (**Samples**) als Bitfolgen hintereinander geschrieben. Dieses Verfahren liegt unkomprimierten Dateiformaten zugrunde und wird beispielsweise auch als Standard *G.711* für die digitale Telefonie eingesetzt. Wegen des beschränkten Frequenzumfangs eines Sprachsignals (4 kHz sind ausreichend für eine gute Verständlichkeit) und des eingeschränkten Dynamikumfanges am Telefon wird hier mit 8 kHz Abtastfrequenz und einer Auflösung von 8 Bit gearbeitet, woraus sich die benötigte Bandbreite eines ISDN-„B-Kanals“ zu 64 kBit/s ergibt. Siehe hierzu auch nochmals Abbildung 4.10.

Als Weiterentwicklung der PCM existiert die Differential PCM (DPCM), bei der jeweils nur die Differenz zwischen zwei aufeinanderfolgenden Samples übertragen wird, sowie die Adaptive DPCM (ADPCM), bei der auch noch die Anzahl der für die Differenz verwendeten Bits variabel ist. All diese Codierungen sind verlustfrei.

4.4 Kompression

Bei der Kompression von Audiodaten sind verlustfreie Kompressionsverfahren nur sehr wenig wirksam und damit sind generell relativ niedrige Kompressionsraten erreichbar. Aus diesem Grund wurden verschiedene spezielle und verlustbehaftete Kompressionsverfahren entwickelt. Als prominentester Vertreter soll hier die MP3-Kompression (MPEG-1 Audio Layer III) in ihrer prinzipiellen Funktionsweise beschrieben werden.

Exkurs **MPEG**

Die **MPEG** = Moving Picture Expert Group ist ein Standardisierungsgremium der ISO (International Standards Organization) und der IEC (International Electrotechnical Commission) und arbeitet seit 1988 an Standards für die Video- und Audiokompression. Die Standards MPEG-1 und MPEG-2 beschreiben Formate für digitales Video mit integriertem Audio. Dabei ist die Codierung von Bild und Ton jeweils getrennt beschrieben. Für beide Codierungen sind außerdem verschiedene Varianten, sogenannte *Layer*, definiert, die sich im Codierungsaufwand und der erzielbaren Qualität unterscheiden. Die unten beschriebene MP3-Codierung ist im Audio-Layer 3 des MPEG-1-Standards definiert und hat ihren Namen von der durch die Erfinder gewählten Dateinamenserweiterung *.mp3*. MPEG-Audio-Standards werden z.B. auch verwendet bei DAB (Digital Audio Broadcast), DVB (Digital Video Broadcast) inklusive der terrestrischen Variante DVB-T sowie bei der Video-DVD.

4.4.1 MP3-Kompression

Die **MP3-Kompression** basiert auf einem **psychoakustischen Modell** der Tonwahrnehmung. Dieses Modell wurde empirisch ermittelt und beschreibt die oben bereits eingeführten Maskierungseffekte auf der Basis von 27 sogenannten **kritischen Bändern**. Ein kritisches Band ist der Frequenzbereich, in dem Töne stärker als ein bestimmter Mindestwert miteinander interagieren (z.B. durch Maskierung). Die kritischen Bänder sind in der Nähe des mittleren C auf der Klaviertastatur etwa eine Terz breit und werden – in musikalischen Intervallen gesehen – zu den hohen Tönen hin enger und zu den tiefen Tönen hin weiter. Auf einer linearen Frequenzskala ausgedrückt ist die Situation jedoch umgekehrt: Die kritischen Bänder werden zu den hohen Frequenzen hin – in absoluten Hz ausgedrückt – breiter, zu den tiefen Frequenzen hin schmäler. ▶Abbildung 4.12 zeigt die kritischen Bänder des psychoakustischen Modells auf einer solchen linearen Frequenzskala.

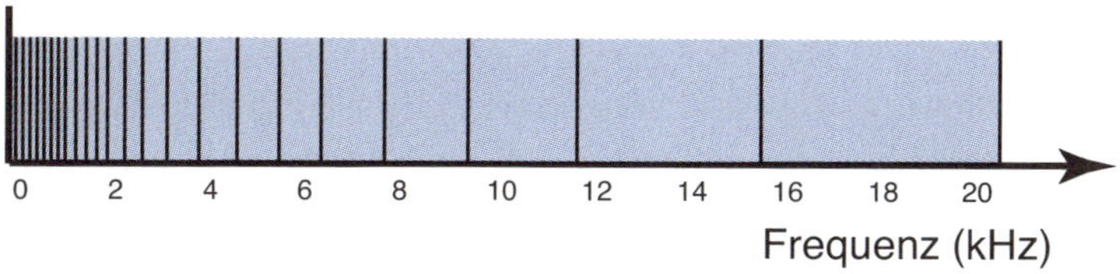

Abbildung 4.12: Kritische Bänder des psychoakustischen Modells

Mithilfe dieses Modells lässt sich aussagen, welche Frequenzen welche anderen wie *maskieren*. Dabei wird sowohl die Frequenz- als auch die zeitliche Maskierung betrachtet. ▶Abbildung 4.13 zeigt beispielhaft (und nicht maßstabsgetreu), welche benachbarten Frequenzen durch einen einzelnen Ton maskiert und somit unhörbar werden. Dieses Diagramm ist eine Erweiterung des Diagramms in Abbildung 4.9 um die Dimension *Zeit*.

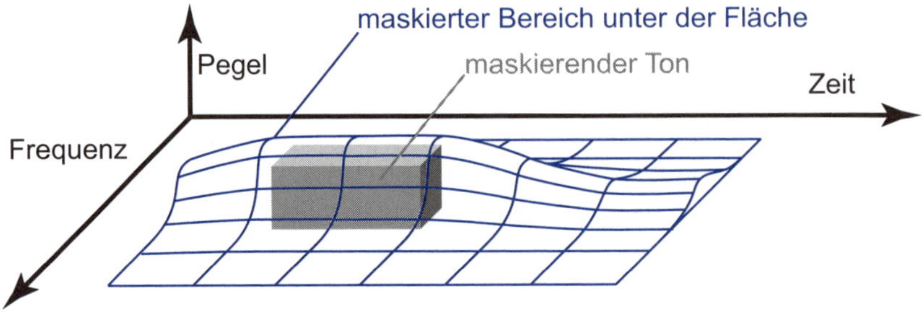

Abbildung 4.13: Frequenzbereich, der durch einen einzelnen Ton räumlich und zeitlich maskiert wird

Die zentrale Idee der verlustbehafteten Codierung ist nun, die maskierten und daher unhörbaren Frequenzanteile gar nicht erst zu übertragen und dadurch mit weniger Daten zur Beschreibung des Audiosignals auskommen zu können. Diese grundlegende Vorgehensweise entspricht übrigens der bei der JPEG-Kompression von Bildern: Auch dort werden bestimmte Frequenzanteile, die für den visuellen Eindruck weniger wichtig sind, weggelassen. Um die Frequenzanteile eines Audiosignals effektiv weglassen zu können, muss das Audiosignal deshalb zunächst in den **Frequenzraum** übertragen werden. Ein Blockdiagramm der Verarbeitungsschritte zeigt ▶Abbildung 4.14.

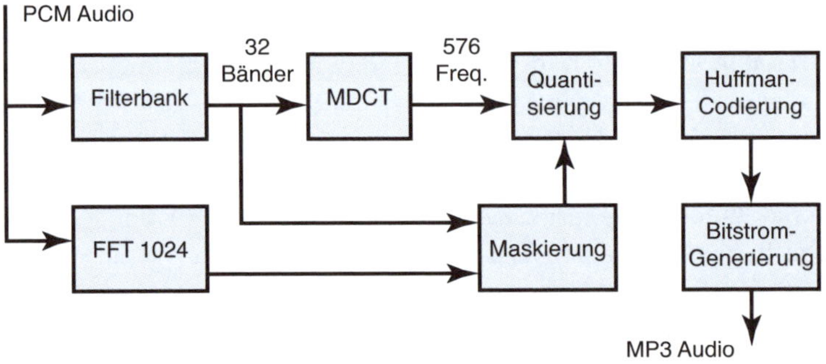

Abbildung 4.14: Prinzipschaltbild eines MP3-Encoders (vereinfacht nach: (Watkinson 2004))

Hierzu wird das Signal zunächst in sehr kurze Zeitabschnitte (36 samples = 0.8 ms) unterteilt und innerhalb dieser Zeitabschnitte wird mittels einer digitalen Filterbank das Signal in 32 Unterbänder unterteilt. Innerhalb jedes Unterbandes wird sodann eine modifizierte diskrete Kosinustransformation (MDCT) angewendet, die eine Darstellung bezüglich 18 Grundfrequenzen innerhalb des jeweiligen Subbandes liefert. Somit liegt das gesamte Signal dann als Darstellung bezüglich insgesamt 32 x 18 = 576 Basisfrequenzen vor, und zwar mit hoher zeitlicher Auflösung, wie sie später für die Rekonstruktion des Originalsignals notwendig ist.

Exkurs Frequenzraum

Jedes analoge Signal mit endlichem Integral (und das sind z.B. alle in der Praxis auftretenden Audiosignale) kann als (möglicherweise unendliche) Summe von Sinusfunktionen unterschiedlicher Frequenz, Phase und Amplitude dargestellt werden. Ein konkretes Beispiel hierfür zeigt Abbildung 4.4. Die verwendeten Sinusfunktionen bilden mathematisch gesehen die Basisvektoren eines Vektorraumes. Mit Amplitude 1 sind sie Einheitsvektoren und bei verschiedener Frequenz sind sie zueinander orthogonal. Somit erfüllen sie sogar die Bedingungen für eine Orthonormalbasis und spannen einen Vektorraum auf, in dem sich jedes Audiosignal als Linearkombination dieser Basisvektoren darstellen lässt. Da es unendlich viele Basisfunktionen mit verschiedener Frequenz gibt, ist auch der aufgespannte Vektorraum unendlichdimensional.

In der Praxis lassen sich beliebige Signale jedoch mittels einer endlichen Basis bereits gut annähern. In Abbildung 4.4 wurden beispielsweise nur drei Basisfunktionen verwendet, um ein Rechtecksignal anzunähern.

Die Umrechnung zwischen dem Signalraum (Darstellung als Signalkurve, also als Summe von zeitlich aufeinander folgenden Sample-Werten) und dem Frequenzraum (Darstellung als Summe von Sinusfunktionen) ist mathematisch gesehen ein Basiswechsel und kann beispielsweise durch eine **Fouriertransformation** oder eine **Kosinustransformation** vorgenommen werden. Beides sind relativ komplexe Transformationen, für die es aber auch effizient berechenbare diskrete Verfahren (Fast Fourier Transform **FFT**, Discrete Cosine Transform **DCT**) gibt.

Der Wechsel in den Frequenzraum hat den Vorteil, dass man dort mit den Koeffizienten der Basisfunktionen direkt die Frequenzverteilung und damit die Klangcharakteristik eines Signals ablesen bzw. beeinflussen kann. Beim Weglassen hoher Frequenzen klingt ein Signal beispielsweise dumpfer und seine Signalkurve wird glatter. Enthält ein Signal keine Frequenzen in einem bestimmten Bereich, so sind die Koeffizienten der dortigen Basisfunktionen gleich null. Die Anzahl der verwendeten Basisfunktionen hat Einfluss auf die Genauigkeit, mit der das ursprüngliche Signal angenähert wird: Je mehr Basisfunktionen verwendet werden, desto genauer ist diese Annäherung. Eine detaillierte Diskussion findet sich in dem Buch von Meffert und Hochmuth (2004).

Parallel dazu wird das Eingangssignal mittels einer schnellen Fouriertransformation (FFT) in eine Frequenzraumdarstellung bezüglich 1024 Bändern zerlegt, und zwar mit wesentlich niedrigerer zeitlicher Auflösung, dafür aber besserer Frequenzauflösung und Phaseninformation, was für die Maskierungsberechnung günstiger ist. Auf Basis dieser Zerlegung wird dann die Maskierung zwischen den einzelnen Frequenzen bestimmt.

Aus den Koeffizienten der FFT und dem psychoakustischen Modell wird berechnet, welche Frequenzanteile des zerlegten Signals maskiert und somit nicht wahrgenommen werden. Mit dieser Information werden dann die Koeffizienten aller MDCT-Transformationen quantisiert, wobei sehr viele Nullwerte entstehen. Eine nachfolgende Huffmann-Codierung kann das Signal daher sehr stark komprimieren (siehe Kapitel 2). Zudem kommen in den verschiedenen Subbändern verschiedene Fenstergrößen und Quantisierungsgenauigkeiten zum Einsatz.

Außerdem wird auch die *Redundanz* zwischen den beiden Stereokanälen ausgenutzt. Somit lässt sich insgesamt eine Kompression um den Faktor 10 und größer erreichen. Der wesentliche Informationsverlust in diesem gesamten Prozess liegt in der Quantisierung und dem Weglassen der maskierten Frequenzen. Eine detaillierte Diskussion des Verfahrens findet sich in dem Buch von Watkinson (2004).

In der Praxis kommen heute bereits verschiedene Weiterentwicklungen (wie z.B. MPEG-4 *AAC*) und alternative Verfahren (wie z.B. *Ogg-Vorbis*) zum Einsatz. Die MP3-Audiocodierung hat jedoch die rein digitale Verbreitung musikalischer Inhalte für die breite Bevölkerung nutzbar gemacht und ist daher von hohem historischen Interesse. Zudem beruhen viele der weiterentwickelten Verfahren auf ganz ähnlichen Grundüberlegungen.

4.5 Verarbeitung

Audiosignale können auf verschiedenste Weise bearbeitet werden. In Kapitel 3 haben wir gesehen, dass sich die Operationen auf Bildern in Punktoperationen, Filter (also Operationen, die auch benachbarte Punkte berücksichtigen) und andere Arten unterteilen lassen. Ähnliches gilt für die Operationen auf Audiosignalen. Hier kann zunächst nur die *Amplitude* (entsprechend dem Helligkeitswert beim Bild) ohne Berücksichtigung des Kontextes verändert werden. Sobald benachbarte Signalwerte in die Berechnung einfließen, spricht man auch hier von *Filtern*. Bei Audiosignalen kann es zusätzlich sinnvoll sein, Frequenz und Phase zu verändern, was etwa den geometrischen Operationen auf Bildern entspricht (dehnen, stauchen, ...). Schließlich ist es bei Audio sehr üblich, bestimmte physikalische Phänomene wie Echo oder Hall zu simulieren.

4.5.1 Veränderungen der Amplitude

Wie die Lautstärke eines akustischen Signals, so wird auch der Pegel eines elektrischen Tonsignals auf der logarithmischen *Dezibel*-Skala gemessen. Hierbei entsprechen 0 dB immer einem definierten *Bezugspegel* (beim akustischen Signal beispielsweise der Hörschwelle). In der analogen Audiotechnik ist aus historischen Gründen (Telefontechnik) ein Pegel von 0 dB definiert als eine Leistung von 1 mW und einer Impedanz (Wechselstromwiderstand) von 600 Ohm. Dies entspricht nach dem Ohmschen Gesetz einer Spannung von 0,775 Volt. Dieser Pegel wird dort als Bezugspegel (0 dB) festgelegt. Je nachdem, ob Spannung oder Leistung gemessen wird, unterscheidet man *dBu* (Spannung) und *dBm* (Leistung).

Der Pegel eines Signals wird als dessen **Effektivwert** berechnet. Da ein gleichstromfreies Audiosignal ständig um die Nulllinie herum schwingt, käme bei einem einfachen Integral des Signals immer ein Wert nahe null heraus. Deshalb integriert man über das Quadrat des Signalwertes und berechnet den Effektivwert nach folgender Formel:

$$s_{effektiv} = \sqrt{\frac{1}{T} \int_T s^2(t)dt}$$

Der **Maximalpegel** gibt den höchsten darstellbaren Signalwert an. Bei einem digitalen Signal ist dies die größte darstellbare Zahl im jeweiligen Quantisierungsbereich. Als **Arbeitspegel** wird in der Regel ein Wert gewählt, der deutlich unter diesem Maximalpegel liegt, um die Gefahr einer Übersteuerung durch Signalspitzen zu minimieren. Eine Übersteuerung macht sich bei digitalen Signalen besonders störend bemerkbar, da diese einfach abgeschnitten werden und dadurch Knicke im Signalverlauf entstehen, die als ungewünschte hohe Frequenzen (**Klirren**) hörbar werden. Der verwendete Arbeitspegel ist daher ein „sicherer" Pegel deutlich unterhalb des Maximalpegels. Der Sicherheitsabstand zum Maximalpegel wird auch **Headroom** genannt. ▶Abbildung 4.15 zeigt diese Zusammenhänge.

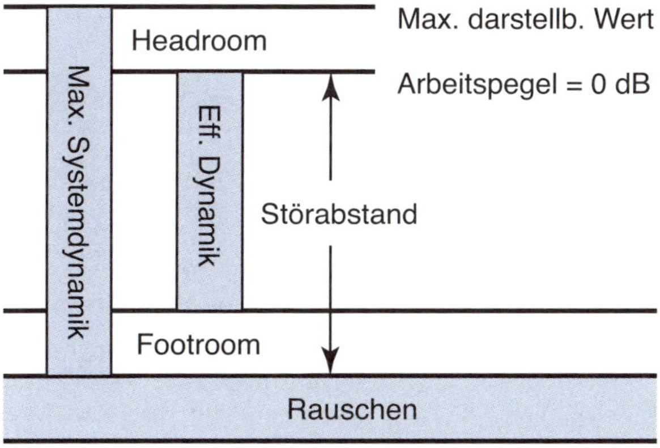

Abbildung 4.15: Headroom, Footroom, Dynamik und Störabstand eines Signals

Ein typischer *Headroom* in der analogen Audiotechnik beträgt beispielsweise 15 dB. Er gewährleistet, dass ein Signal, dessen Pegel dem Arbeitspegel entspricht, auch mit seinen größten Signalwerten unterhalb des Maximalpegels und damit innerhalb des darstellbaren Bereichs bleibt. Nach unten gibt es einen sogenannten **Footroom**. Dies ist der Abstand zwischen dem leisesten auftretenden Signal und dem Rauschen des Systems. Er dient dazu, das Rauschen nicht hörbar werden zu lassen. Der effektiv durch ein Signal nutzbare Bereich liegt zwischen *Arbeitspegel* und *Footroom*. Der Abstand zwischen dem Arbeitspegel und dem Rauschen ist der sog. **Störabstand** oder **Signal-Rausch-Abstand**.

Von einer **Pegelanpassung** spricht man, wenn der gesamte Pegel eines Audiosignals verändert wird, also alle Signalwerte mit einem konstanten Faktor multipliziert werden. Hierbei treten zwei Gefahren auf.

- **Übersteuerung**: Wenn das Signal übersteuert wird, liegen die höchsten Signalwerte außerhalb des darstellbaren Bereichs der Quantisierung. Sie werden also abgeschnitten und bilden eine Linie beim höchsten Signalwert. An den Rändern dieses sogenannten **Clipping** treten scharfe Knicke im Signalverlauf (= Unstetigkeiten der ersten Ableitung des Signals) auf. Diese werden als hohe Frequenzanteile im Signal hörbar und wirken extrem störend. Dieser Effekt ist viel stärker als in der analogen Audiotechnik, in der das Signal nie wirklich so scharf abgeschnitten wird, sondern ein gewisser Spielraum und Nichtlinearitäten im Grenzbereich immer für ein gutmütigeres Verhalten sorgen.
- **Untersteuerung**: Ein untersteuertes Signal nutzt nicht den gesamten Darstellungsbereich der Quantisierung aus. Die größten Signalwerte liegen deutlich unter dem größten darstellbaren Wert und damit werden weniger Bits für die Beschreibung des Signals verwendet. Störungen in der Verarbeitungskette, die beispielsweise durch Berechnungsfehler als Rauschen hinzukommen, haben aber immer die gleiche Amplitude und werden so im Verhältnis zum Nutzsignal lauter. Der *Signal-Rausch-Abstand* sinkt.

Um diesen beiden Gefahren entgegenzuwirken, werden Audiosignale vor der Weiterverarbeitung oft **normalisiert**. Dies bedeutet, dass ihr Pegel auf 0 dB angehoben oder abgesenkt wird. Signalanteile, die schon bei der Aufnahme übersteuert waren, sind jedoch für immer verloren und können nicht rekonstruiert werden.

Außerdem gehört zur Normalisierung die Kompensation eines eventuell vorhandenen **DC-Offset**. Dieser beschreibt in der Analogtechnik einen im Signal enthaltenen Gleichspannungsanteil. Im Kurvenbild bedeutet dies, dass das Signal z.B. regelmäßig weiter in den positiven Bereich ausschlägt als in den negativen und mathematisch gesehen ist das Integral eines solchen Signals nicht gleich null. Nach Kompensation des DC-Offsets ist das Signal gewissermaßen symmetrisch um die Nulllinie und sein Integral ist damit gleich null.

Die beschriebene Veränderung des Signals ist **zeitinvariant**, d.h., sie kann ohne Rücksicht auf vorangegangene oder folgende Signalwerte auf jeden Messwert einzeln angewendet werden und ist immer gleich. Mehrere zeitinvariante Veränderungen eines Signals können beliebig kombiniert werden und ergeben zusammen wieder eine zeitinvariante Veränderung des Signals.

Bei der Zusammenführung mehrerer digitaler Signale werden diese beispielsweise oft einfach addiert. Falls dabei Signalspitzen beider Signale aufeinandertreffen, können neue Spitzen entstehen, an denen der Signalwert doppelt so hoch ist. Es entsteht erneut die Gefahr der *Übersteuerung*. Bei zwei Signalen kann insgesamt höchstens der doppelte Signalwert, also +6 dB auftreten, was noch innerhalb des *Headroom* liegt und daher durch eine nachfolgende *Normalisierung* wieder behoben werden kann.

4.5.2 Veränderung der Hüllkurve

Verbindet man alle positiven Signalspitzen eines Audiosignals durch eine Kurve, so erhält man die **Hüllkurve** des Signals, wie in ▶Abbildung 4.16 zu sehen. Diese Hüllkurve beschreibt gewissermaßen die lokale Lautstärke zu jedem Zeitpunkt.

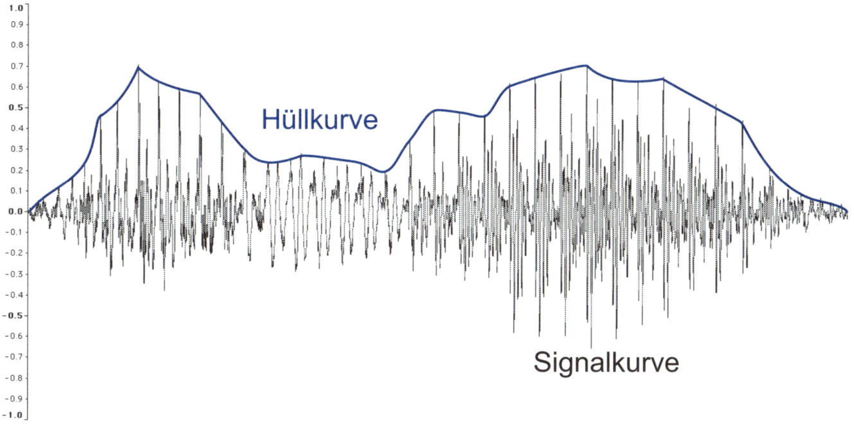

Abbildung 4.16: Hüllkurve und Signalkurve eines Tonsignals

Die Hüllkurve wird häufig in der Audioverarbeitung verwendet, um zeitlich beschränkte *Pegelveränderungen* zu beschreiben. Die beliebteste Operation auf der Hüllkurve ist das **Ein-** und **Ausblenden** (**fading**). Beim Ausblenden wird die Hüllkurve nach und nach (anschaulich gesprochen) zusammengequetscht. Hierzu werden die Signalwerte mit einem Faktor multipliziert, der im gegebenen Zeitraum von 1 auf 0 sinkt. Dies kann durch lineare Interpolation, aber auch logarithmisch oder exponentiell erfolgen, was sich akustisch in einer stetigen oder recht abrupten Abnahme der Lautstärke äußert. Das Einblenden beschreibt genau den umgekehrten Vorgang.

4.5.3 Betrachtung benachbarter Signalwerte: Filter

Filter für digitale Audiosignale berechnen einen neuen Signalwert auf Basis des aktuellen Signalwertes sowie der (zeitlich) benachbarten Signalwerte. Dies entspricht genau den Filtern bei der Bearbeitung von Bildern (Kapitel 3). Filter sind damit keine zeitinvarianten Bearbeitungen mehr.

In der analogen Audiotechnik wurden solche Filter unter Verwendung von Bauteilen gebaut, die ein zeitabhängiges Verhalten aufweisen (insbesondere Kondensatoren und Spulen). In der Digitaltechnik werden sie durch einen Algorithmus zur Berechnung des neuen Signalwertes implementiert. Dieser Algorithmus kann auch in spezialisierten Signalverarbeitungs-Chips (**DSP**, *Digital Signal Processor*) ablaufen.

Frequenzfilter

Häufig verwendete digitale Filter sind die sogenannten **Frequenzfilter**, die bestimmte Frequenzanteile des Signals anheben oder abschwächen. Frequenzfilter können durch ihre **Filterkurve** beschrieben werden. Diese gibt in Abhängigkeit von der Frequenz an, mit welchem Faktor der Pegel des jeweiligen Frequenzanteils multipliziert wird. ▶Abbildung 4.17 zeigt diese Filterkurven für die vier grundlegenden Arten von Frequenzfiltern.

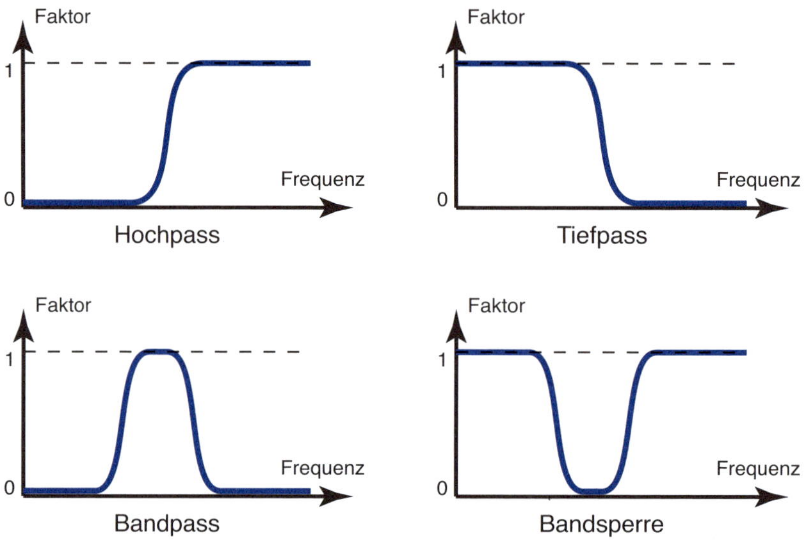

Abbildung 4.17: Die vier grundlegenden Arten von Frequenzfiltern

- **Hochpass**: Hohe Frequenzen werden durchgelassen, Frequenzen unterhalb einer bestimmten Grenzfrequenz werden abgeschwächt.
- **Tiefpass**: Tiefe Frequenzen werden durchgelassen, Frequenzen oberhalb der Grenzfrequenz werden abgeschwächt.
- **Bandpass**: Kombination aus Hoch- und Tiefpass, wobei beide Filter nacheinander auf das Signal angewendet werden und die Grenzfrequenz des Hochpasses unter der des Tiefpasses liegt. Frequenzen zwischen diesen beiden Grenzfrequenzen werden also durchgelassen, andere abgeschwächt.
- **Bandsperre**: Kombination aus Hoch- und Tiefpass, wobei beide Filter parallel auf das Signal angewendet und die Signale hinterher addiert werden. Hierbei liegt die Grenzfrequenz des Hochpasses über der des Tiefpasses. Frequenzen zwischen diesen beiden Grenzfrequenzen werden also abgeschwächt, andere werden durchgelassen.

Die Steilheit der Filterkurve an der Grenzfrequenz wird als die **Güte** eines Filters (q) bezeichnet.

Analog zu den *Faltungsfiltern* in der Bildverarbeitung können einfache Filter auch für Audiosignale als Faltungsfilter realisiert werden. Das Analogon zum Weichzeichner auf Bildern ist dabei der Tiefpass auf Audiosignalen und er lässt sich auch ebenso einfach implementieren:

$$g(x) = \frac{1}{3}(1,1,1) * \big(f(x-1), f(x), f(x+1)\big)$$

In diesem einfachen Beispiel wurden lediglich die beiden angrenzenden Signalwerte berücksichtigt. Der durch obige Gleichung beschriebene einfache Tiefpass heißt *Boxcar-Filter*. Ein genauso einfacher Hochpass-Filter lässt sich nach folgender Formel implementieren:

$$g(x) = (-1,3,-1) * \big(f(x-1), f(x), f(x+1)\big)$$

Natürlich kann (und muss in der Praxis) die betrachtete Umgebung auch größer gewählt werden und im allgemeinen Fall lassen sich Frequenzfilter am besten durch eine Transformation in den *Frequenzraum* (beispielsweise mittels *FFT*), eine gezielte Anhebung oder Absenkung dort und eine Rücktransformation in den *Signalraum* implementieren. Hierbei wird (wie bei den Filtern für Bilddaten) ausgenutzt, dass die mathematische Operation der Faltung im Signalraum durch eine einfache Multiplikation im Frequenzraum erreicht werden kann.

Equalizer

Ein bereits in der Analogtechnik häufig verwendetes Gerät zur Klangbeeinflussung von Audiosignalen ist der **Equalizer**, der aus einer Kombination mehrerer Frequenzfilter besteht. Die beiden wesentlichen Grundprinzipien sind der **grafische** und der **parametrische Equalizer**.

Beim grafischen Equalizer wird das gesamte zu bearbeitende Frequenzspektrum in Bänder gleicher Breite unterteilt und für jedes Band bestimmt ein Regler, zu welchem Anteil das Ausgangssignal des zugehörigen Bandpassfilters in das Gesamtergebnis eingeht. Wählt man diese Regler als Schieberegler und ordnet sie in aufsteigenden Frequenzen nebeneinander an, so entsprechen die Positionen der Regler gerade der Kurvendarstellung des *Frequenzganges* und geben so ein intuitives Verständnis des Frequenzverhaltens der gesamten Anordnung. ▶Abbildung 4.18 zeigt einen solchen grafischen Equalizer.

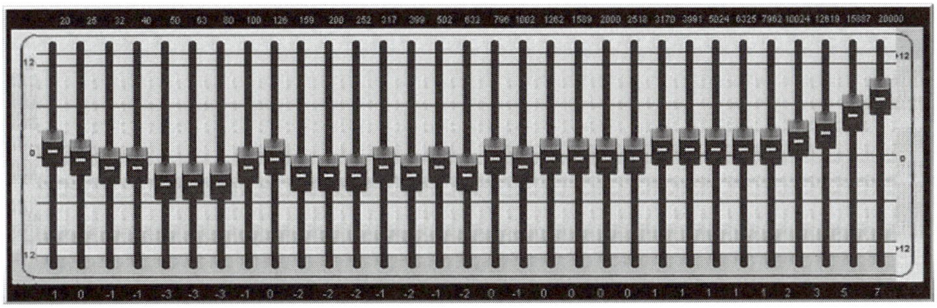

Abbildung 4.18: Grafischer Equalizer mit 31 Frequenzbändern im Abstand von jeweils einer drittel Oktave

Der *parametrische Equalizer* besteht aus einem oder mehreren Bandfiltern, deren Parameter einzeln eingestellt werden können (daher der Name). Diese Bandfilter sind parallel geschaltet und für jeden Filter können dessen Mittenfrequenz, seine Güte (und damit die Breite des beeinflussten Frequenzbandes) sowie der Faktor für die Verstärkung bzw. Dämpfung eingestellt werden. Parametrische Equalizer benötigen mehr Erfahrung und abstrakteres Denken bei der Bedienung, sind aber in der Lage, viel gezielter akustische Probleme (z.B. Resonanzfrequenz eines Raumes) zu lösen.

Dynamikkompression

Die **Dynamik** einer Musikpassage lässt sich quantifizieren als das Verhältnis von größtem zu kleinstem Amplitudenwert innerhalb eines Zeitfensters. Je nach Länge des Zeitfensters unterscheidet man *Mikrodynamik* (Sekundenbruchteile) und *Makrodynamik* (Sekunden und Minuten). Während die Mikrodynamik den Charakter eines Instrumentes ausmachen kann (z.B. Schlagzeug), beschreibt die Makrodynamik beispielsweise den Lautstärkeaufbau gesamter Musikstücke von Pianissimo bis Fortissimo.

Die Veränderung der Dynamik ist eine häufig verwendete Bearbeitung von Audiosignalen. Sie bedeutet nichts anderes als eine zeitabhängig unterschiedliche Veränderung des Pegels. Werden leise Stellen im Pegel angehoben und laute Stellen abgesenkt, so spricht man von einer **Dynamikkompression**. Wird das Signal danach wieder normalisiert, so sind im Endeffekt die lauten Stellen wieder gleich laut, die leisen Stellen aber wesentlich lauter geworden. Werden laute Stellen angehoben und leise Stellen abgesenkt, so spricht man von **Expansion**. ▶Abbildung 4.19 zeigt diese Arbeitsweise schematisch.

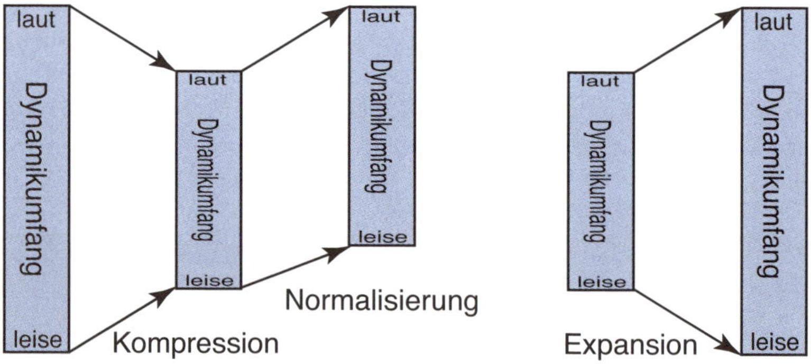

Abbildung 4.19: Kompression und Expansion der Dynamik eines Audiosignals

Wird die Dynamik eines Signals komprimiert, so erscheint das gesamte Signal (nach Normalisierung) insgesamt lauter, ohne dass die lauten Stellen übersteuert werden. Diese Wirkung wird beispielsweise bei Gesangsmikrofonen eingesetzt, um verschiedene Färbungen der Stimme (von leise bis laut) mit immer noch vernünftiger Aussteuerung aufzunehmen, oder bei Radiosendern, um die empfundene Lautstärke anzuheben, ohne ein übersteuertes Signal auszusenden.

Bei einem Dynamikkompressor können in der Regel folgende Parameter eingestellt werden:

- *Schwelle* (*threshold*): Amplitudenwert, ab dem die Reduktion einsetzt
- *Faktor* (*ratio*): Stärke der Reduktion
- *Einsatz* (*attack*) und *Ausklingen* (*release*): Übergangszeiten

4.5.4 Veränderung der Frequenz und/oder Phase

Neben dem Signalwert selbst kann bei einem Audiosignal auch der zeitliche Verlauf der Signalwerte beeinflusst werden. Die einfachste Möglichkeit hierfür ist, das Signal mit einer anderen *Samplingrate* abzuspielen als diejenige, mit der es aufgenommen wurde. Dieser Vorgang heißt **resampling** und bewirkt eine Veränderung der Signalfrequenz, also der gehörten Tonhöhe, und eine gleichzeitige Veränderung der Abspieldauer: Ein doppelt so schnell abgespieltes Signal dauert halb so lang und klingt mit der doppelten Frequenz, also eine Oktave höher.

Beim **time stretching** wird die Länge eines Signals beeinflusst, ohne dessen Tonhöhe zu verändern, und zwar im Wesentlichen dadurch, dass kleine Abschnitte des Signals entsprechend periodisch verlängert werden. Dieser Effekt ist nur in bestimmtem Umfang einsetzbar. Spielt man das so gedehnte Signal danach mit höherer Abtastrate ab, so erhält man wieder die Originaldauer, jedoch bei einer höheren Frequenz (**pitch shifting**). Im Frequenzraum entspricht dies einer Verschiebung der Koeffizienten von niedrigeren zu höheren Basisfrequenzen.

Diese Verfahren können auch umgekehrt eingesetzt werden, indem in regelmäßigen Abständen kleine Signalfragmente herausgekürzt werden (Erhöhung der Geschwindigkeit bei gleicher Tonhöhe). Im Frequenzraum entspricht dies einer Verschiebung der Koeffizienten von höheren zu niedrigeren Basisfrequenzen. Ein prominentes Beispiel für diesen Effekt ist der oft gehörte Satz „*Zu Risiken und Nebenwirkungen lesen Sie bitte die Packungsbeilage oder fragen Sie Ihren Arzt oder Apotheker*“, der bei gleicher Tonhöhe in der Geschwindigkeit so weit erhöht wird, dass er gerade noch verständlich bleibt, um teure Sendezeit zu sparen.

Wird schließlich nur die Phase des Signals periodisch verändert, so erhält man die Effekte **Phasing**, **Flanging** oder **Chorus**. Letzterer wird eingesetzt, um ein einfaches Signal voller klingen zu lassen. Dieser Effekt ist etwa mit der Tatsache vergleichbar, dass bei einem Klavier jeder Ton mit drei Saiten bestückt ist, die minimal unterschiedliche Frequenz und dadurch eine veränderliche Phasenlage aufweisen, wenn sie angeschlagen werden. Durch diesen Zusammenklang der nur ganz leicht unterschiedlichen Signale erklingt ein einziger, aber vollerer und lebendigerer Klang.

4.5.5 Echo und Hall

Bei akustischen Signalen findet man in der Natur Effekte, die durch Reflexion des Signals an Gegenständen bewirkt werden und in der Audiobearbeitung gezielt nachgeahmt werden.

Beim **Echo** in der Natur hören wir das Originalsignal, sowie seine Reflexion an einem Gegenstand (Berg, Hauswand), die uns wegen des längeren Weges etwas später erreicht. Zur Nachbildung wird das Originalsignal einmal verzögert und abgeschwächt zurückgeführt. Hierbei sind die Parameter Verzögerung und Abschwächung bestimmt durch die jeweiligen physikalischen Gegebenheiten, die nachgebildet werden. Eine sehr kurze Verzögerung klingt beispielsweise wie ein enger Keller mit Betonwänden, während bei großen Abständen im Gebirge lange Verzögerungen bis zu mehreren Sekunden auftreten.

Hall wird in der Natur dadurch charakterisiert, dass das Originalsignal an mehreren Gegenständen in verschiedenen Abständen reflektiert wird (oder z.B. mehrfach zwischen den gleichen Wänden). Zur Simulation wird das Signal vielfach mit verschiedenen Verzögerungszeiten zurückgeführt. Halleinstellungen können sehr komplex sein. Ein Halleffekt lässt sich auch einfacher durch die **Impulsantwort** des nachgebildeten Raumes beschreiben. Dies ist der entstehende Klang, wenn in dem Raum ein sehr kurzer Impuls, vergleichbar einem extrem kurzen Knacken, abgespielt wird. Durch *Faltung* eines beliebigen Signals mit dieser Impulsantwort wird die akustische Wirkung des Raumes auf das gesamte Signal ausgeübt.

4.5.6 Restauration

Ein häufig auftretendes Problem ist die Restauration alter Tonaufnahmen, die z.B. nur auf Schallplatte vorliegen und mechanisch beeinträchtigt sind. Das Problem hierbei ist, die Störungen vom Signal selbst zu unterscheiden, um nicht Teile des Originalsignals zu entfernen. Die häufigsten Fehler sind Rauschfehler (**Noise**, **Hiss**), Clickfehler (**Clicks**) und Knistern (**Crackles**).

Beim **Denoising** wird ein *Fingerprint* (typisches Spektrum) des Rauschens bestimmt und dann werden exakt diese Frequenzen ausgefiltert. Beim **Declicking** werden Signallücken durch Interpolation (oder Daten aus dem zweiten Stereokanal) ersetzt. Beim **Decrackling** schließlich handelt es sich um ein wiederholt (auch automatisch) ausgeführtes *Declicking*.

4.5.7 Schneiden von Audiomaterial

Audiomaterial wurde früher physikalisch geschnitten, und zwar zunächst mit der Schere am Tonband, später mit Schneidemaschinen. Hierbei wurden herausgeschnittene Stellen nicht sofort weggeworfen, sondern aufgehoben um eventuelle Fehler wieder korrigieren zu können. Die zerschnittenen Bandstücke wurden mit Klebeband wieder aneinandergesetzt. Obwohl der Schnitt digitaler Audiosignale heute natürlich viel komfortabler am Bildschirm erfolgt, wird diese Terminologie (**cut** = *schneiden*, **paste** = *kleben*) immer noch verwendet.

Um die Übergänge an geschnittenen Stellen möglichst natürlich klingen zu lassen, ist die erste Regel, möglichst immer in Pausen zu schneiden. Ein mitten im Verlauf abgeschnittener Ton klingt unnatürlich und ist sofort als Schnitt erkennbar. In einem kleineren zeitlichen Maßstab (d.h. auf Ebene einzelner Signalkurven) gilt außerdem: immer im **Nulldurchgang** schneiden! Wird ein digitales Signal bei einer hohen Amplitude abgeschnitten und hat das darauf folgende Signal einen ganz anderen Amplitudenwert an dieser Schnittstelle, so entsteht eine extrem steile Flanke zwischen dem letzten Sample des ersten Signals und dem ersten Sample des folgenden Signals, die sich als Knacken bemerkbar macht. Da es allgemein schwierig (und gar nicht immer möglich) ist, genau den gleichen Amplitudenwert an der Schnittstelle zu treffen, bleibt als gemeinsamer Nenner der Nulldurchgang von Minus nach Plus des Signals. Audio-Schnittprogramme bieten meist eine automatische Funktion, um den nächsten oder vorangegangenen Nulldurchgang eines Signals von einem gegebenen Zeitpunkt aus automatisch zu finden. ▶Abbildung 4.20 zeigt eine solche automatisch angepasste Markierung zwischen zwei Nulldurchgängen.

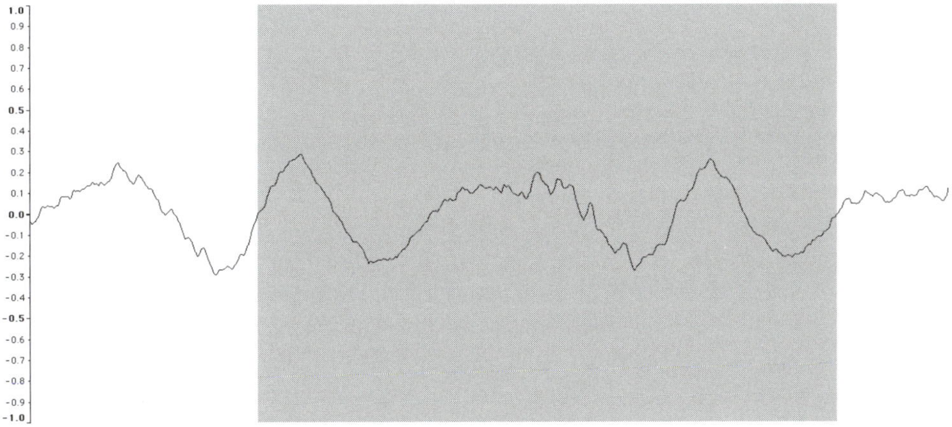

Abbildung 4.20: Markierung eines Signals zwischen zwei Nulldurchgängen

Schnitte zwischen zwei verschiedenen, aber ähnlich lauten Signalen sind in der Regel relativ problemlos. Schnitte innerhalb des gleichen, kontinuierlichen Signals (um beispielsweise einen Ton zu verkürzen oder zu verlängern) können hingegen leicht hörbar werden. Neben dem **harten Schnitt** gibt es auch die Möglichkeit, Tonsignale ineinander zu **überblenden**. Hierbei erfolgt ein gleichzeitiges Ausblenden des ersten und Einblenden des zweiten Signals unter Beibehaltung des Gesamtpegels. Bei einer langsamen Überblendung spricht man von einer **Kreuzblende**, bei schnellem Wechsel von einer **Sturzblende**. Beim wiederholten Aneinandersetzen des gleichen Signales (loop) ist insbesondere die Einhaltung der Schnittregeln an der Nahtstelle kritisch zu beachten. Eine vertiefte Diskussion zum Audiodesign findet sich in dem Buch von Raffaseder (2002).

Zusammenfassung

Das **Gehör** ist nach dem Auge unser zweitwichtigstes Wahrnehmungsorgan und funktioniert weitgehend mechanisch. Die akustische Wahrnehmung folgt im Detail ganz anderen Regeln als die visuelle Wahrnehmung. Insbesondere beeinflussen sich z.B. zeitlich oder in der Frequenz nahe beieinander liegende Signale, was dazu führt, dass das deutlich schwächere der beiden Signale nicht mehr wahrgenommen wird (Maskierung). Beliebige akustische Signale können durch Kombination von Sinuswellen verschiedener Frequenz, beispielsweise aus der Obertonreihe, angenähert werden.

Akustische Signale lassen sich mit Mikrofonen in elektrische Signale umwandeln, die in regelmäßigen Zeitabständen digital gemessen werden und damit den Signalverlauf beschreiben. Das so digitalisierte Signal kann auch bezüglich seiner Frequenzverteilung, also seiner Kombinierbarkeit, aus verschiedenen Sinuswellen betrachtet werden. Dabei ergibt sich, dass viele Signale in großen Frequenzbereichen gar keine Anteile besitzen. Dies wird gemeinsam mit der Maskierung dazu ausgenutzt, nicht vorhandene oder nicht wahrgenommene Frequenzbereiche gar nicht erst zu codieren und damit eine stark komprimierende medienspezifische Codierung ohne hörbaren Qualitätsverlust zu erreichen.

Akustische Signale können bezüglich ihres Pegels und ihrer Dynamik verändert werden, was einer einfachen Multiplikation der einzelnen Signalwerte mit einem zeitabhängigen Faktor entspricht. Werden bei der Veränderung eines Signalwertes auch die benachbarten Werte betrachtet, so spricht man von **Filtern**. Die häufigsten Filterarten sind **Frequenzfilter**. Aus ihnen lassen sich komplexere Steuerkomponenten, die Equalizer, zusammensetzen. Echo und Hall entstehen durch Mischen eines Signals mit einer oder mehreren zeitverzögerten und abgeschwächten Kopien seiner selbst. Frequenz- und Phasenveränderungen des Signals beeinflussen dessen Dauer, Tonhöhe oder die empfundene Klangfülle. Tonsignale werden im Nulldurchgang geschnitten.

Übungen

Lösungshinweise

1. Was passiert bei Dynamikkompression mit den im Originalsignal vorhandenen leisen Hintergrundgeräuschen (Rauschen, Brummen, Hall)? Weshalb kann dies extrem störend wirken?

2. Nehmen Sie einen gesprochenen Text von 1 Minute Länge auf, normalisieren Sie ihn, hören Sie ihn genau an und beseitigen Sie störende „Atmer“ und „Schmatzer“, indem Sie diese möglichst spurlos entfernen.

3. Nehmen Sie den gleichen gesprochenen Text und entstellen Sie ihn im Sinn durch Herausschneiden und Einfügen von Wörtern, so dass der Gesamteindruck immer noch plausibel klingt. Welche Probleme treten auf? Worauf muss man achten bzw. woran kann man die Fälschung erkennen?

4. Nehmen Sie den Satz „*Zu Risiken und Nebenwirkungen lesen Sie bitte die Packungsbeilage oder fragen Sie Ihren Arzt oder Apotheker*“ auf und verkürzen Sie seine Laufzeit bei gleicher Tonhöhe. Um welchen Faktor lässt er sich beschleunigen, so dass er immer noch verständlich bleibt?

Texte und Typografie

5

ÜBERBLICK

Einleitung

» Das Medium Text ist das ursprünglichste im Zusammenhang mit Computern vorkommende Medium. Computerprogramme werden in aller Regel als Text spezifiziert, bevor sie in einen von der Maschine ausführbaren Binärcode übersetzt werden. Zahlen und Zeichenfolgen waren die ersten von Computern verarbeiteten Datentypen und auch die Interaktion zwischen Computer und menschlichem Nutzer fand sehr lange auf Basis von Texten statt: Der Benutzer tippte Kommandos oder Programme auf einer Tastatur ein und bekam als Resultat wiederum Text – Ausgaben auf Papier oder einem Bildschirm. Auch auf den davor verwendeten Lochkarten waren Ziffern- und Zeichenfolgen codiert.

Mit dem Entstehen grafischer Benutzerschnittstellen in den 1980er Jahren und der wachsenden Verbreitung multimediafähiger Computer in den 1990ern trat Text dann etwas in den Hintergrund und war fortan nicht mehr alleiniger Kommunikationskanal, sondern ein technisches Medium unter mehreren möglichen. Noch immer basieren die allermeisten Programmierparadigmen auf dem Schreiben von Texten und auch das World Wide Web (WWW) sowie E-Mail als wichtige gesellschaftliche Medien beruhen elementar auf Texten. Gegenüber den Zeichenfolgen der ersten Digitalrechner ist jedoch der Umgang mit Texten und ihre Verarbeitung und Darstellung viel komplexer und vielfältiger geworden. Dieses Kapitel beschreibt einige Grundlagen des Mediums Text und seiner Verarbeitung und Darstellung am Rechner. «

Lernziele

In diesem Kapitel lernen Sie zunächst die verschiedenen linguistischen Betrachtungsebenen von Texten kennen. Danach werden verschiedene Codierungsmöglichkeiten für Texte und Schriftarten besprochen und einige Regeln und Probleme der Typografie, also des Textsatzes, eingeführt. Zur Beschreibung fertig gesetzter Texte lernen Sie die PostScript-Sprache kennen und den Abschluss des Kapitels bilden einige Überlegungen zum Verfassen von Texten für elektronische Medien.

5.1 Schrift als Kulturtechnik

Die Entwicklung und Verwendung einer **Schrift** wird oft als wichtiges Merkmal einer Hochkultur angesehen. Mittels Schrift ist es möglich, Wissen und sprachliche Information über große Zeiträume hinweg *unverfälscht zu speichern* und zu *übermitteln*, was bei einer rein mündlichen Übertragung immer mit gewissen Risiken und Verfälschungen verbunden ist.

Technisch gesehen bedeutet das Schreiben eines Textes, Folgen von Zeichen eines festgelegten **Zeichenvorrates** auf einem **Trägermedium** so anzubringen, dass sie später wieder von diesem gelesen werden können. Der verwendete Zeichenvorrat und sein Verhältnis zum Klang der gesprochenen Sprache hängen von der verwendeten Sprache ab. Deutsch verwendet beispielsweise das lateinische Alphabet, erweitert um die Umlaute ä, ö, ü sowie das scharfe ß, und ordnet diese Zeichen zeilenweise von links nach rechts hintereinander an. Dabei entspricht ein **Buchstabe** (oder seltener eine Kombination aus zwei bis drei Buchstaben, und auch nicht immer eindeutig) einem bestimmten **Laut**. Mehrere Buchstaben werden zu einer **Silbe** zusammengefasst und aus mehreren Silben ergibt sich schließlich ein **Wort**. Stenografie bietet beispielsweise schon einzelne Zeichen zur Beschreibung ganzer Silben. In der chinesischen Schrift wird ein vollständig anderer, wesentlich größerer Zeichenvorrat verwendet, wobei jedes Zeichen für eine Silbe oder ein ganzes Wort steht und die Richtung, in der die Zeichen angeordnet werden, auch nicht mehr so klar festgelegt ist.

Als Trägermedium dienten anfangs Stein- oder Tontafeln, später Papyrusrollen und schließlich das heute verwendete **Papier**. Mittlerweile übernehmen digitale Verfahren zunehmend die Rolle des Papiers. Digitale Nachschlagewerke verdrängen z.B. gedruckte Lexika und Enzyklopädien und auch das Taschenbuch wird durch die nun aufkommenden **E-Book-Reader** in Frage gestellt. So gesehen müssen vermutlich die verschiedenen Display-Technologien als logische Nachfolger des Papiers in seiner Funktion als vom Menschen lesbares Trägermedium für Texte angesehen werden.

Lesen und Schreiben war lange Zeit eine Kulturtechnik, die den reichen und gebildeten Bevölkerungsschichten vorbehalten war. Bücher und andere Schriften, die dafür als wichtig genug befunden wurden (z.B. Gesetzes- und Religionstexte), wurden durch Abschreiben vervielfältigt, was mit hohem Aufwand und einem gewissen Fehlerrisiko verbunden war. Die Erfindung des **Buchdrucks** machte es möglich, sehr viele exakt gleiche Kopien eines Werkes herzustellen, und zwar mit wesentlich niedrigerem Aufwand, wenngleich noch mit deutlichen Kosten und Material- und Zeiteinsatz. Dies öffnete das Medium Schrift und damit den Zugang zu schriftlich festgehaltenem Wissen einem breiteren Teil der Bevölkerung. Mit der Zeit und der Entwicklung des **Zeitungsdrucks** wurde es allerdings auch möglich, unwichtigere bzw. vergänglichere Informationen wie z.B. Tagesnachrichten als Texte zu verbreiten. Digitale Texte können mittlerweile an jedem Computer erstellt und beliebig oft exakt kopiert werden, ohne dass dabei nennenswerte Kosten entstehen. Mit diesem Schritt wird jeder Computernutzer zum Autor und kann seine Werke unabhängig von deren inhaltlicher oder formaler Qualität einer breiten Öffentlichkeit anbieten, was die durchschnittliche Relevanz und Qualität solcher Texte nochmals gewaltig gesenkt hat.

Ähnlich dem Lesen und Schreiben wandelt sich derzeit auch der Umgang mit (vernetzten) Computern von einer wenigen vorbehaltenen Kunst zu einer weit verbreiteten Kulturtechnik und es sind ähnlich starke kulturelle und gesellschaftliche Veränderungen zu beobachten. In den kommenden Jahrzehnten wird es vor allem wichtig sein, den verantwortungsvollen und gezielten Umgang mit diesen **demokratisierten Medien** zu erlernen.

5.2 Struktur von Texten: Linguistik

Die primäre Wahrnehmung von Texten geschieht zunächst visuell oder akustisch, wie in den entsprechenden Kapiteln (Kapitel 4 für Audio, Kapitel 3 für Bilder) erklärt. In diesem Kapitel beschränken wir uns auf bildliche (d.h. durch Bildinformation präsentierte und über das Auge aufgenommene) Zeichen, also geschriebene Sprache. Die phonetischen Aspekte, die den Zusammenhang zwischen dem Klang gesprochener Sprache und deren Zeichen beschreiben, werden in Kapitel 9 im Zusammenhang mit Sprachdialogsystemen betrachtet.

5.2.1 Zeichen und Symbole

Ein **Zeichen** ist eine Repräsentation von Information und dient zum Erhalt und zur Übertragung von Information. Die elementaren Zeichen heutiger Computer sind die binäre 1 oder 0. Zeichen in diesem Sinne sind aber auch die Buchstaben unseres Alphabets, aus denen die hier betrachteten Texte nach den Regeln unserer Sprache in Form einer **Buchstabenschrift** zusammengesetzt sind. Diese Buchstaben sind im Computer wiederum als binäre Wörter, also als Gruppe mehrerer Binärzeichen, repräsentiert. Ein Buchstabe als Zeichen benötigt in der weiter unten eingeführten ASCII-Codierung beispielsweise 8 Bit, also ein Wort aus 8 Binärwerten. Für die Diskussionen in diesem Kapitel bedeutet ein Zeichen fortan immer ein Zeichen im Sinne der Buchstaben, das im Computer in der Regel durch mehrere Binärzeichen codiert ist.

Ein **Symbol** ist eine abstrahierte bildliche Repräsentation eines Begriffes oder Sachverhaltes. Auch aus solchen Symbolen lassen sich Schriften zusammensetzen. Beispielsweise enthalten die altägyptischen *Hieroglyphen* symbolische Elemente. Auch heute haben Symbole nach wie vor eine große Bedeutung, da sie insbesondere meist sprachübergreifend sind. So bietet sich ihre Verwendung überall dort an, wo bestimmte Inhalte an eine möglichst breite Masse von Adressaten übermittelt werden müssen, beispielsweise bei Verkehrszeichen. Anlässlich der Olympischen Spiele in München 1972 wurde von dem Grafiker Otl Aicher ein kompletter Symbolkatalog für alle olympischen Sportarten sowie die Einrichtungen der Infrastruktur entwickelt, der bis heute weit verbreitet ist. Ein anderes Beispiel ist die vollständige symbolische Bezeichnung aller U-Bahn-Stationen in Mexico City, die es auch Menschen, die keine Buchstabenschrift lesen können, ermöglicht, dieses Transportmittel zu nutzen.

5.2.2 Beschreibungsebenen in der Linguistik

Ein in einer bestimmten Sprache verfasster Text kann auf verschiedenen linguistischen Ebenen betrachtet werden. Die Wörter einer Sprache sind beispielsweise in einem **Lexikon** zu finden. Die Ebene, die die legalen Wörter einer Sprache beschreibt, ist daher die lexikalische Ebene. Dabei wird die korrekte Schreibung der Wörter als **Orthografie** bezeichnet. Ein lexikalischer Fehler ist z.B. die Verwendung eines falschen Wortes, ein orthografischer Fehler die falsche Zusammensetzung eines Wortes aus Buchstaben.

Die Regeln, nach denen korrekte Sätze, also Folgen von Wörtern, in einer Sprache zusammengesetzt werden, bilden die **Grammatik** dieser Sprache. Ein grammatikalischer Fehler ist beispielsweise das Weglassen oder die falsche Beugung eines Verbs im Satz. Das Lexikon und die Grammatik einer Sprache beschreiben zusammen deren formalen Aufbau oder **Syntax**. Die korrekte Syntax eines Textes lässt sich auch ohne ein Verständnis seiner Bedeutung überprüfen, was beispielsweise durch die eingebauten Rechtschreibhilfen vieler Textverarbeitungssysteme geleistet wird. Heutige Systeme unterstreichen dabei beispielsweise Wörter, die sich nicht im Lexikon finden, rot und Wortformen oder Anordnungen, die grammatikalisch nicht korrekt erscheinen, grün.

Die **Semantik** einer Sprache beschreibt deren Bedeutungsgehalt. Hierbei werden die Wörter und Sätze einer Sprache bestimmten Dingen, Vorgängen oder Sachverhalten in einer anderen Domäne, beispielsweise der realen Welt, zugeordnet. Für *formale Sprachen*, wie z.B. Programmiersprachen, lässt sich diese Semantik vollständig und korrekt angeben. Hierbei werden die Wörter und Konstrukte eines Programmtextes den binären Anweisungen zugeordnet, die der Computer später ausführt. Eine *formale Semantik* ist meist rekursiv definiert und lehnt sich an die rekursive Beschreibung der Syntax an, so dass die Semantik der Wörter im Lexikon feststeht und für jede Ableitungsregel innerhalb der Grammatik auch die zugehörige Semantik abgeleitet werden kann.

Die Semantik natürlicher Sprache ist hingegen oft mehrdeutig und hochgradig abhängig vom Kontext der Verwendung. So kann der gleiche Satz, an verschiedene Personen geschrieben oder zu verschiedenen Zeitpunkten gesagt, völlig unterschiedliche Bedeutungen haben. Die Semantik natürlicher Sprache ist nur in Ausschnitten formal beschreibbar, z.B. wenn es um die Erkennung und Erzeugung von Textfragmenten zu einem bestimmten, eng umrissenen Themenbereich geht. Auf dieser Basis funktionieren beispielsweise heutige *Telefondialogsysteme*. Eine ausführliche Diskussion von Sprachdialogsystemen findet sich in Kapitel 9. Dort wird auch auf die Besonderheiten und zusätzlichen Beschreibungsebenen gesprochener Sprache näher eingegangen. Außerdem ist dort ein konkretes Beispiel für die Ableitung eines Satzes innerhalb einer formalen Grammatik beschrieben.

Die **Pragmatik** beschreibt schließlich die Verwendung von Sprache zur Erzielung bestimmter Wirkungen. So können die Sätze eines Textes beispielsweise nach ihrer Funktion als sogenannte **Sprechakte** beschrieben werden. Solche Sprechakte sind beispielsweise eine Frage, eine Behauptung oder eine Bestätigung.

5.2.3 Nichtlineare Texte

Meist wird davon ausgegangen, dass ein Text eine lineare Folge von Zeichen und Wörtern ist und genau in einer möglichen Reihenfolge gelesen wird. Dies trifft auch für klassische Textformen wie Geschichten, Romane oder Briefe in aller Regel zu. Ein Lexikon wird jedoch schon ganz anders gehandhabt: Hier wird ein Begriff entweder im Verzeichnis oder im gesamten Buch nach einem Ordnungskriterium gesucht und dann gezielt nachgelesen. Das gesamte Lexikon von vorne nach hinten wird normalerweise kein Mensch lesen.

Als neuere Erzählform gibt es auch sogenannte verzweigte oder *nichtlineare* Geschichten. Diese sind auf Papier nur zu realisieren, indem an bestimmten Stellen im Buch unter gewissen Bedingungen zu bestimmten anderen Stellen geblättert werden muss. Am Computer ist diese Verzweigung technisch sehr einfach zu bewerkstelligen und die nicht ausgewählten Textteile können dem Leser vollständig verborgen bleiben. Nach diesem Prinzip funktionieren beispielsweise ganz einfache textbasierte Rollenspiele am Computer.

Ein weiteres essenzielles nichtlineares textbasiertes Medium ist das **World Wide Web**, das in Kapitel 10 ausführlich diskutiert wird. Dessen grundlegendes Konzept der Textdarstellung ist der sogenannte **Hypertext**. In ihm verknüpfen sogenannte **Hyperlinks** einzelne Wörter eines Textes mit anderen Texten oder Textteilen und bilden so ein beliebig komplexes Netzwerk aus Texten. Dieses Konzept wurde bereits Ende der 1980er Jahre mit dem Programm *Hypercard* populär und dient bis heute als Grundkonzept des WWW. Die dort verwendete Codierungssprache *HTML* (Hypertext Markup Language) erlaubt neben der Formatierung von Texten und der Einbindung anderer Medien genau diese nichtlineare Verlinkung zwischen verschiedenen Dokumenten und Dokumentteilen. Das Web als Medientypen übergreifende Plattform wird in Kapitel 10 ausgiebig diskutiert.

5.3 Wahrnehmung von Texten: Lesen

Das Lesen ist ein recht komplexer Vorgang, der nicht so linear abläuft, wie man naiv annehmen könnte. Das Auge sieht nur in einem engen inneren Bereich von wenigen Grad wirklich scharf. Um einen größeren Blickbereich abzudecken, befindet es sich in ständiger Bewegung. Diese Bewegung besteht aus kleinen schnellen Sprüngen, den sogenannten **Sakkaden**, und dazwischen liegenden Ruhephasen, den sogenannten **Fixationen**, die beim Lesen etwa 250–-400 ms dauern. Während der Fixationen wird tatsächlich ein scharfes Bild vom Auge aufgenommen, das dann weiter analysiert wird. Während der Sakkaden sind wir eigentlich blind, da sich durch die Bewegung kein scharfes Bild aufnehmen lässt. Die Verarbeitung der zuvor aufgenommenen Bildinformation auf den weiteren Stufen geht jedoch sehr wohl weiter. Aus den vielen aufgenommenen scharfen Teilbildern und der unscharfen peripheren Wahrnehmung rekonstruiert unser Gehirn den Eindruck eines rundum scharfen Bildes.

Beim Lesen folgen die Sakkaden ungefähr den Textzeilen von links nach rechts und von oben nach unten. Das Auge springt von Wort zu Wort oder auch über kleinere oder größere Distanzen in der Zeile. Am Zeilenende springt es zurück zum Anfang der nächsten Zeile, der zuverlässig gefunden werden muss. Bei durchschnittlichen Leseabständen und Schriftgrößen sehen wir einen Bereich von etwa fünf Buchstaben scharf. Dies reicht aus, um einfache und bekannte Wörter innerhalb einer Fixation zu erkennen. Komplizierte Wörter benötigen mehrere Fixationen. Bei schnellem Lesen und erfahrenen Lesern wird jedoch auch nicht jedes einzelne Wort fixiert, da sich viele Wörter auch aus der Grammatik und dem Sinnzusammenhang vorhersagen lassen und dann auch mit der unscharfen peripheren Wahrnehmung überprüft werden können.

Dabei bewegt sich das Auge im Text nicht nur vorwärts, sondern springt gelegentlich auch zurück zu bereits gelesenen Stellen (**Regression**). Es wird vermutet, dass dies mit unserem strukturellen Verstehen von Sätzen oder Satzteilen zusammenhängt (*cognitive process model*). Demnach ist das Lesen ein aktiver Wahrnehmungsprozess, bei dem die erste Phase, nämlich die Wahrnehmung des Auges, nicht nur Informationen an spätere Phasen liefert, sondern von späteren Phasen wie der Worterkennung oder dem Textverständnis auch gesteuert wird. Die Anzahl der Regressionen steigt bei komplizierten Texten an und liefert eine Aussage darüber, wie schwer sich der Leser mit dem Verständnis eines Textes tut.

Beim Erkennen von Texten gibt es verschiedene Strategien, die sich gegenseitig ergänzen. Zunächst können Wörter aus ihren einzelnen Buchstaben zusammengesetzt werden (**Buchstabieren**). Dies passiert insbesondere bei neuen und unbekannten Wörtern. Mit der Zeit erkennen wir Wörter aber schon an ihrem Gesamtbild und können sie als *Gestalt* wesentlich schneller wahrnehmen. Dabei sind wir auch in der Lage, völlig falsch geschriebene Wörter sinnvoll zu interpretieren und aus einem Text voller Fehler den richtigen Sinn zu extrahieren, wie der folgende Satz zeigt:

Wssten Si sehon, dars es anch fur Medeininfamrotiker imteressnat sien knan, mher üebr dsa mneschliche Leson zu wsisen?

Gute Leser erreichen eine Erkennungsgeschwindigkeit von über 250 Wörtern pro Minute. Schnelleres Lesen, sogenanntes **speed reading**, kann beispielsweise auch technisch unterstützt werden, indem die Wörter in zeitlicher Abfolge am gleichen Ort dargestellt werden. Dabei entfällt die räumliche Bewegung des Auges über die Textzeilen und alle damit verbundenen visuellen Suchprozesse.

5.4 Darstellung von Texten: Typografie

Neben der rein formalen und inhaltlichen Beschreibung von Texten wollen wir uns nun auch mit deren Darstellung nach *ergonomischen* und Wahrnehmungskriterien befassen. Beim Lesen werden Wörter nicht nur als Summe ihrer Buchstaben gelesen, sondern als Gesamtbilder erkannt. Aus diesem Grund ist ein charakteristisches und gut wiedererkennbares Schriftbild ganz wesentlich, um einen Text schnell lesbar zu machen. Besondere Bedeutung kommt dabei den in Kapitel 1 eingeführten Gestaltgesetzen zu, die beispielsweise erklären, warum nahe aufeinanderfolgende Buchstaben als ein Wort wahrgenommen werden und warum der Zeilenabstand wesentlich größer sein sollte als der Buchstabenabstand innerhalb der Zeile.

Da wir uns hier auf gedruckte bzw. in Digitalen Medien dargestellte Texte beziehen, sprechen wir von **Typografie**, der Lehre, wie man mit grafischen Zeichen oder Buchstaben, den sogenannten **Typen**, Schrift darstellen kann. Hierbei unterscheidet man zwischen Mikro- und Makrotypografie.

5.4.1 Mikrotypografie: Schriftarten und Buchstaben

Die **Mikrotypografie** befasst sich mit der kleinräumigen Gestaltung des Textsatzes, beispielsweise der Form einzelner **Buchstaben**, deren Anordnung zueinander oder gar deren Kombination zu neuen Formen. Die grafischen Darstellungen der Buchstaben einer Schrift werden in einer **Schriftartdatei**[1] festgelegt. Der gleiche Text kann in ganz verschiedenen **Schriftarten** dargestellt (gesetzt) werden, was durchaus Unterschiede in der Lesbarkeit oder Anmutung bewirkt. Die gleiche Schriftart kann übrigens in verschiedenen Schriftartdateien beschrieben werden (z.B. als PostScript font, TrueType font oder bitmap font). Verschiedene Schriftarten unterscheiden sich in Merkmalen wie Strichstärke, Krümmungsradien, Neigungswinkel, dem Vorhandensein oder der Form von Serifen sowie der Form einzelner Buchstaben (siehe hierzu auch ▶Abbildung 5.3).

Serifen (▶Abbildung 5.1 links) sind Verbreiterungen bzw. Endstriche an den Linien, die den Buchstaben formen. Sie beenden die Linie klar und geben dem Auge damit Halt und Gewissheit (sinngemäß zitiert nach Adrian Frutiger). Außerdem ergeben die Serifen an den Fußenden der Buchstaben nach den Gestaltgesetzen (Kapitel 1) eine gestrichelte Linie, die das Auge zu einer durchgehenden Linie ergänzt, an der es sich beim Lesen orientieren kann.

In bestimmten Fällen kann es sinnvoll sein, zwei aufeinanderfolgende Buchstaben zu einer neuen Form, einer sogenannten **Ligatur**, zusammenzuziehen. ▶Abbildung 5.1 rechts zeigt ein Beispiel für eine Ligatur, in der die Buchstaben *f* und *i* zu einer einzigen Drucktype kombiniert werden, indem Serifen und Punkte nicht wiederholt, sondern gleich miteinander verschmolzen werden. Ligaturen dienten früher im Satz mittels Bleitypen dazu, mit problematischen Buchstabenkombinationen besser umgehen zu können. Im Computersatz sind sie eigentlich nicht mehr notwendig, sie ergeben aber durch die lange geformten Lesegewohnheiten immer noch ein harmonischeres, weil gewohntes Bild. Kritisch ist dabei, dass hier aus typografischen Überlegungen heraus die Orthografie verändert wird, weshalb mit Ligaturen gesetzte Texte in elektronischen Dokumenten zusätzliche Probleme für Suchmaschinen schaffen.

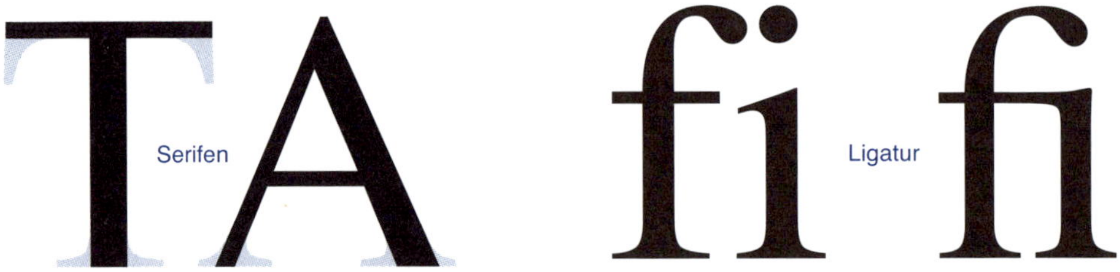

Abbildung 5.1: Serifen sind Verzierungen an den Enden der Linien eines Buchstabens und erhöhen die Lesbarkeit und Lesegeschwindigkeit. Eine Ligatur fasst zwei Buchstaben für eine bessere Darstellung zu einem neuen zusammen.

1 Umgangssprachlich werden diese Schriftarten oft auch „Zeichensatz" genannt, was aber technisch falsch ist: Der Zeichensatz ist Bestandteil der Codierung und umfasst alle Zeichen des Alphabetes.

Bei der Beschreibung von Buchstaben und Schriftarten werden bestimmte Begriffe verwendet. Alle Buchstaben werden zunächst auf einer **Grundlinie** angeordnet. Die Höhe der Kleinbuchstaben wie m, n oder x heißt dann **Mittellänge** oder **x-Höhe**. Die **Oberlänge** ist der Betrag, um den andere Buchstaben wie *h*, *f* oder *t* darüber hinausgehen. Die **Versalhöhe** ist die Höhe der Großbuchstaben und oft (aber nicht immer) identisch mit der Summe aus Mittellänge und Oberlänge. Die **Unterlänge** schließlich ist die Länge der Buchstabenteile, die unter die Grundlinie reichen, wie beispielsweise das Häkchen des kleinen *j* oder *y*. ▶Abbildung 5.2 zeigt diese Begriffe.

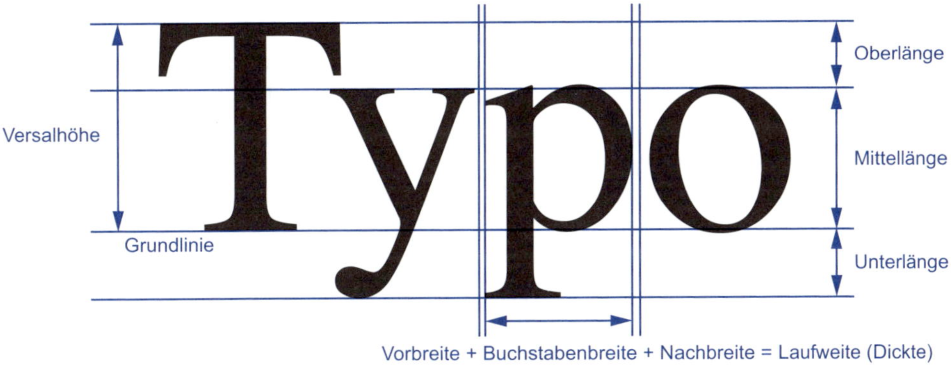

Abbildung 5.2: Einige grundlegende Begriffe in der Mikrotypografie

Stellenweise werden auch die Begriffe **Versalhöhe** oder **EM** für die Höhe des großen *M* (Mittellänge + Oberlänge) und **ex** für die Höhe des kleinen *x* (Mittellänge) verwendet. Als **Versalie** bezeichnet man einen Großbuchstaben (Majuskel), als **Gemeine** einen Kleinbuchstaben (Minuskel). Als **Kapitälchen** (engl.: **small caps**) bezeichnet man verkleinerte GROSSBUCHSTABEN, die die Funktion der Kleinbuchstaben übernehmen.

Die **Schriftarten** werden in **Schriftgattungen** zusammengefasst. Praktisch alle heute im Druck verwendeten Schriftarten gehören zur Gattung **Antiqua**. Darin gibt es insbesondere auch wieder eine Familie namens **Antiqua** mit verschiedenen Varianten, aber auch die Familie **Grotesk**. Varianten der Antiqua unterscheiden sich beispielsweise in der Ausprägung der Serifen und in der Neigung der Hauptachsen bei Rundungen. Bekannte Beispiele für Schriften mit Serifen sind **Times** und **Modern**, Beispiele für serifenlose Schriften sind **Helvetica** und **Arial**. Neben der Gattung der Antiqua-Schriften gibt es noch die **gebrochenen Schriften**, zu denen beispielsweise die **Fraktur** gehört. Eine vollständige Systematik der Schriftarten würde den Rahmen dieses Kapitels bei Weitem sprengen. Eine gute Diskussion mit besonderem Bezug zur Bildschirmdarstellung findet sich jedoch in dem Buch von Fröbisch (1997).

Drucktechnisch unterscheidet man Schriftarten außerdem in ihrer Buchstabenbreite. Fast alle heutigen typografisch relevanten Schriften sind sogenannte **Proportionalschriften**, bei denen jeder Buchstabe eine individuelle Breite (**Dickte**) aufweist und die somit ein harmonisches Schriftbild erzeugen, in dem keine unmotivierten Lücken rechts und links von schmalen Buchstaben (wie l oder i) auftreten. Bei mechanischen

Schreibmaschinen und auch den früher in Rechenzentren teilweise verwendeten Typendruckern hatten die Buchstaben jedoch konstruktionsbedingt alle die gleiche Breite und dies wurde auch auf nicht grafikfähigen Terminals lange so weitergeführt. Schriftarten, deren Buchstaben alle die gleiche Breite (Dickte) aufweisen, erzeugen zwar ein weniger harmonisches Schriftbild, erlauben es aber beispielsweise, Programmcode gleichmäßig einzurücken und Zeilen direkt vergleichbar zu machen oder Tabellen konsistent untereinander zu drucken und auch spaltenweise zu lesen. Eine bekannte Schrift mit fester Laufweite ist die Schrift **Courier**, die sich an frühere Schreibmaschinenschriften anlehnt (siehe auch Abbildung 5.3).

Der **Schriftgrad** einer Schrift beschreibt ihre Größe und wird in **typografischen Punkten** angegeben. Die genaue Umrechnung eines Punktes in mm ist davon abhängig, welchen Standard (Didot, Pica, PostScript, ...) man verwendet. Das wiederum ist eine an vielen Stellen unterschiedlich beantwortete Frage. Da wir uns hier insbesondere mit computergenerierter Typografie befassen und im weiteren Verlauf des Kapitels auch die PostScript-Codierung betrachten werden, verwenden wir für alle Diskussionen in diesem Buch den PostScript-Punkt. Dieser ist definiert als 1/72 Zoll und entspricht damit 0,3528 mm. Insbesondere ist dieser typografische Punkt (nicht zu verwechseln mit dem gleichnamigen Satzzeichen) also von der konkreten Auflösung eines Druckers oder Bildschirms unabhängig definiert. Eine zehn Punkt hohe Schrift sollte daher – egal, auf welchem Ausgabegerät – mit dem Lineal nachgemessen (Unterlänge + Mittellänge + Oberlänge) etwa 3,5 mm hoch sein.

Schließlich kann jede Schriftart noch in verschiedenen **Schriftschnitten** auftreten. Die bekanntesten Schriftschnitte sind **normal** (*regular*), **fett** (*bold*), **kursiv** (*oblique* oder *italic*) und die Kombinationen daraus (*bold oblique* bzw. *bold italic*). Diese fetten und kursiven Schnitte einer Schrift werden in der Regel nicht als eigenständige Schriften behandelt, sondern man verwendet sie, um innerhalb eines größeren regulär gesetzten Textes einzelne Wörter herauszuheben und zu verstärken. Bei hochwertigen Schriften gibt es daneben noch weitere Schriftschnitte wie *light* oder *black*. Abbildung 5.3 zeigt drei Schriftarten in vier verschiedenen Schnitten.

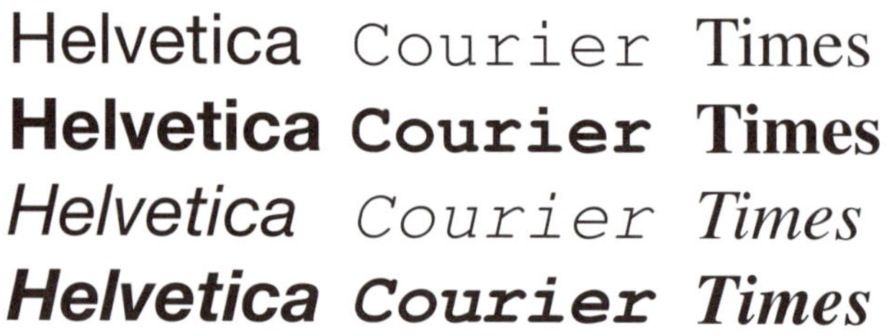

Abbildung 5.3: Die Schriftarten Helvetica, Courier und Times, jeweils in den Schnitten normal, fett, kursiv und fett kursiv

Um aus den einzelnen Buchstaben einer Schriftart nun Wörter und Sätze zusammenzubauen, müssen diese hintereinander gesetzt werden. Bei laufweitengleichen (nichtproportionalen) Schriften wie *Courier* bedeutet dies einfach, jeden Buchstaben um einen festen Betrag nach rechts versetzt hinter dem vorhergehenden zu positionieren. Sind die

Buchstaben unterschiedlich breit, so muss als Verschiebungsbetrag die Summe aus der **Vorbreite**, der **Buchstabenbreite** und der **Nachbreite** des vorangegangenen Buchstabens beachtet werden. Mit diesem Verfahren lässt sich bereits eine Proportionalschrift darstellen. Die Harmonie des Schriftbildes lässt sich jedoch noch verbessern, indem Buchstaben je nach ihrer Passform näher zusammengerückt oder sogar zu Ligaturen (Abbildung 5.1) verbunden werden. Das harmonische Anordnen von Buchstaben hintereinander heißt **Kerning** und für hochwertige Schriften ist in einer *Kerning-Tabelle* für alle Kombinationen aus zwei Buchstaben festgelegt, in welchem Abstand sie gesetzt werden. ▶Abbildung 5.4 zeigt das Kerning einer besser und einer schlechter passenden Zeichenfolge. Dort wird das *a* unter den Querstrich des *T* gezogen, nicht aber das *h*, und auch der Abstand zwischen *a* und *t* kann kleiner gewählt werden als der zwischen *h* und *e*, da die Formen der Buchstaben gewissermaßen ineinander passen.

Abbildung 5.4: Im Kerning werden Buchstaben je nach ihrer Passform näher zueinandergerückt oder weiter auseinandergezogen

Der vertikale Abstand zwischen Buchstaben auf dem Papier ist einfacher geregelt. Wegen des Gestaltgesetzes der Nähe (siehe Kapitel 1) muss der vertikale Abstand der Buchstaben auf dem Papier wesentlich größer sein als der horizontale, so dass die Textzeilen als zusammengehörige Einheiten erkannt werden, und nicht die Spalten. Der Abstand der Grundlinien untereinander angeordneter Zeilen heißt **Zeilenabstand**. In der Regel entsteht ein leerer Raum zwischen der Unterlänge einer Zeile und der Oberlänge der folgenden Zeile, um eine minimale visuelle Trennung der Zeilen zu gewährleisten. Dieser Leeraum heißt **Durchschuss**.

Fließende Texte sollten durchgängig in der gleichen Schriftart gesetzt werden. Einzelne Typen in der falschen Schriftart, dem falschen Schriftgrad oder dem falschen Schriftschnitt im fließenden Text sind ein typografischer Fehler und heißen **Zwiebelfisch**. Dieser Fehler kam früher häufiger vor, wenn Bleitypen in den falschen Setzkasten einsortiert wurden.

5.4.2 Makrotypografie: Gestalten mit Schrift

Die Makrotypografie befasst sich mit der Anordnung der Textzeilen auf einer Druckseite oder einem Bildschirm. Die äußere Begrenzung des mit Bildern oder Text bedruckten Bereiches heißt **Satzspiegel** und ist maßgeblich für das harmonische Erscheinungsbild mit verantwortlich. Satzspiegel werden beispielsweise nach den Regeln des **Goldenen Schnittes** entworfen.

Definition: Goldener Schnitt

Als goldenen Schnitt bezeichnet man die Teilung einer Strecke derart, dass sich der kleinere zum größeren Teil verhält wie der größere zur Gesamtstrecke, also $a:b = b:(a+b)$. Dieses Verhältnis $a:b$ beträgt etwa 1:1,618 und wird in unserem Kulturkreis seit der Antike als besonders harmonische Aufteilung empfunden. Der goldene Schnitt findet Verwendung in Architektur, Skulptur, Malerei und vielen anderen Bereichen, in denen es auf harmonische Proportionen ankommt.

Satzspiegel

Die Konstruktion eines harmonischen Satzspiegels für gedruckte Bücher hat eine sehr lange Tradition und ist in ▶Abbildung 5.5 exemplarisch gezeigt. In diesem Beispiel wurde eine Druckseite mit Abmessungen aus dem **DIN**-System zugrunde gelegt. Seiten in diesem System haben ein Seitenverhältnis von 1 zur Wurzel aus 2, da so durch Halbieren einer Seite das nächstkleinere Format mit gleichem Seitenverhältnis erzeugt werden kann. Eine in der Mitte quer gefaltete **DIN-A4**-Seite hat somit die Größe **DIN A5**. Das in Abbildung 5.5 gezeigte Verfahren funktioniert jedoch auch für andere Seitenverhältnisse.

Zunächst werden die Diagonalen der Doppelseite sowie die Diagonalen von oben innen nach unten außen der Einzelseite eingezeichnet. Ein harmonischer Satzspiegel ergibt sich immer dann, wenn die obere innere Ecke und die untere äußere Ecke auf der Diagonale der Einzelseite und die obere äußere Ecke auf der Diagonale der Doppelseite liegt. Im Sonderfall, dass die obere innere Ecke noch genauer durch die weitere Hilfskonstruktion in Abbildung 5.5 bestimmt ist, ergibt sich eine Aufteilung nach dem goldenen Schnitt.

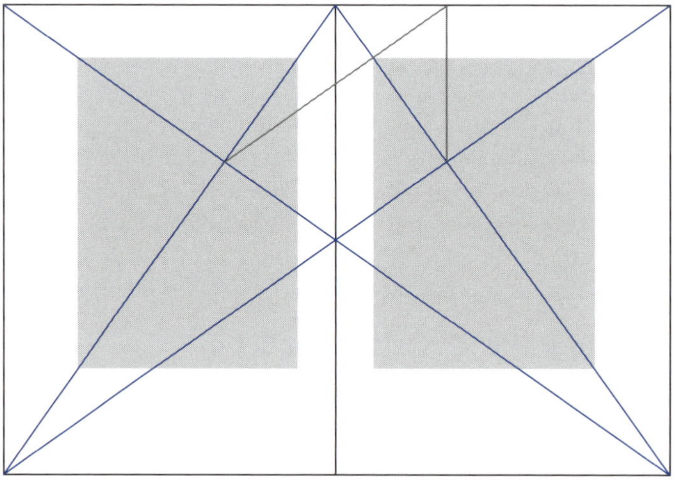

Abbildung 5.5: Konstruktion eines harmonischen Satzspiegels für eine gedruckte Doppelseite, z.B. in einem Buch

Leider existieren für die Konstruktion eines Satzspiegels für Medien, die auf dem Bildschirm präsentiert werden sollen, keine so etablierten Verfahren und auch die äußeren Gegebenheiten (Seitenverhältnis, Breite des Bildschirmrandes) sind nicht immer so genau bekannt. Aus obiger Konstruktion kann jedoch verallgemeinert mitgenommen werden, dass Inhalte nie genau mittig in der Seite angeordnet werden sollten, sondern dass unten immer ein breiterer Rand gelassen werden sollte als oben. Diese Strategie findet man übrigens auch beim Rahmen von Bildern mit Passepartouts wieder. Sie beruht auf dem Gesetz der optischen Mitte, nach dem die empfundene Mitte immer etwas oberhalb der geometrischen Mitte liegt.

Layout

Innerhalb des Satzspiegels werden dann Text- und Grafikelemente in einem **Layout** angeordnet. Eine häufig verwendete Methode, einen visuellen Rhythmus im Layout sicherzustellen, ist die Definition eines übergeordneten **Rasters** (**Grid**), an dessen Grenzen sich die einzelnen Teile ausrichten. Ein Textblock kann dann nur ganze Zeilen und Spalten dieses Grids belegen und keine Zwischenwerte bezüglich Breite und Höhe annehmen. Zudem herrschen harmonische Abstände zwischen den Text- und Bildblöcken durch die Festlegung von **Stegbreiten** als Abstand zwischen den Blöcken im Grid. ▶Abbildung 5.6 zeigt ein solches Grid-Layout auf einem Bildschirm mit dem Seitenverhältnis 4 zu 3.

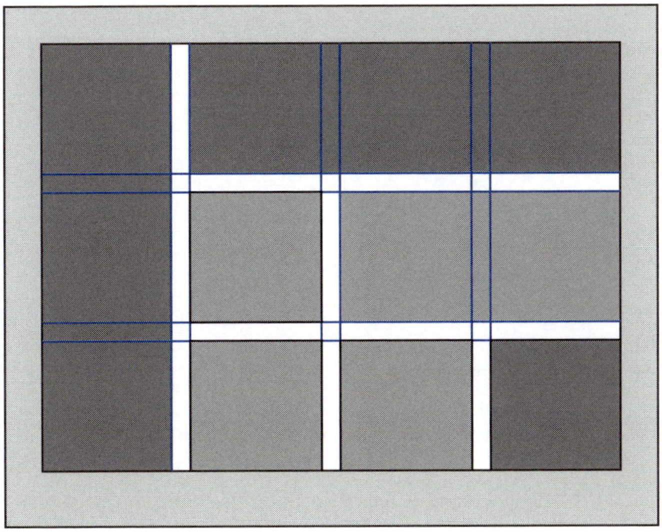

Abbildung 5.6: Grid-Layout am Bildschirm

Sonderfälle des Grid-Layouts sind mehrspaltige Layouts, wie sie in Tageszeitungen üblich sind. Auch am Bildschirm sind solche mehrspaltigen Layouts gelegentlich anzutreffen, jedoch ist es selten sinnvoll, einen langen Fließtext am Bildschirm mehrspaltig zu setzen. Ein sinnvoller Einsatz des mehrspaltigen Layouts ist die klare Trennung funktional verschiedener Teile einer Webseite, wie z.B. Navigationsmenü, Seiteninhalt und Zusatzinformationen. Eine Diskussion von Bildschirmlayouts findet sich in dem Buch von Fröbisch (1997).

Textsatz

Innerhalb eines fest umrissenen Textblockes, also etwa des gesamten Satzspiegels im Buch, einer Spalte in der Zeitung oder einer Zelle im Grid-Layout, muss der Text nun zeilenweise **umgebrochen** werden. Ordnet man die Buchstaben auf Basis ihrer Laufweite und der Kerning-Tabelle einfach hintereinander an und lässt Zeilenumbrüche nur an Wortgrenzen oder orthografisch korrekten Trennstellen zu, so ergeben sich zwangsläufig unterschiedlich lange Zeilen. Lässt man diese Zeilen unterschiedlich lang und ordnet sie auf einer Seite bündig untereinander an, so erhält man den sogenannten **Flattersatz**, da der jeweils nicht bündige Rand des Textblockes zu flattern scheint. Hierbei gilt ein Flatterrand als gut oder harmonisch, wenn die Unterschiede zwischen den Zeilenlängen nicht zu groß und die auftretenden Längen gleichmäßig verteilt sind. Sprachen, die von links nach rechts gelesen werden, setzt man sinnvollerweise **linksbündig**, da so das Auge beim Lesen einen definierten Anfangspunkt beim Rücksprung in die neue Zeile hat und diesen nicht erst suchen muss. Flattersatz lässt sich auch bei recht schmalen Textspalten noch gut durchführen. Werden kürzere Zeilen auf die Breite des gesamten Textblockes gedehnt, so erhält man lauter gleich lange Zeilen, die dann auf beiden Seiten bündig sind und so als massiver Block erscheinen. Dieser sogenannte **Blocksatz** lässt sich bei schmalen Textspalten oft nicht mehr sinnvoll durchführen, da durch die übermäßige Dehnung einzelner Zeilen ein sehr ungleichmäßiges und unharmonisches Schriftbild entsteht (▶Abbildung 5.7).

Weit hinten, hinter den Wortbergen,
fern der Länder Vokalien und
Konsonantien leben die Blindtexte.
Abgeschieden wohnen Sie in
Buchstabhausen an der Küste des
Semantik, eines großen Sprachoz-
eans. Ein kleines Bächlein namens
Duden fließt durch ihren Ort und
versorgt sie mit den nötigen Regeli-
alien. Es ist ein paradiesmatisches

Weit hinten, hinter
den Wortbergen,
fern der Länder
Vokalien und
Konsonantien
leben die Blind-
texte. Abgeschie-
den wohnen Sie in
Buchstabhausen an
der Küste des

Flattersatz breit und schmal

Weit hinten, hinter den Wortbergen,
fern der Länder Vokalien und Konso-
nantien leben die Blindtexte. Abge-
schieden wohnen Sie in Buchstab-
hausen an der Küste des Semantik,
eines großen Sprachozeans. Ein
kleines Bächlein namens Duden
fließt durch ihren Ort und versorgt
sie mit den nötigen Regelialien. Es
ist ein paradiesmatisches Land, in

Weit hinten, hinter
den Wortbergen,
fern der Länder
Vokalien und Kon-
sonantien leben
die Blindtexte.
Abgeschieden
wohnen Sie in
Buchstabhausen
an der Küste des

Blocksatz breit und schmal

Abbildung 5.7: Flattersatz und Blocksatz, jeweils in einer breiten und schmalen Variante gesetzt. Blocksatz wird bei sehr kurzen Zeilen problematisch.

Längere Texte ziehen sich meist über viele Seiten, Spalten oder Grid-Zellen hin. Dabei sind sie oft nach Sinnabschnitten auch in typografische Abschnitte unterteilt. Am Ende eines Abschnittes bleibt eine unvollständige Zeile stehen und es wird eine neue Zeile für den neuen Absatz begonnen. War die letzte Zeile des alten Absatzes aber gerade die erste auf einer neuen Seite oder in einer neuen Spalte, so wirkt sie dort recht verloren und stört außerdem die geschlossene äußere Form des Satzspiegels. Dies gilt als typografischer Fehler und trägt den malerischen Namen **Hurenkind**. Ist die erste Zeile des neuen Abschnittes die letzte auf der Seite, so wirkt auch sie verloren, wenn auch nicht ganz so störend für das gesamte Satzbild. Dieser typografische Fehler wird als **Schusterjunge** bezeichnet.

Weit hinten, hinter den Wortbergen, fern der Länder Vokalien und Konsonantien leben die Blindtexte. Abgeschieden wohnen Sie in Buchstabhausen an der Küste des Semantik, eines sehr großen Sprachozeans.
Ein kleines Bächlein namens Duden fließt

durch ihren Ort.
Es versorgt sie mit den nötigen Regelialien. Es ist ein paradiesmatisches Land, in dem einem gebratene Satzteile in den Mund fliegen. Nicht einmal von der allmächtigen Interpunktion werden die Blindtexte beherrscht - ein geradezu unorthographis-

Schusterjunge

Hurenkind

Abbildung 5.8: Typografische Fehler: Schusterjungen und Hurenkinder

Außerdem wirkt es auch typografisch unschön, wenn ein einzelnes Wort in einer neuen Zeile steht. Leider existiert für diesen typografischen Fehler keine so malerische Bezeichnung.

5.4.3 Typografische Gestaltung

Neben den echten typografischen Fehlern gibt es eine Reihe weniger strikter Gestaltungsregeln für gedruckte oder am Bildschirm dargestellte Texte. Die übergeordnete Idee der meisten dieser Regeln ist die Tatsache, dass Typografie immer einen ganz praktischen Zweck erfüllen muss: Ihre Hauptaufgabe ist es, den vom Autor verfassten Text so reibungslos wie möglich zum Leser zu transportieren. Gute Typografie stellt sich nicht selbst in den Mittelpunkt, sondern macht sich zum selbstlosen Werkzeug einer (auch ästhetisch) guten Textvermittlung. Daraus lassen sich ein paar speziellere Regeln ableiten:

- Wenige Schriftarten verwenden: In größeren Texten werden oft nur eine oder zwei Schriftarten verwendet. Dabei wird meist eine Serifenschrift für den Fließtext verwendet, da die Serifen dem Auge zusätzliche Erkennungsmerkmale bieten und damit die Schrift in der Regel leichter und schneller lesbar machen. Für Überschriften ist die Verwendung einer serifenlosen Schrift unkritischer, da es sich hierbei ja nur um kurze Textfragmente handelt. Innerhalb der eingesetzten Schriftart(en) kann nun sparsam mit verschiedenen Schriftschnitten gearbeitet werden, um Textteile hervorzuheben oder verschiedene Funktionen innerhalb des Gesamttextes klarzumachen. Zitate werden beispielsweise oft kursiv gesetzt. Das Mischen verschiedener Schriftgrößen innerhalb des Fließtextes ist ebenfalls extrem unüblich. Lediglich bei Überschriften oder Fußnoten kommen andere Schriftgrade zum Einsatz.
- Textstruktur durch typografische Struktur vermitteln: Eine gute Typografie unterstützt auch den Transport der Inhalte. Zerfällt der Text beispielsweise in Sinnabschnitte, so ist es vorteilhaft, diese auch typografisch zu trennen, beispielsweise durch den Beginn eines neuen Absatzes und gegebenenfalls einen etwas größeren Zeilenabstand zwischen den beiden Abschnitten. Logische Strukturen wie Aufzählungen oder Auflistungen können durch nummerierte oder mit Markierungen versehene Listen unterstützt werden.

- Textfunktion durch Typografie vermitteln: Verschiedenartige Textteile können auch in ihrer Funktion schneller unterschieden werden, wenn sie grafisch unterschiedlich dargestellt sind, beispielsweise mit einem grauen Kasten hinterlegt. Die Verwendung von Farbe und Hintergründen ist besonders am Bildschirm sehr einfach geworden, muss aber extrem vorsichtig erfolgen, um nicht die Lesbarkeit herabzusetzen. Bilder hinter einem Text können diesen komplett unlesbar machen, wenn keine ausreichenden Kontraste zwischen Text und Bild mehr existieren. Bei Hintergründen reicht generell ein reiner Farbkontrast oft nicht aus und insbesondere mit Blick auf Rot-Grün-Blinde muss hier immer auch ein ausreichender Helligkeitskontrast vorhanden sein.

Eine ausführliche Diskussion typografischer Gestaltung würde den Rahmen dieses Kapitels sprengen, jedoch gilt bei Texten wie bei kaum einem anderen Medium die Bauhaus-Devise *form follows function*. Texte müssen in hohem Maße ergonomisch gesetzt sein, da das Auge eine schwierige Decodierungsaufgabe zu lösen hat und dabei jede Unterstützung willkommen ist. Jede Ablenkung der Aufmerksamkeit ist dem Lesen abträglich und so gilt in der Typografie oft *weniger ist mehr*. Als vertiefende Literatur seien die Bücher von Gorbach (2001) und Lupton (2007) empfohlen.

5.5 Codierung von Texten

5.5.1 Grundlegende Codierung von Zeichenfolgen

Wie zu Beginn dieses Kapitels dargelegt, besteht ein Text aus einer Aneinanderreihung von Wörtern, die wiederum aus **Zeichen** eines **Zeichensatzes** oder **Alphabets** bestehen. (Dargestellt werden Texte durch *Buchstaben* einer *Schriftart*.) Auf Computern sind dann die Zeichen des Zeichensatzes wiederum als Binärwerte codiert. Eine Textdatei benötigt also immer einen Zeichensatz nebst zugehöriger Binärcodierung als Bezugsrahmen. Eine der ersten Codierungen des lateinischen Alphabets in Binärwerte war der **ASCII-Code** (**A**merican **S**tandard **C**ode for **I**nformation **I**nterchange). Er wurde 1967 erstmals als Standard veröffentlicht und ist bis heute in Varianten und Fortentwicklungen verbreitet. Der ASCII-Code verwendet eine feste Anzahl von 7 Bit, also die 128 Hexadezimalwerte von 00 bis 7F zur Codierung der Buchstaben des lateinischen Alphabets in Groß- und Kleinschreibung, der Ziffern von 0 bis 9 sowie einiger Sonder- und Steuerzeichen. Tabelle 5.1 zeigt diese Codierung.

Die auftretenden Buchstaben, Ziffern und Zeichen (Hexadezimal 20 bis 7F) entsprechen weitgehend den Tasten einer amerikanischen Tastatur. Dabei steht SP für das Leerzeichen und DEL für die Delete-Taste. Die Steuerzeichen von 00 bis 1F waren ursprünglich zur Steuerung von Fernschreibern und Druckern (LF = line feed, Zeilenvorschub, CR = carriage return, Wagenrücklauf) oder Bandgeräten (EM = End of Medium, FS = file separator) gedacht, wurden dann aber später auch sinngemäß auf Textkonsolen und Terminals sowie in anderen Dateisystemen verwendet. Eine inkompatible Alternative zu ASCII ist der bis heute im Großrechnerbereich noch anzutreffende **EBCDIC**-Code.

Hex	...0	...1	...2	...3	...4	...5	...6	...7	...8	...9	...A	...B	...C	...D	...E	...F
0...	NUL	SOH	STX	ETX	EOT	ENQ	ACK	BEL	BS	HT	LF	VT	FF	CR	SO	SI
1...	DLE	DC1	DC2	DC3	DC4	NAK	SYN	ETB	CAN	EM	SUB	ESC	FS	GS	RS	US
2...	SP	!	"	#	$	%	&	'	(	)	*	+	,	-	.	/
3...	0	1	2	3	4	5	6	7	8	9	:	;	<	=	>	?
4...	@	A	B	C	D	E	F	G	H	I	J	K	L	M	N	O
5...	P	Q	R	S	T	U	V	W	X	Y	Z	[	\	]	^	_
6...	`	a	b	c	d	e	f	g	h	i	j	k	L	m	n	o
7...	p	q	r	s	t	u	v	w	x	y	z	{	|	}	~	DEL

Tabelle 5.1: ASCII-Codierung

Da sich im ASCII-Code keine internationalen Zeichen, wie z.B. die deutschen Umlaute, darstellen lassen, wurden recht schnell abwärtskompatible Erweiterungen dieses Codes definiert. Der Code **ISO 8859-1** wurde 1986 eingeführt und enthält beispielsweise Umlaute und andere landesspezifische Zeichen für westeuropäische Sprachen. Er verwendet 8 Bit und bettet die druckbaren ASCII-Zeichen in den unteren 7 Bit vollständig ein. Bei den Werten ab Hexadezimal 80 sind dann neben den Umlauten und anderen diakritischen[2] Zeichen auch speziellere und für die Typografie interessante Zeichen enthalten, wie das nicht umbrechbare Leerzeichen (NBSP) oder der bedingte Trennstrich (SHY), der eine legale Trennstelle im Wort angibt und daher nur als Bindestrich sichtbar wird, wenn das Wort an dieser Stelle auch tatsächlich getrennt wird.

Die so verfügbaren 128 zusätzlichen Zeichen stoßen jedoch ebenfalls recht schnell an prinzipielle Grenzen, wenn es um die Darstellung ganzer anderer Alphabete wie des griechischen oder kyrillischen Alphabets geht. Aus diesem Grunde wurde 1991 die erste Version des **Unicode** (**ISO 10646**) eingeführt, die bereits europäische, nahöstliche und indische Schriften codierte. Ziel ist es, alle auf der Erde verwendeten Schriftzeichen in einem einzigen Code codieren zu können. Seitdem wird die Unicode-Standardisierung ständig vorangetrieben und der Standard jährlich um zusätzliche Zeichensysteme (jeweils abwärtskompatibel) erweitert. Unicode verwendet derzeit 17 sogenannte Ebenen zu jeweils 16 Bit, also etwa eine Million möglicher Werte. Unicode-Werte werden als Hexadezimalwerte mit führendem „U+“ dargestellt. So entspricht beispielsweise das Zeichen U+0041 dem großen *A* aus dem ASCII-Zeichensatz, und U+00DF dem deutschen Buchstaben *ß*. Andere Ebenen als die erste werden mit sechs Hexadezimalzahlen adressiert.

2 Diakritische Zeichen modifizieren einen Buchstaben des Alphabetes. Beispiele sind die Punkte auf deutschen Umlauten, die Akzente auf französischen Vokalen oder die im Spanischen verwendete Tilde.

Die Unicode-Zeichen werden zur Übertragung und Verarbeitung in konkrete Bytefolgen übersetzt, und zwar in ein **Unicode Transformation Format** (**UTF**). Hiervon gibt es verschiedene Varianten, die alle jeweils den gesamten Unicode-Zeichenvorrat darstellen und verlustfrei ineinander umgewandelt werden können. Diese Varianten unterscheiden sich in ihrem Speicherplatzbedarf, ihrer Abwärtskompatibilität zu anderen Codierungen und dem jeweils nötigen Aufwand zur Codierung oder Decodierung. Die einfachste und zugleich platzintensivste Variante ist **UTF-32**, die in einer festen Wortlänge von 32 Bit jedes Unicode-Zeichen direkt darstellt. Die Codierung und Decodierung stellen damit keinerlei Rechenaufwand dar. Die älteste UTF-Variante ist **UTF-16** und stellt alle Unicode-Zeichen mit variabler Wortlänge von jeweils 16 oder 32 Bit dar. Dabei werden die Zeichen der untersten Unicode-Ebene (U+0000 bis U+FFFF) direkt in die entsprechenden 16-Bit-Wörter übersetzt. Für Zeichen ab U+10000 gibt es einen Algorithmus, der diese in zwei 16-Bit-Wörter aufteilt. Die aktuellste und am weitesten verbreitete Codierung ist jedoch die **UTF-8**-Codierung. Sie verwendet eine variable Wortlänge von 8 bis 32 Bit und hat bei der Verwendung von ASCII-Zeichen keinen höheren Platzbedarf als ASCII selbst, da alle ASCII-Zeichen transparent eingebettet sind. UTF-8 wird derzeit von der Internet Engineering Task Force (**IETF**) als Standardcodierung für alle im Internet verwendeten Protokolle angestrebt. Die Codierung der Unicode-Zeichen in UTF-8 geschieht folgendermaßen:

- U+0000 – U+007F (ASCII): Diese Zeichen verwenden den gleichen Code in UTF-8 wie in ASCII, also einfach die letzten 8 Bit.
- U+0080 – U+07FF werden als Folge aus 2 Bytes codiert, und zwar als 110xxxxx 10xxxxxx, wobei x ein Platzhalter für 0 oder 1 ist und die insgesamt elf vorkommenden x hintereinander gelesen den Binärwert des Zeichens ergeben.
- U+0800 – U+ FFFF werden als Folge von 3 Bytes codiert, und zwar als 1110xxxx 10xxxxxx 10xxxxxx, wobei x ein Platzhalter für 0 oder 1 ist und die insgesamt 16 vorkommenden x hintereinander gelesen den Binärwert des Zeichens ergeben.
- U+010000 – U+1FFFFF werden als Folge von 4 Bytes codiert, und zwar als 11110xxx 10xxxxxx 10xxxxxx 10xxxxxx, wobei x ein Platzhalter für 0 oder 1 ist und die insgesamt 21 vorkommenden x hintereinander gelesen den Binärwert des Zeichens ergeben.

Das übergeordnete Prinzip dabei ist, dass Zeichen, die mehr als 7 Bit zur Codierung benötigen (also alles über ASCII hinaus), mit einem *Startbyte* und mehreren *Folgebytes* codiert werden. Das Startbyte beginnt also entweder mit einer 0 und ist dann auch das einzige Byte oder es beginnt mit einer 1 und enthält danach so viele Einsen, wie Folgebytes kommen. Die Folgebytes beginnen jeweils mit 10. Somit lassen sich auch Start- und Folgebytes eindeutig kontextfrei unterscheiden, was beispielsweise beim Lesen eines unterbrochenen oder fehlerhaften Datenstromes wichtig sein kann.

5.5.2 Codierung von Schriftarten

Nachdem wir nun geklärt haben, wie Zeichenfolgen im Rechner codiert werden können, brauchen wir als nächsten Schritt zur Darstellung des Textes am Bildschirm oder auf Papier eine Beschreibung der Formen der einzelnen *Buchstaben*, also eine Codierung der *Schriftart*. Dies erfolgt in Form einer *Schriftartdatei* (englisch *font*), die zu jedem Buchstaben des verwendeten Zeichensatzes eine geometrische Beschreibung (*Type*) enthält. Übliche Schriftartendateien beschreiben dabei nicht den gesamten Unicode-Bereich, sondern jeweils nur einen kleinen Ausschnitt daraus, z.B. die für Europa benötigten Zeichen, oder aber gleich ein ganz anderes Schriftsystem, wie das kyrillische oder chinesische.

Im Bleisatz stand für jeden druckbaren Buchstaben eine in Blei gegossene Type zur Verfügung. Diese Typen wurden nach Schriftarten, -schnitten und -graden getrennt in sogenannten *Setzkästen* aufbewahrt. Für eine andere Schriftgröße musste ein anderer Setzkasten verwendet werden und bestimmte Größen und Schnitte waren schlichtweg nicht vorhanden. Diese Situation bestand anfangs auch bei der Typografie am Computer. Die einfachste Methode, einen Buchstaben für eine feste Auflösung und Darstellungsgröße zu beschreiben, ist nämlich die direkte Speicherung der zugehörigen **Bitmap**, also einer Bilddatei für das Erscheinungsbild des Buchstabens. Diese Bitmap kann dann zur Darstellung einfach an die entsprechende Stelle im Speicherbereich des Bildschirms kopiert werden und somit sind diese sogenannten **Bitmap-Fonts** sehr schnell darstellbar. Ihr wesentlicher Nachteil ist, dass für jede andere Größe (Schriftgrad) oder andere Auflösung des Zielgerätes (Drucker, Bildschirm) ein gesonderter Bitmap-Font erstellt werden muss. Bitmap-Fonts sind nicht ästhetisch zufriedenstellend auf andere Größen und Auflösungen skalierbar. Sie werden jedoch noch immer häufig auf Systemebene, z.B. als Konsolenschrift eingesetzt, da hier die Größe und Auflösung so unabänderlich festgelegt sind, dass der Vorteil der schnellen Darstellbarkeit weit überwiegt. ▶Abbildung 5.9 zeigt eine mithilfe eines Bitmap-Fonts erzeugte Textdarstellung.

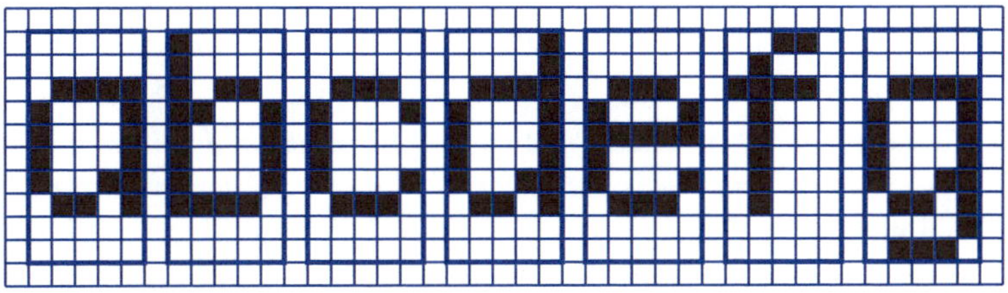

Abbildung 5.9: Bitmap-Fonts beschreiben die einzelnen Typen direkt durch eine Bitmap, hier z.B. in einer 5x10 Pixel großen Matrix.

Da diese Methode der Beschreibung von Zeichen mit dem Aufkommen von grafischen Benutzerschnittstellen und **Desktop Publishing** (**DTP**)-Systemen zu unflexibel wurde, begann man, Schriftarten durch Linien- und Kurvenzüge zu beschreiben. Diese Schriftartendateien werden im Gegensatz zu den *Bitmap-Fonts* auch **Vektor-Fonts** genannt, da sie in einem zweidimensionalen Vektorraum definierte Kurven zur Beschreibung der Buchstaben verwenden. ▶Abbildung 5.10 zeigt eine solche Beschreibung eines Buchstabens durch Kurvenzüge.

Abbildung 5.10: Vektor-Fonts beschreiben ihre Buchstaben durch Interpolationskurven.

Hierbei entwickelten sich im Wesentlichen zwei verschiedene Standards, die sogenannten **TrueType-Fonts** und die **PostScript-Fonts**. Beide Standards beschreiben die einzelnen Zeichen mittels Interpolationskurven und enthalten auch Kerning-Tabellen für eine korrekte typografische Darstellung. Hierbei verwenden die TrueType-Fonts quadratische Bézier-Kurven (siehe Kapitel 7 zur 2D-Grafik), die PostScript-Fonts jedoch kubische Bézier-Kurven, die durch eine höhere Zahl von Kontrollpunkten die ursprüngliche Form des Zeichens besser annähern können. Auf diesen Sachverhalt und weitere Detailunterschiede ist es zurückzuführen, dass die PostScript-Fonts stellenweise als qualitativ hochwertiger bezeichnet werden.

Bei der Darstellung von Schrift am Bildschirm mittels Vektor-Fonts wird zunächst mithilfe des Zeilenumbruchs und der Kerning-Tabellen die exakte Position jedes Buchstabens ermittelt und an dieser Stelle im Bildschirmspeicher werden dann die entsprechenden Kurvenzüge gezeichnet. Dabei treten die gleichen Probleme auf, wie wir sie in Kapitel 7 bei der Rasterisierung von 2D-Vektorgrafiken vorfinden werden. Die in der Schriftartdatei beschriebenen Formen können nicht exakt auf Bildschirmpixel abgebildet werden, da die kontinuierlichen Kurven auf diskrete Pixel abgebildet werden und dies bei üblichen Schriftgrößen am Bildschirm auch mit relativ niedriger Auflösung passiert. Das Ergebnis sind **Aliasing**-Effekte, denen durch verschiedene Formen des **Antialiasing** (siehe Kapitel 7) entgegengewirkt werden kann. Die Grundidee besteht dabei darin, nicht nur schwarze und weiße Pixel zu verwenden, sondern eigentlich teilweise zu setzende Pixel durch entsprechende Graustufen anzunähern. ▶Abbildung 5.11 zeigt die gleiche Buchstabenfolge einmal mit Aliasing-Effekten und einmal mit Antialiasing.

Abbildung 5.11: Font-Rendering ohne (oben) und mit Antialiasing (unten)

Bei der Schriftdarstellung hat sich insbesondere das **Subpixel-Rendering** durchgesetzt, das die Tatsache ausnutzt, dass auf LCD-Bildschirmen jedes farbige Bildschirmpixel aus drei einfarbigen Subpixeln besteht. Subpixel-Rendering lässt sich jedoch hier im Schwarzweißdruck nicht darstellen.

Bei der Verwendung von Schriftarten am Bildschirm ist zu beachten, dass sich geometrisch einfachere Formen und horizontale und vertikale Linien besser und klarer auf das Pixelraster abbilden lassen. Somit ist die saubere Darstellung kursiver Schriftschnitte problematischer als die Darstellung normaler Schriftschnitte und serifenlose Schriften sind am Bildschirm meist klarer zu lesen als Serifenschriften.

5.5.3 Codierung gesetzter Texte: PostScript

Zur Codierung gesetzter Texte existieren eine ganze Reihe von Formaten. Prinzipiell codiert jedes Speicherformat eines Textverarbeitungsprogramms oder *Desktop-Publishing*-Systems einen gesetzten Text, also Inhalt und Aussehen gleichzeitig, zumindest im Zusammenhang mit den benötigten Schriftarten. Nun ist es aber kaum sinnvoll oder möglich, hier nicht offengelegte herstellerspezifische Speicherformate zu besprechen. Stattdessen wollen wir uns einen zwar ursprünglich herstellerspezifischen, aber mittlerweile offengelegten und auf vielen Plattformen verbreiteten Standard ansehen, die Textbeschreibungssprache **PostScript**, die auch in Kapitel 7 nochmals bei der plattformunabhängigen Codierung von 2D-Vektorgrafiken auftauchen wird.

Die PostScript-Beschreibungssprache wurde 1984 von Adobe zur geräteunabhängigen Darstellung formatierter Texte entwickelt und kann außerdem auch Vektor- und Pixelgrafiken beschreiben. Letzten Endes stellt sie sogar eine vollständige Programmiersprache dar, die Turing-mächtig ist, d.h. in der regelrechte Programme formuliert werden können. PostScript-Dateien lassen sich mit jedem Texteditor erstellen und ansehen und enthalten eine Folge von Befehlen für das Zeichnen von Text und Buchstaben. Noch immer benutzen viele Drucker, insbesondere Laserdrucker, den PostScript-Standard zur Beschreibung ihrer Ausgabe. Das Betriebssystem *NextStep* verwendete sogar eine Variante von PostScript für alle Bildschirmausgaben. ▶Abbildung 5.12 zeigt ein einfaches Beispiel für den Inhalt einer PostScript-Datei und die von ihr erzeugte Ausgabe. Als Darstellungsformat am Bildschirm und im Internet wird PostScript jedoch mittlerweile von dem ebenfalls von Adobe entwickelten Portable Document Format (PDF) abgelöst, das eine bessere Kompression der Inhalte ermöglicht, dafür aber auf die Programmiersprachenelemente verzichtet.

```
%!PS
/Helvetica findfont
48 scalefont
setfont
100 100 moveto
(Hello, world!) show
showpage
```

Abbildung 5.12: Einfaches PostScript-Programm, das an den Koordinaten (100, 100) den Text „Hello, world!" in der Schriftart Helvetica und dem Schriftgrad 48 Punkt ausgibt

Das von PostScript verwendete Koordinatensystem hat seinen Ursprung (0,0) in der unteren linken Ecke einer Seite. Die Einheit, in der Längen ausgedrückt werden, ist der Postscript-Punkt aus Abschnitt 5.3.1. Innerhalb der Datei wird im obigen Beispiel zunächst die Schrift „Helvetica" geladen, der Schriftgrad auf 48 Punkt gesetzt und die geladene Schrift zur aktuellen Schrift gemacht. Danach wird zur Position (100, 100) gesprungen und dort der Text ausgegeben. Das abschließende „showpage"-Kommando gibt an, dass die Seite nun vollständig ist und ausgegeben werden kann. Wie PostScript im Detail funktioniert, lässt sich beispielsweise in dem Buch von Klöckl (1995) nachlesen. Einige einfache Grafikelemente in PostScript werden in Kapitel 7 behandelt.

5.6 Verarbeitung von Texten

Die meisten heutigen Textverarbeitungsprogramme und Desktop-Publishing-Systeme arbeiten nach dem **WYSIWYG**-Prinzip (*what you see is what you get*). Dies bedeutet, dass die Texte am Bildschirm so eingegeben und gesetzt werden, wie sie nachher auch auf dem Papier bzw. in anderen Medien erscheinen. Diese Art des Textsatzes ist vor allem sehr direkt und damit einfach nachvollziehbar. Sie hat jedoch ihre Grenzen bei der konsistenten und effizienten Behandlung größerer Textmengen.

Ein Textsatzsystem, das einen grundlegend anderen Ansatz verfolgt, ist das in den frühen 1980er Jahren von Donald Knuth entwickelte Satzsystem **TeX** (ausgesprochen: Tech) mit dem sehr verbreiteten Makropaket **LaTeX** von Leslie Lamport. In LaTeX werden Texte regelrecht programmiert. Im Quelltext wird dabei für jeden Textteil lediglich seine *Funktion* innerhalb der Struktur angegeben (z.B. Titel, Überschrift, Fließtext, Listeneintrag). Ein Übersetzungsprogramm kompiliert dann aus dem LaTeX-Quelltext ein geräteunabhängiges Zwischenformat (**DVI**, *device-independent*), das alle typografischen Details enthält. Dabei werden Stilbeschreibungen in sogenannten **Dokumentklassen** verwendet, in denen festgelegt ist, mit welchen typografischen Stilmitteln (Schriftart, Schriftschnitt, Schriftgrad, Zeilenabstände) Text einer bestimmten Funktion (z.B. Überschrift 1. Grades) gesetzt werden soll. Abbildungen werden automatisch nach bestimmten Kriterien platziert und Nummerierungen werden konsistent durchgeführt und gegebenenfalls werden ein Inhaltsverzeichnis und ein Index automatisch erstellt. Durch Austausch der Dokumentklasse kann dieselbe Quelldatei in einem völlig anderen Format gesetzt werden. Das DVI-Format wird dann durch weitere Übersetzungsprogramme für verschiedene Ausgabegeräte (Laserdrucker, Bildschirm, professionelle Druckmaschine) in verschiedene

Endformate (wie beispielsweise PostScript) übersetzt. ▶Abbildung 5.13 zeigt diesen prinzipiellen Ablauf.

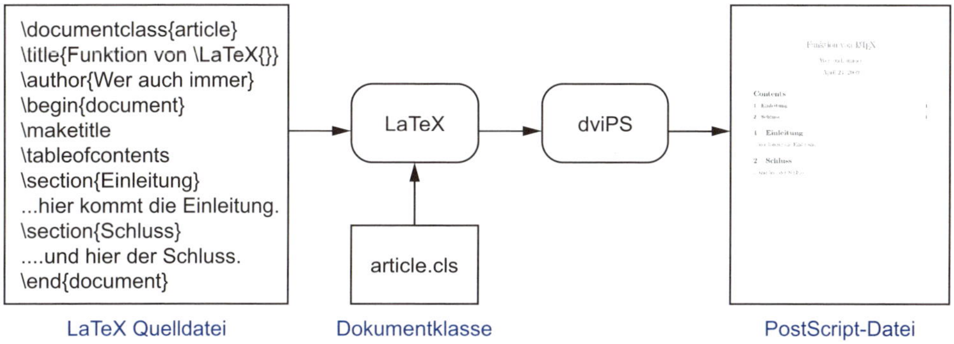

Abbildung 5.13: Prinzipieller Ablauf beim Textsatz mit LaTeX, hier mit dem Zielformat PostScript

LaTeX unterstützt somit, ähnlich wie *HTML* und *CSS* (siehe Kapitel 10), die Trennung zwischen Inhalt und Erscheinungsbild. Die **logische Auszeichnung** von Texten sorgt für eine klare Trennung zwischen der logischen Struktur und den verwendeten und austauschbaren typografischen Stilmitteln. Eine **physikalische Auszeichnung** des Textes würde direkt bei jedem ausgezeichneten Textteil die verwendeten typografischen Stilmittel festlegen.

Das Prinzip der logischen Auszeichnung von Texten beherrschen auch viele WYSIWYG-Programme, z.B. in Form von vordefinierten *Textstilen*. In LaTeX ist es jedoch konsequent zu Ende gedacht und bei mathematisch-naturwissenschaftlichen Publikationen stellt LaTeX heute einen De-facto-Standard dar. Neben der logischen Auszeichnung bietet LaTex auch einen extrem ausgefeilten Satz mathematischer Formeln und erzeugt insgesamt ein sehr hochwertiges und ausgewogenes Schriftbild. Eine umfassende Referenz zu Latex bietet das Buch von Mittelbach (2005).

5.7 Texte für elektronische Medien

Die elektronischen Medien haben unseren Umgang mit Texten maßgeblich verändert. Während Bücher als lange zusammenhängende Texte nach wie vor mit Freude akzeptiert werden, ist es dem durchschnittlichen Internetbenutzer schon zu viel, auf einer Webseite überhaupt über den ersten Bildschirminhalt hinaus nach unten zu scrollen. Steve Krug spricht in seinem Buch (Krug, 2006) vom sogenannten **Billboard Design** und meint damit, dass sich Texte im Internet eher an Plakaten orientieren sollten als an Büchern. Texte im World Wide Web müssen kurz, prägnant und strukturiert sein, denn was nicht in wenigen Sekunden gelesen ist, wird meist ignoriert. Dies hängt einerseits mit der generell sehr schnellen Bewegung des Lesers in diesem Medium zusammen, andererseits aber auch mit der immer noch unzulänglichen Darstellungstechnik des Bildschirms und den fehlenden physikalischen Qualitäten des Mediums Papier (Blättern, extrem hohe Auflösung und niedriges Gewicht ...). Es bleibt abzuwarten, ob elektronische Buchlesegeräte (eBooks), basierend auf sogenannter elektronischer Tinte, diesen Trend möglicherweise wieder umkehren.

Das World Wide Web stellt also zunächst einmal besondere Anforderungen an Inhalt und Struktur der dort verwendeten Texte: Neben der *Kürze* ist auch eine *klare Struktur* sehr wichtig. Diese ermöglicht nämlich eine effektive Gliederung und damit einen fast *wahlfreien Zugriff* auf verschiedene Teile des Textes. Diese Struktur muss nun typografisch auch klar kommuniziert werden: Gliederung durch Absätze und Zwischenüberschriften ist ein gutes Mittel, die innere logische Struktur zu transportieren. Zudem müssen z.B. nicht alle im Text verwendeten Begriffe vollständig erklärt werden, sondern es ist möglich, sie einfach mit einem Hyperlink zu ihrer Definition oder weiteren Informationen zu versehen. So kann der vorgebildete Leser einen Text schnell überfliegen, während ein fachfremder Leser die unbekannten Begriffe Schritt für Schritt explorieren und damit letztlich die gleiche Information aus mehr Text aufnehmen kann.

Bei der Verwendung von Texten im Internet ist außerdem auf die automatische Verarbeitung, beispielsweise durch **Suchmaschinen**, zu achten. Dies macht es in vielen Fällen sinnvoll, Textdokumente neben ihrem eigentlichen Inhalt auch mit strukturierten Informationen über das Dokument zu versehen (z.B. Autor, Erstellungsdatum, Gültigkeit, Schlüsselwörter, unter denen es gefunden werden soll). Diese sogenannten **Metadaten** stellen bei anderen Medientypen oft die einzige Möglichkeit für eine sichere Indizierung in Suchmaschinen dar, sind aber auch für Textdokumente wichtig, um beispielsweise inhaltlich passende, aber im Dokument so nicht vorhandene Suchbegriffe zu ermöglichen. Das in Kapitel 10 eingeführte HTML-Format sieht explizite Strukturen für solche Metadaten vor.

Zusammenfassung

Das Medium **Text** ist eines der ältesten Medien zur Speicherung und Übertragung von Informationen. Texte lassen sich auf verschiedenen linguistischen Ebenen beschreiben und analysieren. Um Texte im Computer verarbeiten zu können, müssen der verwendete Zeichensatz und die verwendete Codierung genau feststehen. Hierfür gibt es verschiedene Möglichkeiten. Um Texte am Bildschirm darzustellen, sind außerdem Beschreibungen für Schriftarten notwendig. Aus dem codierten Text und der Schriftart kann sodann eine Bildschirmausgabe gesetzt werden. Die **Mikrotypografie** beschreibt dabei die Eigenschaften und die Verwendung der einzelnen Buchstaben einer Schriftart. Die **Makrotypografie** befasst sich mit dem Satz ganzer Textseiten (Umbruch, Layout). Fertig gesetzte Texte lassen sich beispielsweise in der Sprache PostScript beschreiben. Die Erstellung von Textsätzen erfolgt entweder nach dem WYSIWYG-Prinzip oder durch automatischen Textsatz aus mit Anweisungen versehenem Quelltext. Dabei bietet das Prinzip der logischen Auszeichnung eine größere Flexibilität und Konsistenz in der Gestaltung. Texte für elektronische Medien müssen besonders knapp gehalten und gut strukturiert werden.

Übungen

Lösungshinweise

1. Auf wie viele Arten lässt sich der Satz *„Time flies like an arrow“* im Englischen syntaktisch korrekt ableiten?

2. Codieren Sie die Unicode-Zeichen x (U+0078), ä (U+00E4) und das Euro-Zeichen (U+20AC) in UTF-8!

3. In welchen Situationen, also z.B. auf welchen Ausgabegeräten, ist die Verwendung von Bitmap-Fonts heutzutage sinnvoll?

4. Schauen Sie sich eine Werbebroschüre Ihrer Universität, Schule oder Arbeitsstätte sowie deren Startseite im World Wide Web an und analysieren Sie jeweils die verwendeten typografischen Stilmittel (Schrift, Satzspiegel, Layout) sowie die Art der verwendeten Texte.

5. Eine Tag Cloud ist eine „Wolke“ aus kurzen Begriffen, die typografisch unterschiedlich gesetzt und nach bestimmten Kriterien zueinander angeordnet sind. So können beispielsweise in einem Text häufiger vorkommende Wörter groß und seltenere kleiner gesetzt sein. Das Layout minimiert dabei den gesamten Platzbedarf der Wolke. Die entstehende Visualisierung ermöglicht ein sehr schnelles Verständnis der für den Text wichtigen Begriffe. ▸Abbildung 5.14 zeigt ein einfaches Beispiel für eine Tag Cloud aus den Begriffen dieses Kapitels. Überlegen Sie sich Strategien zur Erzeugung von Tag Clouds und analysieren Sie die dabei zu lösenden Probleme.

Abbildung 5.14: Tag Cloud mit den Begriffen dieses Kapitels, generiert von wordle.net

Video

6

ÜBERBLICK

Einleitung

» Filme und Videos gehören zu den populärsten Medien. Ob im Kino, im Fernsehen oder auch im Web – Videos erreichen die Menschen und vermitteln auf vielfältige Weise Informationen und erzählen Geschichten. Das Prinzip von Filmen aller Art ist stets, dass Bildfolgen mit hinreichend vielen Bildern pro Sekunde gezeigt werden und dass beim Betrachter der Eindruck „bewegter Bilder" entsteht. Dabei spielt die Wahrnehmung eine entscheidende Rolle und bestimmt zum Beispiel, wie viele Bilder gezeigt werden müssen, damit ein ruckelfreier Eindruck entsteht. Je mehr Bilder gezeigt werden und je höher die Auflösung ist, umso höher wird auch der Speicherbedarf für Filme. Deshalb werden für digitale Filme effiziente Speichermethoden benötigt, die zum einen Informationen innerhalb der Einzelbilder komprimieren und zum anderen Redundanzen entfernen, die in Bildfolgen entstehen, bei denen sich die Inhalte von Bild zu Bild nur wenig verändern.

Der gesamte Prozess der Filmproduktion wird heute durch digitale Verfahren begleitet. Trotzdem müssen einige klassischen Regeln bei der Produktion beachtet werden, wenn ein Film seine Geschichte erfolgreich erzählen soll. Verschiedene Werkzeuge, Richtlinien und Abläufe können helfen, die Produktion digitaler Filme zielgerichtet und effizient zu planen und durchzuführen. Vor allem bei der Postproduktion gibt es die Möglichkeit, digitale Filme mit zahlreichen Verfahren zu bearbeiten und Effekte zu integrieren. «

Lernziele

In diesem Kapitel werden die Grundlagen **digitaler Filme** vorgestellt. Zunächst wird ausgehend von der menschlichen Wahrnehmung vermittelt, wie Filme überhaupt funktionieren. Anschließend werden Konzepte zur **Codierung** und **Kompression** eingeführt. Wesentliche Ideen, die in heutigen Verfahren, insbesondere MPEG-Verfahren, verwendet werden, sollen eingeordnet und bewertet werden. Darüber hinaus sollen die Schritte der Filmproduktion diskutiert werden. Dabei werden die grundlegenden Werkzeuge und Richtlinien von der Erstellung der Story über Kameraeinstellungen und Beleuchtung bis zur Postproduktion erklärt. Auf der Grundlage dieses Kapitels sollten Sie in der Lage sein, ein eigenes digitales Filmprojekt umzusetzen.

6.1 Filme werden digital

Bewegte Bilder üben eine besondere Faszination auf Menschen aus. Die ersten Bilder, die „laufen lernten", waren für viele Menschen etwas Magisches und als die ersten Kinos eröffneten, war das für die Zuschauer ein Erlebnis, das viele Erlebnisse des Alltags in den Schatten stellte. Die Funktionsweise von Filmen ist im Prinzip immer noch ganz ähnlich wie beim **Daumenkino**, das Mitte des 19. Jahrhunderts populär wurde (▶Abbildung 6.1). Dabei ist die Grundlage eine Sequenz von Einzelbildern, die sich jeweils nur geringfügig unterscheiden. Durch schnelles Betrachten der Einzelbilder nacheinander entsteht der Eindruck von bewegten Bildern.

Abbildung 6.1: Zeitgenössische Abbildung eines Daumenkinos oder Kineographen (Quelle Wikipedia)

Obwohl Filme und Videos heute zu unserem Alltag gehören, ziehen sie uns noch immer in ihren Bann. Selbst wenn in einer U-Bahn-Station oder einer Kneipe ein Video auf einem Monitor läuft, dessen Inhalt uns gar nicht interessiert, wird unser Blick auf diesen gerichtet und oft fragt man sich, warum man eigentlich hinsieht. Offensichtlich haben bewegte Bilder im Gegensatz zu statischen Bildern auf die menschliche Aufmerksamkeit eine fast magnetische Anziehungskraft.

Die Attraktivität von Filmen und Videos zeigt sich auch in der Mediennutzung im Alltag. **Fernsehen** und **Kino** werden viel stärker konsumiert als Printmedien und Bücher.

Der Wandel vom analogen Film zum digitalen Film ist weit mehr als nur der Wechsel des Datenträgers. George Lucas, einer der erfolgreichsten Produzenten und Regisseure Hollywoods, hat 1997 in einem Interview gesagt:

> *Digital Technology is the same revolution as adding sound to pictures and the same revolution as adding color to pictures. Nothing more and nothing less.*[1]

Für George Lucas wurde mit der Digitalisierung das Medium Film revolutioniert. Dabei wurde nicht nur der gesamte Entstehungsprozess verändert, auch die Möglichkeiten des Films sind neu und durch die Digitalisierung sind heute Filme möglich, wie es sie vorher nie gegeben hat. Das digitale Medium Film hat das gesamte Genre des Films nachhaltig verändert. Dies betrifft digitale Filme noch stärker als digitale Bilder. Ein einzel-

1 George Lucas im Interview der Zeitschrift Wired (5.02)

nes fotorealistisches Bild wäre auch mit klassischen analogen Methoden recht frei gestaltbar gewesen. Ein Kinofilm von 90 Minuten Länge, bei dem Farben verändert, neue Hintergründe oder Personen eingefügt oder komplette Szenen animiert werden, ist in fotorealistischer Qualität nur mit digitaler Technik machbar. In vielen professionellen Filmproduktionen sind z.B. die **digitale Nachbereitung** von Farben, die **Montage** von Vorder- und Hintergründen mittlerweile Standard, auch wenn es keine Science-Fiction-Produktion ist, bei der Außerirdische auf fremden Planeten dargestellt werden. So werden in vielen Filmproduktionen heute computergenerierte Hintergründe eingefügt und Farbtemperatur oder Kontrastanpassungen automatisch und digital durchgeführt.

Durch die Digitalisierung in der Produktion sind neue Effekte möglich und effizient und kostengünstig machbar. Die Produktion von Filmen wird meist in

- **Vorproduktion**,
- **Produktion**,
- und **Postproduktion**

eingeteilt. In allen Schritten der Verbreitung spielen digitale Techniken eine wichtige Rolle. Aber auch jenseits des eigentlichen Produktionsprozesses ist die Digitalisierung von Filmen wichtig: So werden Filme nicht nur direkt mit Digitalkameras aufgenommen, auf Speichermedien codiert und platzsparend komprimiert, sondern auch über digitale Formate verbreitet. Sie verändern somit auch das Konsumverhalten. In vielen Bereichen löst mittlerweile das Internet das Fernsehen ab. Analoge Videorekorder gehören der Vergangenheit an; digitale Speicherung auf Festplatten und die digitale Übertragung über Satellit oder DVB-T sind zum Standard geworden.

Wenn digitale Filme betrachtet werden sollen, dann sind eine Reihe unterschiedlicher Ebenen der Betrachtung relevant:

- Speicherung/Codierung,
- Filmproduktion in allen Schritten,
- insbesondere aber in der Postproduktion,
- Einbinden virtueller Gegenstände,
- Effekte,
- Komposition von Inhalten,
- Verbreitung, Digitales Broadcasting und Streaming.

Der letzte Punkt dieser Liste verweist auf die neuen Möglichkeiten der Verbreitung. Hier gab es in den letzten Jahren rasante Entwicklungen, die mit **Videoportalen** im Internet, **Video-Blogs** und **Video on Demand** herkömmliche Verwertungsketten des Fernsehens und der Kinos in Frage stellen. In diesem Zusammenhang deuten sich auch ökonomische und gesellschaftliche Veränderungen an, die die Medienlandschaft nachhaltig verändern könnten. Videobotschaften können an jedem Ort und jederzeit erstellt, veröffentlicht und überall auf nahezu beliebigen Endgeräten gesehen werden. Redaktionen und Medienanstalten verlieren dadurch an Einfluss. Wie in anderen Bereichen des Internets erschwert dies die Kontrolle und die Regulierung, ebenso wie die Qualitätssicherung.

Trotz aller Umbrüche beim digitalen Filmen gelten viele Regeln immer noch, die auch bei analogen Filmen schon eine Rolle gespielt haben. Um digitale Filme, deren Wirkung und Produktion zu verstehen, müssen deshalb auch folgende Punkte betrachtet werden:

- Wahrnehmung
- Gestalterische Kernelemente wie Genre, Story, Plot, ...
- Klassische Techniken: Schnitt, Bildführung, Beleuchtung

Dieses Kapitel stellt die wichtigsten Grundlagen des digitalen Films vor. Dabei soll von der menschlichen Wahrnehmung ausgegangen werden, um danach die technischen Grundlagen zur Codierung und Kompression von digitalen Filmen vorzustellen. Anschließend sollen die Besonderheiten des digitalen Produktionsprozesses beschrieben werden.

6.2 Wie aus Bildern Filme werden

Grundlage aller Filme – ob analog oder digital – ist die vermeintliche Wahrnehmung von Bewegungen, wenn wir rasche Folgen einzelner Bilder sehen, in denen Teile ihre Position oder Gestalt schrittweise verändern (▶Abbildung 6.2).

Abbildung 6.2: Einzelbilder einer Filmsequenz. Damit die Bewegung deutlicher wird, wird jeweils nur jedes fünfte Frame gezeigt (Ausschnitt einer Nachrichtensendung von Radio Bremen).

F

Der Eindruck einer **Bewegung** ist eine komplexe Leistung des Gehirns, das visuelle Eindrücke erfasst und bewertet. Dabei werden die Bilder, die das Auge wahrnimmt, nicht nur statisch analysiert, sondern es wird auch über die Zeit verglichen und ausgewertet, welche Komponenten eines Bildes gleich bleiben und welche sich verändern.

In einer natürlichen Umgebung nimmt das Auge kontinuierliche optische Reize wahr, das heißt, zu jedem beliebigen Zeitpunkt bildet sich ein neues visuelles Muster auf der Retina des Auges. Da die zeitliche Auflösung der visuellen Wahrnehmung nicht beliebig genau ist, reicht es, nur eine beschränkte Anzahl von Bildern pro Sekunde zu präsentieren, um den Eindruck eines kontinuierlichen Signals zu erzeugen. Unser Sehsystem hat eine zeitliche Auflösung von etwa 50 Millisekunden. Das heißt, ein Reiz muss so lange präsent sein, um bewusst wahrgenommen werden zu können.

Bei 18 bis 30 Bildern pro Sekunde liegt die **psychologische Grenze**, ab der der Eindruck einer kontinuierlichen Bildfolge entsteht.[2] Dies ist sowohl durch die Augen als auch durch die Verarbeitung der visuellen Informationen im Gehirn vorgegeben. Allerdings werden Filme mit weniger als 24 Bildern pro Sekunde als anstrengend empfunden. Dies liegt auch an der **physiologischen Grenze** für die zeitliche Auflösung, die durch die Sehzellen bedingt wird. Sie liegt bei 50–60 Bildern pro Sekunde und macht sich besonders bemerkbar, wenn das gesamte Bild in der Helligkeit zwischen hell und dunkel variiert. Dann wird ein **Flackern** oder **Flimmern** wahrgenommen. Bei 100 Hz wird auch dieses nicht mehr wahrgenommen und das Bild ist flimmerfrei und für Menschen nicht mehr von einem „echten" kontinuierlichen Sinneseindruck unterscheidbar.

Einhundert Bilder pro Sekunde markieren somit die höchste Qualität. Eine weitere Verbesserung ist nicht nötig. Aber auch schon unterhalb der eigentlich notwendigen etwa 20 Bilder pro Sekunde kann das Gehirn in Bildsequenzen Bewegungen wahrnehmen. So reichen schon 5 Bilder pro Sekunde, um Bewegungen zumindest anzudeuten. Unterhalb von 5 Bildern pro Sekunde geht der Bewegungseindruck verloren. Dann werden nur wechselnde Bilder erkannt.

Diese Prinzipien sind seit einiger Zeit bekannt und wie zu Beginn des Kapitels beschrieben, gab es schon vor zweihundert Jahren Daumenkinos, die den Effekt nutzen, um die Illusion bewegter Bilder durch die Betrachtung schneller Bildfolgen zu erzeugen.

Mit dem **Cinematograph** der Lumière-Brüder wurde 1895 das Kino geboren. Analoge Filme speichern viele Einzelbilder und Projektoren zeigen diese in schneller Sequenz.

Bei der Wahrnehmung von Bewegung spielen neben der schnellen Folge von Bildern, die das Auge erreichen, noch weitere Effekte eine Rolle. Da das Auge nicht überall gleich gut sieht, wird durch Augenbewegungen das Sehzentrum jeweils mit bewegten Objekten nachgeführt. Somit führen Bewegungen in einer Szene auch zu Bewegungen des Auges und wenn das nicht reicht, so muss zusätzlich auch der Kopf bewegt werden. In realen Umgebungen passiert dies ständig, da sich überall um uns herum Objekte oder Menschen befinden können. Im Film hängen diese Bewegungen von der Größe der Darstellung ab. Beim Betrachten eines Filmes auf einer großen Kinoleinwand sind mehr Augen und Kopfbewegungen nötig als bei Videos in einem kleinen Browser-Fenster. Deshalb **taucht** der Kinobesucher stärker in das Geschehen ein als ein Fernsehzuschauer, auch wenn beide den gleichen Film sehen. Diesen Effekt nennt man **Immersion** (siehe Kasten). Es gibt auch **Videobrillen**, die – vor den Augen getragen – einen Film auf einen großen Teil des Gesichtsfeldes projizieren. Einerseits ist damit die Immersion hoch, da außer dem abgespielten Film nichts anderes mehr wahrgenommen wird, andererseits fehlt die Möglichkeit, sich mit Kopfbewegungen im Film umzusehen, was den Eindruck weniger realistisch macht.

2 Bei 20 Bildern pro Sekunde müsste also alle 50 Millisekunden ein Bild gezeigt werden.

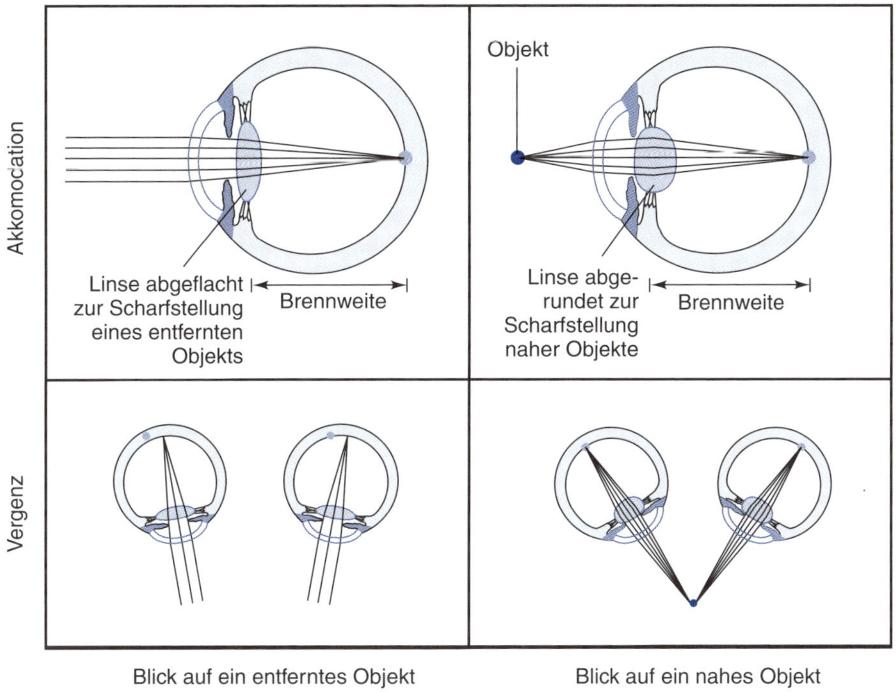

Abbildung 6.3: Akkomodation und Vergenz der Augen bei nahen und fernen Objekten

Immersion bei Digitalen Medien

Bei Filmen und anderen Medien können die Nutzer regelrecht in eine Szene eintauchen. Dieses bezeichnet man auch als Immersion. Dieser Effekt wird stärker, wenn unsere Wahrnehmung das Dargestellte möglichst realistisch verarbeitet. Die Größe der Darstellung beeinflusst, ob man sich in einer Szene umsehen kann und wie viel des Sichtfeldes eingenommen wird. In realen Szenen spielen für die Wahrnehmung von Bewegungen und von Objekten aber auch noch weitere Aspekte eine Rolle. Ein wesentlicher Aspekt ist, dass im Gegensatz zum Film unsere Welt dreidimensional ist. Das heißt, Objekte können sich auch im Raum bewegen und sich näher oder weiter weg vom Betrachter befinden. Je nachdem, wie weit weg ein Objekt ist, müssen die einzelnen Augen unterschiedlich fokussieren, also die Brennweite der Linse verändern, so dass das Objekt scharf gesehen werden kann. Außerdem muss das Augenpaar sich so ausrichten, dass die zwei Einzelbilder korrekt übereinanderliegen. Wenn die Augen etwas in höherer Distanz fokussieren, dann sind sie parallel ausgerichtet, wenn sie ein näheres Objekt fokussieren, dann sind sie mehr zueinander gerichtet (▶Abbildung 6.3).

Bei den meisten Videos und Filmen gehen diese dreidimensionalen Effekte verloren. Die Augen müssen stets auf die Projektionsebene, also die Leinwand oder den Monitor, fokussieren, unabhängig davon, wie weit die dargestellten Objekte vermeintlich sind. Durch die fehlende drei-dimensionale Information wird somit auch der Immersionseffekt vermindert. Darüber hinaus kann auch kein **stereoskopischer Effekt** entstehen, wenn beide Augen das gleiche Bild sehen.

Mit speziellen Techniken können wenigstens teilweise dreidimensionale Effekte erzeugt werden. Meist werden dazu zwei unterschiedliche Bilder für jedes Auge projiziert.

Neben der visuellen Wahrnehmung können aber auch andere Sinne eine Rolle spielen. Die Wahrnehmung von Bewegungen und Beschleunigungen, die durch den Gleichgewichtssinn vermittelt wird, fehlt z.B. bei Kamerafahrten. In Vergnügungsparks werden solche Bewegungen durch bewegliche Sitze simuliert, die durch Kippbewegungen Beschleunigungen vortäuschen. Dadurch wird die Immersion erhöht. Fehlende Bewegungswahrnehmung kann auch problematisch sein und in manchen Fällen sogar Übelkeit auslösen: Die sogenannte **VR-Sickness**[3] wird wie Seekrankheit empfunden und tritt auf, wenn Betrachter von schnell bewegten 3D-Szenen keine entsprechenden Sinneseindrücke von Ihrem Gleichgewichtsorgan empfinden. Dieser Widerspruch von Sinneseindrücken kann vom Gehirn nicht aufgelöst werden und löst Unwohlsein aus.

6.3 Digitalisierung und Codierung von Videos

Digitaler Film besteht aus einer Sequenz von digitalen Bildern. Die Einzelbilder haben in Filmen in der Regel innerhalb eines Filmes die gleiche Auflösung. Oft spricht man davon, dass die Bilder in **Zeilen** aufgebaut sind. Dies liegt an der Fernsehtechnik, bei der Bilder zeilenweise übertragen werden.

Jedes Bild hat ein bestimmtes Seitenverhältnis. Die meisten Filme sind breiter als hoch, da sowohl Fernseher als auch Kinoleinwände entsprechend an unser Sehfeld angepasst sind. Typische Seitenverhältnisse sind:

- **4:3** bei klassischen Fernsehern,
- **16:9** bei neueren Fernsehern und Kinofilmen.

Typische **Bildauflösungen** sind (Breite x Höhe):

- 720 x 576: voll aufgelöstes **PAL-Fernsehbild**,
- 1280 x 720: **HDTV reduziert**,
- 1920 x 1080: **volles HDTV**.

Beim neueren HDTV (high definition TV) werden zwei bis fünf Mal so viele Pixel pro Einzelbild benötigt wie beim klassischen PAL-Fernsehbild. Neben diesen Auflösungen von Videos, die sich an Fernsehgeräten orientieren, gibt es zahlreiche weitere Auflösungen. Im Web werden oft wesentlich kleinere Auflösungen gewählt,

3 VR steht für Virtual Reality. Darunter versteht man Verfahren, bei denen virtuelle dreidimensionale Szenen dargestellt werden, in denen sich Nutzer bewegen können. Diese Techniken werden in Kapitel 9 genauer beschrieben.

damit bei geringer Bandbreite Videos noch zügig übertragen werden können. In der professionellen Kinoproduktion werden bei der Aufnahme Kameras genutzt, die mit wesentlich höheren Auflösungen arbeiten (Profikameras haben 12 Megapixel und ca. 5000 x 2500 Bildpunkte). Wie bei digitalen Bildern können auch die Formate umgerechnet werden, wobei eine nachträgliche Verkleinerung der Bilder immer unproblematischer ist als eine Vergrößerung.

Analog zur digitalen Fotografie nehmen die meisten Kameras die Farb- und Helligkeitsinformation für jedes Pixel in drei RGB-Werten (Rot, Grün, Blau) auf. Die Kameras können sich in der **Farbtiefe** unterscheiden, die angibt, wie viele Bit für jeden dieser Werte zur Verfügung stehen. Typische Werte liegen bei 8 Bit pro Farbe, also 24 Bit pro Pixel.

Neben der Codierung in **RGB-Werten** findet man bei digitalen Videos oft auch die Codierung in Farbmodellen, die neben einem Helligkeitskanal zwei Kanäle für Farbwerte besitzen. In dem Kapitel zu Bildern (Kapitel 3) wurde das **YCrCb-Modell** vorgestellt. Solche Farbmodelle haben zum einen den Vorteil, dass der Y-Kanal direkt als Schwarz-weißkanal genutzt werden kann[4], und zum anderen können die beiden anderen Kanäle mit geringerer Auflösung codiert werden. Dies wurde entsprechend schon beim **Chroma-Subsampling** des **JPEG-Verfahrens** vorgestellt.

Mit digitalem Film können schnell sehr große Datenmengen entstehen. Ohne Kompression benötigt ein kurzer Film von 10 Minuten Länge bei einer Farbtiefe von 24 Bit (3 Byte), 25 Bildern pro Sekunde und voller HD-Auflösung über 86 Gigabyte Speicherplatz. Offensichtlich werden deshalb effiziente Kompressionsverfahren benötigt, um solche Datenmengen zu reduzieren.

6.4 Kompression von Videos

Unkomprimierte Videos können schnell sehr hohe Datenmengen zur Folge haben. Leistungsfähige Kompressionsverfahren sind deshalb wichtig. Dabei spielt nicht nur die Kompressionsrate eine Rolle. Besonders beim Abspielen sollte die Decodierung auch so schnell sein, dass alle Bilder in Echtzeit wiederhergestellt werden können. Ein zehnminütiges Video sollte sich auch in zehn Minuten decodieren lassen. Ansonsten müsste man vor dem Abspielen eines Filmes erst warten, bis das Video decodiert ist, dieses decodiert zwischenspeichern und erst dann könnte es angesehen werden. Sowohl das Warten als auch das Zwischenspeichern sind dabei problematisch. Das Komprimieren kann dagegen in der Regel länger dauern. Da Filme in der Regel nur einmal erstellt und dann öfter angesehen werden, ist es meist kein Problem, wenn das Komprimieren aufwändiger ist. Wenn allerdings schon bei der Aufnahme komprimiert werden soll, z.B. wenn eine Digitalkamera schon komprimierte Filme speichern soll, so muss in diesem Fall auch ein schnelles Kompressionsverfahren eingesetzt werden.

4 Diese Eigenschaft war bei der Einführung des Farbfernsehens wichtig, da somit gewährleistet werden konnte, dass ein Kanal immer noch ein Schwarzweißbild überträgt, so dass ältere Geräte nur diesen anzeigen müssen.

Offensichtlich gibt es je nach Anwendung unterschiedliche Anforderungen an Kompressionsverfahren:

- **Schnelle Decodierung**: Die Decodierung sollte in jedem Fall so schnell sein, dass sie auf dem entsprechenden Endgerät in Echtzeit abläuft.
- **Schnelle Kompression**: Bei direkter Kompression bei der Aufzeichnung von Filmen muss auch die Kompression in Echtzeit ablaufen. Dabei muss gegebenenfalls in Kauf genommen werden, dass weniger gut komprimiert wird.
- **Hohe Kompression**: Wenn genug Zeit zur Verfügung steht, können Filme aufwändiger komprimiert werden. Dabei wird das Volumen bei besserer Qualität stärker reduziert.

Es gibt zahlreiche unterschiedliche Kompressionsverfahren. Bei vielen Kompressionsverfahren gibt es zusätzliche Möglichkeiten, Varianten und Parameter zu wählen. Die **Codierer** und **Decodierer** müssen jeweils zusammenpassen. Sie werden typischerweise als **Codec** bezeichnet (engl. **Co**der/**Dec**oder). Insgesamt liegen allen Verfahren aber ähnliche Prinzipien zu Grunde und alle Verfahren kombinieren einige Basistechniken. Im Folgenden sollen diese Basistechniken zur Kompression vorgestellt werden. In der Regel kommen dabei **verlustbehaftete** Verfahren zum Einsatz, die oft mit **verlustfreien** Verfahren kombiniert werden.

Prinzipiell sind Videodaten vierdimensional:

- Sie besitzen zwei Bilddimensionen (Höhe und Breite),
- die Eigenschaften der Pixel (Helligkeit, Farbe)
- und die zeitliche Dimension.

Jede dieser Dimensionen bietet Ansatzpunkte für die Kompression.

6.4.1 Intra-Frame-Codierung

Als ersten Ansatz für die Kompression kann man zunächst die Zeitdimension ignorieren und die einzelnen Bilder betrachten. Hier lassen sich nun alle Verfahren anwenden, die auch bei der Kompression von Bildern verwendet werden. Man spricht dabei von einer **Spatial-** oder **Intra-Frame-Codierung**. Dabei wird innerhalb eines Bildes die **Redundanz** entfernt. Wie bei JPEG kann Chroma-Subsampling Helligkeit und Farbe unterschiedlich gewichten. Anschließend können die Einzelbilder in Blöcke zerlegt werden, eine DCT-Transformation durchgeführt werden und die resultierenden Koeffizienten neu quantisiert werden (s. Kapitel 3). Außer der diskreten Kosinustransformation können auch andere Transformationen wie diskrete Wavelet-Transformationen (DWT) eingesetzt werden.

Neben diesen schon bei der Kompression von Einzelbildern besprochenen Methoden gibt es weitere Ansätze, die bei einigen Kompressionsverfahren zum Einsatz kommen.

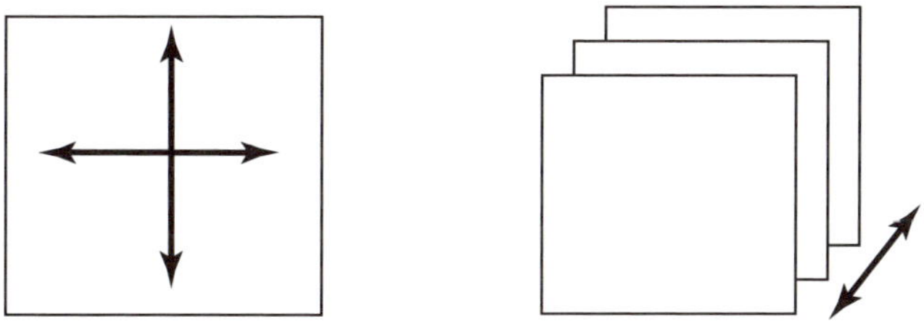

Abbildung 6.4: Bei der Intra-Frame-Codierung werden Redundanzen innerhalb von Einzelbildern gesucht. Bei der Inter-Frame-Codierung werden Redundanzen zwischen aufeinanderfolgenden Bildern gesucht.

Bei der **Vektorquantisierung** oder Blockcodierung werden nicht die einzelnen Pixel betrachtet, sondern innerhalb eines Bildes ähnliche Blöcke gesucht. Man kann ein Bild z.B. in 4x4 Pixel-Blöcke aufteilen und dann eine Liste solcher Blöcke anlegen. Wenn sich viele Blöcke sehr ähnlich sind, spart man dann Speicherplatz, wenn nur die Indizes dieser Blöcke und nicht die vier Pixel gespeichert werden müssen. Allerdings muss die Indextabelle mit den Blöcken zusätzlich abgelegt werden.

- Vorteile der Vektorquantisierung:
- Schnelle Decodierung
- Gute Kompression bei vielen ähnlichen Blöcken
- Nachteile der Vektorquantisierung:
- Aufwändige Codierung, da ähnliche Blöcke gesucht werden müssen. Zum Teil wird spezielle Hardware benötigt.
- Bei der Kompression ist es nicht besser als Verfahren, die auf DCT oder DWT basieren.

Bei der **konturbasierten Codierung** sollen nicht beliebige Blöcke gesucht werden, sondern Umrisse von Objekten erkannt werden. Dadurch sollen die Konturen und die Texturen, also Muster innerhalb der Konturen, getrennt werden. Die Konturen können dann z.B. als Linienzüge mit Beziér-Kurven beschrieben werden (s. Kapitel 7). Die Texturen lassen sich beispielsweise mit der DCT weiter komprimieren.

- Vorteile der konturbasierten Codierung:
- Umrisse von Objekten bleiben erhalten und werden durch die Kompression nicht unscharf.
- Es gibt keine Kompressionsartefakte an harten Kanten.
- Nachteile der konturbasierten Codierung:
- Extraktion von Konturen ist (noch) nicht effizient und zuverlässig möglich.
- Bisher ist die konturbasierte Codierung eher ein Forschungsthema.

Während die Vektorquantisierung in manchen Codecs eingesetzt ist (z.B. in Cinepak und Indeo), ist die konturbasierte Codierung zwar in MPEG-4 ansatzweise vorhanden, sie aber hat bisher noch keine praktische Relevanz.

6.4.2 Inter-Frame-Codierung

Im Gegensatz zur Intra-Frame-Codierung werden bei der **temporalen** oder **Inter-Frame-Codierung** Redundanzen zwischen zeitlich aufeinanderfolgenden Bildern gesucht. Dies ist naheliegend, da sich in der Regel zwei aufeinanderfolgende Bilder sehr ähnlich sind (Abbildung 6.2). Wäre dies nicht der Fall, dann könnte man keine kontinuierlichen Bewegungen sehen, sondern nur unstrukturiertes Flackern. Bei einer festen Kameraeinstellung kann sogar ein großer Teil zwischen zwei Bildern gleich bleiben. Bei einer Nachrichtensendung könnte z.B. ein Sprecher vor einem gleich bleibenden Hintergrund sitzen. In diesem Fall würde in einer Filmsequenz der gesamte Hintergrund über mehrere Bilder hinweg gleich bleiben. Nur die Bewegungen des Nachrichtensprechers würden in den Bildern zu Änderungen führen (▶Abbildung 6.5).

F

Abbildung 6.5: Unterschiede in aufeinanderfolgenden Bildern einer Filmsequenz. Die obere Reihe zeigt drei aufeinanderfolgende Einzelbilder einer Nachrichtensendung (Radio Bremen). Die untere Reihe zeigt für die zwei Folgebilder jeweils die Differenzen zum Vorgängerbild. Identische Bildanteile sind weiß, Unterschiede farbig codiert. Die größten Unterschiede sind schwarz dargestellt.

Das Konzept der **Differenzcodierung** (frame differencing) nutzt diese Eigenschaften aus, um Videos zu komprimieren. Die Idee dabei ist, dass nach einem Startbild nur noch die Differenzen übertragen werden. Da die jeweiligen Differenzbilder zum Vorgänger an sehr vielen Stellen keine Änderungen haben, haben viele Pixel den Wert 0. Da die vorhandenen Änderungen außerdem klein sind, ist zu erwarten, dass die Werte, die nicht 0 sind, zumindest klein sind. Solche Bilder lassen sich sehr gut auf einen Bruchteil der Größe reduzieren. Dabei können die Verfahren, die in Kapitel 3 eingeführt wurden, verwendet werden. Insbesondere kann man

- die Pixelwerte der Differenzbilder mit weniger Bit quantisieren,
- durch Entropiecodierung häufig vorkommende Werte effizient speichern,
- durch Lauflängencodierung Sequenzen sich wiederholender Werte effizient speichern.

Außerdem kann man wie bei der Einzelbildkompression die diskrete Cosinustransformation (DCT) oder andere Transformationen anwenden, statt der Pixelwerte die Frequenzkoeffizienten zu codieren. Da diese oft niedrige Werte besitzen, eignen sie sich zur Codierung.

6.4.3 Bewegungskompensation

Bei vielen Videos werden das ganze Bild oder Teilbereiche ganz oder teilweise in einer Sequenz verschoben. Im Fall eines Kameraschwenks wird z.B. der gesamte Bildinhalt eines Frames im nächsten Frame leicht versetzt sein. Im Fall bewegter Objekte verschieben Teile des Bildes ihre Position von Frame zu Frame (siehe auch Abbildung 6.2). Wenn große Teile eines Frames im nächsten Frame gleich, aber etwas verschoben sind, kann man dies ausnutzen und versuchen, herauszufinden, welche Teile verschoben sind. Wenn dies gelingt, muss man nur speichern, wie groß der Block ist und um welchen Betrag er in x- und y-Richtung verschoben wurde. Ein solches Verfahren kann man als **Block-Matching** bezeichnen.

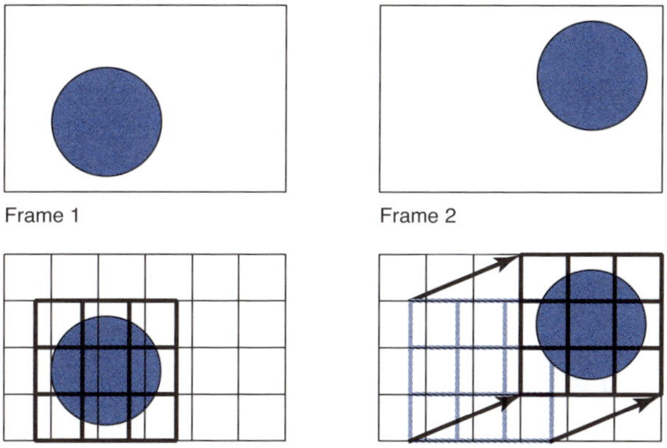

Abbildung 6.6: Codierung von bewegten Objekten mit Block-Matching. Obere Reihe: zwei stilisierte Frames eines Videos. Untere Reihe: Darstellung sich entsprechender Bildblöcke

▶Abbildung 6.6 zeigt ein stilisiertes Beispiel, bei dem zwei aufeinanderfolgende Bilder einer Filmsequenz (Frame 1 und 2) jeweils den gleichen Kreis zeigen, der aber über das Bild bewegt wurde. Mit einfacher Differenzbildung der Bilder würden in großen Teilen Änderungen auftreten, die codiert werden müssen. Wenn man aber nach gleichen Bildteilen in beiden Bildern sucht, so kann man, wie in der unteren Reihe des Bildes gezeigt, Blöcke finden, die im Ganzen verschoben wurden. In diesem Fall sind die neuen Bildblöcke in beiden Frames identisch und wurden um den gleichen Betrag und in die gleiche Richtung verschoben. Es würde also reichen, für diese Blöcke jeweils die Koordinaten und die Verschiebungsvektoren anzugeben. Je nach Blockgröße kann somit die zu codierende Information drastisch reduziert werden, ohne dass Verluste in der Darstellung auftreten.

In praktischen Anwendungen werden oft nicht wirklich identische Bildteile verschoben. Wie in Abbildung 6.2 zu sehen, ist das Feuerwehrauto zwar in den aufeinanderfolgenden Bildern sehr ähnlich, aber da es auf die Kamera zufährt, wird es mit der Zeit größer. Das heißt, beim Vergleich der Einzelframes werden zwar ähnliche, aber nicht völlig identische Bildteile gefunden. Trotzdem kann man das Prinzip des Block-Matching anwenden. Allerdings muss man zusätzlich die Unterschiede der Blöcke codieren. Dies geschieht, indem man wie bei der oben beschriebenen Differenzcodierung neben der Information über die Verschiebung der Bildblöcke zusätzlich die Differenzbilder auf den Bildblöcken codiert. Wenn die verschobenen Bildblöcke hinreichend ähnlich sind, werden diese Differenzen wieder entsprechend klein sein und die Codierung der Differenzen viel kompakter möglich sein als eine Codierung der ursprünglichen Bildinformation. ▶Abbildung 6.7 verdeutlicht dieses wiederum an einem stilisierten Beispiel, bei dem der verschobene Kreis zusätzlich etwas zusammengedrückt wurde.

Das Block-Matching-Verfahren zur Codierung eines Frames bei gegebenem Vorgängerframe kann somit zusammenfassend folgendermaßen beschrieben werden:

1. Suche zunächst möglichst ähnliche Blöcke, die im Vorgängerbild auch auftreten.
2. Codiere für jeden Block die Größe des Blockes und den Verschiebungsvektor.
3. Berechne die Differenzbilder für die verschobenen Blöcke und codiere diese z.B. analog zum JPEG-Verfahren.
4. Codiere entsprechend Schritt 3 auch alle Bereiche, für die keine verschobenen Blöcke gefunden wurden.

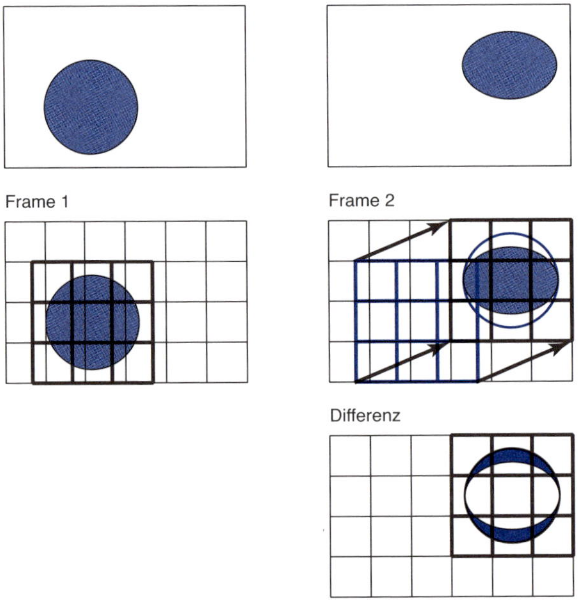

Abbildung 6.7: Block-Matching mit zusätzlicher Differenzcodierung, wenn die Blöcke nicht völlig identisch sind. Die unterste Zeile zeigt die Differenzinformation für die verschobenen Blöcke an.

Diese Skizze des Verfahrens lässt noch einige wichtige Fragen offen. Insbesondere ist das Finden passender Blöcke nicht ganz einfach. Insbesondere ist es sehr aufwändig, alle möglichen Kandidaten für passende Blöcke zu überprüfen. Es gibt eine Vielzahl verschiedener Verfahren, die sich in Qualität, Rechenzeit und Flexibilität unterscheiden. Einige Variationsmöglichkeiten sind:

- Wahl fester Blockgrößen oder variabler Blockgrößen. So kann man z.B. in hierarchischen Verfahren zunächst möglichst große Blöcke suchen und dann bei Bedarf schrittweise kleinere Blöcke suchen.
- Wahl des Qualitätskriteriums für passende Blöcke. Hier kann man z.B. einfach die mittlere Differenz der Pixelwerte eines Blockes zwischen Start- und Zielframe berechnen und dann ab einer festgelegten Grenze zwei Blöcke als passend akzeptieren.
- Bewegungsabschätzung und -vorhersagen können helfen, vorherzusagen, in welcher Richtung sich die Blöcke möglicherweise bewegen. Dies kann vor allem helfen, die Suche nach passenden Blöcken zu beschleunigen, da man sonst für jeden Block alle möglichen Positionen im korrespondierenden Frame untersuchen muss.
- Zur Abschätzung der möglichen Verschiebungen in Bildern existieren eine Vielzahl von speziellen mathematischen Verfahren, die z.B. auf der Basis des Frequenzspektrums eines Bildes und einem anschließenden Vergleich mit dem des Vorgängerbildes abschätzen, in welche Richtung das Bild oder Anteile davon verschoben wurden.[5]

In der Praxis wird Block-Matching bei vielen Kompressionsverfahren eingesetzt. Es zeigt sich, dass auch bei nicht perfektem Block-Matching die Fehler und damit die notwendige Differenzcodierung trotzdem hinreichend klein sind. Block-Matching wird z.B. in **MPEG-1**, **-2** und **-4**, **H.261-H.264** eingesetzt.

Exkurs MPEG und Videoformate

Bereits im Kapitel zum Thema Audio wurde die Motion Picture Expert Group (MPEG) erwähnt. Dieses internationale Gremium beschäftigt sich mit Standards für Videoformate. Dazu gehört auch die Codierung der Audiospuren, weshalb die MPEG bereits in Kapitel 4 genannt wurde.

Die MPEG ist Teil der International Standardization Organization (ISO). Seit dem ersten Treffen im Jahr 1988 wurden von ihr verschiedene MPEG-Standards vorgeschlagen, die in unterschiedlichen Systemen angewendet werden. Generell gilt für MPEG ähnlich wie für JPEG der Grundsatz, dass die Codierung asymmetrisch ist. Das heißt, dass in der Regel das Auspacken der Daten viel schneller geschehen soll als das Einpacken. Dies liegt vor allem daran, dass digitale Filme in Echtzeit decodiert und angezeigt werden sollen, so dass man beim Betrachten sofort mit dem Abspielen beginnen kann und keine Unterbrechungen durch die Berechnungen bei der Decodierung auftreten.

5 Beispiele für Algorithmen zur Bewegungsvorhersage sind **Gradient Matching** oder **Phase Correlation.**

Darüber hinaus wird bei MPEG-Standards im Wesentlichen festgelegt, wie der Decoder die Datenfolgen eines Videos interpretieren muss, aber nicht, wie und mit welchen Algorithmen der Encoder die Daten codiert. Damit können ganz unterschiedliche Codierer in einem Standard eingesetzt werden und auch noch nach der Standardisierung neue und bessere Encoder definiert werden. Solange sich die Daten nach der jeweiligen MPEG-Norm entschlüsseln lassen, ist der Encoder kompatibel mit der Norm.

Folgende MPEG-Standards wurden bisher definiert oder werden aktuell diskutiert:

MPEG-1 (ISO 11172, 1992): Video und Audio werden mit der relativ geringen Datenrate einer Audio-CD (1,8 Mbit/s, davon 1,25 Mbit/s Video + zwei Audiokanäle) codiert. Für solche Video-CDs müssen die Bildinformationen mit geringer räumlicher (bei PAL 352 x 288 Pixel) und zeitlicher Auflösung (nur 24–30 Hz) codiert werden. Das Audioformat beinhaltet auch der bekannte MP3-Layer.

MPEG-2 (ISO-13818 und ITU Rec. H.262, 1993): Format zur Übertragung von vollwertigen Fernsehsignalen. Es wird z.B. bei der Übertragung von digitalem Satellitenfernsehen (DVB-S), bei digitalem terrestrischem Fernsehen (DVB-T) und bei DVDs eingesetzt. Die Bandbreite liegt zwischen 2 und 80 Mbit/s und die Qualität ist skalierbar je nach verfügbarer Bandbreite. Ein Videosignal kann von bis zu fünf Audiokanälen begleitet werden.

MPEG-4 (ISO 14496, 2000): nutzt weitere und verbesserte Kompressionsverfahren. Es ermöglicht auch die Integration von Computeranimationen und Interaktionen. Der Decoder ist quasi ein Renderer, der dreidimensionale Strukturen mit Texturen darstellen kann. Darüber hinaus sind Mechanismen integriert, die digitale Copyrights verwalten können. Zum MPEG-4-Standard gehören auch die Verfahren H.263 und H.264, die 1995 und 2003 eingeführt wurden.

MPEG-7, MPEG-21 sind keine Kompressionsverfahren, sondern Multimedia-Beschreibungsstandards bzw. Framework-Definitionen, die über die Codierung von Videos hinausgehen. Ihre Bedeutung wird sich in zukünftigen Anwendungen beweisen müssen.

Wo ist MPEG-3? Ursprünglich war MPEG-3 als Standard für High-Definition-Fernsehen (HDTV) gedacht. Allerdings wurde dies schon von MPEG-2 hinreichend und vollständig abgedeckt, so dass die MPEG-3-Aktivitäten eingestellt wurden.

6.5 Digitale Filmproduktion

Die **Produktion** digitaler Filme ähnelt im Wesentlichen der Produktion analoger Filme. Insbesondere, wenn es um die grundlegenden filmischen Elemente geht, mit denen ein Film eine Geschichte erzählt, gelten viele Regeln des **klassischen Filmes**. Der grundlegende Unterschied bei der digitalen Produktion liegt darin, dass der gesamte Produktionsprozess von digitalen Methoden und Medien bestimmt wird. Diese setzen sich in allen Phasen der Filmproduktion durch. Typischerweise unterscheidet man drei Produktionsphasen:

- **Vorproduktion**
- Planung des Videos und Aufstellung der benötigten Ressourcen
- Festlegung der Länge des Videos
- Entscheidung, welche Musik und welche Sounds verwendet werden sollen
- Erstellung des Skripts oder Storyboards
- Auswahl des Kameratyps und des Mediums bzw. der Formate für das finale Video

- **Produktion**
- Drehen des Videos
- Beleuchtung
- Aufnahme der Audioteile
- Erstellen von Grafiken und Animationen
- Wichtig sind gute „klassische“ Kamera- und Soundtechnik (trotz aller Nachbearbeitungsmöglichkeiten sind diese immer noch essenziell).

- **Postproduktion**
- Schnitt, Montage, Einbindung von Effekten
- Codierung, Auslieferung (DVD, VHS, WWW)

Diese drei Stufen der Produktion sollen im Folgenden noch etwas genauer diskutiert werden, wobei speziell die digitalen Werkzeuge und Methoden im Vordergrund stehen sollen.

6.5.1 Die Story

Auch bei heutiger Digitaltechnik haben Videos einen erzählerischen Charakter. Eine Erzählung bedeutet, dass eine Kette von Ereignissen dargestellt wird, die Ursachen und Wirkungen in Raum und Zeit verknüpfen. Dabei werden die Begriffe **Story** und **Plot** unterschieden.

Definition: Story und Plot

Die Story in einem Film beschreibt alle Ereignisse der Erzählung, die entweder explizit gezeigt werden oder die Betrachter aus dem Kontext erschließen.

Der Plot beschreibt alles, was tatsächlich im Film sichtbar gemacht wird. Also insbesondere sind das alle Story-Bestandteile, die im Film gezeigt werden.

Offensichtlich gibt es Bestandteile der Story, die im Plot nicht gezeigt werden. Dies ist fast immer so, da Filme in der Regel die Story verkürzen. Ein Film kann quasi im Zeitraffer das Leben eines Menschen in 90 Minuten darstellen. Dabei werden notwendiger Weise Teile der Story nur angedeutet oder ganz ausgelassen. Beim Betrachten des Filmes machen wir aus dem Plot wieder eine Story. Dies geschieht ähnlich zu den **visuellen Gestaltgesetzen**. Wenn wir eine Reihe von kurzen Filmausschnitten sehen, in denen ein Zug fährt, so können wir uns schnell vorstellen, dass eine stundenlange Zugfahrt gezeigt wurde, obwohl nur einige kurze Einstellungen gezeigt wurden, in denen der Zug jeweils nur für wenige Sekunden zu sehen war. Wir ergänzen also die fehlenden Teile beim Betrachten zu einer gesamten Geschichte. Dies funktioniert aber nur dann, wenn bestimmte Regeln der **Kontinuität** eingehalten werden, auf die weiter unten noch genauer eingegangen wird.

Zum anderen können aber auch im Plot Bestandteile des Filmes auftauchen, die nicht direkt zur Story gehören. Beispielsweise kann eine Tanzszene in einem Musical dargestellt werden, obwohl sie nicht Teil der Story ist.

Bei der Erstellung der Story und des Pots müssen generell folgende Fragen geklärt werden:

- Was soll erzählt werden?
- Wie viel Zeit steht zur Verfügung?
- Welche Personen, Orte, Handlungen sollen gezeigt werden?

Darüber hinaus muss die **zeitliche Strukturierung** festgelegt werden. Die Story kann im Plot linear, also in der normalen Reihenfolge der Ereignisse, gezeigt werden. Es kann aber auch **Flashbacks** oder **Flashforwards** geben. Das sind Filmsequenzen, die Ereignisse zeigen, die entweder in der Vergangenheit oder erst in der Zukunft stattfinden werden. In manchen Filmen wird sogar die ganze Story rückwärts erzählt.

Außerdem muss neben der Reihenfolge der erzählerischen Elemente auch deren zeitliche Dauer und der zeitliche Rhythmus von Szenen definiert werden. Zur **rhythmischen Gliederung** eines Filmes bieten sich z.B. wiederholende Ereignisse an.

Um Story und Plot schriftlich festzuhalten, gibt es eine Reihe von zu erstellenden Dokumenten. Die wichtigsten sind das Drehbuch und das Storyboard.

Definition: Drehbuch und Storyboard

Das **Drehbuch** beschreibt: „Was wird erzählt?"

Es beinhaltet alle Dialoge, Regieanweisungen und Orte als lineare textuelle Beschreibungen.

Das **Storyboard** gibt Auskunft darüber: „Wie wird es erzählt?"

Es enthält detaillierte Skizzen des fertigen Films und zeigt für jede Einstellung, was zu sehen ist, und was passiert.

Einstellung	Skizze	Inhalt	Akteure	Zeit
2.3 Gespräch Mutter-Kind 1		Totale, Wohnzimmer, Dialog 13	Mutter, Kind	0:55
2.4 Gespräch Mutter-Kind 2		Medium Shot, Kind, „Nein ich will meine Suppe nicht essen", Dialog 14	Kind	0:10

Abbildung 6.8: Ausschnitt mit zwei Filmeinstellungen aus einem einfachen Storyboard

Bei der Erstellung von Drehbuch und Storyboard setzen sich immer mehr digitale Medien durch. Ein einfaches Storyboard kann z.B. mithilfe von Texteditoren als Tabelle erstellt werden (▶Abbildung 6.8). Professionelle Werkzeuge zur Erstellung von digitalen Storyboards ermöglichen vielfältige Verknüpfungen des Storyboards mit Planungswerkzeugen und dem Drehbuch. Sie lassen anstelle von einfachen Skizzen auch Animationen zu, so dass für jede Einstellung auch Kamerabewegungen und vereinfacht das Geschehen in der Szene visuell beschrieben werden können.

6.5.2 Planung und Material

Zu einer erfolgreichen Umsetzung eines Filmkonzepts gehört eine gute und sorgfältige Planung. Trotz vieler Möglichkeiten, später bei der digitalen Nachbearbeitung noch Fehler auszugleichen, ist es sinnvoll, schon bei der Planung an Probleme und Erfordernisse bei der Produktion zu denken. Bei rein digitalen Produktionen und Animationsfilmen lässt sich jeder Produktionsschritt auch später wiederholen. Wenn aber vor Ort reale Szenen aufgenommen werden, so sind spätere Aufnahmen meist nicht möglich.

Für komplexe professionelle Filmproduktionen arbeiten professionelle Filmcrews und Studios mit zahlreichen Spezialisten zusammen. Für eigene kleinere Filmproduktionen, bei denen nur wenige Beteiligte zusammenarbeiten, muss man in der Regel selbst dafür sorgen, dass alle wichtigen Punkte bei der Planung und vor Ort bedacht werden:

Kamera Heute haben sich digitale Kameras sehr stark durchgesetzt. Generell sollte man Rohmaterial immer in möglichst guter Qualität und unkomprimiert aufnehmen. Wie schon besprochen, ist die Kompression sehr aufwändig und kann von einfachen Kameras in Echtzeit nur mit deutlichen Qualitätseinbußen durchgeführt werden. Wie bei der digitalen Fotografie sollte man deshalb so lange wie möglich mit unkomprimiertem Material arbeiten.

Bearbeitung vor Ort Oft lohnt es sich, schon bei der Produktion einen Rechner mit gutem Monitor dabei zu haben, so dass man das Rohmaterial bereits testweise vor Ort bearbeiten kann und überprüfen kann, ob es sich für die Zwecke des Films eignet. Die in die Kameras eingebauten Monitore reichen oft nicht aus, um die Qualität des Materials zu bewerten.

Audioaufnahme Zu den meisten Filmen gehört auch Sound. Dazu werden entsprechende Mikrofone benötigt, die Sprache oder z.B. atmosphärische Geräusche aufnehmen. Wenn gleichzeitig gefilmt wird, darf das Mikrofon in der Regel nicht zu sehen sein. Außerdem sollte es für die Umgebung geeignet sein (z.B. wird bei viel Wind ein Windschutz benötigt).

Weiteres Material Neben klassischen Hilfsmitteln, wie Werkzeugen für Notizen (Stift, Papier, Notebook etc.) sind Marker (Post-It, Kreide, Klebeband) nützlich. Stative sind für Filmproduktionen fast immer unumgänglich, um Verwacklungen zu vermeiden. Je nach Szene werden außerdem für die Beleuchtung und Ausleuchtung Lampen, Reflektoren oder Schirme benötigt. Da bei digitalen Produktionen nichts ohne Strom funktioniert, sind ausreichend Ersatzbatterien und Verlängerungskabel nötig.

6.5.3 Kameraeinstellungen

Abbildung 6.9: Typische Kameraeinstellungen (v.l.n.r.): Weit, Totale, Halbtotale, Amerikanisch, Halbnah, Nah

Es gibt zahlreiche verschieden Kameraeinstellungen, die unterschiedliche Wirkungen erzielen und kommunikative Zwecke erfüllen können. Zu den typischen Einstellungen gehören:

- Eine **weite Einstellung** führt oft als **Establishing Shot** in eine Szene ein und zeigt die Umgebung der Szene.
- Die **Totale** zeigt die beteiligten Personen einer Szene mit erkennbaren Teilen der Umgebung.
- Die **Halbtotale** zeigt immer noch einen ganzen Menschen und eignet sich z.B. zur Darstellung von Gesten und Bewegungen.
- Als **Amerikanische Einstellung** wird eine Einstellung bezeichnet, bei der der Oberkörper mitsamt der Hüfte gezeigt wird.[6]

6 Die Einstellung wurde in Western populär, da hier der Held mit seinen Waffen gezeigt wird.

- Eine **halbnahe Einstellung** zeigt nur den Oberkörper.
- Eine **Nahaufnahme** (**Close-Up**) zeigt die Büste einer Person.

Neben diesen Beispielen klassischer Einstellungen gibt es noch viele weitere Differenzierungen, die von Detailaufnahmen über perspektivische Aufnahmen (z.B. **Over-the-Shoulder**) und Gruppenaufnahmen (z.B. **Two Shot**) zahlreiche mögliche Kameraeinstellungen zum Teil auch genrespezifisch beschreiben.

Als Auswahlkriterien gilt, dass jeweils die richtigen und wichtigen Informationen vermittelt werden sollen und die gewünschte Wirkung erzeugt werden soll. Dabei sollten etablierte Regeln so weit möglich beachtet werden, da sie auf Sehgewohnheiten eingehen

6.5.4 Beleuchtung

Die **Beleuchtung** einer Szene ist sowohl in der Fotografie als auch beim Film wesentlich für

- den **räumlichen Eindruck**,
- die **Stimmung** der Szene,
- die **Sichtbarkeit** und **Unterscheidbarkeit** von Objekten,
- die **Wirkung** von Bestandteilen der Szene.

Bei Aufnahmen bei Tageslicht ist meist ein bewölkter Himmel besser als grelles Sonnenlicht, da sonst die Kontraste zwischen hell und dunkel zu hoch sind. Mit Schirmen und Reflektoren können störende Effekte kompensiert werden. In Innenräumen ist eine klassische Ausleuchtung eine **Vierpunkt-** oder **Dreipunktausleuchtung**.

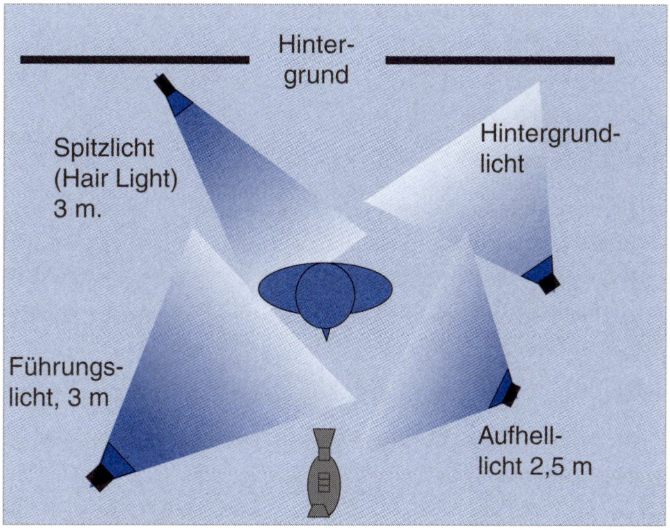

Abbildung 6.10: Aufbau einer Vierpunktausleuchtung

Dabei werden folgende Lichtquellen eingesetzt:

- Das **Führungslicht** beleuchtet die wichtigsten Objekte etwas schräg von vorn und oben. Es sollte nicht direkt von vorn kommen, damit der räumliche Eindruck betont wird. Es simuliert quasi die Sonne als natürliche Lichtquelle.
- Ein **Spitzlicht** von hinten erzeugt klare helle Konturen um die ausgeleuchtete Person oder das ausgeleuchtete Objekt. Es trennt somit Vordergrund und Hintergrund und schafft Raum.
- Ein **Aufhelllicht** mildert harte Schatten, die durch das Führungslicht entstehen. Um den Effekt des Führungslichts aber nicht ganz zu nivellieren, ist es schwächer als das Führungslicht.
- Das **Hintergrundlicht** beleuchtet hinter dem ausgeleuchteten Objekt den Hintergrund und vermeidet Schatten und sorgt damit für eine gleichmäßige Ausleuchtung.

Die Beleuchtung einer Szene im Film ist nicht nur wichtig bei der Ausleuchtung realer Szenen. Auch bei **animierten Filmen**, bei denen aus 3D-Modellen über Renderer Filmsequenzen erzeugt werden, ist die Ausleuchtung von entscheidender Bedeutung für den fertigen Film. Ebenso wie im realen Film müssen und können dort entsprechende Lichtquellen im virtuellen Raum positioniert werden. Bei der Mischung realer und animierter Anteile, z.B. wenn ein computergeneriertes Objekt in einen realen Film montiert werden soll, ist es wichtig, dass für die realen und die animierten Anteile, die später zusammen montiert werden, möglichst identische Beleuchtungs-Setups verwendet werden.

6.5.5 Kontinuität

Wie schon erwähnt ist **Kontinuität** ein ganz wichtiger Faktor bei Filmen. **Kontinuitätsfehler** beeinträchtigen die Möglichkeit beim Betrachter, aus dem gezeigten Plot wieder eine zusammenhängende Story zu rekonstruieren. Typische Fehler zwischen zwei Einstellungen sind:

- Objekte wechseln die Hand.
- Kleidung, Requisiten oder die Anordnung wechseln.

Abhilfe bei der Planung können detaillierte Angaben im Storyboard oder später beim Dreh ein „Kontinuitäts-Kontrolleur“ schaffen, der auf mögliche Fehler achtet. Auf alle Fälle ist eine gründliche Dokumentation nötig. Insbesondere wenn Einstellungen, die später hintereinander im fertigen Film vorkommen, nicht am gleichen Ort oder am gleichen Tag gedreht werden.

Einige weitere Richtlinien, die zur Wahrung der Kontinuität wichtig sind:

- **Aktionen** dürfen nicht doppelt auftreten,
- **Blickrichtung** muss beibehalten werden,
- **Bewegungen** von Objekten/Personen müssen in der Regel zwischen Einstellungen die gleiche Richtung haben (dürfen innerhalb der Einstellung die Bewegung ändern),
- **Grafische Kontinuität** (sanfter Übergang zwischen Einstellungen) muss stimmen, z.B. bei der Balance der Figuren, Symmetrie, Beleuchtung, Farben.

- **Rhythmus** muss zur Bildeinstellung passen: Daumenregel Einstellungen in der Totalen länger als Halbtotale länger als Close-Up …
- **Räumliche Kontinuität** (180°-Regel, siehe Kasten).

Exkurs 180°-Regel

Die sogenannte **180-Grad-Regel** soll sicherstellen, dass für den Betrachter die relativen Positionen von Objekten/Personen in einer Szene auch bei mehreren Kameraeinstellungen nacheinander erhalten bleiben. Dazu bleibt die Kamera stets auf einem gedachten Halbkreis von 180 Grad und wird nie auf der gegenüberliegenden Seite positioniert. Würde man die Kamera auf der anderen Seite der gedachten Achse positionieren, spricht man von einem **Achsensprung**. Dabei würden die gezeigten Personen plötzlich die Seite vertauschen, also die Person auf der rechten Seite wäre plötzlich links. Wenn man keinen solchen Achsensprung zulässt, ergeben sich stets konsistente Blickrichtungen, wobei der Betrachter immer auf der gleichen Seite der Szene bleibt.

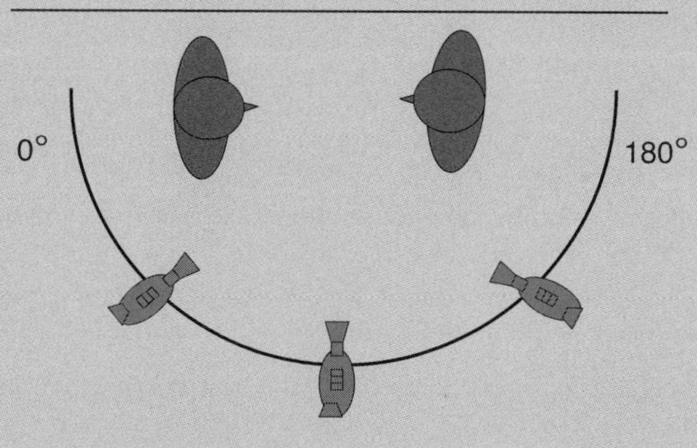

Abbildung 6.11: 180-Grad-Regel beim Film

Während eines Dialoges zwischen zwei Personen können dann die Kameras die gesamte Szene von vorn und die beiden Protagonisten jeweils von schräg vorne abbilden (▶Abbildung 6.11). Zwischen diesen Einstellungen kann im Dialog beliebig gewechselt werden, ohne dass die konsistente Perspektive verlassen wird.

Wie bei den meisten Regeln dieser Art kann es natürlich Ausnahmen geben, die jedoch nicht willkürlich, sondern mit Bedacht und abhängig von der Handlung eingesetzt werden sollten. Ein Beispiel für eine solche Abweichung wäre eine Kamerafahrt, bei der die Kamera um eine oder mehrere Personen herumgeführt wird. In diesem Fall wird die Konsistenz durch die kontinuierliche Kamerafahrt gewährleistet.

6.6 Postproduktion und Bearbeitung von digitalen Filmen

Bei vielen professionellen Filmproduktionen ist die **Postproduktion** der aufwändigste Teil der gesamten Produktion. Nachdem das Rohmaterial feststeht, beginnt oft ein umfangreicher Prozess, in dem der Film bearbeitet wird, Effekte integriert, verschiedene Teile in Szenen nachträglich montiert und Fehler korrigiert werden.

In einfachen Fällen, wie z.B. bei manchen Videoblogs, entfällt die Postproduktion ganz oder sie besteht nur in einem groben Schnitt des Rohmaterials.

Je mehr bei der Postproduktion mit dem Filmmaterial gemacht werden soll, umso wichtiger ist es, das Rohmaterial – in der Fachsprache oft **Footage** genannt – in möglichst hoher Qualität zu sichern, zu ordnen und so zu archivieren, dass alle benötigten Teile leicht wiedergefunden werden können. Damit man auch noch im Nachhinein Veränderungen durchführen kann, sollten auf alle Fälle alle Originale aufgehoben werden. Beim Speichern und Zwischenspeichern sollte kein Interlace-Format gewählt werden, da diese pro Frame nicht die vollständige Information beinhalten.

6.6.1 Schnitt und Bearbeitung

Beim **digitalen Filmschnitt** spricht man von **Non-Linear Video Editing (NLE)**. Dieser Begriff steht im Gegensatz zum linearen Bearbeiten von Filmen mit analogen Mitteln, bei dem man den Film linear von vorn schrittweise durch Ankleben von Filmsequenzen aufgebaut hat. Ein Rücksprung bei der Bearbeitung und eine Veränderung der schon editierten Teile ist in der Regel nur mit Aufwand möglich und ein Filmschnitt ist im Sinne des Wortes ein Schnitt, der nicht ohne Qualitätsverlust wieder rückgängig gemacht werden kann. Beim NLE kann man an beliebigen Stellen des Filmes Einfügungen und Schnitte durchführen und alle Aktionen rückgängig machen oder beliebig wiederholen. Dies ermöglicht viel mehr Freiheiten bei der Bearbeitung.

Es gibt zahlreiche NLE-Programme, die vom einfachen PC-Programm für Privatnutzer bis zu ausgefeilten Profi-Systemen, die eine Vielzahl zusätzlicher Hilfsmittel zum Schnitt und Bearbeitung von Filmen bereitstellen. Zu den typischen Eigenschaften solcher Programme gehören neben der Möglichkeit, Filmsequenzen zu schneiden und aneinander zu reihen:

- Definition mehrerer Audio und Videospuren, die überlagert, ein- oder ausgeblendet werden können
- Effekte für Übergänge, Titel, Animationen etc.
- Regler, um die Geschwindigkeit zu erhöhen oder zu verlangsamen

Neben dem Schnitt können Filme, die ja aus vielen Einzelbildern bestehen, ebenso wie digitale Bilder mit entsprechenden Programmen bearbeitet werden. Manche NLE-Systeme integrieren diese Möglichkeiten. Es gibt aber auch spezielle Systeme, die grafische Manipulationen erlauben, wie z.B.:

- Änderung der Histogramme, Kontraste, Farbsättigung etc.
- Skalierung, Verzerrung des gesamten Bildes oder von Teilen
- Ersetzen von Farben und Integration eines Alphakanals
- Filter wie Scharfzeichner, Weichzeichner und andere

Darüber hinaus können viele weitere Werkzeuge genutzt werden, um statische Grafiken, Animationen, Audio- und Textelemente in einen Film zu integrieren.

Bei der Gestaltung der Audiospuren ist besonders darauf zu achten, dass auch Sound **räumlich** angeordnet sein kann, was über Stereoeffekte, Verzögerungen und Filter (z.B. Dämpfung weiter entfernter Quellen) gesteuert werden kann. Außerdem müssen als Audioquellen gegebenenfalls **Sprecher**, **Atmo** (Umgebungsgeräusche) und **Musik** integriert werden. **Sound-Effekte** können je nach Genre zusätzlich eingesetzt werden.

Typischerweise werden beim Schnitt nicht immer nur ganz harte Schnitte eingesetzt, bei denen nach dem letzten Frame einer Szene direkt das erste Frame der nächsten Szene kommt. Übergänge helfen, die Geschichte zu erzählen. Dabei haben verschiedene Typen unterschiedlichen Charakter:

- Ein **direkter Schnitt** zwischen zwei Einstellungen markiert einen klaren Übergang innerhalb einer Szene.
- **Ein-** und **Ausblendungen** bewirken einen Theater-Effekt (wie wenn ein Vorhang fällt) und sind gut für Anfang oder Ende eines längeren Abschnittes, bei dem zwei Einstellungen deutlich getrennt werden sollen.
- **Überblendungen** suggerieren einen Wechsel von Ort und Zeit, je größer der Wechsel, desto länger der Übergang.
- **Wischer** sind Übergänge, bei denen quasi ein Bild das andere wegschiebt. Dabei gibt es zahlreiche Varianten: horizontale, vertikale und diagonale Wischer sowie Wischer von innen nach außen, als Uhr etc. Wischer sind als Übergänge eher unüblich und werden z.B. als humoristisches Element eingesetzt oder um räumliche/zeitliche Entwicklungen zu verdeutlichen (z.B. nach links/vorn/hinten).
- Weitere **spezielle Effekte** (wie Squeeze, Freeze Frame, Mosaic, Blur) bieten zahlreiche Möglichkeiten, die aber nur sehr sparsam eingesetzt werden dürfen. Es ist meist besser, einfache und klassische Schnitte einzusetzen.

Neben dem Schnitt des Filmmaterials müssen auch die Audiospuren geschnitten werden. Dabei werden oft Audioübergänge so eingesetzt, dass sie als Tonbrücken Videosegmente zusammenbinden. Dazu lässt man entweder die Audiospur der Nachfolgeeinstellung bereits kurze Zeit vor dem visuellen Schnitt anfangen (**J-Schnitt**) oder masn lässt die Audiospur einer Szene noch etwas weiterlaufen, nachdem der Bildschnitt schon stattgefunden hat (**L-Schnitt**). ▶Abbildung 6.12 verdeutlicht beide Möglichkeiten.

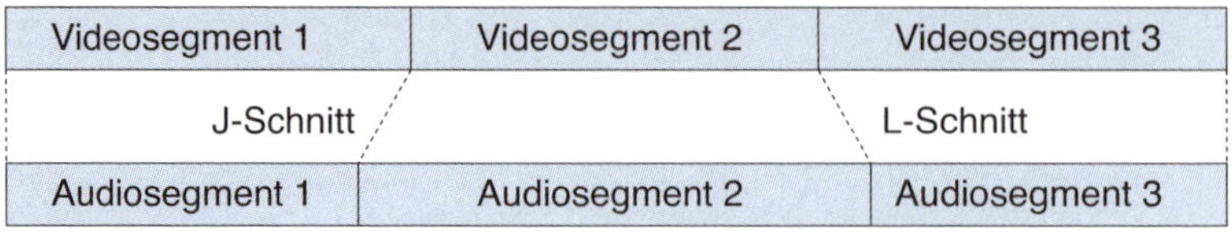

Abbildung 6.12: Verzahnung von Audio- und Videospur beim J-Schnitt und beim L-Schnitt

6.6.2 Grafik und Effekte

Neben eigenem filmischem Bildmaterial kann man in digitalen Filmen auch andere Quellen nutzen und diese einbinden:

- Bilder (+ Audio),
- Animationen,
- fremdes (Film-)Material,
- Material von Screen-Capture-Software.

Die Einbindung von solchen Elementen kann dazu dienen, nicht filmbares Material darzustellen, da es z.B. zu teuer wäre, an einem exotischen Drehort zu filmen, oder da es schlicht unmöglich ist, in einem Science-Fiction-Film Grenzen der Physik zu überwinden. In Dokumentationen oder Reportagen können auch Sachverhalte oder Daten illustriert werden. Ganz einfache grafische Elemente bestehen aus Texteinblendungen, die im Film oder als Vor-/Abspann eingefügt werden.

Solche grafischen Elemente können über verschiedene Techniken in einen Film eingebunden werden:

- als eigene Filmsequenz (z.B. eine Fotografie in einer Dokumentation),
- als Überlagerung über dem eigentlichen Film (z.B. bei Untertiteln oder beim Abspann),
- transparent überlagert (als spezieller Effekt),
- durch Überlagerungen über Chroma-Keying mit Green oder Blue Screen.

Chroma-Keying ist ein häufig eingesetztes Werkzeug in Film- und Fernsehproduktionen, bei denen Objekte oder Personen vor einen neuen Hintergrund gesetzt werden sollen. Dazu wird der Akteur zunächst vor einem einfarbigen Hintergrund gefilmt. Bei der Postproduktion wird nun der monochrome Hintergrund durch einen **transparenten Alphakanal** ersetzt. Eine zweite Videospur mit dem Hintergrund, vor dem der Akteur erscheinen soll, wird nun hinter die erste Videospur gesetzt und scheint durch den Alphakanal hindurch.

▶Abbildung 6.13 zeigt das Prinzip des Chroma-Keying. Beim Chroma-Keying werden typischer Weise einfarbige Hintergründe in den Farben Blau (Bluescreen) oder Grün (Greenscreen) verwendet. Beides sind Grundfarben des RGB-Modells und lassen sich leicht über die Farbwerte identifizieren (jeweils ein Farbwert – Grün oder Blau – ist hoch, die anderen niedrig). Dabei müssen die Toleranzen sorgfältig gewählt werden, damit nur der Teil des Bildes transparent wird, der auch dem Hintergrund entspricht.

Wenn Menschen im Vordergrund sind, sollte Grün oder Blau verwendet werden und nicht Rot, da die Haut viele Rottöne enthält. Außerdem sollte in der Kleidung nicht der Farbton des Hintergrunds vorkommen. Beispielsweise darf ein Schauspieler vor einem Greenscreen keinen grünen Pullover tragen, da dieser sonst transparent wird.

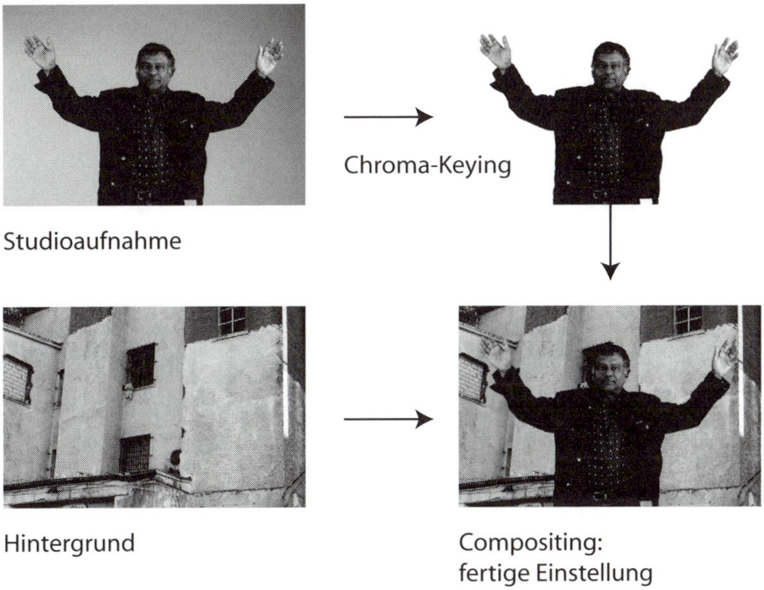

Abbildung 6.13: Prinzip des Chroma-Keying mit einem grünen Hintergrund (Greenscreen)

Neben dem Chroma-Keying gibt es weitere **Keying-Verfahren**, die aufgrund anderer Merkmale den Hintergrund vom Vordergrund trennen und durch einen transparenten Alphakanal repräsentieren. So können mit 3D-Verfahren z.B. alle Bildteile, die weiter hinten in der Szene liegen, identifiziert werden (Depth-Keying). Allerdings sind hierfür die 3D-Informationen, wie sie z.B. mit Hilfe von Stereokameras berechnet werden können, nötig.

Wenn verschiedene Teile in einem Film z.B. mit Chroma-Keying montiert werden, ist es wichtig, dass die einzelnen Komponenten der Szene zusammenpassen. Da die einzelnen Teile (Filme, 3D-Grafiken, Bilder etc.) meist unter unterschiedlichen Bedingungen erstellt wurden, kann es schnell passieren, dass die in einen Film montierten Objekte wie Fremdkörper aussehen. Deshalb ist es nötig, bei der Mischung von Szenen auf stimmige Beleuchtung, Anordnung, Perspektive, Fokus, Brennweite, Stimmung etc. zu achten. Wenn man z.B. einen Akteur bei Tageslicht vor einem Greenscreen etwas unscharf aufnimmt und dann vor einen gestochen scharfen Sonnenuntergang montiert, ist das Ergebnis wenig überzeugend. Fotografische Nachbereitung auf den Einzelbildern ist in diesem Fall nötig, um Histogramme, Schärfe und Helligkeiten anzugleichen.

6.6.3 Zielformat

Der letzte Schritt der Postproduktion ist die Wahl eines geeigneten **Zielformats** und die Speicherung des Films für die anschließende Auslieferung. Dabei ist zu klären, welche Medienplayer genutzt werden sollen, z.B. DVD-Player, Media Player auf einem PC oder eingebettete Medienplayer in einem Browser. Je nach verwendeten Decodierer des Medienplayer muss der Codierer entsprechend gewählt werden.

Die Kompressionsrate und der resultierende Speicher- bzw. Übertragungsbedarf werden durch die angenommenen Übertragungsraten bzw. Speichervolumen des Speichermediums bestimmt.

Bei Filmen, die online zur Verfügung gestellt werden, gibt es die Möglichkeit, Filme zu streamen, Sie werden dann in Echtzeit über das Netz abspielt. Alternativ kann man Filme zum Download anbieten, das heißt, der Film wird zunächst ganz heruntergeladen und erst anschließend abgespielt. Das Streamen bietet den Vorteil, dass das Abspielen eines Filmes sofort beginnt, aber es kann durch schwankende Bandbreiten passieren, dass der Film zwischenzeitlich unterbrochen wird, da die benötigten Frames nicht kontinuierlich in der nötigen Geschwindigkeit über das Netz gesendet werden. Beim Download muss man dagegen zunächst eine längere Wartezeit in Kauf nehmen, kann aber dann den Film komplett sehen und beliebig oft wiederholen. Allerdings besitzt der Nutzer dann auch eine Kopie, die er selbst beliebig nutzen kann. Für viele Autoren ist dies aus Gründen des Urheberrechts nicht erwünscht.

Die Geschwindigkeit, mit der ein Film zum Download oder zum Streamen übertragen werden kann, hängt zum einen von der verfügbaren Bandbreite der Netze (z.B. DSL, WLAN, ISDN) und zum anderen von der Leistungsfähigkeit des Servers ab. Wenn ein Server sehr viele Filme anbietet, kann auch bei großen Bandbreiten nicht jeder Film mit maximaler Geschwindigkeit über das Netz versendet werden.

Für Offline-Medien (z.B. DVD, CD) ist die Größe des Mediums ausschlaggebend. Auf einer DVD kann eine bessere Filmqualität als auf einer CD codiert werden. Wenn Filme z.B. als Zusatzmaterial auf einer Produkt-CD untergebracht werden sollen, müssen sie stärker komprimiert werden, als wenn sie auf einer DVD gespeichert werden können.

In vielen Fällen ist es sinnvoll, mehrere Versionen eines Films zu erzeugen. Bei Online-Medien kann man z.B. Filme für verschieden hohe zur Verfügung stehende Bandbreiten anbieten. Man kann auch Filme in verschieden hoher Auflösung zur Verfügung stellen, so dass man für einen kleinen Bildschirm (z.B. auf einem Smartphone) auch nur das maximal darstellbare Format laden muss.

Zusammenfassung

Digitale Filme und Videos haben als erzählerische Medien eine wichtige Bedeutung. Die Produktion von Filmen ist in allen Phasen durch digitale Formate und Techniken geprägt. Bei der Vorproduktion helfen Software-Werkzeuge, Skript und Storyboard zu erstellen, in der Produktion wird vor allem mit digitaler Technik gearbeitet und in der Postproduktion werden Filme auf vielfältige Weise be- und verarbeitet. Trotz aller digitalen Techniken gelten viele Grundsätze des klassischen Films auch heute noch. Kontinuität, gute Beleuchtung und Kameraführung sind einige Beispiele, die für die erfolgreiche Vermittlung einer Story durch einen Film wichtig sind.

Die **Codierung** und **Kompression** von Filmen ermöglicht es, bei hoher Qualität das Datenvolumen so gering wie möglich zu halten. Intra-Frame-Verfahren, die die Einzelbilder komprimieren, können mit Inter-Frame-Verfahren kombiniert werden, die Redundanzen zwischen aufeinanderfolgenden Bildern reduzieren. Beispiele für solche Verfahren sind das Speichern von Differenzbildern und das Block-Matching.

In verschiedenen **MPEG-Standards** sind Codierungs- und Decodierungsverfahren festgelegt, die solche Techniken nutzen. Dabei wird bei MPEG vor allem die Decodierung definiert, die besonders schnell gehen soll. Die Codierung darf dagegen mehr Zeit in Anspruch nehmen.

Übungen

WWW.PEARSON-STUDIUM.DE CWS COMPANION WEBSITE
Lösungshinweise

1. Erstellen Sie einen eigenen Film und planen Sie Vorproduktion, Produktion und Postproduktion.
2. Erstellen Sie ein eigenes Storyboard. Welche Teile der Story werden in den Plot aufgenommen? Welche Teile werden weggelassen?
3. Greenscreen/Bluescreen: Filmen Sie eine Szene vor grünem oder blauem Hintergrund und nutzen Sie eine Filmbearbeitungssoftware, um den Hintergrund gegen einen anderen auszutauschen.
4. Codierungsartefakte: Codieren Sie einen Film mit hoher Kompression und beschreiben Sie das Resultat. Welche Codierungsartefakte lassen sich auf welche Kompressionsverfahren zurückführen?

2D-Vektorgrafik

7

ÜBERBLICK

Einleitung

» Zeichnen und Malerei sind uralte Kulturtechniken. In Kapitel 3 haben wir gesehen, wie Bilder digital in Form von Pixeln dargestellt werden können. Dies ist für Fotografien, also abgetastete Abbilder der realen Welt, auch durchaus angemessen. Zeichnungen und gemalte Bilder lassen sich jedoch ihrem Ursprung nach grundlegend anders codieren, nämlich als Menge von Linien, Kurven, Flächen und Mustern, wie sie der Künstler gezeichnet bzw. angeordnet hat. Diese gezeichneten Elemente können selbst abgespeichert werden, ohne sie gleich in Pixel umzurechnen. Zur Darstellung werden dann quasi alle Pinselstriche wiederholt.

Mathematisch lassen sich Linien, Umrisse und Flächen in einer Ebene als Vektoren und Polygone in einem zweidimensionalen Vektorraum beschreiben. Ein so codiertes Bild heißt daher Vektorgrafik. Während ein abgetastetes Bild (Raster- oder Pixelbild) eine feste Auflösung besitzt und sich insbesondere nicht beliebig vergrößern lässt, ohne dass man irgendwann die einzelnen Pixel sieht, können Vektorgrafiken ohne Qualitätsverlust beliebig skaliert werden. Begrenzender Faktor ist dabei nur die Genauigkeit der Zahlendarstellung im zugrunde liegenden Computersystem.

Diese beliebige Skalierbarkeit macht Vektorgrafiken überall dort beliebt, wo es auf hohe Qualität ankommt. Beispielsweise sind die allermeisten Abbildungen dieses Buches als Vektorgrafiken erstellt. Der Speicherbedarf eines Rasterbildes wächst quadratisch mit seiner Kantenlänge in Pixeln, das heißt, ein Bild, das (bei gleichen Proportionen) doppelt so breit gedruckt werden soll, verbraucht viermal so viel Speicherplatz, wenn die gleiche Ortsauflösung erreicht werden soll (vergleiche hierzu auch Kapitel 3). Eine Vektorgrafik benötigt unabhängig von ihrer Darstellungsgröße stets den gleichen Speicherplatz, da sich lediglich Zahlenwerte ändern, jedoch keine neuen Elemente hinzukommen. «

Lernziele

In diesem Kapitel lernen Sie die grundlegenden Konzepte der **2D-Vektorgrafik** kennen. Anhand einer Verarbeitungskette werden wir sehen, welche Schritte zur Darstellung von Vektorgrafiken am Bildschirm nötig sind. Außerdem lernen Sie grundlegende **Animationsverfahren** und zwei offene und verbreitete Codierungen für Vektorgrafik jeweils mit konkreten Beispielen kennen.

Neben den bereits besprochenen Rasterbildern können grafische Ausgaben vor allem durch Vektorgrafiken erzeugt werden. Beziehen sich diese Grafiken auf eine zweidimensionale Ebene oder werden bei ihrer Erstellung keine dreidimensionalen räumlichen Berechnungen durchgeführt, so sprechen wir von 2D-Grafik. Einige der hier auftretenden Probleme (z.B. Rasterisierung, Clipping) sind genauso bei der 3D-Grafik zu lösen. Aus diesem Grunde wollen wir zunächst die 2D-Vektorgrafik mit ihren technischen Problemen und Vorgehensweisen betrachten und danach im nächsten Kapitel die für 3D-Grafik zusätzlich benötigten Techniken einführen. Bevor wir uns der Darstellung und Codierung von Vektorgrafiken widmen, sollen hier zunächst die mathematischen Grundlagen anschaulich formuliert werden.

7.1 Grundlegende Beschreibung von 2D-Vektorgrafiken

7.1.1 Koordinatensystem, Punkte und Geraden

Mathematische Grundlage jeder Vektorgrafik ist ein *zweidimensionaler Vektorraum*. Dieser verwendet in der Regel ein *kartesisches Koordinatensystem* mit linear gleich aufgeteilten Achsen, wobei die horizontale Bildschirmachse meist als X-Achse und die vertikale als Y-Achse bezeichnet wird. Jeder **Punkt** in diesem Vektorraum lässt sich somit durch seine *Koordinaten* (x,y) eindeutig beschreiben. Eine **Gerade** wird beschrieben durch ihren Start- und Endpunkt (x_1, y_1) und (x_2, y_2). Ein **Polygon** besteht aus mehreren Geraden, wobei jeweils der Endpunkt einer Gerade den Startpunkt der nächsten bildet. Ist der letzte Endpunkt gleich dem ersten Startpunkt, so ist das Polygon **geschlossen** und kann beispielsweise als Fläche gefüllt werden. Diese Konzepte sind in ▶Abbildung 7.1 nochmals im Koordinatensystem zu sehen.

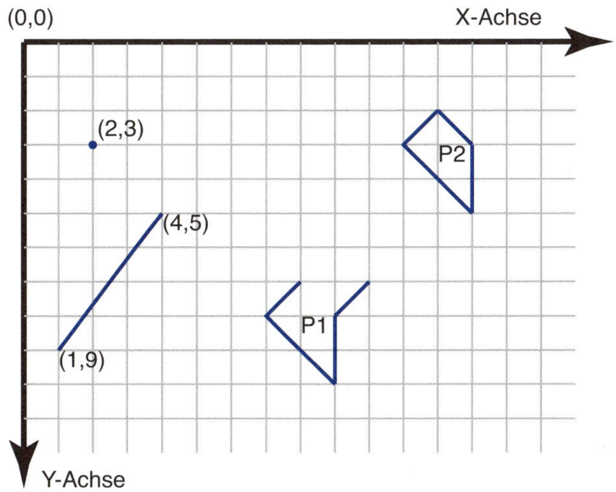

Abbildung 7.1: Zweidimensionaler Vektorraum mit Punkt (2,3), Gerade von (1,9) nach (4,5), offenem (P1) und geschlossenem Polygon (P2)

Beim Vektorgrafikformat SVG, das später in diesem Kapitel verwendet wird, liegt der Ursprung (0,0) des Koordinatensystems wie in Abbildung 7.1 und wie bei fast allen Rastergrafikformaten oben links, d.h., die Y-Achse verläuft in Richtung aufsteigender Werte nach unten. Beim PostScript-Standard liegt der Ursprung unten links, d.h., die Y-Achse verläuft nach oben.

7.1.2 Kurven

Neben Punkten, Geraden und Polygonen können auch komplexere Formen beschrieben werden: Ein Kreis ist beispielsweise eindeutig zu beschreiben durch seinen Mittelpunkt und Radius und **Interpolationskurven** werden durch ihre **Kontroll-** oder **Stützpunkte** beschrieben. Die Darstellung wirklich beliebiger Kurven ermöglichen die allerwenigsten Grafiksysteme. In der Praxis bieten sie meist eine anerkannt gute Annäherung mittels Interpolationskurven mit bekannter mathematischer Form, effizienten Berechnungsverfahren und vorhersehbarem Verhalten. Diese Kurven werden auch **Splines** genannt.

Exkurs **Interpolation ohne Computer**

Interpolationskurven, die man in Grafiksystemen häufig antrifft, werden dort Splines genannt. Der Begriff ist jedoch schon viel älter und kommt aus dem Schiffsbau, wo man lange vor dem Computer bereits in der Lage war, sehr harmonische und unter gewissen Bedingungen optimale Formen zu erzeugen. Zu diesem Zweck nahm man lange elastische Latten und fixierte sie an bestimmten Punkten. Diese Latten hießen im Englischen *Splines* und bogen sich gerade so, dass ihre durch die Biegung erzeugte innere Spannung minimal war. Dieses Verhalten wird durch die in der Computergrafik verwendeten kubischen Spline-Funktionen nachgeahmt.

Mathematisch gesehen ist eine Spline-Kurve n-ten Grades stückweise aus Polynomen maximal n-ten Grades zusammengesetzt. Für jedes dieser Segmente können nun bestimmte Randbedingungen angegeben werden, wie z.B. die *Steigung*, *Krümmung* und *Krümmungsänderung* (erste bis dritte Ableitung) an den beiden Endpunkten. In vielen Grafikprogrammen werden diese Eigenschaften durch *Kontrolllinien* angegeben. Dabei gibt die Richtung der Linien die Steigung an, ihre Länge die Steifigkeit der Kurve an dem Punkt und somit ein umgekehrtes Maß für die Krümmung (siehe ▶Abbildung 7.2). Mit solchen Spline-Kurven lassen sich sehr viele andere Formen recht genau annähern.

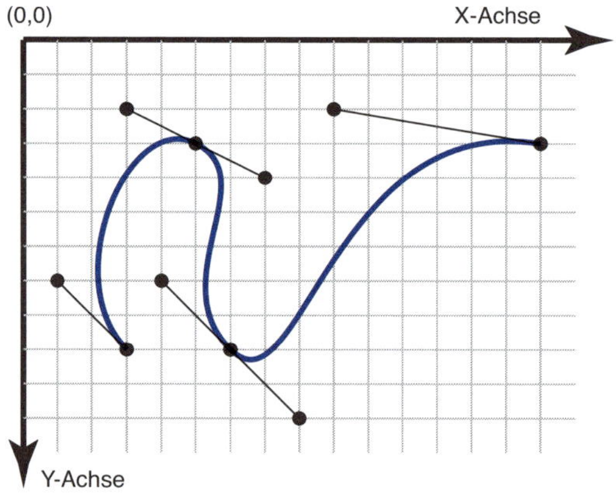

Abbildung 7.2: Eine Spline-Kurve mit Kontrolllinien an den Grenzpunkten zwischen ihren Segmenten

Eine besondere Familie von Interpolationskurven, die mittels der sogenannten Bernsteinpolynome konstruiert werden, sind die **Bézier-Kurven**. Die aus Bézier-Kurven zusammengesetzten Splines heißen **B-Splines**. Sie wurden unabhängig voneinander von Pierre Bézier bei Renault und Paul de Casteljau bei Citroën entwickelt, um harmonische Formen im Automobilbau mathematisch beschreiben zu können. Je nach Grad der verwendeten Polynome spricht man von Bézier-Kurven ersten, zweiten oder dritten Grades. Eine Bézier-Kurve n-ten Grades wird durch $n+1$ Kontrollpunkte beschrieben. Die Kontrollpunkte formen das **Stützpolygon**. Die Bézier-Kurve ersten Grades hat ein Stützpolygon aus zwei Punkten, ist also einfach eine Linie (siehe ▶Abbildung 7.3 links oben). Der Kurvenverlauf lässt sich mit dem **Algorithmus von Casteljau**, der in ▶Abbildung 7.3 rechts schematisch für eine Bézier-Kurve dritten Grades (**kubische Bézier-Kurve**) dargestellt ist, einfach rekursiv berechnen. Dieser Algorithmus arbeitet wie folgt:

Um die in Abbildung 7.3 gezeigte Kurve mit den Kontrollpunkten *P1* bis *P4* zu interpolieren, werden zunächst Punkte auf den Linien des Stützpolygons interpoliert[1]. Der Punkt *I1* wird dabei zwischen *P1* und *P2* interpoliert, der Punkt *I2* zwischen *P2* und *P3* und der Punkt *I3* zwischen *P3* und *P4*. Nun wird auf den Linien zwischen den interpolierten Punkten wieder interpoliert: *J1* wandert von *I1* nach *I2* und *J2* von *I2* nach *I3*. Auf der Linie zwischen *J1* und *J2* wird schließlich der Punkt *K* interpoliert, der die Kurvenposition an dieser Stelle beschreibt. Alle diese Interpolationen werden jeweils mit dem gleichen Interpolationswert i berechnet. So kann für jeden Wert von i zwischen 0 und 1 der Kurvenwert *K* berechnet werden. ▶Abbildung 7.3 zeigt die Konstruktion nach zwei Dritteln der Interpolation, also für $i = 0{,}66$.

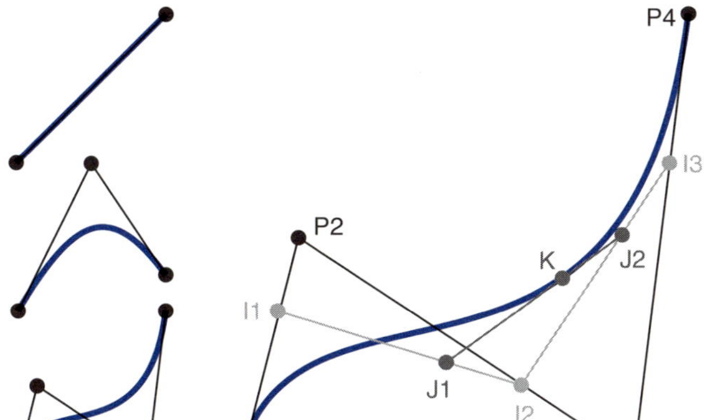

Abbildung 7.3: Links von oben nach unten Bézier-Kurven ersten, zweiten und dritten Grades, rechts eine Darstellung des Algorithmus von Casteljau

Aus solchen Segmenten lassen sich nun beliebig lange harmonisch gebogene Spline-Kurven zusammenbauen, indem man (beispielsweise durch Manipulation der Kontrolllinien) an allen Grenzpunkten sicherstellt, dass **Steigung** und gegebenenfalls auch **Krüm-**

1 Die lineare Interpolation B zwischen zwei Punkten A und C für einen Interpolationswert i zwischen 0 und 1 ergibt sich nach der Formel $B = (1-i)A+iC$.

mung der benachbarten Kurvensegmente übereinstimmen. Sind diese Kontrolllinien parallel, so ist auch die Steigung der Kurvenstücke (erste Ableitung) gleich. Sind die Kontrolllinien zusätzlich gleich lang (in entgegengesetzter Richtung), so stimmt auch die Krümmung (zweite Ableitung) überein und das Verhalten entspricht dem mechanischen Vorbild einer elastischen Holzleiste. In ▶Abbildung 7.2 sind alle diese Bedingungen gerade erfüllt.

7.1.3 Geometrische Transformationen

Innerhalb des Koordinatensystems können Punkte nun geometrisch transformiert werden, und damit auch Geraden, Polygone und Kurven, die ja alle durch Punkte beschrieben sind. So lassen sich alle diese Objekte z.B. von ihren ursprünglichen Koordinaten an neue Koordinaten verschieben. Die Klasse der **linearen Transformationen** ist dadurch gekennzeichnet, dass die neuen Koordinaten durch lineare Funktionen aus den alten Koordinaten hervorgehen. Die grundlegenden linearen Transformationen sind **Translation**, **Rotation**, **Skalierung** und **Scherung**. Eine Translation bedeutet, dass jeder betroffene Punkt um den gleichen Vektor (t_x, t_y) verschoben wird:

$$\begin{pmatrix} x_{neu} \\ y_{neu} \end{pmatrix} = \begin{pmatrix} x_{alt} \\ y_{alt} \end{pmatrix} + \begin{pmatrix} t_x \\ t_y \end{pmatrix} = \begin{pmatrix} x_{alt} + t_x \\ y_{alt} + t_y \end{pmatrix}$$

Eine Rotation um den Winkel α bedeutet, dass die jeweiligen Punkte um den Ursprung des Koordinatensystems rotiert werden:

$$\begin{pmatrix} x_{neu} \\ y_{neu} \end{pmatrix} = \begin{pmatrix} \cos\alpha & -\sin\alpha \\ \sin\alpha & \cos\alpha \end{pmatrix} \begin{pmatrix} x_{alt} \\ y_{alt} \end{pmatrix} = \begin{pmatrix} \cos\alpha x_{alt} - \sin\alpha y_{alt} \\ \sin\alpha x_{alt} + \cos\alpha y_{alt} \end{pmatrix}$$

Eine **uniforme Skalierung** bedeutet, dass die Koordinaten der jeweiligen Punkte mit einem konstanten Faktor multipliziert werden:

$$\begin{pmatrix} x_{neu} \\ y_{neu} \end{pmatrix} = s \begin{pmatrix} x_{alt} \\ y_{alt} \end{pmatrix} = \begin{pmatrix} s & 0 \\ 0 & s \end{pmatrix} \begin{pmatrix} x_{alt} \\ y_{alt} \end{pmatrix} = \begin{pmatrix} s x_{alt} \\ s y_{alt} \end{pmatrix}$$

Eine **nichtuniforme Skalierung** bedeutet, dass der Skalierungsfaktor für X- und Y-Achse verschieden ist:

$$\begin{pmatrix} x_{neu} \\ y_{neu} \end{pmatrix} = \begin{pmatrix} s_x & 0 \\ 0 & s_y \end{pmatrix} \begin{pmatrix} x_{alt} \\ y_{alt} \end{pmatrix} = \begin{pmatrix} s_x x_{alt} \\ s_y y_{alt} \end{pmatrix}$$

Bei einer Scherung entlang der X-Achse verändert sich die X-Koordinate auch in Abhängigkeit von der Y-Koordinate:

$$\begin{pmatrix} x_{neu} \\ y_{neu} \end{pmatrix} = \begin{pmatrix} 1 & m \\ 0 & 1 \end{pmatrix} \begin{pmatrix} x_{alt} \\ y_{alt} \end{pmatrix} = \begin{pmatrix} x_{alt} + m y_{alt} \\ y_{alt} \end{pmatrix}$$

Bei allen diesen elementaren Operationen lassen sich die neuen Koordinaten durch lineare Gleichungen aus den alten Koordinaten berechnen. Sie heißen daher **lineare Transformationen.** ▶Abbildung 7.4 zeigt die elementaren linearen Transformationen an einem konkreten Beispiel.

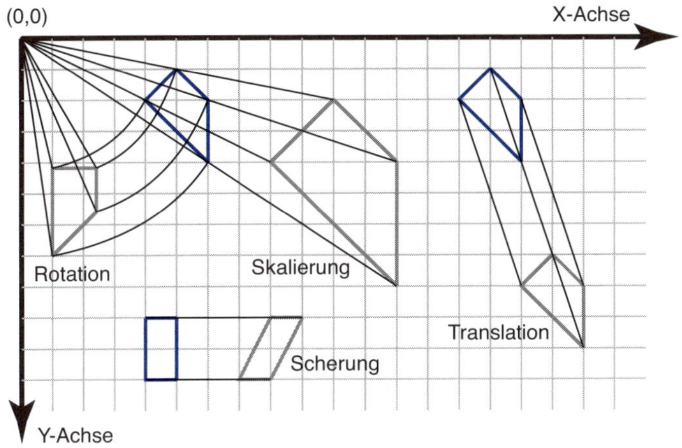

Abbildung 7.4: Die elementaren linearen Transformationen

Mittels der *linearen Transformationen* lassen sich auch andere und komplexere Transformationen ausdrücken. Eine **Spiegelung** beispielsweise ist eine Skalierung um den Faktor -1. Eine Rotation oder Skalierung um einen anderen Mittelpunkt als den Ursprung lässt sich dadurch erreichen, dass der gewünschte Mittelpunkt zunächst mittels Translation in den Ursprung verschoben, dort gedreht bzw. skaliert und danach zurück verschoben wird. Allgemein bezeichnet man als **affine Transformationen** alle Transformationen, die sich durch eine Kombination aus *linearen Transformationen* beschreiben lassen.

Alle Transformationen bis auf die Translation können als Matrixmultiplikation ausgedrückt werden. Da die Matrixmultiplikation assoziativ[2] ist, führt dies zu der angenehmen Eigenschaft, dass auch eine lange Kette von Transformationsmatrizen vorab zu einer einzigen Matrix kombiniert und dann in einem Schritt auf eine große Anzahl von Punkten angewendet werden kann. Es wäre also äußerst hilfreich, auch die Translation als Matrixmultiplikation ausdrücken zu können, um die Assoziativität ausnutzen zu können und nicht bei jeder Translation eine andere Berechnung auszuführen. Dies lässt sich durch Hinzunehmen einer dritten Dimension bei allen Berechnungen erreichen. Da dann alle Transformationen homogen als Matrizen darstellbar sind, spricht man hier von **homogenen Koordinaten**. Vektoren werden umgewandelt, indem als dritte Komponente eine 1 hinzugenommen wird. Matrizen werden in der dritten Zeile und der dritten Spalte mit jeweils zwei Nullen ergänzt und auf der Diagonale wird eine 1 hinzugenommen:

2 Für beliebige Matrizen A, B und Vektor x gilt: $A*(B*x) = (A*B)*x$

$$\begin{pmatrix} x \\ y \end{pmatrix} \Rightarrow \begin{pmatrix} x \\ y \\ 1 \end{pmatrix} \quad \text{sowie} \quad \begin{pmatrix} m_{1,1} & m_{1,2} \\ m_{2,1} & m_{2,2} \end{pmatrix} \Rightarrow \begin{pmatrix} m_{1,1} & m_{1,2} & 0 \\ m_{2,1} & m_{2,2} & 0 \\ 0 & 0 & 1 \end{pmatrix}$$

Damit lässt sich nun auch eine **Translation** als Matrixmultiplikation ausdrücken, und zwar wie folgt:

$$\begin{pmatrix} x_{neu} \\ y_{neu} \\ 1 \end{pmatrix} = \begin{pmatrix} 1 & 0 & t_x \\ 0 & 1 & t_y \\ 0 & 0 & 1 \end{pmatrix} \begin{pmatrix} x_{alt} \\ y_{alt} \\ 1 \end{pmatrix} = \begin{pmatrix} x_{alt} + t_x \\ y_{alt} + t_y \\ 1 \end{pmatrix}$$

Alle anderen Transformationen bleiben unangetastet und mit diesem Kunstgriff lassen sich nun beliebig lange Ketten von Transformationen jeweils auf eine einzige Matrix zusammenführen, was eine wesentliche Voraussetzung für den effizienten Umgang mit großen Mengen von 2D-Daten ist.

7.2 Die 2D Rendering Pipeline

Bei der Berechnung und Darstellung einer 2D-Vektorgrafik gibt es eine etablierte Abfolge von Arbeitsschritten, die sich als sogenannte Rendering Pipeline beschreiben lässt. Diese Pipeline ist in ▸Abbildung 7.5 dargestellt und die einzelnen darin enthaltenen Verarbeitungsschritte sollen in den nächsten Abschnitten näher erklärt werden.

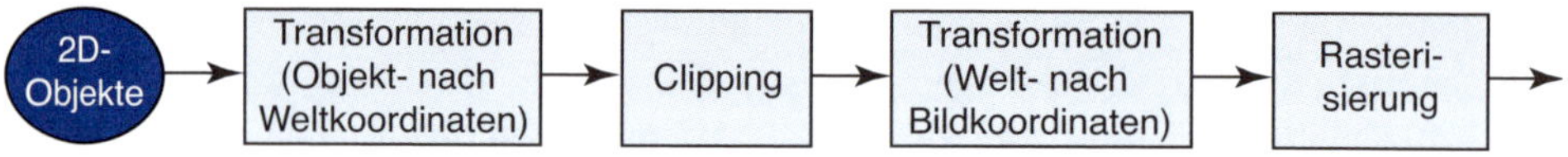

Abbildung 7.5: Die 2D Rendering Pipeline

7.2.1 Von Objekt- nach Weltkoordinaten: der Szenegraph

Alle oben eingeführten geometrischen Primitive (Geraden, Polygone, Kurven) sind durch Punkte beschrieben. Nun könnten theoretisch alle Formen, die nachher in der 2D-Grafik zu sehen sein sollten, gleich an den passenden Punktkoordinaten spezifiziert werden. In der Praxis sind die Objekte einer grafischen Szene aber meist hierarchisch organisiert, damit sie gemeinsam verschoben oder animiert werden können und damit Objekteigenschaften wie Strichstärke und Füllfarbe für ganze Gruppen gemeinsam festgelegt werden können. Um die oben eingeführten Transformationen effizient auf Objekte und Objektgruppen in der Szene anwenden zu können, werden diese im sogenannten **Szenegraphen** organisiert. Dieser Graph enthält an den Blättern geometrische Objekte, z.B. Polygone, und an den inneren Knoten Transformationen oder Gruppierungen. Im einfachsten Fall ist ein Szenegraph als Baum darstellbar. Werden jedoch Objekte oder Gruppierungen mehrfach verwendet, so verweisen mehrere darüber liegende Knoten auf den gleichen darunter liegenden Knoten. Aus dem Baum wird ein gerichteter azyklischer Graph. ▸Abbildung 7.6 zeigt einen Szenegraphen für ein Auto mit zwei Rädern, die jeweils die gleiche Geometrie verwenden.

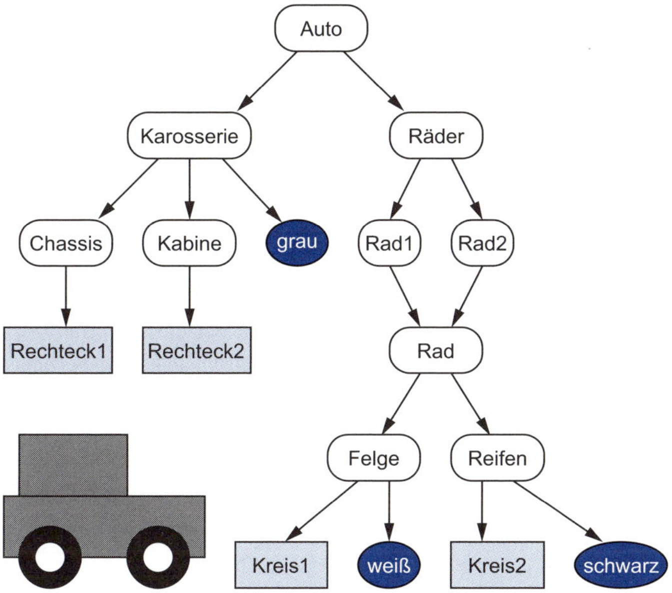

Abbildung 7.6: Szenegraph eines Autos mit zwei identischen Rädern

Durch die Mehrfachverwendung der gleichen Baugruppe für das Rad wird Modellierungsaufwand gespart. Das Rad wird aus Felge und Reifen im Ursprung modelliert und dann durch zwei verschiedene darüber liegende Transformationen an die beiden richtigen Positionen bewegt. Genauso teilt sich die Karosserie, bestehend aus zwei Teilen, den gleichen auf der Ebene darüber festgelegten Zeichenstil, so dass beispielsweise die Farbe des Autos auch durch eine einzige Änderung im Szenegraphen für alle Karosserieteile konsistent geändert werden kann. Der Szenegraph dient also nicht nur der kompakten Repräsentation der 3D-Szene, sondern auch ihrer logischen Strukturierung. Nichtgeometrische Eigenschaften wie Zeichenstile werden darin nicht aufmultipliziert, sondern vererbt.

7.2.2 Beschneidung von Polygonen: Clipping

Der zweidimensionale Vektorraum, der als Basis der Vektorgrafik dient, ist zunächst unendlich groß in alle Richtungen. Praktisch vorkommende Ausgabegeräte haben aber nur endliche Abmessungen und so ist immer nur ein Unterraum des gesamten Vektorraumes darstellbar. Prinzipiell wird zur Darstellung immer ein begrenztes Sichtfenster festgelegt. Solange alle beschriebenen grafischen Objekte nach ihrer Transformation in Weltkoordinaten innerhalb dieses Fensters liegen, können sie ohne Probleme dargestellt werden. Liegen Objekte komplett außerhalb, was sich durch wenige Vergleiche zwischen ihrem umschreibenden Rechteck und dem Sichtfenster sehr einfach feststellen lässt, so kann man sie bei der Darstellung einfach auslassen. Dies spart erheblichen Rechenaufwand in den nachfolgenden Schritten. Schwieriger wird es, wenn Objekte teilweise innerhalb und teilweise außerhalb liegen. In diesem Fall müssen sie beschnitten (englisch *to clip*) werden. Dieser Vorgang heißt daher **Clipping**. Das Clipping beliebiger Polygone lässt sich auf das Clipping von Linien zurückführen. Aus diesem Grund soll hier nur das Clipping gerader Linien an einem rechteckigen Sichtfenster besprochen werden. Ein klassisches Verfahren hiefür ist das *Line Clipping* von *Cohen und Sutherland*, das genau mit der gleichen Fallunterscheidung, aber auf Ebene der Linien, beginnt.

Gegeben sei eine Linie mit Start- und Endpunkten P und Q sowie ein Sichtfenster mit den Koordinaten x_{min}, x_{max}, y_{min} und y_{max}. Zunächst wird der gesamte Vektorraum in neun Teilbereiche unterteilt und jeder dieser Teile erhält einen 4 Bit langen Code, abhängig von seiner Position zum Sichtfenster (siehe ▶Abbildung 7.7). Dieser Code besteht aus 4 Bits, wovon die beiden vorderen angeben, ob sich die Region über (10), auf Höhe (00) oder unter (01) dem Sichtfenster befindet. Genauso geben die beiden hinteren Bits an, ob sich die Region links (01), auf Höhe (00) oder rechts (10) des Sichtfensters befindet.

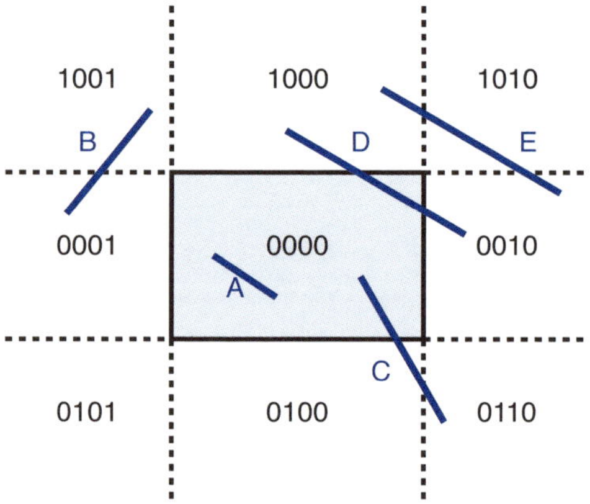

Abbildung 7.7: Line Clipping nach Cohen und Sutherland

Dem Start- und Endpunkt der zu beschneidenden Linie wird der Code des Teilraums zugewiesen, in dem er jeweils liegt. Dies lässt sich mit einfachen logischen Operationen und Vergleichen schnell berechnen. Nun kann ein einfacher Vortest ausgeführt werden, auf dem die Fallunterscheidung aufbaut:

- Die Codes von P und Q, mit bitweisem logischem Oder verknüpft, ergeben 0000: In diesem Fall liegen P und Q im Clipping-Fenster und die Linie wird komplett gezeichnet (siehe ▶Abbildung 7.7, Beispiel A).
- Die Codes von P und Q, mit bitweisem logischem Und verknüpft, ergeben nicht 0000: In diesem Fall liegen P und Q auf der gleichen Seite außerhalb des Clipping-Fensters und somit kann die gesamte Linie weggelassen werden (siehe Abbildung 7.7, Beispiel B).
- Falls der Code von P nicht 0000 ist, muss die Gerade – abhängig vom Code – mit den von dort aus erreichbaren Rändern des Sichtfensters geschnitten werden. Vom Feld 0010 aus ist beispielsweise nur der rechte Rand ($x = x_{max}$) zu erreichen (siehe ▶Abbildung 7.7, Beispiel D+E). Vom Feld 0110 aus sind der rechte und der untere

Rand ($y = y_{max}$) zu erreichen (siehe Abbildung 7.7, Beispiel C). Schneidet die Linie das Randsegment, so wählt man den Schnittpunkt S als neuen Wert von P.

- Falls auch der Code von Q nicht 0000 ist (siehe Abbildung 7.7, Beispiel D+E), muss die Gerade – abhängig vom Code – mit den von dort aus erreichbaren Rändern des Sichtfensters geschnitten werden. Schneidet die Linie das Randsegment, so wählt man den Schnittpunkt S als neuen Wert von Q.

Mithilfe dieser Tests lassen sich beliebige Linien so unterscheiden bzw. kürzen, dass sie nur innerhalb des Sichtfensters gezeichnet werden. Für die folgende Diskussion können wir daher immer von vollständig zu zeichnenden Linien ausgehen.

7.2.3 Von Welt- nach Bildkoordinaten

An diesem Punkt in der Verarbeitungskette wurden die darzustellenden Primitive bereits mithilfe des Szenegraphen an ihre jeweils richtige Position in Weltkoordinaten transformiert und im Clipping wurde die Darstellung auf ein definiertes Sichtfenster beschränkt, so dass alle grafischen Objekte außerhalb in den nachfolgenden Schritten nicht mehr auftreten. Das Sichtfenster ist jedoch noch in Koordinaten des zugrunde liegenden zweidimensionalen Vektorraumes definiert. Die verschiedenen Ausgabegeräte bringen letztlich aber wieder ihre eigenen Koordinatensysteme mit. Deshalb müssen die Koordinaten aus dem Sichtfenster (Weltkoordinaten) für jedes Ausgabegerät individuell in dessen Gerätekoordinaten (Bildkoordinaten) umgerechnet werden.

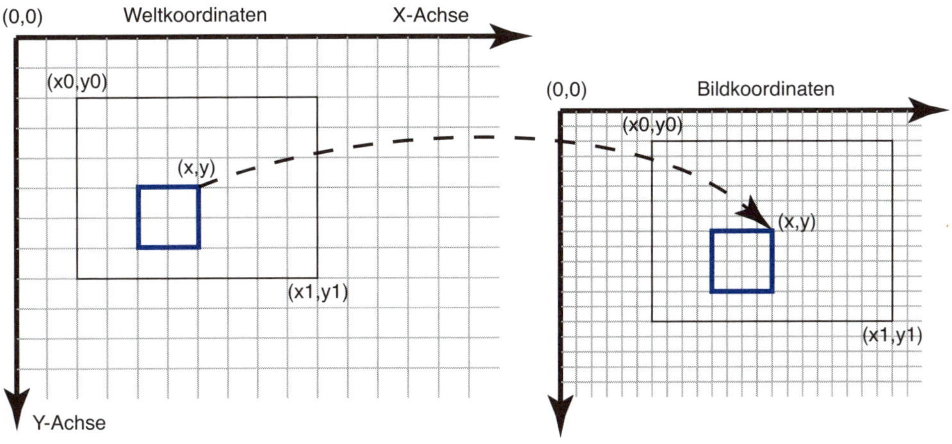

Abbildung 7.8: Transformation von Weltkoordinaten in Bildkoordinaten

▶Abbildung 7.8 zeigt diese Transformation. Die Umrechnung zwischen den beiden Koordinatensystemen geschieht mit folgender Formel, wobei die Indizes der Variablen angeben, ob jeweils von Welt- oder Bildkoordinaten die Rede ist:

$$x_{bild} = x0_{bild} + (x_{welt} - x0_{welt}) * (x1_{bild} - x0_{bild}) / (x1_{welt} - x0_{welt})$$

$$y_{bild} = y0_{bild} + (y_{welt} - y0_{welt}) * (y1_{bild} - y0_{bild}) / (y1_{welt} - y0_{welt})$$

Diese Formeln beschreiben eine Verschiebung des Ursprungs und eine Skalierung des gesamten Sichtfensters. So kann der Inhalt des Sichtfensters auf den gesamten Bildschirm oder aber auch nur in ein begrenztes Fenster des Betriebssystems transformiert werden.

7.2.4 Rasterisierung von Linien

Es gibt einige Ausgabegeräte, die Vektorgrafiken direkt darstellen können. Hierzu gehören z.B. Plotter, Fräsmaschinen oder auch Laserprojektionsgeräte. Für viele andere Ausgabegeräte, wie z.B. Bildschirm und Drucker, muss eine Vektorgrafik aber letztlich wieder in Pixel umgerechnet werden. Man nennt diesen Vorgang auch Rasterisierung, da die beliebig in der Ebene verlaufenden grafischen Objekte dabei in ein festes Pixelraster abgebildet werden. Diese Umrechnung ist nichts anderes als eine Abtastung des zugrunde liegenden Vektorraumes und somit gilt alles, was in Kapitel 2 über die Digitalisierung gesagt wurde, insbesondere die Ausführungen zur Abtastrate (Nyquist-Shannon Theorem) und zur Entstehung von Alias-Effekten. Die Abtastrate entspricht der Ortsauflösung des Pixelrasters in den beiden Raumdimensionen und die Abtastgenauigkeit der Farbtiefe des Pixelbildes.

Beginnen wir mit dem einfachsten Fall, der Rasterisierung von Linien in eine reine Schwarzweißdarstellung. Gezeichnet werden soll eine schwarze Linie auf weißem Grund. Nehmen wir ferner an, die Endpunkte der Linie seien schon in Pixelkoordinaten gegeben und die Linie sei länger in X-Richtung als in Y-Richtung, also der Betrag ihrer Steigung sei kleiner als 1 (im anderen Fall werden einfach die Rollen von X und Y vertauscht).

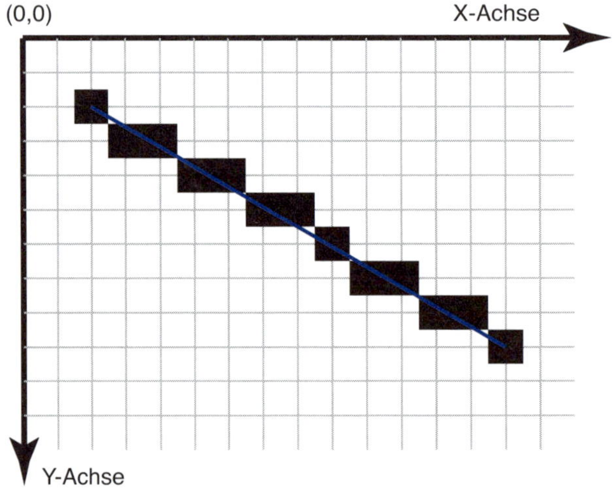

Abbildung 7.9: Rasterisierung einer Linie mit einem naiven Verfahren

Nun bestimmen wir die Steigung der Linie als $m=(y_1-y_2)/(x_1-x_2)$ und laufen in einer Schleife über alle x-Werte zwischen x_1 und x_2. Zu jedem dieser x-Werte berechnen wir den zugehörigen y-Wert als $y=round(m*(x-x_1))$, das heißt, wir nehmen jeweils das nächstgelegene Pixel in y-Richtung und färben es schwarz ein. Auf diese Weise erhalten wir aus der Linie in Vektorform ein treppenförmiges Muster aus schwarzen Pixeln im Pixelbild. Dieses naive Verfahren ist sehr rechenaufwändig (Multiplikationen und Rundung für jedes Pixel). Deswegen wurden verschiedene Algorithmen zu seiner Beschleunigung entwickelt. Der klassische Vertreter dieser Algorithmen ist der Algorithmus von **Bresenham**, der mit Vergleichen, Additionen und Bit-Verschiebungen auskommt:

Definition: Bresenham-Algorithmus

```
dx = xend-xstart; dy = yend-ystart
d = 2*dy - dx; DO = 2*dy; dNO = 2*(dy - dx)
x = xstart; y = ystart
SETPIXEL x,y
fehler = d
WHILE x < xend
      x = x + 1
      IF fehler <= 0 THEN
            fehler = fehler + DO
      ELSE
            y = y + 1
            fehler = fehler + dNO
      END IF
SETPIXEL x,y
END WHILE
```

Zudem wird statt für Schwarzweiß heute meistens für Graustufen- oder Farbdarstellung rasterisiert, wodurch sich eine visuell bessere Darstellung der Linie erreichen lässt. Unter Zuhilfenahme von Graustufen wird dabei der visuelle Eindruck einer idealen Linie im Pixelraster angenähert. Dadurch werden die oben aufgetretenen Treppenmuster, die letztlich **Aliasing**-Effekte sind, vermindert und visuell eine ideale Linie über die Pixelgrenzen hinweg angenähert.

Die Grundidee des Verfahrens besteht darin, zu jedem x-Wert nicht genau ein y-Pixel zu setzen, sondern mehrere umliegende Pixel in Abhängigkeit von ihrem Abstand zur idealen Linie heller oder dunkler einzufärben. Durch das höhere visuelle Gewicht der dunklen gegenüber den hellen Pixeln entsteht ein Linieneindruck, der zwischen den Pixelgrenzen hindurch verläuft. Der Algorithmus von Wu (siehe Literaturangaben am Ende des Kapitels) läuft ebenfalls über alle x-Werte und färbt dann immer die beiden Pixel der nächstgelegenen y-Werte ein. Je näher das Pixel an der idealen Linie liegt, desto dunkler wird es eingefärbt.

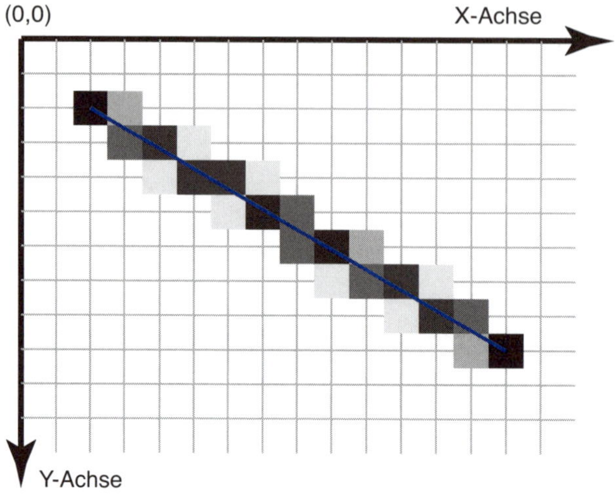

Abbildung 7.10: Rasterisierung einer Linie nach dem Algorithmus von Wu

Auf Basis dieser Algorithmen für gerade Linien lassen sich nun beliebige Polygone und insbesondere geometrische Primitive wie Rechtecke, Dreiecke etc. zeichnen. Die obigen Verfahren sind aber vom Prinzip her auch auf beliebige und insbesondere gekrümmte Linien anwendbar. Bresenham gab bereits eine Variante seines Linienalgorithmus für Kreise an, und auch die Graustufenverfahren können für andere Linienformen angepasst werden.

Bisher haben wir von Schwarzweiß- oder Graustufenausgabe gesprochen. Selbstverständlich lassen sich alle hier besprochenen Verfahren auch auf beliebige Farbdarstellungen verallgemeinern. Kapitel 3 geht im Detail auf Farbräume und Farbdarstellungen ein, so dass dies hier nicht wiederholt werden muss.

7.2.5 Rasterisierung von gefüllten Polygonen

Bisher haben wir nur über das Zeichnen von Linien gesprochen. Bei Polygonen wurde allerdings schon erwähnt, dass diese, sofern sie geschlossen sind, als Fläche gefüllt werden können. Wie lässt sich das bewerkstelligen? Es existieren viele hoch optimierte Verfahren zum Füllen von Polygonen, die teilweise auf besonderen Annahmen beruhen, jedoch meistens sogenannte **Scanline**-Algorithmen sind. Wir werden im Folgenden ein Verfahren kennenlernen, das beliebige Polygone, die auch konkav oder selbstüberschneidend sein dürfen, korrekt füllt. Um dieses Verfahren zu verstehen, wollen wir zunächst eine Vorüberlegung anstellen. Betrachten wir hierzu ▶Abbildung 7.11.

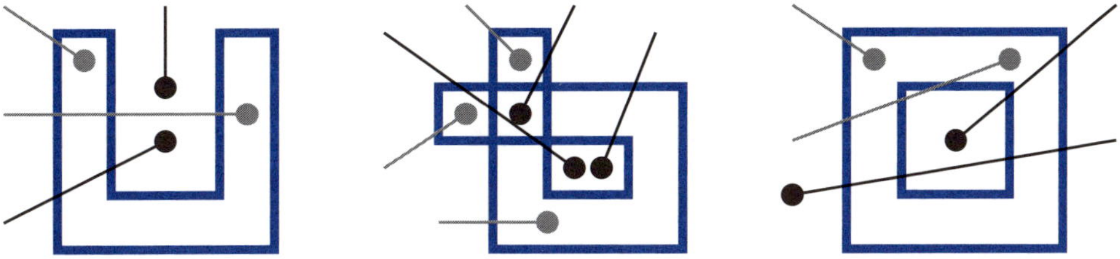

Abbildung 7.11: Parität verschiedener Punkte innerhalb und außerhalb von Polygonen: Schwarz bedeutet gerade und grau bedeutet ungerade Parität.

Wenn wir von einem beliebigen Punkt aus einen Strahl zum Rand des Zeichenbereiches schicken und dabei zählen, wie viele Polygonkanten er schneidet, dann definieren wir diese Anzahl der Schnitte als Parität dieses Punktes. Wenn wir die hier dargestellten Polygone betrachten, die ja sogar konkav, selbstüberschneidend oder mit einem Loch versehen sind, so stellen wir fest, dass Punkte mit gerader Parität (insbesondere auch mit Parität Null) stets außerhalb der Polygone liegen und Punkte mit ungerader Parität stets innerhalb. Für diese Unterscheidung ist es unerheblich, in welche Richtung der Strahl zur Berechnung der Parität gesandt wird. Insbesondere kann dieser Strahl auch entlang einer Pixelzeile verlaufen. Damit lässt sich für ein beliebig geformtes Polygon folgendes Verfahren durchführen:

- Bestimme für jede Zeile von Pixeln (Scanline) alle Schnittpunkte mit den Kanten des Polygons und sortiere sie aufsteigend nach der X-Koordinate.
- Ermittle für jedes Pixel innerhalb der Zeile seine Parität. Vor dem ersten Schnittpunkt haben alle Pixel die Parität Null und bei jedem Schnitt wird die Parität um eins erhöht.
- Färbe alle Pixel mit ungerader Parität mit der Füllfarbe ein.

Somit wird jedes im Inneren des Polygons liegende Pixel gefärbt und konkave und selbstüberschneidende Polygone werden korrekt behandelt. ▶Abbildung 7.12 zeigt die Anwendung des Verfahrens im Pixelraster. Eine ausführliche Diskussion von Rasterisierungsverfahren mit der Betrachtung vieler Sonderfälle findet sich in dem Buch von Foley (1996). Dort wird auch im Detail beschrieben, wie mit mehreren Polygonen und deren gegenseitiger Verdeckung verfahren wird. Da alle vorkommenden geometrischen Formen in einer Ebene liegen, genügt es zur Behandlung von Verdeckungen in der 2D-Vektorgrafik, alle Primitive einfach in der richtigen Reihenfolge zu zeichnen. Konzeptuell zuunterst liegende Objekte werden dabei zuerst gezeichnet, und die zuoberst liegenden zuletzt. Diese Vorgehensweise heißt **Painter's Algorithm**, da sie wie ein Maler gewissermaßen nacheinander Farbschichten auf die Leinwand aufträgt, von denen danach nur die zuletzt gemalte sichtbar ist.

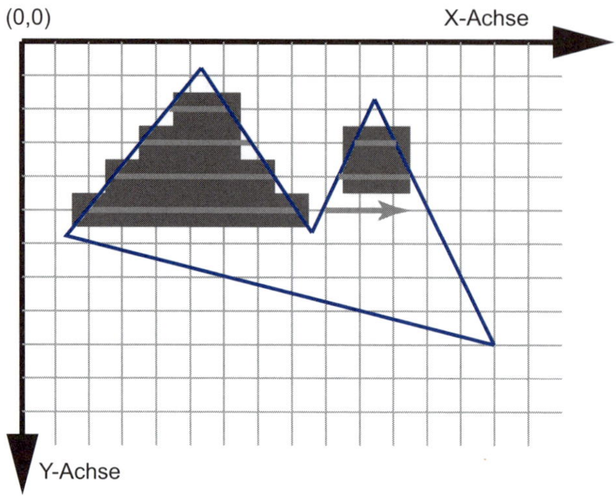

Abbildung 7.12: Ausfüllen eines Polygons mit dem Scanline-Algorithmus

7.3 Animation

Die Vektorgrafiken, die wir bisher besprochen haben, sind statisch, das heißt unveränderlich in der Zeit. Nun ist es am Computerbildschirm oder in anderen dynamischen Medien aber auch interessant, Grafiken darzustellen, die sich in der Zeit verändern. Bei Rastergrafiken wird dies dadurch erreicht, dass verschiedene Pixelbilder nacheinander dargestellt werden. Dies wird im Kapitel 6 zum Medium Video ausführlich besprochen. Bei Vektorgrafiken haben wir nun die Möglichkeit, nicht für jedes Einzelbild die komplette Grafik neu zu übertragen, sondern einfach nur anzugeben, welcher Vektor sich wie in der Zeit verändert. Die Rasterbilder zur Darstellung können dann zu jedem Zeitpunkt aus der Vektorgrafik und Bewegungsbeschreibung (ohne Qualitätseinbußen) neu berechnet werden. Diese Vorgehensweise nennt man **Computeranimation** (von lat. Anima: Seele, beseelt, belebt). Wenn wir die bisher besprochenen 2D-Vektorgrafiken animieren, so erhalten wir eine 2D-Animation. Sind die Grundlage 3D-Grafiken, so erhalten wir eine 3D-Animation, die mittlerweile auch die Basis für viele Kinofilme ist und in Kapitel 8 ausführlicher diskutiert wird. Viele grundlegende Prinzipien lassen sich jedoch schon anhand der 2D-Animation erklären.

Die offensichtlichste Animation betrifft die dargestellte Geometrie. Da alle geometrischen Figuren (Linien, Polygone, Kreissegmente, Splines) durch ihre Eck- oder **Kontrollpunkte** fest beschrieben sind, genügt es, diese Kontrollpunkte zu animieren. Auf diese Punkte können alle eingangs besprochenen Transformationen angewendet werden. Werden beispielsweise alle Eckpunkte eines Polygons um einen bestimmten Betrag verschoben, so verschiebt sich das gesamte Polygon in der Darstellung um diesen Betrag. Neben den Positionen der Punkte können aber auch andere Darstellungsparameter animiert werden, wie beispielsweise die Linien- oder Füllfarbe eines grafischen Objekts.

7.3.1 Keyframe-Animation

Die einfachste Art, eine Veränderung eines Parameters (Position, Farbe, ...) in der Zeit zu beschreiben, ist, dessen Wert zu zwei bestimmten Zeitpunkten anzugeben. Dies kann z.B. der Zeitpunkt 0 (= Start der Animation, Laden der Datei, Beginn der Darstellung o.Ä.) und ein weiterer Zeitpunkt danach (z.B. nach 10 Sekunden) sein. Zwischen diesen beiden Werten wird der Parameter dann innerhalb der Zeitspanne linear interpoliert. Diese einfachste Art der Animation ist auch schon die grundlegende Art, wie Animationen im SVG-Format, das wir weiter unten einführen, beschrieben werden können.

Die Vorgehensweise, Werte zu bestimmten Zeitpunkten, also für **Schlüsselbilder**, fest anzugeben und dazwischen zu interpolieren, heißt **Schlüsselbildanimation** oder **Keyframing**. Allgemein können dabei die Parameterwerte natürlich nicht nur für zwei, sondern für beliebig viele Zeitpunkte angegeben werden. Auf einer Zeitleiste werden hierfür sogenannte **Keyframes** definiert, in denen die Position bzw. Farbe eines Objektes fest definiert ist. In den Frames dazwischen wird der jeweilige Wert dann **interpoliert**. Hierbei können – je nach Animationssoftware – auch andere Interpolationsformen als lineare Interpolation eingesetzt werden, beispielsweise ein allmähliches Beschleunigen und Abbremsen (**ease-in** und **ease-out**) oder eine Interpolation mittels Splines. Bei einer Animation der Position befindet sich das Objekt dann an den Keyframes in der jeweils definierten Position und dazwischen an der jeweils interpolierten Zwischenposition. Bei Animationen der Farbe ist nicht a priori klar, in welchem Farbraum die Farbe interpoliert wird. Eine Interpolation von Rot nach Cyan würde beispielsweise im RGB-Farbraum über die Zwischenfarbe Grau verlaufen, im HSV-Farbraum entweder über Gelb oder über Violett. Nicht jedes Objekt einer Grafik muss in jedem Keyframe festgelegt sein. In der Praxis ist es sogar meistens so, dass für jedes Objekt eigene Keyframes definiert werden. Ein Beispiel für ein Animationswerkzeug, das mit **Zeitleiste** und Keyframes arbeitet, ist **Adobe Flash**, das in Kapitel 11 zum Medienengineering näher besprochen wird.

7.3.2 Andere Formen der Animation und Interaktion

Neben dem Keyframing können Animationen auch anders gesteuert werden: Eine Möglichkeit sind sogenannte **Partikelsysteme**, die mittels einer physikalischen Simulation die Animation vieler einzelner Objekte ermöglichen. Dies erspart es dem Autor, die Animation für jedes einzelne Objekt explizit anzugeben, und ermöglicht somit erst die Animation sehr vieler Objekte. In einigen Animationssystemen kann außerdem mittels Programmcode das Verhalten von Objekten bestimmt werden (**Scripting**). Diese Programmteile können entweder Simulationen berechnen, beispielsweise die Bewegungen der einzelnen Kugeln in einem Billard-Spiel, oder sie können auf Benutzereingaben oder externe Steuerungen reagieren und die animierte Grafik dadurch **interaktiv** machen. Dies ist insbesondere bei Flash und SVG der Fall. Beide können darüber hinaus auch Hyperlinks zu anderen Mediendateien lokal oder im WWW enthalten und lassen sich damit sehr flexibel einsetzen.

Eine historisch interessante Sonderform der Animation kann als Nebeneffekt bestimmter Bilddarstellungen erreicht werden. Wird ein Bild mittels einer Farbpalette dargestellt, wie z.B. im GIF-Format (siehe Kapitel 3), und sind die Palettenfarben im Bild passend verteilt, so genügt es, den Inhalt der Palette zu verändern, um im dargestellten Bild eine Animation der Farbe (und damit z.B. einen Bewegungseindruck) zu bewirken. Diese sogenannte **Palettenanimation** war sehr verbreitet zu einem Zeitpunkt, als die Veränderung des gesamten Bildinhalts noch zu rechenaufwändig war. Sie hat sich heute de facto erübrigt.

Weitere Formen der Animation wie *motion capturing* und *Skelettanimation* sind vor allem für die 3D-Grafik relevant und werden deshalb in Kapitel 8 kurz besprochen.

7.4 Codierung

Für die Codierung von Vektorgrafik gibt es keine medienspezifischen Kompressionsverfahren, die Eigenschaften der menschlichen Wahrnehmung ausnutzen, um die Informationsmenge zu reduzieren, wie dies beispielsweise bei Rasterbildern (JPEG), Video (MPEG) und Audio (MP3) der Fall ist. Allerdings bietet schon die Verwendung von Vektorgrafik an sich (zumindest ab einer gewissen Bildgröße) einen enormen Effizienzgewinn gegenüber Rasterbildern, da ja nicht jedes Pixel, sondern nur die zu zeichnenden grafischen Objekte spezifiziert werden. Zur weiteren Kompression können natürlich beliebige universelle Kompressionsverfahren eingesetzt werden. Die folgenden beiden Abschnitte beschreiben daher keine medienspezifischen Kompressionsverfahren, wie in den anderen Kapiteln, sondern lediglich zwei gängige Beschreibungssprachen für Vektorgrafiken, nämlich **PostScript** und das Format **Scalable Vector Graphics** (**SVG**).

7.4.1 PostScript

Die PostScript-Beschreibungssprache wurde ursprünglich 1984 von Adobe zur geräteunabhängigen Darstellung formatierter Texte entwickelt und kann außerdem auch Vektor- und Rastergrafiken beschreiben. Letzten Endes stellt sie sogar eine vollständige *Programmiersprache* dar, die *Turing-mächtig* ist, d.h. in der regelrechte Programme formuliert werden können. Noch immer benutzen viele Drucker, insbesondere Laserdrucker, den PostScript-Standard zur Beschreibung ihrer Ausgabe und auch alle Grafiken dieses Buches sind in einer Variante davon, dem Format **Encapsulated PostScript**, abgespeichert. Das Betriebssystem *NextStep* verwendete sogar eine Variante von PostScript für alle Bildschirmausgaben. Als Darstellungsformat am Bildschirm und im Internet wird PostScript jedoch mittlerweile von dem ebenfalls von Adobe entwickelten **Portable Document Format** (**PDF**) abgelöst, das eine deutlich bessere Kompression der Inhalte ermöglicht, dafür aber auf die Programmiersprachenelemente verzichtet.

Das von PostScript verwendete Koordinatensystem hat seinen Ursprung (0,0) in der unteren linken Ecke einer Seite. Die Einheit, in der Längen ausgedrückt werden, ist der *Punkt* aus der Drucktechnik (Siehe Kapitel 5). Innerhalb der Datei kann nun z.B.

zu einer neuen Position auf der Seite gesprungen werden und von dort aus zu einer weiteren Position eine Linie gezeichnet werden. ▶Abbildung 7.13 zeigt ein kleines PostScript-Programm mit der von ihm erzeugten Ausgabe.

```
%!PS
100 100 newpath moveto
100 200 lineto
200 200 lineto
150 250 lineto
100 200 lineto
200 100 lineto
100 100 lineto
200 200 lineto
200 100 lineto
stroke
showpage
```

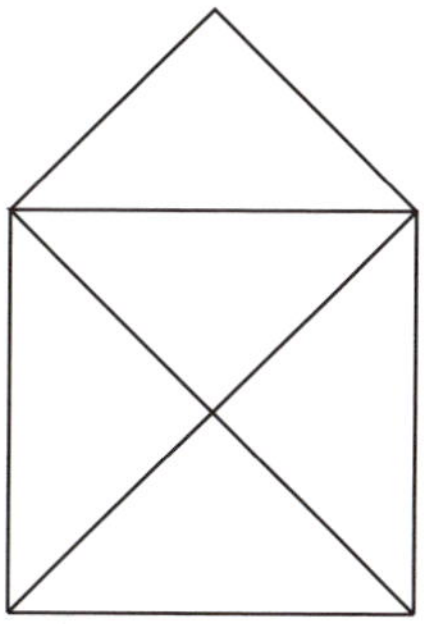

Abbildung 7.13: „Das ist das Haus vom Nikolaus" in PostScript

Jede PostScript-Datei fängt mit der Buchstabenkombination „%!" an. Danach wird in diesem Beispiel ein neuer Pfad angelegt, der an der Position (100,100) beginnt. Dann werden die Linien des Hauses nacheinander zu diesem Pfad hinzugefügt und dieser am Ende mit dem Stroke-Kommando gezeichnet und dann die Seite insgesamt angezeigt. In ähnlicher Weise können neben Linien und Polygonen auch Kreissegmente und kubische Bézier-Kurven gezeichnet und auch gefüllt werden. Wie dies im Detail funktioniert, lässt sich beispielsweise in (Klöckl, 1995) nachlesen. Die Textelemente in PostScript werden in Kapitel 5 behandelt.

7.4.2 Scalable Vector Graphics (SVG), statisch

Ein Vektorgrafikformat, das explizit für den Austausch skalierbarer Grafiken im Web definiert wurde, ist das vom **World Wide Web Consortium** (**W3C**) standardisierte Format **Scalable Vector Graphics** (**SVG**). Dieses Format verwendet *XML* als Basis und wird von vielen Web-Browsern in unterschiedlichem Umfang unterstützt. Es ermöglicht, die in diesem Kapitel besprochenen und weitere Vektorgrafikelemente (Geraden, Polygone, Kurve, Kreissegmente, Splines, als Linien und gefüllt) farbig darzustellen und auch zu animieren. Die von SVG verwendete **XML-Syntax** wird in Kapitel 10 besprochen. Leser dieses Buches können entweder die entsprechenden Teile aus Kapitel 10 schon jetzt vorweg nehmen oder sich auf ein intuitives Verständnis der Codebeispiele in diesem Kapitel verlassen.

Das von SVG verwendete Koordinatensystem hat seinen Ursprung (0,0) in der oberen linken Bildecke. Alle Positionen werden in einem User-Koordinatensystem angegeben, das als Voreinstellung mit dem Pixelkoordinatensystem des gerade verwendeten Ausgabemediums zusammenfällt. Das User-Koordinatensystem kann explizit geändert werden, aber solange es nicht geändert wird, hat ein Liniensegment der Länge 100 auf dem Bildschirm auch die Länge von 100 Pixeln. ▶Abbildung 7.14 zeigt eine einfache SVG-Datei mit der von ihr erzeugten Ausgabe.

```
<?xml version="1.0"?>
<!DOCTYPE svg PUBLIC  "-//W3C//DTD SVG 1.1//EN"
 "http://www.w3.org/Graphics/SVG/1.1/DTD/svg11.dtd">
<svg version="1.1" xmlns="http://www.w3.org/2000/svg">
 <rect stroke="blue" stroke-width="3px" fill="#000099"
       x="100" y="100" width="100" height="100"/>
 <polygon stroke="red" stroke-width="3px" fill="#990000"
       points="100,100 200,100 150,50"/>
</svg>
```

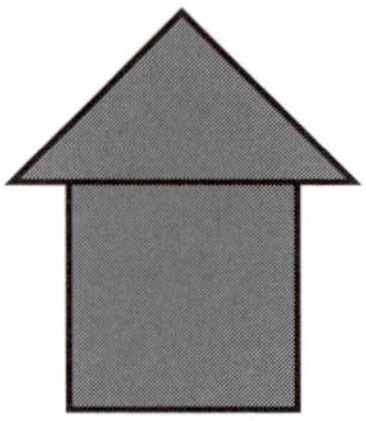

Abbildung 7.14: Das etwas modernere Haus vom Nikolaus in SVG

Neben den hier verwendeten Elementen für Rechteck (*rect*) und geschlossenes Polygon (*polygon*) existieren auch Basiselemente für die Darstellung von Kreisen, Ellipsen und nicht geschlossenen Polygonen. Zudem können gebogene Pfade mittels *path* konstruiert werden. Innerhalb eines Pfades können Liniensegmente, quadratische und kubische Bézier-Kurven und Kreissegmente gemischt werden. Die Aneinanderreihung der Segmente erfolgt ganz ähnlich wie in PostScript. ▶Abbildung 7.15 zeigt ein Beispiel hierfür.

```
...
 <rect stroke="black" stroke-width="3px" fill="grey"
       x="100" y="100" width="100" height="100"/>
 <path stroke="black" stroke-width="3px" fill="grey"
       d="M 80 100 L 220 100 Q 150 30 80 100 z"/>
 <path stroke="black" stroke-width="3px" fill="white"
       d="M 150 200 L 190 200 L190 150 Q 170 130 150 150 L 150 200 z"/>
 <circle stroke="black" stroke-width="3px" fill="white"
        cx="150" cy="85" r="10"/>
 <ellipse stroke="black" stroke-width="3px" fill="white"
        cx="125" cy="160" rx="10" ry="20"/>
 <polyline stroke="black" stroke-width="3px" fill="none"
        points="120,120 140,110 160,120 180,110"/>
...
```

Abbildung 7.15: Wohnperspektiven des Nikolaus unter Verwendung der SVG-Elemente path, circle, ellipse und polyline

In diesem Beispiel sind die Parameter des *path*-Elements etwas erklärungsbedürftig: Der Parameter d="M 80 100 L 220 100 Q 150 30 80 100 z" enthält die eigentlichen Zeichenanweisungen für das Dach und ist genauso zu lesen wie ein Pfad in PostScript mit dem Unterschied, dass die Befehle nun vor ihren Parametern stehen: Zunächst wird die aktuelle Position auf (80,100) gesetzt, dann von dort aus eine Linie nach (220,100) gezogen und schließlich folgt eine quadratische Bézier-Kurve mit dem Kontrollpunkt (150,30) und dem Endpunkt (80,100). Das „z" am Ende der Folge schließt den Pfad und bewirkt in diesem Fall nur, dass die Ecken des Daches wirklich auf beiden Seiten gleich aussehen.

Beachten Sie hierbei auch, dass die Fenster und die Tür des Hauses korrekt über der Mauer gezeichnet werden, da sie später im Quellcode vorkommen. Diese Regelung ist dem **Painter's Algorithm** zu verdanken.

7.4.3 Animation in SVG

Neben der Darstellung statischer 2D-Vektorgrafik unterstützt SVG einige grundlegende Animationselemente. Diese erlauben es, einerseits die Position und Orientierung dargestellter grafischer Elemente zu animieren, andererseits aber auch, beliebige Transformationen zeitabhängig durchzuführen und verschiedene Darstellungsparameter wie Farbe oder Transparenz von Elementen in der Zeit zu verändern. Die Animationselemente werden innerhalb der grafischen Elemente spezifiziert und sind im Einzelnen:

- **animate:** animiert einen einzelnen Parameter eines grafischen Elements, wie beispielsweise seine Transparenz oder seine x-Position.
- **set:** Dies ist eine Abkürzung für den einfacheren Fall, dass ein bestimmter Parameter für eine bestimmte Dauer auf einen festen anderen Wert gesetzt werden soll. So kann man beispielsweise ein Objekt vorübergehend unsichtbar machen.
- **animateMotion:** bewegt ein Objekt entlang eines Bewegungspfades. Hierbei kann angegeben werden, ob sich das Objekt auch entlang des Pfades ausrichtet oder nicht. Der Pfad wird durch eine Folge von Stützpunkten beschrieben und kann entweder als Linienzug oder als Spline interpretiert werden.
- **animateColor:** animiert eine Farbe zwischen einem Start- und Endwert, optional über einen vorgegebenen Zwischenwert.
- **animateTransform:** erlaubt es, ein grafisches Objekt zeitabhängig zu verschieben, zu skalieren, zu rotieren und zu scheren.

Hinzu kommen Konzepte für die Bildung von *Gruppen*, die dann gemeinsam animiert und transformiert werden können. So ist es beispielsweise möglich, eine komplexere Form, die aus mehreren Objekten zusammengesetzt ist, zu animieren oder animierte Objekte, wie z.B. die drehenden Räder eines Autos, wiederum übergeordnet zu animieren, beispielsweise um das Auto fahren zu lassen. Schließlich können Objekte mithilfe von *IDs* benannt werden und an anderer Stelle wiederverwendet werden, was bei oft wiederholten Objekten eine Menge Schreibarbeit ersparen kann. Die Syntax all dieser Konstrukte im Detail zu erklären, ist nicht Aufgabe dieses Buches. Zum detaillierten Verständnis der Sprache sei daher auf die SVG-Referenz verwiesen.

7.4.4 Beispiel für eine animierte SVG-Grafik

Aus den vorher eingeführten grafischen Elementen und den zuletzt beschriebenen Animationselementen wollen wir nun beispielhaft eine Bahnhofsuhr in SVG realisieren. Das Resultat ist in ▶Abbildung 7.16 zu sehen und wir wollen uns den SVG-Code dazu schrittweise anschauen.

Abbildung 7.16: Bahnhofsuhr in SVG

Quellcode

Zunächst beginnen wir die Datei mit dem üblichen Vorspann und definieren dann einige Primitive für die Stunden- und Minutenmarkierungen sowie eine Gruppe aus einer Stundenmarkierung und vier Minutenmarkierungen, die später insgesamt zwölfmal wiederholt wird. Hierbei ist es interessant, über die Transformationen nachzudenken, die hier an verschiedenen Stellen vorgenommen werden: Zunächst wird die Uhr um den Ursprung (0,0) herum aufgebaut mit einem Radius von 80:

```
<svg xmlns="http://www.w3.org/2000/svg">
   <defs>
      <line id="minutemark" x1="0" y1="0" x2="0" y2="8"
            style="stroke-width:3;stroke:black"/>
      <line id="hourmark" x1="0" y1="0" x2="0" y2="20"
            style="stroke-width:5;stroke:black"/>
      <g id="hourblock">
         <g transform="translate(0,-80)"><use xlink:href="#hourmark"/></g>
         <g transform="rotate(6) translate(0,-80)">
            <use xlink:href="#minutemark"/></g>
```

[...weitere drei gleichartige Zeilen...]

```
         <g transform="rotate(24) translate(0,-80)">
            <use xlink:href="#minutemark"/></g>
         </g>
   </defs>
```

Damit sind die wiederverwendbaren Markierungen des Zifferblattes definiert und wir können das Zifferblatt selbst zeichnen. Damit dieses auch im sichtbaren Bereich komplett erscheint, verschieben wir zuerst in einer übergeordneten Gruppe alles an die Position (100,100). Dann zeichnen wir das runde Zifferblatt und zwölf der vordefinierten Markierungsblöcke mit unterschiedlichen Rotationen:

```
   <g transform="translate(100 100)">
      <circle r="82" style="fill:white;stroke:black;stroke-width:1"/>
      <use transform="rotate(0)" xlink:href="#hourblock"/>
      <use transform="rotate(30)" xlink:href="#hourblock"/>
```

[...weitere neun gleichartige Zeilen...]

```
      <use transform="rotate(330)" xlink:href="#hourblock"/>
```

Danach können die animierten Zeiger der Uhr gezeichnet werden. Dabei sind Stunden- und Minutenzeiger einfach schwarze Linien und der Sekundenzeiger besteht stilecht aus einer roten Linie mit einem roten Ring mit einem Loch in der Mitte. In der Gruppe des Sekundenzeigers ist sehr schön zu sehen, wie sich die Animation auf die gesamte Gruppe auswirkt und somit der Zeiger sich als Ganzes dreht. Am Ende wird in der Mitte der Uhr ein schwarzer Kreis gezeichnet, der den Anfang aller Zeiger realitätsgemäß verdeckt.

```
   <g id="hours">
      <line x1="0" y1="0" x2="0" y2="-55"
            style="stroke-width:7;stroke:black">
         <animateTransform attributeName="transform" type="rotate"
            dur="43200s" values="0;360" repeatCount="indefinite"/>
      </line>
   </g>
   <g id="minutes">
      <line x1="0" y1="0" x2="0" y2="-75"
            style="stroke-width:5;stroke:black">
         <animateTransform attributeName="transform" type="rotate"
            dur="3600s" values="0;360" repeatCount="indefinite"/>
      </line>
   </g>
   <g id="seconds">
      <animateTransform attributeName="transform" type="rotate"
         dur="60s" values="0;360" repeatCount="indefinite"/>
      <line x1="0" y1="0" x2="0" y2="-40"
            style="stroke-width:2;stroke:red"/>
      <circle cx="0" cy="-48" r="8"
            style="fill:none;stroke:red;stroke-width:2"/>
      <line x1="0" y1="-56" x2="0" y2="-79"
              style="stroke-width:2;stroke:red"/>
   </g>
   <circle cx="0" cy="0" r="7" style="fill:black;stroke:black"/>
</g>
</svg>
```

7.5 Erstellung von 2D-Vektorgrafik

Zu dem oben eingeführten PostScript-Format gibt es keine ausgesprochenen Autorenwerkzeuge. Das Format wird in aller Regel als *Ausgabeformat* anderer Programme auf dem Weg zum Bildschirm oder Drucker verwendet. Kleinere Eingriffe lassen sich jedoch mit jedem *Texteditor* vornehmen, da es sich bei PostScript um ein Klartextformat (im Gegensatz zu Binärformaten) handelt.

Für SVG gibt es verschiedene dedizierte Zeichenprogramme. Die Beispiele für dieses Buch wurden z.B. mit dem Open-Source-Programm *Inkscape* erstellt. SVG lässt sich jedoch auch aus vielen kommerziellen Vektor-Zeichenprogrammen exportieren, wobei oft nicht der gesamte Sprachumfang ausgenutzt wird. Da SVG die XML-Syntax verwendet, können SVG-Dateien natürlich ebenfalls mit jedem *Texteditor* sowie den vielen für XML verfügbaren, meist strukturorientierten *XML-Werkzeugen* bearbeitet werden.

Ein weiteres weit verbreitetes Format für 2D-Vektorgrafik ist das Format *Shockwave Flash* mit den zugehörigen Autorenwerkzeugen **Flash** und **Flex**. Diese werden in Kapitel 11 zum Medienengineering besprochen.

Zusammenfassung

Die Grundidee der **2D-Vektorgrafik** ist es, grafische Darstellungen nicht durch ein Raster aus Pixeln zu beschreiben, sondern durch eine Liste grafischer Objekte, die zur Darstellung nacheinander gezeichnet werden. Das Bild wird damit jedes Mal neu aufgebaut und ist auf beliebige Größen skalierbar. Vektorgrafik eignet sich damit vor allem für die kompakte und qualitativ hochwertige Repräsentation von Grafiken. Für Fotos ist sie nicht geeignet, da diese erst umständlich in Zeichenbefehle umgewandelt werden müssten. Die mathematische Basis der 2D-Vektorgrafik bildet ein **zweidimensionaler Vektorraum**. Eine Rendering Pipeline beschreibt, wie aus den grafischen Primitiven eine konkrete Bildschirmdarstellung für rasterorientierte Ausgabegeräte erzeugt wird. Mittels Keyframing kann aus einer statischen Vektorgrafik eine Animation erstellt werden. Hierbei ist es wichtig, wie die dargestellten Objekte im Szenegraphen organisiert sind.

Als offene und plattformübergreifende Codierungen für Vektorgrafik wurden die Formate **PostScript** und **SVG** besprochen. Beide kombinieren die eigentliche Vektorgrafik mit Ausgabemöglichkeiten für Text, und SVG bietet darüber hinaus auch Konstrukte zur Animation und Interaktion.

Übungen

Lösungshinweise

1. Zeichnen Sie ein Quadrat der Seitenlänge 2 mit seinem Mittelpunkt an der Position (4,4). Wenden Sie darauf eine Rotation um 90 Grad im Uhrzeigersinn, eine Translation um (2,2) und eine Skalierung um den Faktor 0,5 an. An welcher Position befindet sich das Quadrat nun? Permutieren Sie nun die Reihenfolge von Rotation, Translation und Skalierung. Welche Position ergibt sich jeweils für alle möglichen Permutationen?

2. Durch die Verwendung homogener Koordinaten reduziert sich der Rechenaufwand bei langen Ketten aufeinanderfolgender Transformationen. Dafür muss statt mit 2x2-Matrizen mit 3x3-Matrizen gerechnet werden. Nehmen wir an, Sie müssen auf 1.000 Punkte jeweils 10 Transformationen anwenden. Wie viele Multiplikationen und wie viele Additionen erfordert dies in herkömmlichen 2D-Koordinaten und wie viele in homogenen Koordinaten? Wie verhält sich der Effizienzgewinn zur Zahl der Punkte und der Matrizen?

3. Modellieren Sie ein von der Seite gesehenes Auto in SVG, dessen Räder eine erkennbare Struktur haben (z.B. Speichen) und sich beim Fahren drehen. Nun lassen Sie das Auto in verschiedene Richtungen über den Bildschirm fahren. Entwerfen Sie zuerst eine Transformationshierarchie! Welche Objekte müssen wie gruppiert und animiert werden, damit sich die Räder samt Speichen um ihre Mittelachse drehen, das Auto nicht ohne seine Räder losfährt und die Fahrtanimation nur einmal geschrieben werden muss.

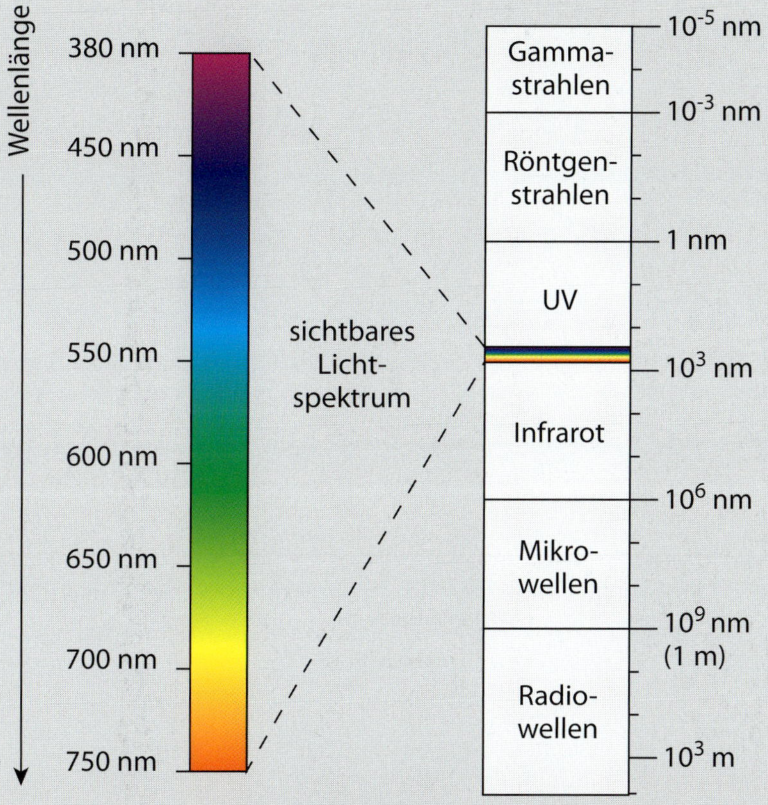

Abbildung 3.2

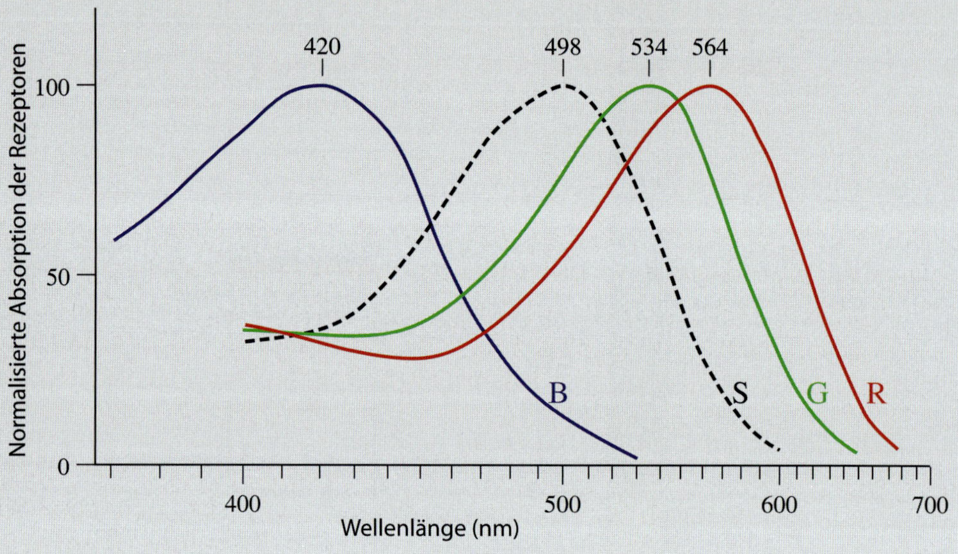

Abbildung 3.3

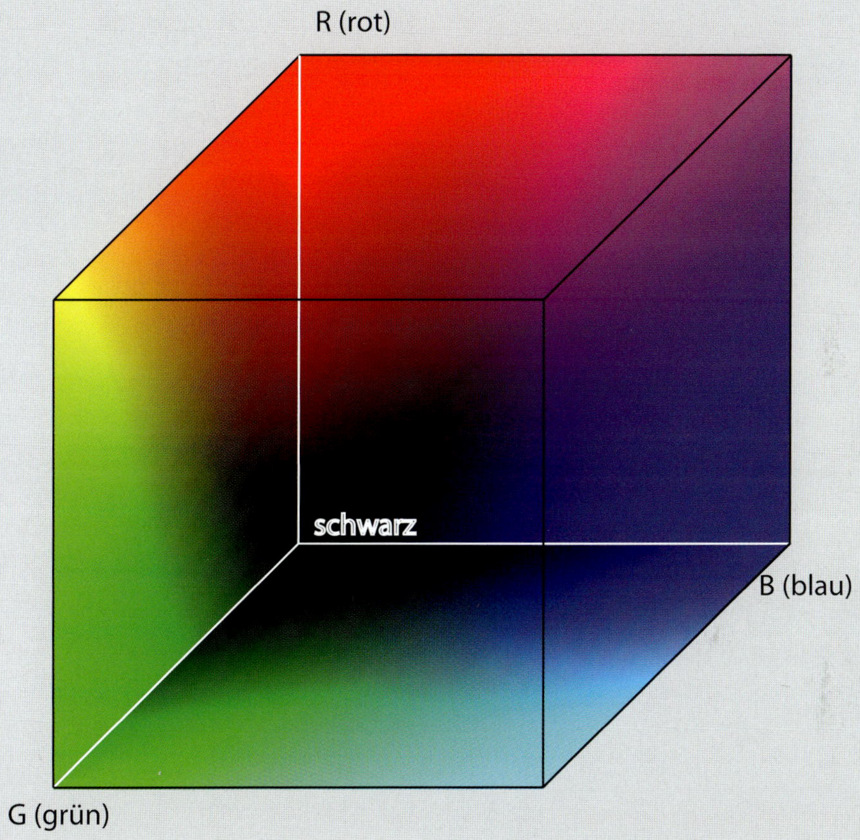

Abbildung 3.5

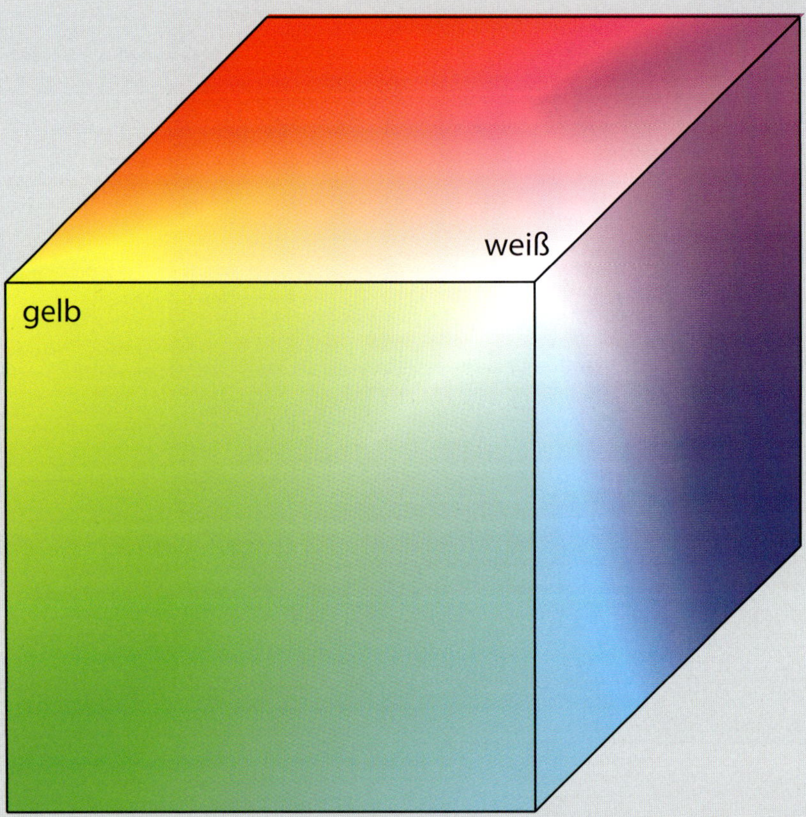

Abbildung 3.5

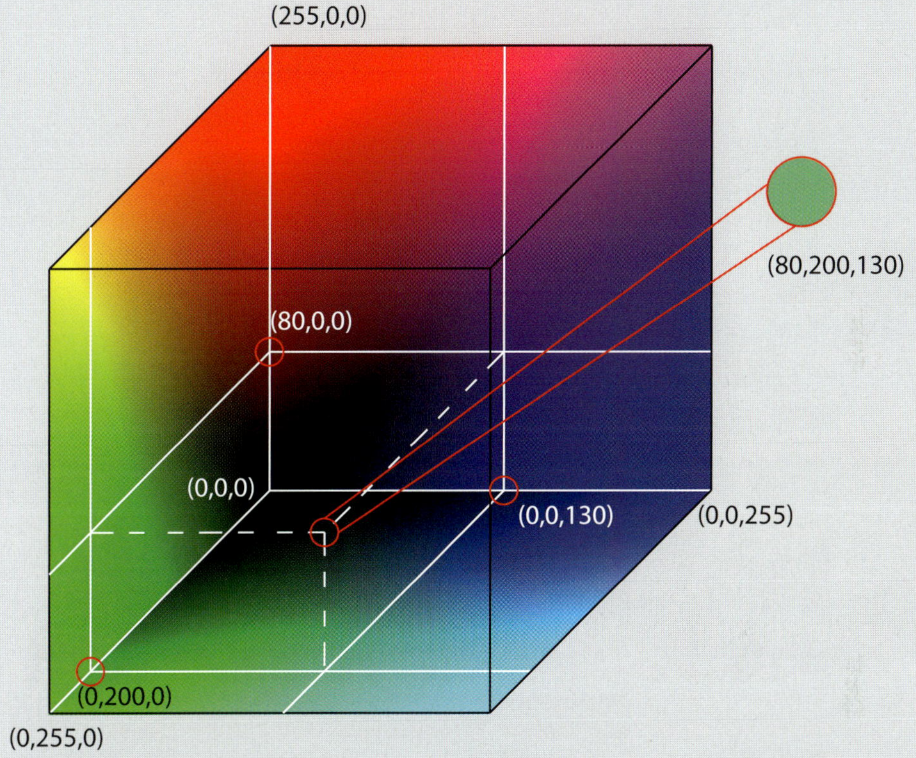

Abbildung 3.5

Abbildung 3.6

Abbildung 3.15

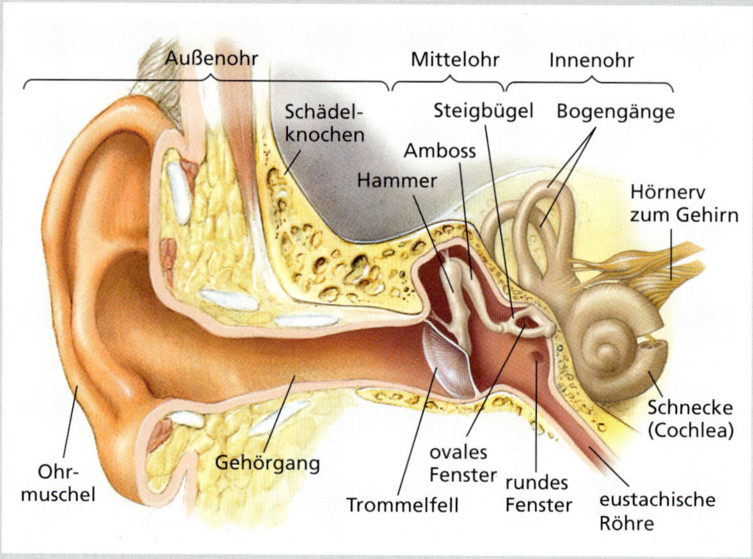

Abbildung 4.7

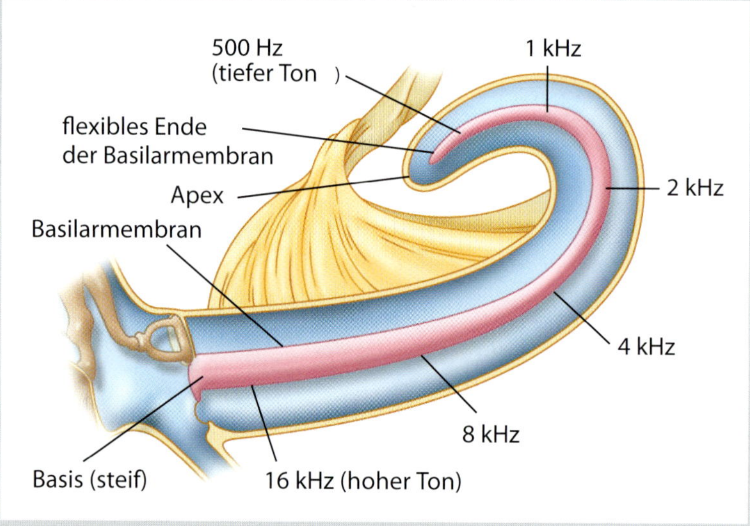

Abbildung 4.8

Abbildung 6.2

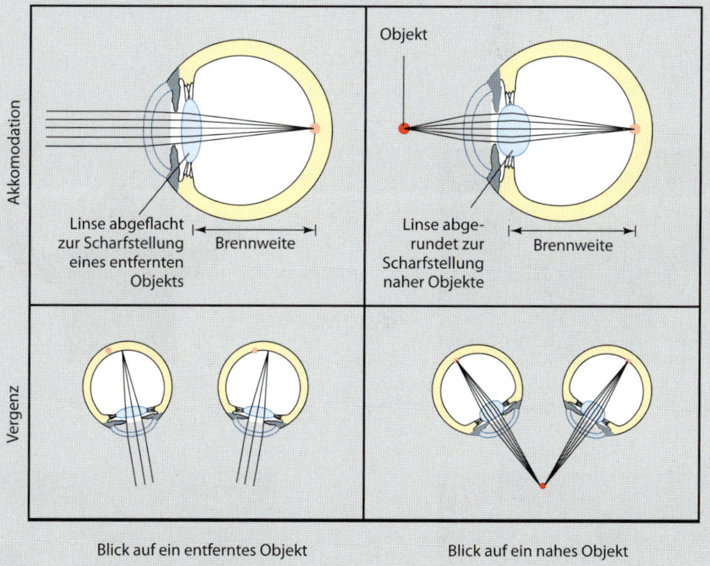

Abbildung 6.3

Abbildung 6.5

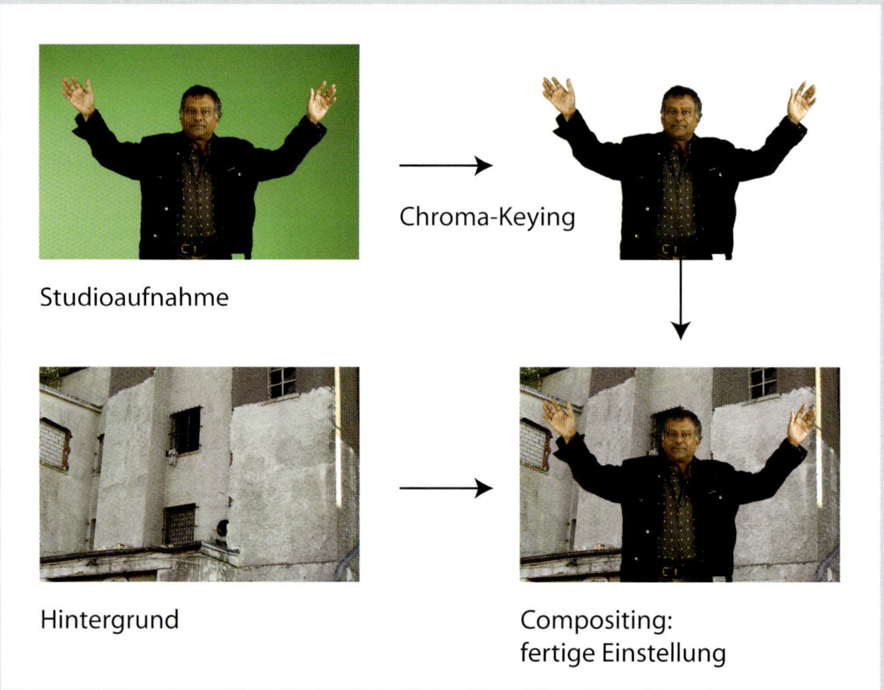

Abbildung 6.13

Abbildung 8.6

Abbildung 8.10

Abbildung 8.11

Abbildung 8.15

Abbildung 8.16

Abbildung 8.17

Abbildung 8.18

Abbildung 8.19

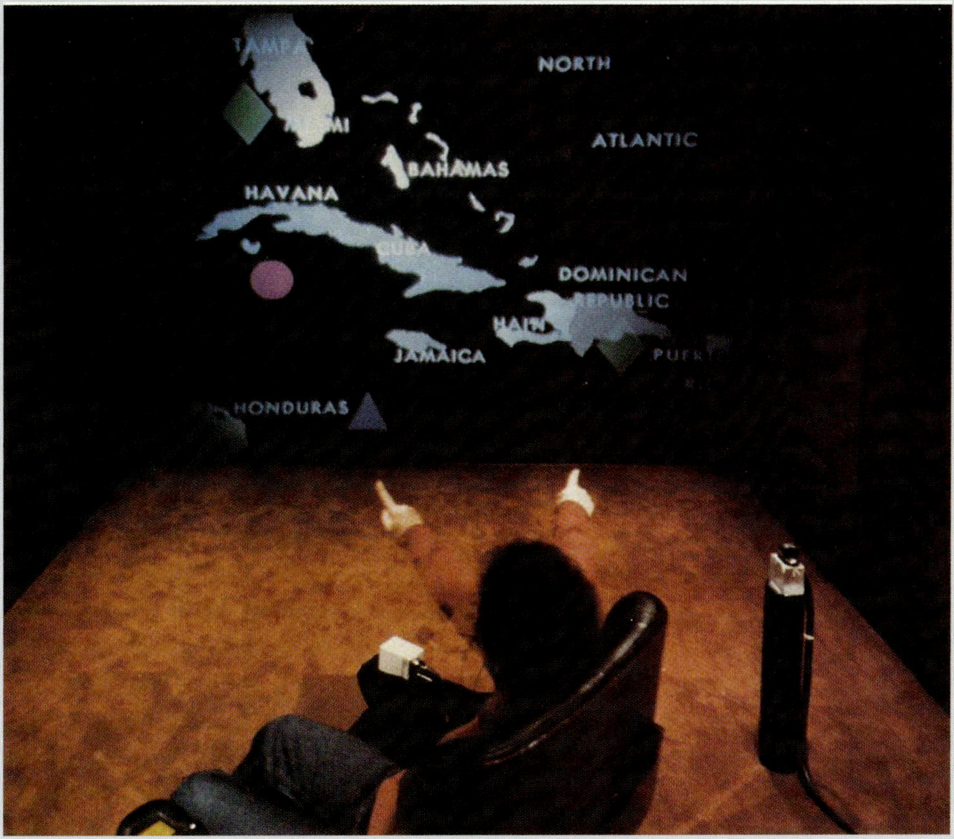

Abbildung 9.1

Abbildung 9.6

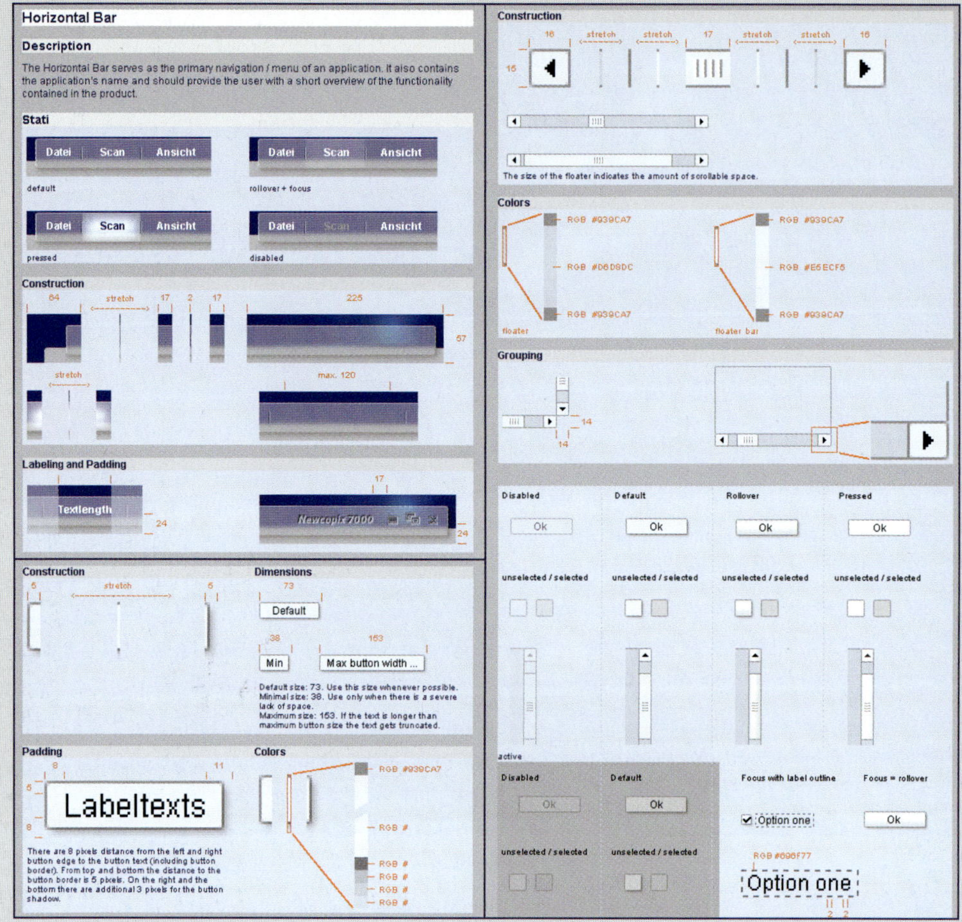

Abbildung 13.4

3D-Grafik

8

ÜBERBLICK

Einleitung

» Dreidimensionale Computergrafik ist ein Medium, das vor allem in den letzten ein bis zwei Jahrzehnten enorm an Bedeutung gewonnen hat: Mittlerweile ist es eine Selbstverständlichkeit, dass ganze Kinofilme im Computer erzeugt werden. Der 3D-Animationsfilm hat ein neues Filmgenre geschaffen, das sich – was seine ästhetischen Mittel betrifft – am Zeichentrickfilm, aber auch am echten Film orientiert und darüber hinaus auch eine völlig neue Bildsprache ermöglicht, da es nicht den Regeln der Physik unterworfen ist, wie der echte Film, und auch nicht den grafischen Einschränkungen des Zeichentrickverfahrens.

Die 3D-Computergrafik ist außerdem die treibende Technologie hinter einem Markt, der das Umsatzvolumen der Filmindustrie mittlerweile übertrifft, nämlich der Spieleindustrie. Heutige Spielekonsolen und zum Spielen verwendete PCs bieten eine Grafikleistung, die früher nur teuren Spezialrechnern vorbehalten war. So werden diese Spiele immer realistischer und immersiver und es hat eine gesellschaftliche Debatte begonnen, welchen Einfluss die oft gewalttätigen Spielhandlungen auf die Bereitschaft zur Gewalt im echten Leben haben.

Das Medium 3D-Grafik erfährt eine enorme technische Entwicklung und speist ein riesiges Forschungsgebiet mit vielen internationalen Konferenzen und sehr schnellen Innovationszyklen. Es ist getrieben durch die stetige Weiterentwicklung der Hardware und die damit durchführbaren immer komplexeren Berechnungen. Hinter diesen Innovationen steht jedoch ein kleiner und überschaubarer mathematischer Kern, der etabliert ist und sich in den letzten ein bis zwei Jahrzehnten auch nicht mehr maßgeblich geändert hat. Auf diesen Kern wird sich dieses Kapitel im Wesentlichen beschränken. «

Lernziele

In diesem Kapitel lernen Sie die grundlegenden Konzepte der **3D-Grafik** kennen. Wie im vorangegangenen Kapitel werden wir anhand einer Verarbeitungskette sehen, welche Schritte zur Darstellung von 3D-Grafiken am Bildschirm nötig sind. Außerdem lernen Sie grundlegende 3D-Animationsverfahren sowie eine offene und verbreitete Kodierung für animierte und interaktive 3D-Grafiken kennen.

Die Welt, in der wir leben, besitzt drei räumliche Dimensionen sowie eine zeitliche Dimension. Dies bedeutet, dass wir – mathematisch gesehen – von *dreidimensionalen Objekten* umgeben sind, die ihre Position, Form, Farbe etc. auch in der Zeit verändern können. Nachdem im vorangegangenen Kapitel die Grundlagen der 2D-Computergrafik eingeführt wurden, sollen die dort erlernten Konzepte für Modellierung und Animation nun auf die Darstellung dreidimensionaler Objekte erweitert werden. Dabei stößt man auf das ganz grundlegende Problem, dass praktisch alle heute verfügbaren Ausgabegeräte (Bildschirm, Kinoleinwand, Drucker, ...) nur in zwei räumlichen Dimensionen arbeiten. Eine echte dreidimensionale Ausgabe ist derzeit nur für feste Objekte (*3D-Drucker, CNC-Fräse*) möglich oder für bewegte echt dreidimensionale Bilder mit extrem hohem technischen Aufwand (*Pseudo-Holografische Displays*). In der Praxis kann eine 3D-Wahrnehmung auch mittels optischer Tricks (Stereo mittels *Stereobrille* oder *autostereoskopische*[1] *Displays*) erreicht werden, was aber wiederum nichts anderes bedeutet, als mehrere *zweidimensionale Darstellungen* aus verschiedenen Betrachtungsrichtungen zu erzeugen.

8.1 Grundlegende Elemente und Funktionen

Zur Darstellung zweidimensionaler Ausgaben müssen daher die ursprünglich komplett in drei Raumdimensionen berechneten Darstellungen wieder auf zwei Dimensionen *projiziert* werden. Diese *Projektion* erfolgt mittels einer virtuellen Kamera, die – wie auch eine echte Kamera – räumliche Objekte auf die Film- bzw. Bildschirmebene abbildet. Während optische Kameras immer eine perspektivische Projektion vornehmen, sind in der 3D-Grafik auch andere Projektionen möglich. Zur Darstellung der Objekte ist es weiterhin wichtig, welche Oberflächeneigenschaften sie besitzen und wie sie in der 3D-Szene beleuchtet sind. Die grundlegenden Elemente zur Erzeugung einer 3D-Grafik sind also die **3D-Modelle**, ihre **Oberflächen**, die **Lichtquellen**, sowie die virtuelle **Kamera**. Für eine animierte Darstellung können alle diese Elemente auch in der Zeit veränderlich sein: Objekte, Lichter und Kamera können sich bewegen und die Oberflächeneigenschaften wie Farbe oder Transparenz können sich verändern. Es hat sich ein standardisierter Verarbeitungsweg vom 3D-Modell zum Bild etabliert, die sogenannte *3D Rendering Pipeline*, die von heutigen Grafikkarten bereits weitestgehend direkt in Hardware unterstützt wird.

8.1.1 Koordinatensysteme und Transformationen

Für die in der 3D-Grafik verwendeten Koordinatensysteme gilt analog das Gleiche, wie wir es im vorangegangenen Kapitel für 2D-Grafik gelernt haben: Wir verwenden auch hier ein *kartesisches Koordinatensystem* mit linear gleich aufgeteilten Achsen. Für die Bezeichnung der Achsen gibt es zwei verschiedene Konventionen: In der häufiger verwendeten Konvention sind die X-, Y- und Z-Achse zueinander angeordnet wie Daumen, Zeigefinger und Mittelfinger der rechten Hand. Dieses Koordinatensystem heißt daher auch **rechtshändiges Koordinatensystem**. Es unterscheidet sich vom **linkshändigen Koordinatensystem** durch die Richtung der positiven Z-Achse. ▶Abbildung 8.1 zeigt ein rechtshändiges Koordinatensystem und darin eingezeichnet ein **Polygon** aus drei Punkten mit seiner sogenannten *Flächennormalen*, dem Vektor also, der auf der durch die drei Punkte aufgespannten Fläche senkrecht steht.

1 Autostereoskopische Displays erzeugen eine Stereodarstellung mit verschiedenen Bildern für beide Augen ohne weitere Hilfsmittel, wie z.B. Brillen.

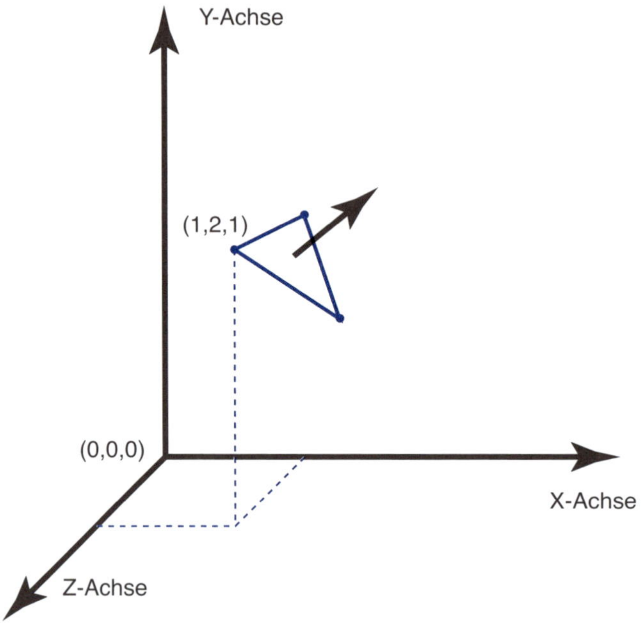

Abbildung 8.1: Rechtshändiges dreidimensionales Koordinatensystem, darin eingezeichnet ein Polygon aus drei Punkten mit seiner Flächennormalen

Die elementaren Transformationen sind auch hier wie in der 2D-Grafik die *linearen Transformationen* **Translation**, **Rotation**, **Skalierung** und **Scherung**, allerdings jeweils entlang bzw. um drei mögliche Achsen. Die **Translation** lässt sich wieder als Addition eines *Translationsvektors* ausdrücken, der alle Punkte verschiebt:

$$\begin{pmatrix} x_{neu} \\ y_{neu} \\ z_{neu} \end{pmatrix} = \begin{pmatrix} x_{alt} \\ y_{alt} \\ z_{alt} \end{pmatrix} + \begin{pmatrix} t_x \\ t_y \\ t_z \end{pmatrix} = \begin{pmatrix} x_{alt} + t_x \\ y_{alt} + t_y \\ z_{alt} + t_z \end{pmatrix}$$

Eine **uniforme Skalierung** bedeutet die Multiplikation mit einem Skalar, aber allgemein lässt sich jede, also auch jede **nichtuniforme Skalierung** durch eine Matrixmultiplikation darstellen, wobei auf der Hauptdiagonale der Skalierungsmatrix die Skalierungsfaktoren entlang der jeweiligen Achsen stehen:

$$\begin{pmatrix} x_{neu} \\ y_{neu} \\ z_{neu} \end{pmatrix} = \begin{pmatrix} s_x & 0 & 0 \\ 0 & s_y & 0 \\ 0 & 0 & s_z \end{pmatrix} \begin{pmatrix} x_{alt} \\ y_{alt} \\ z_{alt} \end{pmatrix} = \begin{pmatrix} s_x x_{alt} \\ s_y y_{alt} \\ s_z z_{alt} \end{pmatrix}$$

Auch die **Rotation** lässt sich als Matrixmultiplikation ausdrücken. Die Rotationsmatrix hat dabei die Eigenschaft, dass sie *orthonormal* ist, also ihre Zeilen- und Spaltenvektoren alle paarweise aufeinander senkrecht stehen und die Länge 1 haben. Die Rotationsmatrix kann nicht ganz so einfach hingeschrieben werden wie die Skalierungsmatrix, sie lässt sich jedoch einfach konstruieren, denn jede Rotation lässt sich als Kombination dreier **elemen-**

tarer Rotationen um die drei Achsen ausdrücken. Die Rotation um die X-, Y- und Z-Achse ist wiederum einfach als Matrix hinzuschreiben. Eine Rotation um die X-Achse um den Winkel α lässt beispielsweise die X-Komponente unverändert und rotiert die Y/Z-Ebene genau wie die Rotation in der 2D-Grafik. Dies führt zu folgender Matrixdarstellung:

$$\begin{pmatrix} x_{neu} \\ y_{neu} \\ z_{neu} \end{pmatrix} = \begin{pmatrix} 1 & 0 & 0 \\ 0 & \cos\alpha & -\sin\alpha \\ 0 & \sin\alpha & \cos\alpha \end{pmatrix} \begin{pmatrix} x_{alt} \\ y_{alt} \\ z_{alt} \end{pmatrix} = \begin{pmatrix} x_{alt} \\ \cos\alpha y_{alt} - \sin\alpha z_{alt} \\ \sin\alpha y_{alt} + \cos\alpha z_{alt} \end{pmatrix}$$

Analog dazu lassen sich die Rotation um den Winkel β um die Y-Achse und um den Winkel χ um die Z-Achse hinschreiben:

$$\begin{pmatrix} x_{neu} \\ y_{neu} \\ z_{neu} \end{pmatrix} = \begin{pmatrix} \cos\beta & 0 & \sin\beta \\ 0 & 1 & 0 \\ -\sin\beta & 0 & \cos\beta \end{pmatrix} \begin{pmatrix} x_{alt} \\ y_{alt} \\ z_{alt} \end{pmatrix} = \begin{pmatrix} \cos\beta x_{alt} + \sin\beta z_{alt} \\ y_{alt} \\ \cos\beta z_{alt} - \sin\beta x_{alt} \end{pmatrix}$$

$$\begin{pmatrix} x_{neu} \\ y_{neu} \\ z_{neu} \end{pmatrix} = \begin{pmatrix} \cos\chi & -\sin\chi & 0 \\ \sin\chi & \cos\chi & 0 \\ 0 & 0 & 1 \end{pmatrix} \begin{pmatrix} x_{alt} \\ y_{alt} \\ z_{alt} \end{pmatrix} = \begin{pmatrix} \cos\chi x_{alt} - \sin\chi y_{alt} \\ \sin\chi x_{alt} + \cos\chi y_{alt} \\ z_{alt} \end{pmatrix}$$

Mittels der *linearen Transformationen* lassen sich auch hier andere und komplexere Transformationen ausdrücken. Eine **Spiegelung** beispielsweise ist eine Skalierung um den Faktor -1 entlang einer Achse. Sie führt außerdem ein rechtshändiges Koordinatensystem in ein linkshändiges über. Dabei kehren sich auch alle Normalenvektoren sowie die Drehrichtung aller Rotationen um.

Eine Rotation oder Skalierung um einen anderen Mittelpunkt als den Ursprung lässt sich dadurch erreichen, dass der gewünschte Mittelpunkt zunächst mittels Translation in den Ursprung verschoben, dort gedreht bzw. skaliert und danach zurück verschoben wird. Allgemein bezeichnet man als **affine Transformationen** alle diejenigen Transformationen, die sich durch eine Kombination aus *linearen Transformationen* beschreiben lassen.

Somit können alle Transformationen bis auf die Translation als Matrixmultiplikation ausgedrückt werden. Da die Matrixmultiplikation assoziativ[2] ist, führt dies zu der angenehmen Eigenschaft, dass auch lange Ketten von Transformationsmatrizen vorab zu einer einzigen Matrix kombiniert und dann in einem Schritt auf eine große Anzahl von Punkten angewendet werden können. Es wäre also äußerst hilfreich, auch die Translation als Matrixmultiplikation ausdrücken zu können, um die Assoziativität ausnutzen zu können und nicht bei jeder Translation eine andere Berechnung auszuführen. Dies lässt sich durch Hinzunehmen einer vierten Dimension bei allen Berechnungen erreichen. Da dann alle Transformationen homogen als Matrizen darstellbar sind, spricht man hier von **homogenen Koordinaten**. Die Umwandlung erfolgt ganz analog zu den

2 Für beliebige Matrizen A, B und Vektor x gilt: $A*(B*x) = (A*B)*x$

homogenen Koordinaten in der 2D-Grafik. Vektoren werden umgewandelt, indem als vierte Komponente eine 1 hinzugenommen wird. Matrizen werden in der vierten Zeile und der vierten Spalte mit jeweils drei Nullen ergänzt und auf der Diagonale wird eine 1 hinzugenommen:

$$\begin{pmatrix} x \\ y \\ z \end{pmatrix} \Rightarrow \begin{pmatrix} x \\ y \\ z \\ 1 \end{pmatrix} \quad \text{sowie} \quad \begin{pmatrix} m_{1,1} & m_{1,2} & m_{1,3} \\ m_{2,1} & m_{2,2} & m_{2,3} \\ m_{3,1} & m_{3,2} & m_{3,3} \end{pmatrix} \Rightarrow \begin{pmatrix} m_{1,1} & m_{1,2} & m_{1,3} & 0 \\ m_{2,1} & m_{2,2} & m_{2,3} & 0 \\ m_{3,1} & m_{3,2} & m_{3,3} & 0 \\ 0 & 0 & 0 & 1 \end{pmatrix}$$

Damit lässt sich nun auch eine Translation als Matrixmultiplikation ausdrücken, und zwar wie folgt:

$$\begin{pmatrix} x_{neu} \\ y_{neu} \\ z_{neu} \\ 1 \end{pmatrix} = \begin{pmatrix} 1 & 0 & 0 & t_x \\ 0 & 1 & 0 & t_y \\ 0 & 0 & 1 & t_z \\ 0 & 0 & 0 & 1 \end{pmatrix} \begin{pmatrix} x_{alt} \\ y_{alt} \\ z_{alt} \\ 1 \end{pmatrix} = \begin{pmatrix} x_{alt} + t_x \\ y_{alt} + t_y \\ z_{alt} + t_z \\ 1 \end{pmatrix}$$

Alle anderen Transformationen bleiben unangetastet und mit diesem Kunstgriff lassen sich nun beliebig lange Ketten von Transformationen jeweils auf eine einzige Matrix zusammenführen, was eine wesentliche Voraussetzung für den effizienten Umgang mit großen Mengen von 3D-Daten ist.

Exkurs

Geschwindigkeitsgewinn durch homogene Koordinaten

Mittels homogener Koordinaten können viele Transformationen zu einer einzigen Matrix kombiniert und dann auf viele Punkte und Polygone angewendet werden. Wie hoch ist dieser Geschwindigkeitsgewinn? Betrachten wir die Kombination von nur fünf Transformationen $A*(B*(C*(D*(E*x))))$, die nun als $(A*B*C*D*E)*x$ ausgedrückt werden kann. Die einzelne Multiplikation mit den fünf dreidimensionalen Matrizen benötigt $5*3*3=45$ Multiplikationen und $5*3*2=30$ Additionen. Die Multiplikation mit einer homogenen Matrix benötigt $4*4=16$ Multiplikationen und $4*3=12$ Additionen, mit einfachen Optimierungen (Nullen ignorieren), sogar nur $3*4=12$ Multiplikationen und $3*3=9$ Additionen. Zudem steigt der Rechenaufwand im ersten Fall linear mit der Anzahl der Transformationen. Im zweiten Fall bleibt er konstant. Berücksichtigt man nun, dass in komplexen Szenen leicht sehr lange Transformationsketten entstehen können und diese Operationen für viele Hunderttausend Polygone ausgeführt werden, dann wird klar, dass diese Optimierung eine ganz erhebliche Beschleunigung bringt.

8.1.2 Punkte, Geraden, Polygone, Polygonnetze

Wie in der 2D-Grafik werden auch hier aus Punkten und Geraden **Polygone** zusammengesetzt. Für eine effiziente Berechnung von Beleuchtungsmodellen ist es wichtig, dass die so modellierten Polygone **planar** sind, d.h. alle ihre Punkte in einer Ebene liegen, da so die **Flächennormale** an jeder Stelle des Polygons gleich ist. Das kleinste echte Polygon, das **Dreieck**, erfüllt diese Bedingung trivialerweise. Für Polygone mit mehr als drei Ecken ist die Überprüfung der Planarität mit Aufwand verbunden. Umgekehrt existieren aber Verfahren, um jedes beliebige planare Polygon in Dreiecke zu zerteilen (**Triangulation**). Aus diesen Gründen hat sich das Dreieck als elementares Flächenstück in der 3D-Computergrafik durchgesetzt. Abbildung 8.1 zeigt ein solches Dreieck im 3D-Raum mit seiner Flächennormalen. Mehrere solcher Dreiecke können zu einem **Polygonnetz** (englisch *polygon mesh*) zusammengesetzt werden. Da sich benachbarte Dreiecke in einem zusammenhängenden Netz immer zwei Eckpunkte teilen, lässt sich Speicherplatz sparen, indem nicht etwa eine Liste von Dreiecken mit jeweils drei Eckpunkten abgespeichert wird, sondern zunächst eine durchnummerierte Liste von Eckpunkten und dann eine Liste von Dreiecken, deren Eckpunkte jeweils durch einen Index in der Liste der Eckpunkte eindeutig bestimmt sind. Diese Datenstruktur heißt **indexed face set** und bildet oft die Grundlage für die interne Repräsentation von Polygonmodellen. Sie lässt sich auch direkt in dem später eingeführten *X3D*-Format beschreiben. Daneben existieren auch andere, noch stärker optimierte Darstellungen, auf die hier aber nicht näher eingegangen werden soll.

8.1.3 Geometrische Primitive, CSG

Neben den Polygonmodellen bieten viele 3D-Grafiksysteme die Möglichkeit, dreidimensionale **geometrische Primitive** zu erzeugen, wie z.B. **Quader**, **Zylinder**, **Kugel** oder **Ring**. Aus diesen Primitiven können durch boolesche Verknüpfung der jeweiligen Raumvolumina neue Formen erzeugt werden. Verknüpft man beispielsweise einen Quader mit einem kleineren Zylinder mittels der Verknüpfung *„und nicht"*, so erhält man einen Quader mit einem Loch darin, denn der entstehende Körper befindet sich überall dort, wo sich der Quader und nicht der Zylinder befindet (siehe ▶Abbildung 8.2).

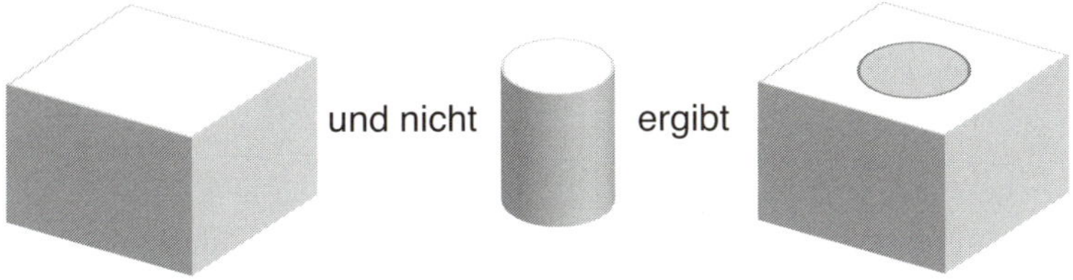

Abbildung 8.2: Boolesche Verknüpfung eines Quaders mit einem Zylinder

Diese Art der Konstruktion neuer Formen aus geometrischen Primitiven heißt **Constructive Solid Geometry** (**CSG**). Die so konstruierten Körper werden oft auch als **Boolesche Körper** bezeichnet.

8.1.4 Extrusions- und Rotationskörper

Eine weitere Möglichkeit zur Erstellung von Polygonmodellen sind die sogenannten Extrusions- und Rotationskörper. ▶Abbildung 8.3 zeigt jeweils ein Beispiel für diese beiden Körper. Bei einer **Extrusion** wird eine gegebene Grundform (im Beispiel ein Kreis) entlang eines beliebigen Pfades (im Beispiel eine Gerade) immer wieder wiederholt. So entsteht aus einem Kreis ein Zylinder. Beim **Rotationskörper** ist der Pfad gerade ein geschlossener Kreis. Mittels eines Rotationskörpers lassen sich drehrunde Objekte wie beispielsweise Vasen oder Flaschen sehr einfach erzeugen, indem ihr Querschnitt gezeichnet und dann rotiert wird.

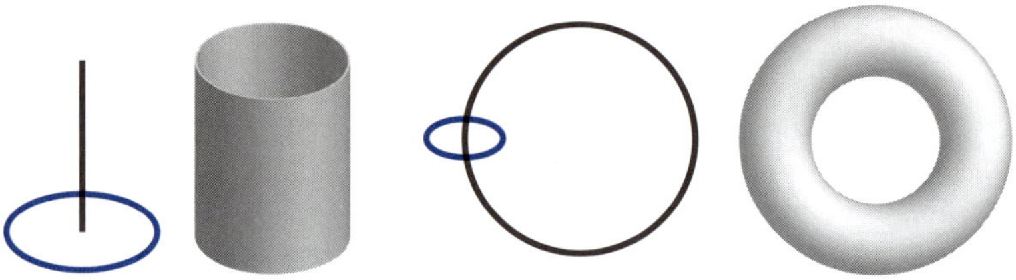

Abbildung 8.3: Extrusionskörper und Rotationskörper, jeweils mit zugehöriger Grundform (blau) und Pfad (schwarz), aus denen sie erstellt wurden

8.1.5 Freiformflächen

In Kapitel 7 (2D-Grafik) haben wir für die Beschreibung beliebiger Objektumrisse das Konzept der **Interpolationskurven**, insbesondere die **Bézier-Kurven**, kennengelernt. Aus solchen Kurven lassen sich nun auch Netze zusammenbauen, die damit beliebig geformte Flächen, sogenante **Freiformflächen**, beschreiben. Eine häufig verwendete Methode, solche Freiformflächen zu beschreiben, ist die Zusammensetzung größerer Flächen aus sogenannten **Bézier-Patches**. Ein *bikubischer Bézier-Patch* besteht aus 4+4 *kubischen Bézier-Kurven*, die damit eine Fläche von 3x3 Feldern aufspannen. Die Kurven teilen sich jeweils gemeinsame Kontrollpunkte, so dass die Form dieser Fläche mittels 16 Kontrollpunkten festgelegt wird. ▶Abbildung 8.4 zeigt einen solchen Bézier-Patch.

Die durch diesen Patch beschriebene Oberfläche hat einige angenehme Eigenschaften. Sie liegt beispielsweise immer innerhalb der konvexen Hülle aller Stützpunkte, ist in jedem Punkt stetig und die Eckpunkte des Netzes entsprechen gerade den 4 Stützpunkten an den Ecken. Außerdem ist die Fläche alleine durch ihre 16 Stützpunkte sehr kompakt beschrieben und um sie im Raum zu transformieren, genügt es, diese Stützpunkte zu transformieren. Demgegenüber stehen einige Nachteile. Beispielsweise ist es mathematisch nicht einfach, eine solche Fläche an beliebiger Stelle mit einer Geraden zu schneiden, was z.B. für die am Ende dieses Kapitels beschriebenen Raytracing-Verfahren ein Problem darstellt. Aus diesem Grund werden Freiformflächen und auch andere gekrümmte Formen in der Regel durch planare Polygone, meist Dreiecke, angenähert. Dieser Schritt heißt **Tesselation** und wird weiter unten besprochen.

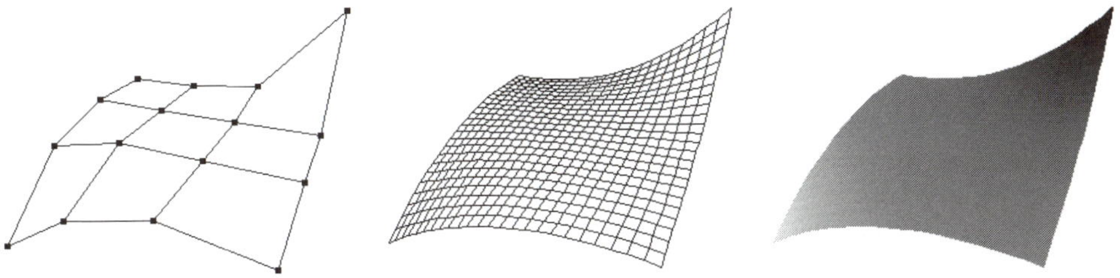

Abbildung 8.4: Bikubischer Bézier-Patch: die 16 Kontrollpunkten (links), Annäherung durch Polygone (Mitte) und schattierte Darstellung (rechts)

8.1.6 Andere Arten der Objektbeschreibung

Die bisher beschriebenen Verfahren gingen alle davon aus, dass die in der 3D-Szene dargestellten Objekte letztlich durch eine aus *Polygonen* zusammengesetzte Oberfläche repräsentiert werden. Daneben gibt es aber auch grundlegend andere Ansätze, die jedoch in diesem Buch nicht vertieft werden sollen. Ein recht alter Ansatz besteht darin, den Raum durch ein regelmäßiges dreidimensionales Raster in kleine Raumeinheiten, die sogenannten **Voxel** (Kunstwort aus *Volume* und *Pixel*) aufzuteilen. Für jedes dieser *Voxel* werden dann seine optischen Eigenschaften beschrieben. Die verwendeten Rendering-Verfahren funktionieren hier grundlegend anders. Ein wichtiges Beispiel für Voxeldaten sind die von medizinischen bildgebenden Verfahren wie *Computertomografie* oder *Kernspintomografie* erzeugten Daten. Eine neuerdings stärker verfolgte Entwicklung ist die punktbasierte 3D-Grafik (**point-based graphics**), bei der das grundlegende Element nicht das Polygon oder Voxel, sondern der Punkt ist. Punktbasierte Daten werden beispielsweise von *Stereokameras* oder *Laserscannern* erzeugt.

8.2 Die 3D Rendering Pipeline

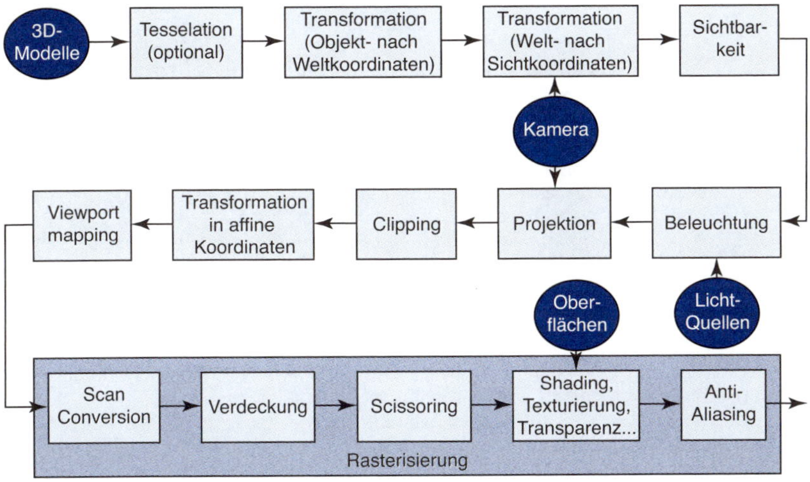

Abbildung 8.5: Die 3D Rendering Pipeline: der Weg vom 3D-Modell zum Bild unter Verwendung der Kamera, Lichtquellen und Oberflächenbeschreibungen

Die 3D Rendering Pipeline beschreibt eine Abfolge von Schritten, die aus einem dreidimensionalen *Modell*, seinen *Oberflächenbeschreibungen*, einer *Beleuchtung* und einer *Kamera* ein zweidimensionales Bild zur Darstellung z.B. auf einem Bildschirm erzeugt. Nicht alle Schritte dieser Pipeline sind in ihrer Reihenfolge absolut festgelegt und praktisch alle konkreten Implementierungen unterscheiden sich auch in Details, doch in diesem Kapitel sollen alle benötigten Schritte entlang einer generischen Rendering Pipeline diskutiert werden.

8.2.1 Tesselation

Der Begriff der **Tesselation** stammt vom lateinischen Begriff *Tessella* ab, der ein kleines meist rechteckiges Mosaiksteinchen bezeichnet. Aus diesem Steinchen mit ebener Oberfläche lassen sich auch beliebige gekrümmte Flächen quasi nahtlos annähern. In der Computergrafik werden gekrümmte Flächen bei der Tesselation in so kleine Polygone aufgeteilt, dass sie dem Betrachter noch hinreichend gekrümmt erscheinen, obwohl sie bei genauer Betrachtung aus geraden Flächenstücken aufgebaut sind. Sind die erzeugten Polygone *Dreiecke*, so spricht man auch von *Triangulation*. Dieser Vorgang bildet gegebenenfalls den ersten Schritt der Rendering Pipeline (siehe Abbildung 8.5), da man ab dann nur noch mit Dreiecken zu rechnen braucht, was alle weiteren Verfahren in der Pipeline vereinfacht. Abbildung 8.4 (Mitte) zeigt eine Tesselation eines Bézier-Patches. Abbildung 8.5 zeigt ein aus Bézier-Patches zusammengesetztes Modell (**Newells Teekanne**[3]) mit verschiedenen Tesselationen gerendert. Die verschiedenen Versionen unterscheiden sich in der Größe und Anzahl der aus den Patches berechneten Polygone. Je mehr und je kleinere Polygone verwendet werden, desto runder erscheint die Oberfläche.

Abbildung 8.6: Newells Teekanne, ein aus wenigen Bézier-Patches zusammengesetztes Modell, in verschiedenen Genauigkeiten durch Polygone angenähert (Bildquelle: http://sunflow.sourceforge.net/)

3 Dieses Modell einer Teekanne wurde von dem Computergrafiker Martin Newell an der University of Utah aus neun teilweise gespiegelten Bézier-Patches modelliert und dient in der 3D-Grafik seither oft als Beispielobjekt.

8.2.2 Von Objekt- nach Weltkoordinaten: der Szenegraph

Die bisher beschriebenen 3D-Objekte werden in **Objektkoordinaten** modelliert. Bei einem Würfel oder einer Kugel liegt beispielsweise der Mittelpunkt immer im Ursprung des lokalen Koordinatensystems, bei komplexeren Polygonnetzen kann sich der Ursprung des Objektkoordinatensystems auch an anderen Stellen befinden. Nachdem in der 3D-Szene vorkommenden Objekte geometrisch beschrieben und nötigenfalls durch Tesselation auf Dreiecke zurückgeführt sind, folgt als nächster Schritt in der Rendering Pipeline die Transformation der einzelnen Objekte an ihren jeweiligen Ort im Raum. Um die zu Beginn dieses Kapitels eingeführten Transformationen effizient auf Objekte und Objektgruppen in der Szene anwenden zu können, werden diese in einem gerichteten azyklischen Graphen, dem sogenannten **Szenegraphen** organisiert. Dieser Graph enthält an den Blättern die geometrischen Modelle samt ihrer Erscheinungen (Oberflächenbeschreibungen) und an den inneren Knoten Transformationen oder Gruppierungen. Im einfachsten Fall ist ein Szenegraph als Baum darstellbar. Werden jedoch Geometrien, Erscheinungen oder Gruppierungen mehrfach verwendet, so verweisen mehrere darüber liegende Knoten auf den gleichen darunter liegenden Knoten. Aus dem Baum wird ein *gerichteter azyklischer Graph.* ▶Abbildung 8.7 zeigt einen Szenegraphen für ein Auto mit vier Rädern, die jeweils die gleiche Geometrie verwenden. Durch die Mehrfachverwendung der gleichen Baugruppe für das Rad wird Modellierungsaufwand gespart. Das Rad wird aus Felge und Reifen im Ursprung modelliert und dann durch vier verschiedene darüber liegende Transformationen an die vier richtigen Positionen bewegt. Genauso teilt sich die Karosserie, bestehend aus zwei Teilen, die gleiche auf der Ebene darüber festgelegte Oberflächenbeschreibung, so dass beispielsweise die Farbe des Autos auch durch eine einzige Änderung im Szenegraphen für alle Karosserieteile konsistent geändert werden kann. Der Szenegraph dient also nicht nur der kompakten Repräsentation der 3D-Szene, sondern auch ihrer logischen Strukturierung. Nichtgeometrische Eigenschaften, wie Zeichenstile, werden darin nicht aufmultipliziert, sondern vererbt.

Die Organisation in einem solchen Graphen ermöglicht es auch, komplexere Animationen logisch einfach zu beschreiben. Die Transformation eines einzelnen Objektes wird bestimmt, indem alle Transformationen von der Wurzel des Graphen bis zum Blatt aufmultipliziert werden. Die Transformationen von „Chassis“ und „Kabine“ geben also nur die relative Transformation zum übergeordneten Objekt „Karosserie“ an, das selbst keine weitere Geometrie besitzt, jedoch die Oberflächenbeschreibung „grau“ für seine Unterobjekte definiert.

Angenommen, das oben modellierte Auto solle sich mit drehenden Rädern entlang eines geraden Weges fortbewegen. In diesem Fall bewegen sich alle Bestandteile des Autos linear (Translation), während sich die Räder zusätzlich auch noch drehen (Rotation). Es reicht in diesem Fall, für die Baugruppe „Rad“ eine wiederholte Rotation um 360 Grad in einer festen Zeiteinheit zu beschreiben und diese dort in den Szenegraphen als Transformation einzubauen. Durch die Verwendung derselben Baugruppe drehen sich damit automatisch alle vier Räder. Fügt man nun die Translation des gesamten Autos bei der Baugruppe „Auto" ein, so bewegen sich alle Unterobjekte, also Karosserie und Räder, ebenfalls mit entlang des Weges.

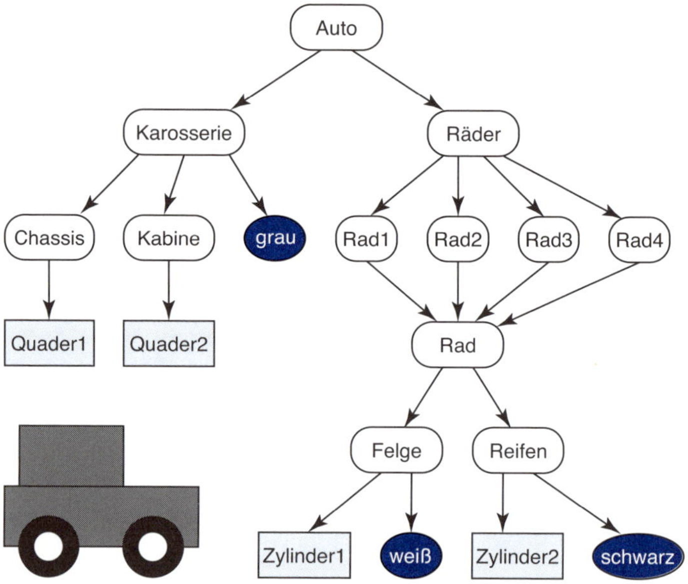

Abbildung 8.7: Szenegraph für ein Auto mit vier Rädern, in dem Geometrien, Oberflächen und ganze Baugruppen mehrfach verwendet werden

8.2.3 Von Welt- nach Sichtkoordinaten: Kameramodell

Bis zu diesem Zeitpunkt rechnen wir noch komplett in den sogenannten **Weltkoordinaten**, also im globalen Koordinatensystem der 3D-Szene. Um aber die dreidimensionale Welt auf eine zweidimensionale Bildebene abzubilden, wird eine **Projektion** benötigt. Diese Aufgabe übernimmt die **Kamera**. In den meisten Fällen kommt bei der Abbildung realistischer Szenen eine **perspektivische Projektion** zum Einsatz. Nehmen wir an, dass das Zentrum der Projektion im Ursprung liege und die Bildebene bei Z=-1. Die Kamera blickt entlang der negativen Z-Achse. Dann ergibt sich die Projektion durch folgende einfache Formeln:

$$\begin{pmatrix} x_{sicht} \\ y_{sicht} \\ z_{sicht} \\ w_{sicht} \end{pmatrix} = \begin{pmatrix} 1 & 0 & 0 & 0 \\ 0 & 1 & 0 & 0 \\ 0 & 0 & 1 & 0 \\ 0 & 0 & -1 & 0 \end{pmatrix} \begin{pmatrix} x \\ y \\ z \\ 1 \end{pmatrix} = \begin{pmatrix} x \\ y \\ z \\ -z \end{pmatrix}$$

Diese erste Transformation wandelt die Weltkoordinaten in **Sichtkoordinaten** um, ein internes Koordinatensystem der Kamera, das zur Berechnung von **Verdeckung** und **Sichtbarkeit** besonders gut geeignet ist, da die Position der Punkte entlang der Z-Achse noch erhalten bleibt.

$$\begin{pmatrix} x_{bild} \\ y_{bild} \\ z_{bild} \\ w_{bild} \end{pmatrix} = \frac{1}{w_{sicht}} \begin{pmatrix} x_{sicht} \\ y_{sicht} \\ z_{sicht} \\ w_{sicht} \end{pmatrix} = \begin{pmatrix} x_{sicht} / w_{sicht} \\ y_{sicht} / w_{sicht} \\ z_{sicht} / w_{sicht} \\ w_{sicht} / w_{sicht} \end{pmatrix} = \begin{pmatrix} x / -z \\ y / -z \\ -1 \\ 1 \end{pmatrix}$$

Die zweite Operation wandelt die Sichtkoordinaten in **Bildkoordinaten** um und führt die sogenannte **perspektivische Division** durch. Indem die x- und y-Koordinate jeweils durch die z-Koordinate geteilt werden, erscheinen entlang der Z-Achse weiter entfernte Objekte kleiner und näher zur optischen Achse der Kamera (negative Z-Achse). Da der z-Koordinatenwert negativ ist, muss man zur Berechnung des Skalierungsfaktors für die x- und y-Koordinaten durch –z (also eine positive Zahl) dividieren. ▶Abbildung 8.8 zeigt diese geometrische Situation anschaulich.

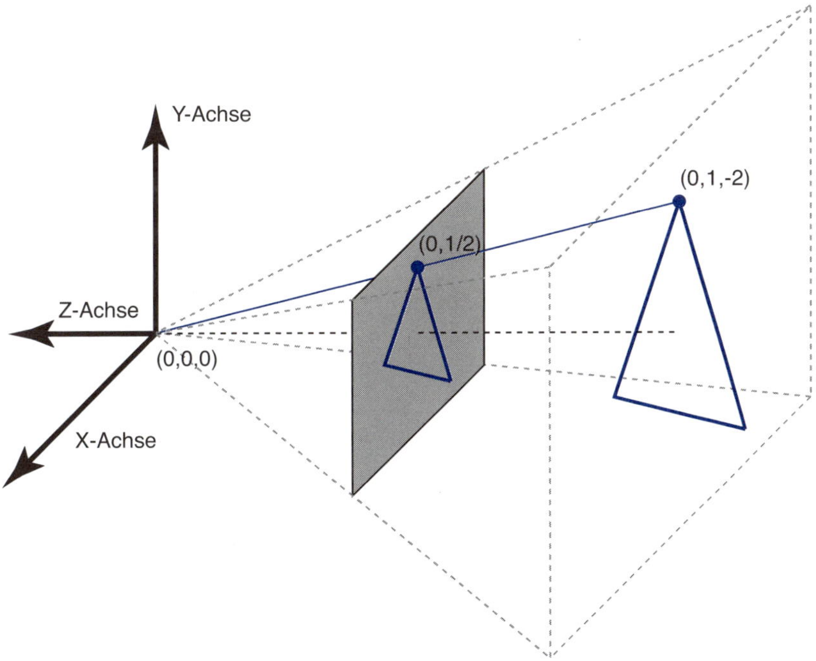

Abbildung 8.8: Perspektivische Projektion in der Kamera. Im Beispiel sind die Weltkoordinaten (0,1,-2) und damit ergeben sich die Bildkoordinaten (0,½).

Die oben gemachte Annahme, dass die Kamera sich im Ursprung befindet und mit der Bildebene bei Z=-1 entlang der negativen Z-Achse blickt, stellt keine Einschränkung dar, da die obige Projektionsmatrix einfach durch Multiplikation mit Translations- und Rotationsmatrizen für jede beliebige andere Kameraposition und Orientierung angepasst werden kann.

8.2.4 Sichtbarkeitsbestimmung (culling)

An dieser Stelle der Rendering Pipeline, wenn alle Koordinaten in Sichtkoordinaten transformiert sind, lassen sich erhebliche Optimierungen durchführen, die in der Regel dazu führen, dass nur ein Bruchteil der modellierten Polygone auch tatsächlich weiter durch die Rendering Pipeline betrachtet werden muss. Diese Optimierungen bestehen grundlegend darin, Polygone auszuschließen, von denen bereits jetzt feststeht, dass sie im Bild nicht sichtbar werden. Dies betrifft zunächst einmal alle Polygone außerhalb des Kamerabildes oder, etwas genauer ausgedrückt, außerhalb des Pyramidenstumpfes, der durch die vier Ebenen durch das Projektionszentrum und die vier Bildränder sowie die Festlegung einer vorderen und einer hinteren Schnittebene (*near clipping plane, far clipping plane*) definiert wird. Dieser Pyramidenstumpf wird als **Sichtvolumen** (*view frustum, view volume*) bezeichnet und ist in ▶Abbildung 8.9 dargestellt.

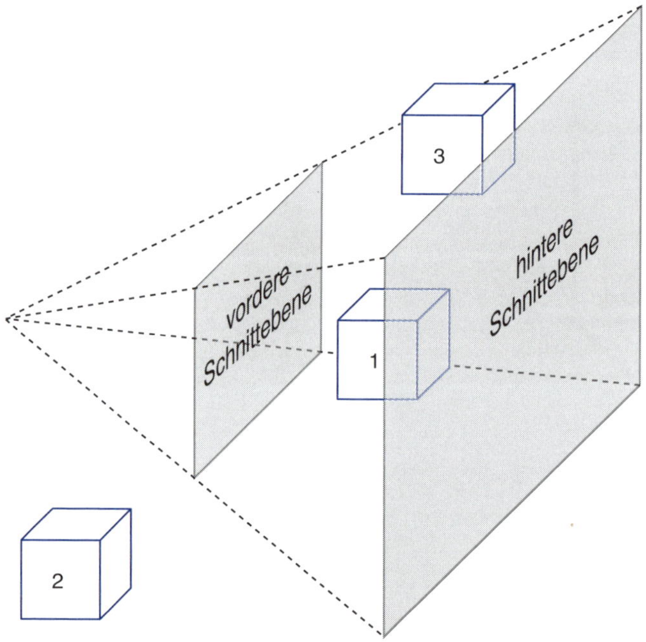

Abbildung 8.9: Sichtvolumen der Kamera mit vorderer und hinterer Schnittebene. Objekt 1 liegt vollständig innerhalb des Sichtvolumens, Objekt 2 vollständig außerhalb und Objekt 3 schneidet das Sichtvolumen.

Nun kann man jedes Objekt der Szene (auf oberster Ebene im Szenegraphen) durch seinen umschreibenden Quader annähern und für diesen mittels acht einfacher Punktvergleiche im Sichtkoordinatensystem ermitteln, ob der Quader (und damit das gesamte Objekt) komplett innerhalb oder komplett außerhalb des Sichtvolumens liegt. Vollständig enthaltene Objekte werden weiter in der Rendering Pipeline berücksichtigt. Vollständig außerhalb liegende Objekte können ignoriert werden und für schneidende Objekte kann gegebenenfalls nochmals auf Ebene der Unterobjekte im Szenegraphen der gleiche Test durchgeführt werden. Im Zweifelsfall (Schnitt auf der untersten Ebene im

Szenegraphen) werden die Objekte weiter berücksichtigt. Dieses Verfahren heißt **view frustum culling** und erlaubt es oft, den überwiegenden Teil einer komplexen 3D-Welt aus dem weiteren Rendering-Prozess zu entfernen.

Eine weitere Strategie besteht darin, Polygone, die (bzw. deren Normalen) von der Kamera weg zeigen, aus der Pipeline zu entfernen (**back face culling**). Die Grundüberlegung hierbei ist, dass bei einem geschlossenen Polygonnetz (also ohne Löcher) solche Polygone nur auf der Rückseite von Objekten vorkommen können und somit im Bild stets durch andere Polygone verdeckt sind. Dieser weitere Schritt erlaubt es in der Regel, die weiter zu betrachtende Polygonzahl nochmals zu halbieren.

Zu diesem Zeitpunkt in der Rendering Pipeline werden außerdem die Auswirkungen von Lichtquellen auf die einzelnen Polygone auf Basis der jeweiligen Normalenvektoren, der Kameraposition sowie der Lichtpositionen berechnet. Details zu den darauf basierenden **Shading**-Verfahren werden in einem späteren Abschnitt dieses Kapitels besprochen. Danach werden die in Bildkoordinaten vorliegenden Polygone auf das tatsächliche Bild beschnitten. Ein Verfahren zum **Clipping** von Dreiecken bezüglich eines Sichtfensters wurde bereits im Kapitel zur 2D-Grafik besprochen.

8.2.5 Lichtquellen

Um dreidimensionale Objekte im Bild mit Licht und Schatten sichtbar zu machen, werden außer der Kamera und den Objekten selbst nebst ihrer Oberflächenbeschreibungen auch Lichtquellen benötigt. Die 3D-Computergrafik arbeitet dabei mit verschiedenen mehr oder weniger starken Vereinfachungen des natürlichen Lichtes. Die am einfachsten zu berechnende Vereinfachung ist das sogenannte **ambiente Licht**. Dieses beruht auf der Beobachtung, dass in der Natur stets Lichtanteile von den Objekten der Umgebung, dem Boden oder den Wolken diffus reflektiert werden, so dass am Tage auch in die entlegensten Winkel noch eine gewisse Menge Licht gelangt. Dieses Licht wird vereinfacht modelliert, indem im mathematischen Modell an jeder Stelle des Raumes ein Licht von gegebener Helligkeit ohne Angabe der Richtung vorhanden ist und allen dort vorhandenen Polygonen abhängig von ihrer Oberfläche eine gewisse Grundhelligkeit verleiht.

Eine weitere starke, aber plausible Vereinfachung eines natürlichen Phänomens ist das **gerichtete Licht**. Dieses beruht auf der Tatsache, dass einerseits die Beleuchtungsstärke quadratisch mit dem Abstand von der Lichtquelle abnimmt und dass andererseits die Hauptlichtquelle in der Natur die Sonne ist. Da der Abstand der Sonne zur Erde um viele Größenordnungen größer ist, als alle auf der Erde auftretenden Entfernungen zueinander, wird die quadratische Abnahme der Beleuchtungsstärke von einem Objekt zum nächsten verschwindend gering und daher praktisch nicht mehr wahrnehmbar. Das Licht der Sonne kann daher alleine durch seine Richtung und seine Helligkeit angenähert werden und erzeugt so überall in der Szene ein gerichtetes Licht gleicher Intensität, das entweder keine oder harte Schatten wirft. Hellt man diese harten Schatten mit der ambienten Lichtquelle etwas auf, so lassen sich bereits mit diesen beiden Lichtquellen einigermaßen realistische Beleuchtungssituationen erzielen, die einen minimalen Rechenaufwand beim Rendering mit sich bringen. Die gerichtete Lichtquelle entspricht hierbei der Sonne und verwendet oft einen etwas wärmeren Farbton. Die ambiente Lichtquelle entspricht dem diffus vom Himmel reflektierten Lichtanteil und nimmt für die Darstellung von Sonnentagen mit blauem Himmel einen schwachen bläulichen Farbton an, für bedeckte Tage eher ein neutrales Weiß mit höherer Leuchtstärke. ▶Abbildung 8.10 links zeigt eine gerichtete Lichtquelle von vorne oben rechts.

Um lokale Lichtquellen auf der Erde, wie z.B. Glühbirnen oder Kerzen, nachzubilden, verwendet man oft sogenannte **Punktlichter**. Diese werden beschrieben durch ihre Position in Weltkoordinaten und ihre Lichtfarbe bzw. Intensität. Sie strahlen gleichmäßig in alle Richtungen Licht ab, dessen Beleuchtungsstärke in der Natur quadratisch mit der Entfernung abnimmt. In der Computergrafik wird statt des rein quadratischen Abfalls oft eine Formel benutzt, die auch noch einen linearen Anteil berücksichtigt und somit den Lichtabfall nicht ganz so stark werden lässt. Diese Abweichung von der physikalischen Realität trägt der Tatsache Rechnung, dass der Bildschirm als Darstellungsmedium über einen wesentlich geringeren Kontrastumfang verfügt, als dies zur realistischen Darstellung natürlicher Szenen nötig wäre. Der im Bild sichtbare Helligkeitsabfall ist also weniger stark als in der Natur, was den Gesamtkontrast senkt, er wird aber trotzdem als realistisch wahrgenommen. Abbildung 8.10 Mitte zeigt eine Punktlichtquelle über den drei Objekten.

Beschränkt man den Abstrahlwinkel einer Punktlichtquelle auf einen Kegel um eine bestimmte Leuchtrichtung, so erhält man einen Scheinwerfer oder ein **Spotlicht**. Auch die Helligkeit dieser Lichtquelle nimmt mit der Entfernung zwischen Objekt und Licht ab wie beim Punktlicht, sie wird aber zudem noch durch einen weiteren Parameter beeinflusst: die Nähe zum Rand des Lichtkegels (**falloff**). Ein scharf umrissener Lichtkegel entsteht hierbei, indem kein Falloff stattfindet. Je stärker der Falloff eingestellt wird und je näher zur Mitte des Kegels er beginnt, desto weicher wird der vom Spotlicht erzeugte Lichtkegel. Sowohl Punkt- als auch Spotlicht werfen harte Schatten, da ihre Lichtstrahlen in der mathematischen Vereinfachung von einem einzelnen Punkt ausgehen und somit keine Bereiche im **Halbschatten** entstehen können. ▶Abbildung 8.10 rechts zeigt eine Spotlichtquelle von vorne oben.

F

Abbildung 8.10: Drei verschiedene Lichtquellen über der gleichen Szene: gerichtetes Licht (links), Punktlicht (Mitte) und Spotlicht (rechts)

Weich umrandete Schatten sowie von einer einzigen Lichtquelle stammende Halbschatten sind schließlich nur mit der berechnungstechnisch aufwändigsten Lichtart zu erzeugen, den **Flächenlichtern**. Diese werden wie 3D-Objekte durch eine Geometrie modelliert, die von jedem Punkt aus Licht aussendet. In der Praxis können sie oft auch durch viele über die Geometrie verteilte Punktlichtquellen angenähert werden. Sie verursachen aber in jedem Fall einen erheblich höheren Rechenaufwand. Im Austausch dazu erhält man die realistischste Annäherung an die in der Natur auftretenden (nie exakt punktförmigen) Lichtquellen. Im Bild werfen solche Flächenlichter weich umrandete Schatten und die in der Computergrafik gerne verwendeten einfachen Geometrien wie Kreise oder Rechtecke entsprechen recht gut den im Fotostudio verwendeten Schirmen oder Softboxen. ▶Abbildung 8.11 zeigt ein geometrisch einfaches, aber eindrucksvolles Beispiel für einen subtilen weichen Schattenwurf.

Abbildung 8.11: Weicher Schattenwurf durch die Verwendung von Flächenlicht, Bildautor: Laurent Rouquette

F

8.2.6 Oberflächenbeschreibungen, Texturen

Der letzte Einflussfaktor außer den 3D-Objekten, der Kamera- und Lichtpositionierung ist die **Oberflächenbeschreibung** der Objekte in der Szene. Bei 3D-Produktionen macht die Erzeugung guter Texturen, prozeduraler *Shader*, oder auch nur die Parametrisierung derselben oft einen erheblichen Anteil des Gesamtaufwandes aus und bei Filmproduktionen arbeiten an diesem Teilproblem viele Leute parallel. Im Rahmen dieses Buches sollen nur die ganz grundlegenden Techniken dargestellt werden, die sich auch in der am Ende des Kapitels eingeführten Beschreibungssprache *VRML* ausdrücken lassen.

Eine grundlegende Art der Oberflächenbeschreibung ist die Beschreibung ihrer ambienten, diffusen und spekularen Reflexion. Zur Verdeutlichung der im Folgenden hergeleiteten Formeln zeigt ▶Abbildung 8.12 die dabei verwendeten Vektoren. Die **ambiente Reflexion** wird durch einen einfachen Koeffizienten k_a angegeben, der beschreibt, welcher Anteil des ambienten Lichtes mit der Intensität I_{al} von der Oberfläche gleichmäßig in alle Richtungen reflektiert wird:

$$I_a = k_a I_{al}$$

Dieser ambiente Koeffizient kann beispielsweise eingesetzt werden, um (bei vorhandener ambienter Lichtquelle) in der gesamten Szene eine gewisse Grundhelligkeit zu erzeugen und völlig schwarze Schatten zu verhindern.

Ein vollständig matter Körper weist bei einer bestimmten Beleuchtung die gleiche Farbe und Helligkeit auf, egal, aus welcher Richtung man ihn betrachtet. Diese Art der Reflexion heißt **diffuse** oder **Lambertsche Reflexion** und folgt ebenfalls einem einfachen Gesetz:

$$I_d = k_d I_L \langle L, N \rangle$$

Hierbei ist I_d die Intensität der entstehenden diffusen Reflexion, k_d der die diffuse Reflexion der Oberfläche charakterisierende Koeffizient, I_L die Lichtintensität und $<L,N>$ das Skalarprodukt der Normale und des Vektors zur Lichtquelle, also der Kosinus des Winkels zwischen den beiden. Wird die Fläche senkrecht beleuchtet, so erscheint sie mit einer bestimmten maximalen Helligkeit ($I_d = I_L$). Weicht der Beleuchtungswinkel von der Flächennormale ab, so nimmt auch die Helligkeit der Fläche ab, und zwar mit dem Kosinus des Winkels zwischen Beleuchtungsrichtung und Normale, was genau der Veränderung der vom Licht getroffenen Fläche entspricht. Unbehandeltes Holz und Papier sind Beispiele für annähernd *Lambertsche Oberflächen* in der Natur. Das Lambertsche Reflexionsmodell wird in der Computergrafik als Modell der diffusen Reflexion verwendet.

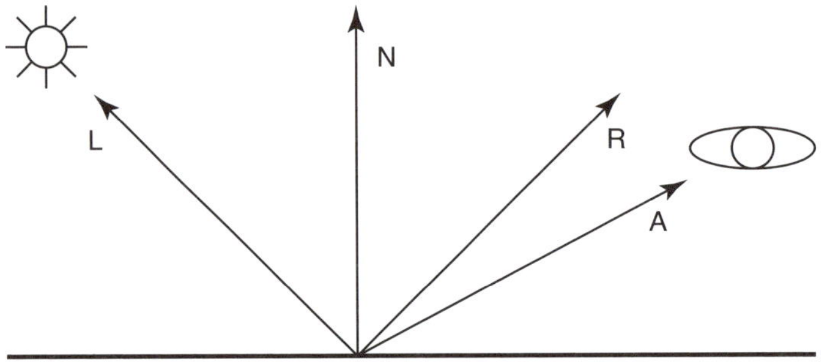

Abbildung 8.12: Vektoren zur Berechnung des Beleuchtungsmodells nach Phong: L zeigt zur Lichtquelle, N ist die Flächennormale, R der reflektierte Lichtstrahl und A zeigt zum Auge.

Die **spekulare** oder **Glanzreflexion** folgt in der Computergrafik einem ähnlichen Gesetz: Ein perfekter Spiegel reflektiert Licht genau so, dass der Winkel zwischen Lichteinfall L und Flächennormale N (*Einfallswinkel*) gleich dem Winkel zwischen Flächennormale N und Lichtausfall R (*Ausfallswinkel*) ist. Die allermeisten Oberflächen in der Natur sind jedoch keine perfekten Spiegel. Ihre Reflexion ist zwar am stärksten, wenn Einfallswinkel und Ausfallswinkel gleich sind, ihre Helligkeit sinkt aber mit der Abweichung von diesem Winkel nicht sofort auf null, sondern nur allmählich. **Phong** formulierte diesen Abfall als n-te Potenz des Kosinus zwischen Betrachtungsvektor A und Reflexionsvektor R:

$$I_s = k_s I_L \langle R, A \rangle^n$$

Hierbei ergibt ein kleiner Wert für n einen weichen Lichtabfall am Rande von größeren Glanzpunkten, während ein großer Exponent n einen kleinen und scharfen Glanzpunkt bewirkt.

Das **Beleuchtungsmodell nach Phong** leitet sich nun genau aus den drei eben beschriebenen Lichtanteilen her:

$$I = I_a + I_d + I_s = k_a I_{al} + k_d I_L \langle L, N \rangle + k_s I_L \langle R, A \rangle^n$$

Diese Darstellung ist insofern vereinfacht, als sie nur Lichtintensitäten beschreibt, jedoch keine Farben. Gibt man statt der Lichtintensitäten Farbintensitäten für die additiven Grundfarben Rot, Grün und Blau an und spezifiziert auch den ambienten, diffusen und spekularen Reflexionskoeffizienten jeweils für alle drei Grundfarben getrennt, so lassen sich die Oberflächeneigenschaften für beliebige Reflexionsfarben beschreiben.

Eine weitere Art der Oberflächenbeschreibung, die sich auch mit obigem Beleuchtungsmodell gemeinsam nutzen lässt, sind **Texturen**. Als Textur bezeichnet man eine Bitmap, die bestimmte Eigenschaften der Objektoberfläche verändert. Im einfachsten Fall beschreibt eine solche Textur die diffuse Reflexionsfarbe des Objektes an der jeweiligen Stelle (**diffuse map**). Die Bildwirkung ist dann etwa wie die einer Tapete oder eines Aufklebebildes, das auf dem Objekt angebracht wurde. Texturen können aber auch die Transparenz eines Objektes festlegen (**transparency map**) oder eine Abweichung der Geometrie nach oben und unten (**height map**) oder eine Veränderung der Flächennormalen (**normal map**) bewirken. Je nach verwendetem Grafikpaket sind die verschiedensten Effekte mit Texturen erzielbar und für weitere Details sei hier auf die Literatur am Ende des Kapitels verwiesen.

8.2.7 Verdeckungsberechnung

Nachdem nun alle im Kamerabild sichtbaren Polygone auf Basis von *Kamera, Lichtern* und *Oberflächen* eingefärbt werden können, muss ihre gegenseitige **Verdeckung** berechnet werden. Die einfachste und naive Vorgehensweise wäre, einfach alle Polygone nach ihrer Lage im Raum zu sortieren und von hinten nach vorne zu zeichnen, ähnlich wie ein Maler sein Bild vom Hintergrund zum Vordergrund aufbaut. Dieses als **Painter's Algorithm** bekannte Verfahren, das in der 2D-Grafik verwendet wird, schlägt jedoch fehl, sobald sich Polygone zirkulär gegenseitig überlappen. Ein solches Beispiel ist in ▸Abbildung 8.13 gezeigt.

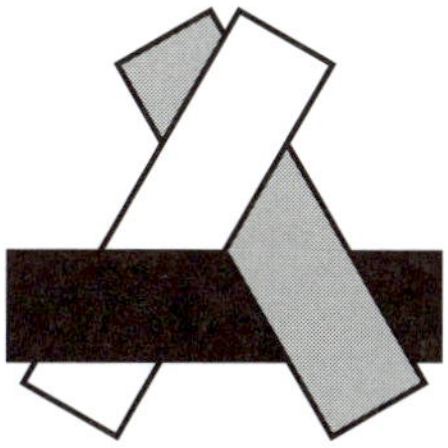

Abbildung 8.13: Drei Polygone, die sich zirkulär gegenseitig überlappen und daher mit dem Painter's Algorithm nicht korrekt dargestellt werden können

Um solche Konstellationen sowie sich durchdringende Polygone korrekt abbilden zu können, wurde das **Z-Buffer**-Verfahren entwickelt. Es beruht auf der Idee, für jedes dargestellte Bildschirmpixel nicht nur einen Farbwert (R, G, B) zu verwalten, sondern auch einen Tiefenwert Z in einem getrennten Puffer. Dieser Z-Buffer wird zunächst mit einem Wert (für die maximal mögliche Entfernung von der Kamera) initialisiert. Wird nun ein Polygon gezeichnet, so wird die aus Normale, Kamera, Licht und Oberfläche berechnete Farbe nach Projektion und Umrechnung in Bildschirmkoordinaten in die entsprechenden Pixel gezeichnet und gleichzeitig werden die zugehörigen Einträge im Z-Buffer auf die entsprechende Entfernung von der Kamera gesetzt. Steht an dieser Stelle bereits eine kürzere Entfernung, so darf das Pixel nicht gezeichnet werden, da bereits ein anderes davor gezeichnet wurde.

Das Z-Buffer-Verfahren stellt so für jedes Pixel sicher, dass die Farbe des zuvorderst liegenden Polygons zu sehen ist. Ein kritischer Punkt ist die numerische Genauigkeit der Puffereinträge. Um die Berechnungen beim Rendering effizient zu halten, wird hier mit Festkommadarstellung und einer Wortlänge von beispielsweise 16 Bit gearbeitet. In diesen 16 Bit müssen alle Werte zwischen der vorderen und hinteren Schnittebene des Sichtvolumens abgebildet werden. Werden diese beiden Schnittebenen zu weit auseinander gewählt oder liegen viele Polygone in einem ganz engen Tiefenbereich, so kann es zu Fehlern bei der Z-Buffer-Abfrage kommen, indem zwei Polygone, die im gleichen Abstand zur Kamera liegen, streifenweise abwechselnd im Bild erscheinen, da ihr Z-Wert immer abwechselnd zum nächstgrößeren ganzzahligen Wert gerundet wird. Diese typischen Z-Buffer-Fehler treten bei großen virtuellen Welten, kleiner Z-Buffer-Genauigkeit und exakt zusammenfallenden Polygonen auf.

8.3 Bilderzeugung

Der letzte Schritt in der Rendering Pipeline ist die Erzeugung des eigentlichen Rasterbildes oder die Rasterisierung. Je nach verwendetem Verfahren findet dies auf unterschiedliche Art und Weise statt und die Schritte in dieser letzten Phase der Rendering Pipeline aus Abbildung 8.5 sind demnach nur als exemplarisches Beispiel zu sehen.

Die existierenden Bilderzeugungsverfahren werden grob in zwei Familien unterteilt. Die einfacher zu berechnenden Verfahren betrachten die Auswirkungen des Lichtes auf die Objektoberfläche nur lokal und heißen deshalb **Lokale Beleuchtungsverfahren** (*local illumination*). Komplexere Verfahren betrachten die Auswirkungen des Lichtes in der gesamten Szene, um die Helligkeit eines bestimmten Punktes auf einer Objektoberfläche zu bestimmen. Sie heißen daher **Globale Beleuchtungsverfahren** (*global illumination*).

8.3.1 Lokale Beleuchtungsverfahren

Beginnen wir zunächst mit den berechnungstechnisch sehr einfachen **Shading**-Verfahren, die noch immer in den meisten Echtzeit-Grafiksystemen zum Einsatz kommen. Hierbei wird lokal für jedes Polygon und innerhalb des Polygons für jedes Pixel eine Farbe berechnet, und zwar nur in Abhängigkeit von der Flächennormalen, dem Lichteinfallswinkel, der Kameraposition und den Oberflächeneigenschaften. ▶Abbildung 8.14 stellt schematisch die Funktionsweise der drei verbreiteten Varianten dar und ▶Abbildung 8.15 zeigt das zugehörige visuelle Ergebnis. Nehmen wir an, das in Abbildung 8.12 gezeigte Polygon sei Bestandteil eines größeren gebogenen Polygonnetzes und die angrenzenden Polygone hätten eine andere Ausrichtung im Raum. Außer der **Flächennormale** des Polygons seien auch die Normalen des Polygonnetzes an jedem Eckpunkt (*vertex normal*) gegeben. Diese lassen sich aus den Flächennormalen aller angrenzenden Dreiecke berechnen und sind bei gebogenen Flächen für die drei Eckpunkte jeweils verschieden.

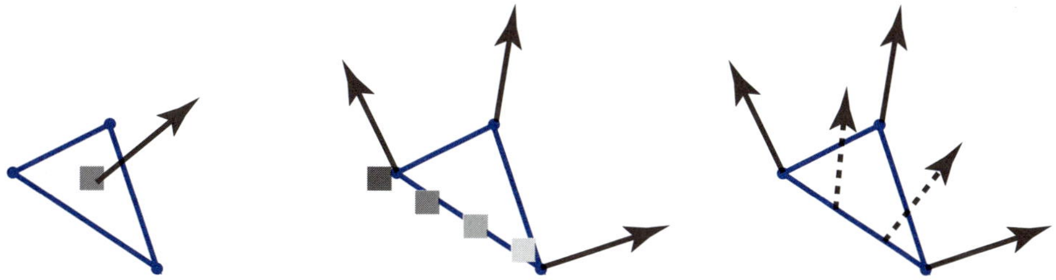

Abbildung 8.14: Funktionsweise des Flat Shading, Gouraud Shading und Phong Shading

Beim **Flat Shading** (Abbildung 8.14 und 8.15) wird eine einzige Flächennormale für das Polygon bestimmt, beispielsweise als Kreuzprodukt[4] zweier Kanten. Mit dieser **Flächennormalen** sowie den Vektoren zur Kamera und zum Licht und der Oberflächenfarbe wird eine meist sehr einfache Beleuchtungsfunktion berechnet, beispielsweise das oben eingeführte Beleuchtungsmodell nach Phong. Die damit ermittelte Farbe wird sodann für alle Pixel des Polygons verwendet. Pro Polygon muss also nur einmal die Beleuchtungsfunktion ausgewertet werden. Der entstehende Bildeindruck ist kantig (siehe Abbildung 8.15 links), da aneinandergrenzende Polygone jeweils unterschiedliche Farben haben.

Beim **Gouraud Shading** (Abbildung 8.14 und 8.15) wird an allen Eckpunkten des Polygons eine Beleuchtungsfunktion ausgewertet, und zwar mit der jeweiligen Flächennormalen. Die so ermittelten *Farben* werden entlang der Kanten des Polygons linear interpoliert und so ergibt sich ein Farbverlauf über die gesamte Polygonfläche hinweg. Da die angrenzenden Polygone an den gemeinsamen Ecken jeweils die gleichen Normalen verwenden, ergibt die Beleuchtungsfunktion dort auch die gleichen Farbwerte und somit werden die Kanten zwischen den Polygonen unsichtbar, da der interpolierte Farbverlauf auch über die Grenzen des Polygons hinweg stetig weitergeführt wird. Pro Polygon muss hier also mehrmals die Beleuchtungsfunktion berechnet werden und zudem wird für jedes Pixel ein Farbwert interpoliert.

Beim **Phong Shading** (Abbildung 8.14 und 8.15) wird der Normalenvektor über die gesamte Polygonfläche hinweg interpoliert. Für jedes zu rasterisierende Pixel wird die *Normale* an der jeweiligen Stelle des Polygons berechnet und mit ihr dann die Beleuchtungsfunktion ausgewertet. Für den Übergang zu angrenzenden Polygonen

4 Das Kreuzprodukt zweier nicht paralleler Vektoren ist wieder ein Vektor, der auf den beiden anderen Vektoren senkrecht steht.

gilt das Gleiche wie beim *Gouraud Shading*. Dieses Verfahren bedeutet einen erheblich höheren Rechenaufwand durch die Interpolation von Vektoren und die Auswertung der Beleuchtungsfunktion für jedes Pixel. Es bietet jedoch einen wesentlichen Vorteil bei der Darstellung glänzender Oberflächen:

Glanzpunkte entstehen überall dort, wo der Einfallswinkel des Lichtes gleich seinem Ausfallswinkel ist, die Kamera also genau in die Reflexion einer Lichtquelle blickt. Nehmen wir nun an, ein Glanzpunkt befinde sich irgendwo innerhalb des Polygons. Als Beleuchtungsfunktion verwenden wir das Beleuchtungsmodell nach Phong. Beim *Flat Shading* ist es purer Zufall, wenn die Flächennormale des gesamten Polygons gerade die hierfür benötigten Winkelbedingungen trifft. In diesem Fall glänzt das gesamte Polygon, in allen anderen Fällen geht der Glanzpunkt verloren.

Beim *Gouraud Shading* erfüllt keine der Flächennormalen an den Polygonecken genau die Bedingung für einen Glanzpunkt, da dieser ja innerhalb des Polygons liegt. Der Glanzpunkt bleibt somit (je nach seiner Schärfe) komplett unsichtbar. Lediglich beim *Phong Shading* besteht eine recht große Chance, dass zumindest einer der interpolierten Normalenvektoren den Bedingungen für einen Glanzpunkt recht nahe kommt. Somit wird für jedes Pixel die Glanzreflexion korrekt berechnet und der Glanzpunkt erscheint je nach seiner Schärfe in der richtigen Größe. ▶Abbildung 8.15 zeigt den Unterschied im visuellen Ergebnis zwischen verschiedenen Shading-Verfahren mit der gleichen Beleuchtungsfunktion.

F

Abbildung 8.15: Visuelles Ergebnis beim Flat Shading, Gouraud Shading und Phong Shading

8.3.2 Global-Illumination-Verfahren

Bis vor wenigen Jahren waren die Global-Illumination-Verfahren alleine zum offline Rendering, z.B. für Animationsfilme, verwendbar, da die Berechnung eines einzigen Bildes oft Minuten oder Stunden dauerte. Für einen flüssigen Bewegungseindruck müssen jedoch mindestens 15 Bilder pro Sekunde gerendert werden, was diese Verfahren für Echtzeit ungeeignet machte. Durch Optimierung der Algorithmen und wachsende Rechenleistung insbesondere der Grafikhardware ist es jedoch mittlerweile bereits möglich, **Raytracing** in Echtzeit durchzuführen, und somit stehen solche Verfahren nun auch für Computerspiele und interaktive virtuelle Welten zur Verfügung. Die Diskussion globaler Beleuchtungsverfahren soll sich in diesem Buch auf zwei klassische Verfahren beschränken, die nach wie vor eine hohe praktische Relevanz besitzen, nämlich das **Raytracing**- und das **Radiosity**-Verfahren. Beide werden heute meist in Kombination angewendet.

Die Kernidee des **Raytracing** ist die Verfolgung je eines Blickstrahles vom menschlichen Auge *durch jedes Bildschirmpixel* in die 3D-Szene. Dieser Strahl trifft dort dann auf die vorderste von ihm geschnittene Objektoberfläche und wird entsprechend deren Eigenschaften am Schnittpunkt *reflektiert*, *gebrochen* oder *absorbiert*. Bis zu einer gewissen Rekursionstiefe werden der gebrochene und der reflektierte Strahl ebenfalls noch weiterverfolgt und beim Rücklauf durch die Rekursion ergibt sich so die Pixelfarbe als Summe aller reflektierten und gebrochenen Strahlen sowie gegebenenfalls der Oberflächenfarbe am Schnittpunkt selbst, die wie beim Shading mittels einer *Beleuchtungsfunktion* ermittelt wird. Raytracing löst also auch gleichzeitig das Verdeckungsproblem, das beim reinen Shading mittels *Z-Buffer* gelöst werden musste. Das Verfahren eignet sich hervorragend, um glänzende Oberflächen und Brechungen in Glas oder ähnlichen Medien darzustellen. ▶Abbildung 8.16 zeigt ein Beispiel hierfür.

Abbildung 8.16: Darstellung von Reflexion und Brechung mittels Raytracing (Bildquelle: sunflow gallery)

In der Natur wird jede Oberfläche nicht nur durch direkt von einer Lichtquelle stammendes Licht beleuchtet, sondern auch durch Lichtanteile, die indirekt auf das Objekt fallen, da sie an anderen Objekten diffus reflektiert werden. Diese Tatsache bildet das **Radiosity**-Verfahren nach. Zunächst werden die in der Szene vorhandenen Oberflächen in kleine Flächenstücke unterteilt. Dies können die Polygone eines Polygonnetzes sein, jedoch sind auch feinere oder gröbere Aufteilungen möglich. Nun wird für jedes dieser Flächenstücke zunächst die direkt einfallende *Lichtenergie* berechnet. Daraus und aus dem diffusen Reflexionskoeffizienten der Oberfläche ergibt sich, wie viel von dieser direkt einfallenden Lichtenergie wieder *abgestrahlt* wird. Nun wird iterativ für alle Flächenstücke berechnet, welcher Anteil aller anderen Flächenstücke auf sie reflektiert wird. Nahe beieinanderliegende Flächen beeinflussen sich dabei stärker als entfernte. Nach vielen Durchläufen dieser Berechnung nähert sich die Energieverteilung in der Szene immer mehr dem Zustand in der Natur an und die Änderungen werden von Schritt zu Schritt kleiner, so dass das Verfahren irgendwann beendet werden kann. Diese Berechnung ist also sehr aufwändig, da sie quadratisch von der Anzahl der Flächenstücke abhängt und zudem noch iteriert wird. Sie ist jedoch von der *Betrachtungsrichtung* unabhängig. Solange sich also an der Konstellation der 3D-Szene nichts ändert und nur die Kamera bewegt wird, können die so ermittelten *Radiosity*-Werte weiterverwendet werden. ▶Abbildung 8.17 zeigt eine einfache Szene, in der von einer quadratischen Fläche Licht ausgesendet wird, das diffus auf andere Objekte im Bild fällt.

F

Abbildung 8.17: Einfache Szene (Cornell Box) mit dem Radiosity-Verfahren

Die rechte (blaue) Wand reflektiert dabei mehr blaue Lichtanteile und bewirkt so, dass die rechte Seite des rechten Quaders ebenfalls bläulich erscheint. Der Einfluss der rechten Wand auf den linken Quader ist wesentlich geringer. Gleiches gilt umgekehrt für die roten Lichtanteile von der linken Wand.

Radiosity wird häufig gemeinsam mit anderen Verfahren eingesetzt, um den diffusen Lichtanteil in der Szene korrekt zu modellieren. Die Verdeckung muss dabei durch andere Verfahren (*Z-Buffer*, *Raytracing*) berechnet werden. Da Raytracing Spiegelreflexionen und Brechungen korrekt berechnet, was Radiosity wiederum nicht kann, werden diese beiden Verfahren oft in Kombination verwendet. Das Gebiet der Rendering-Verfahren ist sehr dynamisch und bereits zum aktuellen Zeitpunkt (2009) ist es möglich, einzelne Bilder künstlich zu erzeugen, die nicht zweifelsfrei von einem Foto unterschieden werden können. Einige der Abbildungen in diesem Kapitel sowie im Farbteil des Buches sind Beispiele hierfür. Viele weiterführende Animations- und Rendering-Verfahren sind sehr gut in dem Buch von Watt (1992) dargestellt.

Abbildung 8.18: Verwendung von Raytracing und Radiosity gemeinsam, Bildautorin: Katrin Sauerwein

Abbildung 8.19: Reflexionen, Brechungen und ein sehr realistisches Holzmaterial, Bildautor: Laurent Rouquette

F

8.4 Animation

Um schließlich aus der *3D-Szene*, *Lichtern*, *Oberflächen* und *Kamera* eine bewegte Darstellung (3D-Animation) zu erzeugen, muss jegliche Veränderung in der Szene, wie z.B. die Bewegung von Objekten, Lichtern oder der Kamera, oder die Veränderung von Objektoberflächen als Veränderung in der Zeit beschrieben werden. In Kapitel 7 wurde bereits das Konzept des **Keyframing** eingeführt, das sich hier direkt übertragen lässt. Der zu steuernde Parameter wird zu festen Zeitpunkten (den sogenannten **Keyframes**) festgelegt und dazwischen linear interpoliert oder mittels einer anderen Interpolationsfunktion berechnet. In festen Zeitabständen lässt sich so wieder eine statische Darstellung der 3D-Welt zu diesem Zeitpunkt ableiten und das zugehörige Bild berechnen (*rendern*). Neben dem Keyframing gibt es auch andere Animationstechniken, wie z.B. die **physikalische Simulation**, die weniger Kontrolle bieten, aber auch weniger Benutzerinteraktion benötigen. So werden Wolken, Feuer, Vogelschwärme oder Explosionen oft als **Partikelsysteme** modelliert und die Bewegung einer komplexen Mechanik wird mittels **inverser Kinematik** aus der Bewegung weniger Kontrollpunkte abgeleitet. Komplexe Polygonnetze werden animiert, indem man sie mit einem inneren Skelett versieht, das nur aus wenigen Segmenten und Gelenken besteht und dessen Bewegungen sie auf angemessene Art folgen (**Skelettanimation**). Zur Steuerung von Figuren in Animationsfilmen werden schließlich oft auch Bewegungsdaten menschlicher Schauspieler verwendet, die mittels eines **Tracking**-Systems erfasst wurden (**Motion Capturing**).

8.5 Codierung

Zur Darstellung dreidimensionaler Szenen existieren viele Dateiformate, die oft herstellerspezifisch und daher meist nicht offen gelegt sind. Wie auch in anderen Kapiteln dieses Buches wollen wir uns hier an die Diskussion offener Standards halten. Die heute am weitesten verbreiteten offenen Standards für 3D-Grafik sind die **Virtual Reality Mode-**

ling Language (**VRML**, ausgesprochen „wörmel") in der Version *VRML97* sowie das offizielle Nachfolgeformat **X3D**, das seit 2004 auch als *ISO Standard* vorliegt. *X3D* kann in **XML-Syntax** oder in *VRML-Syntax* geschrieben werden und ist ein vom Menschen lesbares Dateiformat, das mit jedem Texteditor bearbeitet werden kann.

Eine *X3D* Datei enthält sowohl die geometrische Beschreibung einer 3D-Szene samt Oberflächenbeschreibungen als auch eine oder mehrere Kamerapositionen (**Viewpoints**) und Lichtquellen. Somit sind alle wesentlichen Elemente zur Beschreibung einer 3D-Grafik vorhanden. *VRML* und *X3D* werden vor allem für die Bereitstellung von 3D-Szenen im Web oder als universelles Austauschformat verwendet. Das Rendering-Verfahren hängt von der verwendeten Software zur Darstellung ab, jedoch wird derzeit meist einfaches Shading verwendet. Im Rahmen dieses Buches wollen wir die Codierung von 3D-Szenen in *X3D* in *XML-Syntax* betrachten. Für eine genauere Diskussion der *XML-Syntax* sei hier auf das Kapitel 10 verwiesen. Leser dieses Buches können entweder die entsprechenden Teile aus Kapitel 10 schon jetzt vorwegnehmen oder sich auf ein intuitives Verständnis der Code-Beispiele in diesem Kapitel verlassen.

Wie jede XML-Datei fängt die X3D-Datei mit einem *Header* an, der die Version und Codierung sowie den Dokumenttyp festlegt. Sodann enthält die Datei einen *Kopf*, der wie in HTML zur Angabe von Metadaten über die Szene dient, und die Szene selbst, in der dann alle Geometrien etc. beschrieben sind. Ein Grundgerüst sieht also folgendermaßen aus:

```
<?xml version="1.0" encoding="UTF-8"?>
<!DOCTYPE X3D>
<X3D profile='Immersive'>
  <head/>
  <Scene>
    <!-- Hier kommt die Beschreibung der Szene -->
  </Scene>
</X3D>
```

8.5.1 Geometrische Primitive

In X3D können geometrische Primitive wie Quader, Zylinder oder Kugel, aber auch Polygonnetze zur Modellierung verwendet werden. Zu jedem Modell gehört eine Oberflächenbeschreibung und beide werden in einem *Shape* Element gruppiert. Die folgende Szene, in obiges Gerüst eingefügt, ergibt also einen blauen Würfel in Standardgröße und -position:

```
<Shape>
  <Box/>
  <Appearance>
    <Material diffuseColor='0,0,1'/>
  </Appearance>
</Shape>
```

8.5.2 Viewpoints und Kamera

Öffnet man obiges Beispiel in einem X3D-Anzeigeprogramm, dann ist nur ein blaues Quadrat zu sehen, da die Kamera in der Standardeinstellung vom Punkt (0,0,10) genau entlang der negativen Z-Achse auf den Würfel blickt. Um die Kamera an einer anderen Stelle zu platzieren, wird ein *Viewpoint* definiert:

```
<Viewpoint position='-2,2.5,4' orientation='3,2,0,-0.7'/>
```

Während das *position*-Feld einfach eine Position in 3D-Koordinaten angibt, ist das *orientation*-Feld etwas schwieriger zu lesen. Rotationen werden in X3D beschrieben durch ihre **Rotationsachse** und ihren **Winkel**. Im obigen Beispiel ist die Achse also der Vektor (3,2,0) und der Winkel -0.7 Radian.

Abbildung 8.20: Blauer Würfel mit veränderter Kameraposition

8.5.3 Gruppen, Szenegraph

Objekte können in Gruppen zusammengefasst und gemeinsam transformiert werden. Im folgenden Beispiel werden drei Körper erzeugt und jeweils vom Ursprung des Koordinatensystems weg zu ihrer eigenen Position verschoben. Eine Transformation kann dabei gleich mehrere Geometrien enthalten und wirkt sich dann auf alle aus. Das Feld DEF gibt der Transformation einen Namen, der es ermöglicht, die dadurch definierte und benannte Gruppe an einer anderen Stelle im Szenegraphen wiederzuverwenden oder sie zu animieren.

```
<Transform DEF='t1' translation='3 0 0'>
   <!-- Hier alle zu transformierenden Objekte -->
</Transform>
```

8.5.4 Lichter

Bislang haben wir nur Objekte, Oberflächen und Kamera beschrieben. Eigentlich dürften wir ohne Lichtquellen die Szene überhaupt nicht sehen. Dass wir in ▶Abbildung 8.20 trotzdem ein Objekt mit Licht und Objektschatten sehen, hängt damit zusammen, dass X3D und VRML, falls nichts anderes spezifiziert ist, ein sogenanntes *headlight* erzeugen. Dieses Licht ist eine gerichtete Lichtquelle, die genau parallel zur optischen

Achse der Kamera die Szene beleuchtet, ähnlich wie eine Stirnlampe oder die Scheinwerfer eines Autos. So wird eine schlagschattenfreie, jedoch meist nicht besonders schöne Ausleuchtung der Szene erreicht, die es zumindest ermöglich, alle Objekte zu betrachten. Will man eigene Lichtquellen definieren, so ist es sinnvoll, zunächst das headlight auszuschalten. Dies geschieht in einem *NavigationInfo*-Element vor Beginn der Szenendefinition:

```
<NavigationInfo headlight='false'/>
```

Die Lichtquellen werden dann genau wie geometrische Objekte innerhalb der Szene definiert und enthalten jeweils ihre Position, Richtung, Farbe, Helligkeit, Winkel etc. Zwei Beispiele:

```
<DirectionalLight direction='0 -2 -1' intensity='1'/>
<SpotLight location='-2 0 -2' direction='0 0 -1'/>
```

Lichtquellen können, genau wie Viewpoints, auch innerhalb von Gruppen und Transformationen definiert werden und bewegen sich dann mit der gesamten Gruppe. So kann beispielsweise ein fahrendes Auto mit Frontscheinwerfern definiert werden, das einen Viewpoint hinter dem Lenkrad hat und somit immer die Perspektive des Fahrers zeigt.

8.5.5 Animation

Das Animationskonzept in X3D und VRML ist etwas eigenwillig und auf den ersten Blick umständlich. Lässt man sich jedoch darauf ein, so ermöglicht es sehr komplexe Animationen und Interaktivität. ▶Abbildung 8.21 zeigt ein einfaches Beispiel, das hier nun Schritt für Schritt erklärt werden soll. Treibendes Element hinter jeder Animation ist eine (möglichweise immer wieder) ablaufende Uhr, der sogenannten *TimeSensor*:

```
<TimeSensor DEF='ts1' cycleInterval='2' loop='true'/>
```

Diese Uhr liefert ein Signal, das im Verlauf des angegebenen Zeitintervalls allmählich von 0 auf 1 steigt und danach für den nächsten Zyklus wieder bei 0 anfängt. Dieses Signal steuert nun einen *Interpolator* an. In X3D gibt es verschiedene Typen von Interpolatoren, beispielsweise einen für Positionen:

```
<PositionInterpolator DEF='pi1'
key='0, 0.5, 1' keyValue='0 0 0, 0 1 0, 0 0 0'/>
```

Dieser Interpolator beschreibt eine Reihe von Keyframes, die auf einem Zeitstrahl von 0 bis 1 angeordnet sind. Für jeden Keyframe sind sein Key (zwischen 0 und 1) sowie der dazugehörige Positionswert angeben. Diese Positionswerte können nun eine Transformation verändern. Insgesamt entsteht eine Animation dadurch, dass eine Kette aus TimeSensor, Interpolator und Transform gebildet wird. Um jeweils die richtigen Objekte miteinander zu verbinden (es können in einer Szene viele davon definiert sein), wird jedem der Objekte mit *DEF=* ein Name gegeben und die Objekte werden danach mittels Routen verbunden:

```
<ROUTE fromField='fraction_changed' fromNode='ts1'
       toField='set_fraction' toNode='pi1'/>
<ROUTE fromField='value_changed' fromNode='pi1'
       toField='translation' toNode='t1'/>
```

Beim Laden der Szene beginnt der *TimeSensor* nun zyklisch abzulaufen, treibt den *PositionInterpolator* an, der wiederum das *translation*-Feld einer *Transform*-Gruppe steuert, und so bewegen sich die in dieser Gruppe enthaltenen Geometrien entsprechend der Keyframes. Genau analog lassen sich andere Transformationen durchführen, Farben oder Transparenzen verändern und sogar Geometrien verformen.

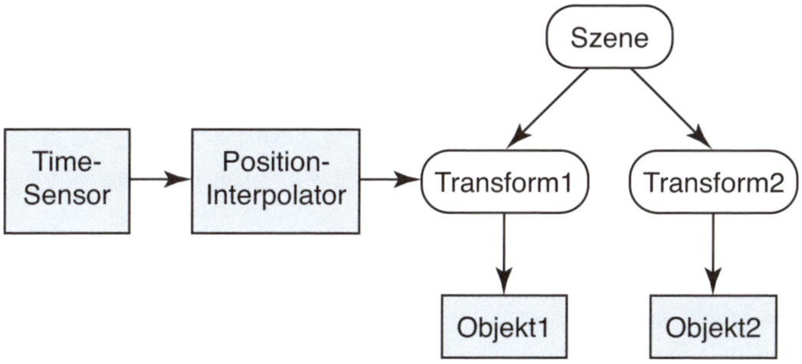

Abbildung 8.21: Animation in X3D mittels TimeSensor, PositionInterpolator und Transform Knoten

Interaktive Szenen lassen sich außerdem erstellen, indem bestimmte Sensoren in der Szene verwendet werden, die auf Mausinteraktion reagieren. Zudem besteht die Möglichkeit, Skripte zu definieren, die dann zu gegebener Zeit ausgeführt werden und Veränderungen in der Szene auslösen. Eine detaillierte Darstellung des gesamten Umfanges der Möglichkeiten findet sich in der X3D-Referenz auf den Webseiten des *Web3D Consortium*.

8.6 Erstellung von 3D-Grafiken

Um eine 3D-Grafik zu erzeugen, sind in der Regel mehrere Schritte notwendig: Der erste Schritt (nach Storyboard oder Skizzen) ist meist die Erstellung von *3D-Modellen* oder die Auswahl von Modellen aus öffentlichen oder kommerziellen Modell-Datenbanken. Das Design geeigneter Materialien und *Oberflächen* für diese Modelle ist mittlerweile ebenfalls zu einem sehr aufwändigen Prozess geworden. Die Erstellung von Modellen und Oberflächen wird unter dem Begriff *Modellierung* zusammengefasst.

Bei der *Ausleuchtung* der Szene werden einerseits Prinzipien aus Fotografie und Film angewendet, andererseits aber auch Tricks, die nur in der Computergrafik möglich sind. Da man die Lichtquellen selbst im Bild ja nicht sieht, sondern nur ihre Auswirkung auf die Modelle, ist es z.B. problemlos möglich, kleine lokale Lichtquellen in Schattenregionen zu positionieren, um eine perfekte Ausleuchtung der Szene zu erhalten, wie sie in der Natur gar nicht möglich wäre. Die Positionierung von Objekten, Kamera, und Lichtern ergibt zusammen die *Inszenierung* einer 3D-Szene.

Innerhalb dieser sorgfältig inszenierten 3D-Szenen können nun, falls es sich um eine 3D-Animation handelt und nicht um ein einzelnes Bild, Objekte, Oberflächen oder die Kamera *animiert* werden. Die so vollständig beschriebene Grafik muss dann nur noch in ein Rasterbild (bzw. eine Folge von Bildern bei einer Animation) umgewandelt (*gerendert*) werden.

In verschiedenen Phasen dieses Prozesses kommen verschiedenste Werkzeuge zum Einsatz. Zur Modellierung und Inszenierung gibt es ein enormes Spektrum vom einfachen Texteditor für X3D-Szenen über einfache und kostenlose Modellierungswerkzeuge wie *X3dEdit* über leistungsfähige Open-Source-Software wie *Blender* bis hin zu leistungsfähigen und teuren kommerziellen Werkzeugen wie *3D-Studio Max*, *Maya* oder *Cinema4D*. Die kommerziellen Werkzeuge decken zwar meist den gesamten Arbeitsprozess ab, jedoch wird insbesondere beim Rendering oft eine komplette Szenenbeschreibung exportiert und mit einem anderen Softwarepaket gerendert, entweder, um bestimmte Spezialeffekte zu erzielen, oder um das Rendering auf Rechnerfarmen zu parallelisieren.

Für die Animation gibt es ebenfalls wieder eigene Techniken, von der Definition von *Keyframes* mit der Maus über spezialisierte Eingabegeräte bis hin zum *Tracking* realer Menschen für die Ansteuerung virtueller Charaktere. Zur Erzeugung von Texturen werden schließlich *Bildverarbeitungsprogramme* wie Photoshop verwendet. Die Zusammenstellung eines vollständigen Arbeitsprozesses ist sehr individuell und große Animationsfirmen wie *Pixar* beschäftigen eigene Softwareabteilungen, die maßgeschneiderte Werkzeuge oder spezielle Rendering-Verfahren programmieren.

Die Beschreibung eines spezifischen Werkzeuges würde nicht nur dem Charakter eines möglichst zeitlosen Lehrbuches widersprechen, sondern wäre auch immer nur ein verschwindend kleiner Ausschnitt der existierenden Möglichkeiten. Um bei den offenen Standards zu bleiben, sei an dieser Stelle auf die Webseite des *Web3D Consortiums* verwiesen, die vermutlich auch in einigen Jahren noch einen jeweils aktuellen Überblick über die existierenden Werkzeuge rund um das X3D-Format bereithalten wird.

Ein Teilaspekt, der in diesem Kapitel bewusst außer Acht gelassen wurde, sind Programmierschnittstellen für Echtzeit-3D-Grafik in aktuellen Betriebssystemen. Für den Programmierer grafischer Anwendungen gibt es beispielsweise die plattformübergreifende Bibliothek **OpenGL**, die alle grundlegenden Operationen der Rendering Pipeline beinhaltet und intern dafür sorgt, dass diese möglichst effizient ausgeführt werden. In Windows gibt es darüber hinaus das **DirectX** Framework, das in enger Abstimmung mit aktuellen Entwicklungen der Grafikhardware deren Fähigkeiten dem Programmierer zur Verfügung stellt. Praktisch alle Darstellungsprogramme für das oben eingeführte X3D-Format verwenden solche Grafikbibliotheken.

Zusammenfassung

Das Medium **3D-Grafik** befindet sich in einer sehr schnellen technischen Weiterentwicklung. In diesem Kapitel wurden die *grundlegenden* Vorgehensweisen und Verfahren entlang der *3D Rendering Pipeline* dargestellt. Einige der Verfahren sind exakt gleich oder einfache Erweiterungen der entsprechenden Verfahren in der 2D-Grafik (z.B. homogene Koordinaten oder Clipping), andere sind spezifisch für den Umgang mit dreidimensionalen Koordinaten (z.B. Z-Buffer, Shading). Als Kodierung für 3D-Grafik haben wir das **X3D-Format** kennengelernt, das zwar weit hinter den heutigen Möglichkeiten in diesem Bereich zurückbleibt, jedoch fast alle in diesem Kapitel vorgestellten Grundkonzepte abbildet und zudem ein offener Standard ist. Die praktische Erstellung von 3D-Grafiken und Animationen erfolgt entweder in umfassenden 3D-Animationsprogrammen oder in einer individuellen Werkzeugsammlung aus Modellierungsprogrammen, Bildverarbeitung, Renderer und weiteren Hilfsprogrammen.

Übungen

Lösungshinweise

1. Bei der Diskussion des Kameramodells wurde die vereinfachende Grundannahme gemacht, dass die Kamera sich im Ursprung befindet und entlang der negativen Z-Achse blickt. In X3D schaut die Kamera, falls nichts anderes spezifiziert ist, von der Position (0,0,10) entlang der negativen Z-Achse. Wie sieht die zugehörige Projektionsmatrix aus? Wie wird sie aus der bekannten Projektionsmatrix und anderen Transformationen zusammengesetzt?

2. Die in diesem Kapitel eingeführte Kamera hat einen festen Bildwinkel. Echte Kameras können jedoch durch Zoomen ihren Bildwinkel verändern. Welche Komponente der Projektionsmatrix bestimmt den Bildwinkel der Kamera und wie kann man kleinere bzw. größere Bildwinkel erreichen?

3. Modellieren Sie ein Auto in X3D, dessen Räder eine erkennbare Struktur haben (z.B. Speichen) und sich beim Fahren drehen. Nun lassen Sie das Auto in verschiedene Richtungen durch die Szene fahren. Entwerfen Sie zuerst eine Transformationshierarchie! Welche Objekte müssen wie gruppiert und animiert werden, damit sich die Räder samt Speichen um ihre Mittelachse drehen, das Auto nicht ohne seine Räder losfährt und die Fahrtanimation nur einmal geschrieben werden muss.

4. Modellieren Sie weitere einfache Objekte in der Szene (Quader, Kugeln, Zylinder), und lassen Sie das Auto zwischen diesen Objekten hindurch fahren. Zeigen Sie dabei die Perspektive des Autofahrers.

Weitere Typen Digitaler Medien

9

ÜBERBLICK

Einleitung

» Die Medieninformatik ist eine junge Disziplin, die sich schnell wandelt. Viele der Digitalen Medien, die wir heute kennen, gibt es erst seit wenigen Jahren oder Jahrzehnten. Neue Formen von Medien und Interaktion versprechen neue Möglichkeiten und stellen die Entwickler und Gestalter vor neue Herausforderungen. In diesem Kapitel werden einige Medientypen und Entwicklungen aufgezeigt, die für zukünftige Systeme eine wichtige Rolle spielen können. Einige werden schon jetzt in der Praxis eingesetzt, andere sind noch im Forschungsstadium.

In dieser Übersicht werden zunächst multimodale Systeme vorgestellt, die die Möglichkeiten der Interaktion durch die koordinierte und gleichzeitige Nutzung mehrerer Kommunikationskanäle erweitern. Oft geschieht dies durch Kombinationen von Sprache und Gesten. Dabei ist die natürliche Kommunikation von Menschen untereinander Vorbild. Da Menschen Informationen vor allem über Sprache austauschen, wird die Verarbeitung von natürlicher Sprache auch im Bereich der Digitalen Medien zukünftig stärkere Bedeutung erlangen.

Durch immer kleinere und vernetzte Computer können Informationen und Medien quasi immer und überall genutzt und miteinander kombiniert werden. Beim Ubiquitous Computing werden Szenarien beschrieben, in denen die alltägliche Umgebung von Menschen von Computern durchdrungen ist. Die Paradigmen der Virtual Reality, Augmented Reality und Mixed Reality sind Spielarten von immersiven Techniken. Dabei tauchen Menschen in virtuelle Welten ein oder virtuelle Dinge erweitern die reale Umgebung. In vielen dieser Szenarien werden Techniken der künstlichen Intelligenz angewandt. Dadurch können System und die Interaktion leistungsfähiger werden. «

Lernziele

Dieses Kapitel soll **Entwicklungen** im Bereich der Digitalen Medien veranschaulichen, die über die klassischen Medientypen hinausgehen, die in den vorangegangenen Kapiteln vorgestellt wurden. Es sollen Techniken und Ansätze skizziert werden und an Beispielen erläutert werden, wie diese in Anwendungen umgesetzt werden können. Ziel des Kapitels ist es, anhand einer Auswahl und von Beispielen eine Übersicht zu geben. Sie sollten anschließend in der Lage sein, neue Trends einordnen zu können. Darüber hinaus soll vermittelt werden, dass in Zukunft neue Digitale Medien realisierbar sein werden, die deutlich komplexer, vielfältiger und leistungsfähiger sein werden als viele Systeme und Produkte, die heute das Feld prägen.

Mit den Medientypen, die in den vorigen Kapiteln vorgestellt wurden, haben wir die zentralen Digitalen Medien kennengelernt, die heute in Anwendungen eingesetzt werden: Bilder, Sound, Text, Video, Grafik und Animation. Damit ist aber bei weitem noch nicht das ganze Spektrum Digitaler Medien abgedeckt, das heute bereits eingesetzt wird.

Ganz zu schweigen von zukünftigen Entwicklungen, die in dem Gebiet der Medieninformatik noch zu erwarten sind. Einige Formen digitaler Medien, die in Zukunft eine bedeutendere Rolle spielen könnten, werden in diesem Kapitel vorgestellt.

9.1 Multimedia und Multimodalität

Im Zusammenhang mit Digitalen Medien wird oft von **Multimedia** gesprochen. Daneben gibt es auch den Begriff der **Multimodalität**. Obwohl beide Begriffe miteinander verwandt sind, gibt es doch einen wichtigen Unterschied:

> **Definition: Multimedialität und Multimodalität**
>
> **Multimedialität**: Systeme, in denen mehrere Medientypen (wie Text, Bild, Video) verwendet werden, bezeichnet man als Multimedia-Systeme.
>
> **Multimodalität**: Wenn zur Nutzereingabe oder Systemausgabe gleichzeitig und koordiniert mehrere Wege der Kommunikation genutzt werden, spricht man von einem multimodalen Medium.

Bei Multimedia liegt der Fokus auf den technischen Medien, die in einem System kombiniert werden. Der Begriff der Modalität meint in der Psychologie sensorische Modalitäten wie Riechen, Sehen, Hören oder Schmecken. Daneben wird bei multimodalen Computersystemen der Begriff Modalität im Sinne einer Modalität zur Repräsentation von Information verwendet. Für Hovy und Arens sind in diesem Sinne z.B. Tabellen, Grafiken, Text, gesprochene Sprache und Musik Modalitäten. Oft werden beide Begriffe (**sensorische** und **Repräsentationsmodalität**) nicht klar getrennt. Bei den meisten multimodalen Systemen werden

- gesprochene Sprache,
- Gesten,
- Mimik,
- bildliche Darstellungen und
- geschriebener Text

als (Repräsentations-)Modalitäten betrachtet, die über verschiedene Sinne (also sensorische Modalitäten) verarbeitet werden. Das verwendete (technische) Medium, über das diese Modalitäten vermittelt werden, ist nicht immer eindeutig festgelegt. So kann für eine bildliche Darstellung eine Pixelgrafik oder eine Vektorgrafik genutzt werden und die Modalität „Geste“ kann über Videos, Animationen oder durch einen Roboter vermittelt werden. Eine Modalität lässt sich also über unterschiedliche Medien vermitteln. Außerdem können über ein Medium unterschiedliche Modalitäten transportiert werden. Ein Pixelbild kann z.B. ein Gesicht mit einer Mimik, geschriebenen Text oder eine Geste darstellen.

Auch wenn Multimodalität als Begriff weniger bekannt ist als Multimedia, so spielt sie in unserem täglichen Leben eine sehr wichtige Rolle. Wenn Menschen kommunizieren, geschieht dies fast immer multimodal, d.h., es werden mehrere Modalitäten gleichzeitig und koordiniert genutzt. So nutzen wir beim Sprechen mit anderen Menschen fast immer Mimik und Gestik.

Es gibt eine ganze Reihe von Gründen, Multimodalität auch bei Digitalen Medien zu nutzen:

- Unterstützung eines natürlichen Interaktionsstils,
- besserer Kommunikationserfolg durch Redundanz,
- bessere Eignung für beeinträchtigte Nutzergruppen (z.B. bei Seh- oder Hörbehinderung),
- robustere Erkennung von Nutzereingaben.

Da Menschen untereinander multimodale Kommunikationsformen bevorzugen, bietet es sich an, auch bei der Interaktion mit Computersystemen solche **natürlichen Interaktionsstile** nachzuahmen. Bei gelungenen multi-modalen Systemen wäre zu erwarten, dass Nutzer zufriedener sind, sich schneller an die Nutzung gewöhnen und mehr Spaß dabei haben. Daneben kann multimodale Kommunikation aber auch die Robustheit und Sicherheit der Kommunikation verbessern. Diese Aspekte sollen im Folgenden getrennt für die beiden Kommunikationsrichtungen vom Menschen zum Computer und vom Computer zum Menschen betrachtet werden.

9.1.1 Multimodale Nutzereingaben

Nutzereingaben können z.B. über folgende Modalitäten vermittelt werden:

- geschriebener Text oder Kommandos über die Tastatur,
- Zeigegesten mit der Maus,
- Spracheingaben durch gesprochene Sprache,
- visuelle Eingaben, die Gesten, Mimik oder Körperhaltung erfassen,
- Bio-Sensoren, die implizite Daten über den Nutzer erfassen, wie z.B. Pulsfrequenz, Authentifizierung bis hin zu Brain-Computer-Interfaces, die elektromagnetische Aktivität im Gehirn messen[1],
- akustische Analyse (Intonation der Sprache, Umgebungsgeräusche, ...),
- haptische Eingaben über Knöpfe, Tasten und andere Geräte.

Die Liste ist keineswegs vollständig und neben vielen Details in den einzelnen Kategorien lassen sich auch noch weitere Kategorien definieren. Jedoch gibt es einige Standardkombinationen, die sehr häufig genutzt werden. Insbesondere ist die Kombination von Sprache mit anderen Modalitäten bei multimodalen Eingaben häufig.

1 Brain-Computer-Interfaces werden z.B. als Eingabegeräte für Schwerstbehinderte genutzt, die nahezu keine motorische Kontrolle mehr ausüben können.

Die koordinierte Präsentation von Information bei multimodaler Eingabe stellt Systeme einerseits vor Herausforderungen, andererseits können auch manche Dinge leichter werden. Da wir nicht alle Möglichkeiten beleuchten können und in diesem Kapitel lediglich Trends aufzeigen wollen, sollen zwei Beispiele genügen, um die beiden Sachverhalte zu verdeutlichen. In beiden Fällen betrachten wir Nutzereingaben gepaart mit einer weiteren Modalität.

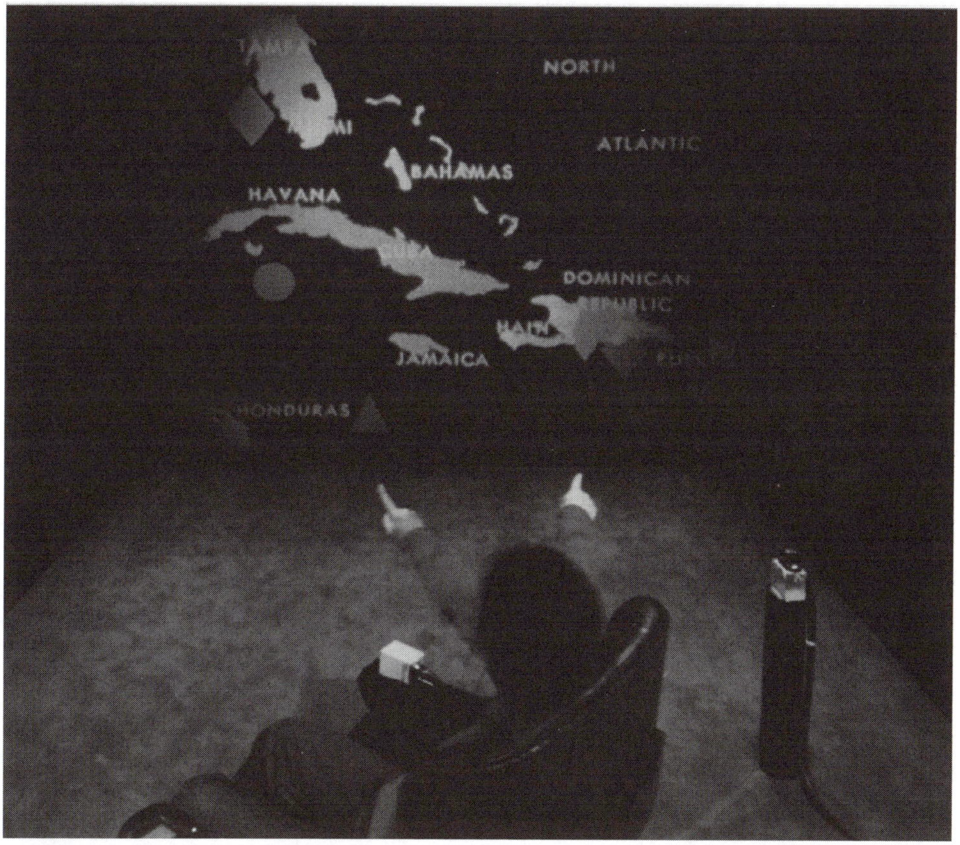

Abbildung 9.1: Beispiel eines multimodalen Systems. Das „Put That There"-System von Bolt (1980) ist eines der ersten Systeme, das Sprache und Gestik integriert. Der Nutzer sitzt auf einem Stuhl vor einem großen Display und kann mit Zeigegesten auf dargestellte Objekte zeigen.

Herausforderung multimodaler Referenzen

Ein multimodales System, bei dem **Sprache kombiniert mit Gesten** verwendet werden kann, ermöglicht es Nutzern, auf Objekte zu zeigen und darüber zu sprechen. Solche Systeme wurden als Forschungssysteme in verschiedenen Varianten prototypisch realisiert. Ein frühes System heißt „Put that there" und schon der Titel zeigt, wie Sprache und Gestik zusammenwirken. Die Idee bei dem System ist, dass man nicht alles mit Sprache ausdrücken muss, sondern Objekte mit Zeigegesten auf einem Bildschirm positionieren kann. Ein Nutzer, der Schiffe auf einer Landkarte positioniert, kann dann sagen „stelle dieses Schiff dort hin". Einerseits ist so eine Interaktion für den Nutzer leicht zu lernen und bequem, andererseits ist es für das System bei der Spracherkennung unter Umständen auch viel einfacher, Wörter wie „Dies" und „Dahin" zu erkennen, als viel ausführlichere Beschreibungen wie „Das große rote Schiff" und „nach unten rechts neben die Insel und zwischen das gelbe Schiff und den Hafen". Die Herausforderung liegt aber in der Zuordnung und Erkennung multimodaler Zusammenhänge. Die Wörter „dieses" und „dort" in dem Satz „stelle dieses Schiff dort hin" werden **Anaphern** genannt. Sie beziehen sich auf Objekte, die nicht explizit genannt sind, also aus dem Kontext geschlossen werden müssen. In unserem Fall sind es modalitätsübergreifende Anaphern und sie beziehen sich auf Zeigegesten des Nutzers, mit denen er Objekte auf dem Bildschirm markiert. Die Herausforderung für die Analyse solcher multimodaler Anaphern ist nun, solche Gesten richtig Objekten und dem gesprochenen Wort zuzuordnen. Dabei können eine Reihe von Problemen auftreten: So müssen Gesten und Anaphern nicht immer gleichzeitig auftreten. Außerdem muss sich eine Anapher nicht immer auf eine Geste beziehen. Sie kann auch ein Verweis auf einen vorigen Satz sein. So könnte der Nutzer das System in einem anderen Fall zunächst fragen: „Wo ist der Hafen?" und dann nach der Systemantwort wieder den Satz „stelle dieses Schiff dort hin" äußern. Nur dass diesmal die Anapher „dort" nicht von einer Geste begleitet wird, sondern sich auf die Position des Hafens bezieht, die eben erfragt wurde.

Wie bei diesem Beispiel deutlich wird, sind multimodale Eingaben nicht immer einfach zu verstehen. Was für Menschen alltäglich ist und worüber wir bei der täglichen Kommunikation mit anderen Menschen kaum nachdenken müssen, ist für Computersysteme kein einfach zu lösendes Problem. In vielen Forschungsprojekten arbeiten Wissenschaftler an Lösungen für die **multimodale Analyse**.

Andererseits können multimodale Eingaben auch die Erkennung für Computer einfacher machen. Dies soll das zweite Beispiel verdeutlichen.

Multimodale Spracherkennung

Spracherkennung wird benötigt, wenn man gesprochene Sprache mit dem Computer analysieren und verstehen will. Dazu muss ein Audiosignal analysiert werden, Phoneme und Wörter müssen erkannt werden, so dass dann ganze Sätze entstehen. Die Erkennung gesprochener Sprache ist ein schwieriges Problem für die Informatik (im nächsten Absatz werden die einzelnen Schritte bei der Sprachverarbeitung genauer erklärt). Oft führen Umgebungsgeräusche oder ungünstige akustische Bedingungen zu Audiosignalen, die durch Rauschen und Störeinflüsse sehr schwierig zu decodieren sind. Diese Effekte machen es auch Menschen schwerer, einem Gespräch zu folgen. Bei Schwerhörigkeit können schon leichte Störungen dazu führen, dass man einem Gespräch nicht mehr folgen kann. Oft macht es aber gerade bei schwierigen Bedingungen einen großen Unterschied, ob man den Gesprächspartner sieht oder nicht. Taube Menschen gelten als Experten darin, gesprochene Sprache von den Lippen abzulesen. Aber auch viele andere Menschen nutzen in gewisser Weise die zusätzliche Information, die durch die Bewegung der Lippen vermittelt wird, wenn durch die Umgebung die Verständlichkeit beeinträchtigt ist. Ganz ähnlich versuchen multimodale Spracherkenner die akustische Information mit der visuellen zu kombinieren, um gesprochene Sprache besser zu verstehen. Eine Kamera filmt den Sprecher und spezielle Programme analysieren die Lippenbewegungen, um die Erkennung der Sprache, die parallel dazu auf dem durch ein Mikrofon aufgenommenen Audiosignal stattfindet, zu verbessern.

Diese beiden Beispiele verdeutlichen, dass Multimodalität Chancen, aber auch Probleme mit sich bringen kann. In der Zukunft ist aber zu erwarten, dass wir mit Digitalen Medien immer öfter multimodal kommunizieren.

9.1.2 Multimodale Systemausgaben

Die Möglichkeiten für Systemausgaben heutiger Digitaler Medien sind durch akustische und visuelle Medien geprägt. Vereinzelt spielen auch haptische Feedbacks eine Rolle.

Als **Soundausgabe** dienen Geräusche, Musik, Sprache oder kurze Audiosequenzen, sogenannte Earcons[2]. Noch vielfältiger sind die Möglichkeiten, wie Informationen über **visuelle Medien** vermittelt werden können. Hier umfasst das Spektrum Fotos, Grafiken, Texturen, Animationen, 2D-Grafiken, 3D-Grafiken, Karten, Lauftext, Icons etc.

In Kombination von Audio und visueller Darstellung können Videos, Animationen, virtuelle Figuren und vieles mehr dargestellt werden.

2 Der Begriff Earcon wurde in Analogie zum Icon gebildet. Er bezeichnet kurze Audiosequenzen, die wie ein Icon – allerdings akustisch und nicht visuell – leicht wiederzuerkennen sind. Ähnlich wie Klingeltöne können sie das Eintreffen bestimmter Ereignisse markieren. Auch in der Werbung werden sie als akustische Repräsentanten für Produkte oder Firmen eingesetzt.

Haptisches Feedback wird zum einen bei Spielen eingesetzt. So können Ein-/Ausgabegeräte durch Vibrationen oder anderer Kraftrückkopplungen das Spielgeschehen lebendiger vermitteln. Aber auch bei Schnittstellen für Anwendungen, die Blinde nutzen, können haptische Interfaces visuelle Displays teilweise ersetzen.

Auch wenn **haptisches Feedback** oft eine untergeordnete Rolle spielt, so ist es doch in vielen Interaktionen des Alltags ganz wesentlich. Es macht zum Beispiel einen ganz entscheidenden Unterschied, ob man eine klassische Tastatur oder ein Soft-Keyboard nutzt, das nur auf einem Touchscreen simuliert wird. Die gespürte haptische Rückkopplung beim Drücken einer Taste ist eine wichtige Rückkopplung, die effizienteres und fehlerfreies Arbeiten ermöglicht.

Für multimodale Systemausgaben kann man nun aus diesen Grundbausteinen eine Vielzahl von Kombinationen zusammenfügen. Im Gegensatz zur multimodalen Analyse von Nutzereingaben ist die multimodale Generierung von Systemausgaben oft wesentlich leichter zu realisieren.

Im Prinzip sind schon einfache Kombinationen von Bild und Text oder Bild und Ton multimodal in unserem Sinne. Somit sind schon einfache Icons mit unterlegtem Text oder Videos, die Bild und Ton präsentieren, multimodale Medien. Bei interaktiven Systemen wie z.B. bei Spielen werden oft Grafik und Sound parallel eingesetzt, so dass die Audioausgabe das Geschehen noch einmal akustisch untermalt und über einen zweiten Kanal präsentiert. Dies führt zu einem realistischeren Eindruck und kann oft auch helfen, effizienter mit dem System zu interagieren. So lassen sich viele Computerspiele besser bedienen, wenn Sound und Bild als Ausgabemodalitäten parallel präsentiert werden.

In vielen Fällen spricht man von multimodalen Systemen bei der Ausgabe erst dann, wenn diese multimodalen Präsentationen online, also erst bei Bedarf, neu generiert werden.

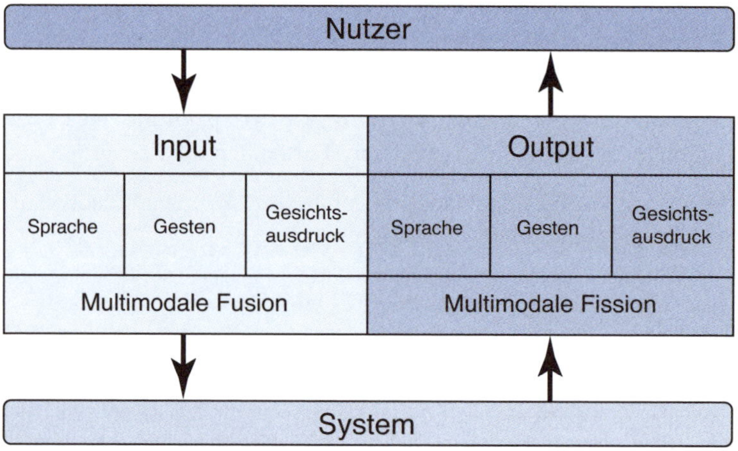

Abbildung 9.2: Prinzip symmetrischer multimodaler Interaktion bei SmartKom. In diesem System wurden die gleichen Modalitäten für Ein- und Ausgabe genutzt.

Um multimodale Systeme, die die Kommunikation zwischen Menschen und Computern besonders leicht und angenehm zu gestalten, wurden in vielen Forschungsansätze **virtuelle Personen** oder Animationsfiguren (**Virtual Characters**) vorgeschlagen, die mit den Menschen quasi ebenso wie die Menschen selbst kommunizieren sollen. Das heißt, diese virtuellen Personen können auch Sprache, Gestik und Mimik einsetzen.

Abbildung 9.3: Interaktionsagent von SmartKom (linkes Bild). Dieser Agent kann selbst Gesten und Mimik darstellen und spricht mit dem Nutzer. Bild Mitte und rechts stellen zwei Systemvarianten von SmartKom dar, einmal für Fußgänger und einmal an einem öffentlichen Informationskiosk.

Ein symmetrisches multimodales System

In dem Forschungsprojekt SmartKom haben Forscher ein System entwickelt, bei dem Nutzer und System die gleichen Modalitäten nutzen können (▶Abbildung 9.2). Man kann mit dem System sprechen und gleichzeitig werden Gestik und Mimik analysiert. Das System selbst wird durch einen virtuellen Repräsentanten dargestellt, der selbst auch sprechen und sich durch Gesten und Mimik ausdrücken kann (▶Abbildung 9.3). In diesem Sinne können Nutzer und System über die gleichen multimodalen Kommunikationsformen miteinander interagieren. SmartKom wurde als Prototyp für vier unterschiedliche Szenarien entwickelt: Für Fußgänger, die einen PDA oder ein Smartphone nutzen, für Autofahrer, für Nutzer zu Hause, die damit Unterhaltungsgeräte steuern möchten, und für einen öffentlichen Informationskiosk.

Multimodalität gibt es in einigen Medientypen schon seit langer Zeit. So ist im digitalen Video Bild und Ton typischerweise vertreten. Echte multimodale Systeme, bei denen Nutzer multimodale Eingaben äußern können und bei denen multimodale Ausgaben des Systems je nach Situation online generiert werden, sind noch eher selten, aber sie werden immer populärer. Insbesondere bei modernen Spielen und neuen Interaktionsformen wie z.B. in virtuellen Welten werden multimodale Systeme immer interessanter und relevanter für praktische Anwendungen.

9.2 Sprachinteraktion

Natürliche Sprache ist sicher das Kommunikationsmedium, das Menschen am häufigsten nutzen, wenn sie mit anderen Menschen Informationen austauschen. Meist wird Sprache gesprochen, aber auch in geschriebener Sprache erreichen Botschaften ihre Empfänger. Es liegt also nahe, menschliche Sprache auch in Computersystemen zu nutzen. Dabei sollen aber nicht nur Texte oder Sprachäußerungen digital abgebildet und in Text- oder Audiodateien gespeichert werden. Stattdessen sollen Computer Sprache auch tatsächlich verstehen und adäquat auf Anfragen wiederum in Form natürlicher Sprache antworten.

Menschliche Sprache vermittelt nicht nur explizite Information, die eindeutig durch die gewählten Wörter festgelegt sind. Vielmehr liegt die Bedeutung des Gesagten (oder Geschriebenen) oft im Kontext der beteiligten Kommunikationspartner. Zudem können **Sprachmelodie**, **Mimik**, **Gestik** oder andere Faktoren erheblichen Einfluss auf die Bedeutung haben.

Die Verarbeitung von natürlicher Sprache mit Computern, insbesondere von gesprochener Sprache, scheint für viele Anwendungen noch Zukunftsmusik zu sein und einige Anwendungen sind noch nicht wirklich ausgereift, so dass hohe Fehlerraten bei der Erkennung von Äußerungen noch zu recht unbefriedigenden Lösungen führen. Trotzdem ist die automatische Verarbeitung von Sprache in vielen Bereichen schon Realität. So werden Erkennungssysteme für **gesprochene Sprache** erfolgreich bei **Call-Centern** eingesetzt, wo in Telefonzentralen Anfragen von Anrufern automatisch bearbeitet werden. Durch den Einsatz von computergestützten Systemen werden Dienste rund um die Uhr ermöglicht und Firmen können durch die Automatisierung in erheblichem Umfang Personalkosten in den Telefonzentralen einsparen und ihren Service verbessern.

Für den Bereich von **geschriebener Sprache** sind Suchmaschinen im Web ein prominentes Beispiel für erfolgreiche Anwendungen, bei denen automatisch sprachliche Daten verarbeitet werden. Dabei werden viele Millionen Webseiten automatisch erfasst und die dort enthaltenen Wörter und Sätze automatisch analysiert, so dass aufgrund von Schlüsselwörtern dann passende Dokumente gesucht werden können. Während frühe Verfahren vor allem nach genau den angegebenen Schlüsselwörtern der Suchanfrage in den Webdokumenten gesucht haben, werden in modernen Verfahren zunehmend intelligentere Verfahren eingesetzt, die immer stärker auch den Inhalt der Dokumente berücksichtigen.

9.2.1 Grundbausteine menschlicher Sprache

Bevor die Verfahren zur automatischen Verarbeitung von Sprache vorgestellt werden, soll zunächst etwas genauer diskutiert werden, was eigentlich natürliche Sprache ist und woraus sie besteht.

Wenn Sprache gesprochen wird, dann werden in Mund und Rachenraum **Klänge** und **Geräusche** gebildet, die wir dann als Sprache wahrnehmen. Dabei werden nicht völlig beliebige Geräuschsequenzen gebildet. Vielmehr besteht jede Sprache aus einer beschränkten Menge von Lauten als Grundbausteine, sogenannten **Phonemen**. Im Deutschen und im Englischen gibt es ca. 40 Phoneme. Dazu gehören Vokalphoneme und Konsonantenphoneme.

Obwohl die Phoneme einer Sprache einheitlich für alle Sprecher der Sprache sind, werden sie von jedem Menschen individuell gebildet und können sich abhängig von Alter, Geschlecht, Dialekt und weiteren Faktoren von Mensch zu Mensch deutlich unterscheiden. Darüber hinaus kann es bei spontan gesprochener Sprache oft vorkommen, dass

Sätze nicht wohl geformt sind. Oft gibt es Korrekturen oder Phoneme wie „äh", die als Füller verwendet werden, und von anderen Phonemen unterschieden werden müssen.

Beispiele für Phoneme im Deutschen

Im Deutschen gibt es etwa 40 Phoneme. Es gibt verschiedene Lautschriften, wie z.B. das internationale phonetische Alphabet (IPA), in dem Phoneme notiert werden können. Einige Beispiele von Phonemen, die im Deutschen vorkommen, sind:

- /a:/ – ein langer „A"-Laut wie in „Haar"
- /a/ – ein kurzer „A"-Laut wie in „Mann"
- /e:/ – ein langer „E"-Laut wie in „Meer"
- /?/ – ein kurzer „E"-Laut wie in „Herr"
- /p/, /t/, /k/ – stimmlose kurze Konsonanten, sogenannte Plosive
- /m/, /n/ – längere stimmvolle Konsonanten, sogenannte Nasale

Im Gegensatz zu gesprochener Sprache basiert geschriebene Sprache auf einem Alphabet, das nicht unbedingt identisch zu den Phonemen ist. Bei handschriftlich geschriebener Sprache gibt es ebenso wie bei gesprochener Sprache erhebliche Unterschiede von Mensch zu Mensch. In jedem Fall besteht bei geschriebener Sprache stets die Möglichkeit, dass Rechtschreibfehler oder unterschiedliche Schreibweisen zu Problemen bei der Interpretation führen können.

Gelingt die Analyse und Erkennung von Phonemen und Buchstaben, so werden nach **morpho-syntaktischen Regeln Wörter** gebildet, die wiederum nach weiteren **syntaktischen Regeln Sätze** formen. Ein Satz kann interpretiert werden und ihm kann eine Bedeutung zugewiesen werden, womit die semantische Ebene der Sprache erreicht wird. Wie in Kapitel 1 im Zusammenhang mit der Semiotik diskutiert, kann schließlich noch die Pragmatik als Ebene oberhalb der Semantik die Verhaltensrelevanz einer Äußerung beschreiben.

Bei der automatischen Verarbeitung von Sprache müssen alle Ebenen von Sprache sowohl bei der Erkennung von Sprache als auch bei der Erzeugung betrachtet und modelliert werden.

9.2.2 Erkennung und automatische Verarbeitung von Sprache

Ziel der automatischen Erkennung und Verarbeitung von Sprache ist meist die Übersetzung von Sprache in eine **logische Form** zur Beschreibung von Sachverhalten in der Welt. Da aber wie oben beschrieben die menschliche Sprache meist mehr Ausdrucksmöglichkeiten als logische Kalküle besitzt (Prosodie[3], Wahl des Ausdrucks, ...), gehen bei dieser Transformation Informationen verloren.

3 Unter Prosodie versteht man die Art, wie etwas ausgesprochen wird. Dies beinhaltet Betonung, Akzent, Sprechtempo und Intonation. In der Prosodie wird z.B. die Stimmung eines Sprechers deutlich.

Ein besonderes Problem bei der Erkennung sind Mehrdeutigkeiten oder sogenannte **Ambiguitäten**, die auf allen Ebenen in Form von vagen oder mehrdeutigen Formulierungen, elliptischen Verkürzungen oder durch metaphorischen Sprachgebrauch auftreten können. Beispiele hierfür finden sich im Alltag sehr häufig:

- „Ruhe jetzt" (Ellipse: der Satz hat kein Verb)
- „Bauernopfer" (Mehrdeutigkeit: entweder der Bauer bringt ein Opfer oder er ist das Opfer)
- „Ich traf den Jäger mit dem Gewehr" (Mehrdeutigkeit)
- „Der Reichtag debattiert" (metaphorischer Sprachgebrauch)

Typische Systeme, die natürliche Sprache verarbeiten (**Natural Language Processing, NLP-Systeme**), orientieren sich an den klassischen semiotischen Ebenen:

- Zeichen/Phoneme (Formen)
- Morpho-Syntax (Wörter und Sätze)
- Semantik (Bedeutung)
- Pragmatik (Funktion)

Auf den verschiedenen Ebenen werden sehr unterschiedliche Verfahren und Datenstrukturen verwendet. Die **Computerlinguistik** beschäftigt sich mit der Analyse und Generierung von Sprache mit algorithmischen Methoden.

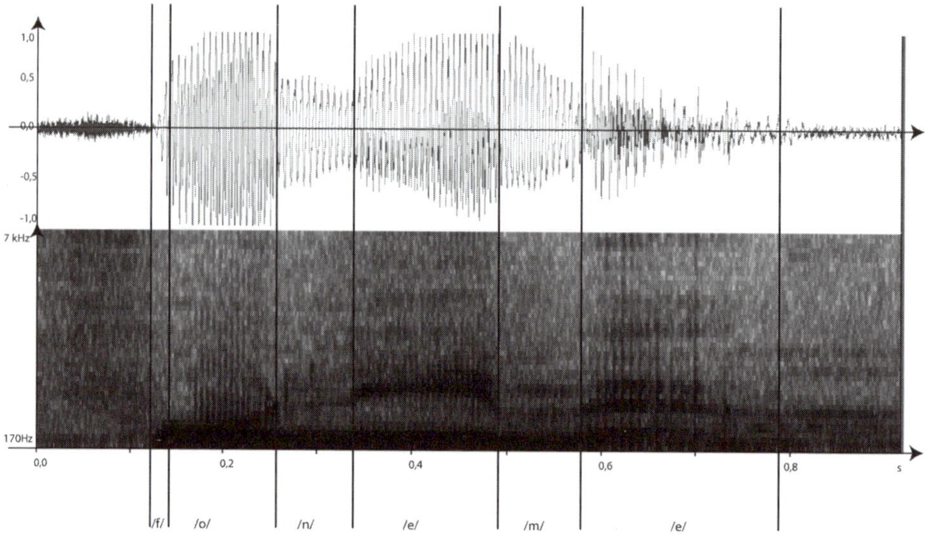

Abbildung 9.4: Wellenform und Frequenzspektrum des gesprochenen Wortes „Phoneme". Dabei sind die einzelnen Phoneme des Wortes durch vertikale Linien abgegrenzt.

Bei der Erkennung von gesprochener Sprache muss zunächst das **analoge Sprachsignal** durch ein Aufnahmegerät und ein Digitalisierungsverfahren in ein **digitales Signal** umgewandelt werden (Kapitel 4, Audio). Das digitale Signal kann dann auf die darin vorkommenden Frequenzen untersucht und in ein **Spektrogramm** überführt werden. Dieses zeitabhängige Audiosignal muss nun in eine **diskrete Symbolfolge** umgewandelt werden. Dazu können zunächst Pausen herausgeschnitten werden. In den Teilen, in denen mutmaßlich tatsächlich ein Sprachsignal vorkommt, werden nun Phoneme gesucht. ▸Abbildung 9.4 zeigt ein solches kontinuierliches Signal zusammen mit dem Frequenzspektrum des Signals. Um Phoneme zuverlässig zu erkennen, werden Mustererkenner anhand von vielen Beispieldaten trainiert, so dass diese charakteristische Merkmale der einzelnen Phoneme unterscheiden können. Dies kann sowohl **sprecherabhängig** als auch **sprecherunabhängig** geschehen.

Der Fall der sprecherunabhängigen Erkennung ist wesentlich schwieriger zu lösen, da die Varianz, in der Phoneme gebildet werden, bei unterschiedlichen Personen ungleich höher ist als bei nur einer Person.

Nachdem das Audiosignal zunächst auf die vorhandenen Phoneme untersucht wurde, werden diese nun auf mögliche Wörter untersucht. Dabei werden typischerweise statistische Verfahren eingesetzt, die untersuchen, wie wahrscheinlich der Übergang von einer gegebenen Folge von Phonemen zu einem folgenden Phonem ist. Aufgrund dieser Analyse werden Hypothesen gebildet, welche Wörter geäußert wurden. Da schon die Phonemerkennung selten völlig eindeutig und mit völliger Sicherheit stattfindet, müssen Spracherkenner mit Wahrscheinlichkeiten arbeiten und liefern oft nicht eindeutige Ergebnisse, sondern eine Reihe von Wörtern als mögliche Kandidaten. Ein Spracherkenner muss also nicht unbedingt eine völlig eindeutige Liste von Wörtern für eine gegebene Audiosequenz ausgeben, sondern kann auch Hypothesen für mögliche Wörter ausgeben, die oft als **Worthypothesengraf** repräsentiert werden.

Je nach Umfang des Vokabulars müssen Spracherkenner entsprechende Modelle für alle Wörter des Vokabulars besitzen. Dabei können einfache Erkenner, die z.B. nur einige wenige Kommandowörter erkennen sollen, mit sehr kleinen Lexika arbeiten. Spracherkenner, die den gesamten Umfang einer Sprache, wie z.B. Deutsch, besitzen sollen, müssen einige Zehntausend Wörter in ihren Lexika modellieren.

Für einfache NLP-Anwendungen reicht diese Ebene des Sprachverstehens bereits aus. Für ein Diktiergerät reicht es unter Umständen bereits, Wörter auf diesem Niveau zu erkennen. Ein tieferes Verständnis des Gesagten findet dann in der Regel nicht statt.

Auf dem Sprachsignal können neben der Analyse, welche Wörter möglicherweise gesagt wurden, auch weitere Merkmale betrachtet werden. So kann z.B. die **Prosodie** untersucht werden, also die Sprachmelodie und die Betonung, die von Sprecher zu Sprecher und von Situation zu Situation deutlich variieren kann, auch wenn die gleichen Wörter gesprochen wurden. Daraus kann man z.B. Rückschlüsse auf die Stimmung des Sprechers ziehen.

Nach der Spracherkennung, die sowohl bei Phonem- als auch bei Worterkennung auf statistischen Verfahren beruht, werden nun Sätze analysiert. Dabei werden verstärkt symbolorientierte Methoden eingesetzt, die auf Grundlage der Worthypothesen aus dem vorigen Schritt die Benutzerintention bzw. deren Funktion, die hinter der Äußerung steht, erkennen sollen.

Zur Analyse von Satzstrukturen werden **formale Grammatiken** eingesetzt. Sie erlauben es, zu entscheiden, ob ein Text „gültig" ist. Die Menge aller Texte, die bezüglich dieser Grammatik wohlgeformt sind, nennt man die Sprache dieser Grammatik.

Eine klassische Gruppe formaler Grammatiken wurde von Noam Chomsky beschrieben. In der sogenannten **Chomsky-Hierarchie** werden diese Grammatiken in verschiednen Gruppen eingeteilt, die sich darin unterscheiden, wie komplex die Ausdrucksmöglichkeiten der von ihnen definierten Sprachen sind.

- **Typ-0-Grammatik**: allgemeine Chomsky-Grammatik, die von einer Turing-Maschine beschrieben werden kann
- **Typ-1-Grammatik**: kontextsensitive Grammatiken
- **Typ-2-Grammatik**: kontextfreie Grammatiken
- **Typ-3-Grammatik**: rechts- oder linkslineare Grammatiken, die reguläre Sprachen beschreiben

Ein **Parser** ist ein Programm, das eine Grammatik im Gegensatz zum Erzeugen von Sätzen quasi umgekehrt anwendet und für einen Satz untersucht, welche Sequenz von Regelanwendungen zu dem gegebenen Satz geführt haben kann. Dazu werden meist Grammatiken von Typ 2 oder 3 benutzt, für die es effiziente Implementierungen gibt.

Das Beispiel zeigt eine sehr einfache Grammatik und einen Beispielsatz, für den es zwei mögliche Sequenzen von Regelanwendungen gibt (sogenannte Ableitungen). Oft entsprechen – wie in dem gezeigten Fall – unterschiedliche Ableitungen auch unterschiedlichen Interpretationen eines Satzes.

Beispiel

Beispiel einer Formalen Grammatik (Typ 2):

```
(1) A ::= A P
(2) A ::= P A
(3) A ::= P P
(4) P ::= Ich sah | den Mann | mit dem Fernglas
```

Dabei sind A und P Nichtterminale. Sie können auf der linken Seite einer Regel stehen und in jedem Satz, in dem ein solches Nichtterminal vorkommt, kann dieses durch Regelanwendung durch die rechte Seite einer entsprechenden Regel ersetzt werden. Dies kann so lange geschehen, bis keine Nichtterminale mehr vorkommen, womit man einen gültigen Satz erhält.

Betrachten wir nun den Satz: „*Ich sah den Mann mit dem Fernglas*", so gibt es zwei mögliche Ableitungen:

A →(Regel 2) PA → (Regel 3) PPP → (dreimal Regel 4) *Ich sah den Mann mit dem Fernglas*

A →(Regel 1) AP → (Regel 3) PPP → (dreimal Regel 4) *Ich sah den Mann mit dem Fernglas*

Die erste Ableitung kann man so interpretieren, dass die Terminale „*den Mann*" und „*mit dem Fernglas*" enger zusammengehören, da sie aus einem gemeinsamen Nichtterminal A abgeleitet werden, während im zweiten Fall die Terminale „*Ich sah*" und „*den Mann*" enger zusammengehören. Man könnte also die erste Ableitung so interpretieren, dass der Mann ein Fernglas bei sich hat, und die zweite so, dass ich durch ein Fernglas hindurch den Mann sehe.

Damit sind nur ganz grundlegende Eigenschaften formaler Grammatiken erklärt. Tatsächlich ist das Feld der Computerlinguistik sehr reich an unterschiedlichen Grammatiken und Formalismen, die helfen, Sätze und deren Struktur zu analysieren und ihnen Bedeutung zuzuweisen.

Doch auch wenn die Semantik eines Satzes verstanden wurde, bleibt immer noch zu klären, wie diese in Aktionen umgesetzt werden soll. Wie schon eingangs erwähnt, ist diese pragmatische Ebene der Sprache für die korrekte Deutung menschlicher Sprache von großer Bedeutung. Hierfür werden oft Verfahren aus der Künstlichen Intelligenz genutzt. Eine ausführliche Beschreibung der Methoden würde aber den Rahmen dieser Übersicht sprengen.

9.2.3 Gesprochensprachliche Ausgabe

Im Prinzip geht man bei der Erzeugung von Sprachausgaben den umgekehrten Weg, den man bei der Erkennung geht. Man unterscheidet zwei Schritte:

- **Sprachgenerierung**: von der Intention (logischen Beschreibungen) zu Wortketten
- **Sprachsynthese**, die Wortketten in ein Audiosignal überführt

Im Gegensatz zur Erkennung von Sprache scheint die Generierung durchaus leichter zu sein. Bei der Generierung werden ebenso wie bei der Erkennung formale Grammatiken eingesetzt.

Für die Sprachsynthese gibt es unterschiedliche Verfahren. Sie reichen vom Einsatz von aufgenommenen Samples einzelner Wörter oder Satzstücke, die nach Bedarf zusammengesetzt werden, bis hin zu Verfahren, bei denen alle Wörter komplett synthetisch erzeugt werden.

Das Problem beim Einsatz von aufgenommenen Sprachdaten auf Wortebene, die zusammengefügt werden, ist die mangelnde Flexibilität. Das Problem bei rein synthetischer Sprachsynthese ist der oft sehr künstliche Eindruck der resultierenden Sprache, die sich nach einem Roboter, aber kaum nach einem Menschen anhört.

Moderne Verfahren basieren deshalb oft auf aufgenommenen Sprachsamples, die aber nicht auf Wort- oder Satzebene verwaltet werden, sondern auf unterschiedlich feinerer bis grober Granularität gespeichert werden. Aus diesen Samples werden dann Wörter synthetisiert und schließlich ganze Sätze zusammengeführt.

Bei der Synthese können neben den Wortsequenzen meist auch zusätzliche Parameter angegeben werden, die z.B. Betonung oder Sprechgeschwindigkeit variieren.

9.2.4 Einsatz von automatischer Sprachverarbeitung

Der Einsatz von Systemen, die natürliche Sprache verarbeiten, ist für ganz unterschiedliche Anwendungen möglich, sinnvoll oder sogar notwendig. Sprachinterfaces können z.B. in Umgebungen besonders sinnvoll sein, in denen andere Interfaces schlecht zu nutzen sind:

- bei mobilen Geräten, wenn Tastatur und Maus nicht nutzbar sind,
- wenn die Hände beschäftigt sind (z.B. durch eine Tätigkeit die zugleich durchgeführt werden muss),
- wenn die Augen abgelenkt sind, da andere Informationen gesehen werden müssen,
- wenn andere Ein-/Ausgabegeräte nicht zur Verfügung stehen.

Neben diesen situationsbedingten Faktoren können auch Gründe des individuellen Nutzers für den Einsatz von Sprachtechnologien sprechen:

- sehbehinderte Nutzer, die über nichtvisuelle Techniken mit einem System kommunizieren wollen,
- Einschränkungen der physischen Möglichkeiten, z.B. bei der Bedienung einer Tastatur,
- Unkenntnis bei der Bedienung von Computersystemen (z.B. bei unerfahrenen Nutzern, sogenannten Novizen).

Darüber hinaus können Spach-Interfaces auch aufgrund der durchzuführenden Aufgabe nötig sein, z.B. wenn es um die **inhaltsbasierte Suche** in Texten oder um **freie Dialoge** in Informationssystemen geht.

Neben diesen Aspekten können weitere Gründe für den Einsatz von Spracherkennung und -generierung sprechen. So kann die Integration von Sprache zu unterhaltsameren und lebendigeren Computersystemen führen. In einem Computerspiel ist ein sprechender Protagonist sicher interessanter als ein Statustext auf dem Bildschirm. Da menschliche Sprache im Alltag völlig natürlich ist, liegt der Einsatz von Sprache zur Steuerung von Geräten im Alltag nahe. Viele Hersteller – vor allem von hochwertigeren Produkten – versuchen deshalb auch in elektronischen Geräten, für den alltäglichen Gebrauch Sprachsteuerungen zu integrieren. So gibt es eine Reihe von Automobilherstellern, die Sprachsteuerungen für Autoradios anbieten. Auch Haushaltsgeräte und Geräte für Unterhaltungselektronik werden vereinzelt mit Sprachsteuerungen angeboten.

In vielen Situationen zeigen sich also Vorteile von Sprach-Interfaces:

- Sie sind leicht zu erlernen und zu merken (da man ohnehin menschliche Sprache spricht).
- Sprache ist sehr ausdrucksmächtig.
- Sprache ist oft schnell und effizient (aber nicht immer).
- Es wird kein oder nur ein kleiner Bildschirm benötigt.

Es gibt aber auch Nachteile von Sprach-Interfaces:

- Ein gravierender Nachteil ist, dass die Erkennung und Interpretation oft noch nicht zuverlässig funktioniert.
- Bei der Sprachinteraktion wird beim Nutzer ein Wissen über den Diskursbereich vorausgesetzt. Ansonsten würden die Nutzer nicht wissen, welche Wörter/Begriffe sie nutzen können und sollen.
- Bei geschriebener Sprache muss man eine Tastatur nutzen.
- Erweiterungen sind nicht sichtbar, das heißt, bei Kenntnis einer älteren Version ist die neue Funktion der neuen Version nicht ersichtlich.
- Sprach-Interfaces sind teuer zu implementieren. Es werden oft viele Sprachbeispiele benötigt, um robuste Erkenner und Sprachmodelle zu entwickeln.

Der erfolgreiche Einsatz von Sprachinteraktion ist also alles andere als einfach. Vor- und Nachteile sind durchaus gravierend und bei schlechtem Entwurf können die Nachteile schnell die Vorteile aufheben und zum Misserfolg führen. Insbesondere die **Robustheit** der Spracherkennung ist oft kritisch. In schwierigen akustischen Situationen – z.B. beim Einsatz auf offener Straße – wird die Erkennung schnell nahezu unmöglich.

Abhilfe kann eine Einschränkung des Vokabulars schaffen. Wenn nur eine kleine Zahl von Kommandos erkannt werden muss, ist dies viel einfacher und robuster möglich, als wenn viele Tausend Wörter erkannt werden sollen. In manchen Systemen werden abhängig vom jeweiligen Kontext dynamisch Grammatiken und Lexika ausgetauscht, um den Sprachumfang immer auf das Nötige zu beschränken. Außerdem können geeignete Strategien für das Interaktionsmanagement wie z.B. eine geschickte Fragenformulierung (Ja/Nein-Fragen) die Möglichkeiten der Nutzerantworten minimieren und somit in kritischen Situationen zum Erfolg eines Sprachdialogs führen.

Oft ist es sinnvoll, beim Entwurf der Dialoge adaptive **Fehlerbehebungsstrategien** einzusetzen, die sich an auftretende Probleme in einem Dialog anpassen können. Vor allem, wenn die Beantwortung einer Frage länger dauert, sollte der Status der Bearbeitung dem Nutzer angezeigt werden. Ein typisches Problem ist sonst, dass der Nutzer denkt, das System hätte die Frage nicht verstanden, und bereits eine neue Anfrage stellt. Dadurch kommen Fragen und Antworten völlig durcheinander und eine erfolgreiche Kommunikation wird schwierig.

Eine gute Methode, um den Einsatz von sprachverarbeitenden Systemen vorab zu testen, ist ein sogenanntes **Wizard of Oz Experiment**. Dabei wird das System evaluiert und potenziellen Nutzern, die als Versuchpersonen das System testen sollen, wird gesagt, sie würden schon mit dem fertigen System sprechen. Statt eines fertigen Systems übernimmt aber ein menschlicher Operator alle Funktionen des Systems. Ein solches Setup ist sehr kostengünstig und man kann ohne großen Implementierungsaufwand schon sehr früh sehen, welche Probleme auftreten können. Außerdem kann man in einem solchen Experiment Daten für den Spracherkenner sammeln, so dass dessen Mustererkenner damit trainiert werden kann.

9.3 Immer und überall

Digitale Medien entwickeln sich zu **ubiquitären Medien**, die immer und überall verfügbar sind. Während klassische Computermedien an Tastatur und Bildschirm gebunden sind, können heute Digitale Medien auf einer Vielzahl von Geräten genutzt werden.

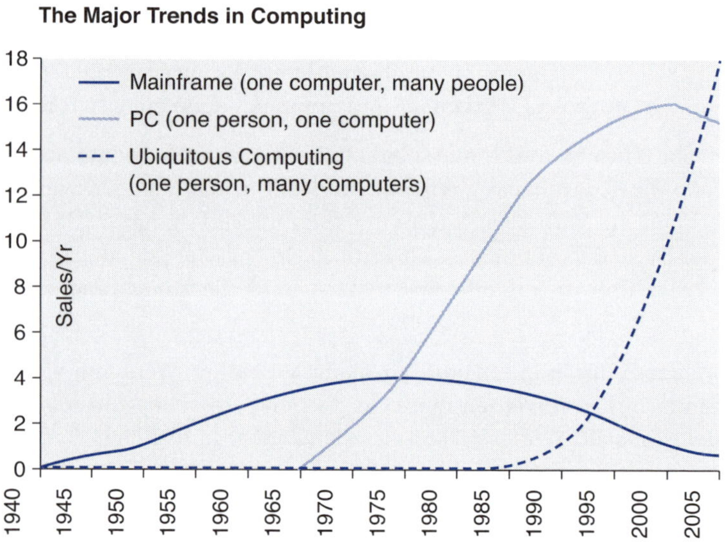

Abbildung 9.5: Klassische Abbildung aus einem Vortrag von Mark Weiser aus dem Jahr 1995. Darin wird vorhergesagt, dass nach den Großrechnern (mainframe) und PCs pro Nutzer viele Computer zur Verfügung stehen und sich somit das Ubiquitous Computing durchsetzt.

Dieser Umbruch wird in der Informatik unter dem Begriff **Ubiquitous Computing** untersucht. Ein Ausgangspunkt dabei ist, dass heute pro Person immer mehr verteilte und vernetzte Computer zur Verfügung stehen, die zum Teil gar nicht als solche wahrgenommen werden, sondern in andere Geräte integriert sind, wie z.B. in einen Videorekorder oder im Auto. Diese Entwicklung steht im Gegensatz zur frühen Phase der Informatik, als Großrechner genutzt wurden und viele Nutzer sich einen Rechner teilen mussten. Seit den 70er Jahren haben Personal Computer (PC) sich immer mehr durchgesetzt und pro Nutzer einen Rechner etabliert (▶Abbildung 9.5). Mit Ubiquitous Computing – so meinen einige – bricht nun eine weitere Ära der Computernutzung an.

Neben der Vielzahl von Computern, von denen wir im Alltag umgeben sind, sind aber auch Rechnernetze und vor allem drahtlose Netze entscheidend für diesen Trend. Zu den wichtigsten drahtlosen Netzen gehören:

- Mobilfunk und mobile Telefonie: werden über Netzbetreiber angeboten und können sowohl zum Telefonieren als auch zum Datenaustausch genutzt werden. Sie haben eine sehr gute Abdeckung, so dass sie fast überall nutzbar sind.
- Wireless LAN (WLAN): werden sowohl im privaten als auch im öffentlichen Raum eingesetzt. Meist ist ein WLAN-Netz räumlich relativ beschränkt (ein Gebäude, Firmengelände o.Ä.).
- Bluetooth: wird zur Kommunikation zwischen Geräten auf kurzen Distanzen genutzt (z.B. Funkmaus mit Laptop).

In einigen Szenarien des Ubiquitous Computing besitzen nicht nur typische elektronische Geräte (wie Kameras oder Musikgeräte) integrierte Computer und Netzwerkfähigkeiten, sondern auch Alltagsobjekte können kleine Computer integrieren und mit anderen kommunizieren. Dies kann so weit gehen, dass selbst eine Milchpackung mit dem Kühlschrank kommunizieren kann und beide den Besitzer benachrichtigen, wenn die Vorräte zur Neige gehen und neue Milch eingekauft werden muss.

Exkurs Varianten des Ubiquitous Computing

Neben dem Begriff Ubiquitous Computing haben sich eine Reihe weiterer Begriffe etabliert, die zum Teil ganz ähnliche Visionen beschreiben und zum Teil spezielle Akzente betonen.

- **Pervasive Computing** bezieht sich darauf, dass Computer in Alltagsobjekte integriert werden und somit quasi die komplette Umgebung durchdringen (pervasive = durchdringend).
- **Mobile Computing** legt den Schwerpunkt auf die Mobilität der Nutzer oder der Geräte.
- **Ambient Intelligence** wurde in Europa als Gegengewicht zur eher amerikanisch geprägten Bewegung des Ubiquitous Computing formuliert. Die Leitidee liegt darin, dass die Umgebung der Nutzer durch Informationstechnik intelligenter wird.
- **Smart Spaces** sind intelligente Umgebungen, die lokal abgegrenzt sind und nicht den Anspruch haben, ubiquitär zu sein.
- **Disappearing Computing** betont besonders das Verschwinden der Computer aus der bewussten Wahrnehmung, wenn diese in der Umgebung quasi verschwinden.
- **Invisible Computing** bezieht sich wie **Disappearing Computing** auf Computer, die als solche nicht mehr sichtbar sind.
- Beim **Wearable Computing** sind Computer nicht nur mobil, sondern sie können an und in der Kleidung getragen werden. Smart Textiles integrieren Netze, Sensoren und Schaltkreise in das Gewebe der Kleidung.

Letztlich zielen viele der Visionen des Ubiquitous Computing darauf ab, dass Computer und Vernetzung einmal zu völlig selbstverständlichen Eigenschaften in unserer Umgebung werden, die nahtlos in unseren Alltag integriert werden. Damit verschwinden die technischen Eigenheiten aus unserer bewussten Wahrnehmung. Man kann sich dies ganz analog zu der Nutzung des elektrischen Lichts vorstellen, das in fast allen Räumen und Gebäuden einfach vorhanden ist, ohne dass wir uns Gedanken darüber machen müssen, wie genau der Strom erzeugt wird oder wie er zur Glühbirne kommt. Wenn wir in einen Raum kommen, schalten wir das Licht einfach ein und es leuchtet. Entsprechend könnte man sich vorstellen, dass wir uns in zukünftigen Systemen keine Gedanken mehr darüber machen müssen, wie Rechner und Endgeräte vernetzt sind und woher und über welche Pfade Antworten auf unsere Anfragen beantwortet werden. Wenn wir in einem Raum sind, stellen wir einfach eine Frage nach einer Information (z.B. wie wird das Wetter morgen?) und Computer in der Umgebung suchen nach einer Antwort und einem Gerät in unserer Umgebung, auf dem die Antwort dargestellt werden kann. Dies könnte ein Fernseher sein, wenn wir im Wohnzimmer sind, oder ein Mobiltelefon, auf dem wir eine SMS mit der Antwort erhalten, wenn wir gerade unterwegs sind.

Beim Ubiquitous Computing kommen somit einige Trends zusammen:

- die stetige Vernetzung und Verfügbarkeit mobiler Geräte,
- neue Materialien (z.B. e-Paper, flexible LCDs),
- neue Sensoren und Aktuatoren, die insbesondere kostengünstig in eine Vielzahl von Geräten integriert werden können,
- Funksensoren und Sender, die ohne eigene Stromversorgung arbeiten (z.B. RFID),
- Miniaturkameras,
- biometrische Sensoren.

In der Konsequenz werden die Geräte billiger, portabler und mobiler und eingebettete Systeme besitzen eine Vielzahl von Möglichkeiten. Auf der einen Seite sind solche Entwicklungen sehr positiv. Neue, handliche Geräte kommen mit einer Vielzahl von Funktionen auf den Markt und ersetzen viele andere Geräte. Ein modernes Smartphone ist nicht nur Telefon, sondern auch Digitalkamera, GPS-Navigationsgerät, Musikspieler, Kalender, Diktiergerät, Webbrowser, Spielekonsole und vieles mehr. Bei einer solchen Konvergenz von Funktionalitäten in einzelnen Geräten ist es für die Entwickler von Anwendungen eine Herausforderung, diese wirklich sinnvoll zu nutzen und zu integrieren.

Andererseits ist es eine noch größere Herausforderung, die in vielen Szenarien vorhandene Vielzahl von Geräten zu einem Gesamtgefüge zu vereinen. Wenn ein Nutzer in einem Raum nicht nur sein Smartphone, sondern auch noch einen intelligenten Videorekorder, einen Laptop, einen Projektor und diverse andere vernetzte Geräte mit mehr oder weniger komplexen integrierten Computern besitzt (z.B. in einem Bluetooth-Headset, Fernseher, elektronischen Bilderrahmen), so stellt sich die Frage, wann welche Geräte für welche Funktionen genutzt werden sollen. Die manuelle Konfiguration wird schnell zu aufwändig und wenn Ambient Intelligence wirklich umgesetzt werden soll, dann sollte die Infrastruktur sich selbst so organisieren, dass die Nutzer bestmöglichen Nutzen davon haben. In vielen Forschungsprojekten werden Möglichkeiten gesucht, wie solche Systeme nutzbar, zuverlässig und sicher arbeiten können. Wie viel von der Vision in den nächsten Jahren tatsächlich umgesetzt werden kann, wird sich erst noch zeigen müssen.

Auch wenn viele Ideen des Ubiquitous Computing noch Forschungsthemen sind, so stellen sich schon heute für die Entwickler Digitaler Medien eine Reihe praktischer Herausforderungen, die sich durch die ubiquitären Zugriffsmöglichkeiten auf Digitale Medien ergeben. Insbesondere mobile und kleine Endgeräte erfordern entsprechend angepasste Interfaces und ein passendes Interaktionsdesign. Im Gegensatz zum Desktop-System

- sind die Displays oft wesentlich kleiner,
- Sind Tastatureingaben nicht der Standard, sondern oft die Ausnahme,
- Ist eine Maus nicht immer vorhanden,
- bekommt Sprachinteraktion eine größere Bedeutung,
- gibt es weniger Standards und eine höhere Variabilität bei Ein- und Ausgabemöglichkeiten (Browser, Medienplayer, Stifteingabe etc.).

Hinzu kommen Aspekte, die bei der mobilen Nutzung in vielen unterschiedlichen Situationen auftreten:

- Der Fokus der Aufmerksamkeit ist oft nicht bei dem Computer, sondern bei anderen Aktivitäten.
- Nutzer üben nebenher andere Tätigkeiten aus (fahren, gehen, unterhalten sich).
- Umgebungseinflüsse lenken ab.
- Die Sicherheit der Nutzer kann durch die Interaktion beeinträchtigt werden.
- Zeit spielt eine größere Rolle (Information muss rechtzeitig da sein, z.B. bei Navigationsanwendungen).

Es ist völlig unmöglich, alle Varianten und Ideen des Ubiquitous Computing auch nur annähernd zu skizzieren. Stattdessen sollen zwei Szenarien kurz vorgestellt werden, die einige Möglichkeiten verdeutlichen.

9.3.1 Das intelligente Zimmer

In einer Reihe von Forschungsprojekten werden **intelligente Häuser** und **Räume** entwickelt. Diese können mit einer Reihe von Sensoren ausgestattet werden, so dass sie automatisch detektieren, wann ein Nutzer einen Raum betritt, wer der Nutzer ist und was er dort macht.

Der Raum kann dann autonom Geräte in diesem Raum steuern:

- So kann automatisch das Licht angeschaltet werden, wenn ein Nutzer anwesend ist, und das Licht ausgeschaltet werden, wenn sich niemand in einem Raum befindet.
- Wenn ein Nutzer gerade Radio hört und in einen anderen Raum geht, kann dort das Radio mit dem gleichen Kanal eingeschaltet werden und in dem Raum, der verlassen wurde, das Radio ausgeschaltet werden.
- Darüber hinaus kann ein Raum verschiedene andere Geräte und Zustände von Objekten überwachen. Ein Nutzer könnte z.B. über ein Mobiltelefon abfragen, ob der Herd ausgeschaltet ist.

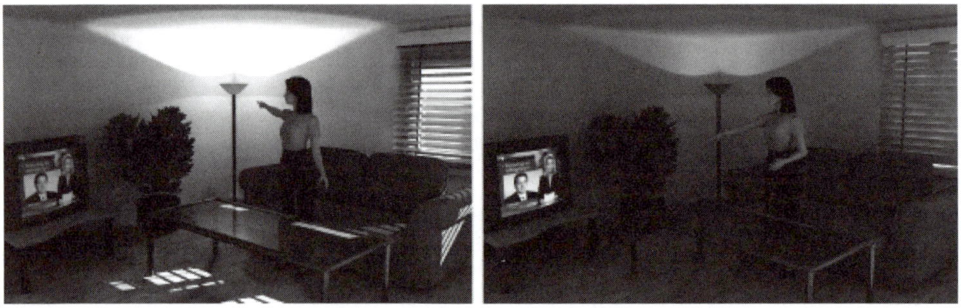

Abbildung 9.6: Skizze für zwei multimodale Kommandos in EMBASSI. In beiden Fällen sagt die Person „Heller bitte". In einem Fall zeigt die Person auf die Stehlampe, die darauf hin heller wird. Im zweiten Fall auf den Fernseher, der schon die maximale Helligkeit hat, worauf die Umgebung abgedunkelt wird.

Durch die Verknüpfung von verschiedenen Sensoren und Informationen über die Situation in einem Raum können auch komplizierte Anforderungen gelöst werden. In dem Forschungsprojekt EMBASSI wurde ein System entwickelt, das unter anderem Licht, Fernseher und Jalousien steuern kann. Nutzer können frei über Gesten und Sprache mit dem System in einem Raum kommunizieren. Sensoren messen die Helligkeit im Raum und melden den Zustand der einzelnen Geräte. ▶Abbildung 9.6 zeigt die Möglichkeiten eines solchen Szenarios. In zwei Fällen zeigt ein Mensch mit einer Geste auf ein Objekt im Raum und sagt jeweils „heller bitte". Im ersten Fall wird auf eine Stehlampe gezeigt, die daraufhin heller gemacht wird. Im zweiten Fall wird auf den Fernseher gezeigt. Da in dieser Situation der Fernseher schon auf die maximale Helligkeit gestellt wurde, wird – um denselben Effekt zu erzielen – die Umgebung abgedunkelt.

9.3.2 Mobile Unterstützung in der Stadt und im Museum

Ein zweites Szenario, das oft diskutiert wird, ist die ubiquitäre Unterstützung von mobilen Nutzern, die sich in einer Stadt bewegen. Über GPS[4] und weitere Sensoren kann die Position eines Nutzers bestimmt werden. Zusätzliche Informationen über Interessen, Tageszeit oder Reiseplan können berücksichtigt werden, um eine Vielzahl von Diensten anzubieten, z.B.

4 Das Global Positioning System (GPS) ist ein satellitenbasiertes System, das es erlaubt, die Position eines Empfängers zu bestimmen.

- Navigationshinweise,
- Tipps für eine Stadtbesichtigung,
- Hinweise für Einkaufsmöglichkeiten,
- Informationen von anderen Nutzern (mobile Blogs) oder
- Nachrichten zu Themen, die den Nutzer interessieren.

Da die Displays mobiler Endgeräte klein sind, wird auch daran gearbeitet, dass mobile Nutzer ad hoc auch größere Displays in der Umgebung nutzen können. In einem Museum könnten z.B. große Bildschirme als Public Displays genutzt werden, um einem Nutzer auf seiner Tour durch ein Museum komplexere Daten und Bilder anzuzeigen, als dies auf einem kleinen portablen Gerät wie einem Smartphone möglich wäre.

Darüber hinaus können Objekte in der Umgebung durch kleine Markierungen (sogenannte Tags) oder Minisender (z.B. über Bluetooth oder RFID) Auskunft über sich selbst geben. Ein Museumsnutzer könnte damit z.B. vor einem Exponat seinen Taschencomputer fragen, was es darüber zu wissen gibt. Wobei die Antwort entsprechend der bekannten Interessen des Nutzers so personalisiert werden kann, dass auf Vorwissen und Vorlieben des Nutzers eingegangen werden kann.

Neben den genannten Herausforderungen bei der Gestaltung solcher ubiquitärer Systeme gibt es noch eine Reihe weiterer Probleme, die noch zu lösen sind:

- Wie kann man in ubiquitären Systemen Datenschutz und Privatsphäre wahren, insbesondere wenn Nutzerprofile für diese Systeme notwendig sind?
- Sind ubiquitäre Systeme möglicherweise zu komplex, so dass Nutzer nicht mehr nachvollziehen können, was vor sich geht?
- Wie sehen Wertschöpfungsketten und andere ökonomische Gegebenheiten in solchen Systemen aus?
- Wer trägt die Verantwortung für welche Teile des Systems?
- Wie kann man sich vor Hackern, Viren und Spam schützen?

An einigen dieser Fragen wird intensiv geforscht. Allerdings ist noch nicht sicher, ob für alle Fragen zufriedenstellende Antworten gefunden werden können.

9.4 Virtuelle Welten

In dem Kapitel über Digitale Filme wurde bereits der Begriff Immersion eingeführt, der beschreibt, wie stark man in die dargestellten Inhalte eines Digitalen Mediums eintaucht. Dieses Eintauchen hängt zum einen davon ab, wie viele Sinne durch das Medium stimuliert werden, und zum anderen, wie realistisch diese Sinneseindrücke sind. Beim digitalen Film kann das Erlebnis bereits einen hohen Grad an Immersion erreichen, wenn die Bild- und Tonqualität gut sind und das Bild hinreichend groß ist. Trotzdem bleibt das Medium passiv und der Nutzer ist auf die Rolle des Betrachters, der auf seine Position fixiert ist, festgelegt. Der Betrachter eines Filmes kann sich z.B. nicht in der Szene eines Filmes bewegen oder umsehen. Perspektive und Position sind durch die Kamera festgelegt. In der Virtuellen Realität will man darüber hinaus gehen und es Nutzern ermöglichen, sich in einer Szene frei zu bewegen.

Die meisten Systeme, die **Virtuelle Realitäten** realisieren (**VR-Systeme**), haben den Fokus auf der visuellen Darstellung und dem visuellen Eintauchen in eine virtuelle Szene. Zwei Techniken zur visuellen Darstellung werden besonders häufig eingesetzt: brillenartige, sogenannte **Head-Mounted Displays** (**HMD**, ▶Abbildung 9.7) und Projektionen auf Wände vor, neben, hinter oder sogar unter und über dem Nutzer, sogenannte **Caves** (▶Abbildung 9.8).

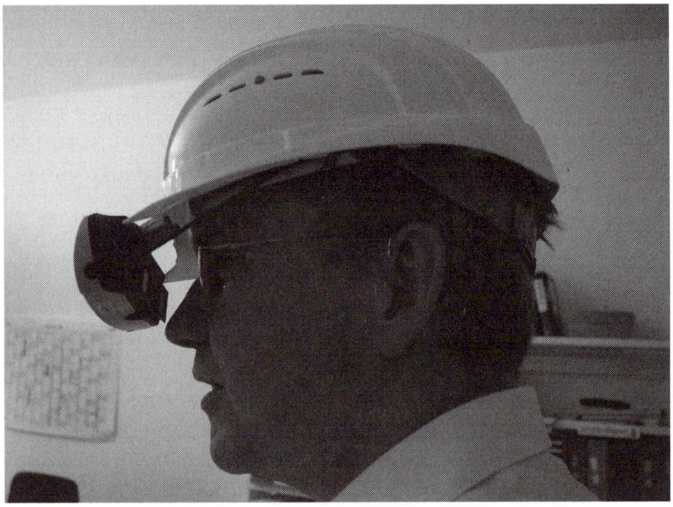

Abbildung 9.7: Beispiel eines Head-Mounted Displays (Foto: TZI)

Definition: Head-Mounted Display

Head-Mounted Displays (HMD) bestehen aus kleinen Displays, die vor den Augen getragen werden. Sie werden z.B. in Form einer Brille hergestellt, bei denen die Gläser durch Displays ersetzt werden. Es gibt auch Displays, die auf eine Brille montiert werden können oder angesteckt werden. Durch die Nähe zum Auge kann trotz des kleinen Displays ein großer Bereich des Sichtfeldes stimuliert werden. Ein HMD kann mit einem Display für nur ein Auge oder mit zwei Displays für beide Augen arbeiten. Sie können somit auch Stereobilder für 3D-Visualisierungen erzeugen. Manche Displays erlauben es noch, durch das Display hindurch oder daran vorbei die Umgebung zu sehen, andere verdecken die Sicht auf die Umgebung vollständig.

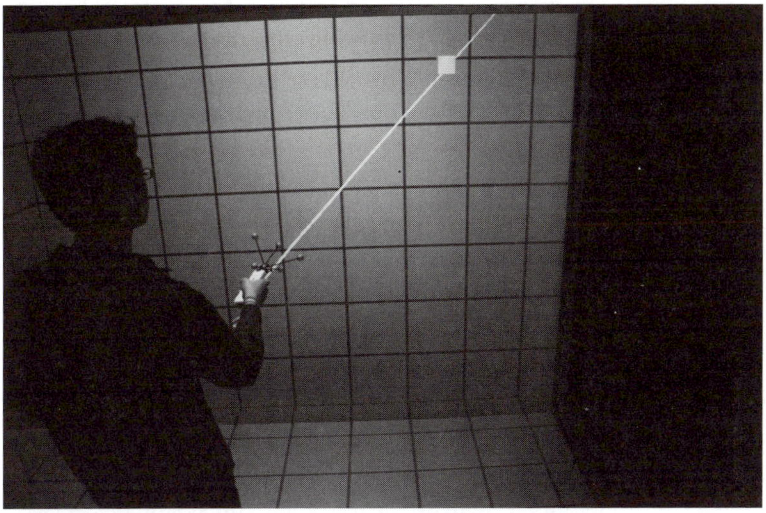

Abbildung 9.8: Nutzer einer Cave mit einem visuellen 3D-Tracking für Handgesten
(Foto: im.ve, Universität Hamburg)

F

Definition: Cave

Eine Cave (deutsch: Höhle) ist eine Installation, in der von mehreren Seiten Projektionen auf Wände um einen Nutzer herum möglichst nahtlos aneinandergrenzen. Ein typisches Setup ist ein Kubus, bei dem je nachdem wie viele Wände mit Projektionen ausgestattet werden, verschiedene Cave-Typen unterschieden werden: Eine 3-Seiten-Cave ist z.B. eine Cave, bei der in einem Kubus auf den Wänden vorn, rechts und links Projektionen eingesetzt werden. Eine 6-Seiten-Cave ist das maximale Setup in einem Kubus, bei dem auf allen Seiten Projektionen stattfinden (also auch von oben und von unten). Anstelle eines Kubus sind auch andere Raumgeometrien möglich (z.B. als Sphäre). In vielen Caves werden 3D-Projektionen eingesetzt, die in Kombination mit speziellen 3D-Brillen arbeiten.

Damit ein Nutzer sich in einer Cave umschauen kann, muss er einfach nur den Kopf bewegen. Als Grundlage für die Darstellung dienen in der Regel dreidimensionale Modelle einer Szenerie, die mit den in Kapitel 7 vorgestellten Rendering-Methoden dargestellt werden. Da die Darstellung von der Sichtposition, also der genauen Position des Kopfes, abhängt, muss ein Verfahren eingesetzt werden, um die Position des Kopfes oder besser der Augen zu erfassen. Dazu werden oft kamerabasierte **Trackingverfahren** eingesetzt, die man gleichzeitig dafür nutzen kann, um Gesten der Nutzer zu erkennen. Solche kamerabasierten Verfahren basieren oft auf Markern, die sich leicht erkennen lassen und eine leichte Identifikation im Raum zulassen. Abbildung 9.8 zeigt einen Nutzer mit solchen Markern, die aus einer Anordnung von farbigen Kugeln besteht.

Bei VR-Installationen mit HMDs sollten sich bei Kopfbewegungen die Bilder der Szene nicht mit den relativen Bewegungen des Kopfes mitbewegen, sondern entsprechend der absoluten Positionen des Raumes verankert bleiben. Dazu müssen die Bewegungen des Kopfes erfasst werden. Dies kann wiederum mit optischen (kamerabasierten) Verfahren oder anderen Methoden z.B. auf der Basis von Bewegungs- und Beschleunigungssensoren geschehen.

Neben den Modalitäten der Visuellen Darstellung von dreidimensionalen Szenen und der Interaktion mit Gesten und Kopfbewegungen können VR-Systeme alle Medientypen und Modalitäten integrieren, die für Digitale Medien und interaktive Systeme verfügbar sind und für eine Anwendung sinnvoll erscheinen. Im Prinzip können VR-Systeme auch ganz auf visuelle Darstellungen verzichten. So sind auch VR-Systeme denkbar, die dreidimensionale akustische Szenen modellieren.

Virtuelle Realität ist kein völlig klar definierter Begriff. Ganz allgemein geht es aber darum, dass die Nutzer in einer virtuellen Szenerie mit einem hohen Grad der Immersion interagieren. Auf der einen Seite gibt es Systeme, die anstreben, diesen Grad der Immersion durch immer komplexere technische Systeme zu erhöhen. Die Integration weiterer Modalitäten (Haptik, 3D-Sound etc.), die realistischere Gestaltung der virtuellen Modelle und die bessere Modellierung natürlicher multimodaler Interaktionsformen sind Beispiele dafür. Auf der anderen Seite werden oft auch viel einfachere Systeme als VR-Systeme bezeichnet. Beispiele hierfür sind PC-Spiele, in denen Nutzer in 3D-Welten mit klassischen Interaktionsparadigmen wie Maus oder Joystick navigieren. In manchen Fällen werden sogar noch einfachere Interaktionen mit virtuellen Inhalten als virtuelle Realität bezeichnet. Selbst informationelle Strukturen wie Blogs und Foren werden manchmal als virtuelle Welten bezeichnet. Da der Grad der Immersion nicht genau definiert und kaum messbar ist, kann man letztlich jedes System, in dem Nutzer tief genug „eintauchen“, zur virtuellen Welt erklären.

Abbildung 9.9: Beispiel für Augmented Reality. Nutzer erhalten eine Brille, durch die einerseits die Umwelt gesehen werden kann, in die aber auch Überblendungen von computergenerierten Inhalten eingeblendet werden können. In GEIST werden so zu Ruinen von Gebäuden Rekonstruktionen von Gebäudeteilen eingeblendet.

Im Gegensatz zur virtuellen Realität kann man auch die natürliche Immersion von Menschen in der echten Umwelt als Basis nehmen, um den entgegengesetzten Ansatz verfolgen. Anstatt den Nutzer in die digitale Welt zu führen, kann man anstreben, Teile der digitalen Welt in die reale Welt zu bringen. In gewisser Hinsicht findet das beim Ubiquitous und Pervasive Computing statt. Der Ansatz der **Erweiterten Realität** (**Augmented Reality**, **AR**) sieht vor, reale Objekte der physischen Welt mit zusätzlichen digitalen Inhalten zu versehen. Auch hier sind typischerweise die Systeme durch visuelle Methoden geprägt.

Augmented Reality

In dem Projekt GEIST wurde ein System entwickelt, bei dem Nutzer eine Brille mit sich tragen, durch die man einerseits hindurchsehen kann, aber andererseits auch Bilder oder Bildteile einblenden kann. Damit kann man die Ansicht der Objekte, die man in der realen Welt sieht, durch virtuelle Objekte erweitern. In diesem Fall wurde Besuchern einer Stadt die Möglichkeit gegeben, Rekonstruktionen historischer Gebäude zu erkunden, die im heutigen Zustand nur noch teilweise gegeben sind. Dabei werden allerdings nur die Teile überlagert, die nicht mehr erhalten sind, und die erhaltenen Teile werden unverändert und im Original betrachtet. Durch einen Bewegungs- und Beschleunigungsmesser, der auf dem HMD montiert ist (▶Abbildung 9.9, links oben), kann das überlagerte Bild nachgezogen werden, wenn der Kopf bewegt wird. Eine Kamera, die vor dem HMD angebracht ist, nimmt ein Bild aus dem Blickwinkel des Nutzers auf, um das Bild, das der Nutzer durch die Brille sieht, mit der darzustellenden 3D-Rekonstruktion in Übereinstimmung zu bringen.

Als Alternative zu visuellen AR-Systemen, bei denen mit HMDs Objekte mit zusätzlichen Informationen versehen werden können auch Projektoren eingesetzt werden, um zusätzliche Informationen direkt auf die Objekte zu projizieren. Außer der visuellen Erweiterung der Realität können auch andere Modalitäten wie akustische Informationen als digitale Erweiterungen der Realität eingesetzt werden. Letztlich kann man alle Arten der Integration von digitaler Information an realen Objekten als Erweiterte Realität bezeichnen. Insofern gehen Erweiterte Realität und Ubiquitous Computing fließend ineinander über.

Neben virtueller und erweiterter Realität (Virtual und Augmented Reality) ist **gemischte Realität** (**Mixed Reality**) ein weiteres Paradigma, das virtuelle und reale Objekte zusammenbringt und neue Interaktionsformen erlauben soll. Ähnlich wie bei AR-Systemen soll die Immersion, die in der Realität völlig selbstverständlich ist, nicht künstlich durch virtuelle Simulationen ersetzt werden. Stattdessen sollen reale Objekte mit all ihren physischen Eigenschaften genutzt werden, um mit digitalen Inhalten zu interagieren. Nach Milgram und Kishino ist AR sogar ein Teilgebiet von Mixed Reality, die das gesamte Kontinuum aufspannt von der physikalischen Welt ohne digitale Artefakte bis zur völlig simulierten künstlichen und virtuellen Realität (▶Abbildung 9.10). Wenn man auf der einen Seite in der realen Welt immer mehr digitale Zusätze integriert, so gelangt man über erweiterte Realitäten immer weiter in die Richtung einer virtuellen

Realität. Wenn man andererseits von einer VR-Simulation beginnend zunehmend mehr reale Objekte einführt, so kommt man über erweiterte Virtualität, bei der VR um reale Objekte bereichert wird, schrittweise immer mehr in Richtung realer Umgebungen.

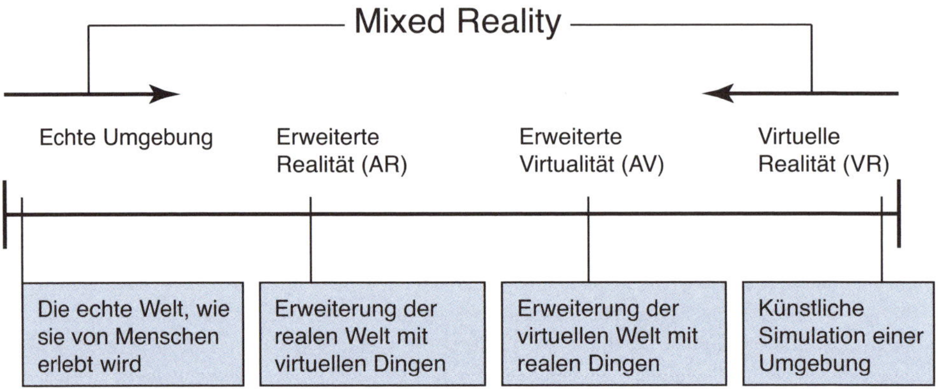

Abbildung 9.10: Kontinuum der Mixed-Reality-Paradigmen nach Milgram und Kishino. Auf den Endpunkten sind die reale Welt ohne digitale Zusätze und die virtuelle Welt, die komplett simuliert wird.

Virtuelle, erweiterte und gemischte Realitäten werden bereits in vielen Bereichen eingesetzt. Einige Beispiele sind:

- VR-Simulatoren für neue Produkte bei der Entwicklung von z.B. Autos
- VR-Trainingssimulatoren für die Ausbildung von Piloten
- VR-Spiele für Einzelnutzer und für große Mengen von Spielern, bei denen in simulierten Welten mit animierten virtuellen Characters gespielt wird
- Spiele, die reale oder real anmutende Gegenstände als Ein-/Ausgabegeräte nutzen, sind gute Beispiele für Mixed-Reality-Anwendungen.
- Eine unkonventionelle, aber durchaus mögliche Klassifizierung könnte Navigationssysteme als AR-Systeme definieren, da sie Orte im realen Raum durch digitale Navigationsanweisungen erweitern.

Solche Systeme sind also keineswegs nur Zukunftsmusik, die in Forschungslaboren spielt. Sie stellen sich vielmehr der wichtigen Frage: Wie können realistische Erlebnisse von Nutzern von Digitalen Medien durch Einbindung realer und immersiver virtueller Komponenten möglichst wirkungsvoll und nachvollziehbar gestaltet werden?

9.5 Intelligente Medien

Intelligenz ist eine Eigenschaft, die eigentlich in den Bereich der menschlichen Denkfähigkeiten gehört, aber auch oft in Zusammenhang mit technischen Systemen genannt wird. Das Spektrum dessen, was dabei tatsächlich mit „intelligent“ gemeint ist, ist breit. Manche Produkte werden nur aus Gründen des Marketings als „intelligent“ bezeichnet, um zu betonen, dass sich die Entwickler etwas Besonderes haben einfallen lassen. Es gibt aber auch eine Reihe von Verfahren, die tatsächlich kognitive Fähigkeiten nachahmen und in Computersysteme integrieren. Die **Künstliche Intelligenz (KI)** als Teildisziplin der Informatik bietet eine Reihe von Ansätzen, die auch für Digitale Medien eingesetzt werden können. Dabei können KI-Methoden für Digitale Medien für verschiedene Aufgaben eingesetzt werden:

- als Hilfsmittel bei der Erstellung (Authoring, Bearbeitung, ...),
- zur Gestaltung „intelligenter" Interaktionsformen,
- für bessere Dienste, die über Digitale Medien vermittelt werden (z.B. für die Nutzer speziell angepasste Nachrichten) oder
- für leistungsfähige Mediensysteme zur Archivierung, Verwaltung und Suche in und von Sammlungen Digitaler Medien.

Die eingesetzten Techniken der KI umfassen:

- Methoden zur Modellierung von Wissen,
- Lernverfahren,
- Planungs- und Suchverfahren,
- Kalküle, die aus Fakten logische Schlüsse ziehen können und
- Analyse- und Klassifikationsverfahren

Im Folgenden sollen die Einsatzgebiete der KI in der Medieninformatik skizziert werden.

9.5.1 Intelligente Werkzeuge für die Erstellung Digitaler Medien

Viele Werkzeuge zur Erstellung und Bearbeitung Digitaler Medien werden immer mächtiger und integrieren auch zahlreiche leistungsfähige Werkzeuge, die auf KI-Techniken beruhen. Beispiele für verschiedene Medientypen sind:

- Auswahlwerkzeuge: Um in Bildern oder Filmen Personen oder Objekte freizustellen (s.a. Chroma-Keying in Kapitel 6), können Verfahren eingesetzt werden, die Vordergrund und Hintergrund aufgrund von Analyse- und Klassifikationsverfahren unterscheiden.
- Für Sprach- und Gestenerkenner, die in Digitalen Medien eingesetzt werden, müssen zunächst anhand von Beispieldaten mit maschinellen Lernverfahren Modelle entwickelt werden, die dann bei der Erkennung genutzt werden.

Neben solchen Verfahren, die Autoren dabei unterstützen, Digitale Medien zu erstellen, gibt es auch Ansätze, die den kompletten Prozess der Erstellung automatisieren. Dabei werden Rohdaten, wie Bilder, Texte, Grafiken oder Modellierungen von Objekten analysiert und für die Darstellung sortiert und aufbereitet. Typischerweise muss hierfür modelliert werden, wie man abhängig von den **kommunikativen Zielen** Inhalte in einem Medium repräsentiert.

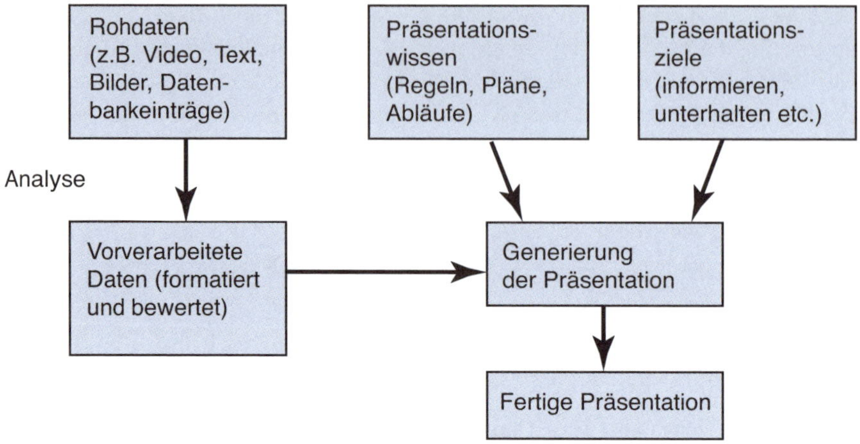

Abbildung 9.11: Prototypischer Ablauf einer automatischen Präsentationsgenerierung

▶Abbildung 9.11 zeigt den typischen Ablauf einer solchen automatischen Präsentationsgenerierung. Im Prinzip läuft bei einem Content-Management-System der Workflow schon ganz ähnlich ab. Die darzustellenden Daten werden getrennt gehalten und gegebenenfalls vorverarbeitet/analysiert. Spezielle Regeln geben an, wie daraus eine Darstellung (z.B. Webseite) generiert wird. Darüber hinaus können unterschiedliche Ziele für die Präsentation vorgegeben werden, wie z.B. die Darstellung für bestimmte Endgeräte. Bei intelligenteren Verfahren können jedoch die einzelnen Komponenten durch den Einsatz von KI-Verfahren wesentlich flexibler und eigenständiger aus Rohdaten neue Digitale Medien erzeugen. Neben der Generierung von Webseiten gibt es Systeme, die Informationsgrafiken, Zusammenfassungen umfangreicherer Dokumente, Nachrichtenübersichten und sogar Filmtrailer für Spielfilme generieren.

Generierung von Filmtrailern

In dem Projekt Semantic Video Patterns (SVP) wurde ein System entwickelt, das automatisch Filmtrailer für Action-Spielfilme generiert. Die in Abbildung 9.11 skizzierten Komponenten wurden dafür wie folgt realisiert:

- Rohdaten: Als Rohdaten stand einerseits der komplette Spielfilm auf DVD inklusive der Audio-/Videospuren und Untertitel zur Verfügung. Darüber hinaus wurden auf der Internet Movie Database (IMDB) wichtige Zitate des Films gesucht sowie Namen von Schauspielern und Regisseuren.
- In der Analyse wurde der Film automatisch anhand von speziell trainierten Erkennungsverfahren in Szenen und Shots eingeteilt. Diese wurden anhand von Bild- und Tonmerkmalen weiter analysiert, z.B. um zu sehen, welche Kameraeinstellung vorliegt, ob ein Dialog stattfindet, ob es eine Actionszene ist. Darüber hinaus wurde nach den Szenen gesucht, in denen die Schlüsselsätze gesprochen werden.

- Als Präsentationswissen wurde eine Wissensbasis aufgebaut, die die Strukturen von Trailern für Actionfilme modelliert. Damit können sehr flexibel alle möglichen Trailer beschrieben werden; inklusive aller visuellen und akustischen Effekte, die eingesetzt werden.
- Das kommunikative Ziel in diesem Fall ist immer die Trailergenerierung. Bei mehreren unterschiedlichen Modellen von Trailer-Typen, könnte man aber z.B. auch genauer vorgeben, für welches Filmgenre ein Trailer generiert werden soll.
- Bei der Generierung werden die Trailermodelle genutzt, um einen Trailer zu erzeugen. Dazu wird zunächst ein Plan für den gesamten Trailer erzeugt und dann werden möglichst gute passende Shots aus den vorverarbeiteten Daten eingepasst und die nötigen Effekte erzeugt.

Die fertigen Trailer, die durch das System generiert wurden, wurden später Testpersonen vorgespielt. Dabei konnte gezeigt werden, dass die Qualität der Trailer mit der von professionellen Trailern durchaus mithalten kann.

Ganz ähnlich zu Systemen, die Medien automatisch generieren, kann man auch verfahren, wenn Medien automatisch angepasst werden sollen. So können nach den gleichen Prinzipien Medien, die in einem Format vorliegen, als Rohdaten zunächst analysieren und dann automatisch für andere Geräte oder Modalitäten neu generieren. Mit einem solchen Vorgehen können z.B. Webseiten, die in Form von Text und Bildern vorliegen, durch ein System vorgelesen werden, also in gesprochene Sprache transformieren werden.

9.5.2 Intelligente Interaktion

Bei vielen Produkten – insbesondere Software und Digitale Medien – ist die Bedienbarkeit die größte Schwachstelle. Computernutzer verzweifeln oft an Bedienschnittstellen, die viel zu unflexibel sind und offensichtlich nicht verstehen, was Nutzer eigentlich wollen oder nicht verständlich vermitteln, was gerade vor sich geht.

Alle drei Aspekte, Anpassung, Verstehen und Vermitteln, sollen **intelligente Bedienschnittstellen** verbessern. Dabei kann in Bezug auf die Interaktion eine „intelligente" Schnittstelle auf verschiedene Weise realisiert werden. Einerseits kann man versuchen, das System so intelligent wie möglich zu machen, so dass es auf eine Nutzeranfrage möglichst gute Lösungen präsentieren kann. Andererseits kann man versuchen, die Interaktionsform so intelligent zu gestalten, dass der Nutzer selbst ein komplexes Problem lösen kann. Ein gutes Beispiel für beide Ansätze ist das Rechnen mit Logarithmen:

- Variante 1 (intelligentes System): Ein Taschenrechner kann beliebige Aufgaben mit Logarithmen berechnen. Das Wissen über das Problem ist im System modelliert.
- Variante 2 (intelligente Interaktion): Ein Rechenschieber ist kein besonders intelligentes System. Es werden einfach Lineale ineinander verschoben. Trotzdem kann ein Nutzer damit spielend einfach mit Logarithmen rechnen.

In der ersten Variante wandert die Intelligenz ins System, während in der zweiten Variante intelligente Interaktion dem Nutzer die Möglichkeit gibt, das Problem selbst zu lösen. Wie in ▶Abbildung 9.12 dargestellt, kann man also verschiedene Varianten von intelligenter Interaktion entwerfen:

- a Im klassischen Interface bleibt alle Intelligenz beim Nutzer.
- b Typische KI-Systeme erhöhen die Intelligenz der Systeme und nehmen dem Nutzer (Denk-)Arbeit ab.
- c Man kann aber auch wie beim Rechenschieber die Interaktion so gestalten, dass Nutzer und System Probleme lösen, ohne dass beide viel wissen müssen.
- d Wenn man von allen Welten das Beste erreichen will, kann man auch die Ansätze kombinieren und intelligente kooperative Systeme entwerfen, die Teile des Problemlösungswissen im System, beim Nutzer und in die Interaktion integrieren.

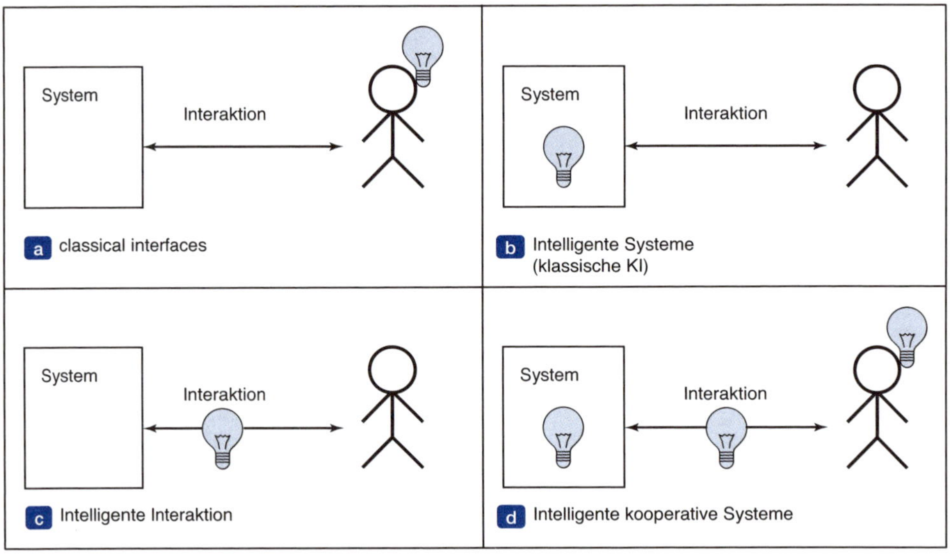

Abbildung 9.12: Verschiedene Sichten auf intelligente Interaktion

Während man in der klassischen Künstlichen Intelligenz versucht, möglichst viel Wissen abstrakt zu modellieren, versuchen einige neuere Ansätze in der KI, auch implizites Wissen zu nutzen, das durch die Interaktion in der realen Welt genutzt wird. Ähnlich wie bei dem Beispiel mit dem Rechenschieber können durch solche scheinbar einfachen Mechanismen komplexe Probleme gelöst werden. Diese Einbettung in die Welt wird oft mit dem Begriff **Embodiment** beschrieben und man spricht von **Embodied Artifical Intelligence**. Für interaktive Systeme wird entsprechend von **Embodied Interaction** gesprochen.

Die Techniken und Einsatzbereiche für intelligente Interaktion sind sehr vielfältig. Die Standardmethoden der KI wie Expertensysteme und Verfahren zum Planen, Suchen und Klassifizieren können an vielen Stellen genutzt werden. In den letzten Jahren haben einige KI-Verfahren besondere Aufmerksamkeit erregt, die zunehmend auch für interaktive Systeme eingesetzt werden. Dazu gehören z.B. formale Ontologien, die Wissen über die Welt (oder einen Anwendungsbereich) modellieren und es erlauben, in diesem Wissen Schlüsse über Eigenschaften von Objekten und Beziehungen der Objekte zueinander zu ziehen. Damit können interaktive Systeme ein besseres Verständnis von den Inhalten Digitaler Medien erhalten. Insbesondere bei Systemen, die mit natürlicher Sprache arbeiten, können solche Ontologien sehr gut zu einem besseren Verstehen führen.

9.5.3 Intelligente Dienste und Mediensysteme

Viele Formen Digitaler Medien integrieren größere Informationssysteme, die Daten und Dienste zur Verfügung stellen. Außerdem können viele Digitale Medien in größere Systeme eingebettet sein. Ein Beispiel für den ersten Fall ist ein Portal für ein Flugbuchungssystem, bei dem Nutzer Flüge im Internet suchen und buchen können. In diesem Fall würde das Digitale Medium Datenbanken und Transaktionsdienste vermitteln. Ein Beispiel für den zweiten Fall ist ein Medienserver, der viele digitale Dokumente wie Bilder oder Videos archiviert und Funktionen wie die Suche nach Dokumenten oder das Speichern von Dateien ermöglicht.

Klassische Methoden für beide Typen von Systemen sind z.B. Datenbanken. Da es aber bei Digitalen Medien oft nicht nur um die reine Verwaltung von Daten geht, sondern letztlich um die Inhalte, die in den Digitalen Medien repräsentiert werden, wurden eine Reihe von intelligenteren Verfahren entwickelt, die es ermöglichen, stärker auf die Bedeutung der Inhalte einzugehen:

- **Nutzeranpassung**: Modelle oder Profile von Nutzern – z.B. der Interessen oder Vorlieben – erlauben es, Dienste darauf auszurichten. Ein Flugbuchungssystem könnte z.B. einem Nutzer, der stets in der Business-Klasse reist, vor allem solche Flüge heraussuchen und Economy-Flüge erst mit geringerer Priorität anzeigen. Solche Nutzerprofile können entweder von Hand angelegt werden oder automatisch durch Beobachtung des Nutzerverhaltens gelernt werden.
- **Kontextanpassung**: Ebenso wie die Nutzerinteressen können Kontextfaktoren eine entscheidende Rolle spielen. So kann es einen Unterschied machen, ob die Anfrage an ein Navigationssystem in einem Zug oder in einem Auto gestellt wird. Die Modellierung von Kontext und Situationsparametern kann ganz einfach erfolgen und nur aus dem Ort bestehen, an dem sich ein Nutzer/Gerät befindet. Es können aber auch beliebig komplexe Modelle entwickelt werden, die Aktivitäten, Umgebung und viele weitere Faktoren berücksichtigen.
- **Intelligente Integration von Diensten**: Oft will man komplexe Dienste entwickeln, die verschiedene einfachere Dienste integrieren. Ein intelligenter Routenplaner kann z.B. Verkehrsinformationen, Wetterdaten, Fahrpläne der Bahn und Kartenmaterial so kombinieren, dass er abhängig von Staus und Wetter einmal Routen mit dem Auto und einmal mit der Bahn vorschlägt. Dazu müssen die Inhalte der einzelnen Dienste so angepasst werden, dass sie zusammenpassen. Besonders komplex wird die Aufgabe, wenn die Dienste nicht von vornherein festgelegt sind, sondern wenn intelligente Verfahren solche Dienste erst finden und dann dynamisch kombinieren müssen.

- **Medienretrieval**: Suchmaschinen sind für die Suche nach Schlüsselwörtern auf Webseiten gut etabliert und liefern in vielen Fällen akzeptable Resultate. Will man aber in einem digitalen Filmarchiv eine Szene suchen, in der z.B. eine Mutter ihr Kind auf dem Arm trägt, reichen einfache Schlüsselwörter nicht mehr aus. Für solche komplexen inhaltsbasierten Suchverfahren, die nicht nur in Texten, sondern auch in anderen Medientypen wie Bildern, Audioaufnahmen oder Videos suchen, werden KI-Methoden eingesetzt und stetig weiterentwickelt.

Diese Beispiele illustrieren, dass intelligente Verfahren, wie sie in der Künstlichen Intelligenz entwickelt werden, in sehr vielfältiger Weise in die Medieninformatik Einzug halten. Für die Zukunft werden diese Techniken noch größeres Gewicht erhalten. Sie erweitern das Repertoire der Medieninformatik um einige sehr mächtige Werkzeuge, die es erlauben, Digitale Medien zu entwickeln, die mit Menschen intelligenter interagieren können, und die ein stetig wachsendes Verständnis von der Semantik – also den Inhalten – der Medien besitzen.

Zusammenfassung

Dieses Kapitel kann nur einen Eindruck von den gegenwärtigen und zu erwartenden Entwicklungen geben. Die hier skizzierten Trends zeigen deutlich, dass die **Medieninformatik** kein völlig abgegrenztes Gebiet ist. Zahlreiche Einflüsse aus verwandten und angrenzenden Gebieten bereichern kontinuierlich das Spektrum Digitaler Medien. Durch multimodale Interaktion und den Einsatz von Sprachverarbeitung beginnen Digitale Medien sich stärker auf das Gebiet der natürlichen, menschlichen Interaktionsformen zu bewegen. Offensichtlich sprengen diese Entwicklungen damit den engen Rahmen des PC-Bildschirms. Mit den Trends des **Ubiquitous Computing** dringen Digitale Medien sogar überall in unseren Alltag ein und im Sinne des Ambient Computing wird unsere Alltagsumgebung schließlich selbst zum Digitalen Medium.

Virtualität und **Realität** treffen somit im Bereich der Digitalen Medien aufeinander. Dies kann in unterschiedlichen Ausprägungen geschehen. Bei VR-Systemen tauchen Nutzer in eine simulierte Welt ein, während bei AR-Systemen Digitale Medien die Realität erweitern sollen.

Diese Trends werden begleitet von einem stetig wachsenden Inventar von Methoden aus der **Künstlichen Intelligenz**, die es erlauben, Wissen zu modellieren, Schlussfolgerungen zu ziehen und aus Beobachtungen zu lernen. Sie sind die Grundlage für Verfahren, die Medien analysieren und auch automatisch generieren können. Sie ermöglichen neue Interaktionsformen und Dienste, die viel stärker auf die Semantik der Inhalte eingehen.

Übungen

Lösungshinweise

1. Nennen Sie Beispiele multimodaler Interaktion, die in der Mensch-zu-Mensch-Kommunikation auftreten. Wie könnte man diese auf Digitale Medien übertragen?

2. Entwickeln Sie eine Grammatik, mit der man den Satz: „Ich traf den Jäger mit dem Gewehr“ auf zwei unterschiedliche Arten ableiten kann, die zwei unterschiedlichen Interpretationen entsprechen.

3. Entwickeln Sie ein Szenario für Ubiquitous Computing im Alltag. Welche Komponenten werden dabei benötigt? Welche klassischen Digitalen Medien werden integriert?

4. Zeigen Sie an Beispielen, wo Digitale Medien durch Methoden der KI verbessert werden können. Geben Sie Beispiele für die Generierung, das Authoring, die Interaktion und die Verwaltung Digitaler Medien.

Mediensysteme und das World Wide Web

10

ÜBERBLICK

Einleitung

» Das „**World Wide Web**" (WWW, Web) ist heutzutage eine selbstverständlich in den Alltag integrierte Infrastruktur und wird von Millionen Menschen täglich intensiv genutzt. Viele der Umbrüche in den wirtschaftlichen Strukturen für die Medienproduktion und Mediennutzung hängen mit dem Internet und dem World Wide Web zusammen. Zum Beispiel beruhen die vieldiskutierten Musik-Tauschbörsen ebenso auf dem weltweiten Netz wie der kommerzielle Online-Musikhandel. Zeitungen und Zeitschriften sehen sich damit konfrontiert, dass das jüngere Publikum seinen Informationsbedarf mehr über das Web deckt als über gedruckte Medien. Sogar das Leitmedium Fernsehen fällt in seiner Beliebtheit bei jungen Leuten hinter dem Web zurück. Deshalb kann keine Diskussion digitaler Medien vollständig sein ohne Webtechnologien einzubeziehen. «

Lernziele

Durch das Studium dieses Kapitels erlangen Sie einen Überblick über die grundlegende Funktionsweise des **World Wide Web** und die derzeit relevanten Technologien und Werkzeuge zur Erstellung von Webseiten. Dieses Thema umfasst viele einzelne komplexe Wissensgebiete, die jeweils detailliert zu behandeln hier nicht möglich wäre. Deshalb werden neben einem allgemeinen Überblick nur die **zentralen Technologien** HTML, CSS und XML etwas detaillierter eingeführt. Für diese Themen sollte Ihnen die angebotene Information das eigenständige Erstellen einfacher Beispiele und somit den Einstieg in das eigene Weiterlernen ermöglichen.

Das World Wide Web hat für viele Menschen den Alltag revolutioniert. Viele Nachschlagewerke wie Landkarten, Fahrplanhefte, Telefonbücher werden durch ihre netzgestützten digitalen Äquivalente ersetzt. Eine riesige Enzyklopädie entsteht durch die Zusammenarbeit von Tausenden von Menschen, die sich nicht persönlich kennen. Viele Menschen finden es selbstverständlich, Einkäufe um Mitternacht vom Wohnzimmer aus zu machen. Fotoalben werden am Computer zusammengestellt und per Post geliefert. Die Digitalisierung aller Medientypen ist der Ausgangspunkt für diese dramatischen Entwicklungen, aber das Internet und das World Wide Web sind die Technologien, die für eine enorme Dynamik und Breite der Entwicklung gesorgt haben.

Deshalb befassen wie uns nun mit den wichtigsten Funktionsprinzipien digitaler Medienangebote im World Wide Web. Im Folgenden werden viele Basistechnologien angesprochen und in einen Zusammenhang mit den anderen Themen dieses Buches gebracht. Für Detailinformationen zu den einzelnen Themen (etwa Sprachen wir HTML, XML oder JavaScript) müssen aber auf jeden Fall weitere Informationsquellen zu Rate gezogen werden.

10.1 Internet und WWW

Viele Menschen gebrauchen die Worte „Internet" und „WWW" mehr oder weniger als Synonyme. Das ist technisch jedoch falsch. Das Internet ist eine Basistechnologie, die viel älter ist als das WWW und die gleichzeitig die Grundlage für viele andere Kommunikationsdienste bietet, z.B. für E-Mail oder IP-Telefonie. Das Internet entstand in zwei Phasen. 1969 wurden im ARPANET erstmals mehrere Rechnersysteme an verschiedenen amerikanischen Universitäten zu einem Netz zusammengeschaltet, über das man von jedem Standort auf jeden angeschlossenen Rechner zugreifen konnte. In der Folgezeit entstanden verschiedene von der Funktion her ähnliche, aber technisch inkompatible Netzwerke von Rechnersystemen. Der zweite wichtige Entwicklungsschritt war daher Anfang der 1970er Jahre die Entwicklung eines Systems von Sprachen und Regeln (sogenannte Protokolle), mit denen die verschiedenen Netze untereinander verbunden werden konnten, so dass die technischen Differenzen hinter einer logischen Abstraktion verschwinden. Diese Verbindung von verschiedenen Netzen wird **Internetworking** genannt und ist der Ursprung des Begriffes **Internet**. Die wichtigsten Protokolle zur Vereinheitlichung der Netze sind das **Internet Protocol (IP)** und das **Transmission Control Protocol (TCP)**.

Entscheidend für die schnelle Ausbreitung des Internets war vermutlich die extreme Einfachheit des Basisprotokolls IP, das bis heute jeder Kommunikation über das Internet zu Grunde liegt. Bei IP wird jede zu übertragende Information in kleine Pakete zerlegt, die mit dem elektronischen Äquivalent eines Briefumschlages versehen werden. Der „Umschlag" enthält im Wesentlichen die Information über die Adresse des Pakets (beschrieben durch eine Zahlenfolge als sogenannte **IP-Adresse**). Jeder Knoten im Netz (**Router**) funktioniert wie ein Verteilknoten im Postnetz und gibt eingehende Pakete über die Netzverbindung aus, die sich am besten eignet, das Ziel zu erreichen. Wenn zwei Rechner in einen umfangreicheren Dialog eintreten wollen, handeln sie das über das Transmission Control Protocol zunächst untereinander aus. Im Gegensatz zu einem Telefonnetz, in dem zwei Teilnehmer eine Verbindung über die Vermittlungstechnik des Netzes anfordern müssen, bevor sie miteinander kommunizieren können, hat hier das Datenübertragungsnetz eine wesentlich einfachere Funktion. Die beiden miteinander verbundenen Rechner müssen auch selbst dafür sorgen, dass ihre Verbindung zuverlässig funktioniert, indem etwa Pakete durchnummeriert werden, so dass der Empfänger fehlende Pakete erkennen kann und in falscher Reihenfolge eingehende Pakete umsortieren kann. Alle diese Funktionen leistet TCP. Auch verloren gegangene Pakete können über TCP nachgefordert werden.

Erst gegen Ende der 1980er Jahre entstand aufbauend auf dem Internet die technische Basis für das heutige WWW, und zwar im Rahmen eines Infrastrukturprojektes für die internationale Kernphysikforschung. Die Erfinder des WWW, Tim Berners-Lee und Robert Cailleau, arbeiteten am europäischen Kernforschungslabor CERN und führten die Sprache HTML ein, in der bis heute die meisten Webseiten geschrieben sind. Ursprünglich als rein akademisches Kommunikationsmittel gedacht, verbreitete sich das WWW dann sehr schnell in den kommerziellen und privaten Sektor. Die Entwicklung dynamischer Webseiten, die den Zugriff auf an das Web angeschlossene Rechnersysteme ermöglichen, legte die Basis für die sogenannten **E-Commerce**-Systeme, also Online-Handel und verwandte Anwendungen. Den vorerst letzten großen Anschub für die Webtechnologien brachten extrem leistungsfähige Suchmaschinen, mit denen man sich in der ungeheuren Datenvielfalt (einigermaßen) orientieren kann.

Es ist zu erwarten, dass das Internet weiter eine dynamische Entwicklung erfährt. Die Möglichkeit, von mobilen Geräten auf das Netz zuzugreifen, wird die Nutzung deutlich verändern und ausweiten. Noch nicht absehbar sind die Konsequenzen eines möglichen „Internets der Dinge", bei dem viele Gegenstände des Alltages mit IP-Adressen ausgestattet werden. Letztlich werden sich in unserem Alltagsleben virtuelle Welten und reale Welt immer stärker durchmischen.

10.2 Hypermedia

Neben der Verbindung von Netzen zu einem Internet steckt im WWW eine zweite Kernidee, nämlich sogenannter **Hypertext**, also nichtlinearer Text, wie bereits in Kapitel 5 kurz angesprochen. Der Begriff „Hypertext" geht zurück auf Ted Nelson (1965) und bezeichnet die Idee, dass Text in einzelne Informationsblöcke aufgeteilt wird, die in beliebiger Reihenfolge und Auswahl präsentiert und gelesen werden können. Man spricht allgemein von „Knoten", die jeweils eine begrenzte Menge an Information enthalten, und „Verweisen", die von einem Knoten auf einen anderen Knoten zeigen.

Die Idee von Hypertext ist also schon recht alt. Sehr streng genommen könnte man jedes Buch, das Querverweise auf andere Stellen benutzt, als eine Form von Hypertext verstehen. Deshalb wird manchmal schon Erasmus von Rotterdam (1500) als erster Vertreter von Hypertext genannt, weil in seinem Werk Querverweise auftreten. Die Idee eines technischen Systems für Hypertext geht zurück auf Vannevar Bush, der 1945 einen visionären Artikel mit dem Titel „As We May Think" veröffentlichte. Darin beschrieb er ein Gerät, das als Gedächtniserweiterung (**Memory Extension, MEMEX**) für den Menschen dient und in dem alle Bücher, Dokumente und Kommunikationsvorgänge gespeichert sind und das einen gezielten und flexiblen Zugriff ermöglicht. Die (fiktive) MEMEX erlaubte bereits das Anlegen einer Verbindung zwischen Informationseinheiten, damals **join** genannt und heute als **link** bekannt. Ein Link verweist von einem Informationselement auf ein anderes und kann beim Lesen verfolgt werden. Ein weiterer Pionier der Hypertext-Idee, der erwähnte Ted Nelson, sah im System *Xanadu* zum Teil Ideen vor, die im modernen WWW noch schmerzlich vermisst werden, etwa die Möglichkeit bi-direktionaler Links, bei denen jedes Dokument die Links kennt, die auf dieses Dokument verweisen.

Grundsätzlich gibt es keinen Grund, weshalb Hypertext nur auf Texte beschränkt bleiben soll. Es ist selbstverständlich möglich, dass einzelne Knoten neben Text auch Bilder, Tonaufnahmen oder Videos enthalten. Dann spricht man von **Hypermedia** anstelle von Hypertext. Ein Meilenstein für die Entwicklung von Hypermedia war das System *HyperCard*, das 1987 von Bill Atkinson für Apple entwickelt wurde. In HyperCard wurden mehrere revolutionäre Ideen realisiert: Die Knoten der Informationsablage (hier als Karteikarten symbolisiert) können in HyperCard verschiedene Medientypen enthalten.

Außerdem gehörte zu HyperCard ein sehr einfach zu benutzendes **Autorensystem**, in dem die Elemente einer Karte grafisch entworfen werden können. Damit ist HyperCard der direkte Vorgänger von aktuellen Multimedia-Autorensystemen wie *Adobe Flash* und *Microsoft Expression Blend*. Schließlich umfasste HyperCard eine einfache objektbasierte Programmiersprache (*HyperTalk*) und war damit von seinen Konzepten näher an modernen Technologien zur Gestaltung interaktiver Webseiten als das etwa zur gleichen Zeit entstandene vergleichsweise statische HTML.

10.3 Grundlagen des World Wide Web

Technisch gesehen basiert das World Wide Web einerseits auf Seitenbeschreibungssprachen, wovon das im nächsten Abschnitt behandelte HTML derzeit die wichtigste ist. Andererseits aber wird die Anzeige von HTML-Seiten in einem Browser-Programm erst möglich, wenn der betreffende Server angesprochen und der Text der HTML-Seite an den Browser übermittelt werden kann. Dafür sind andere Standards neben HTML nötig.

Exkurs Webstandards und Standardisierungsgremien

Es gibt mehrere Organisationen, die sich um die Vereinbarung von Standards für das Internet und das WWW kümmern. Dass solche Standards unerlässlich sind, liegt in der Natur des WWW, das ja mit Anzeigegeräten und Servern beliebiger Hersteller funktionieren soll.

ISO: Die *International Organization for Standardization* ist ein Dachverband der nationalen Standardisierungsorganisationen, in Deutschland etwa des DIN und in den USA des ANSI. Die ISO definiert viele grundlegende Standards, z.B. für Zeichensätze (d.h. die Codierung von Zeichen durch Zahlen).

ITU: Die *International Telecommunication Union* (früher *CTITT*) ist ein Dachverband der nationalen Telekommunikationsorganisationen und stammt aus den Zeiten der nationalen Telekommunikationsmonopole. Die ITU hat viele grundlegende Standards zur Datenübertragung definiert (etwa X.25) und ist auch in Multimedia-Standards involviert (etwa H.264), was aber nur kleine Beispiele aus den Aktivitäten der Organisation darstellt.

IETF: Die *Internet Engineering Task Force* ist ein selbst organisierter Zusammenschluss von Personen und Organisationen, die die Technologie des Internets weiterentwickeln wollen. Die IETF hat z.B. die Internetstandards TCP/IP und HTTP definiert.

W3C: Das *World Wide Web Consortium*, bis heute unter Leitung des WWW-Erfinders Tim Berners-Lee, ist ein offenes Gremium zur Standardisierung von Technologien für das WWW. Zu den bekanntesten Standards des WWW zählen HTML, XML und das Vektorgrafikformat SVG.

Der IETF-Standard *HTTP (Hypertext Transfer Protocol)* definiert die Art und Weise, wie Webseiten vom Server auf den Browser übertragen werden. Dabei spielen diverse andere Internetstandards eine Rolle, z.B. der *Domain Name Service (DNS)*, der dafür zuständig ist, symbolische Adressen (wie `medien.informatik.uni-muenchen.de`) in IP-Adressen umzusetzen.

Das Grundprinzip von HTTP ist, dass der „Client" (also der Rechner, auf dem der Browser läuft), zunächst den Server identifizieren muss (über DNS) und eine zuverlässige Datenverbindung mit dem Server aufbauen muss (über TCP). Anschließend schickt der Client **Anfragen** (*requests*) an den Server, auf die er **Antworten** (*responses*) erhält. Praktisch kann man sich Anfragen wie Antworten als Blöcke von Textinformationen vorstellen, die nach bestimmten Schlüsselwörtern strukturiert sind.

Die wichtigste Anfrage eines Clients an den Server ist „GET" zusammen mit der Adresse einer Datei. Daraufhin liefert der Server den Inhalt dieser Datei (meist HTML-Text). Bei der Anfrage werden diverse Zusatzinformationen mitgeschickt, z.B. über das Client-System (Browser-Typ, IP-Adresse des Clients, Zeichensatzcodierung, bevorzugte Sprachen). Es gibt auch Varianten der GET-Anfrage, insbesondere „HEAD" (liefert nur Grundinformationen über die auf dem Server gespeicherte Datei, nicht die Daten) und „POST" (hier werden Zusatzinformationen zur Anfrage mitgeliefert).

Der Server liefert auf eine Anfrage Text zurück, bestehend aus **Kopfzeilen** *(Header)* und einem Rumpf, der ein vom Browser auswertbares Format benutzt, etwa HTML.

Die vom Benutzer in die Adresszeile des Browsers eingegebene Information besteht aus einer Mischung verschiedener Informationen. Ursprünglich wurde von der IETF als Standard für Webadressen der sogenannte *Uniform Resource Identifier (URI)* vorgesehen, der als eine Realisierungsmöglichkeit ein *Uniform Resource Locator (URL)* sein kann. In der Praxis wird eigentlich nur die URL-Variante benutzt, weshalb man überall in den Standards an den Stellen, wo „URI" erwähnt wird, an „URL" denken kann.

Die Syntax einer URL ist inzwischen in die Alltagssprache eingegangen. Dennoch oder gerade deswegen ist es wichtig, die einzelnen Elemente einer URL genau zu verstehen (siehe Kasten).

Ein Verständnis der URL-Syntax ist auch hilfreich, um z.B. die Rolle von Groß- und Kleinschreibung zu verstehen: Hostnamen sind unempfindlich gegen den Austausch von Groß- durch Kleinbuchstaben. Pfad- und Dateinamen hingegen werden auf dem Serversystem interpretiert und müssen in der Regel mit korrekter Groß- und Kleinschreibung angegeben werden.

Definition: Uniform Resource Locator (URL)

Eine URL besteht aus:

- Protokollangabe, z.B. „http", „mailto", „ftp". Diese Angabe bestimmt das zur Übertragung von Informationen benutzte Protokoll. Die Angabe „http" wird für Webseiten benutzt, „mailto" für E-Mail-Adressen, „ftp" für Adressen von Fileservern (File Transfer Protocol).
- Zusatzangaben, z.B. eine Seitenadresse oder eine Mail-Adresse

Im Fall von Webseiten bestehen die Zusatzangaben aus folgenden Teilen:

- **Hostname:** Eine Bezeichnung des anzusprechenden Servers. Dies ist eine textuelle Adresse, die nach den Regeln des DNS (Domain Name Service) in eine IP-Adresse umgesetzt wird. Ein Beispiel ist `www.medien.informatik.uni-muenchen.de`. Der erste Teil dieses Namens (hier „www") ist der tatsächliche Rechnername (wobei „www" meist ein Alias für einen anderen Rechnernamen ist). Der Rest der Bezeichnung ist eine hierarchische, am besten von hinten nach vorne zu lesende, Bestimmung der sogenannten „Domain", in der der Rechner zu finden ist (hier also in Deutschland, an der Uni München und dort im Institut für Informatik).
- **Pfadname:** Eine Folge von Verzeichnisnamen, die von der Stelle aus interpretiert wird, wo auf dem Server Webdateien abgelegt sind. Damit wird eine Verzeichnisstruktur realisiert, um Webdateien zu gruppieren.
- **Dateiname:** Ein konkreter Dateiname, der oft zu einer HTML-Datei führt. Wenn kein Dateiname angegeben ist, wird „index.html" eingesetzt.

Die Syntax für die Zusammensetzung der oben genannten Bestandteile ist:

Protokoll://*Hostname*/*Dateiname*

Mit der gerade aufgeführten Information lassen sich Adressen wie

`http://www.medien.informatik.uni-muenchen.de/studiengang`

leicht auf ihre Bestandteile zurückführen.

10.4 Hypertext im WWW: HTML

Eine der Kerntechnologien für das WWW ist die sogenannte **Hypertext Markup Language (HTML)**. HTML ist nach wie vor von zentraler Bedeutung für die meisten Anwendungen des WWW, deshalb ist es unumgänglich, die Grundprinzipien von HTML zu kennen.

HTML wurde bereits mit der Einführung des WWW 1989 definiert, wobei bereits damals technisch fortgeschrittenere Lösungen für Hypermedia (etwa HyperCard) existierten. HTML erlaubt die Definition von geräteunabhängigen Text- und Mediendokumenten, die verteilt im weltweiten Internet gespeichert werden können, aber durch ein einheitliches Verweissystem miteinander verbunden sind. Diese einfache Eigenschaft hat zu einem explosionsartigen Wachstum des WWW geführt, das bis heute ungebremst ist. So stieg die Zahl der Dokumente im „indexable Web", also dem Teil des Web, der von Suchmaschinen erfasst wird, von ca. 11,5 Milliarden Dokumenten im Jahr 2005 auf ca. 63 Milliarden Dokumente im Jahr 2008 (Zahlen von *wikipedia.org*). Die tatsächlich verfügbare Informationsmenge ist noch erheblich größer, da viele Webseiten nur den Einstiegspunkt für eine Vielzahl von dynamisch aus Datenbankinhalten generierten Webseiten kurzer Lebensdauer sind (etwa im Online-Handel oder bei Informationsdiensten). Die Datenmenge im Web unter Einschluss solcher dynamisch erzeugten Seiten wird manchmal auch als **deep Web** bezeichnet.

Exkurs Geschichte von HTML

Ein wichtiger Vorläufer von HTML entstand im Rahmen eines Forschungsprojektes von IBM im Jahr 1969, als die IBM-Forscher Goldfarb, Mosher und Lorie eine „Generic Markup Language" (GML) definierten (und geschickt ihre Initialen in diesem Akronym verewigten). GML führte die heute weithin bekannte syntaktische Regel ein, dass Auszeichnungen im Text in spitze Klammern eingeschlossen werden. Eine Besonderheit von GML war, dass eine ganze Sprachfamilie definiert wurde (ein Prinzip, das heute von XML bekannt ist). In GML bestand bereits die Möglichkeit, Dokumenttypen zu definieren, sowie natürlich die Möglichkeit, Dokumente eines solchen Typs zu verfassen.

Eine standardisierte Fassung von GML wurde 1978 als ISO-Standard verabschiedet und erhielt den Namen „Standard Generic Markup Language" (SGML). Auf dieser Sprache setzten Tim Berners-Lee und Robert Cailleau im Jahr 1989 auf, als sie HTML definierten. HTML war von Anfang an als ein SGML-Dokumenttyp definiert und hat somit die Grundregeln seiner Syntax von GML geerbt.

Weitere Meilensteine in der Entwicklung von HTML waren:

- Die weite Verbreitung des Anzeigeprogramms (Browsers) namens „Mosaic", entwickelt am US-amerikanischen National Center for Supercomputing Applications (NCSA) im Jahr 1993
- Die stufenweise Weiterentwicklung von HTML, die in die heute meist verbreitete Version 4 der Sprache (1999) mündete
- Die Anschlussentwicklung einer auf XML (siehe weiter unten) basierenden Version von HTML namens XHTML im Jahr 2000

HTML ist, wie der Name sagt, eine „Markup-Sprache". Die deutsche Bezeichnung für „**Markup**" ist „**Auszeichnung**". Auszeichnungen sind eine alte Technik aus dem Textsatz. Wenn ein Setzer oder Autor in einem Manuskript andeuten wollte, dass ein bestimmtes Wort etwa in Kursivschrift oder in einer bestimmten Schriftgröße zu setzen war, benutzte er dafür bestimmte handschriftlich eingesetzte Markierungen. Diese Ergänzung des Texts um Formatierungsinformation nennt man „Auszeichnung" oder englisch „Markup". Auszeichnungssprachen für Computeranwendungen sind also Sprachen, die einen Text mit Formatierungsanweisungen anreichern. Es gibt neben HTML eine ganze Reihe weiterer bekannter Auszeichnungssprachen, etwa die Textsatzsprache „TeX" (siehe Kapitel 5) oder das Austauschformat für Textdokumente „RTF".

Exkurs Warum HTML lernen?

Im Folgenden wird relativ genau auf die Syntax und die wichtigsten Sprachelemente von HTML eingegangen. Es ist aber durchaus umstritten, ob man dieses Wissen zum Grundwissen der Medieninformatik zählen soll. In der Praxis werden die meisten HTML-Seiten im weltweiten Netz wohl automatisch mit Hilfe von Autorenwerkzeugen erzeugt. Man könnte die Situation mit der Maschinensprache eines Computers vergleichen, die man auch nicht mehr lernen muss, wenn man eine höhere Programmiersprache erlernt hat.

Es gibt verschiedene Gründe, weshalb es nach wie vor sinnvoll erscheint, HTML zu einem gewissen Detailgrad zu erlernen. Erstens helfen diese Kenntnisse beim grundlegenden Verständnis, wie Mediensysteme im Internet funktionieren, und sie sind vor allem hilfreich, wenn es darum geht, Fehlerquellen zu finden. Zweitens hat man es, anders als bei Programmiersprachen, bei der Erstellung von fortgeschrittenen Systemen für das Web oft mit Programmen zu tun, die ihrerseits HTML-Code produzieren. Solche Programme zu verstehen, setzt HTML-Kenntnisse voraus.

Andererseits ist es abzusehen, dass die Bedeutung von HTML in der Zukunft zugunsten von höheren Abstraktionsebenen in der Erstellung von Webseiten abnehmen wird.

10.4.1 Grundlagen der HTML-Syntax

Alle HTML-Syntaxelemente beginnen mit einer spitzen Klammer (also einem Kleiner-Zeichen) und enden mit einer schließenden spitzen Klammer (also einem Größer-Zeichen). Zwischen den Klammern eingeschlossen ist in der Regel ein Schlüsselwort, *Element* oder manchmal auch englisch „Tag" genannt. In den Anfangszeiten von HTML war es weit verbreitet, diese Schlüsselwörter in Großbuchstaben zu schreiben, heute hat sich (vor allem durch die Einführung von XHTML, bei dem zwischen Groß- und Kleinschreibung unterschieden wird) allgemein die Kleinschreibung durchgesetzt.

Ein HTML-Element hat also allgemein die Form:

```
< elementname >
```

Es werden zwei Arten von HTML-Elementen unterschieden: alleinstehende Elemente und paarweise auftretende Elemente. Ein Beispiel für ein alleinstehendes Element ist die Vorschrift, eine neue Zeile zu beginnen (*break*). Ein alleinstehendes Element enthält einen Schrägstrich am Ende[1]:

```
<br/>
```

1 Die hier erläuterten Syntaxregeln beziehen sich bereits auf das moderne XHTML, in älteren Sprachversionen sind weitere Schreibweisen zulässig.

Bei paarweise auftretenden Elementen steht beim zweiten Auftreten ein Schrägstrich (am Anfang des Elementes). Dies ergibt ein Paar, das als „Beginn" und „Ende" eines markierten Textabschnittes zu verstehen ist. Zum Beispiel kann ein Textabschnitt wie folgt fett (*bold*) gedruckt werden:

```
<b> fett gedruckter Text </b>
```

Man kann bei HTML-Elementen zusätzliche Informationen angeben, die als **Attribute** bezeichnet werden. Ein Beispiel hierfür ist das Element für die Definition eines externen Links (als *anchor* bekannt und deshalb mit *a* bezeichnet):

```
<a href="http://www.medien.ifi.lmu.de">Medieninformatik</a>
```

Es ist empfehlenswert, den Attributwert in Anführungszeichen einzuschließen.

Wichtig für das Verständnis von HTML ist, dass die Formatierung des HTML-Dokumentes selbst, also die Zeilenumbrüche und Leerzeichen, die in dem Dokument enthalten sind, keinen Einfluss auf die letztlich im Browser erzeugte Anzeige haben. Entscheidend für die Formatierung sind ausschließlich die Auszeichnungselemente! Wenn man Text einfügen will, der nicht in der Ausgabe erscheint (also einen **Kommentar** zur Erläuterung des HTML-Dokumentes), dann kann man dies mit der folgenden Kommentarsyntax erreichen:

```
<!- HTML-Kommentar -->
```

Eine weitere Besonderheit von HTML muss bei der Angabe von Sonderzeichen beachtet werden. Da es verschiedene Codierungen für Sonderzeichen wie z.B. das deutsche „ä" oder „ß" gibt, die unter anderem von dem verwendeten Betriebssystem bestimmt werden, sollten solche Sonderzeichen unbedingt symbolisch aufgeschrieben werden. Wenn in HTML ein Wort mit dem Kaufmanns-Und „&" beginnt und mit einem Strichpunkt endet, wird dies als eine Abkürzung verstanden, die in einer internen Liste von Standardabkürzungen nachgeschlagen wird. Man schreibt etwa für die deutschen Sonderzeichen „ä", „Ä", „ö", „Ö", „ü", „Ü" und „ß" die folgenden HTML-Codes:

```
&auml; &Auml; &ouml; &Ouml; &uuml; %Uuml; &szlig;
```

Alle diese Symbolcodes hier aufzuführen, würde den Rahmen dieses Textes sprengen; man kann solche Information z.B. in Web-Informationsquellen nachlesen[2].

10.4.2 Struktur eines HTML-Dokumentes

Ein HTML-Dokument beginnt in der Regel mit einer Zeile, die die im Rest benutzte HTML-Version festlegt. Die häufigste Form dieser Zeile ist die folgende:

```
<!DOCTYPE HTML PUBLIC "-//W3C//DTD HTML 4.01//EN" "http://www.w3.org/TR/
html4/strict.dtd">
```

2 Empfehlenswert ist `http://de.selfhtml.org`

Diese Kopfzeile besagt, dass es sich um die aktuelle Version 4.01 von HTML handelt und diese Syntax strikt eingehalten wird. Es gibt zwei weitere Varianten der Kopfzeile, wovon eine, „transitional“ genannt, einen loseren Umgang mit der Syntax (im Übergang aus älteren Sprachversionen) erlaubt und die andere dem Spezialzweck sogenannter „Frame Sets“ dient.

Der Hauptteil eines HTML-Dokumentes wird in ein `html`-Element eingeschlossen und zerfällt dann weiter in zwei Bereiche, einen Kopfbereich und einen Rumpfbereich, was wie folgt geschrieben wird:

```
<!DOCTYPE HTML PUBLIC
    "-//W3C//DTD HTML 4.01//EN" "http://www.w3.org/TR/html4/strict.dtd">
<html>
   <head>
      Kopfbereich
   </head>
   <body>
      Rumpfbereich
   </body>
</html>
```

Der Kopfbereich eines HTML-Dokumentes enthält immer einen Titel für das Dokument, der in der Kopfzeile des Browser-Fensters angezeigt wird. Ein Beispiel dafür ist:

```
<title>Ein HTML-Beispieldokument</title>
```

Außerdem kann der Kopfbereich noch Zusatzinformationen, sogenannte Metainformationen enthalten (siehe Kasten).

Exkurs Metainformationen in HTML

Metainformationen sind Informationen in einem Dokument, die nicht zum Inhalt gehören, sondern den Inhalt näher beschreiben. Eine typische Metainformation ist der Autor eines Dokumentes oder das letzte Änderungsdatum. Bei HTML-Dokumenten haben die Metainformationen eine besondere Bedeutung, weil sie von den Web-Suchmaschinen ausgewertet werden und somit zum besseren Auffinden der Seite über Suchmaschinen beitragen können.

Metainformationen werden über ein `<meta>`-Element angegeben, das immer ein Schlüsselwort (`name`) und einen Inhalt (`content`) als Attribute mitbringt. Mit dieser Syntax kann z.B. angegeben werden:

- **Dokumentautor:** `<meta name="author" content="Heinrich Hussmann">`
- **Inhaltsbeschreibung:** `<meta name="description" content="Dies ist eine Beispieldatei ...">`
- **Schlüsselwörter:** `<meta name="keywords" content="HTML, Markup">`

- Diverse Metadaten nach dem standardisierten Archivierungssystem der University of Dublin in den USA, „Dublin Core"[3] genannt: `<meta name="DC.creator" content="Heinrich Hussmann">`

Man kann über ein Metaelement auch erreichen, dass die „Roboter" der Suchmaschinen, die das Web durchsuchen und Datenbankeinträge erzeugen (das Web indizieren), diese spezielle Seite ignorieren: `<meta name="robots" content="noindex">`

Eine weitere Gruppe von Metainformationen bezieht sich auf die Behandlung des Dokumentes durch Browser und Server. Hier kann man spezifizieren:

- **Zeichensatzcodierung:** `<meta http-equiv="content-type" content="text/html" charset="ISO-8859-1">`
- **Lebensdauer** von Kopien des Dokumentes in Zwischenspeichern („Proxy-Servern"), wahlweise als Zeitpunkt oder als Zeitspanne (in Sekunden): `<meta http-equiv="expires" content="Sat, 15 Dec 2009 12:00:00 GMT">`, `<meta http-equiv="expires" content="43200">`

Der Rumpfbereich eines HTML-Dokumentes muss nicht in besonderer Weise strukturiert werden, allerdings empfiehlt es sich, die angebotenen Standardelemente für die Struktur zu verwenden. Die wichtigsten davon sind:

- **Normaler Textabsatz** *(paragraph)*: `<p>...</p>`
- **Überschrift** *(heading)*: `<h1>...</h1>` für die erste Ebene, `<h2>...</h2>` für die zweite Ebene usw.
- **Unnummerierte Liste** (mit *list items*): `<ul> <li>...</li> <li>...</li> </ul>`
- **Nummerierte Liste** *(ordered lists)*: `<ol> <li>...</li> <li>...</li> </ol>`

Die eben erwähnten Auszeichnungen für Dokumentteile sind sogenannte **logische Auszeichnungen**, die sowohl eine Struktur des Dokumentes definieren als auch eine angemessene Formatierung zur Folge haben. Daneben gibt es auch noch sogenannte **physische Auszeichnungen**, die eine konkrete Formatierung vorschreiben. Beispiele hierfür sind:

- **Fett:** `<b>...</b>`
- **Kursiv:** `<i>...</i>`
- **Schreibmaschinenschrift:** `<tt>...</tt>`

Sehr zu empfehlen ist es, besonders betonte Textpassagen nicht durch Kursivschrift hervorzuheben, sondern einfach zu spezifizieren, dass der Text betont ist *(emphasis)*: `<em>...</em>`. Solcher Text wird auch dann hervorgehoben, wenn der umgebende Text z.B. kursiv gesetzt wird.

3 Für weitere Informationen zum Dublin Core siehe `http://dublincore.org`.

10.4.3 Hyperlinks

Das Element, das HTML von einem Textsatzsystem unterscheidet, ist die Definition von Hyperlinks auf andere Dokumente. Dies geschieht mit dem Ankerelement <a>. Ein Beispiel für einen in den Text eingebetteten Hyperlink ist:

```
<p>Detailinformationen zu einzelnen HTML-Elementen kann man leicht
<a href="http://selhtml.org">nachschlagen</a>.</p>
```

Dieser Text wird als ganz normaler Textabsatz ausgegeben, nur das Wort „nachschlagen“ wird mit einem Link unterlegt, der auf die angegebene Webadresse verweist.

Stilistisch ist die oben gewählte Form übrigens immer dem im Folgenden illustrierten Stil vorzuziehen, den man leider immer wieder im Web findet:

```
<p>Für Detailinformationen zu einzelnen HTML-Elementen klicken Sie
<a href="http://selhtml.org">hier</a>.</p>
```

Das Schreiben von HTML-Dokumenten bedeutet Verfassen von Text, deshalb sollten Anweisungen, wie sie in Programmen vorkommen, vermieden werden!

Die Adresse, auf die das Anker-Element verweist, kann wie im obigen Beispiel eine vollständige URI bzw. URL sein (siehe oben). Häufig will man aber auf Dateien verweisen, die auf dem gleichen Server liegen. In diesem Fall genügt es, den Dateinamen anzugeben (wenn die referenzierte Datei im gleichen Verzeichnis liegt) oder einen Pfadnamen, der über Unter- oder Überverzeichnisse führen kann. Es ist auch möglich, Hyperlinks gezielt auf eine bestimmte Stelle eines Dokumentes verweisen zu lassen; eine solche Adresse innerhalb des Dokumentes kann nach einem #-Zeichen angefügt werden.

---

4 Dies ist allerdings aus Gründen der **Accessibility**, also der Benutzbarkeit zum Beispiel durch sehbehinderte Nutzer, nur mit Vorsicht anzuwenden. Wichtig ist, dass die lineare Reihenfolge des HTML-Textes sinnvoll bleibt, da Browser, die Sprachausgabe erzeugen, nur diese lineare Reihenfolge und keine zweidimensionalen Anordnungen wiedergeben können.

Exkurs Tabellen in HTML

Tabellen in HTML können nicht nur Text und Zahlen enthalten, sondern auch Links oder Grafiken und sind damit recht universell verwendbar. Manchmal werden Tabellen sogar als allgemeines Layout-Hilfsmittel benutzt (bei unsichtbar gemachten Trennlinien).[4]

▶Abbildung 10.1 zeigt ein Beispiel für eine einfache Tabelle, aus der die wichtigsten Elemente für die Beschreibung von Tabellen hervorgehen:

```
<table>
   <thead>
      <tr>
        <th>Spalte 1</th><th>Spalte 2</th>
      </tr>
   </thead>
   <tbody>
      <tr>
         <td>1.1</td><td>1.2</td>
      </tr>
      <tr>
         <td>1.1</td><td>1.2</td>
      </tr>
   </tbody>
</table>
```

Spalte 1	Spalte 2
1.1	1.2
1.1	1.2

Abbildung 10.1: Eine einfache HTML-Tabelle

Die `tr`-Elemente entsprechen den Tabellenzeilen *(table rows)* und enthalten Tabelleneinträge. Jede Zeile sollte gleich viele Einträge enthalten. Normale Tabelleneinträge *(table data)* werden mit `<td> ... </td>` angegeben. In der Kopfzeile sind die Tabelleneinträge `th`-Elemente *(table head)*. Man kann die Kopfzeile auch weglassen oder eine analoge Fußzeile (mit einem `tfoot`-Element) hinzufügen.

Beim `table`-Element kann man über das Attribut `border` die Breite der Trennlinien angeben (einschließlich 0). Die Formatierung der Tabelleneinträge kann mit Style Sheets erfolgen (siehe weiter unten).

Es erhöht die Übersichtlichkeit und beschleunigt die Anzeige, wenn die Tabelle mit einem `colgroup`-Element beginnt:

```
<colgroup> <col width=...> ... <col width=...> </colgroup>
```

Mit diesem Hilfsmittel kann man die Breite von Spalten definieren und zwar entweder in absoluten Pixelwerten oder in Prozentanteilen der Tabellenbreite.

Interessant sind Tabelleneinträge, die über mehrere Spalten oder Zeilen gehen. Das lässt sich mit den Attributen `rowspan` und `colspan` erreichen, die man den Tabelleneinträgen anfügen kann (mit einer natürlichen Zahl als Wert). Dabei muss man natürlich sehr darauf achten, dass die Gesamtzahl der Tabelleneinträge einer Zeile für die ganze Tabelle gleichmäßig bleibt!

10.5 Medieneinbettung für Webseiten

Um aus Webseiten echte Multimedia-Dokumente zu machen, müssen weitere Medienelemente außer Text vorkommen. Die Einbindung von zeitabhängigen Medien in HTML ist allerdings nicht ganz unproblematisch, da dies zum Zeitpunkt der Entstehung von HTML nicht vorgesehen war und solche Funktionen erst später von verschiedenen Herstellern in inkompatibler Weise eingeführt wurden.

10.5.1 Einbettung von Bildern

Einfach und unproblematisch ist noch die Einbindung von Bildern. Hierzu gibt es ein HTML-Element, mit dem die Aufgabe leicht zu lösen ist:

```
<p><img src="Eiffelturm.jpg" width="350" alt="Eiffelturm"></p>
```

Selbstverständlich ist bei der Einbindung von Bildmaterial und anderen Medien immer die urheberrechtliche Situation zu klären!

Die Attribute `width` und `height` ermöglichen es, das Bild auf eine bestimmte Größe (in Pixeln) zu skalieren. Allerdings sollte man meist vermeiden, beide Größen anzugeben, da dann, wenn nicht genau das Seitenverhältnis des Originals eingehalten wird, Verzerrungen des Bildes unvermeidbar sind. Das Attribut `alt` gibt eine Alternativbeschreibung des Bildes an, die nur verwendet wird, wenn das Bild nicht angezeigt werden kann. Diese Information ist vor allem für sehbehinderte Nutzer einer Webseite interessant und sollte deshalb auf keinen Fall weggelassen werden.

10.5.2 Einbettung von Audio

Leider nicht befriedigend geregelt ist die Einbindung von Tondateien in HTML-Seiten. Es gibt zwar das Element `object`, dem mit dem `data`-Attribut eine beliebige Mediendatei zugewiesen werden kann, deren Typ mit dem `type`-Attribut angegeben wird. Dieses Element wird aber leider noch nicht von allen Browsern einheitlich unterstützt. Deshalb ist für das Abspielen von Hintergrundmusik das ältere `embed`-Element weit verbreitet. Um mit allen Browsern nutzbare Webseiten zu erzeugen, muss man in der Praxis leider beide Methoden kombinieren (ein `embed`-Element innerhalb eines `object`-Elementes) oder Skripte benutzen, die den verwendeten Browser abfragen und auf den passenden Code verzweigen.

Grundsätzlich ist aber zu sagen, dass das automatische Abspielen von Ton beim Laden einer Webseite nur in wenigen Fällen sinnvoll ist. Oft wird dies von Benutzern als sehr störend empfunden, z.B. wenn man in einem Raum zusammen mit weiteren Personen arbeitet. Problemlos möglich und auch weniger aufdringlich ist die Lösung, Audiodateien über einen Hyperlink anzusprechen. Alle Browser sind in der Lage, solche Links auszuführen und die Tondatei abzuspielen.

Exkurs **MIME-Typen**

In HTML und an vielen anderen Stellen von Internetanwendungen muss beschrieben werden, von welchem Typ ein bestimmtes Dokument ist (etwa ob es sich um einen HTML-Text handelt oder um eine Bilddatei). Auch hierfür existiert ein W3C-Standard namens „MIME“.

MIME steht für *Multipurpose Internet Mail Extensions* und entstand, als erstmals an E-Mail-Nachrichten Anhänge verschiedenster Art angefügt wurden, also noch vor der Verbreitung des WWW. Auch für Mail-Anhänge stellt sich natürlich die Frage, welches Format der angehängte Text darstellt. Heute wird der MIME-Standard an sehr vielen Stellen verwendet (z.B. um den Typ einer eingebetteten Mediendatei anzugeben) und er wird von einer Internetagentur namens IANA (der Namensautorität für das Internet) laufend fortgeschrieben. Die aktuellen Informationen sind zu finden unter `http://www.iana.org/assignments/media-types`.

Eine MIME-Typangabe besteht immer aus einem Medientyp und einem Untertyp, durch Schrägstrich getrennt. Die wichtigsten Medientypen sind:

`text, image, video, audio, application`

Die Untertypen identifizieren ein konkretes Format, so ist der MIME-Typ für HTML-Text `text/html`, der für ein JPEG-Bild `image/jpeg`.

Untertypen, die mit „`vnd.`“ beginnen, sind hersteller-(*vendor*-)spezifisch.

10.5.3 Einbettung von Multimedia-Präsentationen

Häufig werden in Webseiten Animationen eingebunden, z.B. für Werbezwecke oder als „Intro“ beim Aufruf der Startseite eines Webauftrittes. Für solche Zwecke, und auch um die offenkundigen Schwächen von HTML bei der Medieneinbindung auszugleichen, werden sehr häufig Multimedia-Dokumente eingebunden, die von einem speziellen als „Plug-in“ in den Browser integrierten Abspielprogramm wiedergegeben werden. Die beiden wichtigsten aktuellen Vertreter solcher Formate sind *Adobe Shockwave Flash (SWF)* und *Microsoft Silverlight*.

Auch diese Einbindung kann man mit dem allgemeinen `object`-Element realisieren, wobei das `data`-Attribut auf die ausführbare `SWF`-Datei verweist, über ein `codebase`-Attribut der benötigte Player referenziert wird und über `param`-Attribute weitere Parameter festgelegt werden. Erfreulicherweise helfen moderne Autorensysteme für Multimedia-Präsentationen bei der Erzeugung des passenden HTML-Codes zur Einbettung, etwa durch flexible Veröffentlichungsvorlagen.

10.6 Trennung von Inhalt und Darstellung

Ein grundlegendes Problem bei der Realisierung von formatierten Dokumenten wurde bereits in Kapitel 5 angedeutet und weiter oben angesprochen, als eine Unterscheidung zwischen einer „logischen" und einer „physischen" Auszeichnung gemacht wurde. Man kann sich die Auszeichnung eines Textes für eine formatierte Darstellung immer zweistufig vorstellen: In der ersten Stufe werden bestimmte Textbereiche etwa als „Überschrift Ebene 1" oder als „Zitat" gekennzeichnet, in einer zweiten Stufe wird festgelegt, welche konkrete Formatierung Überschriften der Ebene 1 haben sollen (etwa in einer anderen Schrift als der Text, in größerer Schrift und fettgedruckt), und analog für Zitate. Der große Vorteil dieses Vorgehens ist, dass man die Formatierung eines bestimmten Stils ohne Weiteres nachträglich ändern kann (also etwa die Überschriften noch zusätzlich kursiv machen), ohne dass Änderungen am Dokument selbst nötig sind. Die Änderungen einer Stilbeschreibung wirken sich automatisch auf alle Dokumentteile aus, denen dieser Stil zugewiesen wurde.

In den Anfangszeiten von HTML, als HTML vor allem zur Dokumentation wissenschaftlicher Fakten benutzt wurde, war es unbestritten, dass der Autor einer Webseite nur logische Auszeichnungen verwendet und die Formatierung dem Browser-Programm überlassen bleibt. Je mehr HTML in den Alltag einzog und die ästhetisch ansprechende Gestaltung von Webseiten ein Thema wurde, umso mehr wurden in Webseiten konkrete physische Auszeichnungen festgelegt. Designer wollten die Darstellung der Webseiten „unter Kontrolle" haben.

Um die zunehmend komplexen Formatierungsangaben handhaben zu können, wurde das Konzept der Stile für HTML umgesetzt, und zwar unter dem Begriff **Style Sheets**. Es gibt zwei Standards des W3C, die sich mit Style Sheets befassen. Für einfaches HTML, aber auch diverse andere Anwendungen, wurden die **Cascading Style Sheets (CSS)** definiert, deren aktuelle Version 2 ist, weshalb dieser Standard gerne *CSS2* genannt wird. Für CSS werden die wichtigsten Elemente hier kurz beschrieben; für den noch allgemeineren Standard *XSL* muss auf die Literatur verwiesen werden.

10.6.1 Stildefinitionen mit CSS

Die meisten HTML-Elemente unterstützen ein Standardattribut `style`, dessen Wert eine Stilbeschreibung in CSS ist.

Cascading Style Sheets (CSS) ist eine syntaktisch sehr einfache Sprache, die im Wesentlichen bestimmten Eigenschaften Werte zuweist, etwa einer Eigenschaft `font-size` den Wert `12`. CSS enthält sehr viele Eigenschaften für Stildefinitionen, die man für konkrete Anwendungen am besten jeweils nach Bedarf nachschlägt. Hier sollen als Illustration nur einige der Eigenschaften genannt werden, die sich auf die Schriftformatierung beziehen:

`font, font-family, font-style, font-variant, letter-spacing, color, ...`

Das einfachste Element von CSS ist ein Eigenschaft-Wert-Paar. Hier gibt es verschiedene Maßsysteme für die Werte, insbesondere absolute und relative Werte. Beispiele sind:

```
font-size:12
font-size:250%
font-style:italic
```

Mehrere Eigenschaft-Wert-Paare können zu einer mit Strichpunkten getrennten Liste zusammengefügt werden:

```
font-style:italic; font-size:large;
```

Es ist auch möglich, dass für eine Eigenschaft mehrere Werte angegeben werden, etwa als Sequenz von Optionen absteigender Priorität: Der zuerst auf der Liste genannte umsetzbare Wert wird gewählt. Ein gutes Beispiel dafür sind Schriftarten, bei denen man eine konkrete Schrift fordern will, aber für den Fall, dass diese spezielle Schrift auf dem Zielsystem nicht verfügbar sein sollte, Alternativen angeben will:

```
font-family:'Times New Roman', 'Times', serif
```

10.6.2 Anwendung von CSS-Stilen auf HTML-Dokumente

Stilangaben in CSS können in verschiedener Weise in HTML-Dokumente eingebunden werden. Man kann CSS zum Beispiel dafür verwenden, für einen Absatz individuell die Formatierung vorzuschreiben. Durch die CSS-Syntax wird die Angabe von Stilinformationen einheitlich für alle HTML-Elemente. Man kann für jedes HTML-Element ein `style`-Attribut angeben, dessen Wert eine Spezifikation in CSS ist. Zum Beispiel wird der folgende Absatz in Fettdruck mit doppelter Schriftgröße wiedergegeben:

```
<p style="font-weight:bold; font-size:200%"> Beispieltext</p>
```

Exkurs **Teilbereiche speziell formatieren**

Manchmal will man einen Bereich eines HTML-Dokumentes in einem bestimmten Stil formatieren, ohne dass es bereits ein HTML-Element gibt, das genau diesen Bereich umfasst. Zum Beispiel könnte man im folgenden Absatz nur die beiden mittleren Wörter fett schreiben wollen:

```
<p>Zwei besonders wichtige Worte</p>
```

Man kann hier ein HTML-Element einsetzen, das für sich allein keinerlei Einfluss auf die Formatierung hat und nur geschaffen wurde, um Teilbereiche des Dokumentes zu markieren: `span`. An ein solches Element kann man Stilinformationen anbinden:

```
<p>Zwei <span style="font-weight:bold">besonders wichtige</span>
Worte</p>
```

Eine ähnliche Funktion erfüllt das HTML-Element `div`, das einen beliebigen Bereich des Dokumentes definiert und oft als „Layer" bezeichnet wird. Mit `div` markierter HTML-Text muss kein Teil eines laufenden Textes sein, sondern kann zum Beispiel grafische Elemente wie Bilder oder Tabellen enthalten. Mit Positionsangaben in den Stilinformationen kann man solche Bereiche an einer fest definierten Stelle der angezeigten Seite positionieren. Besonders elegant ist die Kombination mit Skripten (siehe weiter unten), die die Sichtbarkeit eines solchen Bereiches verändern, also den Bereich ein- und ausblenden können.

Die wichtigste Intention für Style Sheets ist, für ein ganzes Dokument oder sogar mehrere Dokumente eine einheitliche Formatierung von logisch gleichartigen Texten zu erreichen. Nehmen wir an, es soll die Formatierung für alle normalen Absätze (`p`-Element) und für alle Überschriften der Ebene 1 (`h1`-Element) einheitlich in einer Stildefinition festgelegt werden. Dafür wird folgende Syntax verwendet, die einem Elementnamen eine Menge Stilinformationen zuordnet:

```
p{font-family:Verdana; font-size:16pt}
h1{font-family:Verdana; color:green}
```

Solche Stildefinitionen kann man entweder im Kopfbereich einer HTML-Datei unterbringen (in ein `style`-Element eingeschlossen) oder auch in einer eigenen Datei ablegen, so dass sie in mehreren Dokumenten verwendet werden können. Wenn die oben beschriebenen Stildefinitionen in einer Datei namens `styles.css` enthalten sind, kann man im Kopfbereich einer HTML-Datei diese Stildefinitionen wie folgt wirksam werden lassen:

```
<head>
   <title>Beispiel zu CSS</title>
   <link rel="stylesheet" type="text/css" href="styles.css">
</head>
```

In CSS kann man eine Stildefinition aber auch so definieren, dass man sie bei verschiedenen HTML-Elementen einsetzen kann. HTML enthält das bei den meisten Elementen anwendbare Attribut `class` und CSS das Konzept der selbst definierten *Stilklassen*. Nehmen wir an, wir wollen in einem Text alle Fremdwörter in einem bestimmten Format markieren. Dazu definieren wir in den Stildefinitionen eine eigene Klasse (erkenntlich am dem Namen vorangestellten Punkt):

```
.fremdwort{font-style:italic; color:blue}
```

Diese Klasse können wir jedem HTML-Element zuweisen, einschließlich des sehr frei verwendbaren `span`-Elementes.

```
<h1 class="fremdwort">Konsequenzen</h1>
<p>Eine <span class="fremdwort">Konsequenz</span> dieser
<span class="fremdwort">Politik</span> ist, dass ... </p>
```

Es gibt noch eine Reihe weiterer Kombinationsmöglichkeiten von Stildefinitionen, die aber keine grundlegend neuen Konzepte einbringen.

Style Sheets sind ein in der Praxis wichtiger und beliebter Mechanismus, da sie bei der Erstellung von Webseiten zwei Rollen voneinander sauber trennen: Die Gestaltung des Erscheinungsbildes und die Erstellung des Inhaltes. Style Sheets machen es möglich, die in den Webseiten vorkommenden Arten von Information zu klassifizieren und jeweils genaue Designregeln festzulegen. Deshalb sind Style Sheets oft ein zentrales Hilfsmittel, um einen einheitlichen Webauftritt einer großen Organisation gemäß eines „Corporate Design" sicherzustellen.

10.7 Allgemeine Webdokumente: XML

Schon viele Jahre vor der Einführung von HTML gab es (mit SGML) die Idee, eine generische Auszeichnungssprache zu definieren, die für verschiedene Zwecke angepasst werden kann. Lange wurde das Potenzial dieser Idee kaum verstanden und auch die Komplexität von SGML war ein großes Hindernis für eine verbreitete Anwendung dieser Technologie. Erst 1998, ca. zehn Jahre nach der Erfindung von HTML, beschloss das World Wide Web Consortium, eine neue einfachere Sprache zu definieren, die die Grundidee von SGML wieder aufgriff. Diese Sprache erhielt den Namen **eXtensibe Markup Language (XML)** und wurde, im Gegensatz zu ihrem historischen Vorgänger, sehr schnell für vielfältige Zwecke eingesetzt. Heute wird XML in Softwaresystemen an sehr vielen Stellen intensiv eingesetzt, von Betriebssystemen bis hin zu ganz speziellen Sprachen zur Formulierung von Wissen in diversen Fachdisziplinen.

10.7.1 Generische Auszeichnungssprachen: Idee und Anwendung

Die Grundidee einer generischen Auszeichnungssprache besteht darin, immer die gleiche Syntax zu verwenden, um die Auszeichnungen vom Inhalt zu trennen. XML benutzt also, in Analogie zu HTML, die bekannten spitzen Klammern und die Konzepte von Elementen und Attributen. Damit wird eine **Familie von Sprachen** definiert. Eine solche Familie umfasst viele konkrete Sprachen, die jeweils zusätzlich festlegen, welche Elemente und Attribute zulässig sind und in welchen Kombinationen dies möglich ist. So gesehen ist HTML ein Mitglied einer generischen Sprachfamilie mit den speziellen Festlegungen, dass es Elemente wie `html`, `head`, `body` und `p` (und natürlich noch viele mehr) gibt und welche Regeln für die Verwendung dieser Elemente gelten. Ein weiteres Mitglied dieser Sprachfamilie ist die in Kapitel 7 eingeführte Grafiksprache SVG.

Weshalb ist es sinnvoll, einen solchen allgemeinen Auszeichnungsmechanismus zu definieren? Einerseits gibt es Sprachen für verschiedene Anwendungszwecke, wie etwa die schon erwähnte Grafiksprache SVG, die ähnliche Aufgaben wie HTML erfüllen und bei denen eine möglichst ähnliche Syntax praktisch ist. Dann können manche Sprachkonstrukte direkt in andere Sprachen übernommen werden – Links beispielsweise machen in vielen Sprachen Sinn. Werkzeuge, wie Editoren für Dateien der Sprache, können so geschrieben werden, dass sie mit allen Sprachen der Sprachfamilie funktionieren, also auch neu entworfenen Sprachen, womit man eine große Arbeitsersparnis erreicht.

Ein Beispiel für eine sehr einfache Spezialsprache ist eine Sprache für Postadressen. Eine Adresse umfasst (vereinfacht) Angaben zu Name, Straße und Ort, wobei die Namensangabe aus Vorname (optional) und Nachname besteht, die Straßenangabe aus Straßenname und Hausnummer und die Ortsangabe aus Postleitzahl und Ortsname. Man kann eine Adresse in XML also wie folgt notieren:

```
<adresse>
   <namensangabe>
      <vorname>Heinrich</vorname>
      <nachname>Hussmann</nachname>
   </namensangabe>
   <strassenangabe>
      <strasse>Amalienstrasse</strasse>
      <hausnr>17</hausnr>
   </strassenangabe>
   <ortsangabe>
      <plz>80333</plz>
      <ort>Muenchen</ort>
   </ortsangabe>
</adresse>
```

Man kann bei solchen generischen Auszeichnungssprachen zwischen zwei Sprachebenen unterscheiden:

- Auf der Ebene der **Sprachdefinition (Metaebene)** wird festgelegt, welche Elemente existieren (hier sind es `adresse`, `namensangabe`, `vorname`, `nachname`, `strassenangabe`, `strasse`, `hausnr`, `ortsangabe`, `plz`, `ort`) und welches Element wo stehen darf. Zum Beispiel müssen innerhalb einer Adresse die drei Elemente für Namensangabe, Straßenangabe und Ortsangabe in dieser Reihenfolge enthalten sein. In einer Straßenangabe muss zuerst die Straße und dann die Hausnummer genannt sein usw.
- Auf der Ebene der **Sprachverwendung** werden konkrete Adressen geschrieben, wie oben gezeigt, die den Regeln der Sprachdefinition genügen müssen.

Metaebene und Verwendungsebene kann man bei allen Sprachen unterscheiden. Für natürliche Sprachen finden Betrachtungen der Grammatik (in der Sprachwissenschaft) auf einer Metaebene statt. Die Syntaxdefinition für eine Programmiersprache ist ebenfalls auf einer Metaebene definiert. XML macht es besonders einfach, eine Sprache auf der Metaebene zu definieren, da die Grundregeln der Syntax bereits für die ganze Sprachfamilie festgelegt sind. Definitionen auf der Metaebene für XML sollen unser nächstes Thema sein.

10.7.2 Document Type Definitions

Die Definition von **Dokumenttypen** auf der Metaebene findet in XML in einer eigenen Sprache statt. Es gibt sogar verschiedene solche Sprachen, deren einfachste hier beschrieben wird. Man nennt diese Sprache bzw. eine darin geschriebene Definition **Document Type Definition (DTD)**. Ein zulässiges Element wird in einer DTD durch eine `ELEMENT`-Deklaration definiert, etwa wie folgt:

```
<!ELEMENT ort (#PCDATA)>
```

Die nach dem Elementnamen angegebene Information beschreibt, welche Daten innerhalb des angegebenen Elementes folgen dürfen. Die Angabe #PCDATA besagt, dass „Parsed Character Data" folgen darf. Dies bedeutet, es darf eine beliebige Zeichenreihe folgen, die aber nicht die Sonderzeichen der XML-Syntax, z.B. die spitzen Klammern, enthalten darf.

In der Elementangabe kann man auch angeben, dass andere Elemente als Inhalt erwartet werden. Wenn (innerhalb der runden Klammern) Elemente einfach durch Komma getrennt hintereinander stehen, bedeutet das, dass genau diese Reihenfolge erwartet wird. Wenn ein Element optional ist, wird es durch ein nachgestelltes Fragezeichen gekennzeichnet. Die DTD für das Adressbeispiel ist also wie folgt:

```
<!ELEMENT adresse (namensangabe, strassenangabe, ortsangabe)>
<!ELEMENT namensangabe (vorname?, nachname)>
<!ELEMENT vorname (#PCDATA)>
<!ELEMENT nachname (#PCDATA)>
<!ELEMENT strassenangabe (strasse, hausnr)>
<!ELEMENT strasse (#PCDATA)>
<!ELEMENT hausnr (#PCDATA)>
<!ELEMENT ortsangabe (plz, ort)>
<!ELEMENT plz (#PCDATA)>
<!ELEMENT ort (#PCDATA)>
```

Es gibt noch weitere Möglichkeiten, die Struktur der XML-Datei vorzuschreiben. So kann man eine Alternative zwischen zwei möglichen Unterelementen anbieten, indem die Elemente durch einen senkrechten Strich getrennt werden. Eine Wiederholung eines Unterelementes wird erlaubt, indem man nach einem Unterelement einen Stern oder ein Pluszeichen angibt. Im Fall des Sterns darf das Unterelement auch ganz fehlen, beim Pluszeichen muss es mindestens einmal vorhanden sein.

Man könnte also die obige DTD für Adressen zum Beispiel so erweitern, dass man die erste Zeile ersetzt durch:

```
<!ELEMENT adresse (namensangabe, adresszeile+, ortsangabe)>
<!ELEMENT adresszeile (einrichtung | strassenangabe)>
<!ELEMENT einrichtung (#PCDATA)>
```

Jetzt ist die obige Adressangabe immer noch zulässig, aber es sind auch weitere Adressen möglich, die zusätzlich beliebig viele Zeilen zur Angabe einer Einrichtung, z.B. einer Firma, enthalten.

In ähnlicher Weise kann man in einer Document Type Definition beschreiben, welche Attribute für ein Element zulässig sind. Will man zum Beispiel erlauben, dass ein ort-Element ein Attribut bundesland tragen kann, gibt man folgende Definition an:

```
<!ATTLIST ort bundesland CDATA #IMPLIED>
```

Damit wird in den zugehörigen XML-Dokumenten eine Angabe zulässig wie die folgende:

```
<ort bundesland=?Bayern?>Muenchen</ort>
```

Die Angabe `CDATA` in der Attributdefinition gibt den Datentyp an, hier eine beliebige Zeichenreihe („Character Data"); Alternativen wären z.B. eindeutige Bezeichner für ein Element (`ID`) und Verweise auf Bezeichner (`IDREF`). Möglich ist auch die Angabe einer expliziten Liste von möglichen Werten, z.B. für Ländercodes:

```
<!ATTLIST ort land (de | a | ch) #IMPLIED>
```

Die letzte Angabe in einer Attributdefinition besagt, ob das Attribut verpflichtend ist oder nicht. Die Angabe `#IMPLIED` besagt, dass das Attribut optional ist. Alternativ kann man `#REQUIRED` angeben, womit das Attribut verpflichtend wird.

In dieser Beschreibung wurden einige Spezialfälle noch weggelassen, aber die wichtigsten Sprachelemente sind in dieser kurzen Beschreibung schon erfasst. Es ist ein großer Vorteil der DTDs, dass die verwendete Beschreibungssprache so einfach ist.

10.7.3 Syntax von XML-Dokumenten

Durch eine Dokumenttypdefinition wird die Syntax zulässiger XML-Dokumente festgelegt. Eine Reihe weiterer Bedingungen muss für alle XML-Dokumente gelten, unabhängig von der verwendeten Dokumenttypdefinition.

- Ein XML-Dokument sollte mit einer Präambel beginnen, die erklärt, dass es sich um XML handelt (und den verwendeten Zeichensatz angibt), zum Beispiel:

  ```
  <?xml version="1.0" encoding="ISO-8859-1" ?>
  ```

- Ein XML-Dokument darf nichts anderes enthalten als XML-Elemente.
- Jedes XML-Dokument hat genau ein XML-Element als Beginn („Wurzelelement").
- Jedes „öffnende" Element muss auch wieder geschlossen werden, d.h., auf ein Element </a> muss immer weiter unten ein Element </a> folgen. Wenn kein Inhalt für ein Element angegeben wird („leerer Inhalt"), ist folgende Syntax zu verwenden:

  ```
  <a/>
  ```

- Die Elemente müssen korrekt geschachtelt sein, d.h., es darf keine Situation auftreten wie die folgende:

  ```
  <a> ... <b> ... </a> ... </b>
  ```

- Attributwerte müssen immer in doppelten Anführungszeichen angegeben werden.
- Es darf kein Attribut mehrfach beim selben Element angegeben werden.
- Groß- und Kleinschreibung wird unterschieden.

Diese Regeln sind deutlich strenger als die Syntaxregeln für das klassische HTML (Version 4). Dort ist es z.B. zulässig, dass ein Zeilenumbruchelement als <br> geschrieben wird (und nicht als </br>). Die moderne Version XHTML von HTML dagegen verlangt die strengen Regeln der XML-Syntax, wie sie oben beschrieben wurden.

Definition: Wohlgeformtheit und Gültigkeit

Ein XML-Dokument, das den aufgeführten syntaktischen Regeln entspricht, wird als **wohlgeformt** *(well-formed)* bezeichnet. Die Wohlgeformtheit kann von Programmen („Parsern") überprüft werden und viele Entwicklungswerkzeuge integrieren solche Tests. Eine DTD ist für diesen Test nicht nötig.

Wenn für ein XML-Dokument zusätzlich eine Dokumenttypdefinition (DTD) bekannt ist und das Dokument der Dokumenttypdefinition entspricht, dann nennt man das XML-Dokument **gültig** *(valid)*. Das bedeutet im Einzelnen:

- Es werden nur die in der DTD definierten Elemente verwendet.
- Das Wurzelelement ist das erste in der DTD genannte Element.
- Die Schachtelung von Elementen entspricht den in den Elementdefinitionen festgelegten Regeln.
- Es werden nur die in der DTD definierten Attribute verwendet und die Angabe von Werten entspricht den Attributdefinitionen in der DTD.

Selbstverständlich gibt es auch Werkzeuge, die die Gültigkeit eines XML-Dokumentes bei gegebener DTD überprüfen, insbesondere in speziellen XML-Editoren.

10.7.4 Namensräume

Wenn für einen bestimmten Zweck bereits eine XML-Sprache definiert wurde, dann ist es sinnvoll, diese Sprache in weiteren XML-Dokumenten zu verwenden. So gibt es etwa einen Standard für die XML-Beschreibung von Links (*xlink*), der in vielen anderen XML-Sprachen benutzt wird. Auch wenn man selbst neue XML-Sprachen definiert, will man oft auf vorhandenen Sprachen aufbauen. Deshalb ist es möglich, dass ein XML-Dokument Elemente aus verschiedenen XML-Sprachen enthält. Man spricht bei einem XML-Element von einem **Namensraum** *(name space)*, dem das Element angehört. Um einen Namensraum eindeutig zu definieren, wird die URL-Syntax benutzt, die auf eine weltweit eindeutige Definition der betreffenden Sprache verweist.

In einem XML-Dokument gibt es immer einen **Standardnamensraum**, das ist die Sprachdefinition, auf die sich die normalen XML-Elemente (so wie bisher angegeben) beziehen. Wenn Elemente aus weiteren Namensräumen verwendet werden, muss man bei jedem Element erkennen können, auf welchen Namensraum es sich beziehen soll. Deshalb kann man XML-Elemente mit einem **Präfix** versehen, der auf einen Namensraum verweist. Ein Präfix (etwa `nr`) wird durch einen Doppelpunkt getrennt einem Element (etwa `xy`) vorangestellt: `<nr:xy>`. Die gleiche Syntax wird bei Attributen benutzt: `<xy nr:at="...">`.

Ein konkretes Beispiel ist die Verwendung des *xlink*-Standards im Vektorgrafikformat SVG. Beides sind XML-Sprachen und in einem SVG-Dokument wird man als Standardnamensraum den von SVG verwenden wollen. Die Stellen, an denen xlink verwendet wird, sollen durch den Präfix `xlink` gekennzeichnet werden. Die Namensraumdeklarationen werden an das Wurzelelement des Dokumentes mit `xmlns`-Attributen angefügt. Im Fall eines SVG-Dokumentes sieht das so aus:

```
<svg xmlns="http://www.w3.org/2000/svg"
   xmlns:xlink="http://www.w3.org/1999/xlink">
```

Hier wird ausgesagt, dass der Standardnamensraum (der Wert des `xmlns`-Attributes) der von SVG ist, was durch eine URL präzisiert wird. Das zweite `xmlns`-Attribut, ergänzt durch den Präfix, verweist auf den Namensraum von *xlink*. Im Rumpf dieses SVG-Dokumentes kann nun für die Attribute eines Anchor-Elementes auf *xlink*-Definitionen wie `href` zurückgegriffen werden, wie in folgendem Beispiel:

```
<a xlink:href="http://www.mimuc.de">
   <circle cx="50" cy="50" fill="blue" r="20"/>
</a>
```

10.7.5 XML Schema

Die Definition von XML-Sprachen durch Document Type Definitions (DTD) ist relativ alt und bringt einige Nachteile mit sich. Zum Beispiel wird die moderne modulare Struktur von XML, wie etwa die gerade diskutierten Namensräume, nicht berücksichtigt. Außerdem stehen in DTDs nur sehr unzureichende Datentypen zur Verfügung.

Deshalb wurde mit dem Standard *XML Schema* vom W3C eine alternative Möglichkeit zur Definition von XML-Sprachen geschaffen. XML Schema ist erheblich komplexer als DTDs und wird deshalb nur langsam in der Praxis aufgegriffen. XML Schema im Detail einzuführen, würde hier deshalb zu weit führen. Es ist aber dennoch eindeutig den DTDs vorzuziehen, da es alle oben erwähnten Mängel behebt. XML Schema hat den Vorteil, dass es selbst eine XML-Sprache ist, damit wird die Syntax vereinheitlicht und alle für XML verfügbaren Werkzeuge können ohne Weiteres auf XML Schema angewendet werden. Ein bei Informatikern beliebter Nebeneffekt ist, dass man die Syntax von XML Schema „rekursiv“ in XML Schema selbst definieren kann.

Beispiele für XML-Sprachen

An dieser Stelle mag der Eindruck entstehen, dass XML eine komplexe und somit eher theoretische und von Multimedia weit entfernte Technologie sei. Das ist aber nicht der Fall. XML liegt einer Vielzahl von hochaktuellen Web- und Medientechnologien zugrunde.

- Das Vektorgrafikformat **SVG** (*Scalable Vector Graphics*, siehe Kapitel 7) ist eine XML-Sprache. SVG wird heute von den meisten Browsern ebenso unterstützt wie HTML.
- Das 3D-Vektorgrafikformat **X3D** (siehe Kapitel 8) zum Austausch von dreidimensionalen Szenenmodellen ist (in einer Variante) eine XML-Sprache.
- Das Multimedia-Dokumentformat **SMIL** (*Synchronized Multimedia Integration Language*, siehe Kapitel 11) ist eine XML-Sprache. Alternative Dokumentformate wie *OpenLaszlo* beruhen ebenfalls auf XML.
- Für Sprachdialogsysteme hat sich der Standard **VoiceXML** zur Dialogbeschreibung etabliert, ebenfalls eine XML-Sprache.

- Nachrichtenquellen im Web, die als sogenannte **RSS Feeds** abgelegt werden, sind XML-Dateien. Es handelt sich dabei um eine Definition von aktuellen Nachrichten, die von anderen Webseiten automatisch eingebunden werden können.
- Moderne **Podcasts** sind in der Regel als RSS Feeds realisiert und sind damit XML-Dateien. Die weit verbreitete Apple-Software *iTunes* verwendet eine eigene XML-Sprache für das Bereitstellen und Abonnieren von Podcasts.
- In den meisten modernen Programmsystemen werden Konfigurationsdateien intern in einem XML-Format abgelegt. Dies ist z.B. durchgängig bei Apple Mac OS X der Fall.
- Moderne Office-Programmpakete, wie die neuesten Versionen der einschlägigen Microsoft-Software und die OpenSource-Alternativen benutzen XML-Sprachen zur Dokumentablage.
- XML-Dateien können in den meisten Browser-Programmen auch direkt angezeigt werden. Bei einer reinen XML-Datei wird dabei zum Beispiel eine Baumansicht des Dokumentes gezeigt. Wenn CSS-Style-Sheets eingebunden werden, zeigen die meisten Browser diese Formatierung korrekt an.

10.8 Dynamische Webseiten

Die Diskussion von Webtechnologien in den vorhergehenden Abschnitten behandelte nur *statische* Webseiten, das heißt Webseiten, deren Inhalte einmal festgelegt werden und sich nicht mehr ändern. Interaktivität kann hier nur durch eingebundene Multimedia-Dokumente, etwa mit *Flash* oder *Silverlight*, realisiert werden. Aus dem Alltag kennt man natürlich den Fall, dass Webseiten individuell auf den jeweiligen Nutzer zugeschnittene Inhalte anzeigen, etwa beim Homebanking den individuellen Kontostand oder beim Online-Handel den Inhalt des aktuell zusammengestellten Warenkorbs. Dies sind sogenannte **dynamische Webseiten**, die jeweils vor ihrer Anzeige neu berechnet werden. Im Folgenden wird ein knapper Überblick über Technologien für dynamische Webseiten gegeben; eine detaillierte Behandlung würde jedoch den Rahmen dieses Buches sprengen.

10.8.1 Clientseitige und serverseitige Dynamik

Grundsätzlich gibt es zwei verschiedene Ansätze, wie dynamische Webseiten realisiert werden können. Die beiden Ansätze unterscheiden sich vor allem durch den Ort, an dem die Berechnung der anzuzeigenden Information stattfindet. Das kann im „Client", also dem Rechner des Webnutzers, geschehen, und hier meist als Bestandteil der Browser-Software. Alternativ kann die Berechnung auf dem „Server" stattfinden, also einem der Rechner, von denen die anzuzeigenden Informationen (per HTTP) geladen werden.

Die Berechnung der anzuzeigenden Information erfordert eine Rechenvorschrift, ein Programm. Die Programme für dynamische Webseiten werden in vielen Fällen in sogenannten Skriptsprachen geschrieben. Wir gehen also im Folgenden davon aus, dass ein „Skript" vorliegt, das beschreibt, wie die Webseite im konkreten Fall auszusehen hat. Dieses Skript ist meist Bestandteil der vom Browser aufgerufenen Datei.

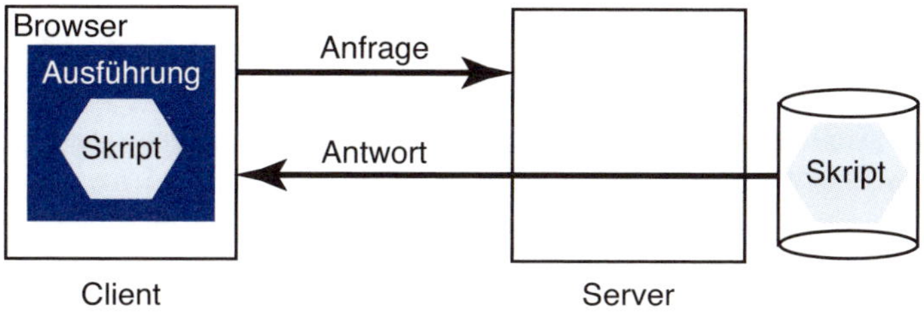

Abbildung 10.2: Clientseitige dynamische Webseiten

▶Abbildung 10.2 stellt grafisch dar, wie dynamische Webseiten mit **clientseitiger Ausführung** realisiert werden. Auf dem Server liegt eine Datei (meist eine HTML-Datei), die zusätzlich Skriptinformationen, also ausführbare Programme, enthält. Der Server leitet diese Datei unbesehen und unverändert an den Client, also das Browser-Programm, weiter. Dort wird das Skript ausgeführt und die Anzeige je nach Berechnungsergebnis modifiziert. Typische Sprachen für clientseitige Ausführung sind JavaScript, ECMAScript und VBScript.

Ein großer Vorteil der clientseitigen Ausführung ist, dass die Ausführung des Skripts keinen Zugriff auf das Netz mehr benötigt, also sehr schnelle Reaktionszeiten möglich sind. Die Serversoftware ist unabhängig von der verwendeten Skriptsprache. Ein großer Nachteil ist aber, dass die Browser-Software die verwendete Skriptsprache kennen muss (also entsprechend aktuell sein muss und die Ausführung von Skripten zulassen muss). Benutzer, die aus Sicherheitsbedenken die Ausführung von Skripten über die Voreinstellungen ihres Browsers unterbinden, können diese Dynamik nicht nutzen.

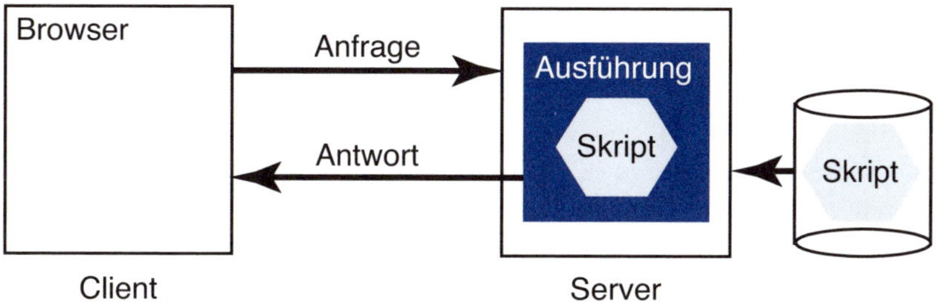

Abbildung 10.3: Serverseitige dynamische Webseiten

▶Abbildung 10.3 zeigt das alternative Modell einer serverseitigen Realisierung von Dynamik. Hier ist klar zu sehen, dass der Browser nichts über die verwendeten Skripte wissen muss. Die Skripte werden schon im Server, nach dem Zugriff auf die angeforderte Datei, ausgeführt, wobei ein standardkonformer HTML-Text berechnet wird, der dann an den Client übertragen wird. Typische Sprachen für serverseitige Dynamik sind PHP und ASP sowie die auf professionellen Programmiersprachen beruhenden Technologien Java Server Pages (JSP) und ASP.Net.

Der größte Vorteil der **serverseitigen Ausführung** besteht darin, dass die Konfiguration des clientseitigen Browsers keine Rolle spielt: Solange der Browser einfaches HTML anzeigen kann, funktioniert das System. Die Abstimmung der Serversoftware mit den serverseitigen Dateien ist unter Kontrolle des Webanbieters, also wesentlich leichter sicherzustellen. Außerdem ist diese Technologie die einzig denkbare, wenn auf Datenbestände auf dem Server (also z.B. eine Datenbank) zugegriffen werden muss. Ein offensichtlicher Nachteil ist, dass nur relativ langsame dynamische Vorgänge möglich sind, da für eine Aktualisierung der angezeigten Seite ein Netzzugriff nötig ist.

Moderne Ansätze versuchen, die Vorteile beider Ansätze dadurch zu verbinden, dass auf der Clientseite eine Software ausgeführt wird, die sich die benötigten Daten vom Server z.B. im XML-Format übertragen lässt. Wenn die Daten vom Server schon vor der eigentlichen Anfrage des Benutzers „im Voraus" übertragen wurden, kann eine sehr schnelle Reaktionszeit mit Daten aus Serverdatenbanken kombiniert werden. Bekannt wurden solche Technologien unter dem Namen **AJAX (Asynchronous JavaScript and XML)**.

10.8.2 Beispiel einer clientseitigen Skriptsprache: JavaScript

JavaScript ist eine schlanke Sprache zur integrierten Ausführung in Web-Browsern. Die Sprache hat ihren Ursprung in frühen Browsern der Firma Netscape (1995) und wurde später auch, in leicht abgewandelter Form, als „JScript" in Microsoft-Browsern unterstützt. Inzwischen existiert ein internationaler Standard für JavaScript (ECMAScript bzw. ISO-10262) und die meisten Browser führen standardkonforme Skripte korrekt aus.

JavaScript hat nur ein schwaches System von Datentypen, ist aber grundsätzlich eine vollwertige Programmiersprache. Skripte können in HTML-Dateien auf verschiedene Arten eingebunden werden, wovon die wichtigsten die Einbindung in einem `script`-Element (z.B. für Deklarationen von Prozeduren) und die direkte Anbindung an HTML-Elemente als Ereignisbehandlung *(event handler)* sind. Da hier keine tiefer gehenden Programmierkenntnisse vorausgesetzt werden sollen, beschränken wir uns im Folgenden auf ein kleines einfaches Beispiel und erläutern die Programmieranteile nur sehr oberflächlich.

Wir betrachten eine Webseite, die eine klassische Berechnung aus Programmier-Grundkursen, nämlich die Fibonacci-Funktion, realisieren soll. Diese Funktion geht auf einen italienischen Mathematiker der Renaissancezeit zurück und modelliert Wachstumsvorgänge, aber auch harmonische Größenverhältnisse. Im Kopfbereich einer HTML-Datei fügen wir folgenden Text hinzu:

```
<script type="text/javascript">
   function fib(n){
      if (n==0)
         return 0;
      else
         if (n==1)
            return 1;
         else return(fib(n-1)+fib(n-2));
   }
</script>
```

Dieses HTML-Element enthält ein Stück JavaScript-Code, das vom Browser interpretiert wird, in diesem Fall aber nur dazu führt, dass eine Rechenvorschrift (*fib*) definiert wird, die später aufgerufen werden kann. Die Rechenvorschrift *fib* ist Lesern mit Programmierkenntnissen möglicherweise vertraut, andere Leser mögen darauf vertrauen, dass die Funktion sinnvolle Ergebnisse berechnet.

Um die Eingabe von Werten zu realisieren, müssen spezielle HTML-Elemente für *Formulare* benutzt werden. Hier ist, was im Rumpf der HTML-Datei stehen könnte:

```
<body>
...
   <h2>Bitte Zahlwert eingeben:
      <form name="formular">
         <input type="text" name="eingabe" value="0"><br>
         <input type="submit" value="Berechnen"
            onClick="
               var eing = document.formular.eingabe.value;
               alert('fib('+eing+') ='+fib(eing));">
      </form>
   </h2>
</body>
```

Über das `form`-Element wird hier ein Eingabeformular definiert, das aus einem Textfeld und einer Schaltfläche besteht. Anschließend wird eine Ereignisbehandlung definiert, indem ein JavaScript-Text als `onClick`-Attribut angegeben wird. Beim Drücken der Schaltfläche wird der angegebene Code aufgerufen. Die Ereignisbehandlung liest in einem ersten Schritt aus dem Eingabefeld den eingegebenen Wert *eing* aus, berechnet dann *fib(eing)*, fügt davor noch einen erklärenden Text hinzu und übergibt die entstehende Zeichenreihe an die JavaScript-Funktion *alert*. Die Funktion *alert* erzeugt einen sogenannten „modalen Dialog“, also eine Dialogbox, die das Ergebnis anzeigt und die der Benutzer durch Klicken entfernen muss, bevor er weiterarbeiten kann.

Abbildung 10.4: Ablauf der Fibonacci-Webseite

▶Abbildung 10.4 zeigt, wie sich diese Webseite für den Benutzer darstellt. Man sieht das Eingabetextfeld, in das der Wert „13“ eingegeben wurde, und die Schaltfläche zur Berechnung. Nach Drücken der Schaltfläche erscheint der ebenfalls abgebildete Dialog mit dem Ergebnis. Das auftretende Icon und die Überschrift „JavaScript“ waren nicht Bestandteil des kleinen Beispielprogramms, sondern werden vom Browser hinzugefügt.

10.8.3 Integration JavaScript/HTML

Im obigen Beispiel wurde deutlich, dass das Skript den eingegebenen Parameterwert aus einem Textfeld auslesen musste. Dabei wurde also aus dem Skript auf die umgebende HTML-Seite zugegriffen. JavaScript enthält eine Reihe von eingebauten Hilfsmitteln, um solche Zugriffe möglich zu machen. Das obige Beispiel enthält einen einfachen Zugriff über einen Objektpfad.

Eine wesentlich flexiblere Möglichkeit, in Skripten (und Programmen) auf den Inhalt von HTML- und XML-Dokumenten Bezug zu nehmen, ist das sogenannte **Document Object Model (DOM).** Man geht hierbei davon aus, dass das Dokument nach dem Laden in den Browser als eine baumartige Datenstruktur zur Verfügung steht. DOM definiert nun eine standardisierte Menge von Operationen, wie ein Programm sich in diesem Baum „bewegen" kann, um an eine bestimmte Stelle zu navigieren, aus der Information ausgelesen werden soll. Noch interessanter ist die Möglichkeit, den Baum (also das in den Browser geladene Dokument) auf diese Art auch zu verändern. Man kann zum Beispiel Text als Inhalt eines HTML-Elementes eintragen oder Formatattribute (am besten mit Hilfe von Style Sheets) verändern. Damit wird der Inhalt der angezeigten Webseite dynamisch verändert, ohne dass der angezeigte Inhalt je in einer vorbereiteten Datei gespeichert gewesen wäre.

10.9 Werkzeuge für Websysteme

Eine Webanwendung, also eine Gruppe von Webseiten mit client- und/oder serverseitigen Skripten und eventuell dem Zugriff auf weitere Programme und Datenbanken, ist eine komplexe Softwareanwendung. Es ist selbstverständlich, dass man die Entwicklung solcher Anwendungen mit Werkzeugen möglichst einfach zu gestalten versucht. Neben der einmaligen Entwicklung eines Systems muss bei Webseiten, die ja möglichst aktuell gehalten werden sollen, auch die fortlaufende Pflege unterstützt werden.

10.9.1 Autorenwerkzeuge

Das einfachste Werkzeug, um Webseiten zu erstellen, ist ein Texteditor. Mit guten Kenntnissen von HTML und Skriptsprachen ist dies auch durchaus ein effektiver Weg. Moderne Editoren erkennen die HTML- und XML-Syntax und bieten verschiedene Hilfsfunktionen an, vom Einfärben verschiedener Textarten *(highlighting)* über Hilfen für korrekte Klammerstrukturen bis hin zur automatischen Formatierung von Texten.

Allerdings ist der Trend zu erkennen, dass Webseiten zunehmend von Personen verfasst werden, die keine HTML-Kenntnisse haben oder auch kein Interesse haben, sich mit den Details einer solchen formalen Sprache auseinanderzusetzen. Zunächst wurden für solche Zielgruppen *Web-Autorensysteme* entwickelt, mit denen man HTML-Dokumente in einem „What you see is what you get"-Arbeitsmodus entwickeln kann, also ähnlich arbeitet wie mit einem Textverarbeitungsprogramm. Wenn man in einem solchen Autorensystem z.B. eine Textpassage mit einem Menübefehl oder einer Schaltfläche auf

„fett" ändert, werden im Hintergrund HTML-Elemente (in diesem Fall vielleicht ein b-Element und sein abschließendes Gegenstück) in den Text eingefügt. Dabei hängt die Qualität des erzeugten HTML-Codes (z.B. ob er XML-konform ist oder ob Style Sheets verwendet werden) stark vom verwendeten Werkzeug ab. Inzwischen gibt es eine Reihe von HTML-Autorensystemen, die guten Code erzeugen und auch für die professionelle Entwicklung gerne eingesetzt werden. Allerdings sind HTML-Kenntnisse immer noch sehr hilfreich, da man so den erzeugten HTML-Code beurteilen kann. Manche Werkzeuge bieten sogar die Möglichkeit an, dass man parallel in zwei Fenstern die formatierte Ansicht und die HTML-Code-Ansicht angeboten bekommt und wahlweise in beiden Fenstern editieren kann, wobei das andere Fenster automatisch angepasst wird.

10.9.2 Web Content Management Systeme

Die Inhalte, die in einer Medienpräsentation verwendet werden, also die benutzten Texte, Bilder, Tonaufnahmen und Videos, bezeichnet man häufig mit dem englischen Wort **Content**. Für eine größere Organisation, die eine aktuelle Website betreibt, ist es wichtig, diese Inhalte einfach und zentral zu verwalten. Deshalb spricht man hier von Content Management. Ein **Content Management System (CMS)** geht meist über die Anforderungen einer Webpräsentation hinaus und bietet die Möglichkeit verschiedener Publikationsmedien, also z.B. alternativ der Produktion von Broschüren im PDF-Format. Ein **Web Content Management System (WCMS)** ist speziell auf die Verwaltung der in Webseiten präsentierten Inhalte ausgerichtet.

Das Kernstück eines Content Management Systems ist immer eine Ablage (Dateisystem oder Datenbank) für Mediendaten. Des Weiteren ist eine Grundidee, dass konkrete Webseiten (oder andere Präsentationen) durch **Vorlagen** *(templates)* beschrieben werden und aus der Ablage mit konkreten Inhalten gefüllt werden. In einem Onlineshop z.B. könnte eine solche Vorlage eine Produktpräsentationsseite allgemein beschreiben und Plätze für ein Produktbild, für den Preis, eine Kurzbeschreibung usw. vorsehen. Die konkreten Informationen zu einem einzelnen Produkt sind dann im Content Management System abgelegt und werden in die Vorlage eingesetzt. Dadurch wird es sehr viel einfacher, die Webpräsentation auf Änderungen des Produktkatalogs anzupassen. Des Weiteren wird von einem CMS oft ein strukturierter Arbeitsablauf zum Publizieren von Informationen unterstützt. Ein solcher Arbeitsablauf besteht im einfachsten Fall aus einem Schritt, in dem ein neues Inhaltselement als Entwurf generiert wird, und einem getrennten Schritt, in dem (von einem anderen Benutzer) der Inhalt zur Präsentation im Web freigegeben wird. Auch die automatische zeitgesteuerte Präsentation, also das Erscheinen von Inhalten zu einem vorgeplanten Zeitpunkt oder das Löschen von Inhalten nach einer definierten Frist, gehört zu den nützlichen Funktionen eines CMS.

Es gibt verschiedene technische Funktionsweisen, wie ein CMS Webseiten erzeugen kann. **Dynamische Systeme** erzeugen jede benötigte Webseite zum Zeitpunkt der Anforderung aus dem abgelegten Content und den Vorlagen. **Statische Systeme** generieren in einem Durchlauf durch den gesamten Content alle Webseiten, die dann als Dateien abgelegt werden. Vorteil dieses Verfahrens ist es, dass die Webseiten besser von Suchmaschinen erfasst werden können, allerdings besteht die Gefahr, dass die Webseiten nicht aktuell sind. Es gibt auch verschiedene Möglichkeiten, Zwischenwege zwischen diesen beiden Extremen zu wählen. Implementiert werden Web Content Management Systeme in der Regel in Web-Skriptsprachen (siehe oben).

10.9.3 Media Asset Management

An allen Stellen, wo viele Mediendaten anfallen, wie Redaktionen, Werbeagenturen, Rundfunkhäuser, wird zunehmend gefordert, ein zentrales Archiv für Mediendaten anzulegen und diese Datenbestände als einheitliche Grundlage für das Content Management zu wählen. Eine ähnliche Entwicklung ist im Heimbereich zu erkennen, wo Musiksammlungen zunehmend digital auf Computerspeichern abgelegt werden und Bilder verschiedener Herkunft (z.B. aus verschiedenen Kameras) digital archiviert werden müssen. Softwaresysteme zur einheitlichen Ablage von Mediendaten werden **Media-Asset-Management-(MAM-)Systeme** (deutsch etwa: Mediendatenbanken) genannt. Solche Systeme verfügen meist über umfangreiche Suchfunktionen und verwalten, um eine präzise Suche nach Archivmaterial zu ermöglichen, umfangreiche **Metadaten** zu einzelnen Medienobjekten. Metadaten können zum Teil automatisch generiert werden (etwa die Länge eines Musikstückes oder die von der Kamera abgespeicherten Informationen zum Belichtungszeitpunkt und zu den Belichtungsdaten eines Fotos), sie können aber auch manuell generiert werden (Schlagwörter, heutzutage oft **Tags** genannt). Ein Trend in der Wirtschaft ist, dass solche medienspezifischen Systeme immer stärker mit anderen Systemen, etwa Dokumentenmanagementsystemen oder Workflow-Managementsystemen, verflochten werden.

Insgesamt kann man ohne Übertreibung sagen, dass die Archivierung und automatisierte Präsentation von Mediendaten, insbesondere für das Web, einen zunehmend wichtigen Teil moderner unternehmerischer Tätigkeit darstellt.

Zusammenfassung

In diesem Kapitel wurde das absolute Basiswissen zu **webbasierten Medienpräsentationen** vorgestellt. Die Grundlage bietet die technische Infrastruktur miteinander vernetzter Rechnersysteme, die durch die **Internetprotokolle** als ein einheitliches System nutzbar werden. Die Bereitstellung von Webseiten verwendet in der Regel die Sprache **HTML**, eine einfache, historisch gewachsene Auszeichnungssprache. Um den Anforderungen moderner anspruchsvoll gestalteter Webseiten gerecht zu werden, wurden eigene Sprachen zur Definition grafischer Repräsentation von Webinhalten entwickelt, wie die vorgestellten **Cascading Style Sheets**. Für die Ablage von vielfältiger Fachinformation im Web und für Spezialsprachen zur Darstellung anderer Medien als Text wird die Sprachfamilie **XML** benutzt, die auch an vielen anderen Stellen in modernen Computersystemen eingesetzt wird. XML unterscheidet eine Metaebene, auf der eine Sprache definiert wird, und eine Anwendungsebene, auf der Dokumente der definierten Sprache geschrieben und verarbeitet werden. Dynamische, also vom jeweiligen Kontext abhängige, Inhalte in Webseiten können mit Skriptsprachen realisiert werden, wobei zwischen clientseitiger und serverseitiger Skriptausführung zu unterscheiden ist. Verschiedene Werkzeuge helfen bei der Erstellung, vor allem aber auch bei der fortlaufenden Pflege von Webauftritten.

Übungen

Lösungshinweise

1. Was ist der Unterschied zwischen „Internet“, „Web“ und „Websuche“?

2. Betrachten Sie die Webadressen genauer, die Sie in Ihren Browser eingeben oder die beim „Surfen“ automatisch aufgerufen werden. Können Sie alle Adressen in ihre Bestandteile zerlegen? Sie werden gelegentlich Bestandteile von Webadressen finden, die mit einem Fragezeichen abgetrennt sind. Recherchieren Sie, welche Bedeutung diese Adressbestandteile haben.

3. Rufen Sie eine Webseite Ihrer Wahl im Browser auf. Lassen Sie sich vom Browser durch den passenden Befehl den Quelltext der Seite anzeigen (meist im Ansicht-Menü zu finden). Versuchen Sie, die Struktur des angezeigten HTML-Codes zu verstehen. Finden Sie Hinweise auf Style Sheets? Sind Skripte zu finden?

4. Schreiben Sie eine kleine HTML-Datei, die ein Gedicht Ihrer Wahl (mit Überschrift und Autor) am Bildschirm anzeigt.

5. Wie würde eine XML DTD für die Daten aussehen, die eine Fernsehsendung kennzeichnen (also die Daten, die im Programmheft stehen)?

Werkzeuge des Medienengineering

11

ÜBERBLICK

Einleitung

» Digitale Medien sind komplexe Produkte, die aus vielen Einzelbestandteilen bestehen, die einzeln produziert und in einen gemeinsamen Rahmen integriert werden müssen. Wenn man digitale Medien konsumiert, steht immer spezielle Software im Hintergrund, die diese Medien in geeigneter Weise präsentiert (z.B. die im letzten Kapitel erwähnten Webbrowser, aber auch Multimedia-Playersoftware). In diesem Kapitel geht es um die Frage, wie solche komplexen und „verbrauchsfertigen" Medienprodukte erstellt werden. Das Erstellen von Multimedia-Produkten ist eine Ingenieurskunst wie das Erstellen von Geräten oder von Softwareprodukten, weshalb wir den Begriff des „Medienengineering" für diese Tätigkeit verwenden.

Über das Medienengineering sollte man aus zwei Blickrichtungen Bescheid wissen: Einerseits ist der grundlegende Ablauf des Produktionsprozesses interessant, ein Thema, das im nächsten Kapitel ausführlich behandelt wird. In diesem Kapitel geht es jedoch zunächst um die Grundaufgaben des Medienentwicklers und die Werkzeuge, die einem Medienentwickler zur Verfügung stehen, um seine Aufgaben effektiv zu erledigen. «

Lernziele

Dieses Kapitel vermittelt einen grundlegenden Überblick über die Aufgaben im **Medienengineering** und die Werkzeuge des Medienentwicklers. Nach Lektüre des Kapitels sollten Sie verschiedene **Grundtypen** von Werkzeugen des Medienengineering unterscheiden können. Außerdem sollten Sie grundlegende und in verschiedenen Werkzeugen immer wieder auftretende Paradigmen für solche Werkzeuge kennen. Insgesamt sind Sie damit in der Lage, konkrete Werkzeuge des Medienengineering einzuordnen und miteinander zu vergleichen.

In diesem Kapitel werden einige sehr spezielle Technologien und Produkte erwähnt, um einen praxisnahen Eindruck von konkreten Werkzeugen zu vermitteln. Das hat den Nachteil, dass Teile der Inhalte relativ schnell veralten. Die erwähnten Werkzeuge sind deshalb nur als Beispiele zu sehen, vor dem Start eines konkreten Projektes muss unbedingt eine aktuelle Markterkundung erfolgen!

Der grundlegende Unterschied zwischen digitalen Medien und ihren analogen Vorgängern besteht in der digitalen Repräsentation der Medieninhalte, die neuartige Verwendungs- und Bearbeitungsformen ermöglicht. Digitale Medienprodukte können verlustfrei kopiert werden; man kann sie leicht modifizieren und in Einzelbestandteile zerlegen sowie zu neuen Produkten zusammensetzen. Diese Eigenschaften haben dafür gesorgt, dass die Digitalisierung von Medien sehr schnell alle Bereiche der Medienproduktion erfasst hat. Zunächst soll hier eine technische Frage im Mittelpunkt stehen, nämlich wie die einheitliche Plattform des Digitalcomputers genutzt werden kann, um komplexe, die Einzelmedien übergreifende Medienprodukte herzustellen. Weil alle digitalen Medien auf der gleichen Basistechnologie (Digitalcomputer) beruhen, ist der Brückenschlag zwischen traditionell verschiedenen Medienformen wie Texten, Bildern, Tonaufnahmen und Filmen vergleichsweise einfach möglich. In den vorangehenden Kapiteln wurden Einzelmedien wie Bilder oder Audio, deren Eigenschaften und die grundlegenden Operationen zu deren Erzeugung und Modifikation beleuchtet. Hier geht es nun um die Integration solcher Einzelmedien zu Gesamtprodukten.

Definition: Medienengineering

Mit dem Begriff **Medienengineering** bezeichnen wir hier alle Tätigkeiten, die für eine systematische Produktion marktreifer Medienprodukte notwendig sind. Die Hauptaufgaben bei der Entwicklung von digitalen Medienprodukten, insbesondere den nichttraditionellen Medienprodukten, liegen in den folgenden Funktionen:

- Komposition von einzelnen Mediendateien zu einer geschlossenen Anwendung
- Zeitliche Synchronisation und räumliche Koordination der Einzelbestandteile einer Anwendung
- Bereitstellung von interaktiver Funktionalität für den Benutzer, insbesondere unter Koordination der Einzelbestandteile
- Bereitstellung der gesamten Anwendung in einem ausführbaren und leicht zu übermittelnden Format

11.1 Digitale Medien als Produkte

Ein kurzer Überblick mag helfen, die Breite der möglichen Märkte zu verstehen, für die digitale Medienprodukte entwickelt werden. Wegen dieser großen Vielfalt ist es offensichtlich, dass für spezielle Produktformen und spezielle Märkte auch eigene Entwicklungsverfahren und Werkzeuge entstanden sind und weiter entstehen werden.

Traditionelle Medienprodukte stellen zunehmend auf digitale Verfahren um. Dabei kann man unterscheiden zwischen

- digitalen Verfahren in der Verbreitung von Medien und
- digitalen Verfahren in der Produktion von Medien.

In der **Verbreitung** bestehen derzeit (2009) noch Unterschiede zwischen Medienformen, die noch in rein analoger Form verbreitet werden (vor allem Bücher, Zeitungen und Zeitschriften), und Medien, die schon in digitaler Form an den Konsumenten geliefert werden. Schon früh digitalisiert wurde die Auslieferung von Tonaufnahmen mit der Audio-CD. Die Ablösung der analogen Videokassette durch DVD vollzog später den gleichen Schritt für Video. Beim Fernsehen ist durch die auf den MPEG-Standards basierenden DVB[1]-Standards (DVB-T für terrestrisches Fernsehen, DVB-C für Kabelfernsehen und DVB-S für Satellitenfernsehen) die Umstellung in vollem Gange. Eine eigenartige Sonderrolle spielt der Hörfunk (zumindest im deutschsprachigen Raum), für den zwar Standards und Technologien bereitstehen (insbesondere DAB[2]), wo aber die analoge

1 Digital Video Broadcast
2 Digital Audio Broadcast

Ausstrahlung dennoch weit dominiert (wohl wegen der großen Zahl von bestehenden analogen Empfängern und den günstigen Preisen für einfache analoge Empfänger). Kinofilme werden noch zu einem großen Teil in analoger Form an die Kinos geliefert (was das Bild betrifft), aber auch hier sind erste digitale Projektionsgeräte im Einsatz. Eine weitere Umstellung auf digitale Auslieferung in weiteren Medien ist zu erwarten, etwa durch die Einführung von tragbaren Lesegeräten für elektronische Bücher.

In der **Produktion** wird bei fast allen Medienformen auf digitale Formate und Hilfsmittel gesetzt, auch in den Medienzweigen, deren Produkte noch nicht in digitaler Form ausgeliefert werden. Zeitungen, Zeitschriften und Bücher entstehen in digitalisierten Produktionsprozessen, bei denen nur ganz am Anfang (etwa bei Bildmaterial) und ganz am Ende bei der Produktauslieferung analoge Objekte vorkommen. Besonders zu nennen sind die Produktion von Spezialeffekten für Film und Fernsehen, die inzwischen massiv auf Digitaltechnik beruht, sowie die vollkommen digitale Produktion von Animationsfilmen.

In den traditionellen Medienbetrieben bedeutet die Umstellung auf digitale Produktionsverfahren und zum Teil digitale Auslieferung eine massive Umstellung der Arbeitsprozesse. Diese Prozesse sind aber außerordentlich komplex und betriebsspezifisch, weshalb eine Behandlung dieser Produktionsprozesse weit über den Rahmen dieses Buches hinausgeht. Umstellungsprojekte dieser Art sind aufwändige IT-Projekte, die sich natürlich der in diesem Buch vorgestellten Basistechnologien bedienen. Auch die im Folgenden genauer diskutierten Entwicklungshilfsmittel für kleinere Projekte finden sich hier natürlich als Einzelbestandteile wieder.

Nichttraditionelle Medienprodukte werden oft mit dem Begriff „Multimedia" bezeichnet, der sich inzwischen ja schon auf vielen Ladenfronten findet. Dabei kann man zunächst weiter unterscheiden in

- *datenträgergebundene Medienprodukte und*
- *netzbasierte Medienprodukte.*

Datenträgergebundene Medienprodukte werden meistens auf optischen Disks (CD oder DVD) ausgeliefert. Typische Produktklassen sind hier einerseits interaktive Lern- und Arbeitshilfen sowie Nachschlagewerke (die klassische „CD-ROM" und ihre Nachfolger) und andererseits der große Spezialmarkt der Computerspiele. Im Bereich der Computerspiele ist eine Vielfalt an speziellen Wiedergabegeräten (Konsolen) verbreitet, die zum Teil sehr innovative und leistungsfähige Hardwarekonzepte umsetzen, die weit über den Entwicklungsstand klassischer universell einsetzbarer PC-Technik hinausgehen.

Netzbasierte Medienprodukte sind oft ähnlich zu den oben genannten datenträgergebundenen Produkten (etwa Lernsysteme, Nachschlagewerke, Spiele) oder eine Ergänzung davon. Hinzu kommt eine breite Vielfalt an „Webauftritten" verschiedenster Unternehmen und Organisationen, wovon der elektronische Handel („E-Commerce") sicher die wichtigste Rolle spielt. Ein sehr großer Teil von Produkten entsteht in diesem Bereich nicht in traditionellen kommerziellen Betrieben, sondern durch die Arbeit der Endbenutzer selbst (etwa kollaborative Medien wie „Wikipedia"). Auch traditionelle Medien (Zeitungsverlage, Rundfunksender) produzieren solche Medienprodukte, die sich mehr oder weniger stark an das Original anlehnen.

Nichttraditionelle Medienprodukte werden auf verschiedenartigen Geräten wiedergegeben. Neben klassischen PCs spielen zunehmend mobile Geräte eine wichtige Rolle, also etwa Mobiltelefone, digitale Musikabspielgeräte und Lesegeräte für elektronische Bücher. Diese Geräte verfügen inzwischen über ausreichende Rechen- und Grafikleistung, um auch relativ anspruchsvolle interaktive digitale Medien darauf zu realisieren. Netzanbindung ist bei Mobiltelefonen selbstverständlich und bei den anderen Geräten im Vormarsch. Bei allen folgenden Erläuterungen zum Entwicklungsprozess sind grundsätzlich alle diese Varianten der Ausführungsplattform angesprochen – die Kernaufgaben bei der Entwicklung sind aber in allen diesen Fällen im Wesentlichen identisch.

Konkrete Beispiele für Produkte, die einen komplexen Entwicklungsprozess mit verschiedenartigen Teilaufgaben erfordern, sind: ein interaktives Lernsystem mit multimedialer Unterstützung, ein Onlineshop für Musik oder Video mit der Möglichkeit zum Probehören oder -sehen, die Präsentation eines Produktes oder Projektes im Web unter Verwendung von interaktiven Animationen und Videoclips. Die folgenden Abschnitte diskutieren, wie die systematische Entwicklung solcher Anwendungen, das Medienengineering, vereinfacht und unterstützt werden kann.

11.2 Entwicklungsplattformen für Digitale Medienprodukte

Bevor mit der konkreten Entwicklung eines komplexen Medienproduktes begonnen werden kann, ist eine sehr wichtige Entscheidung zu treffen: Welche „Plattform", d.h. welche Kombination von Hardware, Betriebssystem und Softwarewerkzeugen, soll eingesetzt werden? Dabei ist zu unterscheiden zwischen dem Auslieferungsformat des Produktes (also meist einem Dateiformat und passender Abspielsoftware, eventuell für eine bestimmte Hardwareplattform) und den Entwicklungswerkzeugen. Beide Entscheidungen sind eng miteinander verknüpft, da nicht alle Entwicklungswerkzeuge für alle Auslieferungswege geeignet sind.

Es wurden bereits einige Formate entwickelt, die komplexe interaktive multimediale Anwendungen unterstützen, sowohl im Rahmen internationaler Standardisierung als auch im Rahmen von kommerziellen Produkten. Einige Formate sind, vielleicht weil sie ihrer Zeit etwas voraus waren, ein wenig in Vergessenheit geraten, etwa der **MHEG**[3]-Standard (Meyer-Boudnik und Effelsberg 1995), andere haben eine wechselvolle Geschichte hinter sich, wie die Produkte der (ehemaligen) Firma *Macromedia*. Schließlich ist derzeit in keiner Weise abzusehen, wie sich die Zukunft entwickeln wird, z.B. durch das Engagement von Microsoft in diesem Gebiet (etwa mit der *Silverlight*-Technologie).

3 MHEG steht für die „Multimedia and Hypermedia Experts Group", eine Arbeitsgruppe der internationalen Standardisierungsorganisation ISO.

11.2.1 Grundparadigmen für Entwicklungsplattformen

Man kann eine Reihe von grundlegenden Ideen unterscheiden, wie eine Entwicklungsplattform aufgebaut werden kann. ▶Abbildung 11.1 zeigt die grundlegende Situation bei der Erstellung von Medienprodukten. Das **Medienprodukt** (ein zusammengesetztes **Medienobjekt**) ist in der Regel eine Datei oder eine Menge von Dateien. Für diese Dateien muss ein Format festgelegt werden. Zum Erstellen der Datei benötigt man ein Werkzeug, mit dem der Medienentwickler arbeitet. Dieses Werkzeug wird meist **Autorenwerkzeug** oder **Autorensystem** genannt. Damit das Produkt konsumiert werden kann, braucht man ein **Wiedergabeprogramm**, manchmal auch **Player** genannt.

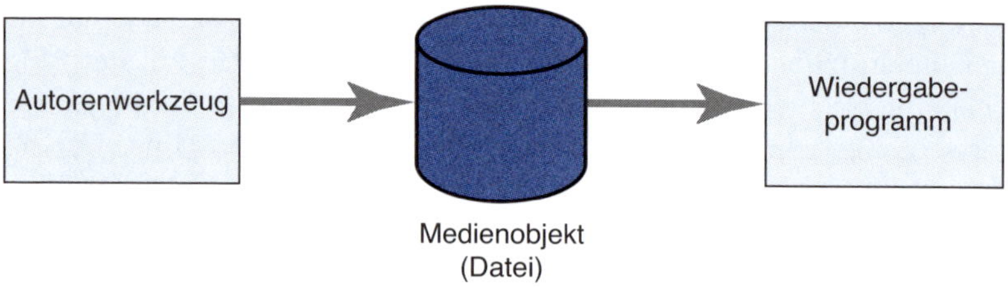

Abbildung 11.1: Grundlegende Situation beim Erstellen von Medienprodukten

Für das Format der Mediendateien gibt es grundsätzlich folgende Optionen:

- Für Menschen lesbares Textformat, mit dem Spezialfall eines XML-Dokumentes (siehe Kapitel 10)
- Binäres Format, für Menschen unlesbar

Die binären Formate sind in der Regel deutlich kompakter, was bei der Übertragung über ein Netz wichtig ist. Bei Formaten ist auch die Frage zu beachten, ob die Spezifikation des Formates **offen verfügbar** ist, wie das zum Beispiel bei weltweiten Standards der Fall ist, oder ob das Format **firmenintern** ist (was oft zu Decodierungsaktivitäten der offenen Softwareszene führt). Etwas damit gekoppelt ist die Entscheidung, ob das Format **herstellerunabhängig** ist, also mehrere Autorenwerkzeuge und/oder Wiedergabeprogramme für das Format unterstützt werden, oder ob das Format **proprietär**, d.h. auf die Werkzeuge eines Herstellers zugeschnitten ist.

Ein Beispiel für ein binäres und proprietäres Format ist das Auslieferungsformat für Flash-Dateien (*Adobe Shockwave Flash, SWF*), ein Beispiel für ein standardisiertes, offenes und textbasiertes Format ist das *SMIL*-Format (siehe weiter unten).

Bei den Autorenwerkzeugen haben sich ebenfalls einige grundlegende Paradigmen herausgebildet. So kann das Werkzeug folgende Formen annehmen:

- Standardtexteditor (oder Standardeditor für XML-Dateien)
- Spezialisiertes Autorenwerkzeug für ein Medienformat mit umfangreicher Werkzeugunterstützung wie visuelle Entwurfshilfsmittel, Vorschaufunktionen etc.
- Integration in eine Entwicklungsumgebung für Programmierung

Beim zweiten Punkt dieser Liste, den Autorenwerkzeugen, kann man ebenfalls verschiedene Formen finden, wie die Unterstützung des Entwicklers auf visuelle Metaphern abgebildet wird:

- **Kontrollflussorientierte Systeme**: Hier wird eine grafische Darstellung der Verzweigungen im Ablauf des Programms geboten, die leicht modifiziert werden kann. Ein Beispiel ist das System *Authorware*, das allerdings an Bedeutung verloren hat.
- **Ansichtsorientierte Systeme:** Inspiriert vom historischen Vorbild *HyperCard* steht hier die Ansicht der Präsentation im Mittelpunkt, wie sie sich am Ende dem Benutzer zeigt. Im Autorenmodus kann man dargestellte Elemente einfügen, verschieben und anderweitig modifizieren. Oft wird die Metapher einer **Bühne** für diese Ansicht verwendet. Beispiele sind das auf Lernanwendungen spezialisierte System ToolBook, aber auch die weit verbreiteten Autorensysteme *Flash* und *Director*.
- **Zeitleistenorientierte Systeme**: Diese Systeme ordnen alle Ereignisse entlang einer Zeitachse an und erlauben es, parallele Abläufe entlang dieser Zeitleiste zu entwerfen. Diese Darstellung dominiert in Systemen, die sich an den zeitabhängigen Medien Audio und Video orientieren, also z.B. allen *QuickTime*-bezogenen Werkzeugen. Diese Ansicht ist aber auch in *Flash* und *Director* integriert.

Die verschiedenen Entwicklungsplattformen sind nicht gleichermaßen in allen Situationen geeignet. So sind für hochgradig interaktive Anwendungen wie zum Beispiel interaktive Spiele in fast jedem Fall Systeme nötig, die Programmiersprachen oder Skripte integrieren (was in vielen der visuellen Werkzeuge zusätzlich möglich ist). Für einfache, weitgehend automatisch ablaufende Anwendungen sind rein visuelle Autorensysteme oder einfache textbasierte Formate völlig ausreichend. Auf der anderen Seite stellen textbasierte und insbesondere auf Programmier- oder Skriptsprachen zurückgreifende Werkzeuge hohe Anforderungen an das Abstraktionsvermögen der Entwickler; in vielen Fällen ist eine informatikorientierte Ausbildung empfehlenswert.

Da diese Erläuterungen sicher zu abstrakt geblieben sind, betrachten wir nun zwei Formate beispielhaft etwas genauer, einerseits einen internationalen offenen Standard (SMIL) und andererseits eine im Jahr 2009 weitverbreitete kommerzielle Technologie (Adobe Flash).

11.2.2 Synchronized Multimedia Integration Language (SMIL)

Die Sprache „**SMIL**" (gesprochen „Smile") ist ein offener Standard, der klare Konzepte zeigt, wie man verschiedene zeitabhängige und zeitunabhängige Medien in einem Dokument integrieren kann. Es handelt sich dabei um eine auf das World Wide Web ausgerichtete Sprache, die in ihrer Syntax der Webdokumentsprache HTML sehr ähnlich ist. Technisch gesprochen, handelt es sich um eine Sprache aus der großen Sprachfamilie XML, die im vorhergehenden Kapitel eingeführt wurde. SMIL wird hier nicht aufgrund seiner praktischen Bedeutung erwähnt, sondern aufgrund der einleuchtenden Konzepte, die auch an anderen Stellen wiederverwendbar sind. In der Praxis findet sich SMIL derzeit am häufigsten auf Webseiten, die Audio- und Videomedien zum Abspielen während des Herunterladens („Streaming") anbieten.

SMIL ist ein Standard des World Wide Web Consortiums (W3C). Der erste Entwurf für SMIL entstand 1987, die derzeit (2009) aktuelle Fassung ist Version 3.0 vom Dezember 2008. Einige gängige Multimedia-Player unterstützen SMIL, insbesondere der *RealPlayer* von *RealNetworks* und teilweise auch der *QuickTime Player* von *Apple*. SMIL-Dateien sind reine Textdateien, die Mediendaten müssen in externen Dateien bereitgestellt werden, auf die in der SMIL-Datei verwiesen wird. Dadurch entsteht grundsätzlich eine gewisse Fehleranfälligkeit, da „tote" Verweise auf verschwundene Dateien entstehen können; andererseits sind SMIL-Dateien durch diesen Aufbau leicht zu verstehen.

Die Regeln zur Syntax von SMIL sind identisch zu denen von XML. Der grundsätzliche Aufbau einer SMIL-Datei ist ein einziger Block mit dem Elementnamen `smil`, innerhalb dessen ein Block `head` das Layout (die 2D-räumliche Struktur der Darstellung) und ein Block `body` den Ablauf (die zeitliche Struktur der Darstellung) beschreibt:

```
<smil>
  <head>
    Räumliche Struktur im 2D-Raum
  </head>
  <body>
    Zeitliche Struktur
  </body>
</smil>
```

```
<smil>
  <head>
    <layout>
      <root-layout width="356" height="356"/>
      <region id="imgReg" width="256" height="256"
        left="50" top="50"/>
    </layout>
  </head>
  <body>
    <seq>
      ...
    </seq>
  </body>
</smil>
```

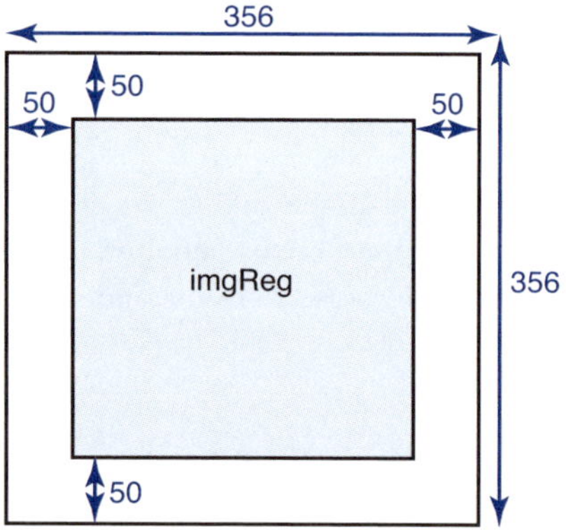

Abbildung 11.2: Ein Rahmen für eine einfache „Diashow" in SMIL

▶Abbildung 11.2 zeigt ein Beispiel für eine SMIL-Datei, die eine einfache Diashow repräsentiert. Im *head* werden zunächst Größe und Hintergrundfarbe des vom Player angezeigten Fensters definiert (*root-layout*). Anschließend wird eine Region innerhalb dieses Fensters definiert, die zur Anzeige eines wechselnden Bildes verwendet werden soll. Dieser Region wird ein Name gegeben (*imgReg*), auf den in der Datei an anderer Stelle Bezug genommen werden kann. Damit ist quasi ein Bilderrahmen geschaffen, der durch den zeitlichen Ablauf im *body* mit Inhalten gefüllt werden kann. In der Abbildung ist zum besseren Verständnis auch noch das beim Ablauf angezeigte Player-Fenster mit der Bildregion angedeutet (Dimensionen in Pixel). Beim Ablauf in einem Abspielprogramm (z.B. RealPlayer, QuickTime Player) wird dieses Fenster noch um Elemente zur Steuerung des Players ergänzt, z.B. die bekannten Bedienelemente für Start, Pause und Stop und Anzeigen für den Abspielfortschritt.

Der zeitliche Verlauf wird im *body* angegeben. Wir betrachten zunächst ein einfaches Element zur Anzeige eines Bildes für eine gewisse Zeit, das den Namen `img` trägt. Zu einem `img`-Element gehört die Information, *wo* das Bild angezeigt werden soll, *welches* Bild angezeigt werden soll (Bildquelle) und *wie lange* es angezeigt werden soll. Diese Informationen werden als sogenannte Attribute angegeben. Der Ort wird mit dem Namen der zu verwendenden Region (im „Bilderrahmen“) als `region`-Attribut angegeben. Die Quelle für das Bild (Attribut `src`) ist ein externer Dateiname für eine Bilddatei. Die Dauer der Anzeige (*duration*, Attribut `dur`) wird durch ein Zeitmaß angegeben. Wenn also in der oben beschriebenen Datei die Datei `berg.jpg` in der Region `imgReg` für 4 Sekunden angezeigt werden soll, heißt das entsprechende Element (ein Einzelelement, das keinen Block bildet und deshalb mit einem Schrägstrich abgeschlossen wird):

```
<img region="imgReg" src="rosen.jpg" dur="4s"/>
```

SMIL bietet eine Reihe von Operatoren für den zeitlichen Ablauf an; der einfachste davon ist `seq`, der den sequentiellen Ablauf der in dem `seq`-Block enthaltenen Untereinheiten vorschreibt. Sollen drei Bilder hintereinander für jeweils 4 Sekunden in der gleichen Region angezeigt werden, schreibt man das in SMIL also wie folgt:

```
<seq>
    <img region="imgReg" src="schmetterl.jpg" dur="4s"/>
    <img region="imgReg" src="rosen.jpg" dur="4s"/>
    <img region="imgReg" src="statue.jpg" dur="4s"/>
</seq>
```

SMIL umfasst eine Vielzahl von weiteren Elementen zur Anzeige von Basismedien (wie für Texte, Audio und Video) und weitere Operatoren zur Zusammensetzung komplexerer zeitlicher Abläufe (z.B. auch einen Operator zur Parallelausführung). Details dazu sind in einem Kasten („Medientypen und Ablaufoperatoren in SMIL“) zusammengefasst.

In einem integrierten Medienprodukt, wie es mit SMIL erzeugt und in einer „Player“-Software wiedergegeben wird, gibt es nur noch zeitgebundene Medien. Auch statische Medien wie Bilder werden in den zeitlichen Ablauf eingeordnet, indem Startzeitpunkt und Anzeigedauer festgelegt werden. Besonders interessant ist hier also die Frage der **Synchronisation** des Ablaufes verschiedener Medienelemente. Zu diesem Thema wird im SMIL-Standard eine interessante und über diesen Standard hinaus allgemein für Medienintegration anwendbare Terminologie eingeführt.

Exkurs — Medientypen und Ablaufoperatoren in SMIL

Der SMIL-Standard kann als Beispiel für eine umfassende Medienintegrationssprache gesehen werden. Deshalb sind die folgenden Listen auch für viele andere Überlegungen relevant.

Folgende Medientypen können mit SMIL integriert werden (und sind als alleinstehende XML-Elemente definiert):

- `audio`: Tondateien (z.B. im WAV- oder MPEG-Audio-Format)
- `img`: Standbild (z.B. im JPEG-, GIF- oder PNG-Format)
- `brush`: Farbblock
- `text`: statischer Text
- `textstream`: Textstrom, also zeitlich aufeinanderfolgende Textelemente
- `animation`: animierte Grafik (z.B. im Flash-Format SWF, siehe weiter unten)
- `video`: Videostrom, z.B. im MPEG-Format
- `ref`: generische Referenz auf externe Mediendatei

Folgende Operatoren für zeitliche Abläufe *(time containers)* sind in SMIL vorgesehen (und sind als umfassende XML-Elemente definiert):

- `seq`: sequentielles Abspielen der Teile in fester Reihenfolge
- `par`: paralleles Abspielen der Teile als eine Gruppe
- `excl`: Abspielen von nur einem Teil zur selben Zeit, ohne festgelegte Reihenfolge

Das Synchronisationskonzept von SMIL verwendet den Begriff **Time Container**, der von genereller Bedeutung über diesen Standard hinaus ist. Jedes wiederzugebende Medienobjekt nimmt eine bestimmte Stelle im räumlichen (meist flächigen) Design der Präsentation ein, aber auch eine bestimmte „Stelle“ im zeitlichen Ablauf. Das grafische Design kann man strukturieren, indem man Teilbereiche definiert und diese Teilbereiche ineinander verschachtelt. So könnte ein Präsentationsfenster beispielsweise aus einem Anzeigebereich (oben) und einem Steuerbereich (unten) bestehen, wobei der Anzeigebereich wieder in ein Bildfeld, ein Feld für erklärende Texte und ein Feld für Werbung aufgeteilt ist. Im Steuerbereich gibt es analog eine Anzahl von Unterelementen wie z.B. Schaltflächen zur Steuerung. Insgesamt haben wir es also mit einer Hierarchie von „Behältern“ zu tun, wobei jeder Behälter eine Menge von Elementen enthält, die unter Umständen selbst wieder Behälter sind. Solche Hierarchien von grafischen Behältern werden zum Beispiel benutzt, um grafische Benutzungsoberflächen zu strukturieren. Beispielsweise sieht das Java GUI-Framework *Swing* genau solche Behälterhierarchien vor. Beim GUI-Design wird die konkrete Anordnung der Elemente innerhalb eines grafischen Behälters (Containers) durch Layoutstrategien (in Java **Layout-Manager** genannt) definiert. Ein Layout-Manager regelt z.B., dass der Anzeigebereich oben in einem umgebenden Fenster platziert wird und dass die Schaltelemente des Steuerbereiches nebeneinander aufgereiht werden. Diese Idee lässt sich analog auf die zeitliche Strukturierung übertragen. Ein „Zeitbehälter" *(time container)* definiert nur eine Ansammlung von Medienelementen mit einer gewissen zeitlichen Ausdehnung. Zum Beispiel ist die Ansammlung von anzuzeigenden Bildern (wobei jedes Bild eine Anzeigezeit trägt) ein Time Container. Die Wiedergabestrategie, analog zu einer grafischen Layoutstrategie, ist hier, dass die Bilder sequentiell nacheinander angezeigt werden. Nimmt man ein weiteres Medienelement dazu, etwa Hintergrundmusik, so entsteht ein neuer Time Container, der die Bildanzeige (als zusammengefasstes Medienelement mit einer gewissen Gesamtlaufzeit) enthält sowie die Hintergrundmusik. Die zeitliche Wiedergabestrategie ist in diesem Fall die Parallelausführung der Hintergrundmusik mit der Anzeige der Bilder. Es ergibt sich also ein einfacher Baum von Time Containern wie in ▶Abbildung 11.3 dargestellt.

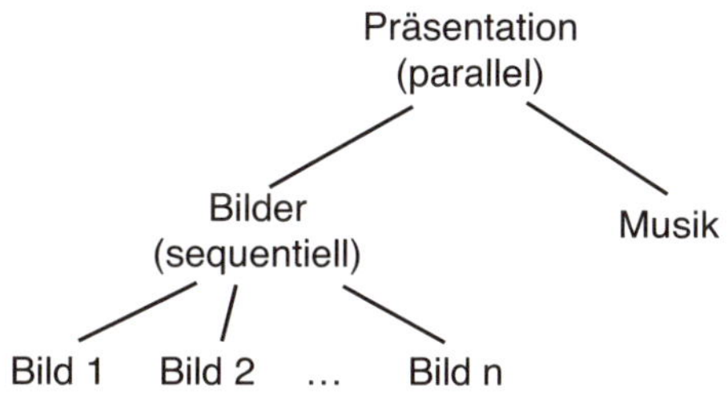

Abbildung 11.3: Hierarchie von Time Containern

SMIL sieht drei grundlegende Strategien zum „zeitlichen Layout" vor, nämlich sequentielle Ausführung, parallele Ausführung und exklusive Ausführung. Die letztere Strategie besagt, dass aus einem Time Container zu einem bestimmten Zeitpunkt nur eines der enthaltenen Elemente ausgeführt wird. Ein klassisches Beispiel dafür ist eine „Wiedergabeliste" in einem Musik- oder Video-Abspielsystem. Es kann jeweils nur ein Musikstück gespielt werden; die Auswahl des nächsten Musikstückes unterliegt wieder speziellen Strategien (z.B. sequentiell, zufällig).

Wenn man sich die Strategie zur zeitlichen Anordnung von Medienelementen als eine allgemeine „Layout"-Vorschrift vorstellt, ergeben sich aus dieser Analogie sofort weitere Konzepte. Im grafischen Layout kennt man das Phänomen, dass einzelne Elemente beschnitten werden, um in ein Layout zu passen, oder dass Leerraum oder anderes Füllmaterial (Werbung, Zierelemente) eingefügt werden, um das Layout aufzufüllen. Genau analoge Konzepte treten beim zeitlichen Layout auf. Wenn z.B. die natürliche Zeitdauer des Hintergrundmusikstücks für die Diashow länger oder kürzer ist als die gesamte Anzeigezeit der Bildpräsentationen, muss man im zeitlichen Layout straffen oder auffüllen. Mögliche Strategien wären z.B.:

- Nach Ende der Präsentation bleibt das zuletzt angezeigte Bild stehen, bis die Musik abgelaufen ist. Dieses „Auffüllen" wird in SMIL als „fill = freeze" bezeichnet. Alternativ könnte ein Logo das zuletzt angezeigte Bild ersetzen.

- Bei Ende der Präsentation wird die Musik abgeschnitten.
- Die Präsentationszeiten der einzelnen Bilder werden gleichmäßig gedehnt, um eine der Musiklaufzeit entsprechende Gesamtlaufzeit zu erreichen (analog zum Blocksatz im grafischen Layout).

Mit solchen abstrakten Layoutvorschriften wird bei der Auslieferung von Medienprodukten erreicht, dass das Produkt recht flexibel auf aktuell sich verändernde Bedingungen reagieren kann. Eine Änderung der Gesamtlaufzeit beispielsweise lässt sich mit solchen Konzepten vergleichsweise leicht umsetzen, ohne dass die gesamte Präsentation neu entworfen werden müsste.

SMIL enthält eine Vielzahl von weiteren interessanten Synchronisationskonzepten, z.B. die relative Positionierung von Medienelementen in der Zeit: Startet Medienelement 1 zusammen mit Medienelement 2 oder werden sie so gesteuert, dass sie gleichzeitig enden? Die Entscheidung zwischen solchen Alternativen lässt sich durch Sprachkonstrukte definieren. Die Abspielzeit eines zeitgebundenen Medienelementes verlängern kann man durch Angabe eines `repeatCount`-Wertes, so dass das Medienelement wiederholt (auch unbeschränkt oft) abgespielt wird. Beim parallelen Abspielen mehrerer Medienelemente kann man festlegen, wie die benötigte Zeit durch die einzelnen enthaltenen Elemente bestimmt wird (`endsync`), also z.B. ob das zuerst oder das zuletzt beendete Unterelement den Gesamtablauf beendet. Interessant ist auch die Bezugnahme auf eine globale Uhr und die Bezugnahme auf diverse Ereignisse (siehe nächstes Kapitel). Insgesamt ist SMIL ein Beispiel für eine Beschreibungsform, die allgemeine abstrakte Regeln angibt, statt im Detail jeden der Reihe nach auszuführenden Schritt vorzuschreiben. In der Informatik nennt man eine solche Beschreibungsform **deklarativ**.

SMIL ist trotz seiner relativ geringen praktischen Bedeutung – man trifft das Format vorwiegend im Bereich von Online-TV und Online-Radio – ein gutes Beispiel für eine konsequent als Dokument, nicht als Programm, angelegte Integration von Einzelmedien. Interessant ist auch, dass es ein textbasiertes, freies und international standardisiertes Format ist, im Gegensatz zu proprietären Formaten wie in unserem nächsten Beispiel.

11.2.3 Adobe Flash

Im Gegensatz zu dem gerade beschriebenen offenen Standard SMIL, der die integrierten Einzelmedien bündelt und nur eine relativ einfache „Hülle" um diese Einzelmedien baut, stellt *Adobe Flash* ein spezielles Einzelmedium in den Vordergrund, nämlich animierte Vektorgrafik. Diesem Medium untergeordnet lassen sich ebenfalls vielfältige Einzelmedien wie Bilder, Audio und Video in eine solche Flash-Präsentation integrieren. Ein weiterer ganz wesentlicher Unterschied zum letzten Technologiebeispiel SMIL besteht natürlich darin, dass Adobe Flash ein kommerzielles Produkt ist.

Exkurs Geschichte von Flash

Die Flash-Technologie hat eine lange und komplexe Geschichte hinter sich: Die Kernidee des Systems stammt aus den frühen 90er Jahren, als der Entwickler Jonathan Gay sich an der Gründung der Firma *Future Wave Software* beteiligte, die eigentlich Software für mobile Kleinstcomputer (Handheld-Computer) entwickeln wollte, die (verfrühte) Vorläufer moderner Touch-Screen-Eingabesysteme für Mobilgeräte waren. Aus der Zeichensoftware *SmartSketch*, die bereits über Animationsmöglichkeiten verfügte, entstand *FutureSplash Animator*, eine auf PCs und Macintosh-Systeme ausgerichtete 2D-Animationssoftware, die einen gewissen kommerziellen Erfolg erreichte. 1996 wurde Future Wave von der Firma *Macromedia* aufgekauft, die inzwischen im *Adobe*-Konzern aufgegangen ist. Macromedia erfand den Namen „Flash“ und orientierte die Software noch stärker auf netz- (d.h. internet-)basierte Präsentationen. Die Kernidee eines grafischen Editors, der es erlaubt, dynamisch ablaufende Multimedia-Präsentationen zu erstellen, blieb bis in das heutige Produkt erhalten.

Die komplizierte Entstehungsgeschichte lässt die Vorhersage zu, dass auch in der Zukunft die Entwicklung dieser Technologie stark von kommerziellen Gegebenheiten geprägt sein wird und damit sehr schwer vorhersagbar ist. So hat Flash in den letzten Jahren ernst zu nehmende Konkurrenz durch das Microsoft-Produkt *Silverlight* bekommen und auch das Sun-Produkt *JavaFX* bewegt sich in einem ähnlichen Marktsegment. Dennoch hat Flash eine enorm hohe Verbreitung auf den am Internet angeschlossenen Endgeräten. Flash stellt derzeit auch die Basis für extrem weit verbreitete Medienangebote dar, wie z.B. für das Videoportal *YouTube*.

Die Flash-Technologie besteht aus verschiedenen Bestandteilen. Neben dem bekannten Autorenwerkzeug sind ganz wesentliche Teile des Produktes das Format, in dem Multimedia-Präsentationen abgespeichert werden, sowie die dafür kostenlos zur Verfügung gestellte Abspiel-Software *(Flash Player)*. Das Geschäftsmodell beruht hier darauf, dass die Verbreitung des Auslieferungsformates letztlich auch hohe Absatzzahlen für das (kostenpflichtige) Autorenwerkzeug generiert. Das Format für ausführbare Flash-Dateien heißt *Shockwave Flash* (Dateiendung SWF), der Name wird oft als „Swiff“ ausgesprochen. SWF ist übrigens nicht nur das Format, in dem die mit dem Autorenwerkzeug *Flash* erstellten Produkte ausgeliefert werden. Es gibt inzwischen eine Vielzahl kommerzieller und freier Software, die dazu dient, mit dem Flash Player abspielbare Präsentationen zu erzeugen.

Um die Grundkonzepte der Flash-Technologie näher zu verstehen, ist es sinnvoll, sich ein wenig näher mit dem Autorensystem zu befassen. Deshalb werden im Folgenden einige Basisinformationen zur Erstellung von Multimedia-Präsentationen mit Flash gegeben.

Die Grundidee von Flash ist natürlich, ebenso wie bei SMIL, das grafische (flächige) Design mit dem Design des zeitlichen Ablaufes übersichtlich zu kombinieren. Dazu enthält das Autorenwerkzeug zwei zentrale Sichten auf das Produkt, die der Metapher einer Bühnenaufführung entlehnt sind. Eine Flash-Anwendung definiert ein Fenster, das zur Laufzeit später von einem Player-Programm angezeigt wird. Die dort angezeigte Fläche wird im Autorensystem als „Bühne" (*stage*) bezeichnet. Die zeitliche Veränderung des Inhaltes dieser Bühne kann auf ganz verschiedene Weise definiert werden. Die einfachste Form ist die Anlage von grafischen Objekten auf der Bühne, deren Verhalten über parallele Zeitleisten (sinnvollerweise eine je Objekt) dargestellt wird – sozusagen ein grafisches „Drehbuch". ▶Abbildung 11.4 zeigt ein sehr einfaches Drehbuch dieser Art, bei dem ein Rechteck-Objekt und ein Kreis-Objekt sich so bewegen, dass das Rechteck den Kreis trifft und der Kreis in Bewegung kommt, ähnlich zu einem Ball, der von einem Schläger getroffen wird.

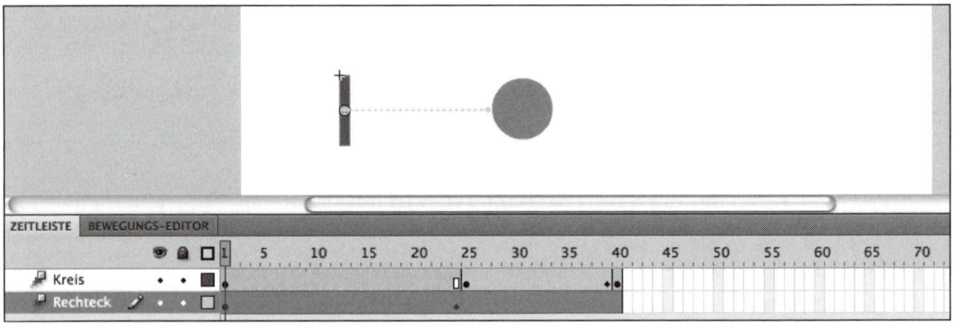

Abbildung 11.4: Zwei animierte Objekte im Autorenwerkzeug Flash

Im unteren Teil des Bildes sind zwei parallele Zeitleisten zu erkennen, die den „Lebensläufen" der beiden angezeigten Objekte entsprechen. Die obere Zeile beschreibt den Lebenslauf des Kreises, die untere den des Rechteckes. Im oberen Teil des Bildes ist die Bühne zu sehen, auf der beide Objekte mit ihrer Position auf der Zeichenfläche zu sehen sind. In der Zeitleiste befindet sich ein „Abspielkopf", der das aktuell auf der Bühne angezeigte Bild markiert. Bei einem Probeablauf der Präsentation durchläuft dieser Abspielkopf die Zeitleiste und die Bühne verändert sich entsprechend. Der Kreis bleibt in diesem Beispiel an seiner Position (d.h. dieser Teil der Bühne verändert sich nicht) bis das Bild Nummer 25 erreicht ist. Das ist daran zu erkennen, dass nur Bild 1 und 25 in der Zeitleiste mit einem Kreis markiert sind, also sogenannte „**Schlüsselbilder**" darstellen. Nur die Schlüsselbilder werden neu gezeichnet; die auf ein Schlüsselbild folgenden Bilder sind identisch, wenn keine sonstigen Veränderungen beschrieben werden. Der Verlauf des Rechteckes in der Zeitleiste zeigt eine etwas andere Symbolik, die auf einen sogenannten „Bewegungs-Tween"[4] hindeutet. Das Rechteck bewegt sich im Zeitraum zwischen Bild 1 und Bild 40, wobei seine Position durch mathematische Interpolation für alle Zwischenbilder bestimmt wird. Durch die gestrichelte Linie auf

4 Der Begriff „Tween" geht auf das sogenannte „In-Betweening" bei der Erstellung von Zeichentrickfilmen zurück, wo der Chefzeichner die Schlüsselpositionen einer Figur zeichnete und Hilfszeichner die Zwischenpositionen („Tweens") zulieferten.

der Bühne kann man sogar sehen, wohin sich das Rechteck bewegt, nämlich auf den Kreis zu. Bei Bild 25 erfolgt der Aufprall auf den Kreis (Ball), was als Zwischen-Schlüsselbild (Diamant-Symbol) dargestellt ist – nach dem Aufprall kann das Rechteck z.B. stehenbleiben oder sich sogar zurückbewegen, was in dem restlichen Ablauf beschrieben wird. Sobald der Aufprall erfolgt ist, setzt sich der Kreis (Ball) in Bewegung, was man an dem dort beginnenden Bewegungs-Tween für dieses Element sehen kann. Natürlich kann man den vollständigen Ablauf des Geschehens (der **Animation**) erst verstehen, wenn man alle Zwischenzustände für alle Bilder untersuchen kann; das hier wiedergegebene einzelne Bild kann nur einen groben Eindruck vermitteln.

Komplexer wird die Situation, wenn die einzelnen Objekte jeweils individuelle zeitliche Abläufe tragen. Man denke hier an ein Fahrzeug, das sich einerseits über die Bühne bewegt, andererseits aber selbst eine animierte Darstellung hat, z.B. sich drehende Räder. Dies lässt sich in Flash dadurch realisieren, dass Objekte eigene lokale Zeitleisten haben und somit das Gesamtverhalten durch viele verschachtelte Abläufe bestimmt wird. Eine weitere Komplexitätsstufe entsteht, wenn die Objekte ein nicht in genauen Koordinatenwerten vorhersehbares Verhalten zeigen, etwa indem ihre Bewegung von Benutzereingaben bestimmt wird (zum Beispiel wenn der Benutzer das Rechteck (den Schläger) durch Mauseingabe in einem bestimmten Winkel und einer bestimmten Geschwindigkeit zum Ball führt).

Für sehr komplexe Abläufe, wie die Reaktion auf solche Benutzerinteraktionen, aber auch weitere Flexibilität steht in Flash eine Skriptsprache *(ActionScript)* zur Verfügung, mit der z.B. auf Ereignisse reagiert werden kann. In ActionScript kann das Verhalten von Objekten vollständig durch Skripte gesteuert werden, wie die Bewegung des schon angesprochenen Balles, der in einem Videospiel angestoßen wird und seinen Bewegungsablauf abhängig vom Impuls und etwaigen Hindernissen selbst (d.h. durch sein Skript) bestimmt.

Als ein kleines Beispiel für die Bewegung eines Balles (Kreises), wie sie in ActionScript erscheint, sollen folgende Ausschnitte aus ActionScript-Code dienen. Man kann einem Objekt sogenannte „**Event Handler**“, also Methoden zur Ereignisbehandlung, zuweisen (siehe den letzten Abschnitt dieses Kapitels für Details hierzu). Ein besonderes Ereignis ist (neben offensichtlicheren Ereignissen wie einem Mausklick) das Ablaufen der Zeitspanne für ein anzuzeigendes Bild und die Neuanzeige eines Bildes (abhängig von der eingestellten Bildwiederholrate). Dieses Ereignis heißt in Flash „Enter Frame Event“. Mit folgendem Skriptcode wird einem Objekt (dem Ball) eine Ereignisbehandlung für Enter Frame hinzugefügt:

```
addEventListener(Event.ENTER_FRAME,enterFrameHandler);

function enterFrameHandler(event:Event) {
   ball.update();
}
```

Dabei bezieht sich der Bezeichner `ball` auf ein Ballobjekt (einen Kreis auf der Bühne). Diesem Ballobjekt kann eine Klasse im Sinne der objektorientierten Programmierung zugewiesen werden, die die Methode `update()` zur Berechnung der neuen Position für ein neues Bild enthält, also z.B.:

```
public function update() {
   x = x + speedx;
   y = y + speedy;
}
```

Hier bezieht sich `x` bzw. `y` auf die aktuellen Koordinaten für das Objekt und `speedx` bzw. `speedy` auf übergeordnete Variablen, die die Geschwindigkeit in *x*- bzw. *y*-Richtung angeben. Diese eben gemachten Erklärungen sind nur verständlich für Leser, die Grundkenntnisse in objektorientierter Programmierung besitzen, und deshalb wird das Thema hier auch nicht weiter vertieft.

Die komplexe Plattform von Flash kann selbstverständlich auch für die Integration verschiedener Einzelmedien genutzt werden, indem etwa Bilder als Objekte auf der Bühne angelegt werden oder Audio- und Videodateien über spezielle Player-Komponenten eingebunden werden. ▶Abbildung 11.5 deutet als Beispiel an, wie sich das oben eingeführte Diashow-Beispiel in der Flash-Autorenumgebung präsentiert. Man kann die Größe der Bühne und den Anzeigeort der Bilder genau wie in SMIL einstellen. Die sequentielle Anzeige der Bilder erfolgt hier durch aufeinanderfolgende Abschnitte der Zeitleiste.

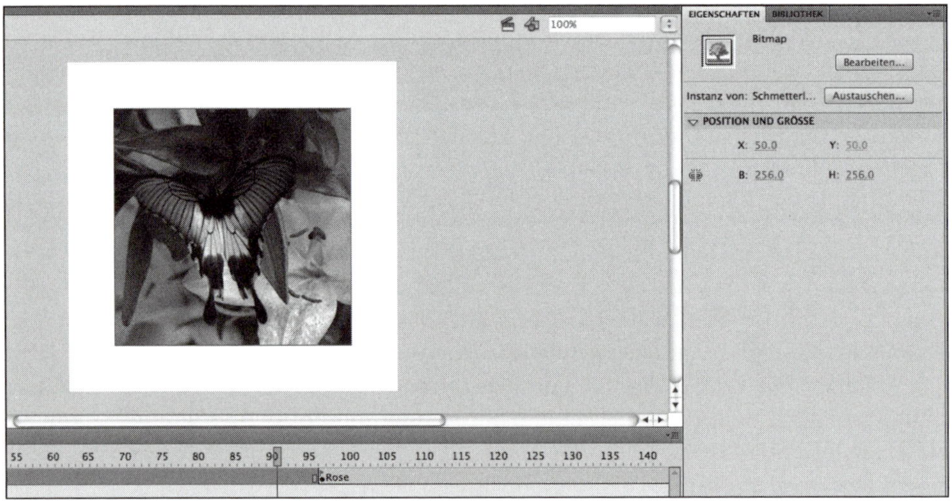

Abbildung 11.5: Diashow-Beispiel in Flash

Selbstverständlich lassen sich alle Synchronisationsaufgaben, wie sie oben für SMIL beschrieben wurden, auch in Flash lösen, wenn auch manchmal in weniger abstrakter Beschreibungsform. Das Autorensystem erleichtert dabei viele einfache Synchronisationsaufgaben dadurch, dass die Einzelmedien auf parallelen Zeitleisten angeordnet sind und der zeitliche Ablauf dadurch übersichtlich wird. Komplexere Synchronisationsaufgaben müssen mit der Skriptsprache geregelt werden.

Die beiden hier oberflächlich beschriebenen Technologien SMIL und Flash zeigen, dass eine gute Werkzeugunterstützung für die Medienentwicklung verschiedene Aspekte integrieren muss (bzw. auch Schwerpunkte auf einen der Aspekte setzen kann). Ein Aspekt ist das grafische Design – wie sieht das Fenster aus, in dem die einzelnen Medien ablaufen (und analog das Audiodesign) – oder das Design der Benutzerinteraktion. Dazu kommt die Gestaltung der Inhalte (Bilderkataloge, Audio- und Videomedien). Die Interaktivität bestimmt einen weiteren wichtigen Aspekt (siehe den letzten Abschnitt dieses Kapitels für eine genauere Diskussion). Ein weiterer, genereller Aspekt ist die technische Frage, auf welchen Zielplattformen man das Produkt ausführen will und wie das Produkt ausgeliefert werden soll (z.B. CD/DVD oder Internet). Diese Wahl ist eng verknüpft mit der Wahl der Werkzeuge, mit denen die Medienintegration ausgeführt wird. Zum Beispiel ist das Flash-Format in einer einfacheren Version auch für viele mobile Endgeräte verfügbar.

11.3 Weitere Werkzeuge

Die beiden oben in etwas größerem Detail eingeführten Plattformen sind nur Beispiele für eine Vielzahl von alternativen Plattformen zur Realisierung von Multimedia-Anwendungen. Alternative Plattformen sind (Stand 2009) unter anderem:

- *Microsoft Silverlight* als Laufzeitunterstützung und *Microsoft Expression Blend* als Autorenwerkzeug. Eine Besonderheit dieser Plattform ist, dass sie fest in einem sehr allgemeinen Rahmenwerk für Präsentationen verankert ist, der *Windows Presentation Foundation (WPF)*. Als Programmiersprache für komplexe Abläufe können hier verschiedene Sprachen (alle von *.NET* unterstützten Sprachen) benutzt werden.
- *Java*-Programme, das heißt Programme in einer allgemeingültigen Programmiersprache unter Verwendung von speziellen Bibliotheken für die Medienbehandlung wie *Java Sound* oder *Java Media Framework*. Kleine Java-Programme können auch problemlos in Webseiten eingebunden werden, und zwar als *Java Applets*. Auch außerhalb der von *Sun* gelieferten Software gibt es spezielle Programmpakete für die Unterstützung von Multimedia in Java, etwa das Visualisierungs- und Animations-Framework *Piccolo*, das von der University of Maryland stammt.
- Eine spezielle Java-Technologie, die auf JavaScript als Programmiersprache aufsetzt, aber Java-kompatible Laufzeitobjekte erzeugt, ist Suns neue Plattform *JavaFX*. JavaFX setzt voraus, dass man Präsentationen und Multimedia-Software in einer Programmiersprache erstellt, stellt aber eine Vielzahl von vordefinierten Strukturen wie Szenengraphen und Interpolatoren für die Animation fertig zur Verfügung. Auch eine einfache Vorschaufunktion auf das grafische Erscheinungsbild der Anwendung ist bei Verwendung einer geeigneten Entwicklungsumgebung möglich.

Das letzte Beispiel deutet bereits in die Richtung von stärker programmierorientierten Plattformen. Hier gibt es eine Reihe von Hilfsmitteln, die voraussetzen, dass der Entwickler souverän programmieren kann und eine moderne Programmentwicklungsumgebung (etwa *Eclipse* oder *Netbeans*) benutzt. Auch von Adobe gibt es mit dem Produkt *Adobe Flex* eine rein auf Programmierung ausgerichtete Werkzeuglandschaft, die weitgehend kompatibel mit Flash ist, also auch die Skriptsprache ActionScript benutzt und insbesondere SWF-Laufzeitobjekte erzeugt. Eine weitere Alternative bieten universelle Skriptsprachen wie *Python* zusammen mit Multimedia-Paketen wie dem Spiele-Baukasten *Pygame*.

Die Entscheidung für eine der vielen diskutierten Plattformen legt das zentrale Entwicklungswerkzeug für ein Projekt weitgehend fest. Aber im Alltag der Entwicklung digitaler Medien treten viele andere Werkzeuge auf, die zum Teil nur für kurze Zeit und begrenzte Aufgaben benutzt werden:

- Für die Bearbeitung von Bildern werden Bildbearbeitungsprograme wie *Adobe Photoshop* oder *GIMP* benutzt.
- Für die Bearbeitung von Audioaufnahmen benötigt man Tonbearbeitungsprogramme wie *Adobe Soundbooth* oder *Audacity*.
- Für die Bearbeitung von Videoaufnahmen werden gleich mehrere Typen von Software benötigt. Einerseits ist Videoschnittsoftware vonnöten, wie z.B. *Adobe Premiere* oder *Apple Final Cut*. Andererseits sind für Spezialeffekte und die Erstellung von speziellen Videoclips zur Verwendung in Animationen Video-Compositing-Programme nützlich, wie etwa *Adobe After Effects*.

Die perfekte Beherrschung all dieser (sehr komplexen) Software-Werkzeuge stellt sehr hohe Anforderungen an den Medienentwickler. In der Regel ist die Aufgabe nur durch Zusammenarbeit in einem Team von Spezialisten zu lösen, weshalb gut organisierte Prozesse (siehe nächstes Kapitel) sehr wichtig sind.

11.4 Interaktivität in Digitalen Medien

Digitale Medien haben eine Eigenschaft, die sie deutlich von allen historisch bisher bekannten Medien unterscheidet: Digitale Medien können auf Eingaben des Benutzers reagieren; sie sind in der Regel *interaktiv*. Dabei gibt es sehr verschiedene Grade der Interaktivität, von der einfachen Möglichkeit, auf die nächste Seite zu wechseln, über die Möglichkeit, verschiedene Voreinstellungen zu wählen, bis hin zur freien Gestaltung ganzer virtueller Szenerien (wie etwa in manchen Computerspielen). Deshalb sind ein gezielter Entwurf und eine systematische Realisierung von Interaktivität ein wesentlicher Bestandteil des „Engineering" für digitale Medien.

11.4.1 Arten von Interaktivität

Eine einfache Klassifikation von Interaktion in vier grundlegende Typen wird von Preece et al. (2007) vorgeschlagen. Man kann unterscheiden zwischen

- *Anweisungen* des Benutzers an das System: Das kann etwa durch klassische Zeilenkommandos geschehen, durch das Auswählen von Menüpunkten, das Berühren von Schaltflächen auf einem Touchscreen oder durch das Sprechen einer Sprachanweisung.

- *Dialog* des Systems mit dem Benutzer: Dies kann ein natürlichsprachlicher Dialog sein, ein Dialog über eingetippte Texte oder auch ein Frage-Antwort-Ablauf in einer grafischen Oberfläche wie z.B. bei einem Installations-„Wizard". Man kann hier noch feiner unterscheiden, ob die Initiative immer beim Benutzer bzw. immer beim System liegt oder in gemischter Form erfolgt.
- *Manipulation* von virtuellen oder physischen Objekten durch den Benutzer: Die Realisierungsmöglichkeiten reichen vom „Drag&Drop" in Fensteroberflächen (z.B. dem Verschieben eines Dateisymbols in den Papierkorb) bis hin zum Einlegen einer Identifikationskarte in ein Lesegerät.
- *Erkundung* einer virtuellen oder physischen Umgebung durch den Benutzer: In diese Kategorie gehört das „Surfen" im World Wide Web ebenso wie die Bewegung in virtuellen 3D-Welten oder die Erkundung von Museumsexponaten mit Multimedia-Hilfe (z.B. einem „Audio Guide").

Die Beispiele in dieser Gliederung machen nochmals klar, dass die Interaktion mit digitalen Medienprodukten auf ganz verschiedenen Ausführungsplattformen bis hin zur Hardware stattfinden kann. Die möglichen Ein- und Ausgabekanäle an das System sind natürlich von der gewählten Ausführungsplattform abhängig. So steht bei der Ausführung auf einem modernen Mobilgerät oft ein Bildschirm mit Zeigefunktion (Touchscreen) zur Verfügung, aber keine echte Tastatur – andererseits aber zusätzliche Eingabemöglichkeiten etwa durch Neigungssensoren.

Die Grundentscheidungen über die Art und den Grad der Interaktivität kann die Wahl der Entwicklungsplattform beeinflussen. So ist z.B. das oben beschriebene Format SMIL bei der Erstellung und Auslieferung digitaler Medienprodukte nicht sehr gut geeignet für fortgeschrittenere Interaktivität. SMIL eignet sich für Produkte, die im Wesentlichen eigenständig ablaufen und es nur in einem eingeschränkten Umfang dem Benutzer erlauben, in den Ablauf einzugreifen. Die ebenfalls oben vorgestellte Flash-Technologie dagegen erlaubt es ganz ohne Weiteres (bei entsprechenden Programmierkenntnissen und unter Verwendung von Skripten in ActionScript), beliebig komplexe und flexible Interaktionsformen zu entwickeln. Auch vom Benutzer oder dem Programm frei platzierte Objekte oder die Realisierung von Modellen physikalischer Gesetzmäßigkeiten (etwa für Ballspiele) stellen hier kein Problem dar.

11.4.2 Ereignisgesteuerte Programme

Interaktivität bedeutet immer, auf Eingaben des Benutzers zu reagieren. Nur in den einfachsten Fällen einer Dialoginteraktion mit Systeminitiative ist es möglich, dass das System den als Nächstes auszuführenden Schritt des Benutzers sehr eng festlegt. In der Regel strebt man an, dass der Benutzer sehr frei in der Wahl des nächsten Schrittes ist. Moderne interaktive Software muss also gleichermaßen dafür bereit sein, dass als Nächstes eine Schaltfläche gedrückt, ein Menübefehl aufgerufen oder ein Objektsymbol verschoben wird. Diese im Alltag heute als selbstverständlich vorausgesetzte Fähigkeit von Programmen hat aber starke Konsequenzen auf die Programmstruktur. Interaktive Programme können nicht ohne Weiteres als klassische Abfolgen von nacheinander auszuführenden Schritten verstanden werden, wie sie ein naives Verständnis von Programmen annimmt.

Exkurs

Beispiele für Ereignisbehandlung (Event Handler)

Die Ereignisbehandlung liegt als Grundprinzip allen sogenannten **Frameworks** und **Toolkits** zu Grunde, die die Erstellung von interaktiven Programmen erleichtern. In allen Entwicklungswerkzeugen für digitale Medienprodukte werden Möglichkeiten vorgesehen, Event Handler einzubinden. Zum Beispiel ist es im oben erwähnten Standard SMIL möglich, Event Handler (in JavaScript) in das Dokument einzubinden, und das Flash-Entwicklungswerkzeug sieht vor, dass man Event Handler in der Sprache *ActionScript* schreiben kann. Der folgende Text ist ein Beispiel dafür, wie ein solcher Event Handler in ActionScript 3.0 aussieht, der in einer Diashow die Pfeiltasten als Steuerung für das Umschalten zum nächsten bzw. vorherigen Bild realisiert. (Die Variablen `slides` und `slideindex` bezeichnen dabei die Sammlung der vorhandenen Bilder und die Nummer des gerade angezeigten Bildes in der Sammlung.)

```
function handleKeyDown(event:KeyboardEvent):void {
    var oldindex = slideindex;
    if (event.keyCode == Keyboard.LEFT) && (slideindex > 0)
       slideindex -= 1;
    if (event.keyCode == Keyboard.RIGHT)
          && (slideindex+1 < slides.length
       slideindex +=1;
    if (slideindex != oldindex) gotoAndPlay(slides[slideindex]);
}
```

Ohne auf die Details der Programmierung einzugehen, wird aus dem Text deutlich, dass die Entwicklungsumgebung einen Katalog möglicher Ereignisse (hier `KeyBoardEvent`) und deren relevanter Eigenschaften (hier `keyCode`) bereitstellt. Damit kann sehr einfach ein Programmstück geschrieben werden, das genau dann ausgeführt wird, wenn eine bestimmte Taste gedrückt wurde (hier `Keyboard.LEFT` und `Keyboard.RIGHT`). Die Entwicklungsumgebung muss ebenfalls Möglichkeiten bereitstellen, wie die Event Handler in den Ablauf von multimedialen Präsentationen eingreifen können (die bei Flash ja mit grafischen Hilfsmitteln im Werkzeug definiert werden). Ein Beispiel ist hier die Anweisung `gotoAndPlay`, die eine im grafischen Autorenwerkzeug definierte Zeitleiste anspricht und den Ablauf in dieser Zeitleiste an einer bestimmten Stelle fortsetzt.

Ein interaktives Programm hat als „Hauptprogramm" eine ganz einfache Struktur, nämlich eine endlose Schleife, in der auf das nächste Ereignis gewartet wird und dann, sobald ein Ereignis aufgetreten ist, eine passende Behandlung für dieses Ereignis durchgeführt wird. Ereignisse können hier ganz verschiedener Art sein, etwa eine Mausbewegung, das Drücken einer Taste oder auch das Beenden des Programms durch das Betriebssystem. Medienobjekte generieren spezielle Arten von Ereignissen, etwa bei Erreichen des Endes eines abgespielten Audio- oder Videoclips. Man spricht bei einem Programmstück, das ein solches Ereignis behandelt, auch von einem **Event Handler**. (Event Handler wurden ganz knapp bereits weiter oben im Rahmen des Beispiels *ActionScript* angesprochen.)

Die Programmierung von Interaktivität bedeutet also in der Praxis, die für die gewünschte Interaktion relevanten Ereignisse zu identifizieren, eigene Programmstücke (Event Handler) zu verfassen, die auf diese Ereignisse reagieren, und eventuell noch die eigenen Event Handler beim Framework „bekannt zu machen" (zu registrieren), so dass sie tatsächlich aufgerufen werden. Diese Art der Framework-bezogenen Programmierung wird auch manchmal plastisch als „Hollywood-Prinzip" bezeichnet: Man stellt Programmstücke bereit, die auf einen Rückruf warten.

11.4.3 Architektur interaktiver Programme

Digitale Medienprodukte unterliegen oft einem massiven Veränderungsdruck. Viele Bestandteile der Präsentation sind ohnehin für den laufenden Austausch bestimmt (etwa aktuelle Nachrichten oder Produktkataloge) und müssen deshalb vom Programmcode getrennt werden, zum Beispiel dadurch, dass sie aus externen Dateien eingelesen werden. Aber auch eine Evolution der Bedienoberfläche ist äußerst wahrscheinlich, zum Beispiel durch das Hinzufügen weiterer Ansichten des Medienbestandes (man denke etwa an die laufende Fortentwicklung der Oberflächen zur Auswahl von Musik in portablen Musikabspielgeräten). Deshalb ist es extrem wichtig, dass entwickelte Mediensoftware **änderungsfreundlich** ist. Ein Beitrag dazu ist, die Bedienoberfläche von der restlichen Logik des Programms und den eigentlichen Medieninhalten sauber zu trennen. Eine solche Trennung ist auch sehr hilfreich für den Entwicklungsprozess des Produktes, weil sie es ermöglicht, dass verschiedene Spezialisten relativ unabhängig an Teilen des Programms (also der Oberfläche und den unterliegenden Teilen) arbeiten. Man spricht im Software Engineering hier allgemein vom Prinzip der **Separation of Concerns**.

Um das Ziel einer änderungsfreundlichen und nach Aufgabenbereichen gegliederten Struktur des Gesamtproduktes zu erreichen, muss die sogenannte **Architektur** des Produktes wohlüberlegt sein. Mit Architektur ist hier eine Definition gemeint, welche Teilsysteme zum Gesamtsystem gehören, welche Teilaufgaben sie erfüllen und wie die Kommunikationswege unter den Teilsystemen organisiert sind. Das Thema der Softwarearchitektur weiter zu vertiefen, würde den Rahmen dieses Buches sprengen. Bei vielen Entwicklungswerkzeugen wird auch eine Grundarchitektur bereits vom Werkzeug vorgegeben.

Es gibt allerdings ein sehr grundlegendes Architekturprinzip, das einerseits immer wieder in Architekturen interaktiver Programmsysteme auftaucht und andererseits auch sehr gut verdeutlicht, wie abstrakte Grundideen der Aufgabentrennung praktisch in Softwarestrukturen realisiert werden können. Dieses Architekturprinzip heißt **Model-View-Controller (MVC)** und soll hier abrundend kurz erläutert werden.

Die Grundidee des MVC-Prinzips wurde bereits mit den ersten interaktiven Programmsystemen am Xerox Palo Alto Research Center entwickelt, wo in den 1970er Jahren mit dem Rechnersystem *ALTO* und der objektorientierten Programmiersprache *Smalltalk* herausragende Pionierarbeit für unsere heutigen interaktiven Rechnersysteme geleistet wurde.

Wie der Name andeutet, beruht MVC auf einer Trennung des Gesamtsystems in drei Komponenten, nämlich ein Modell (**Model**), eine Ansicht (**View**) und eine Steuerung (**Controller**).

Das Modell besteht aus der Hintergrundlogik des Systems, im Fall von digitalen Medienprodukten einschließlich der konkreten Mediendaten (wie Bilder, Audio- und Videodateien). Die Ansicht ist der an der Oberfläche sichtbare Teil des Systems, wobei in vielen Fällen mehrere Ansichten des gleichen Modells existieren. Zum Beispiel könnte in einem Medienbrowser eine Ansicht eine große Detaildarstellung eines Bildes oder Films sein, eine weitere Ansicht ein verkleinertes Bild in einer Übersicht („Thumbnail") und eine weitere Ansicht ein textueller Eintrag in einer Abspielliste. Immer wenn sich an dem Modell etwas ändert, sollen alle Ansichten aktualisiert werden (im Beispiel also etwa, wenn der Name des Medienobjektes sich ändert). Eine Kernidee im MVC-Paradigma ist nun, dass weder das Modell „wissen" soll, wie viele und welche Views für dieses Modell existieren, noch die Ansichten untereinander interagieren sollen. Deshalb verwendet man meist einen sehr allgemeinen Benachrichtigungsmechanismus, wie er von vielen modernen Programmiersprachen auch vorgefertigt bereitgestellt wird (in Java etwa das *Observable/Observer*-Muster). Die Ansicht wird so programmiert, dass sie eine Aktualisierungsfunktion enthält, die zu einem beliebigen Zeitpunkt die aktuelle Ansicht des dargestellten Modells erstellt (und dazu eventuell Details beim Modell abfragt). Das Modell wird so programmiert, dass es bei irgendwelchen Änderungen einen Benachrichtigungsmechanismus auslöst. Wenn sich die Ansichten über diesen Benachrichtigungsmechanismus für das Modell registriert haben, werden sie benachrichtigt, sobald das Modell eine Änderung vorgenommen hat, und sie können ihre Ansicht aktualisieren. Durch diese Struktur taucht im Programmcode für das Modell keinerlei Code auf, der sich auf die Ansichten bezieht, was Änderungen des Modells deutlich erleichtert. Jede Ansicht kann individuell programmiert werden, muss sich aber natürlich auf ein bestimmtes Modell beziehen.

Die dritte Komponente zur Steuerung *(Controller)* dient dazu, Änderungen im Modell auszulösen. Solche Änderungen werden oft durch Elemente der Bedienschnittstelle ausgelöst, etwa einen Menübefehl. Der Event Handler für dieses Steuerereignis wird als *Controller* bezeichnet. Die wichtigste Eigenschaft des Controllers ist, dass er zwar formal Bestandteil der Bedienoberfläche ist (weil zum Beispiel an ein Menü angebunden), dass er aber nicht mit den Ansichten interagiert. Stattdessen ändert der Controller grundsätzlich immer das Modell und die Ansichten werden dann über den oben genannten Benachrichtigungsmechanismus automatisch aktualisiert. Diese Struktur hat den großen Vorteil, dass ein Controller geschrieben werden kann, ohne dass auf die Anzahl und Art vorhandener Ansichten Rücksicht genommen werden muss. Der Controller muss auch nicht geändert werden, wenn sich eine Ansicht ändert oder eine Ansicht hinzukommt oder wegfällt. ▶Abbildung 11.6 zeigt grafisch die Abhängigkeiten zwischen den drei Komponenten des MVC-Schemas.

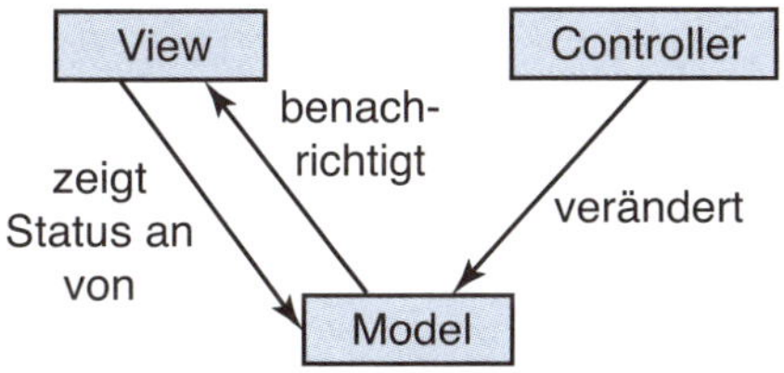

Abbildung 11.6: Das Model-View-Controller-Prinzip

Zusammenfassung

Die Werkzeuge für die **Konstruktion Digitaler Medienprodukte** müssen sorgfältig ausgewählt werden. Die Entscheidung für ein bestimmtes Werkzeug hängt dabei von den Vorkenntnissen der Entwickler, von der Art des zu entwickelnden Produktes (insbesondere dem Grad der Interaktivität) und den zu unterstützenden Plattformen für die Wiedergabe des Produktes ab. In diesem Kapitel wurde ein Überblick über verschiedene Arten von **Entwicklungswerkzeugen** gegeben. Zwei Werkzeuge und damit verbundene Abspielplattformen wurden in größerem Detail betrachtet. Der offene Standard **SMIL** sieht eine lesbare, weil als XML-Dokument angelegte, textuelle Beschreibung vor. Die kommerzielle **Flash-Technologie** setzt auf proprietäre binäre Formate und spezialisierte Autorenwerkzeuge und ist für ein sehr breites Spektrum von Anwendungsfeldern geeignet. Weitere alternative Werkzeuge und Plattformen sowie weitere im Arbeitsablauf benötigte Spezialwerkzeuge wurden ebenfalls kurz angesprochen. Unabhängig von der gewählten Plattform gibt es eine Reihe von Architekturprinzipien für die Gestaltung von Multimedia-Software. Als besonders wichtige konkrete Beispiele wurden hier das Prinzip der ereignisgesteuerten Programmierung und die Aufteilung eines interaktiven Systems in die Bestandteile Model, View und Controller erläutert.

Lösungshinweise

Übungen

1. Betrachten Sie die Medienprodukte, die in Ihrem Alltag eine Rolle spielen. Zu welchem Grad handelt es sich dabei um Digitale Medien? Zu welchem Grad kann man vermuten, dass der Produktionsprozess mit digitalen Vorprodukten arbeitet?

2. Wenn Sie die folgenden Systeme entwickeln müssten, welche Eigenschaften würden Sie von dem auszuwählenden Entwicklungswerkzeug verlangen? Würden Sie, vor die Wahl gestellt, SMIL oder Flash den Vorzug geben? Die Systeme sind: eine automatisch ablaufende Produktpräsentation für Großbildschirme, ein interaktiver Produktkatalog, eine Musik-„Jukebox“, ein interaktives Mühle-Spiel, ein interaktives „Adventure“-Spiel.

3. Verschaffen Sie sich Zugang zu einer Probelizenz von Flash oder einem ähnlichen Autorenwerkzeug und erstellen Sie eine Animation, in der ein Schläger auf einen Ball auftrifft und den Ball in Bewegung versetzt. Welche Probleme treten auf, wenn Sie auch das Abprallen des Balles von einer Wand und verschiedene Schlagrichtungen des Schlägers berücksichtigen wollen?

4. Wenn eine Anwendung nach dem Model-View-Controller-Prinzip strukturiert ist, welche dieser drei Teile des Systems müssen angepasst werden, um eine zusätzliche Ansicht zu integrieren?

5. Informieren Sie sich näher über die Grundidee des sogenannten *Observable/Observer*-Musters. Erläutern Sie, wieso dieses Muster besonders passend ist, wenn man Systeme nach dem Model-View-Controller-Prinzip bauen will.

Prozesse zur Entwicklung und Gestaltung Digitaler Medien

12

ÜBERBLICK

Einleitung

» Die Entwicklung und Gestaltung Digitaler Medien können bei größeren Projekten sehr aufwändig werden. Während man bei kleinen Medienprodukten, bei denen nur ein oder wenige Entwickler beteiligt sind, ad-hoc vorgehen kann, erfordern umfangreichere Produktionen ein koordiniertes Vorgehen. Designprozesse stellen Vorgehensweisen dar, die helfen können, einzelne Schritte koordiniert und geplant durchzuführen. Dazu muss nicht nur der Ablauf von der Planung und Analyse über den Entwurf und die Umsetzung bis hin zu Tests und Wartung beschrieben werden. Es müssen auch die unterschiedlichen Ebenen von Gestaltung, technischer Realisierung und Interaktionsdesign, die bei der Entwicklung von digitalen Medienprodukten parallel durchlaufen werden, berücksichtigt werden. Neben den klassischen Modellen des Software-Engineering sind für die Produktion Digitaler Medien auch iterative Prozessmodelle von besonderer Bedeutung. Dabei werden Produkte in mehreren Zyklen entwickelt. Menschzentrierte Designprozesse sind solche iterativen Vorgehensweisen, bei denen die Nutzer im Vordergrund stehen.

In diesem Kapitel werden einige Designprozesse für die Entwicklung und Gestaltung Digitaler Medien vorgestellt. Der Fokus liegt dabei auf den Besonderheiten, die sich bei der Digitalen Medienproduktion ergeben. Neben den Vorgehensmodellen werden auch Verfahren des Prototyping und Evaluationsmethoden vorgestellt, die im Zentrum vieler iterativer und menschzentrierter Methoden stehen. «

Lernziele

Dieses Kapitel vermittelt einen Einblick in die Notwendigkeit von **Designprozessen**, insbesondere in die besonderen Herausforderungen bei der Entwicklung von Medienprodukten. Sie lernen verschiedene Ansätze von **Prozessmodellen** kennen, so dass Sie deren Vor- und Nachteile in konkreten Situationen einschätzen können. Mit Hilfe einiger zentraler Techniken werden Sie in die Lage versetzt, **Prototypen** unterschiedlicher Komplexität zu entwickeln und zu evaluieren. Die hier vermittelten Grundlagen sollen es ermöglichen, für eigene Medienproduktionen ein geplantes Vorgehen zu entwerfen und die vorgestellten Techniken sinnvoll einzusetzen.

Die Entwicklung und die Gestaltung von Medienprodukten können sehr aufwändig und komplex sein. Einerseits müssen je nach Umfang eines Produktes sehr viele einzelne Teilschritte geplant, durchgeführt und aufeinander abgestimmt werden. Andererseits gibt es eine Vielzahl unterschiedlicher Produkte und Medientypen, die nicht immer nach dem gleichen Schema entwickelt und gestaltet werden können. So ist das Vorgehen für die Entwicklung

- einer Webseite,
- eines interaktiven Programms,

- eines Spiels,
- eines digitalen Films oder
- einer Bedienoberfläche für ein Computerprogramm

jeweils ganz anders. Offensichtlich müssen auch jeweils viele verschiedene Aktivitäten koordiniert werden, z.B. Programmieraufgaben und Aufgaben der grafischen Gestaltung.

Beim **Design-** oder **Entwicklungsprozess** geht es um die Entstehung eines Produktes und um **Vorgehensweisen**, wie die notwendigen Aktivitäten zur Entwicklung, ihre Abfolge und wechselseitige Beziehungen organisiert werden. In der Informatik spricht man bei solchen Vorgehensweisen oft von Modellen des Entwicklungsprozesses.

12.1 Designprozesse für Digitale Medienprodukte

Ziel eines Designprozesses ist in erster Linie ein gutes Produkt. Der Prozess soll darüber hinaus ein methodisches Vorgehen ermöglichen und messbare Ergebnisse liefern.

Ganz allgemein soll ein Designprozess

- zielgerichtet sein,
- sich an geplantem Nutzen, Material, Kosten und Nutzbarkeit orientieren,
- Kreativität ermöglichen,
- Kosten- und Zeitplanung beinhalten und
- nachvollziehbar sein (warum wurde was wie gemacht?).

Dazu muss es **Pläne** und **Vorgaben** geben, die es ermöglichen, abzuschätzen, wo man steht und was noch kommt. Ein Designprozess kann auch **Flexibilität** ermöglichen und **alternative Entwürfe** vorsehen. Somit dient der Prozess als Werkzeug zum Management.

Fallstudie: Eine interaktive Präsentation

Fallstudie

Eine Medienagentur soll eine interaktive Präsentation erstellen, die das Produktportfolio einer Firma vorstellt: einmal in einfacher Form im Web und einmal in sehr aufwändiger Form, mit hochauflösenden Videos und anderen Zusatzinformationen, auf DVD.

Welche Fragen sind vor Beginn eines solchen Projektes zu klären? Zu diesen Fragen gehören unter anderem:

- Anhand welcher Kriterien soll man später bewerten, ob das fertige Produkt das Ziel erreicht hat? Wie kann man bewerten, wie gut das Produkt ist? Die Beantwortung dieser Fragen hängt zum einen von dem Gesamteindruck der späteren Nutzer ab. Aber auch die Auftraggeber werden das Produkt anhand ihrer Vorstellungen bewerten.
- Wen soll das Produkt ansprechen? Hier stellt sich z.B. die Frage, ob vor allem die bisherigen Kunden des Auftragsgebers angesprochen werden sollen oder neue Kundenkreise.

- Was ist die richtige technologische Basis, also welche Entwicklungswerkzeuge werden eingesetzt, welche Technologie wird zum Abspielen verwendet? Die Entscheidung hängt von den Vorkenntnissen und der technischen Ausstattung sowohl der Entwickler als auch der zukünftigen Anwender ab. Beherrschen die Entwickler zum Beispiel bereits ein System wie Flash? Kann man davon ausgehen, dass die Anwender einen Flash-Player zur Verfügung haben?
- Was ist eine geeignete Architektur des Gesamtsystems, die eine Anpassbarkeit an zukünftige Entwicklungen (etwa neue oder geänderte Produkte) ermöglicht? Wenn wir damit rechnen müssen, dass fortlaufend neue Präsentationen von Produkten ergänzt werden, müssten wir zum Beispiel jede Produktpräsentation in einer eigenen Datei zusammenfassen oder eine eigene Schnittstelle für die Wartung entwickeln.
- Wie kann man Gemeinsamkeiten in den beiden Produkten für Web und DVD so ausnutzen, dass möglichst wenig Doppelentwicklung geschieht? Videos oder Grafiken sollten z.B. möglichst nur einmal produziert werden müssen.
- Welches grafische Design soll den Präsentationen zugrunde liegen? Soll es eine einheitliche Gestaltung des Screens geben oder eine Mehrzahl von Screens, z.B. für den Produktkatalog, einzelne Produkte und Hintergrundinformationen zur Firma?
- Wie soll die Interaktion mit dem System ablaufen? Übernimmt das System die Initiative, z.B. durch eine Figur, die durch den Ablauf führt und den Benutzer nach seinen/ihren Wünschen fragt, oder soll der Benutzer mit einem Menüsystem konfrontiert werden?
- Welches Bildmaterial wird benötigt, welche Videoclips, welche Konstruktionszeichnungen, welche Texte?
- Wer liefert das Material, wer macht die inhaltlichen Vorgaben (etwa bei Texten Stil und Länge), wer überprüft die Qualität?
- In welcher Reihenfolge finden die einzelnen Aktivitäten statt? Gibt es Abhängigkeiten zwischen den Entscheidungen? Muss die Farbgestaltung von Produktbildern (etwa Hintergrundfarbe) mit einem grafischen Konzept für die Gesamtpräsentation abgestimmt werden?
- Welche Möglichkeiten bieten das gegebene Budget bzw. die vorhandenen Ressourcen an Arbeitskraft, unter Berücksichtigung des geplanten Liefertermins?

Das Beispiel der Fallstudie zeigt, dass schon zu Beginn der Entwicklung viele Fragen im Raum stehen, die nicht einfach zu beantworten sind. Dabei ist diese Auflistung von Fragen noch in keiner Weise vollständig.

Bei der Gestaltung eines Entwicklungsprozesses kommen noch viele andere Fragen ins Spiel. Wie oben bereits angedeutet, müssen z.B. auch das **Budget** und die **verfügbaren Personalressourcen** geplant werden und die **Qualität** muss kontrolliert werden. Im Folgenden sollen einige grundlegende Möglichkeiten zum Vorgehen vorgestellt werden. Diese können den Rahmen für die Entwicklung darstellen. Zur genaueren Planung helfen weitere Werkzeuge des Projektmanagements, auf die hier nicht weiter eingegangen werden kann.

12.2 Ein klassisches Modell für den Designprozess

Ein ganz einfaches Modell zur Entwicklung von Produkten und zur Beschreibung des **Lebenszyklus** eines Produktes ist das **Wasserfallmodell** (▶Abbildung 12.1). Es ist ein Klassiker im **Software Engineering**, der Lehre von der Entwicklung von Software, und geht auf Arbeiten von Royce (1970) zurück. Das Modell geht von klar definierten Phasen aus, die nacheinander durchlaufen werden. In der Entwicklung wird jede Phase genau einmal durchlaufen.

Bei den einzelnen Schritten des Wasserfallmodells sieht man, dass das Design und die Implementierung nur einen Teil der zu erledigenden Aufgaben darstellen. Bevor man einen guten Entwurf erstellen kann, muss man verstehen, was genau die zu lösende Aufgabe ist. Dafür ist als erster Schritt eine **Analyse** nötig. In dieser Analyse werden z.B. Anforderungen gesammelt, die das Produkt erfüllen soll (**Anforderungsanalyse** oder **Requirements Analysis**). In diesem Schritt würde man auch untersuchen, welche Komponenten aus bestehenden Produkten wiederverwendet werden sollen. Darüber hinaus sieht man, dass in dem Modell mit der **Implementierung** des Produktes die Arbeiten noch nicht abgeschlossen sind. Vielmehr muss das Ergebnis auch getestet, ausgeliefert und gewartet werden.

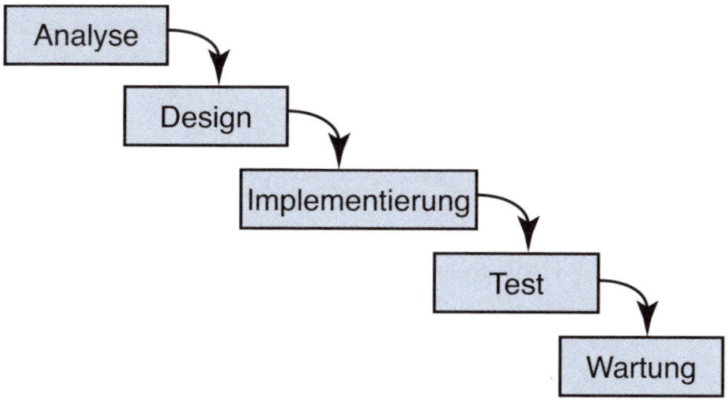

Abbildung 12.1: Klassisches „Wasserfallmodell"

Es gibt zahlreiche Varianten des Wasserfallmodells. Je nach zu entwickelndem Produkt kann man auch die einzelnen Schritte im Wasserfallmodell beliebig verfeinern. So findet man oft statt eines einzelnen Schrittes für den Entwurf bzw. das Design zwei Schritte, die den Entwurf in

- **Grobspezifikation** und
- **Feinspezifikation**

aufteilen. Obwohl das Wasserfallmodell stets nur in einer Richtung abläuft, werden oft zumindest kleine Rücksprünge erlaubt. So kann man beim Auftreten von Fehlern, die bei der **Validierung** und **Verifikation** des Resultates eines vorangegangenen Schrittes erkannt werden, auch einen Rücksprung erlauben, der den Fehler korrigiert. Diese Rücksprünge sollten aber selten sein, da das Modell darauf ausgerichtet ist, in jedem Schritt bereits beim ersten Mal alles richtig zu machen.

Das Wasserfallmodell ist für viele Medienprodukte anwendbar, insbesondere, wenn sie nicht interaktiv sind. Wenn eine Broschüre oder ein Video erstellt werden soll, geht man nach einem solchen Prinzip vor. Die in Kapitel 6 für die Filmproduktion vorgestellten Schritte Vorproduktion, Produktion und Postproduktion würden sich sehr gut in einem Wasserfallmodell abbilden lassen.

Oft müssen für ein Gesamtprodukt viele einzelne Medienprodukte entwickelt werden. Die Erstellung dieser Einzelmedienprodukte wie Audioaufnahmen, Fotografien oder Videoclips erfolgt jeweils für sich in einem wassserfallähnlichen stufenartigen Vorgehen. Die Produktion muss zunächst geplant werden, dann müssen die Produktionshilfsmittel bereitgestellt werden (Technik, Requisiten, Schauspieler etc.). Anschließend finden die eigentlichen Aufnahmen statt (meist in mehreren Durchläufen) und es folgt eine Phase der Nachbearbeitung oder Postproduktion. Gerade die letzte Phase der Nachbearbeitung kann bei Digitalen Medien zum Teil oft aufwändig sein, wenn Spezialeffekte eingearbeitet werden müssen und/oder rechenintensive Rendering-Prozesse stattfinden.

12.3 Verschiedene Ebenen des Designs

In der präsentierten Fallstudie wird deutlich, dass das Design eines Medienproduktes verschiedene Ebenen des Entwurfes und der Gestaltung miteinander verquickt, die bei vielen anderen Produkten als separat angesehen werden können. Vor allem die drei Ebenen

- **Softwaredesign**,
- **Grafik-** und **Audiodesign**
- und **Interaktionsdesign**

laufen parallel ab und Entscheidungen auf der einen Ebene können immer großen Einfluss auf das weitere Vorgehen der anderen Ebenen haben (▶Abbildung 12.2).

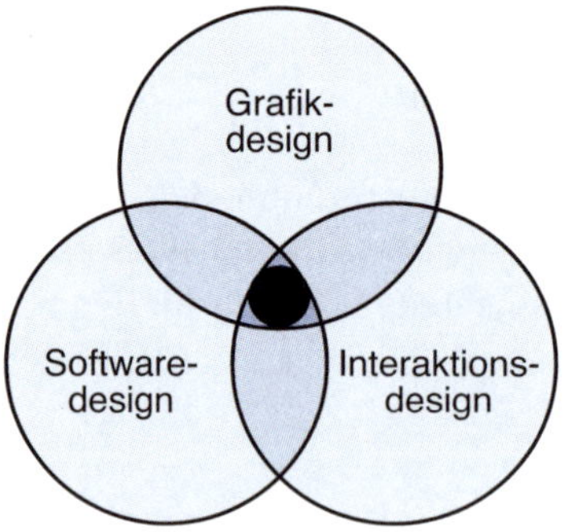

Abbildung 12.2: Überlappende Designaufgaben verschiedener Art

Bei klassischen Softwareprodukten liegt der Schwerpunkt der Entwurfsarbeit auf dem Softwaredesign: Entwurf von Softwarearchitekturen und Programmstrukturen. Bei Produkten aus dem Medienbereich dominieren Grafikdesign, Audiodesign und andere Entwurfsarbeiten, die für das jeweilige Medium typisch sind (z.B. Entwurf eines Drehbuches). Bei technischen Industrieprodukten gibt es Aufgaben, die dem Grafikdesign verwandt sind, nämlich die äußere Gestaltung des Produktes, diese Aktivität wird aber eng verknüpft mit der Handhabung des Produktes, also dem Design der Interaktionen. Beim Entwurf digitaler Medien müssen Elemente aus allen diesen Designbereichen in Übereinstimmung gebracht werden. Das grafische Design z.B. der erwähnten Produktpräsentation ist wichtig für den Gesamteindruck, gleichzeitig muss auf eine gute Handhabung geachtet werden, damit Benutzer nicht schnell aufgeben, das Medium zu benutzen, und schließlich sind viele technische Rahmenbedingungen zu berücksichtigen, die letztlich das Softwaredesign betreffen, z.B. welche Softwarearchitektur dafür sorgt, dass verschiedene Plattformen bedient werden können.

Für die Entwicklung von digitalen Medienprodukten wird deshalb der Entwicklungsprozess komplexer, da die erwähnten (mindestens) drei verschiedenen Arten von Entwurfsaktivitäten (Mediendesign, Interaktionsdesign, Softwaredesign) im gleichen Zeitraum und miteinander koordiniert stattfinden müssen. Konkret entwickelt z.B. gleichzeitig ein Grafikdesigner die Farb- und Formensprache der Präsentation, während ein Filmteam Videoclips erstellt, ein Interaktionsdesigner Menüstrukturen aufstellt und Softwareentwickler eine leicht änderbare Struktur der Software erstellen. Entsprechend werden in den Folgephasen alle diese Entwürfe ausgearbeitet, also z.B. konkrete Bildschirmlayouts erstellt, Schnittstellen erstellt und Software ausprogrammiert.

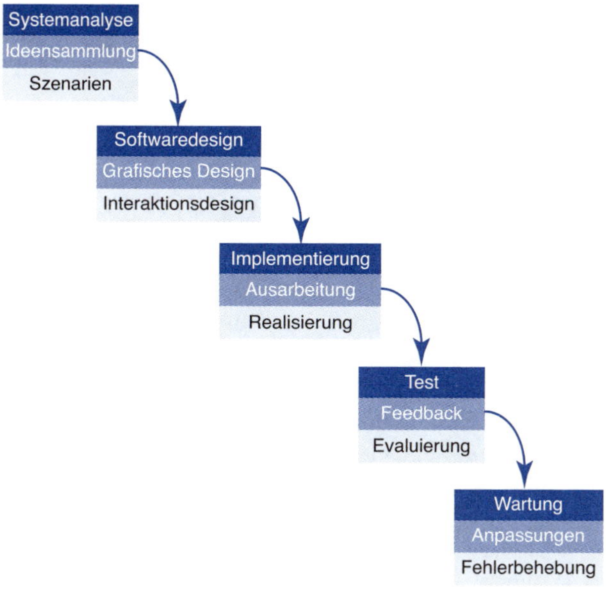

Abbildung 12.3: Wasserfallmodell mit drei parallelen Aktivitätsarten

Generell gesehen kann man kann sich das Vorgehen bei der Entwicklung von multimedialen Produkten also als drei parallele, in jeder Stufe miteinander verwobene wasserfallartige Abläufe vorstellen, wie in ▶Abbildung 12.3 angedeutet. Hier steht jeweils der obere Block einer Stufe des Wasserfalles für eine Aktivität in der Softwareentwicklung (ist also identisch zum klassischen Wasserfallmodell). Der mittlere Block jeder Stufe bezieht sich auf die Gestaltung, also das audio-visuelle Erscheinungsbild. Hier können wie oben beschrieben weitere parallele Aktivitäten zur Erzeugung benötigter Einzelmedien stattfinden, z.B. die Produktion von Videoclips. Der unterste Block jeder Stufe bezieht sich auf die Entwicklung eines benutzbaren interaktiven Gesamtsystems.

Man kann anhand von Abbildung 12.3 erkennen, dass jede Stufe des Entwicklungsprozesses mehrere parallele Aktivitäten umfasst, die sich grob in die drei oben erwähnten Designarten gruppieren lassen. Es ist allerdings naiv, anzunehmen, dass die zeitliche Abfolge all dieser Arbeiten so möglich sein wird, wie in der Abbildung angedeutet. In der Praxis werden die einzelnen synchronen Aktivitäten einer Stufe verschieden lang dauern. Zum Beispiel kann das Softwaredesign sehr schnell Ergebnisse liefern, während das grafische Design noch längere Bearbeitungszeit benötigt, oder umgekehrt kann die Implementierung der Software länger dauern als die Ausarbeitung des grafischen Designs.

Wenn man dem Wasserfallmodell streng folgen will, ist jeder Übergang in eine nächste Stufe ein **Meilenstein**, zu dem alle relevanten Produktionsschritte aller parallelen Aktivitäten abgeschlossen sind. Damit kann es allerdings passieren, dass Teammitglieder darauf warten müssen, dass andere Teammitglieder ihre Aufgaben erledigen, was keine optimale Ausnutzung der (menschlichen) Ressourcen bedeutet. Es ist also durchaus überlegenswert, weitere Varianten zu überlegen, bei denen im Prinzip mehrere Stufen parallel in Ausführung sein können. Je komplexer solche Prozessmodelle werden, desto schwieriger wird es aber auch, sie befriedigend, leicht und für alle Beteiligten verständlich umzusetzen.

12.4 Iterative Modelle des Entwicklungsprozesses

In der Praxis hat sich gezeigt, dass Entwicklungsprozesse meist nicht so einfach und geradlinig wie in den oben beschriebenen Modellen ablaufen. Zum Beispiel ist aus Softwareprojekten das Problem bekannt, dass durch **Änderungen** in den Anforderungen oder durch schwer formalisierbare Anforderungen ein wasserfallartiges Vorgehen schwierig oder gar nicht durchführbar ist. Wenn solche Änderungen der Anforderungen erst bekannt werden, nachdem die Analysephase vorüber ist, wird das Projekt im schlimmsten Fall zu Ende entwickelt, ohne dass auf die geänderten Anforderungen eingegangen wird. Zum Ende des Projektes, etwa bei der Endabnahme, stellt sich dann der Fehler heraus – oft mit katastrophalen Folgen für das Ergebnis des Projektes.

Im Software Engineering versucht man, dieser Gefahr zu begegnen, indem man Zwischenergebnisse entwickelt, die in einem frühen Stadium des Projektes schon vom Auftraggeber abgenommen werden. Häufig sind dies **Prototypen**, also nur teilweise funktionsfähige Vorabversionen des Produktes. Es gibt eine Vielzahl von Modellen des Entwicklungsprozesses, die in der Literatur zur Softwareentwicklung beschrieben sind, z.B. das **Spiralmodell**, der **Unified Process** oder die modernen sogenannten **agilen Prozessmodelle**. Diese Modelle wurden ganz allgemein für die Softwareentwicklung definiert, ohne dass es sich dabei um Medienprodukte handeln müsste.

Aus der Entwicklung von Interaktionskonzepten kennt man ähnliche Überlegungen. Hier hat man die Erfahrung gemacht, dass die Benutzbarkeit von Schnittstellen am besten sicherzustellen ist, wenn die Entwickler sich stets der echten Bedürfnisse der zukünftigen Benutzer des Systems bewusst sind. Im sogenannten **menschzentrierten Entwurf** (**User-Centred Design**), ebenfalls einer iterativen Variante des Entwicklungsprozesses, versetzt man den Benutzer ins Zentrum der Überlegungen und stellt sehr früh in der Entwicklung Attrappen der späteren Benutzungsschnittstelle oder auch Prototypen bereit, die man z.B. in Benutzerexperimenten auf ihre Bedienbarkeit hin evaluiert.

Im kreativen Design für die audio-visuelle Gestaltung sind zwar formale Modelle des Entwicklungsprozesses weniger üblich, aber auch hier ist das Konzept der iterativen Verfeinerung von Entwürfen bekannt und weit verbreitet.

Insgesamt ist ein **iteratives Vorgehen** ein realistischeres Modell des Entwicklungsprozesses. Es umfasst mehrere Stufen von Vorgängerprodukten, wobei in der Praxis eine Vorstufe der Entwicklung mehrere nicht integrierte Einzelprodukte umfassen kann. Zum Beispiel kann in der ersten Stufe eine erste Fassung des Grafikdesigns nur aus einer mit Papier realisierten Attrappe der Bedienoberfläche bestehen, während parallel ein technischer Versuch die praktische Machbarkeit der für den Einsatz geplanten Technologien testet. Je weiter man im Entwicklungsprozess fortschreitet, desto mehr sollten die Zwischenprodukte homogen und in ein Gesamtprodukt integriert sein, etwa in einem lauffähigen Prototyp. ▶Abbildung 12.4 skizziert ein solches Vorgehen.

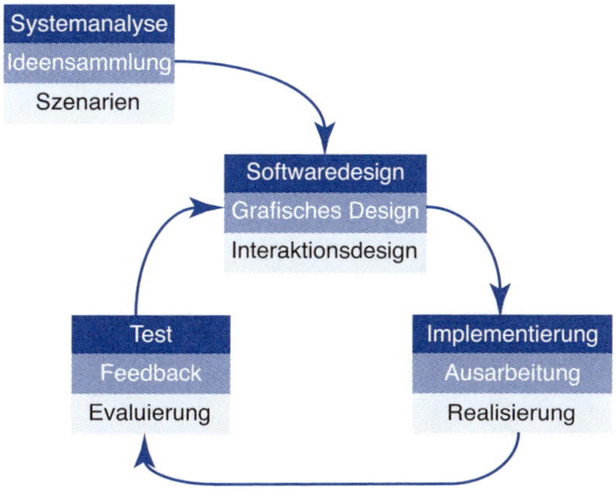

Abbildung 12.4: Iteratives Modell mit drei parallelen Aktivitätsarten

Bei der Entwicklung von Medienprodukten bietet sich also ein solches iteratives Vorgehen an. In der Praxis zeigen sich aber einige Quellen für Probleme, die unbedingt im Auge behalten werden müssen. Ein Problemkreis ist, dass die drei verschiedenen Designaktivitäten innerhalb einer Iteration durchaus verschieden lange Zeit benötigen können, während das Modell suggeriert, dass jede Iteration einen klar definierten Endpunkt hat, an dem alle drei Aktivitäten ein Endprodukt erreicht haben. Es wird manchmal nötig sein, die drei Design-Entwicklungszyklen stärker voneinander zu entkoppeln und beispielsweise der Softwareimplementierung mehr Zeit für eine Implementierungsphase zu geben, als für die Ausarbeitung eines grafischen Designs nötig ist.

Eine besondere Schwierigkeit liegt in Einzelmedienprodukten, die in ein Gesamtangebot integriert werden sollen, wie zum Beispiel spezielle Musikaufnahmen oder Videoclips. Diese Teilprodukte haben die Eigenschaft, dass Entwurfsentscheidungen schwer revidierbar sind. In der Softwaretechnologie hat man durch moderne Programmiersprachen und Entwicklungsumgebungen heutzutage relativ gute Möglichkeiten, auch in komplexen Systemen tiefgreifende Änderungen nachträglich durchzuführen (wenn auch mit zunehmendem Aufwand je nach Größe). Bei der Produktion von Einzelmedien gibt es dagegen unüberwindbare praktische Hindernisse, Änderungen nachträglich durchzuführen. Wenn z.B. Schauspieler für Filmaufnahmen für bestimmte Tage gebucht sind oder eine Reise an einen bestimmten Produktionsort durchgeführt wird, ist es extrem aufwändig, manchmal sogar völlig unmöglich, bestimmte Änderungen an dem produzierten Material nachträglich vorzunehmen (etwa geänderte Dialoge). Hier ist also ein Vorgehen wie im Wasserfallmodell sinnvoll. Andere Änderungen, die sich z.B. auf den Filmschnitt beziehen, sind allerdings ähnlich problemlos durchführbar wie Änderungen in der Software. Die praktische Schlussfolgerung aus dieser Erkenntnis ist, dass die Produktion von nur schwer änderbaren Einzelmedienprodukten (wie Videoclips) **so spät wie möglich** geplant werden sollte, auf jeden Fall erst, nachdem alle dafür relevanten anderen Entwurfsentscheidungen gut abgesichert wurden. Für frühere Prototypen muss man diese kritischen Produkte durch Attrappen, etwa überblendete Standbilder oder sehr einfache Animationen, ersetzen.

12.5 Menschzentrierte Prozesse

Wie bereits erwähnt, sind **menschzentrierte Designprozesse** spezielle iterative Ansätze beim Entwurf von interaktiven Systemen. Bei ihnen stehen Menschen mit ihren Zielen und Interessen im Vordergrund und sollen besonders berücksichtigt werden.

Definition: menschzentrierter Designprozess

Ein menschzentrierter Designprozess

- ist eine Methode, um relevante menschliche Faktoren zu berücksichtigen,
- erlaubt bewusste und nachvollziehbare Entscheidungen,
- setzt den Fokus auf wichtige Fragestellungen und Anforderungen,
- macht die Evaluation und Überprüfung von Annahmen später möglich.

Das Design basiert auf Aufgaben, Fähigkeiten, Bedürfnissen und Kontext der Nutzer. Dazu werden Nutzer früh in den Designprozess eingebunden.

Um den Erfolg überprüfen zu können, sollten Anforderungen als quantifizierbare und messbare Usability-Kriterien definiert werden (z.B. „90 Prozent der Nutzer können eine Aufgabe in unter fünf Minuten lösen").

Im Gegensatz dazu steht der (bei technischen Systemen weit verbreitete) **systemzentrierte Ansatz** zum Entwurf, der den Fokus vor allem auf technische Aspekte der Realisierung richtet. Hier würde man sich fragen, was man leicht mit vorhandenen Tools auf einer Plattform realisieren kann und was der Entwickler gern entwickeln möchte.

Eine besondere Herausforderung bei der Entwicklung und Gestaltung interaktiver Digitaler Medien liegt darin, dass Anforderungen oft nicht direkt in Spezifikationen umsetzbar sind. Soll ein Produkt beispielsweise „leicht bedienbar" sein, so kann man daraus nicht direkt ableiten, wie genau das Produkt aussehen muss. **Guidelines** und **Best Practices** (diese werden noch in Kapitel 13 vorgestellt und diskutiert) können zwar helfen, Entwürfe sinnvoll zu gestalten, aber ohne eine Einbindung von Nutzern in den Designprozess lässt sich vor allem bei neuartigen Produkten nicht sicherstellen, dass die Anforderungen auch erfüllt werden. Dabei sind **Iterationen** unausweichlich, bei denen die Erkenntnisse aus den Rückmeldungen der Nutzer wieder in den Designprozess zurückfließen können.

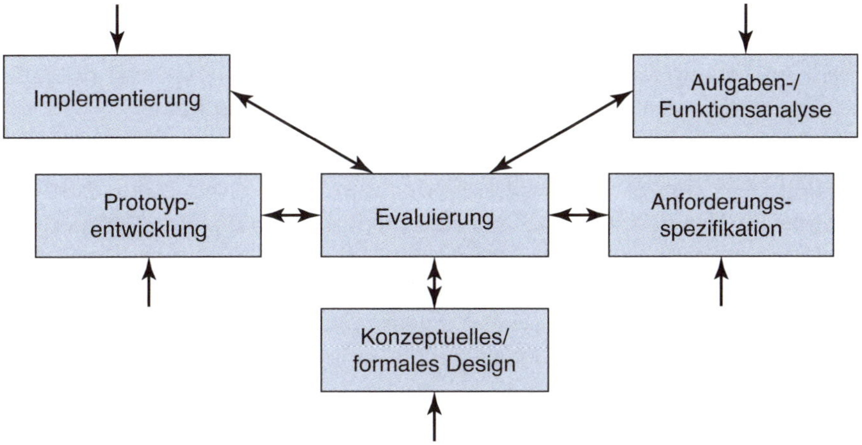

Abbildung 12.5: Beispiel für einen menschzentrierten Designprozess – Stern-Modell von Hartson und Hix (1989)

Es gibt eine Reihe von Ansätzen, wie Nutzer in den Designprozess einbezogen werden können. Gemeinsam ist allen Ansätzen, dass man schnell Prototypen entwickelt und diese mit Experten oder Nutzern evaluiert, um sie iterativ zu verbessern. ▶Abbildung 12.5 zeigt ein Beispiel für ein solches Prozessmodell. Dieses **Stern-Modell** von Hartson und Hix erlaubt sehr große Freiheiten bei der Reihenfolge der verschiedenen Schritte des Entwurfes. Zentral ist dabei jedoch die **Evaluation**, die jeweils untersucht, inwiefern die Ziele in Bezug auf die Nutzer erreicht wurden. Die Entwicklung selbst kann überall beginnen, also z.B. mit einem ersten Prototypen oder der Sammlung von Anforderungen. Je nach Stand der Evaluation kann man zu jedem Schritt wieder zurückspringen.

Im Einzelnen sind folgende Schritte in einem menschzentrierten Designprozess wichtig:

- **Definition des Kontextes**: Meist müssen die Gestalter in einem ersten Schritt den Kontext ihres Produktes beschreiben. Dazu gehört die Frage, wie die Nutzung später aussehen wird, ob es z.B. eine berufliche, vielleicht sogar lebenswichtige, Anwendung ist oder ob sie der Unterhaltung in der Freizeit dient. Dazu gehört auch eine Analyse des Marktes. Dies ist ebenso für die Gestaltung wichtig, da der Markt auch Einfluss darauf hat, was Nutzer erwarten. Dabei sind nicht nur direkte Nutzer wichtig, auch Manager, die ein Produkt kaufen und in einer Firma einführen, oder Betroffene, wie z.B. die Kunden der Nutzer, können eine Rolle spielen.

- **Beschreibung der Nutzer**: Auf der Grundlage des Kontextes muss jede Gruppe von direkt oder indirekt Betroffenen sorgfältig betrachtet werden. Die physischen und kognitiven Fähigkeiten sowie kulturelle und soziale Faktoren können beeinflussen, wie die Nutzer mit dem Produkt umgehen.
- **Taskanalyse**: Verschiedene Techniken wie Interviews oder Beobachtungen können helfen, eine formalisierte Beschreibung dessen zu erhalten, was Nutzer mit dem Produkt tun wollen. Dabei ist es wichtig, zunächst herauszufinden, wie Nutzer bisher tatsächlich die Aufgaben lösen (nicht wie sie glauben, die Aufgaben zu lösen). Auch die Werkzeuge, Hilfsmittel und Dinge aus dem Umfeld spielen dabei eine Rolle.
- **Anforderungsspezifikation**: Dieser Schritt entspricht dem der klassischen Softwareentwicklung. Allerdings basiert er im menschzentrierten Entwurf auf dem besseren Verständnis der Nutzer, der Aufgaben und des Kontextes. Darüber hinaus kann der Schritt im Verlauf des Prozesses in späteren Iterationen wiederholt durchlaufen werden, wenn Evaluationen zu neuen Erkenntnissen geführt haben.
- Beim **konzeptuellen und formalen Design** werden die Anforderungen und Spezifikationen in Systemkomponenten übersetzt.
- **Prototypentwicklung**: Anstelle des Ansatzes „do it right the first time" werden iterativ Prototypen entwickelt. Es ist mit einfachen Mitteln schon in sehr frühen Projektphasen möglich, anschauliche Simulationen des Bedienkonzeptes bereitzustellen, z.B. durch **paper prototypes** (die weiter untern genauer vorgestellt werden). Am Ende der Entwicklung bestehen Prototypen aus einem fast fertigen Produkt.
- **Evaluationen** sind notwendig, um den Fortschritt zu bestimmen und um die Aufgaben und Anforderungen besser zu verstehen, damit die Spezifikationen und die Implementierung schrittweise immer besser werden. Die Evaluation von Zwischenergebnissen ermöglicht es, eventuelle Defizite des Designs schon sehr früh zu erkennen und in weiteren Iterationen zu vermeiden.
- **Implementierung**, **Tests**, **Wartung**: Wenn schließlich ein Prototyp hinreichend die Designziele erfüllt, kann der finale Prototyp als Produkt implementiert werden. Tests und Wartung sind ebenso wichtig wie in klassischen Prozessen zur Entwicklung von Softwareprodukten. Sie können auch dazu beitragen, nach Fertigstellung eines Produktes Rückmeldungen zu erhalten, die dann für neue Produkte oder neue Versionen Vorgaben liefern.

Diese Schritte im menschzentrierten Designprozess sind Grundbausteine für ein erfolgreiches Design interaktiver Systeme. Sie sind für viele Typen Digitaler Medien und auch anderer Produkte anwendbar. Iteratives Vorgehen ist auf jeden Fall die beste Vorgehensweise für interaktive Systeme, vor allem bei der Entwicklung neuartiger Produkte, die Anforderungen genügen sollen, die sich nicht direkt in Spezifikationen formulieren lassen.

Bei einem solchen iterativen Designprozess stellt sich natürlich die Frage, wie dieser konkret aussehen kann und ob durch die wiederholte Entwicklung von Prototypen und die Evaluationen nicht der Entwicklungsaufwand vervielfacht wird. Wenn jeweils ein voll funktionsfähiger Prototyp entwickelt wird, der durch eine größere Anzahl von Nutzern evaluiert wird, so hätte man bei z.B. fünf Iterationen möglicherweise den fünffachen Aufwand im Vergleich zum nichtiterativen Vorgehen.

Doch glücklicherweise gibt es eine Reihe von Techniken, die helfen, den Aufwand zu beschränken, so dass im Endeffekt der Gesamtaufwand nicht größer sein muss als bei konventionellen Designprozessen. Insbesondere sind folgende drei Punkte für die Durchführung wesentlich:

- **Wie anfangen?** Im ersten Schritt kann man erste Anforderungen mithilfe von Szenarien oder Personas ermitteln (weitere Details dieser Techniken werden weiter unten vorgestellt). Um in den ersten Iterationen schnell einen Eindruck zu bekommen, wie verschiedene Entwürfe für ein System zu den Anforderungen passen, kann man mit sehr einfachen Systemen beginnen, die sämtliche Funktionalität nur vortäuschen. Der Aufwand für erste Entwürfe kann minimal sein und in jeder Iteration muss nur ein Teil neu entwickelt werden, bis schließlich ein komplexer Prototyp am Ende erreicht wird. Damit bleibt der Gesamtaufwand der Prototypentwicklung handhabbar.
- **Iterationen**: Evaluationen sind der Kern des oben beschriebenen Stern-Modells. Abhängig vom Fortschritt der Entwicklung, dem Budget und der Art des Systems können eine Vielzahl unterschiedlicher Techniken angewandt werden. Dabei lassen sich in frühen Phasen schnelle und wenig aufwändige Techniken einsetzen. Dies entspricht der Kernidee eines iterativen Entwicklungsprozesses, wie er bereits weiter oben diskutiert wurde.
- **Wann aufhören?** Bei jedem iterativen Prozess müssen Kriterien definiert werden, wann die Iterationen zu einem Ende gelangen. Ansonsten läuft man Gefahr, in einem endlosen Verbesserungsprozess zwar immer bessere Entwürfe, aber kein finales Design zu erhalten. Um dies zu vermeiden, kann entweder die Anzahl der Zyklen vorab festgelegt werden oder es werden messbare Kriterien festgelegt, wann das erzielte Design den Anforderungen genügt. Solche Kriterien können Usability-Kriterien sein, wie z.B. „95% der Nutzer bewerten das System als sehr gut oder gut“ oder „90% der Nutzer können eine Aufgabe in 30 Minuten erledigen“. Manchmal wird das Abbruchkriterium auch durch externe Umstände erzwungen, wie z.B. „das Budget ist erschöpft“ oder „die Deadline für die Abgabe ist erreicht“.

Methoden zur ersten Anforderungsdefinition, die Entwicklung iterativer Prototypen (das Prototyping) und Evaluationsmöglichkeiten solcher Prototypen sollen im Folgenden noch etwas genauer betrachtet werden.

12.5.1 Szenarien und Personas

Für jede Entwicklungsaufgabe gilt, dass ein genaues Verständnis der zu lösenden Aufgabe Voraussetzung für ein gelungenes Resultat ist. In der Praxis stellt sich immer wieder heraus, dass unscharf definierte oder falsch verstandene Aufgabenstellungen zu besonders großen Problemen in der Softwareentwicklung führen. Deshalb muss jeder Systementwicklung eine genaue Anforderungsanalyse vorangehen, z.B. durch **Benutzerbefragungen**, **Benutzerbeobachtungen** oder **Analysen** von Arbeits- bzw. (bei Medien) Konsumvorgängen.

Wichtig ist auch, die Ergebnisse einer Anforderungsdefinition in einer Weise festzuhalten, die für weitere Entwicklungsschritte nützlich ist. Hier hat sich besonders die Technik bewährt, **Szenarien** zu definieren, d.h. typische Abläufe in der Nutzung des Produktes als kleine Sacherzählungen in Prosatext festzuhalten. Solche Szenarien können verschiedene Zeiträume umfassen, etwa einen typischen Tag im Leben eines Benutzers oder auch nur einen spezifischen Anwendungsfall für das Produkt. Wesentlich ist, dass alle Schritte in der Benutzung des Produktes aus Benutzersicht enthalten sind und dass klar wird, wie die Benutzung in das Leben des Benutzers eingebettet ist (Kontextinformation). Zum Beispiel sollte beschrieben werden, wo und wann das Produkt eingesetzt wird und was mit den Ergebnissen geschieht, die das Produkt liefert.

Die Szenarienbeschreibungen sind ein äußerst wertvolles Hilfsmittel an vielen anderen Stellen des Entwicklungsprozesses, zum Beispiel als Richtlinie für Evaluierungen. Ein großer Vorteil ist, dass diese textuellen Beschreibungen sowohl für die Auftraggeber und potenziellen Endnutzer als auch für die Entwickler gut verständlich sind und somit eine gute Kommunikationsgrundlage für die Anforderungsdefinition bieten.

Ein Problem bei der Definition von Anforderungen ist, dass zu unscharfe Vorstellungen von den potenziellen Nutzern des Systems bestehen. Bestimmte Eigenschaften und Fähigkeiten, etwa Sprachkenntnisse in Englisch, die Fähigkeit, Software zu installieren, oder auch hohes Konzentrationsvermögen werden oft implizit im Verlauf der Definition von Anforderungen und Szenarien vom Benutzer angenommen. Man spricht vom sogenannten **elastischen Benutzerbild**. Um zu vermeiden, dass sich Entwickler und Anforderungsingenieure mit solchen Annahmen die Aufgabe zu sehr vereinfachen, hat sich die **Persona**-Technik bewährt. Eine **Persona** ist ähnlich wie eine Figur eines Dramas eine sehr konkrete Person, die aber eine ganze Gruppe von Menschen repräsentiert. Die in einem Szenario auftretenden Benutzer sollten Personas sein, also nicht nur abstrakte Namen („Max Mustermann") besitzen, sondern genau als Persönlichkeiten beschrieben sein. Manche Autoren gehen so weit, diesen fiktiven Personen sogar Porträtfotos zuzuordnen, was eventuell etwas zu weit geht. Aber es ist gut, möglichst viel über die Personen festzulegen, etwa Name, Alter, Geschlecht, Schulbildung, Arbeitgeber, familiäre Situation, Wohn- und Arbeitsort usw. Dadurch dass man eine Person möglichst plastisch vor Augen hat, sinkt die Gefahr deutlich, unrealistische Annahmen über die Person zu machen.

12.5.2 Prototyping

Prototypen können helfen, vor einem detaillierten Entwurf eines Interaktionskonzeptes zu prüfen, ob ein konzeptionelles Modell passend ist. Eine besondere Rolle spielen Prototypen in den ganz frühen Phasen der Entwicklung, in denen es noch nicht möglich und sinnvoll ist, Softwareprototypen zu erstellen. Hier werden oft Designskizzen oder sogenannte **low-fidelity prototypes** eingesetzt, d.h. skizzenartige Prototypen.

- **Designskizzen**: Anstelle von tatsächlichen Systemen können Nutzer und Designexperten auch schon frühe Skizzen auf Papier oder Tafel evaluieren. Solche Skizzen vermitteln bereits einen Eindruck der Designideen und die Diskussion der Skizzen kann das gegenseitige Verständnis der Gestalter und Anwender fördern und Fehler deutlich machen. Ein Beispiel für die Skizze eines konzipierten Systemverhaltens wäre ein illustriertes Drehbuch (oder idealer Weise ein Comic Strip). Sehr einfach zu realisieren sind auch **Papier-Protoypen**, bei denen Bildschirminhalte durch Schreiben und Zeichnen auf Papier simuliert werden und durch einfaches Austauschen von Papier- oder Kartonelementen oder durch das Aufkleben von selbst haftenden Notizzetteln das Verhalten der konzipierten Schnittstelle erkennbar wird. Die low-fidelity Prototypen haben (im Gegensatz zu ausprogrammierten **high-fidelity prototypes**) den sehr großen Vorteil, dass sie mit minimalen Kosten erstellt werden können. Außerdem laden solche skizzenhaften Darstellungen Testpersonen geradezu zur Kritik ein, da die leichte Änderbarkeit ganz offensichtlich ist. Deshalb erhält man mit low-fidelity Prototypen in Benutzerstudien auch vergleichsweise grundlegende Beurteilungen des konzeptionellen Modells.
- **Wizard of Oz**-Experimente: Wenn Nutzer einen realen Eindruck von einem System bekommen sollen, das noch nicht implementiert wurde, dann bieten sich Simulationen an. Dabei kann ein menschlicher Operator den Nutzer, dessen Aktionen und die Umgebung beobachten und alle Funktionen des Systems steuern. Einer Testperson wird dann gesagt, sie hätten es bereits mit einem funktionierenden System zu tun. Tatsächlich spielt aber der Operator (oder „Wizard") abhängig von den Nutzereingaben Systemausgaben ab. Diese Technik ist besonders nützlich, wenn man Interaktionsdaten vor der Implementierung benötigt. So werden z.B. bei Sprachinterfaces die typischen Äußerungen von Nutzern bei der späteren Interaktion mit dem System bereits vorab zum Training des Systems benötigt (Kapitel 9).
- Ein **Mock-Up** simuliert immer noch viele funktionale Teile des Systems, erlaubt aber bereits typische Interaktionssequenzen und vermittelt einen Eindruck des **Look and Feel** des Produktes. Für eine interaktive Software kann ein früher Mock-Up aus einer Reihe von einfachen Webseiten bestehen, die jeweils Screenshots des zu entwickelnden Systems umfassen, die dann bei jedem Interaktionsschritt zum nächsten wechseln. In späteren Iterationen kann man dann Schritt für Schritt Simulation durch Implementierung ersetzen.
- Ein **Prototyp** beinhaltet im Gegensatz zum Mock-Up bereits die tatsächliche Funktionalität des Zielsystems. Durch Verbesserung und Erweiterung der Prototypen wird schließlich das finale System entwickelt.

Beim Prototyping besteht die Entwicklung eines Produktes zu einem wesentlichen Teil aus einer schrittweisen Entwicklung verfeinerter Prototypen. Im Idealfall werden sogar Designalternativen durch alternative Prototypen realisiert und dann systematisch untersucht, wobei es in frühen Phasen leichter ist, mehrere Alternativen zu entwickeln. In späteren Phasen wird man sich auf einen oder wenige Entwürfe festlegen.

12.5.3 Evaluierung

Die Entwicklung von Prototypen ist natürlich nur sinnvoll, wenn diese Prototypen auch einer gründlichen **Evaluierung** unterzogen werden[1]. Für die Entwicklung interaktiver Systeme ist die Interaktion mit Benutzern das entscheidende Kriterium, deshalb werden alle Prototypen ausführlich mit Versuchspersonen oder Experten getestet. Evaluierende Aktivitäten machen also beim Interaktionsdesign einen Großteil der Arbeitszeit aus.

Es gibt ein sehr großes Spektrum an Evaluierungstechniken, die man anhand verschiedener Kriterien einteilen kann in:

- **Formative** und **summative Methoden**: Formative Evaluierung ist eine Untersuchung, deren Ergebnisse in die Gestaltung des Endproduktes einfließen, während summative Evaluierung das fertige Endprodukt bewertet. In diesem Sinne sind die Untersuchungen, die mit Prototypen durchgeführt werden, formative Evaluierungen. Solche Evaluierungen können schon mit den allerersten low-fidelity-Prototypen durchgeführt werden.
- **Qualitative** und **quantitative Methoden**: Bei qualitativen Methoden wird Feedback in Form von Kommentaren, Eindrücken oder subjektiven Bewertungen durch Befragungen oder Fragebögen gesammelt. Quantitative Methoden messen Parameter wie z.B. Fehlerraten, Zeiten oder die Zahl der Interaktionsschritte zur Erledigung von Aufgaben und messen somit die Effizienz eines Produktes.
- **Analytische** und **empirische Verfahren**: Ein analytisches Verfahren untersucht Eigenschaften des Prototyps, die durch „genaues Hinschauen" zu erkennen sind, und bezieht in der Regel keine Versuchsbenutzer mit ein. So kann man beispielsweise messen, wie viele Interaktionsschritte für die Durchführung einer Aufgabe erforderlich sind. Bei den empirischen Verfahren werden meist Testpersonen benötigt und man beurteilt die tatsächliche Benutzbarkeit des Prototyps durch Menschen.
- **Feldstudien** oder **Laboruntersuchungen** untersuchen die Produkte in der Umgebung, in der sie tatsächlich eingesetzt werden, oder unter kontrollierten Bedingungen im Labor. Während Laborstudien schneller durchführbar sind, sind Feldstudien meist aufwändiger, führen aber zu realistischeren Resultaten.

---

1 Evaluierungen werden oft mit Tests verwechselt oder nicht scharf abgegrenzt. Tests sind Verfahren, die die Funktionalität eines Produktes in Bezug auf die technischen Eigenschaften überprüfen. Solche Tests sind wie bei der Entwicklung von allen Produkten auch bei digitalen Medienprodukten unerlässlich. Wir gehen hier aber nicht weiter auf Tests ein. Hier gibt es im Software-Engineering sehr viele ausgefeilte Methoden. Unter Evaluierungen verstehen wir Methoden, die nichtfunktionale Anforderungen an ein Produkt in Bezug auf die Nutzer überprüfen.

- **Expertenevaluationen** und **Nutzerstudien**: Bei Expertenstudien untersucht eine kleine Gruppe von Design- oder Anwendungsexperten Entwürfe und bewertet diese auf Grund ihrer Erfahrungen. Eine Reihe von Techniken wie z.B. **Cognitive Walkthrough**, **Discount Evaluations** oder **Lautes Denken** können die Untersuchung unterstützen. Nutzerstudien sind aufwändiger, da sie die Prototypen durch eine Reihe repräsentativer Nutzer testen lassen. Sie sind vor allem in weiter fortgeschrittenen Phasen der Entwicklung aufschlussreich.

Cognitive Walkthrough

Ein Beispiel für eine formative und analytische Expertenevaluation ist ein Cognitive Walkthrough. Bei dieser Prozedur bewerten Experten einen Prototyp, wobei man sich am besten an vorgegebenen Benutzungsszenarien orientiert, die dann mit dem Prototyp durchgespielt werden. In jedem Einzelschritt müssen die Experten explizit Fragen beantworten wie z.B.: „Kann der Benutzer aufgrund seiner Ziele erkennen, was die richtige nächste Aktion ist?" oder „Wird der Benutzer korrekt und ausreichend über den erzielten Effekt seiner Aktion informiert?" Durch die Auswertung der Antworten auf diese Fragen werden eine Vielzahl von Problemen des Entwurfes und Verbesserungsvorschläge für die nächsten Prototypen offensichtlich.

Im Detail gibt es viele verschiedene Techniken, die sich zur Evaluierung eines Prototypen eignen und unterschiedliche der genannten Konzepte kombinieren. Ein Cognitive Walkthrough kann als formative, qualitative, empirische Expertenevaluation unter Laborbedingungen durchgeführt werden. Im Prinzip sind alle möglichen Kombinationen der oben genannten Kriterien möglich. Häufig werden auch alternative Ansätze kombiniert. So werden bei Nutzerstudien oft sowohl quantitative als auch qualitative Erhebungen in einer Studie gemeinsam durchgeführt.

Praxistipp: quantitative empirische Methoden

Bei quantitativen empirischen Untersuchungen sind die allgemein in der Wissenschaft üblichen Regeln für das Durchführen und Auswerten von Experimenten zu berücksichtigen. Es muss klar sein, welche Einflussgrößen auf das gemessene Ergebnis bestehen und welche davon vom Versuchsleiter bewusst gesetzt werden (**unabhängige Variablen**). Ein Beispiel für eine solche unabhängige Variable wäre die Altersgruppe der Testpersonen oder die untersuchte Variante der Bedienschnittstelle (wenn mehrere Varianten verglichen werden sollen). **Abhängige Variablen** sind quantitative Messwerte, wie z.B. die Zahl von Fehlern oder die benötigte Bearbeitungszeit. Besondere Sorgfalt gilt dem Design der Versuchsfolgen, um zum Beispiel zu verhindern, dass Testpersonen, die zwei Versionen eines Systems ausprobieren, Lerneffekte aus der ersten Variante in das zweite Experiment mitbringen. Schließlich sind die erhaltenen Messwerte nach den Regeln der statistischen Testtheorie gegen konkrete Hypothesen auszuwerten. Mathematische Hilfsmittel stehen zur Verfügung, um die **Signifikanz** der erreichten Aussagen zu beurteilen, d.h. die Frage, ob die Ergebnisse nicht auch durch rein zufällige Streuung zu erklären wären.

Diese sehr kurze Einführung kann natürlich nur andeuten, welche Arbeitstechniken bei Evaluierungen eingesetzt werden. Man kann aber festhalten, dass es einen ausreichenden Satz an wissenschaftlich begründeten Methoden gibt, mit denen qualitativ hochwertige interaktive Systeme systematisch entwickelt werden können.

Auch wenn Evaluationen wichtig für den menschzentrierten Entwurf sind, können Evaluationen nicht alle Probleme lösen. Sie können immer nur einen begrenzten Einblick geben und haben stets nur begrenzte Aussagekraft. Sie können z.B. oft keine Aussagen darüber machen, wie sich die Nutzung über einen längeren Zeitraum (Wochen, Monate oder Jahre) entwickeln würde. Sie betrachten stets auch nur einen begrenzten Kontext, der sich in realen Anwendungen durch Menschen und andere Medien und Geräte in der Umgebung deutlich unterscheiden kann.

Generell kann man sagen, dass Evaluationen in möglichst realistischen Umgebungen sehr hilfreich sein können, dass aber bedacht werden muss, dass sie nicht allein über Erfolg oder Misserfolg eines Designs entscheiden. Insbesondere bei sehr innovativen und neuen Designentwürfen kann es leicht passieren, dass Nutzer zunächst Konzepte ablehnen, die dann aber nach einer Eingewöhnung und breiteren Nutzung durchaus zu hoher Akzeptanz gelangen können.

Trotz dieser Probleme und Grenzen von Evaluationen können sie bei sorgfältiger Planung und Durchführung oft wertvolle und wichtige Erkenntnisse liefern. Auch wenn sie nur begrenzte Aspekte beleuchten, so ist das immer noch besser, als in völliger Dunkelheit zu arbeiten.

12.6 Agile Entwicklungsmethoden

Unter dem Begriff der **Agilität** ist in den letzten Jahren eine ganze Gruppe von neuartigen Entwicklungsmethoden entstanden, die einen hochgradig iterativen und **leichtgewichtigen** Ansatz zur Systementwicklung vorschlagen. Diese Methoden sollen hier kurz skizziert werden, um das dargestellte Spektrum von Entwicklungsmethoden zu vervollständigen. Hintergrund dieser Entwicklung ist, dass die herkömmlichen Modelle des Entwicklungsprozesses in der praktischen Umsetzung oft zu großem bürokratischen Aufwand und damit einer gewissen Verschwendung von Arbeitskraft führen. Die praktische Umsetzung eines klassischen Wasserfallmodells bedeutet z.B. meist, dass zu Ende der einzelnen Phasen umfangreiche Dokumente (Spezifikationen) zu erstellen sind, die dann meist einer aufwändigen Qualitätssicherung unterworfen werden, also z.B. einem Review durch verschiedene andere Personen. Die Verabschiedung eines „Meilensteins“, also des Erreichen des Endes einer Phase, in einem größeren Projekt bedeutet dann oft tagelange Arbeit für die Gutachter und meist auch eine eigene Abschlussveranstaltung. Ansonsten könnte man nicht gewährleisten, dass ohne Rücksprung in die vorherige Phase weitergearbeitet werden kann.

Zahlreiche klassische Entwicklungsprozesse des Software Engineering schreiben den Entwicklern viele Arbeitsschritte im Detail vor. Zum Beispiel kann genau geregelt sein, wie eine bestimmte Gliederung von Dokumenten oder die Verwendung bestimmter Diagramme aussehen muss (etwa in der grafischen Sprache UML). Die Akzeptanz solcher Vorschriften durch die Entwickler ist oft gering und viele Aufgaben werden als „lästige Pflicht“ empfunden. Zudem besteht die generelle Gefahr bei vom Programmcode separierter Dokumentation, dass durch Wartungsmaßnahmen, also Änderungen am Programmcode, die Dokumentation nach einiger Zeit nicht mehr zum Programmcode passt.

Die Antwort der Vertreter der „agilen Methoden“ auf dieses Problem ist radikal:

- Dokumentation soll nicht mehr geschrieben werden!
- Meilensteine im klassischen Sinne gibt es nicht mehr!

Stattdessen ist die Arbeit stets, von Beginn des Projektes an, auf das Endprodukt ausgerichtet. So schnell wie möglich wird lauffähiger Programmcode erzeugt und Dokumentation wird im Wesentlichen auf mit dem Code integrierte Kommentare beschränkt.

Die wohl bekannteste Variante der agilen Softwareentwicklung ist die Methode des **Extreme Programming** (XP) nach Kent Beck (1999). XP beschreibt zwölf „Praktiken“, die sich gegenseitig in ihrer Wirkung verstärken sollen:

- **Planungsspiel**: Vor Durchführung einer Entwicklungsaktivität wird auf der Ebene relativ kleiner Schritte (in der Größenordnung einiger Tage Arbeitszeit) eine konstruktive Verhandlung zwischen den Auftraggebern und den ausführenden Personen der Entwicklung durchgeführt, um eine ideale Balance zwischen erreichter Funktion und investierten Kosten zu erreichen.
- **Kleine Versionsschritte**: Das zu entwickelnde System wird in sehr kleinen Schritten mit langsam zunehmender Funktionalität an die Endanwender ausgeliefert.
- **Metapher**: Es wird intensiv nach einer das gesamte zu entwickelnde System umfassenden Metapher gesucht, die einen ganzheitlichen, dem menschlichen Verständnisvermögen angepassten, Entwurf des Systems ermöglicht.
- **Einfacher Entwurf**: Im Entwurf soll grundsätzlich immer die einfachste mögliche Lösung bevorzugt und realisiert werden. Komplexe Konstruktionen werden nur eingebaut, wenn es einen konkreten Grund gibt, weshalb diese Konstruktion unumgänglich ist. Das „Mantra“ ist hier: *You ain't going to need it* (*YAGNI*) – man wird das ohnehin nicht brauchen.
- **Testen**: Statt komplexer Spezifikationen werden Tests geschrieben, und zwar in der Regel noch bevor der getestete Code geschrieben wird („test first“-Prinzip). Alle jemals gefundenen Tests werden in einer ausführbaren und automatisierten Testumgebung festgehalten. Es wird versucht, alle möglichen Anwendungsfälle mit den automatisierten Tests abzudecken.
- **Refaktorisierung**: Programmcode wird bei nachgewiesener Notwendigkeit umgeschrieben. Dabei wird versucht, die exakt gleiche Funktionalität bei geänderter Programmstruktur zu erreichen. Der Erfolg dieser Bemühung wird durch die automatisierten Tests kontrolliert. Idealerweise werden bei der Refaktorisierung bekannte „Muster“ für die Architektur von Software angewendet, also funktionserhaltende Transformationen des Codes.

- **Paar-Programmierung**: Programmierung findet paarweise statt, wobei eine Person aktiv programmiert und die zweite Person beobachtet, korrigiert und weiterzudenken versucht. Die Paarungen von Entwicklern, die gemeinsam arbeiten, sollen im Projektverlauf öfter wechseln.
- **Kollektiver Code-Besitz**: Es gibt keinen „Autor" für eine Programmdatei. Jedes Teammitglied ist berechtigt, jedes Stück Programmcode jederzeit zu verändern. Für die Qualität verantwortlich ist das Entwicklungsteam als Ganzes.
- **Fortlaufende Integration**: Es wird vermieden, separat entwickelte Codeteile in einer großen „Integrations"-Anstrengung zu kombinieren und gemeinsam zu testen, wie in der Industrie auch heutzutage noch meist üblich. Stattdessen soll es immer eine lauffähige Version des zu entwickelnden Systems geben, in die alle neu entwickelten Codeteile fortlaufend integriert werden. Als Kriterium für eine erfolgreiche Integration werden die automatisierten Tests benutzt.
- **40-Stunden-Woche**: Im Gegensatz zu den branchenüblichen Arbeitszeiten soll eine kontinuierliche Arbeit hoher Qualität durch vernünftige Arbeitszeiten erreicht werden.
- **Kunde vor Ort**: Im Entwicklerteam soll fortlaufend ein Repräsentant des Auftraggebers beteiligt sein, der alle Fragen, wie der Auftraggeber sich das Produkt im Detail wünscht, aufnehmen und so schnell wie möglich beantworten soll.
- **Codierungsstandards**: Programmcode soll nach einheitlichen Vorschriften über das Layout und die Kommentierung geschrieben werden.

Diese bewusst radikal definierte Kombination von Techniken wird von Praktikern der Softwareentwicklung zwar immer wieder in Frage gestellt und ihre Anwendbarkeit auf sehr große und in großen Teams entwickelte Projekte ist durchaus zweifelhaft. Dennoch gibt es in der Industrie eine klare Tendenz, mit diesen Ideen zu experimentieren. Für kleinere und innovative Projekte scheint der Ansatz auch tatsächlich recht erfolgversprechend zu sein.

Wenn nun digitale Medienprodukte zu entwickeln sind, handelt es sich einerseits tatsächlich oft um überschaubare Projekte (weniger als zwölf Teammitglieder) und andererseits sind durch die vielen Gestaltungs- und Interaktionsaspekte die Anforderungen zu Beginn nicht wirklich abschließend definierbar. Deshalb erscheint ein agiler Ansatz der Entwicklung zunächst höchst attraktiv für Multimedia-Projekte. Die praktische Erfahrung im Einsatz von XP für die Entwicklung von Multimedia-Anwendungen (in Flash) in umfangreichen Projekten mit Studierenden zeigte allerdings folgende Probleme auf:

- Die Vorproduktion von Medienelementen wie Hintergrundmusik, Sound-Jingles, aufwändig gestaltete Grafiken oder Filmaufnahmen steht im klaren Widerspruch zur Agilität. Einmal gemachte Filmaufnahmen sind nur schwer zu verändern. Deshalb kommt diesen Schritten eine besondere Rolle zu, die in der Planung und im Ablauf des Entwicklungsprojektes zu berücksichtigen sind.
- Das automatische Testen funktioniert hervorragend für Programmstücke, die ein Ergebnis in Form eines Wertes aus einer Programmiersprache abliefern und als Eingabe Werte der Programmiersprache erfordern. Sobald echte Interaktion mit dem Benutzer ins Spiel kommt, müssten z.B. Mausbewegungen simuliert und Zeich-

nungen interpretiert werden. Beide Schritte sind derzeit noch nicht ausreichend erforscht und werden nicht von Werkzeugen unterstützt, um echte Automatisierung zu erreichen. Dadurch wird das sehr zentrale Element des fortlaufenden automatisierten Testens in Frage gestellt.

Insgesamt sind agile Methoden ein außerordentlich vielversprechender Ansatz, um digitale Medienprodukte effizient zu entwickeln. Allerdings lassen sich bei grafisch-interaktiven Programmen schlecht automatische Tests durchführen. Dies ist eine wesentliche Herausforderung für die Forschung. Erst wenn geeignete Werkzeuge dieses Problem überwinden, werden die modernen agilen Ansätze für die Entwicklung digitaler Medienprodukte vermehrt eingesetzt werden.

Da agile Methoden vor allem die Softwareentwicklung im Fokus haben und weniger gestalterische Aspekte oder Interaktionsgestaltung, wäre ein mögliches praktisches Vorgehen, für die Softwareentwicklung agile Methoden und für die Gestaltung und das Interaktionsdesign einen menschzentrierten Entwurf zu nutzen. In vielen Aspekten passen beide Ansätze sehr gut zusammen.

Zusammenfassung

Designprozesse sind wesentlich für die erfolgreiche Entwicklung und Gestaltung Digitaler Medienprodukte. Sie unterstützen ein zielgerichtetes und nachvollziehbares Vorgehen. Ein einfaches Modell für den Designprozess ist das **Wasserfallmodell**, bei dem die Schritte Analyse, Design, Implementierung, Test und Wartung in einer vorgegebenen Reihenfolge jeweils genau einmal durchlaufen werden. In ähnlicher Weise werden viele nichtinteraktive Medien, wie z.B. Filme, entwickelt.

Bei Digitalen Medien stellt sich einerseits die Herausforderung, dass es unterschiedliche **Designebenen** (audio-visuelles Design, Interaktionsdesign und Softwaredesign) gibt, die koordiniert werden müssen. Andererseits sind wasserfallartige Vorgehensweisen oft zu unflexibel und für interaktive Systeme nicht gut nutzbar, da Anforderungen erst im Verlauf der Entwicklung in Spezifikationen umgesetzt werden. Dazu sind **iterative Methoden** geeignet, bei denen Entwürfe immer wieder evaluiert und somit Anforderungen genauer definiert werden. Der menschzentrierte Entwurf ist ein solcher iterativer Ansatz, bei dem Nutzer im Vordergrund stehen. Innerhalb der Iterationen werden kontinuierlich Prototypen entwickelt und evaluiert. Diese Prototypen können zu Beginn sehr einfach sein und werden im Verlauf der Entwicklung zunehmend komplexer. Das Spektrum der Evaluierungsmethoden ist sehr breit und reicht von sehr schnellen Expertenevaluationen bis hin zu aufwändigen Feldstudien mit realen Nutzern.

Ein aktueller Ansatz iterativer Softwareentwicklung ist die agile Entwicklung. **Agile Methoden** sind speziell darauf ausgerichtet, in schnellen Zyklen ohne viel organisatorischen Aufwand Fortschritte zu erzielen und stets offen zu sein für Änderungen in den Anforderungen.

COMPANION WEBSITE
Lösungshinweise

Übungen

1. Wasserfallmodell: Stellen Sie sich vor, Sie sollen eine Radiowerbung für ein Produkt mit Digitalen Medien erstellen.
2. Warum ist das Wasserfallmodell hierfür geeignet?
3. Wie würden die einzelnen Schritte aussehen?
4. Skizzieren Sie ein Digitales Medienprodukt, das mit dem Wasserfallmodell nur schwer umsetzbar wäre.
5. Sie sollen eine interaktive Anwendung für das Web erstellen, die Heimwerker über die Produkte eines Geräteherstellers informieren soll. Das Produkt soll der Kundenbindung und der Information dienen und zu diesem Zweck ein Spiel und Produktinformationen beinhalten.
6. Warum könnte hier ein menschzentrierter Entwurf sinnvoll sein?
7. Entwickeln Sie eine Szenariobeschreibung und beschreiben Sie Personas.
8. Entwerfen Sie einen Papier-Prototyp.
9. Wie könnte man diesen evaluieren?

Gestaltung Digitaler Medien

13

ÜBERBLICK

Einleitung

» Design ist bei Digitalen Medien ein sehr wichtiger Aspekt. Neben allen technischen und funktionellen Aspekten sind im Mediendesign auch künstlerische und kreative Fähigkeiten wichtig. Das Design von Digitalen Medien bestimmt nicht nur das äußere Erscheinungsbild. Es hat auch wesentlichen Einfluss darauf, ob ein Produkt nutzbar ist, welche Werte damit assoziiert werden und letztlich auch, ob es sich am Markt behaupten wird. Erfolgreiches Design ist eine wichtige Voraussetzung für erfolgreiche Produkte.

In diesem Kapitel soll beschrieben werden, welche Faktoren beim Design von Digitalen Medien relevant sind und wie Menschen mit ihren Vorstellungen im Design berücksichtigt werden können. Dafür muss bei der Gestaltung darauf geachtet werden, dass Gestaltungselemente leicht verständlich und konsistent sind. Darüber hinaus ist es auch wichtig, sich schon beim Design Gedanken darüber zu machen, wo mögliche Fehler bei der Interaktion mit einem Produkt auftreten können und wie sich diese vermeiden lassen.

Bei der Gestaltung von Digitalen Medien und vielen anderen Produkten gibt es für die einsetzbaren Gestaltungsmöglichkeiten wie Farbe, Formen, Töne etc. eine Vielzahl von Gestaltungsregeln, die auf Erfahrungen beruhen und oft hilfreich sein können. In vielen Fällen muss man aber auch gegen Regeln verstoßen oder zwischen verschiedenen Regeln abwägen. Dieses Kapitel zeigt an einigen Beispielen, warum Gestaltung nicht nur aus der Einhaltung von Regeln besteht, sondern ein kreativer Prozess ist, bei dem oft Intuition und Erfahrung nötig sind. «

Lernziele

In diesem Kapitel werden grundlegende Eigenschaften **der Gestaltung** und **des Designs** vermittelt. Dabei steht für ein gelungenes Design die erfolgreiche Interaktion von Menschen mit Digitalen Medien im Vordergrund. Damit dies gelingt, ist ein Verständnis der Begriffe **Affordance** und **mentales Modell** nötig. Insbesondere spielen Abbildungen (bzw. Mappings) von konzeptionellem Modell, Design und mentalen Modellen eine wichtige Rolle. Neben den Begriffen der internen und der externen **Konsistenz** wird das „Designing for Error" vorgestellt. Als Abrundung des Kapitels werden **Designregeln** vorgestellt und diskutiert. Auf dieser Grundlage sollten Sie ein besseres Verständnis vom Design Digitaler Medien haben und dieses bewerten können, aber auch eigene Ziele umsetzen können.

Bei der Gestaltung geht es darum, **Ideen eine Gestalt** zu verleihen. In der Medieninformatik gibt es eine Vielzahl unterschiedlicher Medientypen, die sich in unzähligen Anwendungen einsetzen lassen. Entsprechend vielfältig kann die Gestalt dieser Medien entworfen werden. Wie bei der Gestaltung nichtdigitaler Gegenstände können je nach Produkt ganz unterschiedliche Kriterien und Grundsätze eine Rolle spielen. Ein Auto muss nach anderen Grundsätzen gestaltet werden als ein Flugzeug und ein Computerspiel wird anders gestaltet als ein Webportal für eine Behörde.

In jedem Fall spielen sowohl die Inhalte der zu gestaltenden Medien als auch die Nutzer und deren Ziele eine Rolle. Wie in Kapitel 1 diskutiert, bringen Digitale Medien Menschen, Maschinen (Computer) und Medien zusammen:

- Menschen sind die Adressaten Digitaler Medien.
- Computer vermitteln die Inhalte und können selbst zum Medium werden.
- Medien transportieren, kommunizieren und vermitteln Inhalte.

Letztlich ist somit das Ziel einer erfolgreichen Gestaltung, dass durch Computer die Inhalte und Botschaften der Medien tatsächlich die Adressaten erreichen. Gelingt dies nicht, so kann die Gestaltung als misslungen bezeichnet werden.

Es gibt vielfältige Unterscheidungen und Definitionen von **Gestaltung** und **Design**. An dieser Stelle soll nicht die Theorie von Gestaltung und Design diskutiert werden. Stattdessen sollen einige praktische Aspekte beleuchtet werden, die helfen können, das Design Digitaler Medien systematisch und erfolgreich zu entwerfen und umzusetzen. Insbesondere werden in diesem Kapitel die beiden Begriffe Gestaltung und Design weitgehend synonym genutzt.[1]

13.1 Gutes und schlechtes Design

Ein bekannter Leitsatz guten Designs ist „form follows function". In der Moderne wurde damit auf den Punkt gebracht, dass letztlich Design einem **Zweck** dienen soll. Bei digitalen Medien ist das in der Regel nicht anders. Der Satz selbst geht zurück auf ein Zitat in einem Artikel von Louis Sullivan aus dem Jahr 1896 über Hochhausarchitektur. In dem vom Bauhaus geprägten Design wurde er später vor allem in dem Sinn aufgegriffen, dass Design auf Ornamente verzichten und **funktional** sein soll. Aber auch **Ästhetik** und **symbolische Bedeutungen** können eine funktionelle Rolle für ein Produkt besitzen, die durch das Design berücksichtigt werden muss. Das Produkt soll z.B. ansprechend sein, gefallen, auffallen oder unauffällig sein. Ein teures auffälliges Smartphone hat nicht nur praktische und ästhetische Designaspekte; es transportiert auch eine Botschaft über seinen Besitzer (▶Abbildung 13.1).

Bei dem Aspekt der Funktionalität des Designs stehen stets Menschen als Nutzer, Eigentümer oder Betroffene im Mittelpunkt des Interesses. Design ist dann gelungen, wenn ein Produkt den Zweck erfüllt, was dann der Fall ist, wenn Menschen ihre Aufgaben oder Ziele mit dem Produkt erfolgreich erreichen.

Jeder kennt viele Beispiele von gelungenem und weniger gelungenem Design in Bezug auf den Aspekt der Funktionalität. So ist eine Webseite, die so unübersichtlich gestaltet ist, dass man relevante Information nicht findet, kaum hilfreich. Ein Nutzer wird sein Ziel nicht erreichen. Dagegen können klare, wohlstrukturierte Bedienschnittstellen Nutzer dabei unterstützen, ihre Aufgaben zügig zu erledigen.

---

1 Ein sehr subtiler Unterschied wäre, dass *der Begriff Gestaltung oft eher für den Prozess,* also das Gestalten selbst, und *Design eher für das Resultat* des Gestaltens, also die Gestalt, verwendet wird.

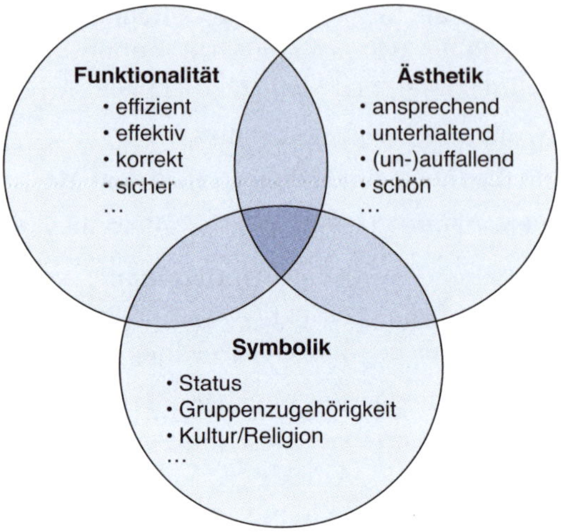

Abbildung 13.1: Aspekte des Designs

Gutes Design zeichnet sich oft dadurch aus,

- dass Systeme für Menschen erstellt wurden und für die Nutzer entworfen wurden,
- dass menschliche Faktoren und menschliche Unterschiede beachtet werden,
- dass der Einfluss auf Verhalten und Wohlbefinden der Nutzer berücksichtigt wird,
- dass das Design auf empirischen Daten basiert und evaluiert wird.

Gutes Design umfasst nicht nur:

- die Anwendung von Checklisten und Guidelines,
- sich selbst als Test-/Modellnutzer zu verwenden oder
- die Anwendung nur des gesunden Menschenverstands.

Die letzten drei Punkte können natürlich helfen, sie garantieren aber keinen Erfolg.

Da Nutzer ganz unterschiedliche Aufgaben verfolgen, können auch je nach Anwendung ganz unterschiedliche gestalterische Lösungen sinnvoll sein. So haben Nutzer, die ein Computerspiel zur Unterhaltung nutzen, andere Interaktionsziele als Nutzer, die eine Businesssoftware zur Finanzbuchhaltung benötigen.

Damit gutes Design nicht ein zufälliges Resultat eines kreativen Aktes ist, wurden zahlreiche Methoden, Werkzeuge und Verfahrensweisen vorgeschlagen und untersucht, die darauf abzielen, gutes Design für ein Produkt in einem nachvollziehbaren Prozess zu entwickeln, der Menschen, deren Ziele und das Umfeld berücksichtigt. Neben dem grafischen und dem Sounddesign muss das Interaktionsdesign bei Digitalen Medien und interaktiven Computersystemen die Interaktion mit dem Produkt so erfolgreich wie möglich gestalten. In Kapitel 12 wurden einige Ansäte für **Designprozesse** vorgestellt. Insbesondere **menschzentrierte** und **iterative Designprozesse** können bei der Gestaltung helfen. Sie erlauben es, mit nicht vollständig definierten Anforderungen umzugehen und Alternativen zu entwickeln.

13.2 Mentale Modelle und Affordances

Wie bereits diskutiert hat das Design verschiedene Rollen. Es hat funktionale, ästhetische und symbolische Bedeutungen. Insbesondere wirkt das Erscheinungsbild eines Objektes auf die Vorstellung der Nutzer und sagt etwas darüber aus, wie es genutzt werden kann. Bei sehr vielen Objekten des Alltages lesen wir nie eine Gebrauchsanweisung, wir wissen aber trotzdem, wie sie genutzt werden sollen.

In den 70er Jahren hat der Psychologe James Gibson den Begriff **Affordance**[2] geprägt. Damit ist die Eigenschaft eines Objektes gemeint, dass es über seine physischen Eigenheiten anzeigt, wie es genutzt werden kann. Ein typisches Beispiel ist ein Stuhl, der durch die Höhe und Größe der Sitzfläche und die gesamte Beschaffenheit (also auch das Material) anzeigt, dass man sich darauf setzen kann. Man kann sagen, der Stuhl bietet sich zum Sitzen an oder der Stuhl besitzt die Affordance des „Daraufsetzens". Eine Tasse mit Henkel würde die Affordance besitzen, dass man sie am Henkel halten kann und dass man etwas Flüssiges in das Innere geben kann.

Die Affordance ist also eine Eigenschaft von Objekten, die durch die Gesamtheit der physikalischen erfahrbaren Merkmale (Aussehen, Größe, Gewicht, Material) die Möglichkeiten anzeigt, was man damit tun kann. Diese Affordance wird meist völlig unbewusst wahrgenommen und man muss sich kaum darüber Gedanken machen. Beim Design von Alltagsgegenständen versucht man in der Regel, Affordances möglichst deutlich zu machen. Objekte, bei denen man sofort weiß, wofür und wie sie eingesetzt werden können, gelten als besonders gut nutzbar. Manche „Design-Produkte" scheinen allerdings aus künstlerisch-ästhetischen Gründen gerade das Gegenteil anzustreben.

Don Norman hat in den 80er Jahren den Begriff der Affordance auf Produkte aus dem Softwarebereich übertragen. Obwohl virtuelle Gegenstände kaum wirklich physikalische Eigenschaften mitbringen, können sie trotzdem allein über die Position auf einem Bildschirm und ihr Aussehen quasi Affordances vermitteln. So würde ein virtueller Knopf als Menübutton in einem Interface die Affordance besitzen, dass man auf ihn mit der Maus drücken kann. Man kann also bei Computersystemen ebenso von **(virtuellen) Affordances** sprechen wie bei realen Objekten.

Bei komplexeren Interaktionen reicht allerdings die Affordance nicht aus, um Wirkungszusammenhänge zu vermitteln. Wenn wir einen Heizungsthermostat drehen, um die Heizung wärmer zu machen, so würde zwar der Drehregler gegebenenfalls die Affordance besitzen, dass man ihn mit der Hand umschließt. Da man aber das Ziel verfolgt, den Raum zu erwärmen, nutzt man noch komplexere kognitive Mechanismen. Zwar würde man sich keine sehr genauen Gedanken darüber machen, wie die Heizung eigentlich funktioniert, aber man würde ein einfaches **mentales Modell** anwenden, das einem sagt, dass es wärmer wird, wenn man den Regler weiter aufdreht.

2 Den Begriff Affordance kann man schlecht übersetzen. Es ist abgeleitet vom engl. Verb „to afford" (etwas bieten). Im Deutschen werden manchmal die Wörter Affordanz oder Angebotscharakter verwendet.

Solche mentalen Modelle sind meist einfach und vereinfachen die Gegebenheit so weit wie möglich. Meist haben wir sehr **generelle** mentale Modelle, die nach Möglichkeit immer wieder verwendet werden. So passt das Modell von der Heizung (Regler weiter auf führt zu einem größeren Effekt) auch zu einem Wasserhahn oder einem Dimmer. Manchmal sind die mentalen Modelle so weit vereinfacht, dass sie die Wirklichkeit nicht mehr korrekt beschreiben: So würde es bei einem Heizungsthermostat reichen, den Regler nur so weit aufzudrehen, wie es der Soll-Temperatur entspricht. Der Thermostat würde dann automatisch das Ventil voll öffnen, solange es noch zu kalt ist. Trotzdem drehen viele Menschen den Regler voll auf, da dies dem einfacheren mentalen Modell zur Regelung ohne Thermostat entspricht.

Entsprechend unserem Verständnis von den Vorgängen in unserer physikalischen Umwelt besitzen wir auch mentale Modelle, mit denen wir uns erklären, wie Digitale Medien funktionieren. Diese mentalen Modelle sind immer von **Vorwissen** und **Vorerfahrungen** geprägt. Bei der Nutzung von digitalen Medienprodukten bildet immer auch das Wissen über die Bedienung von klassischen Geräten wie Tonbandgeräten oder Radios und auch von nichttechnischen Medien wie der Zeitung den Hintergrund dieser mentalen Modelle.

Da mentale Modelle eine wichtige Rolle dabei spielen, wie wir mit digitalen oder realen Objekten umgehen, sind sie auch ganz wesentlich für ein erfolgreiches Interaktionsdesign. Insbesondere müssen die Zuordnungen von mentalen Modellen zu den wahrgenommenen Eigenschaften eines Systems und zu den tatsächlichen Funktionsweisen passen. Ein Nutzer muss sich ein klares, konsistentes und an seinem Vorwissen orientiertes mentales Modell bilden können.

Für die Gestaltung bedeutet das, dass man bei der Konzeption eines Produktes ein **konzeptionelles Modell** entwickeln muss, das zu den mentalen Modellen der Nutzer passt. So kann man sich z.B. bei der Präsentation eines Produktkataloges an dem Vorbild eines Papierkataloges orientieren. Bei vielen Systemen des E-Commerce orientiert man sich beim konzeptionellen Modell an der Idee eines Selbstbedienungsmarktes, was man zum Beispiel an den verbreiteten Metaphern „Einkaufswagen" oder „Zur Kasse gehen" erkennen kann.

Solche **Metaphern** sind Teil des **Erscheinungsbildes des Systems**, in dem das Resultat der Gestaltung zum Ausdruck kommt. Im Idealfall repräsentiert dieses Modell das zugrunde liegende konzeptionelle Modell so gut, dass das mentale Modell des Benutzers mit dem konzeptionellen Modell übereinstimmt. In der Realität müssen aber die Modelle mehr oder aufwändig aufeinander abgebildet bzw. übersetzt werden. Don Norman beschreibt folgende Übersetzungen (▶Abbildung 13.2):

- Der Entwurf (das konzeptionelle Modell) muss auf das Erscheinungsbild des Systems abgebildet werden.
- Nutzer müssen in der Lage sein, ihr Verständnis der Funktionsweise (ihr mentales Modell) mit dem Erscheinungsbild des Systems in Einklang zu bringen.
- Das System sollte den Nutzer darin unterstützen, das Erscheinungsbild des Systems auf die eigenen mentalen Modelle abzubilden.

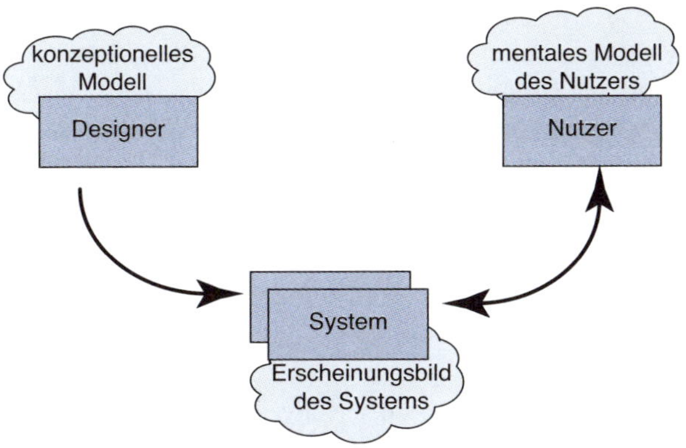

Abbildung 13.2: Mentale Modelle nach Norman (1989)

Wenn diese **Abbildungen (Mappings)** gut gelingen, dann sind auch das Design und die Gestaltung gelungen. Offensichtlich hängen diese Mappings auch eng mit den Übersetzungen zusammen, die in Kapitel 1 skizziert wurden. Dort wurde dargestellt, dass bei der Interaktion mit Computersystemen zwischen den Sprachen des Systems, der Nutzer, der Eingabe und der Ausgabe Übersetzungen stattfinden müssen. Letztlich geht es bei der Gestaltung darum, die Aufgaben, die ein Nutzer durchführen will, möglichst gut auf Aktionen abbildbar zu machen. Dazu müssen **(interne) Intentionen** der Nutzer auf **(externe) Gestaltungselemente** des Systems wie z.B. Knöpfe, Icons oder Scrollbalken abgebildet werden. Durch geeignetes und relevantes Feedback muss das System wiederum seine Zustände dem Nutzer vermitteln.

Ein guter Systementwurf und gute Gestaltung helfen, mentale Modelle und Affordances zu unterstützen und diese Mappings zu vereinfachen. Dadurch wird möglichst viel Wissen zur Problemlösung in die Interaktionselemente verlagert und weniger Wissen des Nutzers vorausgesetzt. In Kapitel 9 wurde dieser Aspekt bereits beim Entwurf von **intelligenter Interaktion** diskutiert.

Die Frage dabei ist natürlich, wie man diese Mappings möglichst gut durch das Design unterstützt. Dazu muss die Bedeutung der Objekte durch deren Gestaltung offensichtlich werden, so dass Nutzer allein durch die Wahrnehmung eine Vorstellung davon haben, was man mit ihnen tun kann. Oft spricht man in diesem Zusammenhang von **Transparenz**, womit gemeint ist, dass Zustände des Systems für den Nutzer gut sichtbar gemacht werden. Damit ist nicht gemeint, dass die Nutzer in den Programmcode blicken, sondern dass für die Nutzer offensichtlich ist, in welchem Zustand das Programm gerade ist, was man gerade machen kann oder was das Resultat einer Aktion ist.

In diesem Sinne wirken Affordances und mentale Modelle zusammen und je mehr diese berücksichtigt und unterstützt werden, umso besser ist das Design eines Produktes dazu geeignet, intuitiv und leicht bedienbar zu sein.

Da Affordances und mentale Modelle keinen expliziten Regeln gehorchen und vom kulturellen und situativen Kontext individuell unterschiedlich sein können, müssen sie aus empirischen Erfahrungen erschlossen werden. Einerseits können psychologische Erkenntnisse wie z.B. das Wissen um **Gestaltgesetze** (Kapitel 1), aber auch die Kenntnis von **typischen** und **etablierten Darstellungen** helfen, diese zu berücksichtigen. Zwei Beispiele sollen das verdeutlichen:

- Aufgrund der Gestaltgesetze wissen wir, dass auf einem Bild Objekte, die in räumlicher Nähe gruppiert sind und zudem an einer (gedachten) Linie ausgerichtet sind, als zusammengehörig wahrgenommen werden. Ein einfaches mentales Modell würde zudem zusammengehörigen Objekten eine gemeinsame Funktion zuordnen. In einem konkreten Fall könnte das beim Entwurf eines Screen-Designs für ein Computerprogramm heißen, dass Icons oder Menüpunkte, die ähnliche Operationen repräsentieren, entsprechend gruppiert werden sollten und dass unähnliche Operationen möglichst getrennt werden sollten. Beispielsweise können alle Editierfunktionen in einem Bereich gemeinsam dargestellt werden und die Funktionen, die Dateioperationen implementieren, in einem anderen Bereich. Offensichtlich findet man solche Gruppierungen in vielen Anwendungen.
- Wenn es bestehende Darstellungen für bestimmte Aktivitäten gibt, die sehr gut etabliert sind, dann sind diese z.T. sehr fest in den mentalen Modellen der Nutzer verankert. Ein gutes Beispiel ist die übliche Konvention, dass bei Bildschirmdarstellungen Hyperlinks durch Unterstreichen repräsentiert werden. Werden nun Wörter unterstrichen, die keine Hyperlinks sind, so führt das unweigerlich zu Missverständnissen und Nutzer würden darauf klicken, in der Erwartung, dass dies zu einem verlinkten Dokument führt.

In vielen Fällen werden Affordances und mentale Modelle nicht explizit beim Design formuliert. Stattdessen ist es eher die Intuition der Designer, die oft mehr oder weniger gut beides integrieren.

Wenn man einen Entwurf für ein Produkt hat, kann man durch Evaluationen testen, wie gut Affordances wirken und mentale Modelle unterstützt werden. Eine Technik zur Evaluierung der grafischen Gestaltung von Bildschirmseiten (bei Programmen oder Webseiten) sind sogenannte **Mumble Screens**.

Mumble Screen

Um bei einer Anwendung, die auf visueller Gestaltung beruht, in der auch Text vorkommt, das Layout auf seine Verständlichkeit zu untersuchen, kann man sämtlichen Text durch Zufallswörter ersetzen. Damit bleiben alle grafischen Elemente erhalten, aber der Text wird völlig unverständlich. Nun kann man Nutzer fragen, wo sich bestimmte Elemente befinden könnten oder wo sie welche Funktionen erwarten würden. Wenn man nun trotz verfremdeter Sprachelemente noch Funktionen richtig zuordnen kann, dann ist das Design gelungen und die Affordances sind wirkungsvoll realisiert worden.

Das Verfahren heißt Mumble Screen, da statt der lesbaren Sprache ein unverständliches Gemurmel zu lesen ist. Eine andere Bezeichnung ist „Greeking" und spielt darauf an, dass aller Text in einer unbekannten Fremdsprache formuliert wird.

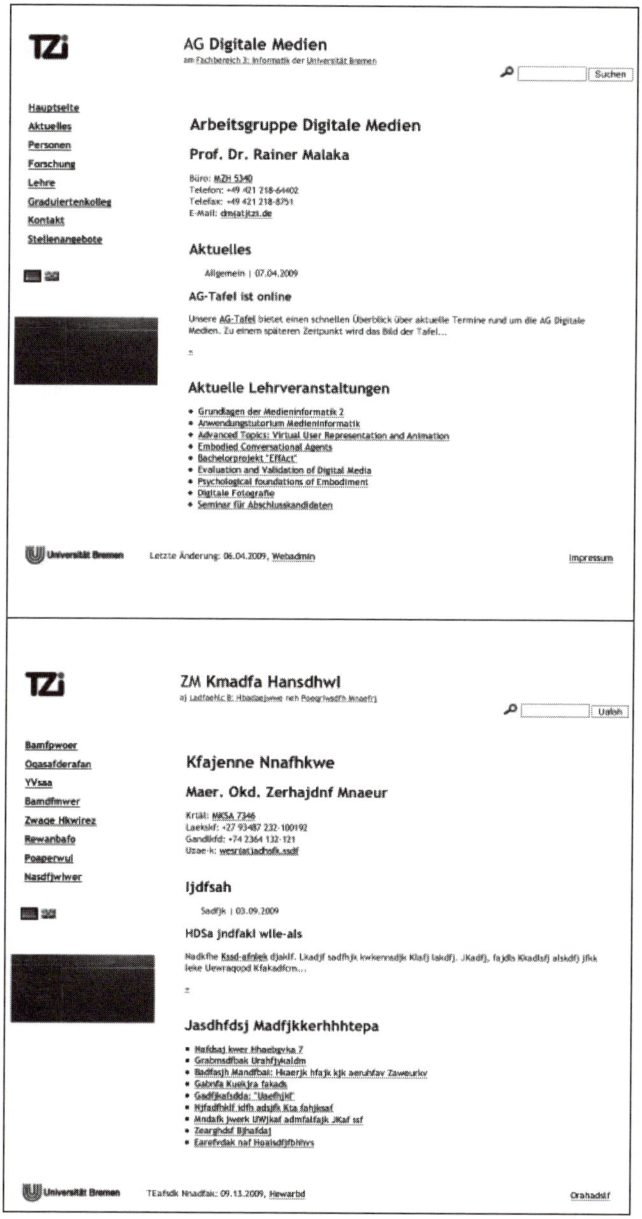

Abbildung 13.3: Webseite im Original (oben) und in der Greeking-Variante (unten)

Als generelle Konsequenzen aus diesen Betrachtungen zu mentalen Modellen und Affordances kann man für das Design sagen:

- Wenn möglich, sollten mentale Modelle unterstützt werden, die Menschen verstehen und es erlauben, die Auswirkungen von Aktionen möglichst gut vorhersagen zu können.

- Die kognitive Ökonomie sollte beachtet werden: Menschen nutzen gut etablierte mentale Modelle immer wieder. Außerdem werden einfache Modelle bevorzugt. Entsprechend sind oft simple Dinge für neue Produkte Merkmale für ein gutes Design.
- Objekte und Vorgänge sollten transparent sein: Es sollte verständlich und offensichtlich sein, was gerade passiert und welche Dinge was repräsentieren.

Diese sehr generellen Regeln können je nach Medientyp (z.B. Webseite, Online-Spiel) noch viel weiter differenziert werden.

13.3 Konsistenz

Konsistenz ist ein wichtiges Merkmal bei der Gestaltung Digitaler Medien. Dabei kann man zwischen zwei verschiedenen Arten von Konsistenz unterscheiden: interne und externe Konsistenz.

Definition: interne und externe Konsistenz

Unter Konsistenz bei digitalen Medienprodukten versteht man, wie einheitlich verschiedene Gestaltungsmerkmale wie z.B. Metaphern, Icons, Farben, Sounds verwendet werden.

Interne Konsistenz bezieht sich auf die Einheitlichkeit innerhalb einer Anwendung, also z.B. die Verwendung von Grafikmerkmalen innerhalb einer Webseite, die von Screen zu Screen immer ähnlich gestaltet sein können.

Externe Konsistenz bezieht sich auf die Einheitlichkeit über verschiedene Anwendungen hinweg. So würde man bei den meisten Windows-Programmen, die in einem Fenster eines Bildschirms ablaufen, einen Button oben rechts erwarten, der mit einem „X" gekennzeichnet ist und mit dem man ein Fenster schließen kann.

Offensichtlich kann Konsistenz helfen, mentale Modelle zu unterstützen und Affordances von etablierten Metaphern zu nutzen.

13.3.1 Sicherung der internen Konsistenz

Interne Konsistenz ist viel leichter zu sichern als externe Konsistenz, da der Gestalter innerhalb einer Anwendung weitgehend frei ist, seine gestalterischen Elemente einheitlich zu wählen.

Bei vielen Medienprodukten definieren die Gestalter einen **Styleguide**, der einmal zentral festlegt, wie gestalterische Elemente zu verwenden sind. Oft werden diese Styleguides nicht nur für ein Produkt, sondern für eine ganze Produktpalette oder für Produktlinien einer Firma definiert. In einem solchen Styleguide kann z.B. Folgendes festgelegt werden:

- Screenstrukturen und Layoutregeln wie die Anordnung von Elementen (z.B. Menüpunkte, Reihenfolgen)
- Navigationsprinzipien und Steuerung
- Layout einzelner Module, z.B. von Dialogfenstern
- Einzelne grafische Elemente, deren Gruppierung, Ausrichtung und Beschriftung, wie z.B. das Layout von Buttons
- Audioelemente wie Warntöne, Musik, Jingles etc.
- Farben für gestalterische Elemente wie Rahmen, Buttons, Schatten, Hintergründe
- Formen grafischer Elemente (Radien, 2D, 3D, Liniendicken, Abrundungen, Schatten von Rahmen und Schaltflächen sowie die Abstände dazwischen)
- Schriftarten mit Größen und Regeln zur Verwendung von Varianten wie kursiver oder fetter Schrift
- Stil und Verwendung von Abbildungen, Grafiken und Fotos

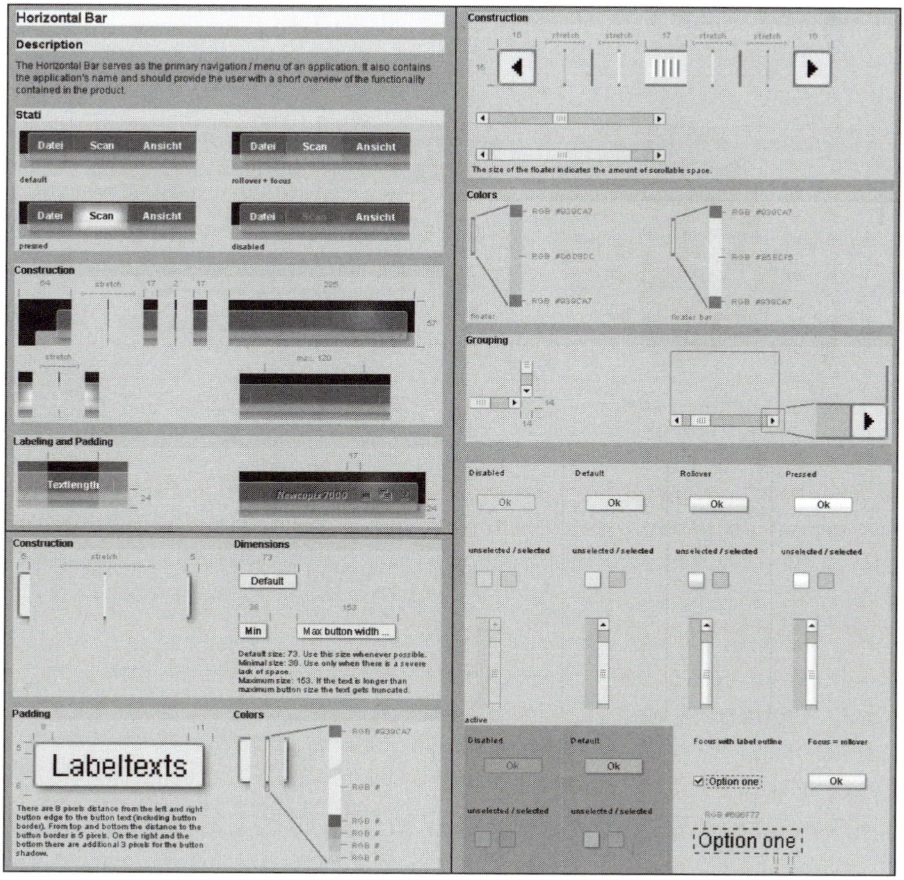

Abbildung 13.4: Ausschnitte aus einem Design-Styleguide für Softwareinterfaces einer Produktlinie (frogdesign 2001, Design Lead: David Oswald)

Ein Beispiel für Elemente, die in einem solchen Styleguide definiert werden, zeigt Abbildung 13.4. Solche Styleguides legen das „**Look and Feel**" eines Produktes fest. Bei einigen Produkten können die Nutzer selbst dieses Look and Feel beeinflussen und an ihren Geschmack anpassen. Dies kann z.B. dadurch geschehen, dass die Farbpaletten des Standards durch eigene Farbpaletten ersetzt werden. Neben der besseren Berücksichtigung persönlicher Vorlieben kann dies auch genutzt werden, um z.B. ein System speziell für Farbenblinde oder für die bessere Lesbarkeit bei der Nutzung in speziellen Situationen (z.B. auf offener Straße) anzupassen. Noch weiter lassen sich viele Programme durch Verwendung sogenannter „**Skins**" verändern. Sie lassen es zum Teil zu, dass bei gleicher Funktionalität die komplette (meist optische) Gestaltung durch alternative Designs ersetzt wird (Abbildung 13.1). Solche völlig auswechselbaren Designs sind bei Markenprodukten eher untypisch, da hier das Look and Feel die Möglichkeit der Wiedererkennung bieten muss. Bei freien Softwaretools spielt dies keine Rolle und folglich finden sich hier typischerweise eher frei gestaltbare und auswechselbare Skins. Die Möglichkeit des Austausches von Ansichten bei gleichbleibender Funktionalität einer interaktiven Anwendung kann man softwaretechnisch besonders gut mit dem in Kapitel 11 vorgestellten Ansatz **Model-View-Controller** (**MVC**) realisieren.

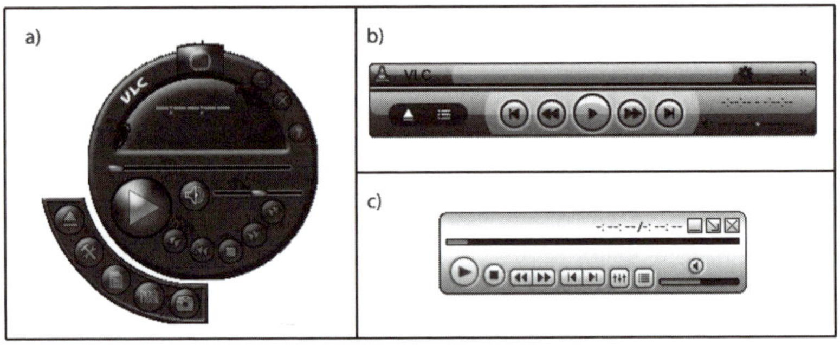

Abbildung 13.5: Ein Programm mit drei unterschiedlichen Skins: Video Lan-Player (VLC) mit den Skins a) Earth OX, b) Presume und c) ASkin

Wie schon erwähnt, umfasst interne Konsistenz nicht nur die grafische Gestaltung. Vielmehr sind alle Bereiche der Gestaltung betroffen, also auch die Interaktionsgestaltung und die Gestaltung weiterer Modalitäten. Bei Spielen ist es z.B. wichtig, dass die Spieldynamik von Level zu Level zueinander passt und dass Animationen oder dynamische Objekte konsistent modelliert werden.

13.3.2 Sicherung der externen Konsistenz

Externe Konsistenz ist viel schwieriger herzustellen als interne. Dies liegt schon daran, dass viele Programme/Systeme untereinander nicht konsistent sind. Um externe Konsistenz zu gewährleisten, muss man sich im Wesentlichen an die bestehenden Standards und die Erwartungen der Nutzer halten. Je mehr man dies tut, umso mehr verhält sich das eigene Produkt **erwartungskonform**. Diese Erwartungskonformität ist ein ganz wichtiges Kriterium der Softwareergonomie.

Ein Beispiel für einen De-facto-Standard, von dem die meisten Nutzer ausgehen, sind die Tastenkombinationen für das Kopieren, Ausschneiden und Einfügen von Objekten in interaktiven Systemen:

- Einfügen: *Steuerungstaste* + „V"
- Kopieren: *Steuerungstaste* + „C"
- Ausschneiden: *Steuerungstaste* + „X"

Setzt man nun in einem eigenen Programm das Tastaturkürzel für Kopieren auf *Steuerungstaste* + „K", so bedeutet dies einen Bruch der externen Konsistenz, da Nutzer typischerweise von einer anderen Belegung ausgehen.

Oft ist es gar nicht möglich, externe Konsistenz herzustellen, da es schon konkurrierende und untereinander inkonsistente etablierte Anwendungen gibt. So ist – um bei dem Fall der Tastaturkürzel zu bleiben – in vielen Programmen für das Rückgängigmachen und das Wiederholen von Befehlen *Steuerungstaste* + „Z" und *Steuerungstaste* + „Y" üblich (z.B. in Adobe Photoshop). In anderen Programmen ist *Steuerungstaste* + „Y" aber anders belegt (z.B. in Adobe Illustrator ist es ein Kürzel für den Befehl „Pfadansicht"). In diesem Fall kann man also keine Lösung entwerfen, die mit allen Erwartungen konsistent ist. Man muss sich also entscheiden, welche Erwartung die typische ist, die Nutzer des eigenen Produktes haben könnten.

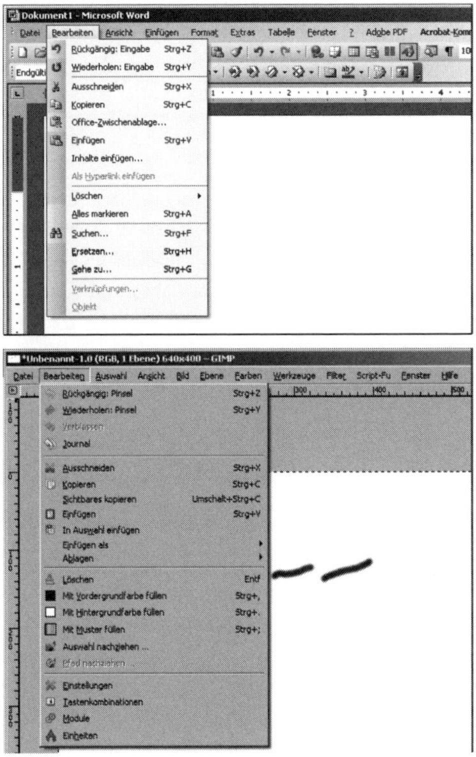

Abbildung 13.6: Beispiel für externe Konsistenz. Gezeigt sind die Menüstruktur und einige Tastaturkürzel bei den Programmen GIMP und Microsoft Word.

▶Abbildung 13.6 zeigt für zwei ganz unterschiedliche Programme, inwiefern hier externe Konsistenz in Bezug auf die Menüstruktur und die Tastaturkürzel besteht. In den Beispielen (GIMP und Microsoft Word) sind das Hauptmenü und einige Menüpunkte bis hin zu den Tastaturkürzeln in Anordnung und Bezeichnung konsistent. Andererseits gibt es auch Abweichungen. Insbesondere sind die Piktogramme unterschiedlich.

Typische Gestaltungselemente, die bei der Berücksichtigung von externer Konsistenz betrachtet werden sollten, sind:

- Verwendung von Tastaturkürzeln (wie gezeigt)
- Benennung, Anordnung und Gestaltung von Menüs
- Nutzung von Tönen (z.B. zur Benachrichtigung, Warnung)
- Verwendung von Icons und Piktogrammen
- Schattierungen, Liniendicken und Rahmen von Elementen
- Schriftarten und Schriftgrößen
- Verwendete Farben

Für die meisten Systemplattformen existieren Frameworks zur Gestaltung von grafischen Bedienschnittstellen, sogenannte **Widgets** oder **Toolkits** (z.B. Swing für JAVA, s. Kasten). Damit kann man automatisch die üblichen Parameter für Menüs und Fenster wählen, die andere Programme auch nutzen. Viele komplexere Eigenschaften, die für die Konsistenz notwendig sind, z.B. die Strukturierung der Menüs, müssen allerdings von Hand vorgenommen werden.

Beispiel: JAVA Swing

Für die Programmiersprache JAVA gibt es das Toolkit **Swing**. Damit kann man grafische Oberflächen von Programmen gestalten. Swing stellt Möglichkeiten für die einfache Erstellung von 2D-Elementen wie Menüs, Tabellen, Baumstrukturen, Auswahlbuttons etc. zur Verfügung. Mit Swing kann man Programme leicht an das Look and Feel bestimmter Fensterumgebungen anpassen:

Look: Das Aussehen der grafischen Elemente (Menüs, Buttons etc.) wird automatisch den jeweiligen Fenster-Plattformen angepasst. Damit werden z.B. Schriften, Farben und Rahmen entsprechend gesetzt.

Feel: Auch das Verhalten wird so gesteuert, dass es konsistent zur jeweiligen Plattform ist. Zum Beispiel werden beim Drag and Drop oder beim Drücken von Buttons die Aktionen entsprechend der jeweiligen Plattform umgesetzt.

Swing unterstützt klassische Fensterplattformen von Unix (wie Motif), aber auch für Windows-Systeme gibt es Möglichkeiten, das typische Look and Feel umzusetzen.

13.3.3 Grenzen der Konsistenz

Wie hier beschrieben, sind interne und externe Konsistenz von entscheidender Bedeutung bei der Gestaltung von Digitalen Medien. Es gibt aber auch eine Reihe von Gründen, warum in manchen Fällen Verletzungen der Konsistenz in Kauf genommen werden müssen.

Oft ist die Einhaltung der Konsistenz gar nicht möglich. Wie wir bei der externen Konsistenz gesehen haben, kann es sein, dass es unterschiedliche alternative Designvarianten auf dem Markt gibt, die jeweils für bestimmte Nutzergruppen etabliert sind. In diesem Fall kann man sich einerseits für eine Variante entscheiden oder ein flexibles Interface gestalten und dem Nutzer die Entscheidung überlassen.

Abbildung 13.7: Drei verschiedene Icons zur Auswahl eines Befehles, der eine Textmarke in ein Bild oder Dokument einfügt

Fallstudie

Nehmen wir an, dass ein Programm entwickelt werden soll, bei dem Nutzer Kommentare in Bilder einfügen können (z.B. bei Urlaubsfotos: „Dort war mein Hotel"). Viele Programme bieten die Möglichkeit, in Bildern oder anderen grafischen Dokumenten Text oder Kommentare zu integrieren. Allerdings werden die Aktionen durch ganz unterschiedliche Icons repräsentiert (▶Abbildung 13.7). Prinzipiell gibt es nun also folgende Möglichkeiten:

- Der Gestalter entscheidet sich für eine der vorhandenen Varianten. Diese ist zwar konsistent zu einem Teil der vorhandenen Anwendungen, aber zugleich inkonsistent mit den anderen Varianten. Manche Nutzer, die andere Programme gewöhnt sind, werden also unweigerlich mit dem Bruch der Konsistenz Probleme haben und den Befehl nicht auf Anhieb korrekt interpretieren.
- Der Gestalter entwickelt verschiedene Varianten, so dass die Nutzer selbst entscheiden können, welches Look and Feel sie nutzen. Wie in Abbildung 13.5 gezeigt können im Extremfall dadurch völlig unterschiedliche Designs gewählt werden. Allerdings müssen hierfür die Nutzer relativ viel von der Anwendung verstehen, da sie die Einstellungen der Konfiguration ändern müssen. Dies ist vor allem für nicht fortgeschrittene Nutzer kaum möglich.

- In manchen Fällen kann man auch automatische Anpassungen durchführen. Wenn innerhalb einer Softwareumgebung (Fenstersystem oder Betriebssystem) bestimmte Icons typischerweise verwendet werden, kann man diesen Satz von grafischen Elementen je nach Umgebung automatisch laden. Dies würde z.B. durch Toolkits wie Swing ermöglicht. Allerdings hilft das Vorgehen meist nur bei systemnahen Gestaltungselementen wie z.B. den Icons für Ordner oder Dateien. Im vorliegenden Fall würde es nicht weiterhelfen.

Letztlich wird man hier also eine gestalterische Lösung finden müssen, die in der einen oder anderen Weise inkonsistent zu anderen Anwendungen ist.

Obwohl die Suche nach konsistenten Gestaltungslösungen fast immer sinnvoll ist und in der Regel angestrebt werden soll, kann es auch Fälle geben, in denen die Regeln bewusst verletzt werden. Dafür kann es mehrere Gründe geben:

- Ein Produkt soll sich in der Gestaltung von anderen abheben. Falls das Design vermitteln soll, dass das Produkt etwas Besonderes ist und nicht den üblichen Standards gehorcht, können Designer bewusst neuartige oder unübliche Gestaltungselemente nutzen.
- Die Gestaltung soll Überraschungseffekte bieten. Bei Spielen werden z.B. oft nicht naheliegende Interaktionsmöglichkeiten integriert, um Nutzer zum Erkunden der Möglichkeiten einzuladen. Nicht selten machen solche Interaktionsmöglichkeiten den Reiz eines Spieles aus.
- Künstlerisch-ästhetische Kriterien überwiegen vor funktionalen Kriterien. Bei Digitalen Medien, bei denen die künstlerische Gestaltung im Vordergrund steht, werden oft Standards vermieden, um den Anschein eines rein technischen und normierten Produktes zu vermeiden.
- Etablierte Gestaltungslösungen sind ineffektiv. Konsistente Standards haben zwar den Vorteil, dass sie von vielen Nutzern sofort wiedererkannt werden, aber das heißt nicht, dass sie die beste gestalterische Lösung darstellen. Viele innovative Produkte brechen mit etablierten Standards und werden dann selbst zum Standard.
- In einem bestimmten Nutzungskontext ist die etablierte konsistente Gestaltungslösung nicht relevant und andere Metaphern aus dem Kontext der Nutzer sind passender.
- Für bestimmte besondere Aktionen sollen bewusst aus dem Rahmen fallende Gestaltungslösungen verwendet werden, damit die Nutzer merken, dass der übliche Kontext der Anwendung verlassen wird. Wenn in einer Anwendung z.B. ein sicherheitsrelevanter Fehler auftritt, könnte die interne Konsistenz bewusst verletzt werden, indem andere Farben, Schriften und grafische Elemente verwendet werden.
- Die Gestaltung von Systemen, die von behinderten Menschen benutzt werden sollen, kann und muss oft mit Regeln brechen.

In diesem Sinne gibt es also eine Reihe von Gründen, mit der Konsistenz zu brechen. Dies heißt aber nicht, dass man sich nicht um Konsistenz bemühen sollte. Vielmehr sollte man, wenn man Lösungen entwickelt, die gegen die Konsistenz verstoßen, dies bewusst tun und begründen können, warum man dies tut.

13.4 Entwicklung von Alternativen

Gestaltung ist immer auch ein **kreativer Prozess**. Im Gegensatz zum Softwareentwurf, bei dem man oft von klaren Vorgaben ausgehend relativ linear an der Entwicklung eines Systems arbeitet, werden bei gestalterischen Aufgaben oft viele Alternativen entwickelt. Wie in Kapitel 12 im Zusammenhang mit dem menschzentrierten Entwurf diskutiert wurde, werden zu Beginn eines Projektes oft mehrere **alternative Gestaltungskonzepte** entworfen. Im Idealfall wird dann in einem iterativen Prozess durch die Evaluierung von Prototypen zum Ende hin ein Entwurf ausgewählt, der möglichst gut den Anforderungen entspricht.

Kreativität lässt sich nicht erzwingen und der Ideenreichtum eines Gestalters ist nur bedingt erlernbar. Erfahrung, Geschick und Fantasie sind nötig, um neue Gestaltungsideen zu entwickeln. Manchmal ist es ein kreativer Geistesblitz, der eine neue Idee hervorbringt, die aus einem schlechten Design ein ansprechendes und innovatives Design macht. Trotzdem muss es nicht völlig dem Talent des Gestalters überlassen sein, wie neue Alternativen für Entwürfe entwickelt werden. Eine Reihe von Methoden können auch weniger begabten Gestaltern helfen, neue Ideen zu entwickeln. Aber auch erfahrene gute Gestalter greifen auf diese Methoden zurück und verlassen sich nicht nur auf ihre Intuition.

- **Metaphern aus der realen Welt nehmen**: Ein typischer Ansatz für die Entwicklung von Designideen ist die Nutzung etablierter Metaphern. So kann sich das Design eines digitalen Videoplayers an einem klassischen Videorekorder oder CD-Spieler orientieren (siehe auch Abbildung 13.5) oder bei einem Web-Shop kann man sich an Aktivitäten in einem Supermarkt orientieren (Einkaufswagen und Kasse). In vielen Fällen lassen sich durch einen solchen Ansatz Lösungen finden, die gut zu etablierten mentalen Modellen passen. Allerdings sind manche Metaphern auch problematisch, da sie Probleme aus der realen Welt in die digitale Welt importieren. Zudem kann es sein, dass damit Metaphern in der digitalen Welt überleben, die in der realen Welt kaum noch genutzt werden (wie z.B. im Fall des analogen Videorekorders).
- **Metaphern neu nutzen**: Man kann Metaphern auch bewusst neu interpretieren und für völlig andere Themenbereiche einsetzen. Die bekannteste Umnutzung einer Metapher ist die der Menüs, die keine Speisekarten, sondern Auswahlmöglichkeiten von Computerbefehlen repräsentieren.
- **Szenarien und Personas** wurden bereits in Kapitel 12 vorgestellt. Dabei geht man davon aus, dass man zunächst einmal alltägliche Nutzer und deren Handlungen mit dem zu gestaltenden Produkt beschreibt. Aus diesen konkreten Szenarien, die zusätzliche Kontextinformationen und Situationen beschreiben, kann man oft Ideen für die Gestaltung gewinnen.
- **Bestehende Prototypen und Programme** für ähnliche, aber auch unähnliche Aufgaben kann man evaluieren und dabei überlegen, ob Designideen auch für das eigene Produkt sinnvoll sind. Nicht jedes Design ist völlig neu und viele Designer lassen sich durch andere Produkte inspirieren. Manchmal kann man auch historische Designideen wiederbeleben, was oft als Retrodesign bezeichnet wird.

- **Mechanismen neu anwenden**: Bei der Evaluierung bestehender Designlösungen kann man nicht nur erwägen, diese für den gleichen Zweck einzusetzen. Man kann auch Designideen „weiterdenken“ und sich überlegen, wie Ideen neu verwendet werden können.
- **Kreatives Brainstorming** ist oft nötig, um neue Ideen zu entwickeln. Dazu kann man z.B. Designworkshops durchführen, bei denen es wichtig ist, dass man alle Ideen zulässt und zunächst keine Vorschläge verwirft, auch wenn sie auf den ersten Blick nicht passend erscheinen. Oft hilft es, ein solches Brainstorming außerhalb des üblichen Rahmens zu veranstalten und externe „anders denkende Experten“ mit einzubeziehen. So kann es sinnvoll sein, Experten anderer Fachrichtungen, Anwender oder Künstler dazu einzuladen.

Prinzipiell muss man die Entwicklung von Gestaltungsentwürfen immer auf unterschiedlichen Ebenen durchführen. Die Gestaltung eines Medienproduktes betrifft neben der audiovisuellen Gestaltung auch die Gestaltung der Interaktion. Wie in Kapitel 11 dargestellt, gibt es verschiedene Ansätze der Interaktion, z.B. Anweisungen, Dialoge, Manipulation oder Erkundung. Darüber hinaus können sich gestalterische Lösungen in der Art der Nutzung von Modalitäten und von Multimodalität unterscheiden.

Je nach vorgeschlagener Alternative kann dies Auswirkungen auf den Softwareentwurf haben. So lassen sich Varianten eher als eigenständiges Programm oder als Webanwendungen realisieren. Für manche Gestaltungsideen ist die Integration von spezieller Hardware oder Software nötig. Neben den in Kapitel 12 vorgestellten Evaluationstechniken müssen also auch technische Rahmenbedingungen bei der Auswahl eines geeigneten Entwurfes berücksichtigt werden. Diese Rahmenbedingungen sollten allerdings nicht zu früh Alternativen verwerfen. In vielen Fällen sind Ideen, die zunächst nicht realisierbar scheinen, in einfacherer Form doch umsetzbar.

13.5 Design und Fehlerbehebung

Bei vielen digitalen Medienprodukten können **Fehler** bei der Nutzung auftreten. Vor allem wenn es um Interaktionen geht, sind Fehler fast immer unvermeidlich. Jeder Nutzer hat schon einmal in einem Softwareprogramm oder auf einer Webseite eine falsche Taste gedrückt, einen Befehl falsch verstanden oder an einer Stelle nicht mehr gewusst, wie es weitergeht. Auch wenn beim Design eines Produktes mentale Modelle hervorragend unterstützt werden und die Umsetzung von Nutzerintentionen auf die Systemsprache gut gelingt, können immer noch Fehler auftreten.

Gutes Design sollte deshalb stets auch die Möglichkeit berücksichtigen, dass Fehler auftreten. Don Norman (1989) hat das „**Designing for Error**“ als Prinzip geprägt. Dabei geht es darum, dass Gestalter immer schon von Beginn an daran denken, was passiert, wenn ein Fehler auftritt. Die Zielsetzung dabei ist,

- Fehler zu vermeiden und abzuwenden.
- Fehler zu identifizieren und zu verstehen.
- Fehler zu behandeln und zu beheben.

Dabei muss man eine Reihe unterschiedlicher Fehlerarten berücksichtigen:

- Versehen oder Ausrutscher: So kann man aus Unaufmerksamkeit oder Ablenkung aus Versehen eine falsche Taste drücken. Oder aus Gewohnheit bestätigt man eine Systemabfrage immer mit „Ok" und löscht damit versehentlich eine Datei.
- Missverständnisse: Ein Befehl oder Icon wird z.B. falsch interpretiert.
- Perzeptionsfehler: Man übersieht z.B. einen wichtigen Hinweis.
- Kognitive Fehler: Durch Ablenkung, mangelndes Verständnis oder ein falsches mentales Modell wird eine falsche Aktion ausgeführt.
- Motorische Fehler: Durch mangelnde motorische Fähigkeiten werden falsche Tasten oder Bildschirmsymbole aktiviert.

Manche Fehlerarten hängen besonders von den Arten der Nutzer oder dem Kontext ab. So können Menschen mit Sehbehinderungen besonders anfällig für Perzeptionsfehler sein oder bei der Nutzung eines mobilen Systems könnte die Ablenkung durch die Umgebung besonders hoch sein. Deshalb sollten Designer sich gut überlegen, in welchem Kontext und von welchem Nutzerkreis ihre Produkte eingesetzt werden. Manche Designentscheidung kann ganze Nutzergruppen ausschließen. So werden Farbenblinde Probleme bei der Nutzung von farbcodierter Information haben, wenn diese nicht zusätzlich durch ein weiteres Gestaltungsmerkmal, wie z.B. Kontrast oder Formen, redundant codiert ist. Ältere Nutzer haben oft Schwierigkeiten, kleine Schriftgrößen zu lesen, weshalb Schriften entweder hinreichend groß oder durch die Nutzer anpassbar gestaltet werden sollen.

Weitere Möglichkeiten, Fehler zu vermeiden, sind:

- Die Wiedererkennung zu maximieren und das Merken zu minimieren. Wie in Kapitel 1 beschrieben sind z.B. Menüs oder Icons zur Befehlsauswahl oft einfacher zu handhaben als Befehle zum Eintippen, die man sich merken muss.
- Motorische Fehler können z.B. dadurch vermieden werden, dass der Tippaufwand minimiert wird und unähnliche Aktionen auch unähnlich gestaltet werden.

Wenn Fehler auftreten, sollten diese abgefangen werden. Je nach Situation kann man falsche Eingaben gar nicht erst zulassen oder bei kritischen Eingaben Warnungen ausgeben („Wollten Sie wirklich 1000 Exemplare von diesem Buch kaufen?"). In vielen Fällen kann man insbesondere bei Formulareingaben Verfahren zur automatischen Korrektur integrieren. Im Zweifel muss man in einen Dialog oder eine Nachfrage eintreten. Allerdings muss man damit sparsam umgehen, da sonst oft eine Gewöhnung eintritt. Eine Anwendung, die sehr oft mit einer Pop-up-Box nachfragt, ob man den ausgelösten Befehl wirklich durchführen will, kann Gefahr laufen, dass Nutzer aus Gewohnheit immer mit „Ja" bestätigen und dann einen kritischen Fall übersehen.

Oft ist es bei interaktiven Systemen sinnvoll, Aktionen so zu gestalten, dass sie rückgängig gemacht (undo, undelete) oder unterbrochen werden können. Dabei ist es wichtig, dass die Nutzer verstehen, welcher Zustand danach vorliegt. Irreversible Aktionen sollten nach Möglichkeit ganz vermieden werden.

13.6 Best Practices und Guidelines

In vielen Lehrbüchern und noch häufiger im Web finden sich **Leitfäden** (**Guidelines**) und **Musterbeispiele** (**Best Practices**) für die Gestaltung unterschiedlicher Digitaler Medienprodukte. Vor allem zur Gestaltung von Webseiten gibt es heute unzählige Richtlinien und Anleitungen, wie man diese gestalten soll. Aber auch schon vor der Erfindung des Internets wurden Medien gestaltet und für viele Typen digitaler Medien gibt es einen reichen Erfahrungsschatz an Gestaltungsprinzipien, die schon für die analogen Vorgänger galten. Besonders im Bereich der grafischen Gestaltung und der Textgestaltung existieren **etablierte Regeln**, die schon viele Hundert Jahre alt sind und heute noch Gültigkeit besitzen. Dies liegt nicht etwa daran, dass die Gestalter zu wenig Kreativität bewiesen hätten, neue zu entwickeln. Vielmehr orientieren sich viele dieser Prinzipien an **Wahrnehmungsphänomenen** wie z.B. den **Gestaltgesetzen** oder an **kulturellen Gegebenheiten** wie z.B. der Leserichtung, die über einen langen Zeitraum sehr stabil sind und sich somit kaum geändert haben. Daneben gibt es auch Modeerscheinungen und Gewohnheiten, die sich mit der Zeit ändern und weniger nachhaltige Bedeutung haben. Im Folgenden sollen einige Beispiele von eher langfristig gültigen Prinzipien für ausgewählte Medientypen vorgestellt werden. Dabei kann naturgemäß nur eine kleine Auswahl präsentiert werden.

Solche Prinzipien oder Designregeln sollten allerdings immer mit Vorsicht betrachtet werden. Wie schon weiter oben in Zusammenhang mit der Wahrung von Konsistenz sind Gestaltungsregeln oft sinnvoll und meist ist es gut, sich an diese zu halten. Allerdings ist es manchmal sinnvoll, solche Regeln auch zu brechen. Durch den **Bruch solcher Regeln** kann man unter Umständen den innovativen oder **künstlerisch-ästhetischen** Charakter eines Produktes betonen. Es kann aber auch sein, dass für eine bestimmte Anwendung, Nutzergruppe oder Situation diese Regeln nicht anwendbar sind. Wie schon bei der Wahrung der Konsistenz erwähnt, sollte man Regeln nur bewusst überschreiten und wissen, welche Vor- und Nachteile ein Regelbruch mit sich bringt. Die bloße Unkenntnis von Gestaltungsgrundsätzen führt meist zu schlechtem Design.

Ein weiterer Grund, warum Gestaltungsprinzipien manchmal kritisch betrachtet werden müssen, ist, dass nicht alle Nutzer gleich sind. Viele Grundsätze, wie z.B. die Nutzung von Farben, gelten nicht für alle Menschen gleichermaßen. Menschen mit Einschränkungen des Sehvermögens (z.B. Farbenblinde) oder Menschen aus unterschiedlichen Kulturkreisen nehmen Farben unterschiedlich war oder assoziieren andere Stimmungen mit ihnen. Insofern muss man sich bei der Betrachtung von solchen Design Guidelines immer klar machen, dass sie meist nur für einen eingeschränkten Kreis von Nutzern gelten und nicht uneingeschränkte Geltung besitzen. Zudem können manche Grundsätze sich auch widersprechen, so dass ein Gestalter einen guten Mittelweg zwischen verschiedenen Regeln finden muss. In keinem Fall ersetzen solche Guidelines die Aufgabe des Gestalters oder machen Evaluationen und menschzentrierte Ansätze bei komplexeren Projekten unnötig. Sie können aber helfen, grundlegende Fehler zu vermeiden und vernünftige Standardannahmen zu machen.

13.6.1 Grafische Designregeln

Einige Grundregeln des zweidimensionalen **grafischen Designs** sind schon lange etabliert und gelten in gleichem Maße für klassische analoge Medien wie auch für digitale Medien. Die grundlegenden Gestaltungselemente für zweidimensionale Grafiken und Bilder können bei Fotografien, Plakaten, Bildschirmlayout oder Webseiten angewandt werden. Es gibt eine Reihe von Gestaltungsdimensionen, die dabei berücksichtigt werden können:

- **Symmetrie und Asymmetrie** in einer grafischen Darstellung vermitteln Ausgewogenheit oder Spannung. Symmetrie kommt in der Natur häufig vor. Studien zeigen, dass Menschen symmetrische Gesichter als schön bewerten. Symmetrie strahlt Ruhe, Korrektheit und Stabilität aus, während Asymmetrie Dynamik und Bewegung vermittelt.
- **Kontraste und Harmonie** können auch durch die Wahl von Farben oder Helligkeitswerten vermittelt werden. Während harmonische Gestaltungen gediegener und ausgewogener wirken, sind disharmonische aufregender und unruhiger. Kontraste können das Auge zum Auffinden relevanter Objekte leiten und einen Fokus setzen. Starke Kontraste können genutzt werden, um gezielt die Aufmerksamkeit zu lenken, z.B. bei Fehlermeldungen. Zu viele Kontraste und Disharmonien können anstrengend und verwirrend sein.
- Viele **Formen** wie Kreise, Dreiecke, Sterne oder freie Formen vermitteln unterschiedliche Botschaften. Regelmäßige Figuren strahlen Ruhe und Ordnung aus. Unregelmäßige Figuren wirken dynamischer und lebendiger.
- Die **Anordnung** von Formen vermitteln oft kulturabhängig unterschiedliche Aussagen. Zum Beispiel ist die Leserichtung in westlichen Ländern von links nach rechts und in arabischen Ländern von rechts nach links. Entsprechend werden auch grafische Darstellungen unterschiedlich „gelesen". Eine Diagonale kann somit für manche Betrachter aufwärts, für andere abwärts gerichtet sein.
- Viele Formen werden quasi **architektonisch** interpretiert. So können Formen solide, fragil oder instabil wirken. Ein Dreieck, das auf dem Kopf steht, wirkt z.B., als ob es umkippen könnte. Es macht einen Unterschied, ob „schwere" Gestaltungselemente oben oder unten in einer Darstellung platziert sind.
- **Leerraum ist auch ein Gestaltungsmittel**. Leere Flächen sind wichtig, um die Augen zu leiten. Sie sorgen für Symmetrie und Ausgewogenheit und können die Wirkung von Gestaltungselementen verstärken. Außerdem bieten sie den Augen der Betrachter einen Ruhepunkt. Insgesamt unterstützen freie Flächen ein eleganteres und klareres Design.
- **Ausschnitte** können als gestalterisches Element eingesetzt werden. Wenn man Objekte ganz darstellt, so vermittelt das den Eindruck der Vollständigkeit und Abgeschlossenheit. Zeigt man nur einen Teil, so entsteht mehr Spannung. Der Betrachter muss sich selbst einen Teil dazu denken und im Kopf ergänzen. Somit wird der Betrachter zum Mitgestalter und Akteur, weil er einen Teil selbst ergänzt. Insbesondere in der Fotografie spielt der richtige Beschnitt eine große Rolle und kann aus langweiligen Bildern interessante Bilder machen.

- **Räumliche Darstellung**: Zweidimensionale Gestaltung kann durch Perspektive und Schatten, Größen oder Überdeckungen räumliche Eindrücke vermitteln. Mehr Tiefe in der Darstellung macht diese plastischer, aber auch komplexer und weniger übersichtlich. Viele Gestaltungselemente lassen sich durch räumliche Hinweise leichter vom Hintergrund abgrenzen. So werden Schattierungen auch gern bei Icons oder Funktionselementen eingesetzt, um sie hervorzuheben

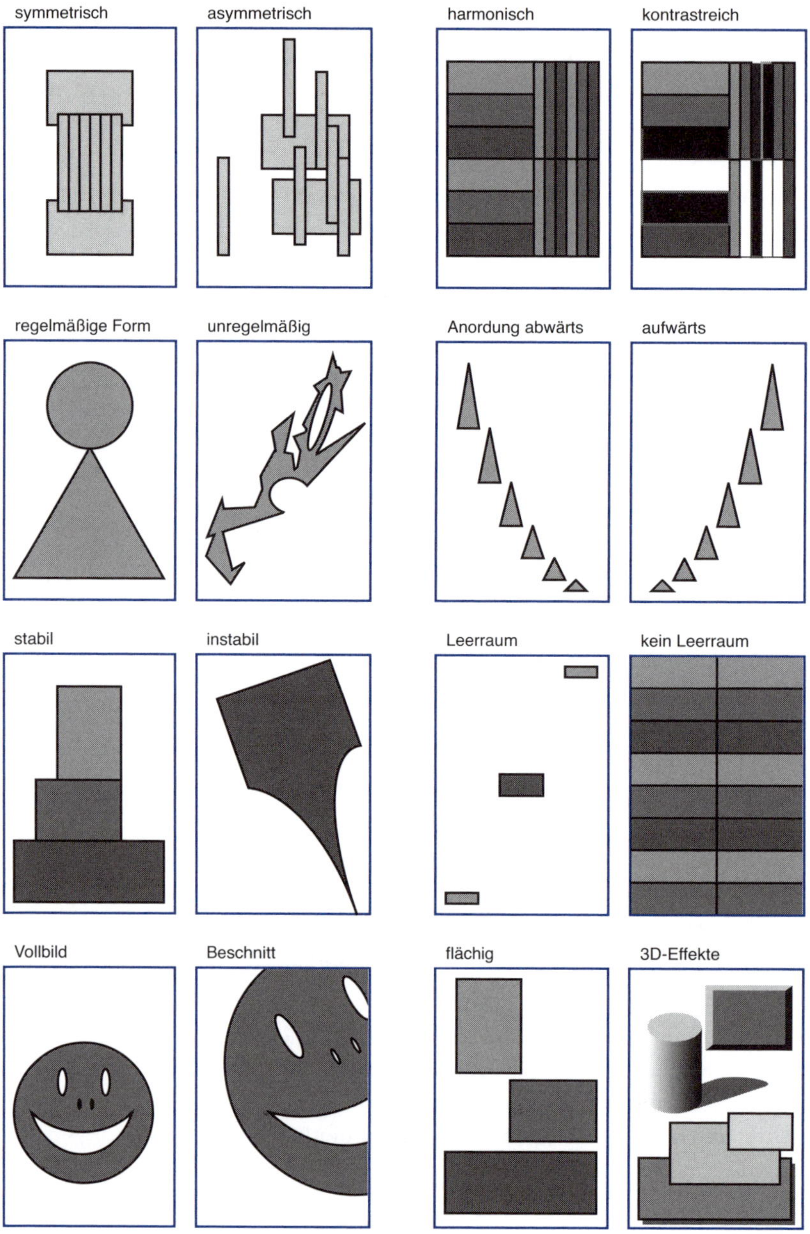

Abbildung 13.8: Verschiedene Dimensionen der grafischen Gestaltung

Diese Punkte spannen einen breiten Rahmen von Designmöglichkeiten auf. ▶Abbildung 13.8 zeigt an einfachen Beispielen einige Möglichkeiten und Varianten anhand von abstrakten Grafiken.

Generell gilt, dass diese Möglichkeiten **sinnvoll** und **sparsam eingesetzt** werden müssen. Schlechtes Design ist oft dadurch geprägt, dass zu viele Gestaltungselemente und Effekte eingesetzt werden und der visuelle Eindruck überladen und zersplittert wirkt. Jedes Gestaltungselement sollte begründet sein und im Zweifel ist bei den meisten Produkten ein einfacheres, schlichteres und harmonisches Design geeigneter und gibt Nutzern die Möglichkeit, sich auf die eigentliche Aufgabe und Intention zu konzentrieren.

Diese Leitlinie der sparsamen und gezielten Verwendung grafischer Gestaltungselemente entspricht auch der vorher diskutierten Unterstützung von **Affordances** und **mentaler Modelle**. Die Einfachheit mentaler Modelle und die leichte Erkennbarkeit von Affordances muss durch die grafische Gestaltung reflektiert werden.

Ebenso muss die Gestaltung den **Gestaltgesetzen** folgen. Wie oben erwähnt müssen die Anordnung von Objekten und die Nähe von Objekten deren inhaltlichen Zusammenhang verdeutlichen. Horizontale und vertikale Gitter, die nicht explizit sichtbar sind, aber an denen Objekte ausgerichtet werden, helfen, Felder zu finden, zuzuordnen und logisch zu gruppieren.

Zusätzlich sollte im Auge behalten werden, dass das **Look and Feel konsistent** ist und bei Produkten, die z.B. mehrere Screens beinhalten, einheitlich ist und den Regeln der internen Konsistenz gehorcht. Hierbei helfen entsprechende Styleguides (Abbildung 13.4).

Neben diesen grafischen Gestaltungselementen, die Formen und Strukturen beschreiben, ist **Farbe** das wichtigste Gestaltungselement. Farben können auch zur Vermittlung von Ausgewogenheit oder von Kontrasten eingesetzt werden. Insbesondere sind Farben mit Stimmungen und Bedeutungsassoziationen verbunden, die zum Teil stark vom kulturellen Hintergrund der Betrachter abhängen. Einige Beispiele für solche Farbbedeutungen sind:

- Rot wird meist mit Hitze und Wärme, aber auch mit Gefahr, Blut, Aggression und Liebe assoziiert. In fernöstlichen Kulturen ist Rot auch die Farbe des Glücks.
- Grün ist eine Farbe der Natur, die in Laub und Gras vorkommt und somit für Üppigkeit (Dschungel) und Umwelt stehen kann, aber auch kulturell abhängig Neid repräsentieren kann. Grün kann „Freie Fahrt“ symbolisieren (z.B. bei Ampeln). In vielen Ländern ist es die Farbe des Islam und wird mit religiösen Inhalten assoziiert.
- Blau ist als Farbe des Himmels und des Meeres eine Farbe, die Weite und Ruhe ausstrahlt und gern für Hintergründe genutzt wird. Die Farbe Blau ist wahrnehmungsphysiologisch weniger gut geeignet, um feine Details wie Schrift oder dünne Linien zu erkennen.
- Gelb kann sowohl lustige Stimmungen als auch Warnungen darstellen.
- Magenta und Lila können abhängig vom kulturellen Hintergrund kirchliche oder feministische Kontexte darstellen.

- Rosa Farbtöne stehen oft für Weiblichkeit und werden mit den Begriffen „nett", „freundlich" und „süßlich" assoziiert.
- Orange- und Brauntöne sind typische Herbstfarben und können für Wärme, Erde, aber auch Schmutz stehen. Ein leuchtendes Orange wird oft auch als Signal- und Warnfarbe verwendet. Im Buddhismus ist Orange die Farbe der Mönchskutten und hat somit auch religiöse Bedeutung.

Eine solche Aufzählung kann hier natürlich nur sehr verkürzt und ohne Anspruch auf Vollständigkeit Farben charakterisieren. Die Liste ließe sich um viele weitere Farbnuancen beliebig fortsetzen und verfeinern. Wenn man zudem nicht nur einzelne Farben, sondern auch Farbkombinationen betrachtet, werden die Möglichkeiten für durch Farben vermittelte Stimmungen unerschöpflich.

Umso mehr ist wiederum ein sorgfältiger Umgang mit dem Einsatz von Farben nötig. Wie schon erwähnt muss bei der Verwendung von Farben stets berücksichtigt werden, dass Nutzer abhängig von Kultur, Alter und weiteren sozialen Faktoren Farben unterschiedlich wahrnehmen. So können Farben auch politische Bedeutungen haben (wie z.B. bei vielen Parteien oder der orangefarbenen Revolution in der Ukraine). Außerdem können Farben im Kontext einer Aufgabe Bedeutungen besitzen, die bei der Gestaltung berücksichtigt werden müssen (z.B. in der Buchhaltung „rote Zahlen").

Analog zu anderen Gestaltungselementen sollte auch Farbe immer für einen klaren Zweck und sparsam verwendet werden. Der Einsatz sollte sich an den Aufgaben und Zielen eines Nutzers des Produktes orientieren. Ein gezielter Einsatz von Farbe kann die Aufmerksamkeit lenken und wichtige Dinge hervorheben und vom Hintergrund abheben. Oft ist es in der Praxis sinnvoll, zunächst einen Entwurf in Schwarzweiß zu machen und erst dann Farben einzusetzen.

Eine Auswahl von weiteren Regeln zum Einsatz von Farben soll hier kurz präsentiert werden:

- Farben sollten immer redundant eingesetzt werden. Ein Digitales Medienprodukt sollte immer auch noch nutzbar sein, wenn alle Farben fehlen und nur Grauwerte dargestellt werden. Dies ist z.B. wichtig, damit auch Farbenblinde nicht ausgeschlossen werden, aber auch wenn das Produkt durch ein Medium wiedergegeben wird, das keine Farbdarstellung beherrscht (z.B. beim Ausdruck einer Webseite auf einen Schwarzweißdrucker).
- Diese Redundanz ist aber auch für normalsichtige Nutzer sinnvoll. So sollten sich Elemente im Vordergrund sowohl im Farbton als auch in der Helligkeit vom Hintergrund abgrenzen. Oft kann auch ein Kontrast von Farbigkeit und Schwarzweißelementen zwischen Vordergrund und Hintergrund gestalterisch gut eingesetzt werden.
- Obwohl wir es von analogen Medien gewohnt sind, auf weißem Papier zu arbeiten, ist es in vielen Fällen prägnanter, Objekte im Vordergrund durch helle, leuchtende Farbwerte vor einem dunklen Hintergrund zu präsentieren. So wirken Farbbilder oft besser vor schwarzem Hintergrund.
- Farbkontraste können ebenso wie Helligkeitskontraste eingesetzt werden. Sie können Unterschiede oder Ähnlichkeiten vermitteln.

Meist wird nicht nur eine Farbe eingesetzt, sondern mehrere Farben. Wie in Kapitel 3 beschrieben können mit 24 Bit pro Pixel viele Millionen Farben codiert werden. Trotzdem gilt im Design die Regel „**Weniger ist mehr**" und in der Praxis muss je nach Anwendung die Zahl der Farben drastisch reduziert werden.

Bei Bildschirmanwendungen beschränkt man sich oft auf sogenannte **Farbschemas**, die nur vier bis acht Farben umfassen. Diese können noch in der Helligkeit variieren, werden dann aber konsistent durch die ganze Anwendung hindurch verwendet. Bei vielen konkreten Anwendungen beschränkt man sich sogar so weit, dass man nur eine oder höchstens zwei Farben zulässt, die das Gesamtbild dominieren, und als weitere Farben lediglich Helligkeitsvarianten davon zulässt.

Bei Farbbildern in Medienprodukten (analog wie digital) werden oft die **Farbstimmungen** bzw. **Farbhistogramme** aufeinander abgestimmt, so dass Bilder harmonisch zueinander passen. Besonders wichtig ist die Farbanpassung in der Produktpräsentation. Wenn die Verpackung eines Produktes einen bestimmten Farbton, z.B. Lila hat, dann muss dieser in allen Abbildungen genau getroffen werden.

13.6.2 Textgestaltung

Textgestaltung ist immer auch eine Form der grafischen Gestaltung. Allerdings sind **Typografie** und **Textgestaltung** eigene Gestaltungsdisziplinen, auf deren Grundlagen bereits in Kapitel 5 eingegangen wurde. Das oberste Kriterium ist dabei stets die gute Lesbarkeit.

Schriftarten vermitteln aber ebenso wie andere Gestaltungselemente Stimmungen und können zum Beispiel seriös oder verspielt wirken. Die Einteilung von Schriften in solche mit und ohne **Serifen** wurde bereits ausführlich in Kapitel 5 vorgestellt. In der Regel betrifft sie eine der ersten Designentscheidungen. Die Standardregel lautet:

- Schriften mit Serifen verbessern die Lesbarkeit langer Texte.
- Schriften ohne Serifen sind besser für die Erkennbarkeit bei kurzen Texten.

Allerdings gelten auch hier Ausnahmen. So sind Serifenschriften wegen ihrer feinen Details für die Darstellung in kleiner Schriftgröße am Monitor weniger gut geeignet, auch wenn es sich um einen längeren Text handelt. Die Ursache ist das grobe Pixelraster bei Monitoren, das schnell zu **Aliaseffekten** führen kann. Andererseits werden manchmal auch für Überschriften Serifenschriften verwendet. Einige Firmen, z.B. große Zeitungen, setzen ihren Firmennamen gern in Großbuchstaben mit Serifenschriften. Dies erinnert an die klassische Schriftart, die schon von den Römern genutzt wurde, die *Capitalis Monumentalis*, und kann Seriosität und Stabilität vermitteln.

Einige typische Schriftarten sind:

- Times, Bookman, Garamond (mit Serifen)
- Helvetica, Arial, Verdana (ohne Serifen)
- Comic Sans, Script (an die Handschrift angelehnte Schriften)
- Courier, Monospace, Lucida (Nichtproportionalschriften)

Auch bei der Wahl der Schriftart gilt es, sich zu beschränken. Man sollte in einem Produkt immer innerhalb einer **Schriftfamilie** bleiben und möglichst nur bis zu drei Schriftgrößen verwenden. Diese Schriftgrößen müssen deutlich unterscheidbar sein und harmonisch zueinander passen (also z.B. 8pt, 10 pt, 12pt oder 9pt, 12pt, 15pt und nicht 9pt, 10pt, 11pt). Schriftarten müssen so gewählt werden, dass ihr Charakter zum Inhalt passt. Verspielte Schriftarten wie *Comic Sans* eignen sich nicht gut für seriöse Botschaften wie z.B. die Präsentation einer Bank.

In normalen Texten sollte stets **Groß-** und **Kleinschreibung** entsprechend den Rechtschreibregeln verwendet werden. Hervorhebungen können *kursiv* oder **fett** gesetzt werden. Sie sollten aber nur gezielt und sparsam und keinesfalls für längere Passagen genutzt werden. Hierfür sind Rahmen oder Kästen geeigneter. Weitere Möglichkeiten der Hervorhebung wie Blinken oder inverse Farben sind meist viel zu aufdringlich und sollten vermieden werden.

Wie bei anderen Gestaltungselementen können Vorder- und Hintergrundfarben genutzt werden, sich aber stets an der Lesbarkeit orientieren. Da Lesen die Augen anstrengen kann, dürfen Farben und Kontraste nicht stören oder ermüden.

13.6.3 Weitere Medientypen

Für viele weitere Medientypen (sowohl Einzelmedien als auch zusammengesetzte Medien) sind die bereits diskutierten Regeln entsprechend einsetzbar. Je nach Medium gibt es aber auch noch viele weitere **Gestaltungsregeln** und **-prinzipien**, die oft noch weiter untergliedert werden können. Zum Beispiel können je nach Genre für die Gestaltung von Videos unterschiedliche Regeln gelten. Die Kunst der Gestaltung von Medien ist so vielfältig, dass Gestalter meist Experten für nur einen Medientyp sind und bei komplexen Medienproduktionen Grafikdesigner mit Sounddesignern und Animationsdesignern zusammenarbeiten und gemeinsam Gestaltungselemente unterschiedlicher Modalitäten finden und aufeinander abstimmen müssen.

Einige Aspekte weiterer Designbereiche sollen nur ganz kurz skizziert werden:

- **Audiodesign** kann ebenso wie grafisches Design Stimmungen und Emotionen vermitteln. Bedingt durch die Art der Wahrnehmung von akustischen Signalen wirken diese direkter und unmittelbarer als grafische Informationen. Geräusche und Klänge können über die Klangfarben, Frequenzspektren, Lautstärke und Dynamik viele Informationen über Größe, Entfernung und Natur von akustischen Klängen vermitteln. So können wir sofort eine große, aber entfernte Kirchenglocke von einem nahen Glöckchen unterscheiden. Bei Klängen und Musik vermitteln Klangfarben, Tonarten, Harmonien und Melodien ebenso wie Farben Stimmungen, die oft auch kulturabhängig sind. Bei der Gestaltung von Warntönen und Earcons[3] spielen diese Assoziationen eine wichtige Rolle. Darüber hinaus ist die räumliche Anordnung von Audioelementen wichtig. Über Stereoeffekte, die über Laufzeit- oder Lautstärkeunterschiede zwischen den beiden Kanälen vermittelt werden können, aber auch durch Hall, verringerte Dynamik und Lautstärke entfernter Klangquellen können Objekte im Raum positioniert werden. Dies kann helfen, eine Szene besser zu interpretieren und einzelne Quellen voneinander zu unterscheiden (z.B. mehrere Sprecher voneinander und von Hintergrundgeräuschen). Eine weitere Möglichkeit zur Gestaltung sind Rhythmen, die ähnlich wie beim grafischen Design ein Raster bieten können und zur Strukturierung dienen.

- Für die **Gestaltung von Filmen** wurden in Kapitel 6 bereits einige wichtige Aspekte vorgestellt: Rhythmen, Konsistenz und Filmschnitte spielen dabei eine wichtige Rolle. Konkrete Regeln können sich je nach Genre (Musikvideo, Dokumentation, Nachrichten etc.) sehr stark unterscheiden.
- Für **weitere Medientypen wie Computerspiele, mobile Systeme, den Einsatz von Sprachinteraktion** gibt es diverse, aber zum Teil weniger etablierte Regeln. Einerseits sind diese Digitalen Medien noch relativ jung, so dass die jeweiligen Designdisziplinen noch nicht auf einen so reichen Erfahrungsschatz zurückblicken können. Andererseits unterliegen diese Systeme einem sehr starken Wandel, so dass sich die technischen und gestalterischen Möglichkeiten noch sehr schnell ändern. Insofern sind Ratgeber für diese Medientypen oft schnell veraltet.
- Obwohl das **Webdesign** auch noch jung ist und auch einen schnellen technologischen Wandel durchläuft, gibt es hierfür eine große Zahl von Ratgebern und Regeln. Bei diesen Ratgebern ist entsprechend darauf zu achten, was relevant ist oder möglicherweise aufgrund von Moden oder technischen Entwicklungen unter Umständen schon nicht mehr gilt. Für viele Elemente auf Webseiten gibt es De-Facto-Standards, z.B. erwarten die meisten Nutzer von Webseiten oben rechts ein Suchfeld. Andererseits sollten die generellen Regeln der Gestaltung von Grafik und Text beachtet werden, die langfristigere Bedeutung haben. Grundsätzlich muss man sich bei der Gestaltung im Web darüber hinaus auch mit der Gestaltung von Interaktion, die z.B. informierend, explorativ oder navigierend sein kann, befassen.

Für die weitere Vertiefung der jeweiligen Design-Gebiete gibt es nicht nur zahlreiche Bücher, sondern sogar eigene Studiengänge, die speziell auf die Gestaltung einzelner Medientypen ausgerichtet sind.

3 Earcons sind sehr kurze Audiomuster die Ereignisse oder Produkte repräsentieren. Sie sind meist künstlich erzeugte (komponierte) melodische Sequenzen, die leicht wieder erkannt werden. Sie werden zunehmend in der Werbung eingesetzt.

Zusammenfassung

Das Unterfangen, in einem Kapitel einen Überblick über die Gestaltung Digitaler Medien zu vermitteln, ist schwierig und kann nur in einer sehr komprimierten Übersicht realisiert werden. In diesem Kapitel wird nur angerissen, worauf man bei der Gestaltung achten kann und soll. Dabei muss vor allem auch das **Spannungsfeld der Gestaltung** berücksichtigt werden, bei dem zwischen Funktionalität und Kreativität Wege der Formgebung gefunden werden müssen.

Für die meisten Produkte ist die **Nutzbarkeit** ein entscheidendes Kriterium dafür, ob das Design gelungen ist oder nicht. Letztlich müssen Menschen im Umgang mit dem Produkt in der Lage sein, ihre Ziele zu erreichen. Damit dies gelingt, müssen die menschlichen Eigenschaften im Umgang mit Digitalen Medien – oder allgemeiner mit Gegenständen des Alltags – berücksichtigt werden. Dabei spielen die Begriffe der **Affordance** und der **mentalen Modelle** eine zentrale Rolle. Design kann helfen, die Vorstellung der Nutzer und deren Intentionen auf die Sprache des Systems abzubilden. Wenn es den Gestaltern gelingt, das **konzeptionelle Design** eines Produktes im Erscheinungsbild gut abzubilden, und wenn sich das konzeptionelle Design an mentalen Modellen der Nutzer orientiert, dann ist das eine gute Voraussetzung für ein gelungenes Design, bei dem möglichst viel Wissen in der Welt steckt und möglichst wenige zusätzliche Erklärungen benötigt werden.

Eine wichtige Voraussetzung zur konsistenten Nutzung von mentalen Modellen und für den erfolgreichen Einsatz von (virtuellen) Affordances, also dem Sichtbarmachen von Funktionen, ist **Konsistenz**. Dabei kann zwischen interner und externer Konsistenz unterschieden werden. Darüber hinaus müssen Designer trotzdem stets darum bemüht sein, mit Fehlern, die bei der Nutzung ihrer Produkte auftreten können, umzugehen. **Designing for Error** ist ein Prinzip, das mögliche Fehler beim Designprozess von Anfang an berücksichtigt.

Best Practices und **Guidelines** können wichtige Hilfestellungen beim Design von Digitalen Medien leisten. Wie alle Designregeln können sie hilfreich sein; es ist gut, sie zu kennen; aber es reicht nicht, sich immer nur an Regeln zu halten. Manchmal müssen Regeln missachtet werden und oft sind Regeln widersprüchlich.

Übungen

Lösungshinweise

1. Suchen Sie Beispiele für gutes und schlechtes Design für verschiedene Digitale Medien. Was sind die Ursachen und was könnte ein Grund sein, warum diese Produkte so gestaltet wurden?

2. Erklären Sie an einem Digitalen Medium (z.B. einer Internetbuchhandlung oder einem Navigationssystem), was dabei das konzeptionelle Modell, das Erscheinungsbild des Systems und ein mögliches Nutzermodell sind. Inwiefern sind die Mappings bei dem gewählten Produkt gelungen?

3. Suchen Sie anhand von Beispielen Digitale Medien, bei denen externe und interne Konsistenz (nicht) eingehalten werden.

4. Entwickeln Sie Elemente für einen Styleguide für ein Digitales Medium Ihrer Wahl.

5. Welche Gestaltungselemente (Form, Farbe, Text, Audio, ...) würden Sie für
   - ein Lernspiel für Grundschüler,
   - einen Online-Börsenticker
   - einen Werbefilm für ein Beerdigungsinstitut

   verwenden?

   Entwickeln Sie Skizzen für die drei Szenarien und nennen Sie Designregeln, die Sie befolgen und solche, die Sie missachten.

Digitale Medien in der Praxis

14

ÜBERBLICK

Einleitung

» Mit den Methoden der Medieninformatik ist es möglich, neue, attraktive und leistungsfähige Digitale Medien zu entwickeln, die in sehr vielen Anwendungsbereichen erfolgreich eingesetzt werden können. Damit sind Digitale Medien zu einem wichtigen Wirtschaftsfaktor geworden. Neben völlig neuen Produkten wurden durch Digitale Medien auch Produkte geschaffen, die bisherige analoge Produkte vom Markt verdrängen oder mit ihnen um Käufer und Konsumenten konkurrieren.

Mit dem Erfolg der Digitalen Medien in der Praxis haben diese einen großen Einfluss auf Menschen und Gesellschaft. Sie sind wichtiger Bestandteil der heutigen Kultur geworden. Damit verbunden entstehen auch Fragen nach sozialen Aspekten. So muss man gewährleisten, dass alle Menschen Zugang zu Digitalen Medien haben und nicht Teile der Gesellschaft z.B. auf Grund von Behinderungen ausgeschlossen werden. Neben den positiven Effekten müssen auch mögliche schädliche Auswirkungen und der Missbrauch betrachtet werden, um beides möglichst zu verhindern. Darüber hinaus stellt sich die Frage, wie Digitale Medien unsere Kultur verändern.

In einigen Bereichen greifen auch Gesetze ein, um Menschen vor Schaden zu bewahren. So dient das Urheberrecht dem Schutz von Urhebern und soll gewährleisten, dass deren Werke nicht einfach von Unbefugten genutzt werden können. Der Datenschutz dagegen soll die informationelle Selbstbestimmung der Menschen schützen, die als Nutzer von interaktiven Systemen die Kontrolle über ihre persönlichen Daten behalten sollen. «

Lernziele

Dieses Kapitel stellt einige **Themen** vor, die bei der Anwendung Digitaler Medien in der Praxis wichtig sind. Der Schwerpunkt liegt dabei auf **wirtschaftlichen**, **sozialen** und **rechtlichen** Aspekten, von denen einige wichtige vorgestellt werden. Das Kapitel vermittelt einen Eindruck des Marktes für Digitale Medien und der relevanten Anwendungsbereiche. Sie werden einige gesellschaftliche Probleme und Diskussionen im Zusammenhang mit Digitalen Medien kennenlernen, die von der Zugänglichkeit über Kriminalität bis hin zur Sucht reichen. Darüber hinaus werden einige grundlegende Prinzipien des Urheberrechts und des Datenschutzes beschrieben.

Im Rahmen der technischen und gestalterischen Aspekten der Medieninformatik, deren Grundlagen in den bisherigen Kapiteln vorgestellt wurden, wurde dargestellt, wie verschiedene Arten Digitaler Medien funktionieren und wie sie entwickelt werden. Wie bereits im ersten Kapitel skizziert, haben Digitale Medien einen weitreichenden Einfluss auf die Gesellschaft. Durch die Medieninformatik werden **wirtschaftliche** und **soziale Gegebenheiten** an einigen Stellen tiefgreifend verändert. Aber auch **gesellschaftliche Rahmenbedingungen** beeinflussen die Art, wie Digitale Medien eingesetzt werden können. Diese Wechselwirkungen, die sozialer, kultureller, rechtlicher und ökonomischer Natur sein können, stellen für Medienwissenschaftler, Medienrechtler und Medienökonomen jeweils eigene Forschungsgebiete dar. In diesem Kapitel sollen einige Fragen aus diesen Bereichen vorgestellt werden. Neben den Märkten und Anwendungsbereichen sollen vor allem soziale und juristische Rahmenbedingungen beschrieben werden, die in der Praxis relevant sind.

14.1 Märkte und Anwendungsbereiche Digitaler Medien

Mit den in diesem Buch vorgestellten unterschiedlichen Typen Digitaler Medien kann ein großes Spektrum von Einzelmedien (wie Bilder, Audio, Film etc.) bis hin zu komplexen Systemen (wie bei Websystemen oder im Ubiquitous Computing) realisiert werden. Der Fokus der bisherigen Darstellung lag dabei auf den technischen Grundlagen und der Entwicklung dieser Medien. In der Praxis sind aber alle diese Medientypen in Anwendungen eingebunden, die sich grob einteilen lassen in die folgenden Bereiche:

- **Unterhaltung und Freizeit**: In diesem Bereich sind sowohl Spiele als auch private Digitalfotografie und viele Websysteme wie z.B. private Homepages, Foren und Blogs zu finden.
- **Büroanwendungen**: Digitale Medien werden keinesfalls nur im privaten Bereich eingesetzt. Professionelle Nutzer arbeiten täglich mit Digitalen Medien. Dabei reicht das Spektrum von Nutzern, die selbst Digitale Medien erstellen (z.B. in Werbeagenturen), bis zu solchen Nutzern, die Computersysteme nutzen, in denen verschiedene Formen von Digitalen Medien eingebunden sind.
- **e-Commerce**: Der Erfolg von Auktionsplattformen, Buchhandlungen und Reisebüros im Internet basiert zu einem großen Teil auf dem erfolgreichen Einsatz Digitaler Medien. Digitale Medien (wie Websysteme, digitale Fotos oder Audiosamples) unterstützen die Vermarktung von Produkten, indem sie helfen, die Distanz von einem anonymen und weit entfernten Anbieter zum Kunden zu überwinden.
- **Information und Assistenz**: Viele Digitale Medien verdrängen klassische analoge Nachrichtenkanäle wie Zeitungen und Zeitschriften. Darüber hinaus sind digitale Kartensysteme, Reiseführer und Navigationssysteme auf dem besten Weg, klassische Karten und Reiseführer in Buchform zu verdrängen. Auch bei Lexika und Nachschlagewerken werden klassische gedruckte Varianten immer mehr durch Online-Angebote ersetzt.
- **Kommunikation**: Über das Vermitteln von Nachrichten hinaus sind Digitale Medien auch in vielen Systemen eine Schlüsseltechnologie, die zur Kommunikation zwischen Menschen eingesetzt wird. Diese kann text- oder sprachbasiert sowohl synchron als auch asynchron funktionieren.

- **Unterstützung in Arbeitsumgebungen**: Digitale Medien unterstützen Ärzte bei Operationen, Kellner bei der Aufnahme von Bestellungen und Kassierer im Supermarkt. Spezialanwendungen, die in mobile Geräte, Supermarktkassen und Maschinen integriert werden, lassen Digitale Medien auch außerhalb von klassischen Büroanwendungen auf PC-Arbeitsplätzen zu einem wichtigen Faktor bei der täglichen Arbeit werden.
- **Lernen und Bildung**: Lernprogramme werden nicht nur für Schüler und Schülerinnen entwickelt. Unter dem Stichwort des lebenslangen Lernens sind e-Learning-Systeme auch ein Thema zur Weiterbildung, zum Training von Firmenmitarbeitern und in der Erwachsenenbildung.

Offensichtlich sind diese Bereiche von Anwendungen, deren Einteilung sich am Zweck des Einsatzes orientiert, nicht völlig scharf getrennt. Es kann z.B. Systeme geben, die Büroanwendungen und Informationsvermittlung miteinander kombinieren, oder solche, die Spiele und Lernen in einem Programm integrieren. Eine Anwendung kann also zugleich mehrere Ziele haben.

Darüber hinaus sind diese Anwendungsbereiche unabhängig von den jeweils eingesetzten Typen Digitaler Medien. Die in diesem Buch vorgestellten technischen Medientypen können in allen Anwendungsbereichen eingesetzt werden. Insofern stellen sie universelle Grundbausteine dar, die nicht auf bestimmte Anwendungsbereiche festgelegt sind.

Wenn wir die Märkte Digitaler Medien genauer betrachten wollen, dann ist es sinnvoll, etwas genauer einzelne Branchen zu betrachten. Es gibt Branchen, die relativ stark auf einzelne Medientypen festgelegt sind, und solche, die stärker auf den Zweck des Einsatzes Digitaler Medien fokussieren. Ein Beispiel für den ersten Fall ist die Filmindustrie, die sich vor allem mit dem Medium Film beschäftigt und deren Zweck sowohl Unterhaltung (Spielfilme), Information (Dokumentationsfilme) als auch Bildung (Lehrfilme) sein kann. Ein Beispiel für den zweiten Fall ist die Nachrichtenbranche, die für das Ziel der Informationsvermittlung unterschiedliche Medientypen einsetzt.

In vielen Bereichen Digitaler Medien sind die Umsätze in den letzten Jahren stetig gewachsen und in einigen Bereichen haben Digitale Medien bereits klassische analoge Medien verdrängt. Einige Beispiele hierfür sind[1]:

- **Online-Werbemarkt**: Der Markt für Werbung im Internet ist in zweifacher Hinsicht relevant für digitale Medien. Einerseits finanzieren sich viele Angebote Digitaler Medien über Online-Werbung, andererseits sind Online-Werbungen selbst auch eine Form Digitaler Medien, die wiederum aus digitalen Bildern, Text und Videos bestehen. Der Online-Werbemarkt stieg von 2007 auf 2008 um 29 Prozent auf etwa 1,3 Milliarden Euro[2]. Neben den Umsätzen bei der Online-Werbung sind auch die Erstellung und die Produktion von klassischer Werbung durch die digitalen Produktionsprozesse stark

1 Die hier angegebenen Marktzahlen beziehen sich jeweils – soweit nicht anders vermerkt – auf den deutschen Markt.

2 Angaben des Branchenverbandes BITKOM

durch Digitale Medien bestimmt. Die Gesamtwerbeeinnahmen lagen in Deutschland 2008 bei ca. 20 Mrd. €, wobei die größten Bereiche Tageszeitungen (ca. 4,3 Mrd. €), Fernsehen (ca. 4 Mrd. €) und Werbung per Post (ca. 3,3 Mrd €) mit rückläufigen Zahlen kämpfen müssen[3].

- **Computerspiele** sind längst zu einem wichtigen Industriezweig geworden. Im Jahr 2008 konnten mit Computerspielen (inkl. PC-Spielen und Spielekonsolen) über 2 Mrd. € Umsatz gemacht werden[4]. Inzwischen haben die Umsätze mit Computerspielen bereits die der Filmindustrie deutlich übertroffen.
- Beim **e-Commerce** wurden in Deutschland 2008 rund 13 Mrd. € durch Käufe im Internet umgesetzt[5]. Diese Zahlen liegen sicher noch weit unter denen des deutschen Einzelhandels, der mit ca. 400 Mrd. € pro Jahr[6] noch um eine Größenordnung höher liegt. Inzwischen werden Digitale Medien jedoch schon in signifikantem Umfang als Plattform für Einzelhandelsaktivitäten genutzt.
- Im **Bereich der klassischen Medien** wie Zeitungen, Zeitschriften, Radio, Fernsehen oder Film lässt sich der Anteil Digitaler Medien am Marktvolumen nur schwer messen. Allerdings haben fast alle klassischen Massenmedien ihre Produktionsprozesse auf Digitale Medien so umgestellt, dass heute auch bei klassischen Medien Digitale Medien durchgehend genutzt werden. Während im Printbereich das Endprodukt noch analog ist, sind beim Fernsehen durch digitale Satellitenübertragung und terrestrisches Digitalfernsehen (DVB-S und DVB-T) inzwischen auch die Endgeräte zu Abspielgeräten von Digitalen Medien geworden.
- Auch der Markt für **e-Learning** ist im Wachstum begriffen. Im Vergleich zu anderen Segmenten ist er mit einem geschätzten Volumen von 200 Millionen € zwar noch wesentlich kleiner als die anderen vorgestellten Bereiche[7], aber auch dieser Markt befindet sich im Wachstum.
- Neben diesen Anwendungsbereichen gibt es **weitere Branchen**, in denen Digitale Medien einen sehr großen Anteil haben. Dazu gehören insbesondere die gesamte Software-Branche und der Bereich der Webanwendungen. Das Gesamtvolumen des Softwaremarktes und der IT-Dienstleistungen betrug 2006 ca. 46 Mrd €[8].

Die Zahlen für die Märkte in diesen Bereichen zeigen, dass Digitale Medien einen wichtigen **ökonomischen Faktor** darstellen, der zunehmend an Bedeutung gewinnt. Insbesondere wachsen die Bereiche Informationstechnik (IT) und Medienallmählich zusammen. Medieninformatik ist somit die Schlüsseltechnologie eines sehr dynamischen und zukunftsweisenden Wirtschaftssektors.

---

3 Angaben des Zentralverbandes der Deutschen Werbewirtschaft
4 Schätzung BITKOM
5 Angabe lauf GfK (Gesellschaft für Konsumforschung)
6 Angaben des Hauptverbandes des Deutschen Einzelhandels
7 Schätzung BITKOM für 2009
8 Schätzung BITKOM

14.2 Gesellschaftliche und soziale Aspekte

Jede Technologie, die in dem oben skizzierten Umfang ökonomische Bedeutung besitzt, hat auch **gesellschaftliche** und **soziale Auswirkungen**. Im Fall digitaler Medien kommt noch hinzu, dass Medien zentrale Elemente unserer **Kultur** sind. In Kapitel 1 wurden bereits einige grundlegende Aspekte betrachtet, die in Bezug auf Digitale Medien in der Gesellschaft eine Rolle spielen können. Dazu gehören medientheoretische und medienökonomische Fragestellungen, bei denen es um prinzipielle Eigenschaften und Zusammenhänge von Digitalen Medien im Kontext von Interaktion, Kultur und Wirtschaft geht. Es gibt aber auch viele ganz praktische Auswirkungen konkreter Anwendungen auf die Gesellschaft. Je mehr sich Entwickler von Digitalen Medienprodukten dessen bewusst sind, desto verantwortungsvoller können sie mit den Werkzeugen, die ihnen zur Verfügung stehen, umgehen.

14.2.1 Zugänglichkeit von Digitalen Medien

Zugänglichkeit wird oft auch mit dem englischen Begriff **Accessibility** bezeichnet und beschreibt, inwiefern alle Bevölkerungsgruppen ein Produkt gleichermaßen nutzen können, und soll verhindern, dass Teile der Bevölkerung aufgrund von körperlichen oder geistigen Beeinträchtigungen von der Nutzung ausgeschlossen werden. Früher hätte man dies unter den Begriff „behindertengerecht" gefasst, was aber zu kurz greift. Nicht immer werden Nutzer wegen einer Behinderung ausgeschlossen. Auch Alter, Körpergröße oder Schulbildung können Faktoren sein, die darüber entscheiden, ob jemand ein Produkt nutzen kann oder nicht.

Es ist durchaus bemerkenswert, dass Digitale Medien, die einerseits immer und überall verfügbar sind, zu den Produkten gehören, die vielfach große Bevölkerungsgruppen ausschließen. Beispiele hierfür sind:

- Webangebote, die ausschließlich grafisch gestaltet sind, sind für blinde oder sehbehinderte Nutzer oft völlig ungeeignet, da sie nicht per Screenreader vorgelesen werden können.
- Viele Digitale Medien berücksichtigen zu wenig Einschränkungen älterer Menschen, z.B. schlechtere motorische Fähigkeiten bei der Bedienung von Geräten mit kleinen Tasten oder die schwere Lesbarkeit von Text mit kleiner Schriftgröße.
- Viele Angebote Digitaler Medien sind nicht mehrsprachig und grenzen Ausländer aus. Ein Informationssystem in einer Stadt sollte beispielsweise darauf ausgerichtet sein, dass die Nutzer nicht immer die Landessprache beherrschen.
- Oft werden Nutzergruppen über zu hohe Anforderungen an kognitive Fähigkeiten und technisches Know-how ausgegrenzt. Viele Produkte sind für Laien, die keine IT-Experten sind, völlig ungeeignet. Ein Beispiel hierfür wäre ein Internetradio, für dessen Konfiguration und Inbetriebnahme vertiefte Netzwerkkenntnisse nötig sind.

Eine solche Liste lässt sich beliebig erweitern und man wird feststellen, dass Zugänglichkeitsprobleme und Ausgrenzungen in sehr vielen Bereichen Digitaler Medien existieren. Im Prinzip sollten der Entwurf und die Gestaltung Digitaler Medien immer schon von

Anfang an alle Arten von Nutzern, deren Eigenheiten und Einschränkungen berücksichtigen (Kapitel 12, 13).

Die Notwendigkeit, behinderten Menschen, den Zugang zu Angeboten Digitaler Medien zu ermöglichen, ergibt sich nicht nur aus allgemeinen ethischen Überlegungen, sondern wird zunehmend auch durch gesetzliche Rahmenbedingungen vorgeschrieben. So müssen IT-Produkte, die im öffentlichen Bereich (z.B. bei Behörden) eingesetzt werden, bestimmten Anforderungen genügen. Diese Anforderungen wurden in Deutschland in der **Barrierefreie Informationstechnik-Verordnung** (**BITV**) im Jahr 2002 gesetzlich verankert. Sie geht auf eine Richtlinie des World-Wide-Web-Konsortiums (W3C) zurück, der **Web Content Accessibility Guideline** (**WCAG**), in der Vorgaben für behindertengerechte Webseiten vorgeschlagen wurden.

Exkurs – Web Content Accessibility Guideline (WCAG)

Die Web Accessibility Initiative (WAI), eine Arbeitsgruppe des W3C, beschloss 1999 die erste Fassung der WCAG und 2008 deren zweite Fassung. Darin wurden zunächst Richtlinien für den barrierefreien Zugang zum Web formuliert. Viele Richtlinien können analog jedoch auch für andere Digitale Medienprodukte angewandt werden. Zu den Richtlinien gehören z.B.:

- die alternative Darstellung visueller Inhalte durch Audio (und umgekehrt)
- sich nicht auf Farbe allein zu verlassen
- richtige Anwendung von Stil-Markern (z.B. zur Kennzeichnung von Überschriften)
- Unterstützung geräteunabhängiger Schnittstellen

In einigen Punkten wird besonders darauf hingewiesen, Strukturkonstrukte wie Tabellen oder Stilanweisungen stets im Sinne des eigentlichen Verwendungszwecks zu nutzen, da viele alternative Darstellungen, z.B. das automatische Vorlesen von Webseiten, diese Strukturen nutzen. Wenn nun eine Tabelle nicht als Tabelle, sondern zur grafischen Formatierung genutzt wird, oder wenn eine Überschrift nicht als Überschrift, sondern zur Hervorhebung von Textteilen zum Einsatz kommt, dann wird das Umsetzen der grafischen Inhalte in eine Audioausgabe erschwert oder sogar unmöglich.

Durch die BITV hat die WCAG Gesetzescharakter bekommen und für Systeme, die in oder von öffentlichen Verwaltungen genutzt werden, sind diese Richtlinien somit verbindlich. Da sie aber nicht alle oben genannten Fälle von Problemen beheben kann und auch im privaten Bereich nicht verbindlich ist, gilt es darüber hinaus, bei der Entwicklung von Digitalen Medien ein Bewusstsein und die Sensibilität zu besitzen, ein möglichst hohes Maß an Zugänglichkeit zu gewährleisten.

14.2.2 Soziale Netze

Ein relativ neuer Trend im Internet sind sogenannte **Social Networks**. Diese Netze sind meist Webangebote, die aus einer Webseite bestehen, auf der Nutzer persönliche Angaben und Daten ablegen und Beziehungen zu anderen Nutzern aufbauen können. Damit entsteht ein Beziehungsgeflecht, über das man Freunde, Bekannte oder Kollegen finden und mit ihnen kommunizieren kann. Nach einigen Vorläufern solcher Netze setzte der Boom mit dem Jahr 2004 ein, als einige Social-Network-Portale sehr schnell eine große Zahl von Nutzern verzeichnen konnten. Inzwischen sind in den unterschiedlichen Social Networks weltweit über 100 Millionen Nutzer registriert.

Zu den typischen Möglichkeiten, die diese Portale anbieten, gehören:

- Angabe eines Profils mit Bild, Interessen, Daten zur Person, Links zu Webseiten
- Etablierung von Beziehungslinks zu anderen Personen. Dies findet meist so statt, dass Nutzer einem anderen ein Angebot für eine solche Linkbeziehung schicken, das der andere dann annehmen oder ablehnen kann.
- Versenden (und Empfangen) von Nachrichten an andere Nutzer.
- Diskussionsforen, in denen Nutzer thematisch gruppiert zu Themen diskutieren bzw. kurze Nachrichten austauschen können
- Chat-Funktionen, bei denen die Nutzer online per Text oder Web-Cam kommunizieren können
- Suche nach Nutzern, Inhalten, Diskussionen und Browsen in den Diskussions- und Netzstrukturen der geknüpften Kontakte
- Das Bilden von Nutzergruppen, die sich für gemeinsame Themen interessieren

Diese Funktionalitäten sind an sich nicht neu, wurden aber in den Social-Network-Angeboten offensichtlich sehr erfolgreich in einer Plattform integriert. Je nach Anbieter können Nutzer viele Funktionalitäten kostenlos nutzen. Oft werden über Mitgliedschaften und Gebühren zusätzliche oder leistungsfähigere Komponenten freigeschaltet wie die Möglichkeit, mehr oder umfangreichere und mit Anhängen versehene Nachrichten zu versenden oder detailliertere Informationen über die Verknüpfungen im Netz einzusehen.

Diese Art von Webanwendungen wurde in verschiedenen Bereichen eingesetzt und findet sich auch in anderen Anwendungen wie z.B. innerhalb von **Produktportalen** oder **e-Commerce-Plattformen**. Soziale Netze werden somit in einem breiten Spektrum genutzt:

- als allgemeines Netz von Freunden und Bekannten,
- zur Kontaktpflege unter Studenten oder Absolventen (Alumni) von Schulen und Universitäten,
- zum Austausch von Menschen über Hobbies oder gemeinsame Interessen,
- zur Pflege und Neuanbahnung von geschäftlichen Kontakten,
- zur Diskussion und zum Erfahrungsaustausch über Produkte.

Zu den aktuell erfolgreichsten Netzen gehören Facebook, StudiVZ, XING und LinkedIn.

Weitere Webtechniken und multimediale Inhalte werden oft zusätzlich in solche Systeme eingebunden und neben rein webbasierten Varianten gibt es auch solche, die mobile Endgeräte mit einbeziehen.[9]

Obwohl eine hohe Zahl von Nutzern dieser Social Networks bestätigen, dass diese nützlich und positiv sein können, gibt es aber auch Probleme:

- Nutzer können private Daten veröffentlichen, ohne sich über die Konsequenzen bewusst zu sein.
- Die Netze können für Zwecke ausgewertet werden, die die Nutzer so nicht wünschen.
- Einträge können durch Dritte manipuliert oder ohne Kenntnis eingestellt werden.
- Nutzer nehmen das virtuelle soziale Netz als Ersatz für ein reales soziales Netz.

Für viele Nutzer von Social Networks scheinen diese Risiken zunächst völlig unkritisch zu sein. Zum Beispiel stellen viele jugendliche Nutzer Bilder von Partys und Trinkgelagen ins Netz, die dann später von potenziellen Arbeitgebern gesehen werden können und zu Rückschlüssen auf den Bewerber führen, die kaum in dessen Sinn sein dürften. Das Problem dabei ist, dass alles, was im Web publiziert wird, potenziell unbegrenzt verfügbar ist. Durch lokale Kopien kann selbst das Löschen des Originaleintrages nicht verhindern, dass Daten, die nicht mehr im Netz stehen sollen, später doch noch verfügbar sind. In diesem Sinn gilt der Satz „Das Netz vergisst nichts“ und Nutzer sollten nichts veröffentlichen, was auch nicht dauerhaft und für jedermann verfügbar sein sollte.

Dass Arbeitgeber Social Networks auswerten, um mehr über potenzielle Bewerber zu erfahren, ist nur ein Beispiel der Nutzung solcher Netze für Zwecke, die den eigentlichen Nutzern nicht immer bewusst sind. Es gibt sogar Agenturen, die diese Netze systematisch auswerten, um dann Interessenten – wie potenziellen Arbeitgebern – als Dienstleistung Dossiers über Personen anzubieten. Es ist zudem vergleichsweise einfach, Informationen aus mehreren Netzen zusammenzubringen. Vermeintlich anonyme Informationen können dann von Unberechtigten konkreten Personen zugeordnet werden, was z.B. von Stalkern ausgenutzt werden kann. Die Auswertung von Profilen wird auch für gezielte Werbung genutzt, was zum lästigen Problem des unerwünschten Spamming führen kann. Auch bei polizeilichen Ermittlungen werden in manchen Fällen diese Netze ausgewertet, um Tätern auf die Spur zu kommen.

Aufgrund solcher „Nutzungen“ sozialer Netze im Web muss jeder Einzelne entscheiden, was er von sich preisgeben will. Schwierig wird es allerdings, wenn nicht die Betroffenen, sondern Dritte persönliche Informationen über Menschen ins Netz stellen, ohne dass diese gefragt werden. In manchen Netzen ist dies sogar die wesentliche Geschäftsidee. Eine Reihe von Portalen erlaubt es Nutzern, ihre Lehrer, Ärzte, Nachbarn oder Professoren zu bewerten. Aber auch in anderen Portalen können Nutzer Informationen über Freunde oder Bekannte ins Netz stellen, die diese möglicherweise gar nicht im Netz finden wollen. Besonders kritisch ist es, wenn Nutzer bewusst falsche Informationen über andere Menschen ins Netz stellen, um diese zu diskreditieren.

---

9 Ein Beispiel hierfür ist Twitter (twitter.com).

Offensichtlich ist ein **bewusster** und **kritischer Umgang** mit diesen neuen Medien nötig. Allzu leichtfertige Veröffentlichungen persönlicher Daten sollten vermieden werden. Leider werden die Probleme und Risiken der Offenlegung persönlicher Daten im Netz von vielen Nutzern noch zu wenig ernst genommen. Diesbezüglich gibt es Anstrengungen, schon in der Schule ein gewisses Maß an Medienkompetenz für Digitale Medien zu vermitteln, damit Nutzer sich sinnvoll vor dem Missbrauch der eigenen Daten schützen können. Neben dem eigenen bewussten Umgang der Anwender mit diesen Medien sind auch die Betreiber gefordert, auf die publizierten Inhalte zu achten: Dabei muss zwischen notwendiger redaktioneller Verantwortung und möglicher Zensur oft sorgfältig abgewogen werden.

14.2.3 Kriminalität (virtuelle Kriminalität)

Wenn, wie eben beschrieben, Nutzer über andere Nutzer falsche Informationen verbreiten, um diese zu diffamieren, dann beschreibt dies schon eine Möglichkeit, Webmedien für **kriminelle Handlungen** zu nutzen. Durch die Möglichkeit, die eigene Identität geheimzuhalten und jederzeit weltweit zu agieren, bietet das Internet vielen Kriminellen ideale Voraussetzungen, um ohne eigenes Risiko im virtuellen Raum ganz reale Opfer zu finden.

Digitale Medien werden leider immer öfter zum Vehikel oder zum Schauplatz krimineller Handlungen:

- Über Digitale Medien werden illegale Inhalte verbreitet oder angeboten.
- Im Netz werden leichtgläubige Nutzer hereingelegt.
- Stalker verfolgen ihre Opfer auch über Digitale Medien.
- Sexualstraftäter finden Opfer in Social Networks oder Chat-Foren.
- Gefälschte oder falsche Produkte werden über Digitale Medien verkauft und beworben.
- Durch Hacker und Betrüger werden Daten, Passwörter oder virtuelle Dinge gestohlen[10].

Wie bei den sozialen Netzen diskutiert, hilft es oft, mit mehr **Medienkompetenz** und Weitsicht Foren, Portale und andere Digitale Medien zu nutzen, um sich selbst vor Betrügern und Hackern zu schützen. Daneben gibt es die Möglichkeit, durch Regeln und Gesetze stärkeren Einfluss auf den Betrieb und die Betreiber auszuüben, um kriminelle Aktivitäten von vornherein zu unterbinden. Oft zeigt sich dabei aber, dass vor allem bei Digitalen Medien, die über das globale Web transportiert werden, kaum effiziente und effektive Reglementierungsmöglichkeiten existieren, da staatliche Mittel an Ländergrenzen aufhören. Darüber hinaus besteht die Gefahr, dass Eingriffe in die Freiheiten der virtuellen Welt nicht nur dem berechtigten Interesse dienen, Straftätern das Handwerk zu legen, sondern auch völlig legale Aktivitäten verhindern oder überwachen.

---

10 In Presseberichten wurde Anfang 2009 von einem Fall berichtet, bei dem die Bochumer Polizei gegen Täter ermittelt, die in einem Online-Rollenspiel einen virtuellen Gegenstand im Wert von 1000? erbeutet haben.

14.2.4 Sucht

Die Nutzung von Medien kann Spaß machen und auf viele Menschen haben Medien so große Anziehungskraft, dass sie mehr Zeit mit dem Medienkonsum verbringen, als sie es eigentlich tun wollen. Bei zu exzessiver Nutzung spricht man sogar von Sucht, was sich als **Internetsucht**, **Spielsucht**, **Handysucht** oder **Onlinepornografie-Sucht** äußern kann. Die Kritik an zu exzessivem Medienkonsum ist nicht neu. Bereits vor über 30 Jahren hatte der damalige deutsche Bundeskanzler Helmut Schmidt in einem *Plädoyer für einen fernsehfreien Tag*[11] gefordert, dass der Medienkonsum (in diesem Fall der Fernsehkonsum) eingeschränkt werden solle, da er den unmittelbaren Umgang der Menschen untereinander, das politische Leben und das Leben der Familien beeinträchtige. Offensichtlich konnte sich Helmut Schmidt mit diesem Vorschlag nicht durchsetzen. Stattdessen wuchs in den folgenden Jahren mit Einführung des Privatfernsehens, der Kabelübertragung und schließlich dem digitalen terrestrischen und Satelliten-Broadcasting nicht nur das Angebot, sondern auch der Konsum deutlich. Mit der Nutzung des Internets und Digitaler Medien stellt sich heute noch drängender die Frage, welches Maß an Medienkonsum gut ist und ab wann es für den Einzelnen, die Familie oder die Gesellschaft problematisch wird, wenn zu viel Zeit mit Medien verbracht wird.

Interessanterweise findet die Diskussion fast nur für Fernsehen und Digitale Medien statt. Selten wird über übermäßigen Radiokonsum oder Zeitungssucht gesprochen. Dies kann einerseits an der gesellschaftlichen Akzeptanz mancher Medien liegen. Zum anderen zeichnen sich aber Fernsehen und Digitale Medien durch einen höheren Grad der Immersion im Vergleich zu anderen Medientypen aus, der Nutzer stärker in die projizierte Welt des Mediums eintauchen lässt.

Die gegen das Fernsehen gerichtete Kritik, dass der Umgang mit Menschen dadurch vernachlässigt wird, lässt sich ebenso auf einige Digitale Medien übertragen. Andererseits gibt es aber bei Digitalen Medien die Besonderheit, dass sie es – z.B. in der Form Sozialer Netze – Menschen erlauben, miteinander zu kommunizieren und soziale Kontakte zu knüpfen. In vielen Fällen ist dies durchaus positiv. In manchen Fällen können diese Formen der Interaktion tatsächlich ein Fenster zur Welt sein, das z.B. im Fall älterer oder behinderter Menschen Möglichkeiten der Kontaktpflege vermittelt, die sonst nicht gegeben wären. Wenn diese virtuellen sozialen Kontakte aber zur Ersatz- oder Scheinwelt werden, können diese insbesondere bei übermäßigem Konsum zur problematischen Entfremdung von der realen Welt führen.

Obwohl nach der strengen Definition von Sucht immer eine stoffliche Abhängigkeit vorliegen muss, so kann man in vielen Fällen des übermäßigen Konsums von Digitalen Medien typische Symptome von Sucht feststellens[12]:

- ein starkes Verlangen oder eine Art Zwang zum Konsum,
- verminderte Kontrolle über den Gebrauch (z.B. Zeit, Umfang),

11 DIE ZEIT, 26.05.1978, http://www.zeit.de/1978/22/Plaedoyer-fuer-einen-fernsehfreien-Tag

12 Diese Liste umfasst Punkte, die in der Definition der Weltgesundheitsorganisation zur Definition von Sucht aufgestellt wurden (ICD-10 Klassifikation). Sie wurden hier analog für den Konsum von Medien umformuliert.

- anhaltender Wunsch aufzuhören oder erfolglose Versuche, den Konsum zu verringern oder zu kontrollieren,
- Entzugssyndrom bei Reduktion des Konsums (z.B. Gereiztheit, Schlafstörung, Schweißausbrüche),
- Einengung auf den Konsum und dadurch Vernachlässigung anderer wichtiger Aufgaben, Vergnügen oder Interessensbereiche (z.B. Arbeit, Freunde oder Familie),
- anhaltender Konsum trotz eindeutig schädlicher Folgen. Zum Beispiel würde der Süchtige den Konsum fortsetzen, auch wenn er sich der Art und dem Ausmaß des Schadens bewusst ist oder bewusst sein könnte.

Bei stofflicher Sucht spricht man von dem Vorliegen einer Sucht, wenn wenigstens drei dieser Kriterien über einen längeren Zeitraum oder wiederholt auftreten.

Experten sind sich noch nicht einig, wie Suchtverhalten in Bezug auf Digitale Medien zu bewerten ist. Während es zunehmend Therapieangebote und Selbsthilfegruppen gibt, ist zumindest noch die Einordnung als Störung oder Krankheit umstritten.

Da die Risiken des übermäßigen Konsums Digitaler Medien aber offensichtlich sind und zu erheblichen sozialen, psychischen und körperlichen Problemen führen können, muss der Umgang mit Medien geschult werden und auch die Entwickler müssen sich ihrer Verantwortung bewusst sein.

14.2.5 Internetkultur

Im vorigen Absatz wurden bereits aus der individuellen Perspektive der Nutzer mögliche Probleme Digitaler Medien beschrieben. Doch Digitale Medien haben wie andere Medien auch große Bedeutung für die gesamte **Gesellschaft** und **deren Kultur**. Digitale Medien können für die Kulturen der Welt sowohl Chancen als auch Herausforderungen darstellen.

Die Kultur einer Gesellschaft wird im Allgemeinen über die Leistungen der Menschen definiert, die sich in Architektur, Wissenschaft, Literatur, Recht und anderen Bereichen manifestieren. Medien spielten dabei schon immer eine sehr wichtige Rolle. Die Einführung des Buchdrucks hat z.B. die westlichen Kulturen nachhaltig verändert. Im zwanzigsten Jahrhundert übernahmen **Massenmedien** eine wichtige Rolle für die **kulturelle Identität**. Wichtige Ereignisse wie Olympische Spiele oder die Mondlandung wurden über alle Medien verbreitet und damit zu einer gemeinsamen Erfahrung.

Solche kollektiven Erfahrungen hatten bedeutenden Einfluss auf unsere Kultur in den letzten Jahrzehnten. Fernsehsendungen, Sportereignisse und die Repräsentanten der Medien waren wichtige Identifikationspunkte der durch Massenmedien geprägten Gesellschaften.

Durch neue Medien und insbesondere durch internetbasierte globale Verbreitungsmöglichkeiten Digitaler Medien besteht nun einerseits die Möglichkeit, dass eine Nachricht oder ein Bericht schlagartig weltweite Bedeutung erlangen kann, somit weit über die nationalen Grenzen und die Reichweite einzelner Sender hinweg wahrgenommen wird und möglicherweise zu einem Teil einer globalisierten Kultur wird. Andererseits gibt es durch das immense Angebot Digitaler Medien eine Vielfalt von unterschiedlichen Nachrichten und jeder Nutzer hat die Möglichkeit, sein eigenes Programm zusammenzustellen. Damit geht ein Teil der kulturellen Wirkung verloren: die identitätsstiftende Eigenschaft der Medien, die Menschen einer bestimmten Region über die gemeinsam konsumierten Medien verbindet. Durch den individualisierten Medienkonsum, der durch die Vielfalt angebotener Medien ermöglicht wird, stellt sich jeder Nutzer sein eigenes Programm aus Nachrichten und Unterhaltung zusammen. Dadurch sind regionale Strukturen und Prozesse der politischen Willensbildung weniger harmonisch und einheitlich.

Auch im Umgang mit und in den neuen Digitalen Medien muss sich eine Kultur etablieren. Während wir im direkten Umgang mit Menschen konventionalisierte gesellschaftliche Regeln befolgen, die stark verwurzelt sind, existieren für E-Mail, Websysteme und Blogs weit weniger etablierte Regeln. Unter dem Schlagwort Netiquette werden solche Regeln des Umgangs formuliert und diskutiert. Viele Foren und Kommunikationsplattformen legen ihre Netiquette fest und halten ihre Nutzer an, sich daran zu halten.

14.3 Urheberrecht

Rechtliche Fragen sind für Digitale Medien nicht nur wichtig, wenn wie oben diskutiert offensichtlich kriminelle Handlungen mit Digitalen Medien begangen werden. Im alltäglichen Umgang mit Digitalen Medien werden oft Rechtsfragen berührt, die verschiedene Rechtsgebiete betreffen können. Ein ganz wichtiger und viel diskutierter Bereich ist das **Urheberrecht**. Das Urheberrecht hat einerseits Einfluss darauf, wie Digitale Medien selbst genutzt werden dürfen. Andererseits schützt es Autoren und Produzenten von Digitalen Medien vor Missbrauch ihrer Werke.

Im Folgenden sollen einige Grundprinzipien des Urheberrechts vorgestellt werden. Dabei wird vor allem das deutsche Urheberrechtsgesetz (UrhG) im Vordergrund stehen. Viele Grundsätze gelten in anderen Ländern in analoger Weise.[13]

Die Grundgedanken des Urheberrechts sind einerseits der **Schutz der Persönlichkeit** des Urhebers und andererseits der **Schutz seiner wirtschaftlichen Interessen**. Dieser Schutz ist dadurch motiviert, dass das Urheberrecht die geistigen individuellen Schaffensleistungen, die einen Beitrag zur Kulturentwicklung darstellen, belohnen und schützen will. Dem Schöpfer eines Werkes soll es auch ermöglicht werden, durch Verwertung und Vermarktung einen Ausgleich für die notwendigen Investitionen zu erlangen.

13 In anderen Ländern gibt es Entsprechungen zum UrhG: in der Schweiz das Bundesgesetz über das Urheberrecht und verwandte Schutzrechte (Urheberrechtsgesetz, URG), in Österreich das österreichische Urheberrechtsgesetz. In den angelsächsischen Ländern existieren entsprechende Copyright Laws. Weitere nationale Gesetze, wie das Urheberrechtswahrnehmungsgesetz (UrhWahrnG), das Verlagsgesetz (VerlG) und Gesetze zu Informations- und Kommunikationsdiensten sowie zu elektronischem Geschäftsverkehr (IuKDG, EGG) regeln weitere Details für spezielle Bereiche. Internationale Abkommen regeln die Anerkennung des Urheberrechtes außerhalb der Ursprungsländer.

Die erste Frage, die sich dabei stellt, ist die, was eigentlich ein Werk im Sinne des Urheberrechts ist. Das Gesetz definiert ein Werk als **persönliche geistige Schöpfungen** in Literatur, Wissenschaft und Kunst, insbesondere:

- Sprachwerke, wie Schriftwerke, Reden und Computerprogramme,
- Werke der Musik,
- pantomimische Werke einschließlich der Werke der Tanzkunst,
- Werke der bildenden Künste einschließlich der Werke der Baukunst und der angewandten Kunst und Entwürfe solcher Werke,
- Lichtbildwerke einschließlich der Werke, die ähnlich wie Lichtbildwerke geschaffen werden,
- Filmwerke einschließlich der Werke, die ähnlich wie Filmwerke geschaffen werden,
- Darstellungen wissenschaftlicher oder technischer Art, wie Zeichnungen, Pläne, Karten, Skizzen, Tabellen und plastische Darstellungen.

Offensichtlich fallen in diese Kategorien auch zahlreiche Digitale Medienprodukte, wie z.B. digitale Musik, Bilder, Filme etc. Darüber hinaus können auch Bearbeitungen wie z.B. Übersetzungen wiederum geschützte Werke sein. Ebenso können auch Sammlungen, Datenbanken und amtliche Werke wie Gesetze oder Normen Werke im Sinne des Gesetzes darstellen.

Wichtige Kriterien bei der Bewertung, ob es sich bei einem Werk um etwas Schützenswertes handelt, sind, ob es **eine repräsentierende sinnlich wahrnehmbare Formgestaltung** gibt und eine **schöpferische Eigentümlichkeit** vorliegt. Dies heißt konkret, dass das Werk mehr als nur eine Idee sein muss und über das durchschnittliche handwerkliche Schaffen durch individuelle Eigenheiten herausragen muss. In der Praxis ist dies nicht immer leicht zu bewerten. Wenn man z.B. ein Icon mit einem Pfeil nach links betrachtet, so kann man anzweifeln, ob es sich dabei um ein schützenswertes Werk handelt.

Der Urheber eines Werkes ist dessen Schöpfer. Wenn mehrere gemeinsam ein Werk schaffen, so sind sie gemeinsam **Miturheber** des Werkes. Es besteht *keine Notwendigkeit einer Eintragung oder Registrierung*. Es müssen auch keine Vermerke wie „Alle Rechte vorbehalten" angebracht werden. Es kann aber sinnvoll sein, die Autorenschaft durch Angabe der Autoren zu kennzeichnen. In jedem Fall sind immer Menschen die Schöpfer der Werke und nie Institutionen wie Arbeitgeber oder Behörden. Aber im Erbfall oder durch die Einräumung von Rechten (z.B. durch Verkauf oder durch ein Arbeitsverhältnis) können Firmen oder Institutionen z.B. Verwertungsrechte an einem Werk erhalten.

Für die Medieninformatik spielen besonders die *speziellen Regeln für Computerprogramme* (§ 69a bis g, UrhG) eine wichtige Rolle. Computerprogramme, die nicht trivial sind, genießen Schutz. Allerdings haben in diesem Fall Arbeitgeber die Nutzungsrechte. Ohne Zustimmung des Rechteinhabers darf das geschützte Programm nicht modifiziert, vervielfältigt oder verbreitet werden. Dabei gibt es Ausnahmen, die vor allem einem Lizenznehmer zusichern, dass er die Software auch sinnvoll einsetzen kann. So ist die *Erstellung einer Sicherungskopie* immer erlaubt, wenn sie für die Sicherung der künftigen Benutzung erforderlich ist. Ebenso darf Software vom Lizenznehmer dekompiliert werde, wenn dies unerlässlich ist zur Herstellung der Interoperabilität mit anderen unabhängigen Computerprogrammen.

Das Urheberrecht unterscheidet zwischen dem Persönlichkeitsrecht und dem Verwertungsrecht. Zu den **Persönlichkeitsrechten** gehören:

- Das **Veröffentlichungsrecht**, das dem Urheber das Recht gibt, zu bestimmen, ob und wie sein Werk veröffentlicht wird
- Die **Anerkennung der Urheberschaft** sichert dem Urheber das Recht auf Anerkennung seiner Urheberschaft am Werk. Er kann auch darüber bestimmen, ob und wie das Werk mit einer Urheberbezeichnung zu versehen ist.
- Außerdem hat der Urheber **das Recht, eine Entstellung seines Werkes zu verbieten**, sofern diese seine geistigen oder persönlichen Interessen am Werk gefährdet.

Zu den **Verwertungsrechten** gehören:

- das Vervielfältigungsrecht,
- das Verbreitungsrecht,
- das Ausstellungsrecht,
- das Vortrags-, Aufführungs- und Vorführungsrecht,
- das Recht der öffentlichen Zugänglichmachung,
- das Senderecht,
- das Recht der Wiedergabe durch Bild- oder Tonträger,
- das Recht der Wiedergabe von Funksendungen und von öffentlicher Zugänglichmachung

Diese Rechte gelten bis 70 Jahre nach dem Tod des Urhebers. Sie gehen nach dem Tod des Urhebers an dessen Erben über. Danach ist das Werk urheberrechtsfrei und kann frei verwendet werden. Dies ist aber nicht in allen Ländern mit den gleichen Fristen geregelt.

In vielen Fällen nehmen Verwertungsgesellschaften die Rechte der Urheber wahr. Bei Musik ist dies in Deutschland die GEMA (Gesellschaft für musikalische Aufführungs- und mechanische Vervielfältigungsrechte) und für Texte die VG WORT (Verwertungsgesellschaft WORT).

Zumindest für den persönlichen Gebrauch erlaubt das Urheberrechtsgesetz auch Ausnahmen. So sind Vervielfältigung zum **privaten** und sonstigen **eigenen Gebrauch** erlaubt. Es ist also möglich, seine eigene Diashow mit Urlaubsbildern mit urheberrechtlich geschützter Musik zu unterlegen, die man auf einer CD erworben hat. Im Familienkreis darf man diese Präsentation auch vorführen, aber sobald man eine öffentliche Vorführung veranstaltet, verletzt man die Rechte des Urhebers, da man beim Kauf einer CD nicht das Recht erwirbt, diese öffentlich vorzuführen. Ebenso existieren in gewissem Umfang Ausnahmen für Forschung und Lehre.

Exkurs Webseiten und Urheberrecht

Wenn Computerprogramme und Digitale Medien urheberrechtlich geschützt sind, stellt sich die Frage, welchen Schutz Webseiten genießen und was man damit machen darf. Beim Ansehen einer Webseite entsteht ja eine lokale Kopie der Seite auf dem eigenen Rechner. Wäre dieses Kopieren nicht erlaubt, dann würden alle Internetsurfer gegen das Urheberrecht verstoßen.

Zunächst ist festzustellen, dass Webseiten und ihre Bestandteile (wie Fotos, Texte, Grafiken, Videos etc.) urheberrechtlich geschützt sind. Insbesondere ist die Internetseite selbst eine Form von Computerprogramm und als solche geschützt. Auch angebundene Datenbanken und Link-Sammlungen sind geschützte Werke. Wenn man also für ein eigenes Werk – z.B. die eigene Homepage – andere Webseiten als Vorbild nimmt, so muss man die jeweiligen Urheber immer vorher um Erlaubnis fragen, wenn man Teile von anderen Seiten bei eigenen Produktionen verwenden will.

Wenn man die lokale Kopie, die bei der Anzeige einer Webseite vom Browser angelegt wird, betrachtet, dann ist dadurch das Vervielfältigungsrecht des Urhebers berührt. Allerdings trifft hier die Einschränkung zu, die Kopien zum eigenen Gebrauch zulässt. Insofern darf man beim Surfen Kopien von Webseiten anlegen. Ebenso darf man lokale Kopien erstellen und zum Offline-Browsen nutzen. Dies ist auch deshalb unkritisch, da es im Sinne des Anbieters ist, dass Menschen die Webseite ansehen und herunterladen.

Kritisch wird es, wenn man Inhalte von Webseiten verändert, speichert, in eigene Angebote integriert und diese dann veröffentlicht oder gewerblich nutzt. Hier liegt eine Urheberrechtsverletzung vor. Man kann sich zwar durch andere Werke inspirieren lassen, darf aber keine Originalteile in das eigene Werk einbauen.

Wie steht es mit Links? Darf man auf andere Werke und Webseiten im Internet verweisen? Hier gilt zunächst, dass Links keinen Urheberrechtsschutz genießen. Allerdings kann der Link auf eine urheberrechtsverletzende Quelle auch als Urheberrechtsverletzung angesehen werden. Wenn man also einen Link auf die Raubkopie eines Filmes in der eigenen Webseite integriert, dann kann dies als ein illegales Zugänglichmachen von geschützten Werken gelten.

Außerdem ist es wichtig, dass bei Links auf andere Seiten klar ist, dass es nicht mehr das eigene Angebot ist. Insbesondere ist eine Einbindung von fremden Inhalten in Frames auf der eigenen Seite verboten, da hier der Eindruck erweckt wird, der fremde Inhalt stamme von einem selbst. Zudem wird das Persönlichkeitsrecht des Urhebers verletzt, da dies als Entfremdung eines Werkes angesehen werden kann.

Nach dem neuen Urheberrecht[14] in Deutschland von 2003 ist die Herstellung einer Kopie zum Zwecke der Weitergabe – egal ob Verleih oder Verkauf – immer verboten. Wobei für Software grundsätzlich die Erstellung einer Sicherheitskopie erlaubt ist. Darüber hinaus ist das Umgehen eines Kopierschutzes verboten, ebenso wie das Kopieren „offensichtlich rechtswidrig hergestellter Vorlagen". Dies betrifft insbesondere das **File-Sharing** im Internet. Zudem wird auch schon die Verbreitung von Kopierprogrammen verboten. Mit diesen Verschärfungen des Urheberrechts wurden einerseits die Interessen der Musik- und Filmindustrie besonders berücksichtigt. Andererseits wurden viele meist jugendliche Nutzer von Tauschbörsen im Internet zu kriminellen Straftätern.

Eine Möglichkeit, die Verwaltung der Rechte bei Digitalen Medien technisch zu realisieren, sind Systeme zur **digitalen Rechteverwaltung** (**Digital Rights Management**, **DRM**). Eine Grundidee ist dabei, dass man zu den digitalen Produkten zusätzliche Informationen über die Lizenz speichert, in der die Rechte des Nutzers, Umfang und Dauer der Rechte etc. festgehalten werden. Dies kann dann zum Beispiel über kryptografische Verfahren auch überprüft bzw. sichergestellt werden. Ein Nutzer, der z.B. nur das Recht hat, ein Video einmal anzusehen, bekommt einen Schlüssel (binären Code), der es ermöglicht, die Datei auch nur einmal anzusehen.

Neben den Möglichkeiten des Schutzes und der Einschränkung von Rechten zugunsten des Urhebers kann man auch Rechte an Werken freigeben und die Nutzung ohne Auflagen gestatten. Im Internet gibt es zahlreiche Beispiele für Projekte, bei denen Software oder Daten als „**Open Source**" der Öffentlichkeit kostenlos zur Verfügung gestellt werden. Die **Creative Commons** ist eine Gesellschaft, die verschiedene Lizenzmodelle für Werke unterschiedlicher Art in verschiedenen Abstufungen der freien Nutzung vorschlägt. Unter dieser Lizenz gibt es zahlreiche Musikstücke, Bilder, Texte und weitere Medien. Stärker auf Software fokussiert ist die von der Free Software Foundation publizierte **GNU general public licence** (GNU GPL).

14.4 Datenschutz

Neben den Fragen des Urheberrechts ist der **Datenschutz** ein zweiter Rechtsbereich, der in vielen Anwendungen der Medieninformatik wichtig ist. Überall dort, wo Daten über Personen erhoben werden, müssen Regelungen des Datenschutzes beachtet werden. Dies betrifft insbesondere solche Angebote, wo Nutzer oder Kunden sich registrieren und mehr oder weniger viele persönliche Daten angeben. Damit sind viele Foren, e-Commerce-Angebote und andere interaktive Digitale Medien betroffen.

Es gibt eine Reihe von Vorläufern der heutigen Regelungen, z.B. das *Brief- und Fernmeldegeheimnis*, die *ärztliche Schweigepflicht* und das *Steuergeheimnis*. Einen Wendepunkt stellte 1983 das **Volkszählungsurteil** dar. Hier wurde erstmals vom Bundesverfassungsgericht festgestellt, dass das Persönlichkeitsrecht auch ein Recht auf informationelle Selbstbestimmung beinhaltet, das es dem Einzelnen grundsätzlich erlaubt, „selbst zu ent-

14 Analoge Regelungen wurden in den USA im Rahmen des Digital Millennium Copyright Act (DMCA) eingeführt.

scheiden, wann und innerhalb welcher Grenzen persönliche Lebenssachverhalte offenbart werden". „Das Grundrecht gewährleistet insoweit die Befugnis des Einzelnen, grundsätzlich selbst über Preisgabe und Verwendung seiner persönlichen Daten zu bestimmen".

Neben diesem Grundsatzurteil, das **informationelle Selbstbestimmung** zum Grundrecht erklärt hat, regeln eine Reihe von Datenschutzgesetzen auf Bundes- und Landesebene den Datenschutz. Weitere speziellere Regelungen gibt es für Bereiche wie z.B. den Sozial- oder Telekommunikationsbereich.

Das **Bundesdatenschutzgesetz (BDSG)** soll dem Zweck dienen, „den Einzelnen davor zu schützen, dass er durch den Umgang mit seinen personenbezogenen Daten in seinem Persönlichkeitsrecht beeinträchtigt wird". Personenbezogene Daten sind alle Einzelangaben über persönliche oder sachliche Verhältnisse einer bestimmten oder bestimmbaren Person.

Grundsätzlich erlaubt das Bundesdatenschutzgesetz *die Erhebung, Verarbeitung und Nutzung personenbezogener Daten nur dann, wenn dies durch Gesetze oder Rechtsvorschriften erlaubt oder angeordnet wird oder wenn der Betroffene eingewilligt hat.* Es gilt somit ein prinzipielles Verbot der Verarbeitung und Nutzung personenbezogener Daten mit dem Erlaubnisvorbehalt gesetzlicher Regelungen oder der Einwilligung der Betroffenen.

Grundsätzlich darf bei öffentlichen Stellen *nur das erforderliche Minimum an Daten* erfasst werden und Daten dürfen *nur für den Zweck verwendet* werden, für den sie erhoben oder erfasst wurden. Bei nicht öffentlichen Stellen ist das Erheben, Speichern, Verändern oder Übermitteln personenbezogener Daten oder ihre Nutzung *als Mittel für die Erfüllung eigener Geschäftszwecke zulässig im Rahmen des Zwecks eines Vertragsverhältnisses oder vertragsähnlichen Vertrauensverhältnissen.* Dabei müssen sich die Systeme an dem Ziel ausrichten, „keine oder so wenig personenbezogene Daten wie möglich zu erheben, zu verarbeiten oder zu nutzen. Insbesondere ist von den Möglichkeiten der Anonymisierung und Pseudonymisierung Gebrauch zu machen, soweit dies möglich ist und der Aufwand in einem angemessenen Verhältnis zu dem angestrebten Schutzzweck steht."

Eine *heimliche Erhebung von Daten ist nicht erlaubt* und Daten sind beim Betroffenen zu erheben. Die Betroffenen müssen auch auf den Zweck der Erhebung, die Verarbeitung oder Nutzung hingewiesen werden. Die Einwilligung zur Erhebung muss freiwillig in Schriftform geschehen. Wegen besonderer Umstände sind auch andere Formen zulässig, was z.B. bei Webanwednungen der Fall sein kann.

Ausnahmen hiervon können Rechtsvorschriften sein, die eine Erhebung vorschreiben, oder dass eine Verwaltungsaufgabe oder der Geschäftszweck eine Erhebung an anderen Stellen erforderlich macht oder die Erhebung beim Betroffenen einen unverhältnismäßigen Aufwand erfordern würde und keine Anhaltspunkte dafür bestehen, dass überwiegende schutzwürdige Interessen des Betroffenen beeinträchtigt werden. Ein Internetversender dürfte also im Telefonbuch nachschauen, um die Telefonnummer eines Kunden zu erfahren, wenn er ihn anderweitig nicht erreichen kann und ein Kunde schon Ware bestellt hat, die aber nicht ausgeliefert werden kann.

Zur Überwachung der Einhaltung der gesetzlichen Bestimmungen muss ein **Datenschutzbeauftragter** eingesetzt werden, der die ordnungsgemäße Anwendung der Verarbeitungsprogramme überwacht und Personen, die mit der Verarbeitung personenbezogener Daten betraut sind, über die Vorschriften des Datenschutzes unterrichtet. Ein solcher betrieblicher Datenschutzbeauftragter muss von seiner Firma über alle relevanten Vorgänge und die Beteiligten im Unternehmen informiert werden. Jedes Unternehmen mit mehr als 20 Mitarbeitern, das personenbezogene Daten verarbeitet, und Unternehmen mit mehr als fünf Mitarbeitern und einer automatischen Datenverarbeitung mit Computern müssen einen solchen Beauftragten spätestens innerhalb eines Monats nach Aufnahme ihrer Tätigkeit benennen.

Exkurs Organisatorische Maßnahmen zum Datenschutz

Das Bundesdatenschutzgesetz nennt im Anhang zu §9 eine Reihe von Maßnahmen, die in Betrieben die Einhaltung des Datenschutzes sichern sollen:

- **Zutrittskontrolle**: Unbefugten muss der Zutritt zu Datenverarbeitungsanlagen, mit denen personenbezogene Daten verarbeitet oder genutzt werden, verwehrt werden. Dies kann z.B. durch Sicherungsmechanismen wie Schlösser, Ausweiskontrolle und Zutrittskontrollsysteme geschehen.
- **Zugangskontrolle**: Unbefugte dürfen entsprechende Datenverarbeitungssysteme nicht nutzen. Hierfür können Passwortschutz, Firewalls, Bildschirmschoner mit Passwort und die Rechtevergabe im System eingesetzt werden.
- **Zugriffskontrolle**: Berechtigte dürfen die Datenverarbeitungssysteme ausschließlich im Rahmen ihrer Zugriffsberechtigung nutzen und personenbezogene Daten dürfen bei der Verarbeitung, Nutzung und nach der Speicherung nicht unbefugt gelesen, kopiert, verändert oder entfernt werden. Um dies sicherzustellen, sind Verschlüsselungen, Berechtigungskonzepte, aber auch abschließbare Aufbewahrungsorte für Datenträger geeignete Mechanismen.
- **Weitergabekontrolle**: Personenbezogene Daten dürfen bei der Übermittlung und Speicherung nicht unbefugt gelesen, kopiert, verändert oder entfernt werden können. Auch hier können Verschlüsselungen und andere Sicherheitsmechanismen eingesetzt werden.
- **Eingabekontrolle**: Es muss nachträglich überprüft werden können, ob und von wem personenbezogene Daten in Datenverarbeitungssysteme eingegeben, verändert oder entfernt worden sind. Dazu ist in der Regel eine Authentifizierung der Bearbeiter und eine Protokollierung der Aktivitäten nötig.
- **Auftragskontrolle**: Personenbezogene Daten, die im Auftrag verarbeitet werden, dürfen nur entsprechend den Weisungen des Auftraggebers verarbeitet werden können.
- **Verfügbarkeitskontrolle**: Personenbezogene Daten müssen gegen zufällige Zerstörung oder Verlust geschützt werden. Dazu dienen technische Maßnahmen wie Brandmelder, unterbrechungsfreie Stromversorgungen, aber auch Backups und Sicherungskopien.
- **Trennungsgebot**: Daten, die zu unterschiedlichen Zwecken erhobenen wurden, müssen getrennt verarbeitet werden.

Der Datenschutzbeauftragte muss kompetent und zuverlässig sein und ist in Ausübung dieser Tätigkeit weisungsfrei und darf nicht benachteiligt werden. Auf Bundes- und Landesebene wird die Einhaltung der Gesetze durch entsprechende Aufsichtsbehörden und Bundes- bzw. Landesdatenschutzbeauftragte überwacht.

Offensichtlich bestehen mit den geltenden Regelungen für den Datenschutz schon eine Reihe von Vorschriften, die relativ streng im Interesse der Nutzer festlegen, dass personenbezogene Daten nur in sehr engem Rahmen verwendet werden dürfen. Trotzdem gibt es in vielfältig vernetzten Systemen und durch die Möglichkeit, viele Quellen im Web systematisch auszuwerten, kaum beherrschbare Risiken des Datenmissbrauches. Hinzu kommt die oft leichtfertige Freigabe von personenbezogenen Daten durch die Nutzer selbst, z.B. in den oben erwähnten Social Networks.

Somit gibt es weiterhin zahlreiche Möglichkeiten für den Missbrauch und das illegale Sammeln personenbezogener Daten, während gleichzeitig Unternehmen relativ enge Grenzen in Bezug auf den Umgang mit den Daten ihrer Kunden gesetzt werden.

In einigen Fällen gibt es bei Digitalen Medien noch zusätzliche Regeln zu beachten:

- Für Mediendienste gibt es eine **Impressumspflicht**, die auch für Webseiten gilt. Diese schreibt vor, dass ein Impressum leicht erkennbar, unmittelbar erreichbar und ständig verfügbar sein muss. Das Impressum muss neben dem Namen und der Anschrift auch die schnelle elektronische Kontaktaufnahme und eine unmittelbare Kommunikation einschließlich E-Mail bieten und bei kommerziellen Anbietern auch weitere Angaben enthalten, wie zuständige Aufsichtsbehörden, Registernummern (z.B. Handels-, Vereinsregister) oder Steuernummern.
- Sonderregelungen zur **Videoüberwachung** sind bei Digitalen Medien zu beachten, bei denen mit Kameras z.B. Gesten oder anwesende Nutzer erkannt werden sollen. Generell gilt ein Verbot der Videoüberwachung für öffentlich zugängliche Räume, egal, welche Technik eingesetzt wird, selbst wenn die Daten nicht gespeichert werden. Ausnahmen sind nur bei berechtigtem Interesse und für konkret festgelegte Zwecke möglich, wenn dies den Betroffenen mitgeteilt wird und es keine Anhaltspunkte gibt, dass schutzwürdige Interessen der Betroffenen überwiegen.
- Viele Angebote Digitaler Medien, insbesondere Webangebote, fallen in den Geltungsbereich des Teledienstdatenschutzgesetzes (TDDSG), nach dem die Erstellung von **Nutzungsprofilen** nur unter Pseudonym zulässig ist und wenn die Betroffenen nicht widersprechen und diese nur für interne Zwecke erhoben werden. Die Betroffenen müssen darüber hinaus über die Speicherung informiert werden.
- Insbesondere muss zu Beginn des Nutzungsvorganges über Art, Umfang und Zwecke der Erhebung, Verarbeitung und Nutzung personenbezogener Daten informiert werden. Dies ist z.B. beim Einsatz von **Cookies** relevant.

Damit sind einige wichtige Punkte der Datenschutzgesetze, die bei Digitalen Medien Anwendung finden, grob skizziert. In der Kürze der Darstellung haben wir uns auf das deutsche Recht beschränkt. Analoge Regelungen finden sich in den entsprechenden Gesetzen anderer Länder.

Zusammenfassung

Für den Einsatz Digitaler Medien in der Praxis sind nicht nur technische Probleme zu bewältigen. An vielen Stellen kommen gesellschaftliche, ökonomische und rechtliche Aspekte ins Spiel, mit denen sich eigene Wissenschaftsdisziplinen wie Medien-, Kultur-, Sozial- und Rechtswissenschaften intensiv beschäftigen. Ebenso wie in der Medieninformatik in den letzten Jahrzehnten neue Fragen und Lösungen entwickelt wurden, werden in diesen Gebieten Antworten auf Fragen gesucht, die durch den Einsatz der neuen Techniken in der Praxis entstehen.

In der hier vorgestellten Auswahl von Themen, die in der Praxis von großer Bedeutung sind, wird deutlich, dass die Auswirkungen Digitaler Medien in verschiedenen Anwendungen nicht zu unterschätzen sind. Medieninformatiker können zwar kaum gleichzeitig Experten in allen hier erwähnten Disziplinen sein. Sie sollten sich aber ihrer Verantwortung bewusst sein. Die große Bedeutung der Digitalen Medien ist einerseits eine große Chance für Firmengründungen und die Schaffung von Arbeitsplätzen. Zum anderen sind die Effekte in verschiedenen Anwendungen so groß, dass es sich lohnt, auch über den Tellerrand der Medieninformatik hinauszusehen und die Folgen, die die Einführung neuer Techniken auf Menschen und Gesellschaft haben, bei der Entwicklung von Produkten ebenfalls zu bedenken. Viele große Firmen und auch Berufsverbände[15] haben aus diesem Grund ethische Leitlinien verfasst und suchen den Diskurs mit Wissenschaftlern anderer Disziplinen. Die Firma Google hat sich sogar als Motto den Satz „Don't be evil" auf die Fahnen geschrieben.

Trotzdem gibt es viele Punkte, in denen Firmen kritisiert werden, weil sie ihrer gesellschaftlichen Verantwortung nicht oder nicht hinreichend gerecht werden. So stehen einige Hersteller von Computerspielen in der Kritik aufgrund der Inhalte von Spielen, die zu viel Gewalt propagieren. Viele Softwareprodukte sind nicht für alle Bevölkerungsgruppen gleichermaßen nutzbar und schließen z.B. ältere oder behinderte Nutzer aus. Ein besonderer Kritikpunkt an vielen Produkten ist oft, dass Nutzern nicht klar ist, was mit ihren Daten passiert.

An vielen Stellen regeln Gesetze zwar die wichtigsten Punkte und geben vor, was legal ist. Das bedeutet jedoch nicht, dass es reicht, lediglich diesen Rahmen einzuhalten. So kann die Zugänglichkeit von Software nicht allein durch die Einhaltung von Gesetzen erreicht werden. Sie muss Bestandteil des Entwicklungskonzeptes werden, will man tatsächlich Barrierefreiheit erreichen.

Über die hier skizzierten Rahmenbedingungen hinaus gibt es noch zahlreiche weitere Themen, denen hohe Relevanz und oft auch Brisanz innewohnt. So hätte man elektronische öffentliche Verwaltungssysteme (e-Government und e-Democracy) und viele weitere Bereiche nennen können, in denen Digitale Medien eingesetzt werden. Bei den hier vorgestellten rechtlichen Aspekten hätten auch internationale Regelungen und das Vertragsrecht diskutiert werden können, die für viele Produkte der Medieninformatik wichtig sind.

15 Die Gesellschaft für Informatik (GI) hat z.B. eigene ethische Leitlinien formuliert: *http://www.gi-ev.de/wir-ueber-uns/unsere-grundsaetze/ethische-leitlinien/*

Lösungshinweise

Übungen

1. Recherchieren Sie internationale Marktzahlen (Marktvolumen) für die genannten Bereiche Digitaler Medien.
2. Wie groß ist der Anteil am Bruttoinlandsprodukt, der direkt oder indirekt mit Digitalen Medien erwirtschaftet wird?
3. Suchen Sie Webseiten, bei denen die Web Content Accessibility Guideline eingehalten/nicht eingehalten wurde.
4. Überlegen Sie sich Möglichkeiten, wie Betreiber von Social Networks ihrer Verantwortung besser gerecht werden und Nutzer davor schützen können, allzu leichtsinnig Daten preiszugeben, die später negative Auswirkungen haben können.
5. Diskutieren Sie an konkreten Beispielen von Webseiten, welches Material dort urheberrechtlich geschützt ist.
6. Recherchieren Sie unterschiedliche Lizenzmodelle der Creative Commons. Bei welchem Lizenzmodell können die Medien völlig frei auch kommerziell genutzt werden.
7. Sprechen Sie mit einem Vertreter einer Firma oder einer öffentlichen Behörde darüber, wie dort die Rolle des Datenschutzbeauftragten ausgefüllt wird (personell und inhaltlich).

15 Schlusswort und Ausblick

In diesem Buch wurde ein breiter Überblick über die für die Medieninformatik relevanten Themen gegeben. Die Auswahl der Themen definiert natürlich auch zu einem gewissen Grad, welche Vorstellung die Autoren mit dem Begriff „Medieninformatik" verbinden, für den es derzeit noch keine allgemein anerkannte Definition gibt.

Auch wenn dieses Buch als Einführung in die Medieninformatik auftritt, berührt es immer noch nicht alle Wissensgebiete, deren Beherrschung man von einer Medieninformatikerin oder einem Medieninformatiker erwarten würde. Einerseits muss noch **Grundlagen- und Anwendungswissen aus der klassischen Informatik** hinzukommen. Gemeint sind damit Themen wie die Grundlagen der Programmierung, detaillierte Beherrschung mindestens einer Programmiersprache, Kenntnisse wichtiger Algorithmen und Datenstrukturen, Grundkenntnisse der Rechnerarchitektur sowie Kenntnisse über Rechnernetze und Datenbanksysteme. Daneben wird man eine Grundausbildung in der **Mathematik** voraussetzen und auch erwarten, dass weiterführende Kenntnisse in mindestens einem **benachbarten Fachgebiet** bestehen, wie zum Beispiel Kommunikationswissenschaft, Medienwirtschaft, Mediengestaltung, Medienrecht, Medienpädagogik. Das Profil einzelner Studiengänge kann sich auch bei Einhaltung dieser Regeln durchaus deutlich unterscheiden. Zum Beispiel bieten manche Studiengänge einen gewissen Querschnitt über verwandte Fachgebiete an, andere Studiengänge verlangen eine Konzentration auf ein bestimmtes Fachgebiet als Anwendungs- oder Nebenfach. In jedem Fall wird eine Qualifikation in der Medieninformatik weit über den Stoff dieses Buches hinausgehen müssen, wenn Medieninformatik das Hauptfach eines akademischen Studiums darstellt. Es gibt inzwischen auch eine Reihe von Studiengängen, die Themen der Medieninformatik einbeziehen, etwa Medienpädagogik oder Mediengestaltung. Für solche Studiengänge sollte das Buch einen Überblick über die Themen der Medieninformatik bilden, aus dem ausgewählte Aspekte vertiefend behandelt werden können.

Was ist nun der wesentliche Unterschied zwischen Medieninformatik und klassischer Informatik? Wie dieses Buch aufzuzeigen versucht, befasst sich die Medieninformatik bewusst mit der **Informatik für Menschen**. Die Fähigkeiten und Möglichkeiten menschlicher Wahrnehmung, menschlicher Kognition und menschlicher Kommunikation stehen in der Medieninformatik im Zentrum; die technischen Themen sind demgegenüber von untergeordneter Bedeutung – sollten aber selbstverständlich dennoch beherrscht werden. Medieninformatikerinnen und Medieninformatiker interessieren sich besonders für die Situation der Personen, die informationstechnische Systeme benutzen, weshalb auch das Fachgebiet der **Mensch-Maschine-Interaktion** sehr eng mit der Medieninformatik verknüpft ist.

Medieninformatik kann auch als ein Versuch verstanden werden, mit dem weit verbreiteten Irrglauben aufzuräumen, Informatikerinnen und Informatiker seien lebensferne Spinner, die sich am liebsten hinter ihre Maschinen zurückziehen und nicht mit anderen Menschen kommunizieren wollen. Erfreulicherweise spricht das magische Wort „Medien" so viele junge Leute an, dass die Medieninformatik-Studiengänge nicht über Bewerbermangel klagen müssen, sondern mancherorts sogar durch Studienplatzbeschränkung unter den Bewerbern auswählen müssen. Die offensichtliche Orientierung auf menschliche Kommunikation scheint außerdem eine höhere Attraktivität des Faches für weibliche Studienbewerber zu bewirken – auf jeden Fall zeichnet sich das Fach durch eine im Vergleich zu anderen technischen Fächern herausragend hohe Frauenquote unter den Studierenden aus. Insgesamt kann man im Vergleich zu anderen technischen Fächern eine entspannt-kreative Atmosphäre im Studium beobachten. Viele der Studierenden erkennen im Verlauf des Studiums, dass sich Informatik und kreativ-kommunikatives Arbeiten nicht im Geringsten ausschließen, und können langfristig damit vielleicht für das gesamte Fach der Informatik eine bessere Wahrnehmung der Tatsachen erreichen. Es ist nämlich eine im Berufsalltag klar anerkannte Tatsache, dass hochwertig ausgebildete Informatikerinnen und Informatiker einen großen Teil ihrer Arbeitszeit mit Kommunikation und konzeptioneller Arbeit verbringen und nur einen geringen Anteil der Zeit der Programmierung widmen.

Eine häufig gestellte Frage in der Studienberatung ist die nach dem Berufsbild der Medieninformatik. Was machen Medieninformatikerinnen und Medieninformatiker nach ihrem Abschluss? Aus der bisherigen Erfahrung mit den Absolventinnen und Absolventen kann man vor allem feststellen, dass diese zeitgemäße Ausprägung der Informatik auch von den Arbeitgebern als sehr attraktiv angesehen wird. Die Einsatzgebiete der Medieninformatik-Absolventinnen und -Absolventen sind sehr breit gefächert. Der bei der Einrichtung der Studiengänge anvisierte Bereich der Medienindustrie macht einen unerwartet kleinen, aber durchaus nennenswerten Teil der Beschäftigungsfelder aus. Dabei sind die neuen Medien (internetbasierte Dienste und mobile Dienste) natürlich mehr vertreten als die klassischen Medienangebote. Ein erstaunlich hoher Anteil an ausgebildeten Medieninformatikerinnen und Medieninformatikern wandert in verschiedene Zweige der Industrie, zum Beispiel Fahrzeugbau oder Unterhaltungselektronik, oder in Beratungshäuser, die für viele verschiedene Branchen tätig sind. Nach Meinung der Autoren dieses Buches wird hier deutlich, dass das Profil der Medieninformatik besondere Schwerpunkte in der Informatikausbildung an solchen Stellen setzt, die für die Wirtschaft in der heutigen Zeit wichtig sind. So entscheidet sich der Erfolg von Produkten in vielen Bereichen nicht über die pure Funktionalität, sondern über das ästhetische Erscheinungsbild und die problemlose Bedienbarkeit – Themen, die in der Medieninformatik im Mittelpunkt stehen.

Es ist also klar, dass nach dem Durcharbeiten dieses Buches nur der Grundstein gelegt ist für eine Vertiefung in vielen Richtungen. Einerseits sind viele der in diesem Buch angesprochenen Themen erst voll zugänglich, wenn man sich detaillierter mit dem Thema auseinandersetzt. Das gilt besonders überall dort, wo Programmierung und Algorithmen angesprochen wurden. Hier ist es unerlässlich, dass man sich Kenntnisse in einer konkreten Programmiersprache erarbeitet und selbst praktische Erfahrungen in der Programmierung sammelt. Aber auch viele der speziellen Themen, die in diesem Buch angesprochen wurden, sind eher als Basisorientierung für weitergehende Studien zu verstehen. Bildbearbeitung, Videoschnitt oder Vektorgrafikanimation sind Beispiele für Techniken, die erwähnt wurden, bei denen aber intensive Praxis mit praxisrelevanter Software notwendig ist, um ein tieferes Verständnis zu erlangen. Manche Themen, wie zum Beispiel die Computergrafik oder die Mensch-Maschine-Interaktion, wurden hier in Form von Einführungen beschrieben, bilden aber eigenständige Fachgebiete, für die es entsprechende spezialisierte Lehrbücher gibt. Komplett ausgelassen wurden das Gebiet der Multimedia-Datenbanken sowie die Analyse medialer Inhalte mittels Bilderkennung etc. mit dem übergeordneten Gebiet des *Multimedia Information Retrieval* (MMIR). Auch Metadaten-Formate zu medialen Inhalten wurden in diesem Buch nur gelegentlich gestreift. Insgesamt zeigt das Buch also eher eine generative als eine analytische Sicht auf die digitalen Medien.

Insgesamt bitten die Autoren um Verständnis dafür, dass viele der interessanten Spezialthemen in diesem Buch nur angerissen werden konnten. Wir haben uns bemüht, dennoch an den meisten Stellen viele handgreifliche und konkret einsetzbare Detailinformationen einzuarbeiten. Sollte das Buch bei einigen Lesern Begeisterung für die faszinierende Überlappung von verschiedenen Teildisziplinen des Wissens ausgelöst haben, die die Medieninformatik letztlich ausmachen, dann hat dieses Buch sein Ziel erreicht.

Literaturverzeichnis

Kapitel 1

BRUNS, K., MEYER-WEGENER, K. (Hrsg.): *Taschenbuch der Medieninformatik*, München, Fachbuchverlag im Carl Hanser Verlag, 2005.

CRAWFORD, C.: *Understanding Interactivity*. Oregon, selbst publiziert, 2000. Neu herausgegeben mit dem Titel: *Art of Interactive Design*, San Francisco, No Starch Press, 2002.

DAHM, M.: *Grundlagen der Mensch-Computer-Interaktion*, München, Pearson-Studium, 2005.

FURHT, B. (Hrsg.): *Encyclopedia of Multimedia*, New York, Springer, 2006.

HEINECKE, A.M.: *Mensch-Computer-Interaktion*, München, Fachbuchverlag Leipzig im Carl Hanser Verlag, 2004.

HERCZEG, M.: *Software-Ergonomie – Grundlagen der Mensch-Computer-Kommunikation*, Bonn, Addison-Wesley, 1994.

McLUHAN, M.: *Understanding Media: The Extensions of Man*, New York: McGraw-Hill, London, Routledge & Kegan Paul, 1964.

NORMAN, D., DRAPER, S. (Hrsg.): *User Centered System Design: New Perspectives on Human-Computer Interaction*, Hillsdale, NJ, Lawrence Erlbaum Associates, 1986.

TUROWSKI, K., POUSTTCHI, K.: Mobile *Commerce - Grundlagen und Techniken*. Heidelberg, Springer Verlag, 2004.

WEIZENBAUM, J.: "*ELIZA—A computer program for the study of natural language communication between man and machine*", In: *Communication of the ACM*, Vol. 9, Seite 36-45, 1966.

ZERDICK, A., PICOT, A., SCHRAPE, K., ARTOPE, A., GOLDHAMMER, K., HEGER, D., LANGE, U., VIERKANT, E., LOPEZ-ESCOBAR, E.: *European Communication Council Report, Die Internet-Ökonomie, Strategien für die digitale Wirtschaft*, Heidelberg, Berlin, Springer-Verlag, 3. Auflage, 2001.

Kapitel 2

HENNING, P.: *Taschenbuch Multimedia*, 3. Auflage. Leipzig, Fachbuchverlag Leipzig, 2003.

HEROLD, H., LURZ, B.,WOHLRAB, J.: *Grundlagen der Informatik, Praktisch – Technisch – Theoretisch*. München, Pearson Studium, 2007.

KLIMANT, H., PIOTRASCHKE, R., SCHÖNFELD, D.: *Informations- und Kodierungstheorie*, 3. Auflage. Vieweg+Teubner 2006

SAYOOD, K.: *Introduction to Data Compression.* San Francisco, Morgan Kaufmann Publishers, 2000.

WEIDENMANN, B.: *Multicodierung und Multimodalität im Lernprozeß.* In: L. J. Issing und P. Klimsa (Hg.): Information und Lernen mit Multimedia, Weinheim, Beltz, 1995

Kapitel 3

BOWMAKER, J. K., DARTNALL, H. J. A.: "*Visual pigments of rods and cones in a human retina*", In: *J. Physiol.*, 298, Seite 501–511, 1980.

BRUNS, K., MEYER-WEGENER, K. (Hrsg.): *Taschenbuch der Medieninformatik*, München, Fachbuchverlag im Carl Hanser Verlag, 2005.

BURGER, W., BURGE, M. J.: *Digital Image Processing*, Berlin, Springer, 2008.

CAMPBELL, N. A., REECE, J. B., Markl, J.: *Biologie*, München, Pearson Studium, 2005.

CHRISTOPOULOS, C., SKODRAS, A., EBRAHIMI, T.: "*The JPEG2000 still image coding system: an overview*", In: *Consumer Electronics*, IEEE Transactionson, Vol. 46:4, Seite 1103–1127, 2000.

DEUSSEN, O.: *Bildmanipulation: Wie Computer unsere Wirklichkeit verzerren*, Berlin, Springer-Verlag, 2007.

FURHT, B. (Hrsg.): *Encyclopedia of Multimedia*, New York: Springer, 2006.

GIANCOLI, D.: *Physik*, München, Pearson Studium, 3. Auflage, 2006.

SILVERTHORN, D. U.: *Physiologie*, München, Pearson Studium, 2009.

WALLACE, G. K.: "*The JPEG still picture compression standard*", In: *Communications of the ACM*, Vol. 34:4, Seite 30–44, 1991.

Kapitel 4

CAMPBELL, N. A. ET AL.: *Biologie*, 8., aktualisierte Auflage, Pearson Studium Verlag, 2009

DICKREITER, M.: *Handbuch der Tonstudiotechnik* Bd. I, Saur, 1997

MEFFERT, B., HOCHMUTH, O.: *Werkzeuge der Signalverarbeitung*, Pearson Studium, 2004

RAFFASEDER, H.: *Audiodesign*, Hanser Fachbuchverlag Leipzig, 2002

WATKINSON, J.: *MPEG Handbook*, 2nd edition, Butterworth-Heinemann, 2004

Kapitel 5

FRÖBISCH, D. ET AL.: *MultiMediaDesign ? Das Handbuch zur Gestaltung interaktiver Medien. Benützerführung, Text, Bild, Sound & Grafik*, Laterna magica, 1997

GORBACH, R.: *Typografie professionell*, Galileo Press, 2001

KLÖCKL, I.: *PostScript. Einstieg – Workshop – Referenz*, Hanser Fachbuchverlag, 1995

KRUG, S.: *Don't Make Me Think!: A Common Sense Approach to Web Usability, Second Edition*, New Riders, Berkeley, 2006

LUPTON, E.: *Mit Schrift denken: Ein kritischer Ratgeber für Grafiker, Autoren, Lektoren und Studenten*, Princeton Architectural Press, 2007

MITTELBACH, F. ET AL.: *Der LaTeX-Begleiter*, 2. Auflage, Pearson Studium, 2005

Kapitel 6

BLUMENBERG, H.-C., MANTHEY, D. (Hrsg.): *Making of ...: Wie ein Film entsteht (Band 1)*, Rowohlt Tb., 1998.

BRINKMANN, R.: *The Art and Science of Digital Compositing*, Burlington, Morgan Kaufmann Publishers, 2008.

CHAN, M. H., Yu, Y.B., CONSTANTINIDES, A. G.: "*Variable size block matching motion compensation with applications to video coding*", In: *Communications, Speech and Vision, IEE Proceedings I* , Volume 137:4, Seite 205–212, 1990.

HEYA, A., BRIEDE, M., Schmidt, U.: *Datenformate im Medienbereich*, Fachbuchverlag Leipzig 2003.

IAN, E.G., RICHARDSON, H.: *H.264 and MPEG-4 Video Compression*, Wiley 2003.

JAIN, J., JAIN, A.: "*Displacement measurement and its application in interframe image coding*", In: *IEEE Trans. Commun.*, Volume COM-29:12, Seite 1799–1808, 1981.

MANTHEY, D. (Hrsg.): *Making of ...: Wie ein Film entsteht (Band 2)*, Rowohlt Tb., 2000.

RAO, K.R., HWANG, J.J.: *Techniques and Standards for Image, Video and Audio Coding*, Prentice Hall, 1996.

SCHMIDT, U.: Professionelle Videotechnik. Springer

WRIGHT, S.: *Digital Compositing for Film and Video*. Burlington, Focal Press, 2006.

WATKINSON, J.: *The MPEG Handbook*, Burlington, Focal Press, 2001.

ZHU, S., KAI-KUANG, M.: "*A new diamond search algorithm for fast block matching motion estimation*", *In: Proceedings of 1997 International Conference on Information, Communications and Signal Processing, ICICS*, Volume: 1, Seite, 292–296, 1997.

Kapitel 7

BUNGARTZ, H. ET AL: *Einführung in die Computergraphik*, 2. Auflage, Vieweg, 2002

FOLEY, J. ET AL.: *Computer Graphics – Principles and Practice*, 2nd edition, Addison-Wesley, 1996

BRESENHAM, J.: *Algorithm for computer control of a digital plotter.* IBM Systems Journal 4, 1 (1965): 25–30

WU, X.: *An efficient antialiasing technique.* In ACM SIGGRAPH '91 Proceedings: 143–152. ACM Press, New York 1991

W3C.ORG: *Scalable Vector Graphics (SVG) 1.1 Specification*, W3C Recommendation 14 January 2003, Latest version: http://www.w3.org/TR/SVG11/

KLÖCKL, I.: *PostScript. Einstieg – Workshop – Referenz*, Hanser Fachbuchverlag, 1995

Kapitel 8

BUNGARTZ, H. ET AL: *Einführung in die Computergraphik*, 2. Auflage, Vieweg, 2002

FOLEY, J. ET AL.: *Computer Graphics – Principles and Practice*, 2nd edition, Addison-Wesley, 1996

WATT, A. ET AL.: *Advanced Animation and Rendering Techniques.: Theory and Practice*, Addison Wesley, 1992

WEB3D CONSORTIUM: *Open Standards for Real-Time 3D Communication* – http://www.web3d.org/

Kapitel 9

BERNSEN, N.: *"Foundations of multimodal representations: a taxonomy of representational modalities"*, In: *Interacting with Computers*, 6:4, Seite 347–371, 1994.

BOLT, R. A.: *"Put-that-there: Voice and gesture at the graphics interface"*, In: *Proceedings of the 7th annual conference on Computer graphics and interactive techniques*, 1980.

BRACHMANN, C., CHUNPIR, H. I., GENNIES, B., HALLER, T., HERMES, T. HERZOG, O., JACOBS, A., KEHL, P., MOCHTARRAM, A. P., MÖHLMANN, D., SCHRUMPF, C., SCHULTZ, C., STOLPER, B., WALTHER-FRANKS, B.: *"Automatic Generation of Movie Trailers using Ontologies"*, In: *IMAGE - Journal of Interdisciplinary Image Science*, Volume 5, Seite 117–139, 2007.

DOURISH, P.: *Where the Action Is: The Foundations of Embodied Interaction*, Cambridge: MIT Press, 2001.

ELTING, C. ZWICKEL, J., MALAKA, R.: *"Device-Dependent Modality Selection for User-Interfaces – An Empirical Study"*, In: *International Conference on Intelligent User Interfaces IUI 2002*, Seite 13–16, 2002.

GOULD, J. D., BOIES, S. J., LEWIS, Lewis, C.: *"Making usable, useful, productivity-enhancing computer applications"*, In: *Commun. ACM* 34 1, Seite 74–85, 1991.

HEIDER, T., KIRSTE, T.: *"Supporting goal based interaction with dynamic intelligent environments"*, In: *Proceedings 15th European Conference on Artificial Intelligence*, Seite 596–600, 2002.

HERFET, T., KIRSTE T., SCHNAIDER, M: *"EMBASSI- Multimodal assistance for infotainment and service infrastructures"*, In: *C&G*, Volume 25:4, Seite 581–592, 2001.

HOVY, E. H., Arens, Y.: *"When is a Picture Worth a Thousand Words? — Allocation of Modalities in Multimedia Communication"*, Presented at the *AAAI Symposium on Human-Computer Interaction*, Stanford University, (1990).

JURAFSKY, D., MARTIN, J. H.: *Speech and Language Processing: An Introduction to Natural Language Processing, Computational Linguistics and Speech Recognition* (International Edition), Prentice Hall, 2000,

MALAKA, R: Computer-Mediated Interaction with a City and Its History, In Workshop notes of the International Workshop on Intelligent Media Technology for Communicative Reality, held at PRICAI 2002, Tokyo, Seite 24–29.

MALAKA, R., SCHNEIDER, K., KRETSCHMER, U.: *„Stage-based edutainment"*, In: *Smart Graphics, Proceedings of the 4th International Symposium on Smart Graphics.* Lecture Notes in Computer Science, Springer Verlag, Heidelberg, Seiten 54-65, 2004.

MALAKA, R.: *"Intelligent User Intefaces for Ubiquitous Computing"*, In: Mühlhäuser, M., Gurevych, I. (Hrsg.): *Ubiquitous Computing Technology for Real Time Enterprises*, Hershey, IGI Global, Seite 470–486, 2008.

MILGRAM, P., KISHINO, A.: *"Taxonomy of Mixed Reality Visual Displays"*, In: *IEICE Transactions on Information and Systems*, Seite 1321–1329, 1994.

WAHLSTER, W. (Hrsg.): *Smartkom: Foundations of Multimodal Dialogue Systems (Cognitive Technologies)*, New York, Springer-Verlag, 2006.

WEISER, M.: *"The Computer for the Twenty-First Century"*, In: *Scientific American*, Seite 94–104, 1991.

WEISER, M.: *"Some computer science issues in ubiquitous computing"*, In: *ACM SIGMOBILE Mobile Computing and Communications Review"*, Volume 3:3, Seite 12–21, 1999.

Kapitel 10

Weblink: http://de.selfhtml.org

FREEMAN, E. und FREEMAN, E.: *HTML mit CSS und XHTML von Kopf bis Fuß*, Köln: O'Reilly, 2006

STEYER, R.; *JavaScript. Einstieg für Anspruchsvolle*, München: Addison-Wesley, 2006

VONHOEGEN, H.: *Einstieg in XML*, 4. Auflage, Bonn: Galileo Press, 2007

Kapitel 11

BRUNS, K. und MEYER-WEGENER, K.: *Taschenbuch der Medieninformatik*. Leipzig: Fachbuchverlag Leipzig, 2005.

GREEN, T. und STILLER, D.: *Foundation Flash CS4 for Designers*. Berkeley: Friends of ED/Apress 2008.

HENNING, P.: *Taschenbuch Multimedia*, 3. Auflage. Leipzig: Fachbuchverlag Leipzig, 2003.

KENNEDY, T. und SLOWINSKY, M.: *SMIL – Adding Multimedia to the Web*, Indianapolis: SAMS Publishing, 2002.

MEYER-BOUDNIK, T. und EFFELSBERG, W.: *MHEG Explained*. In: *IEEE Multimedia* 1995, Vol. 2, Issue 1, Seite 26–38

PREECE, J., ROGERS, Y. und SHARP, H.: *Interaction Design, 2nd edition*. Chichester: John Wiley, 2007.

REINEGGER, A.: *Flash CS4 Grundlagen*. DVD-ROM, München: Addison-Wesley, 2008.

Kapitel 12

BECK, K.: *Extreme Programming Explained: Embrace Change*, Amsterdam, Addison-Wesley Longman, 1999.

DAHM, M.: *Grundlagen der Mensch-Computer-Interaktion*, München, Pearson Studium, 2005.

GOULD, J., D., BOIES, S. J., LEWIS, C.: *"Making usable, useful, productivity-enhancing computer applications"*, In: *Commun. ACM*, Volume 34:1, Seite 74–85, 1993.

GRENBERG, S., BUXTON, B.: *"Usability evaluation considered harmful (some of the time)"*, In *Proceeding of the Twenty-Sixth Annual SIGCHI Conference on Human Factors in Computing Systems, CHI '08*, New York, NY, ACM, Seite 111–120, 2008.

HARTSON, H. R., HIX, D.: *"Toward empirically derived methodologies and tools for human–computer interface development"*, In: *Int. J. Man–Machine Studies*, Volume 31, Seite 477–494, 1989.

NORMAN, D.: *User Centered System Design: New Perspectives on Human-Computer Interaction*, Hillsdale, NJ: Lawrence Erlbaum Associates, 1986.

ROYCE, W. W.: *"Managing the development of large software systems"*, In: *Proceedings IEEE WESCON*, Seite 1–9, 1970.

ZUSER, W., GRECHENING, T., KÖHLE, M.: *Software Engineering*, München, Pearson Studium, 2004.

Kapitel 13

BÖHRINGER, J., BÜHLER, P., SCHLAICH, P.: *Kompendium der Mediengestaltung für Digital- und Printmedien (4. Ausg.)*, Berlin, Heidelberg, Springer-Verlag, 2008.

DAHM, M.: *Grundlagen der Mensch-Computer-Interaktion*, München, Pearson Studium, 2005.

FISCHER, P.: *Grafik-Programmierung mit Java-Swing*, München, Addison-Wesley 2001.

FRIES, C.: *Grundlagen der Mediengestaltung*, Hanser Fachbuchverlag, 2004.

GIBSON, J. J.: *"The Theory of Affordances"*. In *Perceiving, Acting, and Knowing*, Eds. Robert Shaw and John Bransford (Hrsg.), Lawrence Erlbaum Associates, Hillsdale, NJ, 1977.

GIBSON, J. J.: *The Ecological Approach to Visual Perception*, Boston, Houghton Mifflin, 1979.

GOULD, J., D., BOIES, S. J., LEWIS, C.: *"Making usable, useful, productivity-enhancing computer applications"*, In: *Commun. ACM*, Volume 34:1, Seite 74–85, 1993.

GRUDIN, J.: *"The case against user interface consistency"*, In: *Commun. ACM* 32:10, 1989.

HAMMER, N.: *Mediendesign für Studium und Beruf*, Berlin, Heidelberg, Springer-Verlag, 2008.

KRUG, S.: *Don't Make Me Think! A Common Sense Approach to Web Usability*, Mitp-Verlag, 2006.

NIELSEN, J. (Hrsg.): *Coordinating User Interfaces for Consistency*, Originalpublikation: Boston, MA, Academic Press, 1989. Reprint: San Francisco, Morgan Kaufmann Publishers, 2002.

NORMAN, D. A.: *User Centered System Design: New Perspectives on Human-Computer Interaction*, Hillsdale, NJ: Lawrence Erlbaum Associates, 1986.

NORMAN, D. A.: *The Design of Everyday Things*, New York: Doubleday, 1986.

STAPELKAMP, T.: *Screen- und Interfacedesign*, Berlin, Heidelberg, Springer-Verlag, 2007.

SULLIVAN, L. H.: *"The tall office building artistically considered"*, In: *Lippincott's Magazine*, 1896.

WIRTH, T.: *Missing Links – Über gutes Webdesign*, Hanser Fachbuchverlag, 2004.

Kapitel 14

DREIER, T., SCHULZE, G.: *Urheberrecht*, München, Beck Juristischer Verlag, 2006.

DRESSEL, M.: *E-Mail-Knigge: Das Original*, 2. Auflage, Freital, WEB GOLD Akademie, 2008.

FREERMUTH, G. S.: Kommunikette 2.0., Hannover, Heise, 2002.

KIRCHNER, A., KIRCHNER-FREIS, I., ZIMMERMANN, A.: *IT-Recht – Ein Praxisleitfaden*, Bremen, E-Book, 2008.

ZERDICK, A., PICOT, A., SCHRAPE, K., ARTOPE, A., GOLDHAMMER, K., HEGER, D., LANGE, U., VIERKANT, E., LOPEZ-ESCOBAR, E.: *European Communication Council Report, Die Internet-Ökonomie, Strategien für die digitale Wirtschaft*, Heidelberg, Berlin, Springer-Verlag, 3. Auflage, 2001.

Register

!

Numerisch

A

B

C

E

F

G

H

I

J

K

L

M

N

O

P

Q

R

T

U

V

W

X

Y

Z